Wissenschaftliche Untersuchungen
zum Neuen Testament

Herausgegeben von
Martin Hengel und Otfried Hofius

121

Roland Bergmeier

Das Gesetz im Römerbrief und andere Studien zum Neuen Testament

Mohr Siebeck

ROLAND BERGMEIER, geboren 1941; 1961–67 Studium der ev. Theologie in Tübingen und Heidelberg, dort auch jeweils Mitarbeit im Institutum Judaicum und in der Qumranforschungsstelle; 1967 Ordination und anschließendes Vikariat in Karlsruhe; 1974 Promotion; seit 1968 ev. Religionslehrer am Gymnasium.

Die Deutsche Bibliothek - CIP-Einheitsaufnahme

Bergmeier, Roland:
Das Gesetz im Römerbrief und andere Studien zum Neuen Testament /
Roland Bergmeier. – Tübingen : Mohr Siebeck, 2000
   (Wissenschaftliche Untersuchungen zum Neuen Testament ; 121)
   ISBN 3-16-147196-2

© 2000 J.C.B. Mohr (Paul Siebeck) Tübingen.

Das Buch wurde von Gulde-Druck in Tübingen auf alterungsbeständiges Werkdruckpapier der Papierfabrik Niefern gedruckt und von der Großbuchbinderei Heinr. Koch in Tübingen gebunden.

ISSN 0512-1604

Inhaltsverzeichnis

I. Das Gesetz im Römerbrief
und weitere Studien zum Verständnis
von Schrift und Tora im Neuen Testament

II. Annäherungen an Röm 13,1–7

III. Paulus und Johannes – Tradition und Interpretation

IV. Zum Problem vorchristlicher Gnosis: Untersuchungen zur Gestalt des Simon Magus in Act 8 und in der simonianischen Gnosis

V. Der Seher Johannes als Interpret von Vorlagen und Quellen

Vorwort

Die Anregung zum Entstehen dieses Aufsatzbandes ging in zweifacher Hinsicht von Herrn Professor D.Dr. Martin Hengel aus. Zunächst war er es, der mich aufforderte und ermutigte, trotz meiner eingeschränkten fachwissenschaftlichen Arbeitsmöglichkeit die Untersuchung zum Gesetzesverständnis im Römerbrief in Angriff zu nehmen. Und dann war *er* es auch, der die Idee hatte, die genannte Untersuchung mit früheren exegetischen Beiträgen zu einem Aufsatzband zusammenzufassen. Herr Georg Siebeck hat dem Vorschlag dankenswerterweise zugestimmt und ihn verlegerisch umgesetzt. Für das so nun möglich gewordene Erscheinen des Bandes in der Reihe der „Wissenschaftlichen Untersuchungen zum Neuen Testament" danke ich beiden Herausgebern, den Herren Professoren Dres. Martin Hengel und Otfried Hofius. Dank statte ich auch all den Verlagen ab, die einem Wiederabdruck meiner Aufsätze ihre Genehmigung erteilt haben, und nicht zuletzt dem Hause Mohr Siebeck, das die Herstellung dieses Bandes mit Sorgfalt durchgeführt hat.

Um allfällige Nachsicht bitte ich, daß ich auch nicht entfernt jeden wesentlichen wissenschaftlichen Beitrag zu den hier versammelten Themen zur Kenntnis nehmen konnte. Bei der Untersuchung *1. Das Gesetz im Römerbrief* habe ich überdies auf förmliche Auseinandersetzung mit anderen exegetischen Positionen weitgehend verzichtet und mich eher auf zustimmende Wahrnehmung der Literatur beschränkt. Vielleicht fällt es so leichter, meinen Auslegungsgang als Anregung aufzunehmen, die wahrlich vielbegangenen Pfade der Römerbriefauslegung hier und da noch einmal anders zu begehen, leichtfüßiger hier, schwerfälliger da. Weil nämlich das Handwerk der Bibelauslegung überhaupt nicht „in den sicheren Gang einer Wissenschaft gebracht" werden kann, wodurch unser Bemühen endlich über „ein bloßes Herumtappen" hinauskäme – mit den zitierten Formulierungen rühmt Immanuel Kant in der Vorrede zur 2. Auflage der „Kritik der reinen Vernunft" den Fortschritt der neuzeitlichen Naturwissenschaft –, ist unser Bemühen um das Verstehen der Heiligen Schrift grundsätzlich unabschließbar, angreifbar und allenfalls auf dem Weg zur rechten Erkenntnis.

Die reprographisch abgedruckten Aufsätze sind als solche unverändert geblieben. Ihre Aktualisierung im Blick auf neuere Diskussion leistet die *Einleitung*. Abkürzungen orientieren sich, soweit irgend möglich, an Siegfried M. Schwertner, Theologische Realenzyklopädie. Abkürzungsverzeichnis, Berlin/New York ²1994. Zitierte Quellen und verarbeitete Literatur in den Beiträgen *Einleitung* und *1. Das Gesetz im Römerbrief* werden auf S. 91–102 zusammenhängend bibliographisch ausgewiesen, dem Beitrag *10. Zur Frühdatierung samaritanischer Theologumena* ist eine Liste derjenigen Literaturhinweise und Verweise in den Anmerkungen angefügt (S. 237), die in dem wiedergegebenen Abschnitt *2.3 Die große Macht* jetzt nicht mehr nachgewiesen sind. Vollständigkeit der Literaturliste anzustreben war mir insgesamt nicht möglich. Mehr als dem durchaus wünschenswerten Versuch, alle aktuellen Theorien zu den Texten zu erfassen, sehe ich das Handwerk der Exegese einer Kultur der philologischen Sorgfalt verpflichtet, für die der Wortlaut der neutestamentlichen Texte selbst immer wieder Ausgangs- und Zielpunkt allen Bemühens ist.

Weingarten, im März 1999 Roland Bergmeier

Einleitung

I. Das Gesetz im Römerbrief und weitere Studien zum Verständnis von Schrift und Tora im Neuen Testament

Ausgangspunkt der Studie *1. Das Gesetz im Römerbrief* (S. 31–102) war die Vermutung, daß der Judenchrist Paulus, der das Gesetz Gottes als geistliche Größe (Röm 7,14) und die Gesetzgebung vom Sinai als göttliche Gnadengabe an Israel (Röm 9,4) verstand[1], von Christus nicht als dem Ende des Gesetzes (Röm 10,4) gesprochen haben dürfte, obwohl das Syntagma τέλος νόμου rein sprachlich des Gesetzes Ende bedeuten könnte[2]. Wie U. Wilckens war auch mir deutlich geworden, daß sich von 9,31 her die Vorstellung vom *Ziel eines Weges* aufdrängt, das die nicht christgläubig gewordenen Juden verfehlt haben[3]. Dann aber ist deutlich, daß in Röm 9f. nicht zwei Mächte in Gegensatz zueinander treten, wie U. Wilckens meint: „Christus und das Gesetz; und zwar die Mosetora als diejenige, die den Sünder verflucht, Christus als der, der durch seinen Sühnetod diesen Fluch des Gesetzes aufgehoben hat."[4] Vielmehr treten *in der Begegnung* mit dem Evangelium von der Gerechtigkeit Gottes (Röm 1,16f.; 10,16f.) zwei Weisen des Ausseins auf das Ziel auseinander: ἐκ πίστεως und ἐξ ἔργων 9,32, wieder aufgenommen in ἡ ἐκ πίστεως δικαιοσύνη 10,6 und ἡ δικαιοσύνη ἡ ἐκ τοῦ νόμου 10,5. Das sieht danach aus, als sei nach Paulus die Tora eigentlich so zu lesen, daß, wer mit von Gott geschenkter Erkenntnis (10,3) auf sie hört, in Christus an ihr Ziel kommt: εἰς δικαιοσύνην παντὶ τῷ πιστεύοντι. Läßt man sich auf diese exegetische Wahrnehmung ein, verschiebt sich naturgemäß das Gesamtbild des paulinischen Gesetzesverständnisses. Andererseits macht aber Röm 2,13b οἱ ποιηταὶ νόμου δικαιωθήσονται unzweideutig auch klar, daß Paulus für den aus christlicher Sicht so oft erhobenen Vorwurf gegenüber dem Judentum, „eine berechnende Religion der Werkgerechtigkeit zu sein"[5], nicht zu vereinnahmen ist. Der Vorwurf, die eigene Gerechtigkeit aufrichten zu wollen, ergeht nicht gegenüber Israel als dem „Volk der Tora"[6] als solchem, sondern erwächst nach Paulus allererst aus der Gehorsamsverweigerung gegenüber der in der Auferweckung Jesu Christi begegnenden *Gerechtigkeit Gottes*. Das endzeitliche Geschehen von Sühnetod und Auferstehung Jesu Christi hat die Unterscheidung

---

[1] Zur Kritik des anscheinend nicht mehr korrigierbaren Mißverständnisses, das Gesetz sei inferior, weil „nach Gal 3,19 von einem Engelwesen, nicht von Gott erlassen" (H. TIEDEMANN, Gesetz 26), s. H.-J. ECKSTEIN, Verheißung 200–202.

[2] O. HOFIUS, Evangelium 103, Anm. 175; 110f., Anm. 217; U. WILCKENS, Römer II, 221f.

[3] U. WILCKENS, a.a.O. 223.

[4] U. WILCKENS, a.a.O. 222.

[5] So der Ausgangspunkt der Untersuchung von G. STEMBERGER, Verdienst 3.

[6] F. AVEMARIE, Tora 446–574.

von Israel und den Völkern im Sinne von „Gerechten" und „Sündern" vor Gott widerlegt, woraus für Paulus zwingend hervorgeht, daß aufgrund von Torageboten, die jene Unterscheidung markieren, kein Mensch zu rechtfertigen sein wird (Röm 3,19f.), da ja Heiden *und* Juden Sünder sind.

Der bisher unveröffentlichten Studie zum Verständnis des Gesetzes im Römerbrief folgt ein früherer Versuch, mich der Gesetzesproblematik bei Paulus zu nähern: *2. Römer 7,7–25a (8,2): Der Mensch – das Gesetz – Gott – Paulus – die Exegese im Widerspruch?* (S. 103–112). Einige Grunderkenntnisse von damals konnten in dem neuen Versuch aufgenommen und vertieft werden. Wovor ich aber damals, E. Käsemanns Sorge im Ohr, das Evangelium nicht zum Mittel der Gesetzeserfüllung verkommen zu lassen[7], zurückschreckte, ist nun klar entschieden und exegetisch herausgearbeitet: ἵνα τὸ δικαίωμα τοῦ νόμου κτλ. Röm 8,4 bezieht sich im Sinne des Paulus tatsächlich auf die Erfüllung der Tora, und zwar im neuen Leben aus dem Geist. Danach sind die Schlußausführungen des älteren Beitrags zu korrigieren.

Die Frage nach dem Verständnis des Gesetzes gehört in den größeren Rahmen der hermeneutischen Frage nach dem Verhältnis der christlichen Botschaft zur Heiligen Schrift von Juden und Christen. In diesem Sinne schließen sich die Beiträge *3. ΤΕΤΕΛΕΣΤΑΙ Joh 19,30* (S. 113–121) und *4. „Und deinen Feind hassen"* (S. 122–128) an die vorhergehenden „Gesetzes"-Studien an. A. Obermann hat mit seiner Monographie „Die christologische Erfüllung der Schrift im Johannesevangelium" das Schriftverständnis im vierten Evangelium umfassend beleuchtet und auch den Zusammenhang von Joh 19,28.30 gebührend in die Betrachtung einbezogen[8]. Nicht sorgfältig genug m.E. hat A. Obermann den Unterschied zwischen τελειόω im Zusammenhang der Gesandtenchristologie und τελειόω und τελέω im Rahmen der Schrifterfüllung beachtet, desgleichen nicht den Zusammenhang mit dem frühchristlichen vorjohanneischen Sprachgebrauch. Daß der ὅτι-Satz und der ἵνα-Satz, abhängig von εἰδὼς ὁ Ἰησοῦς im Sinne des *Voraus*wissens Jesu entsprechend 6,15 und 13,1, syntaktisch zusammengehören, hat A. Obermann nicht gesehen. Gleichwohl führen seine exegetischen Beobachtungen zu großer Übereinstimmung mit meinem Aufsatz von 1988: „Durch das deutlich der Schrift – wenn auch nicht wörtlich – entlehnte διψῶ aus Jesu Mund ist nicht nur die Erfüllung einer Schriftstelle signalisiert, sondern die Schrift kommt als Ganze zu ihrem τέλος im umfassenden Sinn von ‚Ziel' und ‚Ende'."[9] A. Obermann denkt dabei an die Verwirklichung des Heilswillens Gottes sowohl als auch der Verheißungen der Schrift. Das ist bei W. Kraus anders: „Die Doppelheit von „Ziel" und „Ende", die nach Röm 10,4 in bestimmter Hinsicht für das Gesetz gilt, wird von Johannes auf die Schrift insgesamt übertragen"; denn für

---

[7] E. Käsemann, Römer 210.
[8] A. Obermann, Erfüllung 87–89, 350–364.
[9] A. Obermann, a.a.O. 355f.

W. Kraus klingt der johanneische Topos wie „die Radikalisierung eines paulinischen Gedankens"[10], insofern das johanneisch gesehene Christusereignis die bis dato unvollkommene Schrift selbst zur Vollendung und damit zum *Abschluß* führt[11]. Großzügig glättet solche Exegese ihr widerstrebenden Text: Die Aussage Joh 10,34 f. „über die Geltung der Schrift (daß sie nicht aufgelöst werden könne [λύω]), die sich gerade auf ‚euer Gesetz' bezieht, findet in Jesu Geschick und im Leben der Jüngergemeinde doch ihr Ziel und Ende"[12].

W. Kraus hat den philologischen Befund, daß εἰδὼς ὁ Ἰησοῦς mit ὅτι-Satz und ἵνα-Satz eine syntaktische Einheit bildet, ohne Begründung beiseite gelegt und das jeweilige *Voraus*wissen Jesu in 18,4 und 19,28, das *das Ganze der Passion* inkludiert, nicht gewürdigt. Daß sich die Formel ἵνα τελειωθῇ ἡ γραφή, möglicherweise aus der Quelle des johanneischen Passionsberichts stammend, in ihrer Bedeutung der Wendung ἵνα ἡ γραφὴ πληρωθῇ (19,24) annähert, sollte man nicht in Frage stellen, zumal A. Obermann mit Philo, VitMos 1,283 auf einen schönen Beleg für τελειόω im angezeigten Sinn hingewiesen hat: φθέγξεται τὸ παράπαν οὐδέν, ὃ μὴ τελειωθήσεται βεβαίως Gott „wird überhaupt nichts sprechen, was nicht sicher in Erfüllung gehen wird."[13] Die Korrespondenz von Joh 18,4 und 19,28 ist im übrigen so zwingend, daß jede Auslegung, die ihr nicht gerecht wird, aus dem johanneischen Text hinaus-, statt in ihn hineinführt.

Ἰησοῦς οὖν εἰδὼς	πάντα τὰ ἐρχόμενα ἐπ' αὐτὸν ...	λέγει αὐτοῖς· τίνα ζητεῖτε;
... εἰδὼς ὁ Ἰησοῦς	ὅτι ἤδη πάντα τετέλεσται, ἵνα τελειωθῇ ἡ γραφή,	λέγει· διψῶ.

In 19,28 stehen also nicht, wie J. Becker meint, „zwei auch syntaktisch ungeschickt verbundene Begründungen, warum Jesus nach dem Essig ruft, nämlich das umfassende Wissen, »alles« ist vollbracht, und die spezielle, auf eine Einzelheit zielende Schrifterfüllung."[14] Nein, es ist *das Ganze der Passion,* das hier als resultativ verwirklicht gewußt wird, und zwar so, wie es als Gottes Wille in der

---

[10] W. KRAUS, Johannes 12, Anm. 68.

[11] W. KRAUS, a.a.O. 16.

[12] W. KRAUS, a.a.O. 18. J. AUGENSTEIN, Gesetz 311–313, macht zu Recht darauf aufmerksam, daß die Wendung „euer Gesetz" nicht als Distanzierung von der Tora auszulegen ist; vgl. auch A. OBERMANN, Erfüllung 57–59. Es ist daher auch nicht angemessen, mit U. SCHNELLE, Johannes 43, Joh 1,17 folgendermaßen zu kommentieren: „Das Gesetz gehört auf die Seite der Juden (vgl. Joh. 7,19; 8,17; 10,34), die Christen hingegen haben das Stadium einer Gesetzesreligion längst hinter sich gelassen (vgl. Joh. 4,20 ff.)."

[13] A. OBERMANN, a.a.O. 88 mit Anm. 146; weitere Belege zu „erfüllen v. Weissagungen, Verheißungen u.ä." s. W. BAUER, Wörterbuch 1615 s.v. τελειόω 2.c.

[14] J. BECKER, Johannes 700. Von Erfüllung der Schrift ist im Text verbatim die Rede, der „Bedeutungsradius in der Gesandtenchristologie von E", sofern als Alternative formuliert (703), beruht auf der linguistisch nicht haltbaren Voraussetzung, das letzte Wort Jesu: „Es ist vollbracht" sei ein Wort, das ebenso für das Verhalten von Vater und Sohn Bedeutung habe, die J. BECKER gegenüber den früheren Auflagen zu Recht ausgeschieden hat (vgl. S. 702 gegenüber S. 594 der früheren Auflagen).

Schrift vorgezeichnet war. Der Einwand W. Krausens, „daß in V. 36 f. erneut von einer Schrifterfüllung die Rede ist", so daß mit V. 28 „noch gar nicht alles vollbracht war, um die Schrift zu erfüllen"[15], trifft nicht die Deutung auf „*das Ganze der Passion, wie es als Gottes Wille in der Schrift vorgezeichnet war*", sondern W. Krausens eigene, wonach mit dem Trinken des Weinessigs alles vollbracht und die Schrift selbst zum *Abschluß* gekommen war[16]. Wie soll sich das zusammenreimen, daß in V. 30 festgestellt werde, die Schrift selbst sei zum Abschluß gekommen, und in V. 36 f. noch zwei Schrifterfüllungen nachgereicht werden, vom Schriftbezug der Auferstehung (Joh 20,9) ganz zu schweigen! Nein, da hat A. Obermann textgemäßer den Weg gewiesen: „Die Darstellung des johanneischen Christus gründet bezüglich ihrer Wahrhaftigkeit und Gültigkeit in einer vollmächtigen Inanspruchnahme der Schriften als bleibend gültige und gegenwärtig ergehende Anrede Gottes."[17]

Πάντα τετέλεσται, ἵνα τελειωθῇ ἡ γραφή (Joh 19,28) neben … τὴν γραφὴν ὅτι δεῖ αὐτὸν ἐκ νεκρῶν ἀναστῆναι (Joh 20,9) reiht das vierte Evangelium in die frühchristliche Sicht des Sterbens Jesu ein, zu dessen Deutung man sich von Anfang der Bekenntnisbildung an in großer Allgemeinheit auf das Wort der heiligen Schriften bezogen hatte[18]. Zwar hat U.B. Müller recht, daß sühnetheologische Aussagen im vierten Evangelium nur randständig vorkommen (eindeutig in Joh 6,51c, wahrscheinlich in 1,29b, möglicherweise auch in 17,19)[19], aber daß Jesu Sterben am Kreuz integral zu seinem Heilswerk gehört, sollte man in gar keiner Weise in Zweifel ziehen, weil man sich sonst nur in Widersprüchen verfängt: Der johanneische Jesus betone die im Sendungsauftrag beschlossene Notwendigkeit des Todes. Aber dem Tod Jesu komme damit noch keine Heilsbedeutung zu – dies sei eine irreführende Deutung, die auf mangelnder Differenzierung beruhe[20]. Gleichwohl gilt ja auch nach U.B. Müller: „Die Übernahme des Todes durch Jesus ist notwendiger Teil seines Heilsauftrages gegenüber der Welt, …"[21]. In der Tat wird die Heil schaffende Erhöhung des Menschensohnes (Joh 3,14 f.) in V. 16 so interpretiert (γάρ), daß Gott seinen Sohn *gegeben,* nicht in den Himmel erhöht hat: „Für die Deutung auf den Kreuzestod spricht schon der Umstand, daß V. 14 f. und V. 16 parallel strukturiert sind."[22] Und „daß Jesu Heilswerk in 11,51 f. als Sterben bezeichnet wird", liegt keineswegs „an der vorgegebenen Sterbensaussage des Kaiphasratschlags"[23], als zitiere der Evangelist aus einem Ratsprotokoll, sondern liegt als Aussage des literarischen Textes selbst klar auf

---

[15] W. Kraus, Johannes 15.
[16] W. Kraus, a.a.O. 15 f.
[17] A. Obermann, Erfüllung 63, vgl. auch 425–430.
[18] S. 115 f., vgl. jetzt auch O. Hofius, Wunder 62.
[19] U.B. Müller, Eigentümlichkeit 52.
[20] U.B. Müller, a.a.O. 48.
[21] U.B. Müller, a.a.O.
[22] O. Hofius, Wunder 65 (mit ausführlicher Begründung).
[23] U.B. Müller, a.a.O. 51.

der Hand[24]. Freilich stehen, wie U.B. Müller zu Recht ausführt, die johanneischen Aussagen über den Tod Jesu gleichsam im Schatten der Legitimationsproblematik um den Anspruch des göttlichen Gesandten[25]. Das erklärt ja auch das Zurücktreten der Leidensproblematik, so daß der Tod schon verschlungen erscheint in den Sieg. Aber auch für den vierten Evangelisten gilt, daß der Sieg über den Teufel nirgend anders errungen wird als im Tod am Kreuz (12,31f.). Und der Weg zum Vater (14,28) ist kein anderer als der Weg in die Passion (14,31). U. Wilckens faßt das johanneisch Eigentümliche, sieht man von dem Kirchenjahresschmuck ab, m.E. treffend zusammen: Indem die Menschen Jesus „an das Kreuz ‚erhöhen‘, wird er zugleich zu Gott ‚erhöht‘ (vgl. 3,14–16; 12,32). Diese Ineinsschau von Tod, Auferstehung und Himmelfahrt Jesu aus der Pfingstperspektive des Geistes ist der theologische Zentralaspekt des Joh, in dem sich dieses nicht nur von den anderen Evangelien unterscheidet, sondern mit dem es zugleich auch über alle Schriften des Neuen Testaments herausragt.“[26]

Die Deutung des Todes Jesu erweist den historischen Ort des Johannesevangeliums im Rahmen der Theologiegeschichte des frühen Christentums unzweideutig als *Spätform*. Das zeigt sich generell im Vergleich mit der synoptischen Tradition[27], aber auch speziell z.B. in der Verwendung von τελεῖν/τελεῖσθαι, wie der angesprochene Aufsatz (S. 113–121) darlegt. Man braucht durchaus nicht Anhänger der liberalen Theologie zu sein, um zu sehen, daß sich der geschichtliche Wandel des Passionsbildes von Markus über Lukas bis zu Johannes in der Weise vollzog, „daß die Hoheit immer mehr im Vordergrund steht“[28]. K. Bergers Gegenvorschlag „*Im Anfang war Johannes*“, wie eine Parodie auf den Eingang des vierten Evangeliums stilisiert, ist, da „jenseits aller Erweisbarkeiten“, wie K. Berger formulieren würde[29], keine Alternative, denn was hier und da traditionsgeschichtlich alt sein mag, kann noch lange nicht für die Datierung des *literarischen* Ganzen verbucht werden. Losgelöst aus seinem johanneischen Kontext ist für K. Berger das Wort „Es ist vollbracht“ (Joh 19,30) Ausdruck für den Sieg eines Märtyrers, der seiner Botschaft treu geblieben ist. „Formeln wie 1 Kor 15,3 (*gestorben für unsere Sünden* …) haben den vierten Evangelisten *noch nicht* erreicht.“[30] Gegen den Weg zu diesem Ergebnis bestehen Einwände grundsätzlicher Art.

Das johanneische Christentum steht nach K. Berger so weit am Anfang der urchristlichen Glaubensüberlieferung, daß es mit dem Kreuzestod Jesu noch keine spezifische Heilsbedeutung verband. Die Deutung von Jesu Tod als Sieg resultiere

---

[24] Vgl. dazu J. BEUTLER, Sammlung 280.
[25] U.B. MÜLLER, a.a.O. 34 ff.
[26] U. WILCKENS, Johannes 2.
[27] U. WILCKENS, a.a.O. 2–5.
[28] S. Anm. 2 des Aufsatzes *ΤΕΤΕΛΕΣΤΑΙ*.
[29] K. BERGER, Anfang 226.
[30] K. BERGER, a.a.O. 238.

aus Märtyrertheologie. Der Ausdruck „Lamm Gottes, das die Sünden der Welt wegträgt" (Joh 1,29), bezeichne Jesus als den Gerechten[31], der „nach 1Joh 2,1 vor Gott eben die Rolle des Fürsprechers einnimmt, die die Henochliteratur ähnlich Henoch zuschreibt. Das heißt: Das Wegnehmen der Sünden bezieht sich in Hen(slav) wie in Joh und 1Joh deutlich auf den zu Gott Erhöhten, sei dieser nun Henoch oder Jesus."[32] Aber warum soll man in 1Joh 2,1 nicht weiterlesen, wo zwar in V. 1 in der Tat „der Gerechte" genannt wird, aber in V. 2 vom ἱλασμὸς περὶ τῶν ἁμαρτιῶν κτλ. die Rede ist – wo in 4,9f. ausdrücklich gesagt wird, daß Gott seinen Sohn in die Welt gesandt hat, damit wir durch ihn zum Leben kommen? Und dabei wird das Resultat der Sendung des Sohnes in die Welt interpretiert durch seine heils*geschichtliche* Sendung als ἱλασμὸς περὶ τῶν ἁμαρτιῶν ἡμῶν. Den gleichen Zusammenhang spricht auch 1Joh 3,5 an. Der Blick in die Henochliteratur darf einem ja nicht die Augen für den neutestamentlichen Text verkleben. Im übrigen räumt K. Berger selbst ein, daß die enge Verbindung von Märtyrer und Fürsprecher im Johannesevangelium nicht zu erkennen ist[33].

Das Zusammentreffen mehrerer miteinander zusammenhängender Motive erklärt sich am ungezwungensten so, daß Jes 53 traditionsgeschichtlich der Ausgangspunkt der angesprochenen Aussage ist: a) Zum auffälligen Nebeneinander von ἁμαρτία und ἀνομία (1Joh 3,4), wobei ἀνομία im johanneischen Schriftenkreis Hapaxlegomenon ist[34], zur Rede b) vom „Wegtragen der Sünde(n)" (Joh 1,29; 1Joh 3,5)[35], c) von der „Sündlosigkeit" (1Joh 3,5)[36], d) vom „Gerechten" (1Joh 1,9; 2,1) vgl. a) Jes 53,5, b) Jes 53,4.11.12, c) Jes 53,9, d) Jes 53,11. K. Berger argumentiert gegen den Anschluß an Jes 53 mit R. Bultmann, das Verb αἴρειν bedeute in Joh 1,29 eben nicht „auf sich nehmen", sondern „fortschaffen", „wegtragen", und sieht aus dem griechischen Satz in Joh 1,29 die Entsprechungen auf ἀμνός Jes 53,7c und „die Sünde" – „in Jes 53,12 im Plural!", korrekt gesagt: wie in 1Joh 3,5 – zusammenschrumpfen[37]. Aber für seinen Beleg aus slHen 64,5 gibt es auch nur die Notiz: „Das altslavische Wort für Wegnehmer entspricht laut dem Übersetzer C.Böttrich dem griechischen *airein* (Übers., 994)."[38] Und *traditionsgeschichtliche* Rückführung auf Jes 53 bedeutet ganz und gar nicht, daß αἴρειν

---

[31] K. BERGER, a.a.O. 228.
[32] K. BERGER, a.a.O. 230.
[33] K. BERGER, a.a.O. 230f.
[34] Vgl. dazu G. STRECKER, Johannesbriefe 160 mit Anm. 2.
[35] G. STRECKER, a.a.O. 162: „Dem Inhalt nach handelt es sich um das christologische Kerygma, wie schon die Verwendung des Wortes φανεροῦν nahelegt und auch die dem Verfasser bekannte frühchristliche Überlieferung vom Eintreten Jesu für die Sünder (2,1f; vgl. 3,16) oder vom ἱλασμός (4,10) veranschaulicht. Wie das JohEv in Verbindung mit dem Begriff ‚Gottes Lamm' aussagt, ist solches Eintreten mit dem Beseitigen der Sünde identisch."
[36] G. STRECKER, a.a.O. 163: „Wie beim Opfertier Fehllosigkeit, so ist für Christus als einem Opferlamm Sündlosigkeit die notwendige Voraussetzung seines sühnenden Wirkens."
[37] K. BERGER, Anfang 231 mit Anm. 192.
[38] K. BERGER, a.a.O. 229f.

nicht als „wegtragen" *gedeutet* sein konnte[39]. Nach K. Berger geht es in Apk 5 „bei der Metapher des Blutes des Lammes sehr wohl um den stellvertretenden Tod Jesu."[40] Man wird mit R. Bultmann sekundieren dürfen: Auch in Joh 1,29; 1Joh 3,5 ist im Anschluß an die urchristliche Tradition zweifellos an die sündentilgende Kraft des Todes Jesu gedacht, zumal der Sinn der Stellen 1Joh 1,7.9; 2,2; 3,5; 4,10 „durch die Termini καθαρίζειν, αἷμα, ἱλασμός deutlich bestimmt ist"[41].

Zu Hebr 7,25 und anderen Stellen, „die von der Forschung als besonders alt angesehen werden", bemerkt K. Berger: „Überall hier ist Jesu Wirken unabhängig von seinem Tod am Kreuz."[42] ‚Der alte Trugschluß-Mechanismus, wonach' herauskommen muß, was man sucht, ist hier besonders deutlich. Zehn Jahre zuvor hatte K. Berger noch argumentiert, Hebr 7,25 zeige im Kontext des Hebräerbriefes, „daß Fürsprechen und Sühnetod sich nicht ausschließen, sondern sogar ergänzen: Der Fürsprecher weist auf seinen Tod."[43] R. Nordsiecks phantasiereiche Vorschläge zur Entstehung des johanneischen Schriftenkreises ließen sich z.T. produktiv mit K. Bergers Versuch kombinieren: „Nachvollziehbar erscheint ... die Abfassung einer Grundschrift, die relativ früh zu datieren ist (jedenfalls noch einige Zeit vor 70), und sich leidenschaftlich und schmerzvoll mit dem synagogalen Judentum auseinandersetzt. Sie entwickelt ihm gegenüber eine ‚hohe' Christologie und präsentische Eschatologie im Rahmen eines dualistischen Gesamtkonzepts."[44] Aber einer kritischen Prüfung halten solcherlei Versuche nicht stand.

Nicht nur im vierten, auch im ersten Evangelium geht es nicht speziell um das Verhältnis der Jesus-Überlieferung zur Mosetora, sondern um die rechte Auslegung des Ganzen der Heiligen Schrift, d.h. von „Gesetz und Propheten" (Mt 5,17; 7,12; 11,13; 22,40). Diese rechte Auslegung bringt, mit den Worten von H.-J. Eckstein formuliert, derjenige, „den die himmlische Stimme vor den Jüngern als den einzigartigen und verbindlichen Offenbarer des Willens Gottes erwiesen hat (Mt 17,1–9 par. Mk 9,2–10)", indem er, was Mose und Elia, „die Repräsentanten von Gesetz und Propheten"[45], gesagt haben, erfüllt, d.h. zur Geltung bringt (5,17b)[46]. In diesem Gesamtrahmen stehen die sogenannten Antithesen, deren letzte, Mt 5,43f., Gegenstand des Aufsatzes *4. „Und deinen Feind hassen"* (S. 122–128) ist. Darin wird der Nachweis zu führen versucht, daß es in dieser sechsten „Antithese" weder um eine „Entgegensetzung gegen den Wortlaut der Gesetzesüberlieferung" noch um „Antithetik gegen das Gesetzes-

[39] Vgl. U. WILCKENS, Johannes 40f.; J. JEREMIAS, ThWNT 1, 185.
[40] K. BERGER, Anfang 229.
[41] R. BULTMANN, Johannes 66 mit Anm. 6; vgl. auch H. MERKLEIN, Sühnetod 51.
[42] K. BERGER, Anfang 242.
[43] K. BERGER (u. C. COLPE), Textbuch 151.
[44] R. NORDSIECK, Johannes 133.
[45] H.-J. ECKSTEIN, Weisung 403.
[46] H.-J. ECKSTEIN, a.a.O. 396, 399.

verständnis der jüdischen Gegenwart Jesu" geht, wie T. Holtz das Verständnis
der Form der Antithesen glaubte bestimmen zu sollen[47], sondern, wie D. Sänger
schon mit Berufung auf B. Schaller geltend gemacht hatte, um „eine bestimmte
Form von Schriftauslegung"[48]. Die „bewußt hergestellte sprachliche Verklammerung" je zwischen These und Antithese zeige, daß sich die einzelnen Antithesen selbst an der Tora orientierten und als deren Interpretation begriffen sein
wollten[49]. Wie kontrovers die Matthäus-Auslegung – selbst in einander naheste-
henden Zugangsweisen – geführt werden kann, zeigen die beiden Beiträge in den
O. Hofius gewidmeten Studien zur Hermeneutik des Evangeliums, die sich um
das Verständnis der Programmatik von Mt 5,17–20 bemühen: D. Schellong,
Christus fidus interpres Legis und H.-J. Eckstein, *Die Weisung Jesu Christi und
die Tora des Mose nach dem Matthäusevangelium*. So imponierend schlüssig
sich H.-J. Ecksteins Gesamtinterpretation liest, sie scheint mir das Maß des aus
den Texten selbst Erweisbaren zu überschreiten. Schon die Entgegensetzung
„Die Weisung Jesu Christi und die Tora des Mose" trifft nicht das Wesentliche,
weil es, wie wir sahen, um „Gesetz und Propheten", d.h. um das Ganze der Schrift
geht. Zu Recht hebt H.-J. Eckstein darauf ab, daß Matthäus mit den Formulierungen der Thesen nicht auf die pharisäische Halacha, sondern auf die alttestamentlichen Gebote anspiele[50]. Aber darf man dann sagen, Jesus setze sich in den
Antithesen Mt 5,21–48 kritisch mit Mose auseinander, „auf den die rabbinische
Tradition sowohl die schriftliche Tora als auch die mündliche Überlieferung zurückführt"[51]? Hatte die programmatische „Präambel zu den Antithesen"[52] nicht
gerade verdeutlicht, daß Jesu Lehre „Tora und Propheten treulich auslegt, so daß
ihr Skopus herauskommt"[53]? Darf man aus den ἀνομία-Belegen des Evangeliums (7,23; 13,41; 23,28; 24,12), die allesamt vom Evangelisten in authentischer
Aussageabsicht verwendet werden, auf einen „brisanten gegnerischen Vorwurf
der ἀνομία"[54] schließen? Läßt man sich, was „Jota und Häkchen vom Gesetz"
betrifft, nicht von H.-J. Eckstein auf „die judenchristliche Forderung nach einer
akribischen Beachtung der Gebote der Tora (5,18 f.)"[55] führen, sondern von
D. Schellong auf die typisch matthäischen Wendungen 5,19; 10,42; 18,6; 25,40.45
aufmerksam machen, ist deutlich: Die Wendung „Jota und Häkchen vom Gesetz" (V. 18) wird aufgenommen von „diesen[56] ganz gering geachteten Geboten"
(V. 19). Und das bedeutet: „Es sind die Gebote, die ... von Menschen gering

---

[47] T. Holtz, Grundzüge 372.
[48] D. Sänger, Schriftauslegung 80.
[49] D. Sänger, a.a.O. 92 f.
[50] H.-J. Eckstein, Weisung 402.
[51] H.-J. Eckstein, a.a.O.
[52] Ch. Burchard, Versuch 44.
[53] D. Schellong, Christus 679.
[54] H.-J. Eckstein, Weisung 401.
[55] H.-J. Eckstein, a.a.O.
[56] Ch. Burchard, Versuch 39, Anm. 45: „Den Rückbezug ... drückt τούτων aus."

geachtet und übersehen zu werden pflegen (wie die geringsten Brüder von Kapitel 25) und zu deren Beachtung ausdrücklich ermahnt werden muß, deren Würde
erst im Reich Gottes herauskommt, indem da die Täter und Nicht-Täter Gottes
Wertung erfahren."[57] Die sogenannten Antithesen formulieren also, was an den
Thesen, den Geboten Gottes, in aller Regel zu wenig beachtet und also übersehen
wird, aber gleichwohl Grundlage „der besseren Gerechtigkeit" ist. In der Sache
kann dann, wie beim Gebot der Feindesliebe der Fall, ganz selbstverständlich
Übereinstimmung mit frühjüdischen Quellen zutage treten. In der Darstellung
z.B., als sich durch die Verhaftung des Flaccus die Wende der Verfolgungssitua-
tion der Juden in Alexandria abzeichnet, läßt Philo die jüdische Gemeinde ihr
Dankgebet in die Worte fassen: „Nicht aus Schadenfreude, o Herr, über die Bestrafung des Feindes – sind wir doch aus den heiligen Gesetzen belehrt, mit-
menschlich zu empfinden –, sondern weil es dir gebührt, danken wir dir ..."
(Philo, Flacc 121).

II. Annäherungen an Römer 13,1–7

D.J. Moo stellt für seine Auslegung von Röm 12–13 im ganzen und 13,1–7 im
besonderen folgende Vorüberlegungen an: Dafür, daß Paulus in Kap. 12f. nach
vielen Auslegern "a general summary of his ethical teaching" ausbreite, spreche,
daß direkte Anspielungen auf die stadtrömische Situation fehlten. "Moreover,
the parallels between the sequence of exhortations here and in other Pauline texts
also suggest that Paul may be rehearsing familiar early Christian teaching."[58]
Und zu Röm 13,1–7: "... as is usually the case, the concepts Paul teaches here
have their roots in the OT and in Judaism."[59] Beide angesprochenen Befunde
wollten meine Aufsätze zu Röm 13,1–7 präzisieren und vertiefen: 5. *Loyalität
als Gegenstand Paulinischer Paraklese. Eine religionsgeschichtliche Untersuchung zu Röm 13,1ff und Jos. B.J. 2,140* (S. 131–143) und 6. *Die Loyalitätsparänese Röm 13,1–7 im Rahmen von Römer 12 und 13* (S. 144–160). Unterstützung hat inzwischen die Beobachtung der zuletzt genannten Studie dahingehend
erfahren, daß das Verwandtschaftsverhältnis zwischen 1Petr und dem paulinischen Schriftenkreis nicht auf direkte Abhängigkeit zurückzuführen ist, sondern
daß, wie J. Herzer das Ergebnis seiner Untersuchung resümiert, „die Annahme
der jeweiligen Verarbeitung bekannter christlich-ethischer Konventionen das Verhältnis des 1Petr zur paulinischen Tradition am angemessensten bestimmt."[60]
Gegenüber E. Bammels groß angelegtem Beitrag zu Röm 13,1–7, den der Sam-

---

[57] D. SCHELLONG, Christus 674.
[58] D.J. Moo, Romans 772f.
[59] D.J. Moo, a.a.O. 794.
[60] J. HERZER, Petrus 244.

melband *Judaica et Paulina* wieder in Erinnerung ruft[61], bleibt insgesamt mit D.J. Moo E. Käsemanns Einwand bestehen, daß von zelotischen Sympathien in Rom, von denen Paulus hätte erfahren haben können, schlechthin nichts bekannt ist[62]. Aufmerksamkeit indes verdient der Hinweis E. Bammels auf die markanten Parallelen zwischen Röm 13 und dem Gebet für die Obrigkeit 1Clem 60f.: "The coincidence is not to be explained by the assumption of direct dependence, as some of the Pauline terms are lacking whereas others are used differently."[63] Wendungen wie ποιεῖν τὰ καλὰ καὶ εὐάρεστα ἐνώπιον σου 60,2, δὸς ὁμόνοιαν καὶ εἰρήνην ἡμῖν τε καὶ πᾶσιν τοῖς κατοικοῦσιν τὴν γῆν 60,4, ἔδωκας τὴν ἐξουσίαν τῆς βασιλείας αὐτοῖς 61,1, die Rede von τιμή und ὑποτάσσεσθαι αὐτοῖς, μηδὲν ἐναντιουμένους τῷ θελήματί σου 61,1 können also wohl auch zum frühchristlichen Paränese- und hellenistisch-jüdischen Ethik-Kanon in Beziehung gesetzt werden. Verwandte Klänge zu meiner Studie von 1996 fand ich nachträglich bei E. Lohse, der die Ausführungen in Röm 12f. zusammenfassend kommentiert, wie folgt: „Die Reihe der sittlichen Mahnungen ... stützt sich weitgehend auf katechetische Überlieferung, wie sie in der urchristlichen Unterweisung ausgebildet worden ist. Ihr sind sowohl die Betonung des Liebesgebots als Zusammenfassung aller anderen Gebote zuzurechnen (13,8–10; vgl. Gal. 5,14) wie auch die Ausführungen über das Verhalten der Christen gegenüber staatlichen Behörden (13,1–7), zu denen sich in der übrigen Briefliteratur des Neuen Testaments vergleichbare Parallelen finden. Diese Ermahnungen fußen auf traditionellem Gut, das ... in die hellenistischen Synagogen Eingang gefunden hatte."[64]

III. Paulus und Johannes – Tradition und Interpretation

Seit der Veröffentlichung von *7. Weihnachten mit und ohne Glanz. Notizen zu Johannesprolog und Philipperhymnus* (S. 163–184) hat insbesondere R. Bruckers Publikation *‚Christushymnen‘ oder ‚epideiktische Passagen‘?* forschungsgeschichtlich für Furore gesorgt: „Mit dieser Arbeit wird der seit den zwanziger Jahren herrschenden subjektiven Hymno-Manie endgültig der Garaus gemacht (1–22), indem eine umfassende Einordnung der Gattungen in die Praxis und Theorie der hellenistischen Rhetorik vorgenommen wird. Da das entscheidende Kennzeichen der griechischen wie lateinischen Poesie die Metrik war, entfällt jede Möglichkeit der Behauptung neutestamentlicher ‚Poesien‘ (23–110 – ja sogar alttestamentlicher: 31–35.72–83)."[65] Dazu ist grundsätzlich zu sagen: Die Fragen von Stilwechsel und Kontextbezug überhaupt taugen nicht zu Entschei-

---

[61] E. BAMMEL, Romans 13, 286–304.
[62] D.J. MOO, Romans 792, Anm. 8.
[63] E. BAMMEL, Romans 13, 295.
[64] E. LOHSE, Summa 111.
[65] W. SCHENK, Rezension der genannten Studie, ThLZ 123, 1998, 985–987: 985.

dungskriterien[66]. Gar keine Frage ist, daß die Rede von ‚Hymnus', ‚Lied' und ‚Strophen' im Blick auf Texte wie Phil 2,6–11 oder Joh 1,1–18 den Kriterien griechisch-lateinischer Rhetorik nicht genügt, also gemäß unserer Bildungstradition in Anführungszeichen zu setzen ist. Andere Fragen aber sind diese: Wird R. Bruckers Arbeit dem Unterschied zwischen Jerusalem und Athen gerecht? Welcher Jude oder Christ im Umkreis des Neuen Testaments würde sich denn auf Aristoteles' Norm eingelassen haben, der Makarismos gebühre nur dem Besitzer von Eudaimonia, die ein Sterblicher aber zu Lebzeiten nur selten erreicht[67]? Oder gar, er sei, so die *Rhetorik an Alexander,* bloß auf „durch Glück erworbene äußere Güter" zu beschränken[68]? Haben neutestamentliche Autoren und die Trägerkreise der frühchristlichen Überlieferung, auf deren Schultern sie stehen, griechische oder gar lateinische Rhetorikfachbücher studiert, um auch nur von ferne mit Maßen gemessen werden zu können, deren Normen R. Brucker sachkundig beschreibt? Wo finden wir umgekehrt in Joh 1,1–18 oder Phil 2,6–11 „den Stoff für epideiktische Reden", den R. Brucker ermittelt hat[69], also z.B. „Inhalt des Lobes seien die ἀγαθά, und zwar ‚die, welche Seele und Charakter betreffen, die, welche den Körper betreffen, und die der äußeren Umstände'"[70]? Wo die rhetorischen Mittel des Vergleichs und der Steigerung, wozu aus der *Rhetorik an Alexander* zitiert wird: „Zusammengefaßt ist die Lobrede eine Steigerung (αὔξησις) rühmlicher Absichten und Taten und Worte und eine Beilegung (συνοικείωσις) nicht vorhandener"[71]? Doch nicht nur die Frage der rhetorischen Bildung und, vor allem, ihres Ausmaßes ist nicht geklärt und wohl auch nicht entscheidbar. M. Hengel wies sogleich darauf hin, daß R. Brucker „auf den Psalmen- bzw. Hymnengesang in der griechisch sprechenden Synagoge und im Urchristentum überhaupt nicht" eingegangen ist, daher zu einem Fehlurteil kommen mußte[72]. Wer Phil 2,6–11 als ein Christuslied, Joh 1,1–18 als einen Logospsalm bezeichnet, kann sich immerhin auf den Apokalyptiker Johannes berufen, der Stellen wie Apk 5,9f. oder 15,3f. ausdrücklich als „Lieder" bezeichnet hat. Ob dann solche Lieder wie in der Johannesapokalypse ad hoc geschaffen oder wie in Phil 2 bzw. Joh 1 aus der Tradition aufgegriffen wurden, ist eine andere Frage, die mit der Gattungsbestimmung nichts zu tun hat[73].

---

[66] C. LANDMESSER, Imperativ 543–577, reißt, obwohl er das Vorliegen eines Christusliedes in Phil 2,6–11 annimmt, den Zusammenhang von 1,27–2,18 gerade nicht auseinander, sondern interpretiert ihn.

[67] R. BRUCKER, ‚Christushymnen' 113.

[68] R. BRUCKER, a.a.O. 121.

[69] R. BRUCKER, a.a.O. 144.

[70] R. BRUCKER, a.a.O. 131.

[71] R. BRUCKER, a.a.O. 118.

[72] M. HENGEL, Präexistenz 482.

[73] Vgl. die Materialsichtung bei H. BALZ, Art. ᾠδή, EWNT 3, 1208f.

Alle Theorie muß sich an den Texten selbst bewähren. Nach R. Brucker ist das
„Christuslob" Phil 2,6–11 „Prosa in gehobenem Stil"[74]. Verwunderlich, daß dieser gehobene Stil mit ἁρπαγμὸν ἡγεῖσθαι Phil 2,6 sogleich in einer „umgangs-
sprachlichen Wendung mit dem Sinn ,(etwas) für ein gefundenes Fressen halten'" einhergehen soll[75]. Die Annahme eines alltagssprachlichen Ausdrucks als
Merkmal gehobenen Stils kann bei der ganz widerspruchsvollen Sammlung unter Kap. III 1b[76] nur Willkürentscheidung sein. Der Wechsel des „nüchternen
,Normalstils' sowohl mit religiöser Feierlichkeit als auch mit derber Beschimp-
fung"[77] kann ebenfalls nicht als Erklärung herangezogen werden. Im übrigen
wäre die Wendung so nur anwendbar, wenn Phil 2,6 gesagt werden sollte, Christus habe darauf verzichtet, sich das εἶναι ἴσα θεῷ, das ihm *noch nicht* eigen war,
als Beute anzueignen. J.E. Fossum, kaum eine Gelegenheit der Spekulation aus-
lassend, macht die Konsequenzen deutlich: Von Jesus sei hier als dem zweiten
Adam die Rede, der der Versuchung des ersten ("to become like God") widerstand "in favor of his 'emptying' himself"[78]. Die Bedeutung „an etwas festhalten,
das einem rechtmäßig schon gehörte" ist nicht nachweisbar und wird durch be-
teuernde Wiederholung nicht nachgewiesen, müßte also, was natürlich möglich
ist, speziell für Phil 2,6 postuliert werden.

Die strukturelle Abfolge in dem Enkomion auf Mose, das Philo in vitMos
1,148–162 exkursartig einschaltet, ist für R. Brucker interessant: „Mose verzichtet auf Macht und Reichtum und ist nicht auf sein eigenes Wohl bedacht; dafür
wird er von Gott zu seinem Teilhaber und Erben eingesetzt, mit Macht über die
Elemente versehen und sogar mit dem göttlichen Namen ausgestattet."[79] Und
wenn dies „noch mit dem Gedanken der Präexistenz und der Aufforderung, diesem ,vollkommenen Urbild der Tugend' nachzueifern, verbunden wird, sind im
Grunde die wesentlichen Strukturmerkmale für Phil 2,6–11 beisammen."[80] Aber
zwischen der mythischen Präexistenz des Gottgleichen, der seine himmlische
Hoheit hinter sich läßt, und der philosophischen Präexistenz der Idee der νόμοι
ἄγραφοι, die sich in Gestalten wie Abraham und Mose als Urbildern der Tugend
verleiblicht haben (vitMos 1,162; Abr 5, 276), liegen Welten. Weil nun also Mose
zu jenen Männern gehörte, die ihr Leben als sittliches Paradigma (vitMos 1,158)
bzw. als Archetypen (Abr 3) gestaltet haben, das die Späteren zum Nacheifern
ermuntern soll, geht das philonische Enkomion ganz selbstverständlich in die
paränetische Anwendung über (vitMos 1,159, 160f.), weil es ja insgesamt um
Vorbild und Nachahmen der ἀρετή geht. Und das ist in Phil 2,6–11 gerade nicht

---

[74] R. Brucker, ,Christushymnen' 311, vgl. 35.
[75] R. Brucker, a.a.O. 313.
[76] R. Brucker, a.a.O. 179–210.
[77] R. Brucker, a.a.O. 227.
[78] J.E. Fossum, Name 294.
[79] R. Brucker, ,Christushymnen' 224.
[80] R. Brucker, a.a.O. 316.

der Fall: Paränese V. 5 und Christuslied V. 6–11 sind nicht durch das Motiv ἀρετή miteinander verflochten, und man darf das Motiv auch nicht unbewußt über die Gattungsbestimmung „laus Christi" einführen, indem man noch im Ohr hat: „Der Epainos zeige die Größe der Tugend auf (daher könne auch jemand gelobt werden, der keine Taten vorzuweisen habe)."[81] So aber geht R. Brucker vor, wenn er Phil 2,1–4 und 2,5–11 derart aufeinander bezieht, daß „2,5–11 die in v. 1–4 geforderte Geisteshaltung durch das Beispiel Christi verdeutlicht"[82].

Wie anders die Dinge ausfallen, wenn Paulus Christustext und Paränese ad hoc formuliert, zeigt schön 2Kor 8,9, wo „im Zusammenhang mit der Kollekte nach Jerusalem, an der sich die Agape der Gemeinde als echt erweisen soll", wie M. Hengel formuliert, „die Reich-Arm-Metaphorik" direkt „an die paränetische Situation des Kontextes angepaßt" ist[83]. Im Unterschied zu Phil 2,6–11 fehlt hier der soteriologische Bezug δι' ὑμᾶς ... ἵνα nicht, dessen Nichterwähnung in Phil 2,6–11 speziell nach V. 4b erklärungsbedürftig wäre.

R. Brucker behauptet, der Abschnitt 2,5–11 werde durch Vorwegnahme einiger Begriffe sorgfältig vorbereitet[84]. Aber V. 5 gehört noch gar nicht zum „Christuslob" selbst, sondern stellt, die vorausgehende Paränese zusammenfassend, das paränetische Bindeglied dar, so daß die Beispiele 2,1 ἐν Χριστῷ – 2,5 ἐν Χριστῷ Ἰησοῦ und 2,2 φρονῆτε / φρονοῦντες – 2,5 φρονεῖτε, die R. Brucker anführt[85], von vornherein entfallen. Da die Wendungen ἀλλήλους ἡγούμενοι ὑπερέχοντας ἑαυτῶν 2,3 und οὐχ ἁρπαγμὸν ἡγήσατο τὸ εἶναι ἴσα θεῷ 2,6 inhaltlich nicht vergleichbar sind, fällt auch dieses Beispielpaar R. Bruckers dahin. So bleiben die zwei Motive übrig, die der Grund sind, warum Paulus hier auf den vorgegebenen Wortlaut des Christusliedes zurückgegriffen hat: 2,3 μηδὲ κατὰ κενοδοξίαν ἀλλὰ τῇ ταπεινοφροσύνῃ – 2,7 ἑαυτὸν ἐκένωσεν und 2,8 ἐταπείνωσεν ἑαυτόν. Daß Christus μορφὴν δούλου angenommen hat (V. 7b), sein Gehorsam (V. 8b), beides steht zur Paränese 2,1–5 ohne Beziehung da. Was Paränese und Lied miteinander verbindet, und dies natürlich absichtsvoll, sind die Motive Demut und Erniedrigung. Der Skopus des Liedes aber liegt in der Erhöhung des Gehorsamen, die in der Huldigungsaussage V. 11b ihre Spitze erreicht. Paränese und Lied haben also inkongruente Skopoi. Dieser Befund, nicht das Phänomen Stilwechsel, ist der Grund, für Phil 2,6–11 eine vorliterarische Herkunft anzunehmen. Mit dem Wortlaut von 1Petr 5,5f. z. B. wäre ein anderer Fall gegeben.

Trotz differierender Einschätzung, ob Lied oder laus, ordnet R. Brucker „Kola", „Blöcke" und Teile in fast der gleichen Weise an, die ich auch angeboten habe. Wenn man sich aber die von ihm als Blöcke 1 und 2 bezeichneten Perioden genauer ansieht, führt der erste Block von der μορφὴ θεοῦ über ἑαυτὸν ἐκένωσεν

---

[81] R. BRUCKER, a.a.O. 113.
[82] R. BRUCKER, a.a.O. 296.
[83] M. HENGEL, Präexistenz 494 f.
[84] R. BRUCKER, ‚Christushymnen' 287.
[85] R. BRUCKER, a.a.O. 288.

zur μορφῇ δούλου. Der zweite Block führt von ἐν ὁμοιώματι ἀνθρώπων γενόμενος über ἐταπείνωσεν ἑαυτόν zu γενόμενος ὑπήκοος. Daraus erhellt, daß der Text nicht auf die „‚Sklavengestalt' menschlicher Daseinsweise"[86] abhebt, sondern eine Bewegung in zwei Etappen beschreibt, die einmal zu μορφὴν δούλου λαβών, zum andern zu γενόμενος ὑπήκοος führt. Diesen zwei Stufen hinab bis zum Tod am Kreuz korrespondieren die beiden ὑπέρ-Aussagen in V. 9a und b, ὑπερύψωσεν und τὸ ὄνομα τὸ ὑπὲρ πᾶν ὄνομα. Die göttliche Hoheit vom Anfang des Liedes steht, wie M. Hengel zutreffend beobachtet hat, „in dem – unüberbietbaren – Kontrast zu dem in der antiken Welt jedermann bekannten schändlichen Sklaventod am Kreuz."[87]

Die in meinem Beitrag zu Joh 1,1–18 entwickelte und begründete Theorie des dreistufigen Wachstums bis zum jetzt vorliegenden Einführungstext zum Johannesevangelium vollzieht in anderer Weise auch H. Merklein: Er ermittelt für Joh 1,1.3–5.10–12ab eine urchristliche hymnische Vorlage[88], erkennt klar, daß die V. 14.16 erst sekundär hinzugefügt sein können, aber, wie er meint, vom Evangelisten in einer ersten Bearbeitung, die ihn wohl auch die V. 12c.13 und 17f. im Sinne einer Leseanweisung einfügen ließ[89], und versteht schließlich die V. 6–8(9) und 15 als redaktionelle Anpassung an das schon fertig vorliegende Evangelium im Zuge einer zweiten Bearbeitung durch den Evangelisten[90]. Der Vorschlag wird den Gegebenheiten des johanneischen Textes m.E. nicht gerecht. H. Merklein argumentiert, mit dem „Kommen" des Logos könne nur sein geschichtliches Auftreten in Jesus gemeint sein. Dafür spreche auch die Aoristform der Verben, die die ganze vierte Strophe (sc. V. 11.12ab) beherrsche[91]. Dem ist aber nicht so, wie die weisheitlichen Parallelen Sir 24,10–12; Bar 3,37; äthHen 42[92] zeigen. Im übrigen korrespondiert in H. Merkleins Rekonstruktion οὐ παρέλαβον (V. 11) den Formen οὐ κατέλαβεν (V. 5) und οὐκ ἔγνω (V. 10). Höchst kompliziert erscheint sodann die Vorstellung, der Evangelist habe seine Vorlage zweimal bearbeitet, einmal um eine Lektüreanleitung zum Evangelium daraus zu machen, später um diese Leseanweisung allererst an das Evangelium anzupassen. So kompliziert kann Schreiben in der Tat sein, aber wir können die Theorie nicht an der Basis des Textes verifizieren. Warum sollte der Evangelist, zumal wenn in V. 11 ohnehin schon *christologisch* vom Kommen des Logos die Rede gewesen war, in den V. 14.16 noch einmal, dazu als Klimax, u.zw. mit ihm fremder Terminologie das syntaktische Verfahren seiner Vorlage nachahmend, zum Abstieg des Logos[93] das Wort nehmen? Und schließlich sind die redaktio-

---

[86] R. BRUCKER, a.a.O. 308.
[87] M. HENGEL, Präexistenz 490.
[88] H. MERKLEIN, Geschöpf 246f.
[89] H. MERKLEIN, a.a.O. 247, 260.
[90] H. MERKLEIN, a.a.O. 254f., 260.
[91] H. MERKLEIN, a.a.O. 252.
[92] Vgl. dazu R. BERGMEIER, Weisheit 77–83.
[93] H. MERKLEIN, Geschöpf 252.258.

nellen Verschränkungen zwischen Täufertexten und Logos-Sohn-Aussagen in Joh 1 insgesamt (s. S. 172) so authentisch, daß von einer nur tertiären Anpassung nicht gesprochen werden kann.

Die johanneische Forschung hat durch Kommentare und Aufsatzsammlungen in jüngster Zeit vielerlei Bündelung und jeweilige Ergebnissicherung erfahren. O. Hofius' Beiträge zu Joh 1,1–18, auf die ich mich in meinem Aufsatz zu Joh 1 beziehe, liegen inzwischen in dem Sammelband exegetischer Studien vor, „die zentralen Texten des vierten Evangeliums und gewichtigen Themen der johanneischen Theologie gewidmet sind"[94]. In die unmittelbare Nachbarschaft zu 8. *Gottesherrschaft, Taufe und Geist. Zur Tauftradition in Joh 3* (S. 185–205) gehört „*Das Wunder der Wiedergeburt*"[95], ein Aufsatz, der auch Anregungen aus meiner Untersuchung zum prädestinatianischen Dualismus im vierten Evangelium *Glaube als Gabe nach Johannes*[96] aufgreift und vertieft. Im Unterschied zu meinem Beitrag zu Joh 3 sieht O. Hofius den Versuch geboten, „einen anspruchsvollen Text des vierten Evangeliums aus sich selbst heraus zu interpretieren"[97]. Sosehr das zu begrüßen ist, sosehr wird man sich darüber klar sein müssen, daß kaum jemand in der Lage sein dürfte, von seinem je schon mitgebrachten Vorverständnis ganz abzusehen. Differenzen ergeben sich in der Frage der Perikopenabgrenzung, wobei mir die Abgrenzung Joh 2,23–3,36 aufgrund ihrer klaren Struktur als zweiteilige Komposition mit jeweils dreiteiliger Untergliederung nicht widerlegt erscheint[98], sowie in der Deutung von V. 12. O. Hofius argumentiert: „Die ἐπίγεια meinen die Heillosigkeit des der *irdischen* Sphäre verhafteten Menschen, die ἐπουράνια das Heilsgeschehen der Inkarnation und des Kreuzestodes dessen, der, seinem Ursprung und Wesen nach der *himmlischen* Sphäre zugehört."[99] Damit folgt er der Interpretation R. Bultmanns, die dieser aber aus der dem Evangelisten unterlegten Entmythologisierung der Sprache des gnostischen Mythos gewonnen hatte: „Die Rede von der Wiedergeburt gehört insofern zu den ἐπίγεια, als sie ein Urteil des Menschen über seine Situation in der Welt enthält, eben das, daß er als von der σάρξ Geborener σάρξ ist, daß er verloren ist und das erstrebte Wohin seines Weges nicht erreicht, da sein Woher

---

[94] O. Hofius und H.-C. Kammler, Johannesstudien V. Die Beiträge sind: Struktur und Gedankengang des Logos-Hymnus in Joh 1,1–18, a.a.O. 1–23, „Der in des Vaters Schoß ist" Joh 1,18, a.a.O. 24–32.

[95] O. Hofius, Jesu Gespräch mit Nikodemus Joh 3,1–21, a.a.O. 33–80.

[96] Zur Frage, wie sich die Notwendigkeit der Neugeburt in den prädestinatianischen Dualismus einordne, vgl. R. Bergmeier, Glaube 216–220. Dort wurde auch der Nachweis erbracht, daß es sich bei Justin, Apologie I 61,4f. um freie Wiedergabe des johanneischen Textes von 3,3ff. handelt, s. Glaube 217 mit Anm.261 auf S. 251, aufgegriffen von M. Hengel, Frage 64; J. Frey, Eschatologie I, 375f.; O. Hofius, Wunder 41.

[97] O. Hofius, a.a.O. 33.

[98] Vgl. auch U.Schnelle, Johannes 81, Anm. 108; zum Beginn der Perikope auch H. Merklein, Gott 264f.

[99] O. Hofius, Wunder 58f.

ein verfehltes ist."[100] Der systematisch-theologische Zugriff, wonach die ἐπίγεια sachlich-inhaltlich die Notwendigkeit der Wiedergeburt bezeichneten[101], wird dem Textverlauf, wie ihn der Evangelist organisiert hat, m.E. nicht gerecht. Die Einwände, die Nikodemus erhebt, betreffen nicht die Frage der *Notwendigkeit* der Neugeburt, sondern das πῶς δύναται (3,4.9), d. h. die Frage des *Verstehens*, die johanneisch eine Frage des Glaubens ist. Folgt man dem Duktus des johanneischen Textes, müßte man also mit U. Wilckens paraphrasieren: „Bislang war von ‚dem Irdischen' die Rede – eben davon, wie ‚aus dem Fleisch gezeugte' Menschen zu solchen werden können, die ‚aus dem Geist gezeugt' sind."[102] Dieses Wie? aber betrifft ἐκ τοῦ πνεύματος V. 5 f., ἄνωθεν V. 3, also ἐκ θεοῦ 1,13. Und da muß man ja wohl im Sinne von Ch.K. Barrett entgegenhalten, daß der Evangelist das kaum als ἐπίγεια bezeichnet hat[103]. Nein, die Einwände des Nikodemus im Verlauf des theologischen Gesprächs über die Notwendigkeit der Neugeburt dokumentieren das Unvermögen des jüdischen Theologen, zu *verstehen*. Und die Abfolge, die das Unvermögen konstatiert, lautet: οὐκ οἶδας – οὐ γινώσκεις – οὐ λαμβάνετε – οὐ πιστεύετε (3,8–12). Deshalb ist ὃ οἴδαμεν λαλοῦμεν V. 11 streng auf οἴδαμεν ὅτι V. 2 zu beziehen, wie ja auch O. Hofius kommentiert: „Menschliches ‚Wissen', wie es sich in V. 2b.c artikuliert, kann gewiß zu hohen Urteilen über Jesus kommen; sein Persongeheimnis erreicht es jedoch *nicht*. Nur Jesus selbst vermag sein Persongeheimnis zu erschließen, ist doch sein ‚Wort' (λαλεῖν) und ‚Zeugnis' (μαρτυρεῖν) die authentische Selbstoffenbarung dessen, der aus der Welt Gottes kommt und der ewige Sohn des Vaters ist."[104]

IV. Zum Problem vorchristlicher Gnosis: Untersuchungen zur Gestalt des Simon Magus in Act 8 und in der simonianischen Gnosis

Zu der umstrittenen Frage, ob es eine vorchristliche Gnosis gegeben hat, gehört als ihr Schatten die umstrittene Deutung der Gestalt des Simon Magus aus Act 8. Ich bin ihr mehrfach in voller Absicht nachgegangen, aber gelegentlich auch ungewollt begegnet. Daraus ergab sich die Zusammenstellung folgender Beiträge: *9. Quellen vorchristlicher Gnosis?* (S. 209–229), *10. Zur Frühdatierung samaritanischer Theologumena: „Die große Macht"* (S. 230–237), *11. Die Gestalt des Simon Magus in Act 8 und in der simonianischen Gnosis – Aporien einer Gesamtdeutung* (S. 238–246). H.G. Kippenberg hat seine Positionen zur simonianischen Gnosis noch einmal dargeboten in: *Textbuch zur neutestamentlichen*

---

[100] R. BULTMANN, Johannes 106.
[101] R. BULTMANN, a.a.O.; O. HOFIUS, Wunder 59; H. MERKLEIN, Gott 269.
[102] U. WILCKENS, Johannes 70.
[103] CH.K. BARRETT, Evangelium 232, s. auch H. MERKLEIN, Gott 269.
[104] O. HOFIUS, Wunder 57.

Zeitgeschichte[105]. J.E. Fossum seinerseits ist durch mehrere Veröffentlichungen hervorgetreten, so z.B.: *The Name of God and the Angel of the Lord*[106] (vgl. dazu meine Besprechung in ThLZ 111, 1986, 815–817), *Sects and Movements*[107], dazu alle Artikel, die irgendwie mit Sektentum zu tun haben, in: *A Companion to Samaritan Studies*[108]. Die Arbeiten beider Autoren leiden an dem gleichen Fundamentalfehler: Man will nicht zur Kenntnis nehmen, daß die Quellen zur simonianischen Gnosis selbst die Gestalt des Simon gar nicht als ἡ δύναμις ἡ μεγάλη bezeichnen, sondern andere Dynamis-Syntagmen benützen. Einerseits muß man sich so den Ausdruck von Act 8,10 ἡ δύναμις τοῦ θεοῦ ἡ καλουμένη μεγάλη allererst zurechtstutzen, andererseits im Blick auf die Quellen zur simonianischen Gnosis behaupten, was nicht zu belegen ist: „Eine zweite Antwort geht von dem Begriff der Großen Macht aus, der sich durch fast alle antiken Bemerkungen über die simonianische Gnosis hindurch zieht und der seine Vorgeschichte aller Wahrscheinlichkeit nach in der Religion der Provinz Samaria hat, mit der Simon und seine Sekte eng verbunden waren."[109] – "In later sources Simon is known as simply 'the Great Power'," und "the reasons for Simon's apparent preference for the name 'the Great Power' are not difficult to find. In the first place, this was a wellknown divine epithet in Samaritanism. Secondly, in some quarters it was used as a name of the divine Glory, whom the Samaritans identified with the Angel of the Lord, God's human form of appearance."[110] Ganz ausgeblendet bleibt bei solcher Argumentation natürlich der chronologische Aspekt, daß entsprechende samaritanische Quellen uns *bestenfalls* aus dem dritten nachchristlichen Jahrhundert zur Verfügung stehen: "The earliest prayers are the Aramaic prayers of ʿAmram, Marqe and Ninna, dated to the fourth (and perhaps even third) century CE."[111]

Förmlich zurückweisen muß ich die Interpretation, die J.E. Fossum dem ersten Punkt meiner Auseinandersetzung mit G. Lüdemann (S. 238 f.) unterlegt hat: „Bergmeier, pp. 267 f., compares the figure of Simon to that of the deacon Nicolaus (Acts 6:5), who was attributed with heretical teachings by the Church Fathers."[112] Tatsächlich habe ich überhaupt nicht die beiden Figuren miteinander verglichen, sondern allenfalls, nämlich *als Möglichkeit,* die man nicht stillschweigend übergehen darf, die Art und Weise, wie die Kirchenväter ihnen beiden aus Mangel an näherer Kenntnis alle möglichen gnostischen Lehren zuge-

---

[105] H.G. Kippenberg, Samaritaner 102–104.

[106] J.E. Fossum, Name 162–191 u.ö.

[107] In: A.D. Crown (Hg.), Samaritans, speziell 357–389.

[108] Ed. by A.D. Crown, R. Pummer and A. Tal, vgl. dazu meine Besprechung in ThLZ 121, 1996, 37 f..

[109] H.G. Kippenberg, Samaritaner 103.

[110] J.E. Fossum, Sects 364 und 376.

[111] M. Florentin, Art. Liturgy 148. Vgl. ferner A. Tal, Literature 451; R. Pummer, Rituals 672 f., Anm. 144.

[112] J.E. Fossum, Sects 361, Anm. 274.

schrieben haben, die aber dann durch Festmachen einerseits an Act 8,21–23 und
andererseits an Apk 2,6 als schon von den Aposteln verurteilt erscheinen. Und
darüber, *daß* dem Simon ihm Fremdes unterschoben wurde, waren sich beide
Positionen, die ich aufeinander bezogen habe, einig gewesen, die von G. Lüdemann und die von K. Beyschlag. Im übrigen setzt J.E. Fossum selbst mit der ihm
eigenen Phantasie hier allenfalls noch kräftig einen drauf: Simon oder die Simonianer hätten sich an die Tradition vom Tod Moses angeschlossen, "who was
believed to have disappeared into a cave but not to have died there. The Christians then would have converted the Simonian belief into a parody of the death and
resurrection of Jesus."[113] Oder, nicht weniger phantastisch: "Since Simon appears
to have claimed to be the Prophet like Moses, the only prophet acknowledged by
the Samaritans, it is plausible that he could have turned against the Jewish prophets
and their 'precepts'. Irenaeus, however, easily could have misconstrued this as an
antinomianism in the vein of a radical Pauline antagonism of Grace and Law like
that of Marcion."[114]

Alle diese Aufstellungen, und was daran angelehnt ist, werden dem Bilde Simons, das in Act 8,9–25 auszumachen ist, nicht gerecht, wie F. Heintz mit seiner
gründlichen Stiluntersuchung der Perikope gezeigt hat. Einerseits erkennt er klar,
daß die Wahrnehmung der Gestalt des Simon in Act 8 befreit werden muß von
einer «lecture *a posteriori* du récit lucanien», die sich von den patristischen
Nachrichten über die gnostische Lehre Simons leiten läßt[115]. Andererseits müsse
der Text der Apostelgeschichte replaziert werden «dans le cadre de la littérature
polémique propre à l'époque hellénistique»[116]. Vom Leitbild der rhetorischen
Invektive her kann F. Heintz die Beobachtung E. Haenchens zur Darstellung der
Apostelgeschichte, was die *Diffamierung des Wundertäters* Simon als eines
Magiers betrifft, positiv aufnehmen, sie aus ihrem Frondienst der gnostischen
Interpretation Simons entlassen und als integralen Bestandteil des Gesamttextes,
was dessen Skopus und die rhetorische Topik angeht, zu Ehren bringen.

V. Der Seher Johannes als Interpret von Vorlagen und Quellen

Seine ausgewählte *Literatur zur Johannesapokalypse 1980–1996* beschließt
T. Holtz mit dem dringenden Wunsch, „einen neuen großen wissenschaftlichen
Kommentar zur Johannesapokalypse zu erhalten"[117]. Diesen Wunsch hat nun
allerdings jener Autor sehr schnell in Erfüllung gehen lassen, dem T. Holtz ange-

---

[113] J.E. Fossum, a.a.O. 382.
[114] J.E. Fossum, a.a.O. 389.
[115] F. Heintz, Simon 13.
[116] F. Heintz, a.a.O. 3.
[117] T. Holtz, Literatur 413. Ergänzend zur Literaturauswahl sei hingewiesen auf O. Böcher,
Johannesapokalypse 155–191.

sichts der Behauptung, das letzte Buch der Bibel sei kein apokalyptisches, sondern ein prophetisches, gerne noch die Warnung vor der Verkennung des Apokalyptischen mit auf den Weg gegeben hätte[118]: H. Giesen. Aber H. Giesen hat gleichwohl einen großen, in vielerlei Hinsicht vorzüglichen Kommentar vorgelegt, der sowohl in der Literaturverarbeitung als auch in der Auslegung der Johannesapokalypse als literarisches und theologisches Werk höchst beachtlich ist. Die von T. Holtz kritisierte Position aus der „Vorarbeit" zum großen Kommentar hat der Autor, z.T. wörtlich, beibehalten und in großer Breite zu begründen versucht[119]. Darüber hinaus hat H. Giesen, wie M. Karrer in seiner Besprechung hervorhob, in puncto Literarkritik den Forschungsgang zu einer neuen Spitze geführt, indem er „nicht nur die Einheit der Offenbarung im Ganzen" sichert, sondern auch die Benützung von Quellen rundum, sogar für Apk 11 und 12, bestreitet: „Vielleicht ist damit ein Wendepunkt erreicht, nach dem die Literarkritik wieder zunehmen wird."[120] Man darf sich ja die Augen nicht davor verschließen, daß das Zurückfahren der quellenkritischen Betrachtungsweise sowohl in der alt- als auch in der neutestamentlichen Wissenschaft nicht nur aufgrund je vertiefter Einsicht, sondern eben auch nach allgemeinem Trend erfolgt ist. T. Holtz findet in seiner Besprechung von D.E. Aunes gerade eröffnetem Kommentarband, daß sich darin der Wendepunkt bereits andeute, den M. Karrer anvisiert habe[121]. Und O. Böcher hat, m.E. zu Recht, schon ein Zeichen der Besinnung gesetzt, daß die älteren Untersuchungen nicht ohne Grund literarkritisch orientiert waren, wenn auch gelegentlich sich ins Maßlose verlierend: „Nicht anders als die Autoren der jüd. ‚Apokalypsen' (Hen. aeth., Jub., 4 Esr., Apk. Bar. syr. u.a.) hat auch der christl. Apokalyptiker auf ältere Quellen zurückgegriffen, die sich, trotz redaktioneller Veränderungen, nach Umfang u. Eigenart noch deutlich vom Kontext abheben."[122] Der Klärung der von ihm eigens genannten literarischen Einheiten sind auch die folgenden Beiträge verpflichtet, immer aber mit dem Ziel, der Aussageabsicht des christlichen Sehers auf die Spur zu kommen: *12. Altes und Neues zur „Sonnenfrau am Himmel (Apk 12)". Religionsgeschichtliche und quellenkritische Beobachtungen zu Apk 12,1–17* (S. 249–261), *13. „Jerusalem, du hochgebaute Stadt"* (S. 262–282), *14. Die Buchrolle und das Lamm (Apk 5 und 10)* (S. 283–300), *15. Die Erzhure und das Tier: Apk 12,18–13,18 und 17f. Eine quellen- und redaktionskritische Analyse* (S. 301–320). Wenn nun D.E. Aune die Schriftrolle von Apk 5 mit den Worten kommentiert "The scroll and its contents ... include the entire eschatological scenario extending from 6:1

---

[118] T. Holtz, a.a.O. 403.
[119] H. Giesen, Offenbarung 13–34.
[120] M. Karrer, ThLZ 123, 1998, 476–478: 476.
[121] T. Holtz, ThLZ 124, 1999, 42–45: 44.
[122] O. Böcher, Art. Johannes-Apokalypse 611. Vgl. auch D.E. Aune, Revelation CXIX–CXX.

through 22:9"[123], so kommt das mit dem Ergebnis meiner Untersuchung überein[124], nur daß ich noch die Fragen zu klären hoffte, warum in Kap. 5 Christus
ausgerechnet als τὸ ἀρνίον eingeführt wird und das Vorbild der ezechielischen
Buchrollenvision sowohl in Kap. 5 als auch in Kap. 10 präsent ist.

Wer wie H. Giesen *allen* Quellenstudien entsagt und selbst der traditionsgeschichtlichen Deutung nur begrenzt zutraut, „zum eigentlichen Verständnis der
Offb" beizutragen[125], muß angesichts der Rätsel, die das letzte Buch der Bibel
uns aufgibt, zu Lösungen greifen, die nicht selten mehr Beschwichtigung als
Erklärung sind. Eine Argumentationsfigur H. Giesens, die sich aus der Eliminie-
rung der Literarkritik ergibt, lautet: Johannes nehme Unstimmigkeiten, ja sogar
Gegensätze auf der Bildebene in Kauf, da es ihm ja auf die Sachaussage ankom-
me[126]. Aber eine solche Lösung provoziert dann die Frage, ob der Verfasser des
letzten Buchs der Bibel etwa nicht in der Lage war, Bilder, die er selbst entwik-
kelte, seinem Interesse an Symbolik und Sachaussage entsprechend zu entwer-
fen. Und darüber jedenfalls steht uns ein Urteil nicht zu, zumal andere Wege der
Klärung noch nicht zu Ende gegangen sind. Ein Beispiel für die angeführte Argumentationsfigur ist die Interpretation der „Sonnenfrau am Himmel" (Apk 12).
Auf eine Weise, die man nicht wissen kann, findet H. Giesen, daß in Apk 12,13
inzwischen mehr als deutlich sei, daß die Frau das Volk Gottes darstelle, das
durch das Christusereignis zum neuen Gottesvolk geworden sei[127]. Aber warum
redet dann der Text gerade hier noch einmal von der Frau als der, „die das männliche Kind geboren hatte"? Geschickt versucht H. Giesen Widerspruch zu be-
schwichtigen: „Damit kein Zweifel an der Identität der Frau besteht, die der auf
die Erde gestürzte Drache verfolgt, wird ausdrücklich wiederholt, daß sie es ist,
die den Sohn geboren hat."[128] Indessen, mit welcher Frau sollte der Leser von
Kap. 12 die genannte Frau sonst identifizieren? Und wenn die Frau schon das
neue Volk Gottes darstellte, warum müssen dann die Christen eigens als „die
übrigen ihres Samens" als Verfolgte genannt werden, während andererseits „die
Kirche als Ganzes" an einem *irdischen* Ort Schutz findet? Das zeigt doch, daß der
Zugriff auf die vermeintliche Sachaussage auch ins Leere greift. W. Huß hatte
hier sehr klar gesehen: Die Ansicht sei nicht völlig unbegründet, „daß der Verfasser der Apokalypse selbst keine eindeutige Vorstellung mit der γυνή verband.
Zumindest hat er sie … nicht gedeutet. Bei einem Apokalyptiker ist ein solches
Umgehen mit überkommenen Texten nicht sehr verwunderlich: man knüpft an
einzelne Punkte des tradierten Stoffes an und läßt den Rest ungedeutet stehen. Ja

---

[123] D.E. AUNE, a.a.O. 374.

[124] Entgegen der Behauptung M. RISSIS, Hure 14, Anm. 2, ich hätte die Buchrolle „mit dem
ganzen Inhalt der Apk" identifiziert, s. S. 267: Sie ist die Offenbarung der Endereignisse, die
Christus von Gott empfangen und an den Seher Johannes übermittelt hat.

[125] H. GIESEN, Offenbarung 45.

[126] H. GIESEN, a.a.O. 276, 280, 298, 453, 468 u.ö.

[127] H. GIESEN, a.a.O. 292.

[128] H. GIESEN, a.a.O.

es scheint, daß die Undeutlichkeit manchmal bis zu einem gewissen Grad sogar intendiert wird.“[129]

Ein anderes Beispiel ist der Umgang mit dem Befund, der sich mit M. Rissi so beschreiben läßt: „Der Drache ist im Himmel, auf den Moment wartend, da er das Kind verschlingen kann; aber die sofortige Entrückung des Kindes vereitelt seinen Plan.“[130] „Geboren und entrückt“, das sei eine christologische Kurzformel, als wolle damit, fern vom vorgegebenen Text, gesagt sein, Christus sei durch seinen Kreuzestod auf den Thron Gottes gelangt[131], vergleichbar mit anderen neutestamentlichen Kurzformeln, also wie etwa „Paulus von Christus als dem Gekreuzigten“ spricht[132]. „Als Folge des Christusereignisses ist der Himmel frei von widergöttlichen Wesen.“[133] Aber hier interpretiert H. Giesen die Wörter in einer Weise, die sie syntaktisch nicht hergeben. Erst das Lied nach dem Krieg zwischen Michael und dem Drachen singt vom Sieg und interpretiert in V. 11 die zuvor mythisch erzählte Überwindung *nachträglich* christologisch mittels der Wendung „durch das Blut des Lammes“. Denn in der theologischen Interpretation hat H. Giesen völlig recht: „Aus dem Zwischenstück erfahren wir, daß es der Sühnetod Jesu und das Festhalten am Wort des Zeugnisses ist, das die Christen schon hier auf Erden am Sieg Christi teilhaben läßt (V. 11).“[134] Entgegen der bloßen Behauptung J. Roloffs, kaum etwas könnte für die Annahme eines direkten Rückgriffs auf vorgegebene schriftliche Quellenstücke sprechen[135], ist also einerseits auf die soeben angeführte *nachträgliche* christologische Interpretation hinzuweisen, andererseits auf die von J. Roloff selbst angesprochenen „aus dem Mythos übernommenen Züge, deren Integration nicht voll gelungen ist und die darum in der vorliegenden Erzählung seltsam quer stehen“[136].

Sosehr die theologische Auslegung H. Giesens zu begrüßen ist, so entschieden muß die gelegentlich betuliche Art, Probleme durch bloßes „Besprechen“ zu lösen, zurückgewiesen werden. Ganz unzweideutig empfängt das Tier aus dem Meer „seine Macht und seinen Thron, seine Herrschaft (13,2)“[137] vom Drachen, d.h. vom Teufel. Das ist das Gegenteil von Röm 13,1, wenn man nicht, um wie M. Rissi Apk 17,9–17 aus dem ursprünglichen Bestand des Buches ausscheiden zu können, jeden Bezug des Tieres von Kap. 13 auf „eine politische Größe“ rundweg bestreitet[138]. H. Giesen aber erklärt, der Seher biete „keine Lehre über den

---

[129] W. Huss, Gemeinde 129.

[130] M. Rissi, Hure 30.

[131] H. Giesen, Offenbarung 31. M. Rissi, a.a.O. 30, spricht hier von der Paradoxie im Christusbild.

[132] H. Giesen, a.a.O. 283.

[133] H. Giesen, a.a.O. 288.

[134] H. Giesen, a.a.O. 275.

[135] J. Roloff, Offenbarung 124.

[136] J. Roloff, a.a.O. 125.

[137] M. Rissi, Hure 32.

[138] M. Rissi, a.a.O. 33. Das Tier empfängt, wie M. Rissi, a.a.O. 32 selbst formuliert, „seine Macht und seinen Thron, seine Herrschaft (13,2)“ vom Drachen, es führt Krieg mit den Heili-

Staat, so daß seine Lehre nicht im Widerspruch zu positiveren Aussagen über den Staat in Röm 13 oder in 1 Petr 2,11–17 stehen kann"[139]. Aber Röm 13 entwickelt ja auch keine Staatslehre, so daß eine solche Argumentation überflüssig ist.

Die Auslegung zur Gottesstadt Apk 21 f. zeigt auch wieder das Muster, es liege dem Seher wenig daran, eine in sich stimmige Bildebene zu entwickeln[140]. Aber wo liegt das Problem? Daß der Himmel Gottes, aus dem das neue Jerusalem herabkommt, nicht das Himmelsgewölbe von V. 1 ist, bedarf wohl keiner Erklärung. Erklärungsbedürftig wäre aber der Umstand, wie H. Giesen dazu kommt, zu behaupten, das neue Jerusalem sei der Gegenentwurf Gottes zum empirischen Jerusalem, das Teil der gottfeindlichen Welt geworden sei[141]. Mit welchen Worten deutet der Seher Johannes solchen Zusammenhang an?

Und immer wieder folgt aus dem Nein zu möglichen Quellen eine Beschwichtigungsformel: Es gehe nicht um die Vorstellung, sondern um die Aussagekraft der Symbolik. Der Glanz sei Bild für die christliche Gemeinde in ihrer Vollendung[142]. Tatsächlich muß man jedoch die Materialstudien zum Bild der Himmelsstadt, das schon die Quelle des Sehers Johannes vor Augen hatte, gegenüber meinem Versuch von 1984 nicht kürzen, sondern eher ausweiten[143], um auch nur von ferne zu ermessen, warum der Seher sich so ausdrückt, wie er sich ausdrückt. Denn das Bild vom neuen Jerusalem ist nicht von der Idee her entworfen, daß die Stadt die Braut des Lammes ist, sondern das schon fertige Bild ist nachträglich auf die Braut des Lammes gedeutet worden. Zu Recht merkt M. Wilcox an: "In Rev 21,2 the words 'prepared like a bride ...' are only used figuratively of the beauty of the 'New Jerusalem'; they do not say that the city *is* the bride, as is done in 21,9."[144] *Ausgangspunkt* der Rede von Jerusalem ist dabei aber immer wieder der alttestamentlich-jüdische: Jerusalem ist die heilige Stadt 11,2; 21,2.10; 22,19, die geliebte Stadt 20,9, die Stadt Gottes 3,12.

Gelegentlich stünde es dem Exegeten gut an, zu sagen, daß wir Probleme, die der Text aufgibt, nicht lösen können. In Apk 21,17 fällt auf, daß sich die Stadt-

---

gen und besiegt sie (V. 7), da ist die Rede von Gefangenschaft und Schwert (V. 10). Daß in 13,18 die Zahl 666 „eines Menschen Zahl" genannt wird, ist nach M. Rissi, a.a.O. 69, wie 17,9–14 Zutat eines späteren Interpolators. Aber es wird aus M. Rissis Argumentation nicht ersichtlich, warum auf seine Interpolationstheorie seine eigenen Worte, a.a.O. 32, Anm. 100 nicht auch zutreffen: „Solange man den überlieferten Text ohne Künsteleien verstehen kann, sollte man von solchen Versuchen, die sich beliebig nach der Phantasie des Auslegers variieren lassen, Abstand nehmen."

[139] H. Giesen, Offenbarung 303, vgl. 36.
[140] H. Giesen, a.a.O. 453.
[141] H. Giesen, a.a.O. 454.
[142] H. Giesen, a.a.O. 468.
[143] Ergänzende Hinweise: U. Fischer, Eschatologie 115–123 („Aseneth – das himmlische Jerusalem"); C. Deutsch, Transformation 106–126; C. Wolff, Jerusalem 147–158; U. Sim, Jerusalem; K. Beyer, Texte 214–222; ders. im Ergänzungsband: 95–104; M. Chyutin, Jerusalem.
[144] M. Wilcox, Tradition 206, Anm. 3.

mauer gegenüber den gigantischen Ausmaßen der Stadt selbst allenfalls wie die murale Einfriedung[145] eines bretonischen enclos paroissial ausnimmt – wobei man aber hinzufügen muß, daß für antike Menschen eine Stadtmauer von 70 m Höhe auch schon unvergleichlich hoch ist. Das Maß der Elle wird als menschliche Maßeinheit bezeichnet und ganz ungewöhnlich durch ὅ ἐστιν ἀγγέλου ergänzt. Vergleicht man die Ausdrucksweise mit einem Text, in dem sie auf jeden Fall originär verwendet wird, entsteht der Eindruck: Hier ist auf dem Weg vom ursprünglich Gemeinten zum jetzt Gesagten eine Verwirrung erfolgt. In hebrHen 22 C 4 heißt es von den einzelnen Bogen des Regenbogens, ihr Maß sei entsprechend dem Maß der „Wächter" und „Heiligen"[146]. Sollte aber mit Apk 21,17b die Aussage intendiert werden, nicht nach eigentlichem Engelsmaß, sondern in Entsprechung zur gewöhnlichen Elle, wäre merkwürdig, daß in V. 12 neben ihrer Dicke (τεῖχος μέγα)[147] ausdrücklich auch ihre Höhe apostrophiert wird. Und daß in V. 17 die Höhe gemeint ist, geht daraus hervor, daß in V. 16 zuletzt vom Maß der *Höhe* der Stadt die Rede war[148]. Freilich sollte man aufgrund eines unklaren Textbefundes auch nicht die Flucht nach vorne antreten und den V. 17b zur zentralen Aussage des ganzen Abschnitts 21,9–21 erheben, als solle hier die Entsprechung von ἄνθρωπος und ἄγγελος und also die unmittelbare Nähe zwischen Mensch und Engel ausgedrückt werden. Tatsächlich werden ja nicht Mensch und Engel gleichgesetzt, sondern die Meßeinheit wird identifiziert[149], ein Detail, das dem Visionsstil der Engelsführung zuzuordnen ist. M. Chyutin erläutert diesen "angelic tour style" treffend, wie folgt: "The guide is equipped with measuring tools … and measures the various dimensions and shows the author the building in all its details and measurements. In these descriptions, expressions such as 'and he measured', 'and he took me', 'and he led me', 'and he showed me', recur frequently. This is the style used by Ezekiel … Such, too, is the style in the

---

[145] Vgl. Jes 54,12.

[146] H. ODEBERG, 3 Henoch 80, Anm. zu Vss. 4–7, hatte schon 1928 angemerkt: "Cf. Rev. XXi.17." Der Hinweis könnte wieder für jene GUNKELsche Sicht der mythischen Topographie verbucht werden, wonach in der strahlenden Schönheit der Himmelsstadt noch der ursprünglich himmlische Glanz der Sternbilder des Tierkreises und der Milchstraße durchschimmert, s. dazu U.B. MÜLLER, Offenbarung 360. Aber es sei ausdrücklich daran erinnert, daß man den Text Apk 21,19f. einen Bezug der zwölf Edelsteine auf den Zodiakus nur von außen auferlegen kann (S. 280–282), ferner an die Klarstellung eines Forschers, der selbst an der Erhebung der mythischen Topographie brennend interessiert war: H. GRESSMANN, Ursprung 223, Anm. 2: „GUNKEL denkt speziell an die Milchstraße, ohne einen stichhaltigen *Beweis* dafür zu liefern. Einen Beleg dafür, daß eben diese himmlische Erscheinung im älteren Orient als ,Straße' bezeichnet sei, gibt er nicht und gibt es nicht, so viel ich weiß."

[147] U. SIM, Jerusalem 105.

[148] U. SIM, a.a.O. argumentiert, in der Kaiserzeit sei die Mauer unnötig gewesen. „Wollte eine Stadt eine Mauer neu errichten, benötigte sie eine besondere Genehmigung. Daraus läßt sich schließen, daß es sich bei den Daten zur Mauer um Höhenangaben handelt." Das Ergebnis, daß sich die etwa 70m auf die Höhe beziehen, ist, wie aus dem Text der Apokalypse ersichtlich, richtig, die Argumentation nicht nachvollziehbar.

[149] Gegen H. REICHELT, Angelus 87f., 210.

Revelation of St John in the New Testament, in the prophet Zechariah (2.5–10),
and in the New Jerusalem Scroll …"[150] Die Fiktion des Standortes des Betrach-
ters im Südosten (Apk 21,13) erklärt ja auch am ungezwungensten die Reihenfolge der Edelsteine in 21,19f. (s. S. 274).

Was versteht H. Giesen als das eigentliche Anliegen des Sehers Johannes? Er
schreibt: „In seiner eindrucksvollen Schlußvision stellt Johannes seinen Adressaten ein großartiges Bild von der innigen Gemeinschaft der Christen mit Gott
und mit Christus in der eschatologischen Vollendung vor Augen. Für die Beschreibung der Heilsvollendung greift der Seher Bilder aus dem AT und der früh-
jüd. Tradition auf, die er ganz für seine eigentliche Absicht in den Dienst nimmt."
Was aber ist das eigentliche Anliegen des Sehers? „Die Christen sollen sich in der
Gegenwart nicht durch die Faszination des Götter- und Kaiserkults und seiner
Feste hinreißen lassen." Wer den Mahnungen folge und Gott und seinem Christus
auf Erden treu sei, dem winke „als Lohn das unverlierbare Leben, das der Seher
abschließend im neuen Jerusalem als dem Paradies der Zukunft beschreibt."[151]
Um „das eigentliche Anliegen des Sehers" so formulieren zu können, braucht
man gegenüber Quellen- und Traditionsstudien so abweisend nicht zu sein, wie
H. Giesen sich gibt. W. Huß hatte sich in seiner Münchener Dissertation voll der
quellenkritischen Fragestellung geöffnet und doch den Skopos der christlichen
Schrift fast identisch mit H. Giesen bestimmt: Das eigentliche movens zur Abfassung der Apokalypse sei der Protest gegen den römischen Kaiserkult. In den
abschließenden Kapiteln seiner Schrift führe der Apokalyptiker „das dramatische Geschehen seinem Zielpunkt zu, den er unter den Bildern der Braut – Frau,
des neuen Paradieses, der neuen Schöpfung und des neuen Jerusalem schildert.
Vertraute Bilder alttestamentlicher Prophetie und jüdischer Apokalyptik werden
aufgegriffen … Im Grunde stellen diese Bilder Parainesen in Form von Visionen
dar:" Der Blick der bedrängten Gemeinde solle auf die durch die Haltung der
Treue zu erreichende wunderbare Zukunft gerichtet werden[152].

P. Busch wollte „gegen die Thesen der älteren religionsgeschichtlichen Forschung" mit seiner Untersuchung zeigen, daß der Verfasser der Johannesoffenbarung Kap. 12 originär aus einer Mehrzahl traditioneller mythischer Elemente
selbst komponiert hat[153]. Gelungen ist das Unternehmen nicht, weil weder die
Vorgehensweise der Mythenexegese noch die der Auslegung des neutestamentlichen Textes akzeptabel sind. Der Autor von Apk 12 benütze, so P. Busch, „eine
verbreitete Tradition, bei der die Geburt des Messias (des Gottes) die Voraussetzung für den Sieg über das Böse darstellt"[154]. Tatsächlich lautet Apk 12 narrativ
entschieden anders: Als das Kind zur Welt gebracht werden soll, wird es schon

---

[150] M. Chyutin, Jerusalem 12.
[151] H. Giesen, Offenbarung 477, vgl. 35.
[152] W. Huss, Gemeinde 175 und 177.
[153] P. Busch, Drache 242.
[154] P. Busch, a.a.O. 10 (ausgeführt S. 68ff.).

vom Drachen[155] bedroht und muß, eben geboren, vor ihm in Sicherheit gebracht werden. Die Geburt ist also nicht Voraussetzung für den Sieg, sondern Grund für die Verfolgung. Aus der Analyse von Joh 12,31f. ergebe sich, so P. Busch weiter, „daß in Apk.Joh. 12 auf eine Tradition angespielt wird, die von der Erhöhung Christi als Sieg über den Widersacher handelt"[156]. Aber nur Joh 12,31f. spricht von der Erhöhung, und zwar dergestalt, daß sich die Entmachtung des Teufels durch Jesu Kreuzestod und Auferstehung vollzieht[157], während in Apk 12,5 von der Entrückung des eben Geborenen zu seinem Schutz die Rede ist, des Männlichen, der erst in der Zukunft alle Völker mit eisernem Stab weiden wird. Der in der Forschung häufig erhobene Einwand gegen „die christologische Reduktion auf Geburt und Entrückung" wird als Beispiel dogmatischer Voreingenommenheit vorgeführt, die durch ihr Schielen auf ein bestimmtes urchristliches Kerygma der Eigentümlichkeit des Apokalypsetextes nicht gerecht werde. „Gegen diese dogmatisch geprägte Argumentation kann angeführt werden, daß bei dem frühen Apologeten Justin eine Reduktion des Lebens Jesu auf Geburt und Himmelsreise durchaus nachweisbar ist."[158] Aber was Justin in Apologie I 54,8 schreibt, ist mit Apk 12,5 gar nicht vergleichbar. Justin will ja erweisen, daß die „religionsgeschichtlichen Parallelen", wie wir sagen, zwischen Christen- und Heidentum dadurch zustande gekommen sind, daß die Dämonen alttestamentliche Christusweissagungen in heidnischen Mythen nachgeäfft haben. P. Busch attackiert in der Frage des wissenschaftlichen Mythenvergleichs das Prinzip, „den Textvergleich anhand kleiner Einheiten vorzunehmen"[159]. Ein schlagendes Beispiel für die attackierte Vorgehensweise liefert er im vorliegenden Fall selbst. Justin entwickelt nicht aus der Exegese zu Jes 7,14 eine Parallele zur „christologischen Reduktion auf Geburt und Aufstieg zum Himmel"[160]. Wenn man nämlich den Text im Zusammenhang liest, wird folgendes deutlich: Der älteste Prophet, Mose, hatte nicht gerade eindeutig von einem Kommenden gesprochen, der sein Jungtier an den Weinstock binden werde (Gen 49,11; Apologie I 54,5). Das hat die Dämonen in die Irre geführt. So erfanden sie eine Gestalt wie Bellerophontes, der auf seinem Pferd Pegasus zum Himmel aufgestiegen ist (§ 7). Daß sich die Stelle auf den *irdischen* Christus bezog (Mt 21,2; Apologie I 32,6), ahnten die Dämonen nicht. Als sie nun noch gleichzeitig aus Jes 7,4 wahrnahmen, daß der Kommende, der ja kein Pferd brauchen würde, um zum Himmel aufzufahren, sondern δι' ἑαυτοῦ ἀνελεύσεται εἰς τὸν οὐρανόν, von einer *Jungfrau* geboren werden

---

[155] Zur späteren Identifikation des Drachen mit der Schlange (12,9) vgl. TestHiob 43,8. Die Belege zur Vorstellung von einem 7köpfigen Drachen S. 253, Anm. 32, die P. Busch, a.a.O. 62 ausgeschrieben hat, sollten ergänzt werden durch den Hinweis auf G.E. Wright, Archäologie 97, Abb. 60 (Rollsiegel: Der siebenköpfige Chaosdrache wird erschlagen).

[156] P. Busch, a.a.O. 10 (ausgeführt S. 132f.).

[157] U. Schnelle, Johannes 205.

[158] P. Busch, Drache 32.

[159] P. Busch, a.a.O. 34.

[160] P. Busch, a.a.O. 32.

müsse, erfanden sie den Mythos von Perseus. Das alles ist weder von nahe noch von ferne mit Apk 12,5 vergleichbar. Aber P. Busch hat recht, auf die durch die Bezugnahme auf Ps 2,9 signalisierte inhaltliche Verknüpfung mit Kap. 19,11ff. hinzuweisen: „das in 12,5 entrückte Kind kommt in 19,11ff. als blutiger Reiter vom Himmel zurück."[161] Nur kann er das schwerlich als authentisch formulierte Christologie eines frühchristlichen Theologen erweisen: Christus, als eben geborenes Kind entrückt, kommt mit dem vom Blut geröteten Mantel, so „aus der Ankündigung des Kommens Gottes zum Zorngericht über die Völker Jes. 63,1– 6" entlehnt[162], zur Endabrechnung auf die Erde zurück.

Die, wie P. Busch meint, überraschende Parallelität zwischen Apk 12 und Test Jos 19[163] leidet einerseits an der abstrahierenden Art des Vergleichens: „In beiden Texten wird eine Frau vorgestellt, die mit Elementen charakterisiert wird, die sie als jüdische Hoheitsfigur erkennen lassen"[164], andererseits daran, daß es sich bei TestJos 19,3ff. „wahrscheinlich um eine christliche Interpolation in den Patriarchentestamenten", datierend nicht vor 200 n.Chr., handelt[165], wie P. Busch selbst ausführt. Im übrigen ist ἀμνὸς ἄμωμος wohl christologisch (1Petr 1,19), aber nicht messianisch einzuordnen. Und jenes Lamm in TestJos 19,3ff., das weder eigens als Kind thematisiert noch durch Gen 49,9f. charakterisiert wird[166], besiegt die feindlichen Mächte, während das Kind von Apk 12 durch Entrückung in Sicherheit gebracht werden muß. Andererseits möchte P. Busch die Bedeutung des Isis-Horus-Mythos herunterhandeln: „Die historische Vermittlung dieses Mythos zu Apk.Joh. 12 ist … wenig wahrscheinlich."[167] Doch P. Busch weiß es selbst auch zutreffender zu wenden: Elemente des Isis-Osiris-Mythenkreises seien per se schon sehr eng mit Apk.Joh. 12 verwandt – „man denke an die Verfolgung der schwangeren Isis durch Typhon"[168].

Schließlich wäre noch darauf einzugehen, daß nach P. Busch das „Blut des Lammes" methodisch vom „Blut Christi" unterschieden werden sollte, da es einem ganz eigenen Metaphernbereich angehören könnte und also nicht von der Sühnetodvorstellung her zu deuten sei[169]. Durch ihre Analogie mit dem Geschick des „Lammes" haben Christen, die todesmutiges Verhalten zeigen, „Anteil an dessen Blut und damit an dessen überwindender Kraft"[170]. Was sagt der Text der Apokalypse zu dem aufgeworfenen Problem? Nach 5,9f. wurden Menschen zu Königen und Priestern, weil sie, wie P. Busch richtig sieht, durch das Blut des

---

[161] P. Busch, a.a.O. 37.
[162] J. Roloff, Offenbarung 185.
[163] P. Busch, Drache 72.
[164] P. Busch, a.a.O. 73f.
[165] P. Busch, a.a.O. 69.
[166] Gegen P. Busch, a.a.O. 74.
[167] P. Busch, a.a.O. 81.
[168] P. Busch, a.a.O. 151.
[169] P. Busch, a.a.O. 161.
[170] P. Busch, a.a.O. 162.

Lammes für Gott erkauft worden sind. Die Aussage steht in der Tradition früh-christlicher Soteriologie[171] und ist genau mit dem Text verknüpft, den P. Busch aus der Vergleichbarkeit heraushalten will: Apk 1,5 f.

Jesus Christus Apk 1,5 f.	das Lamm Apk 5,9 f.
λύσαντι ... ἐν τῷ αἵματι αὐτοῦ	ἠγόρασας ... ἐν τῷ αἵματί σου
καὶ ἐποίησεν ἡμᾶς βασιλείαν,	καὶ ἐποίησας αὐτοὺς τῷ θεῷ ἡμῶν
ἱερεῖς τῷ θεῷ	βασιλείαν καὶ ἱερεῖς.

Auch die Stellen 1,5 und 12,11 sind miteinander verknüpft:

Jesus Christus Apk 1,5	das Lamm Apk 12,11
ὁ μάρτυς	διὰ τὸν λόγον τῆς μαρτυρίας αὐτῶν
τῷ ἀγαπῶντι ἡμᾶς	καὶ οὐκ ἠγάπησαν τὴν ψυχὴν αὐτῶν
	ἄχρι θανάτου
καὶ λύσαντι ... ἐν τῷ αἵματι αὐτοῦ	διὰ τὸ αἷμα τοῦ ἀρνίου.

Darüber hinaus scheint mir M. de Jonge zutreffend beobachtet zu haben, daß Apk 12,11 durch 5,5 ff. interpretiert wird: Der Sieg der Vollendeten beruht auf dem Sieg des Löwen aus Judas Stamm, ist also Überwindung *kraft* des Blutes des Lammes[172]. Nicht „durch ihre Analogie mit dem Geschick des ‚Lammes' haben sie Anteil an dessen Blut und damit an dessen überwindender Kraft", sondern *kraft* des Blutes des Lammes konnten die vollendeten Zeugen überwinden und, auf die Leser angewendet, können die jetzt lebenden Christen die bevorstehende Trübsal siegreich durchmessen[173]. Sie werden nicht vor Gottes Thron erscheinen, weil sie ihre Kleider weiß gemacht haben durch ihr Martyrium, sondern „durch des Lammes Blut" (7,14 f.).

Zur Interpretation von Apk 12,11 die Stelle 5,5 ff. heranzuziehen, ist aufgrund der Verknüpfungen im Apokalypsetext selbst nicht mehr als recht und billig. Auf einem Umweg hat die Stelle Apk 5,5 ff. es aber geschafft, auch die Auslegung von Joh 19,30 nachhaltig zu bestimmen. Denn es ist ja durchaus nicht so, daß die Exegese vom johanneischen Passionstext her allein und als solchem vom *Sieg* sprechen würde, „den Jesus am Kreuz errungen hat"[174]: „Der Gottessohn ... verläßt die Welt der Fremde mit dem triumphierenden ‚Es ist vollbracht' (19,30) und kehrt siegreich zum Vater in die Lichtwelt zurück"[175], als wäre er ein mandäischer Uthra[176]. Tief hatte sich da zuvor schon ins Bewußtsein eingegraben gehabt, was die große Musik der Bachschen Johannes-Passion aus der Verbin-

---

[171] S. in diesem Bd. S. 287, entsprechend auch D.E. Aune, Revelation 361.

[172] M. de Jonge, Use 273 f.

[173] T. Holtz, Gott 258 („Der Überwinder ist der, der den eschatologischen Kampfesweg siegreich durchmessen hat").

[174] U. Wilckens, Johannes 298.

[175] S. Schulz, Johannes 238.

[176] Vgl. R. Bultmann, Bedeutung 70.

dung von Joh 19,30 und Apk 5,5 geschaffen hatte, indem der zweite Teil der Alt-
Arie „Es ist vollbracht!", das Sterben des Gottessohnes begleitend, kommentiert:

> „Der Held aus Juda siegt mit Macht
> Und schließt den Kampf.
> Es ist vollbracht!"

Und es ist da wie bei der Interpretation von Joh 1,14, die sich ja auch schwertut,
die Stelle nicht nach Maßgabe des *et incarnatus est* der Messe, der h-moll-Messe
zumal, aufzufassen, wie schon R. Bultmann vor Augen geführt hat: „Wie mit
dem *et incarnatus est* der Messe setzt ein neuer Ton ein. ... Jetzt wird das Rätsel
gelöst, indem das Wunder ausgesprochen wird: der Logos ward Fleisch!"[177] Tatsächlich nämlich stellt Joh 1,14 nicht die Menschwerdung des Logos ins Zentrum
der Betrachtung, sondern hebt ab auf das Schauen des Glanzes seiner Gottheit, wie
nur von Gott geschenkter Glaube es dankend rühmen kann (1,1c.14d.18b). Denn
solcher Glaube hat – wie der Evangelist später deutlich machen wird – in Jesus
den Vater gesehen (14,9).

---

[177] R. BULTMANN, Johannes 38.

I. Das Gesetz im Römerbrief
und weitere Studien zum Verständnis
von Schrift und Tora im Neuen Testament

1. Das Gesetz im Römerbrief

0. Vorüberlegungen

0.1. Zur Hermeneutik

Die *Unterscheidung von Gesetz und Evangelium* war für *Martin Luthers* Theologie grundlegend. H.M. Müller ruft daher in dem O. Hofius gewidmeten Band von „Studien zur Hermeneutik des Evangeliums" vernehmlich in Erinnerung: „Nur wer diese Unterscheidung vornimmt und sein Denken von ihr leiten läßt, ist nach Luther ein guter Theologe."[1] Man wird sodann nicht in Abrede stellen können, daß die „Unterscheidung von Gesetz und Evangelium als Grundlage für die Lehre von der Glaubensgerechtigkeit" aus Luthers exegetischen Bemühungen um die Paulusbriefe erwachsen ist[2]. Sie ist wohl *aus* den Paulusbriefen gewonnen, stellt aber eine *eigenständige* Weiterentwicklung paulinischer Gedanken, nicht Theologie des Paulus selbst dar. „Luther ist sich", so H.M. Müller weiter, „bewußt gewesen, mit seiner Unterscheidung des Gesetzes vom Evangelium die Wahrheit Christi als erster ans Licht gebracht zu haben", nur Augustin habe etwas davon geahnt[3]. Aber weder ist die Formel *als solche* paulinisch, noch entspricht sie generell dem theologischen Sprachgebrauch des Apostels. So hat schon A. Harnack ausgeführt: „Seit Augustin ist in der christlichen Glaubenslehre des Abendlandes der Gegensatz von Gesetz und Evangelium sachlich und formelhaft scharf ausgebildet und aus den Briefen des Paulus begründet worden. Allein Paulus selbst, obschon der Gegensatz im allgemeinen seiner Überzeugung entspricht, hat ihn doch niemals so formuliert." Am nächsten komme der antithetischen Formel „Gesetz und Evangelium" die Stelle Röm 10,4: τέλος νόμου Χριστός[4]. Eine solche antithetische Einordnung setzt indessen ein Verständnis des Gesetzes voraus, das in seiner Negativität an einzelnen Paulusstellen zwar je und je festzumachen, aus den Texten im Zusammenhang aber exegetisch nicht zwingend zu begründen ist.

Woher rührt, könnte man in Anlehnung an M. Limbeck fragen, „der Schatten auf dem Gesetz"[5]? Ist er „nichts anderes als die Auswirkung der dunklen Seite" des paulinischen Gottesbildes[6]? Oder ist er die Schattenseite einer ehemaligen

---

[1] H.M. MÜLLER, Evangelium 101.
[2] H.M. MÜLLER, a.a.O. 102.
[3] H.M. MÜLLER, a.a.O. 108.
[4] A. HARNACK, Entstehung 218.
[5] M. LIMBECK, Gesetz 118–122.
[6] M. LIMBECK, a.a.O. 124. Der Zusammenhang von Tora und Gottesbild pflegt in der Literatur höchst unterschiedlich wahrgenommen zu werden. Für J. BLANK, Erwägungen 49, führt die Frage nach der Geltung der Tora „immer zur Frage nach Gott". P.-G. KLUMBIES, Rede 251, konstatiert, für Paulus sei sein Gottesverständnis mit dem des Judentums unvereinbar. Vgl.

Überidentifikation mit dem Gesetz, wie G. Theißen analysiert: „Der demonstrative Gesetzesstolz des Pharisäers Paulus war Reaktionsbildung auf einen unbewußten Gesetzeskonflikt, in dem das Gesetz zum angstauslösenden Faktor geworden war. Paulus konnte sich damals sein Leiden unter dem Gesetz nicht eingestehen. Als aber durch die Begegnung mit Christus die Hülle von seinem Herzen fiel, erkannte er die Schattenseiten seines Gesetzeseifers. Röm 7 ist das Ergebnis einer langen rückblickenden Bewußtmachung eines ehemals unbewußten Konflikts. Paulus hält ihn für allgemein menschlich. Selbst bei den Heiden unterstellt er einen verborgenen Gesetzeskonflikt (Röm 2,14 f.).‟[7] Mir scheint, die Negativität im paulinischen Gesetzesbegriff ist eher eine Frage des Paradigmas seiner exegetischen Wahrnehmung[8] als des uns ohnehin unergründlichen Seelenlebens des Apostels, einer exegetischen Wahrnehmung, die immer wieder einem historisch begründeten Grundmuster folgt, wonach für jeden, der glaubt, Christus das „Ende des Gesetzes‟ (Röm 10,4) ist[9], unter das der Sünder verkauft war[10]. E. Käsemanns Römerbriefauslegung kann uns die Spur zu den möglichen Anfangsgründen dieses Paradigmas zeigen. Vom Ende des Gesetzes handelt sein Römerbriefkommentar auch nicht erst zu 10,4. Den Abschnitt 7,1–8,39 stellt er unter die Überschrift: „Das Ende des Gesetzes in der Macht des Geistes‟ und leitet ein: „Die Angriffsspitze der paulinischen Rechtfertigungslehre liegt darin, daß sie mit Sünde und Tod auch das Gesetz dem alten Äon zurechnet.‟ Besonders 2Kor 3 zeige, daß Paulus das Gesetz als *weltweit wirkende Macht* verstehe. „Das Gesetz ist der eigentliche Gegenspieler des Evangeliums, die radikale Torakritik das unverwechselbare Merkmal paulinischer Theologie (Eichholz, Theol. passim). Es wundert darum nicht, daß die Darstellung christlicher Freiheit in der These der Freiheit vom Gesetz mündet.‟[11] Nicht nur die Fluchgewalt der Tora, auch nicht nur Mißverständnis oder Mißbrauch des Gesetzes seien abgeschafft, „sondern die Tora als solche‟[12]. Anders als die Reformation habe Paulus eine Dialek-

---

demgegenüber, unter Berufung auf die reformatorische Theologie, D. Schellong, Christus 659: Christus „dementiert nicht Gottes Gesetz, womit er die Autorität des Wortes Gottes destruieren würde, vielmehr ist er von Gott gesandt … wegen der Sünde der Menschen, nicht wegen der Minderwertigkeit des Mose-Gesetzes.‟

[7] G. Theissen, Aspekte 244. Schon J. Blank, a.a.O. 49, hatte probiert, zur Sachinterpretation der das Individuum beherrschenden Macht der Tora „Freudsche Kategorien‟ heranzuziehen.

[8] Diesem Problem haben die Herausgeber der Neukirchener Theologischen Zeitschrift „Kirche und Israel‟, wie ich nachträglich feststelle, 1996 ein Schwerpunktheft gewidmet, s. das Editorial 1–2; K. Stendahl, Apostel 19–33; J.D.G. Dunn, Die neue Paulus-Perspektive 34–45. C. Strecker, Paulus 3–18, hat in einem einführenden Beitrag speziell den „Paradigmenwechsel in der jüngeren Paulusforschung‟ beschrieben.

[9] J. Becker, Paulus 418.

[10] So unter Hinweis auf die Stelle, schwerlich auf den Text Röm 7,14: J. Becker, a.a.O. 420.

[11] E. Käsemann, Römer 178.

[12] E. Käsemann, a.a.O. 181. An anderer Stelle hat E. Käsemann gleichwohl auch beobachtet, daß es im paulinischen Gesetzesbegriff einen fließenden Übergang gebe zwischen den verschiedenen Aspekten einmal der Dokumentation des göttlichen Willens in der Schrift, zwei-

tik von Gesetz und Evangelium noch nicht entwickelt. „Für ihn sind Gesetz und Evangelium ganz undialektisch sich ausschließende Gegensätze"[13], „Antithesen", wie in der Sprache Marcions gesagt wird. Dessen Anteil, zumal unter Nachhilfe A. von Harnacks, an der Körnung des protestantischen Paulusbildes[14] dürfte größer sein, als gemeinhin angenommen wird. Betroffen davon ist vor allem das Verständnis des Gesetzes bei Paulus: des Nomos als *unheilvoller Macht*, von der die Menschheit erlöst werden müsse[15].

Als A. von Harnack 1923 seinem wohl mit Herzblut geschriebenen „Marcion" erster Auflage „Neue Studien zu Marcion" nachsandte, sah er durch die Kritiken seiner Monographie zuvörderst folgende Hauptfragen wieder kontrovers geworden: „Was ist der Ausgangspunkt und deshalb auch der Grundgedanke im Christentum Marcions? Ist es wirklich der Gegensatz von Gut und Gerecht, Evangelium und Gesetz? Steht er dem Apostel Paulus in Wahrheit nicht viel ferner, als es zunächst den Anschein hat? … Ist er nicht … minder evangelisch …, als er in meiner Darstellung erscheint?"[16] Seine Antwort lautete klar: Wohl habe Marcion Paulus schwer mißverstanden, „aber daß er seinen Glaubensbegriff, die separatio legis et evangelii,[17] die verhängnisvolle Natur des νόμος … an den Briefen des Apostels gewonnen hat, scheint mir unwidersprechlich."[18] Darum beharrt die zweite Auflage der Monographie, Marcion habe erkannt, daß es „das *Gesetz* ist, von welchem die Menschheit erlöst werden muß … Das Gesetz ist die Kraft der Sünde; das Gesetz hat den trostlosen Zustand der Menschheit verstärkt; das Gesetz ist eine furchtbare Last; das Gesetz hat die ‚Gerechten' knechtisch, furchtsam und zum wahrhaft Guten unfähig gemacht, also muß es aufgehoben werden …"[19]. Damit ist die marcionitisch bzw. gnostisch antijüdische Perzeption des paulinischen Gesetzesverständnisses geradezu paradigmatisch formuliert. Denn auch für die Mehrzahl der Gnostiker, so läßt sich der Religionsgeschichtler

---

tens der Funktion des dem Juden gegebenen Gesetzes als Offenbarung und drittens dessen Unvermögen, das Heil zu wirken, a.a.O. 83.

[13] A.a.O. 272.

[14] Daß die Reformatoren selbst anders beurteilt werden müssen, sei ausdrücklich angemerkt. Einerseits ermittelten sie die Theologie des Paulus aus dem *Ganzen* der kanonischen Paulusbriefe, andererseits geschah dies im Kontext der Diskussionslage der Reformationszeit (vgl. M. BRECHT, Römerbriefauslegungen 214), also in Auseinandersetzung mit den Vorstellungen um Verdienste, gute Werke und freien Willen.

[15] E. GRÄSSER, Abraham 7.

[16] A. VON HARNACK, Marcion, Neue Studien 2.

[17] Dem Zitat oben bei Anm. 3 ist A. VON HARNACKs Fundamentalstelle aus Tertullian I, 19 gegenüberzustellen, wobei die Differenz von Unterscheidung (distinctio) und separatio beachtet sein will: „Separatio legis et evangelii proprium et principale opus est Marcionis."

[18] A. VON HARNACK, Marcion, Neue Studien 18.

[19] Marcion 122. Diese Analyse des marcionitischen Gesetzesbegriffs bestätigt auch W.A. LÖHR, Auslegung 77–80. Marciongefolgschaft dokumentiert sodann H. WINDISCH, Paulus 63: Zwar sei die scharfe, an Marcion erinnernde Antithese Nomos-Euangelion nach Paulus schon im AT vorgetragen, aber das Evangelium als solches sei „die Aufhebung des Judentums, die Ungültigmachung der Thorareligion".

K. Rudolph vernehmen, „gilt das ‚Gesetz' als versklavendes Mittel des (jüdischen) Demiurgen und damit als Hindernis für die Erlösung. Der Gegensatz von Gesetz und Evangelium, der bei Paulus und dann konsequent bei Markion thematisiert wird, ist in den gnostischen Texten immer wieder anzutreffen, aber m. E. nicht der Ursprung desselben, da Paulus selbst in einer älteren Geschichte dieses Dualismus steht."[20] Von Paulus ist der Bogen zur Reformation zu schlagen, denn vor allem durch Luther, so A. von Harnack, sei „die Paulinisch-Marcionitische Erkenntnis des Unterschieds von Gesetz und Evangelium wieder in den Mittelpunkt gestellt" worden. Die ganze Gesetzessphäre gehöre nach Luther religiös „einer überwundenen Stufe an; wer das nicht erkennt, muß Jude bleiben. Da aber das Gesetz durch das gesamte AT, einschließlich der Propheten, hindurchgeht, so liegt das ganze einheitliche Buch unterhalb der Christenheit."[21] Nun wird man sich kaum darüber wundern, bei *Marcion* oder im Gnostizismus[22] Aussagen der zitierten Art zu finden. Aber von Harnack war ja der Meinung, Marcions „Stellung zum Gesetz unterscheidet sich … nicht stark von der des Paulus, wenn man die letzte Voraussetzung der beiden Götter wegläßt."[23] Und dies in Anbetracht der Tatsache, daß der marcionitisch „restaurierte" Römerbrief „fast die Hälfte seines Stoffes eingebüßt" hat[24]! So hatte Marcion den ganzen Abschnitt 10,5–11,32 gestrichen, und auf die Rede vom „Ende des Gesetzes" den Apostel in den Jubel ausbrechen lassen: „O welch eine Tiefe des Reichtums und der Weisheit Gottes!"[25] Text und Kontext der Gesetzesstellen im Römerbrief werden jedoch ihr Wort schon mitzureden haben, wenn es darum geht, die Stellung des Paulus zum Gesetz zu erheben. Es mag aber, forschungsgeschichtlich begründet, wie man sieht[26], wohl so sein, daß dem Verständnis von Röm 10,4 der Charakter eines Probiersteins zukommt, wie H. Hübner festgestellt hat: „Sym-

---

[20] K. RUDOLPH, Bibel 201. Ohne *historische* Begründung nennt K. RUDOLPH ebd. als Zeugen dieses Dualismus vor und neben Paulus: Simon Magus, die Ophiten, die Mandäer und Schriften aus dem Nag Hammadi-Fund.

[21] Marcion 218f. Vgl. die Frage nach der Überwindung des jüdischen Niveaus bei H. BRAUN, s. in diesem Bd. S. 128 mit Anm. 39. Auch nach H. WINDISCH, Paulus 88, habe Luther die entscheidenden, von „Juda" wie von „Rom" *ab*führenden Tendenzen in Paulus richtig herausgefühlt.

[22] H.-F. WEISS, Gesetz 71–88.

[23] Marcion 108. – Seine Entdeckung von 1910, s. Entstehung 218, daß „die antithetische Formel ‚Gesetz und Evangelium'" weder bei Paulus noch im NT überhaupt zu finden sei, hat A. VON HARNACK mit der Rückkehr zu seiner ersten Liebe in der Kirchengeschichte (Marcion VI, Vorwort zur 1. Aufl. 1920) wieder aufgegeben.

[24] A.a.O. 61.

[25] A.a.O. 108*f. Den Jubel greift J. BAUMGARTEN, Paulus 190, z.B. so auf: „Mit der Aufhebung des Gesetzes als Heilsweg zerbricht Paulus das jüdische Existenz- und Zeitverständnis, und damit ist nicht eine Etappe im Nacheinander der Äonen beendet und die neue im Anbruch begriffen, sondern mit dem Ende der Äonen ist die traditionelle Äonen-Lehre zerbrochen."

[26] K. HAACKER, Ende 127f., macht zu Recht darauf aufmerksam, daß dem Text in seinem Kontext der Charakter eines Höhepunkts oder Spitzensatzes paulinischer Theologie nicht zukommt.

ptomatisch für das Gesetzesverständnis des Paulus, ja, letztlich für das Paulusverständnis selbst ist die durch den jeweiligen Exegeten vertretene Übersetzung
von Röm 10,4 τέλος νόμου Χριστός."[27] Die ältere Beobachtung A. Harnacks
bewahrheitet sich dabei immer wieder neu: „Marcion ist nicht der einzige Ausleger des Paulus gewesen, der paulinischer als Paulus war."[28]

0.2. Zur Situation des Römerbriefs

Von dem Befund, daß sich Paulus mit dem Römerbrief an *die christliche Gemeinde* in Rom wende, kann angesichts des Wortlauts von 1,6f. nicht die Rede
sein[29]. Als der Apostel den Brief an die Christen in Rom (κλητοὶ Ἰησοῦ Χριστοῦ,
πᾶσιν τοῖς οὖσιν ἐν Ῥώμῃ ἀγαπητοῖς θεοῦ) auf den Weg brachte, wußte er, wie
die Grußliste in Kap. 16 ausweist, von mindestens fünf verschiedenen christlichen Inseln in der Großstadt[30]. Unter ihnen nennen die Verse 7 und 11 ausdrücklich „Volksgenossen", im Unterschied zu οἱ συγγενεῖς μου κατὰ σάρκα 9,3,
Juden*christen*[31]. Wir haben also die Situation vor uns, daß sich der Apostel, festen Willens, in geraumer Zeit selbst nach Rom zu kommen, um von dort aus das
Evangelium bis nach Spanien zu tragen (15,22–24), an zwei Adressatengruppen
wendet: an Juden- und an Heidenchristen[32], und dies wohl im Verlauf seines
apostolischen Schreibens schwerpunktmäßig wechselnd. In 4,1 kann sich Paulus
nur „mit dem *juden*christlichen Teil der römischen Gemeinde in dem προπάτωρ
ἡμῶν κατὰ σάρκα (vgl. IIIMakk 2,21; Josephus, Bell V 380)" zusammenschließen[33], Röm 15,8–12 entfaltet das „Einander-Annehmen" von V. 7 durch die förmliche Nennung der Heiden *und* der Beschnittenen, wie ja zuvor schon die Stelle
4,11f. die Einheit von beschnittenen und unbeschnittenen Gläubigen angesprochen hatte. So prädiziert auch das Präskript das Evangelium vom Sohne Gottes
einerseits als Erfüllung der in der Schrift ergangenen Verheißung, nicht ohne die
Davidverheißung ausdrücklich anzusprechen (1,2f.; vgl. 15,8)[34], und andererseits als apostolischen Auftrag, den Glaubensgehorsam unter allen Völkern aufzurichten (1,5; vgl. 15,16.18). Sieht man sodann, daß ἐν οἷς ἐστε καὶ ὑμεῖς (nicht

---

27 H. Hübner, Paulusforschung 2689.

28 A. Harnack, Entstehung 216.

29 O. Michel, Römer 2, Anm. 3: „Nach einer Beobachtung von EvDobschütz (Dtsch.Ev.Bl.
1912, 398) ist es nur unter Vorbehalt möglich, aufgrund des NT von einer einheitlichen römischen Gemeinde zu reden. Vielleicht haben wir es analog der Verschiedenheit der römischen
Synagogen mit einer Vielheit christlicher Gemeindezentren zu tun, da das römische Vereins-
recht Dezentralisation fordert."

30 P. Lampe, Christen 301f. Die Pluralität christlicher Hausgemeinden entspricht der Pluralität von „mindestens elf Synagogen" in Rom, s. dazu D. Sänger, Heiden 153.

31 Vgl. auch D. Sänger, a.a.O. 155.

32 Die auffällige Formulierung Ἰουδαίῳ τε πρῶτον καὶ Ἕλληνι 1,16, vgl. auch 2,9f., wird
man wohl *auch* mit der Gesprächslage des Römerbriefs in Verbindung bringen dürfen.

33 D. Sänger, Verkündigung 107.

34 Vgl. E. Lohse, Präskript 69–71.

ἐξ ὧν ἐστε) V. 6 „in deren Mitte auch ihr lebt", nicht „zu denen auch ihr gehört"
lautet, ist offenkundig, daß sich Paulus von Anfang an keineswegs etwa nur an
Heiden-, sondern speziell auch an Judenchristen wendet. So läßt sich dann auch
durchaus vereinbaren, daß der Apostel einerseits in der Großstadt Raum sieht für
seinen Völkerapostolat (1,13), weil auch in Rom noch einige sein mögen, die dem
πλήρωμα τῶν ἐθνῶν noch fehlen (11,25)[35]. Andererseits respektiert er gleichwohl
mögliche judenchristliche Empfindlichkeit und erinnert an sein Prinzip der Nicht-
einmischung (15,20). Solche Erwähnung wird gerade auch der Hausgemeinde
um das judenchristliche Apostelpaar Andronikus und Junia gelten, die beide schon
vor Paulus Christen geworden sind, wie er eigens anmerkt (16,7).

Will Paulus wohlwollende Unterstützung für „sein missionsstrategisch näch-
stes Ziel …: Über und mit Hilfe Roms nach Spanien vorzudringen"[36] gerade
auch unter den Judenchristen in Rom vorbereiten, kann er sich nicht darauf beschränken, vor seinen Adressaten die ihm aufgetragene „Freudenbotschaft von
Christus" (15,19; 1,9) als Verkündigung des Evangeliums an die Heiden (1 Thess
1,5) auszubreiten, sondern er muß auch, speziell gegenüber Judenchristen, erläu-
tern, wie sich laut seiner Verkündigung „die Gerechtigkeit Gottes" zur Sache und
Stimme der Tora verhalte. Dies zumal, wenn Hab 2,4 nicht nach der hebräischen
Bibel so gelesen werden soll, daß dem treuen Durchhalten dessen, der schon zu
den Gerechten gehört[37], das Leben verheißen wird, sondern wenn, nach dem
Septuagintawortlaut[38] der Stelle gelesen, gelten soll: Der allererst durch den Glauben Gerechtgewordene wird leben (1,17). So erfahren wir denn im Römerbrief,
wie Paulus ohne die Kampfestöne gegen judaistische Nachbesserer[39] von sich
aus, dazu noch im *Werben* um judenchristliche Gemeinschaft, über das Gesetz
denkt und urteilt.

Weil nach Paulus durch Kreuz und Auferstehung χωρὶς νόμου Gottes rettende
Gerechtigkeit auf den Plan getreten ist (3,21), sind δικαιοσύνη θεοῦ und „das
Gesetz" theologische Schlüsselbegriffe des Römerbriefs. Bevor wir in die Aus-
legung selbst eintauchen, erscheint einige Vorklärung zum Gesetz und seinen
Werken sowie zum Zentralmotiv „Gerechtigkeit Gottes" geboten zu sein.

---

[35] Der Ausdruck bezieht sich auf die Gesamtheit der Erwählten, vgl. R. BERGMEIER, Glaube
60.

[36] P. STUHLMACHER, Römer 211.

[37] Die Auslegung 1QpHab 8,1–3 folgt dem hebräischen Bibeltext וצדיק באמונתו יחיה,
daher rührt die tiefgreifende Differenz gegenüber Röm 1,17. Daß Gott *die Täter der Tora* aus
dem Hause des Gerichts retten wird, ist aber vergleichbar mit Röm 2,13. Daraus erhellt: Die
Differenz beruht auf dem paulinischen Verständnis von Gerechtigkeit, nicht etwa auf möglicher Torakritik des Apostels.

[38] Zur Bedeutung der Septuaginta als Heiliger Schrift vgl. M. HENGEL, Septuaginta 263–
270; P. STUHLMACHER, Kanon 271–275.

[39] CH. BURCHARD, Nicht aus Werken 231.

1. Das Gesetz und seine Werke

Im Zusammenhang der Konversion des Izates von Adiabene zum Judentum läßt uns der Bericht des Josephus, Ant 20,38–48, eine Situation vor Augen treten, die der der paulinischen Mission zumindest von ferne ähnlich ist. Izates möchte sich, um ein wahrer Jude zu sein (vgl. Röm 2,28 f.), beschneiden lassen. Aus Rücksicht auf das Empfinden der Untertanen will Helena, die Mutter, dies verhindern. Der jüdische Kaufmann Ananias, der ihm den Glauben nahegebracht hatte, unterstützte sie mit der Erklärung, die Gottesverehrung, natürlich die wahre, nach jüdischer Tradition wie § 34, sei „auch möglich ohne die Beschneidung": δυνάμενον δ'αὐτὸν ἔφη καὶ χωρὶς τῆς περιτομῆς τὸ θεῖον σέβειν (§ 41). – Kaum jemand käme auf die Idee, χωρὶς τῆς περιτομῆς im Sinn von „unter Ausschluß der Beschneidung" zu interpretieren. So kann wohl auch χωρὶς νόμου in Röm 3,21 einfach „ohne die Tora" heißen und muß nicht „unter Ausschaltung" bzw. „Ausschluß des mosaischen Gesetzes"[40] bedeuten. – Erst das Eintreffen eines anderen Juden, der es in Dingen der jüdischen Religion besonders genau nahm, bewog ihn, die Beschneidung doch vollziehen zu lassen. Im Rahmen dieser weiteren Erörterung des Übertritts zum Judentum wird zweimal der Vollzug der Beschneidung mit den Worten angesprochen πρᾶξαι τὸ ἔργον (§ 42.43). Das entspricht dem Sprachgebrauch, daß Regelungen der Tora u.a. auch als τὰ ἔργα bezeichnet werden können[41]. Mit Stolz erhebt Josephus die Formulierung und Einübung von ἔργα zum Spezifikum der mosaischen Gesetzgebung (Ap 2,168 ff.). Entsprechend sagt er § 172: „Die Athener aber und fast alle übrigen Hellenen" (ἃ μὲν χρὴ πράττειν ἢ μὴ προσέτασσον διὰ τῶν νόμων, τοῦ δὲ πρὸς αὐτὰ διὰ τῶν ἔργων ἐθίζειν ὠλιγώρουν) „ordneten durch ihre jeweiligen Gesetze an, was zu tun sei beziehungsweise was man nicht tun dürfe, legten aber keinen Wert darauf, daran durch entsprechende Praktiken zu gewöhnen." Als Beispiele solcher ἔργα nennt § 174 Speisegebote und Sabbatvorschriften. Und so habe Mose die Möglichkeit geschaffen, unter dem Gesetz wie unter einem Vater und Gebieter zu leben, ohne, sei es willentlich, sei es aus Unwissenheit, zu sündigen: ἵν’ ὥσπερ ὑπὸ πατρὶ τούτῳ καὶ δεσπότῃ ζῶντες μήτε βουλόμενοι μηθὲν μήθ’ ὑπ’ ἀγνοίας ἁμαρτάνωμεν.

Von Bestimmungen, die als *notae* der Gerechten verbindliche Tora sind, handelt zumal das epistolare Lehrschreiben, das der Priesterkreis um den später sogenannten Lehrer der Gerechtigkeit[42] an den Hasmonäer Jonathan gerichtet hat,

---

[40] K. KERTELGE, Autorität 359, 361, 363, 374f.
[41] In Ex 18,20 entsprechen sich:
τὰ προστάγματα τοῦ θεοῦ καὶ τὸν νόμον αὐτοῦ
und τὰς ὁδούς, ἐν αἷς πορεύσονται ἐν αὐταῖς, καὶ τὰ ἔργα, ἃ ποιήσουσιν.
Ähnlich spricht syrBar 57,2, in der Tendenz gegenläufig zu Paulus, von „den Werken der Gebote", die schon von Abraham, also vor der Sinaigesetzgebung, beobachtet wurden.
[42] Zur Verbindung des Schreibens der „Wir-Gruppe" mit dem „Lehrer der Gerechtigkeit", der, u.zw. als הכוהן (1QpHab 2,8; 4Q171 2,19), Torabestimmungen verbindlich anzuweisen

als dieser um 153 v.Chr. gerade eben seine Herrschaft auf Jerusalem hatte aus-
dehnen können, aber noch nicht die Hohepriesterwürde usurpiert hatte. Er sollte
nun für deren Toraverständnis, für ihren Kalender, für ihre Auffassung von Reinheit und Heiligkeit der Stadt gewonnen werden (4Q171 4,8f.; 4QMMT). Jonathan galt ihnen als lernfähig (4QMMT C 27f.), und man griff beim Vergleichen
mit Vorbildern bis zu König David hinauf (4QMMT C 25). Israel, das war zu
dieser Zeit noch das *gemeinsame* Volk (4QMMT C 32) des Hasmonäers und des
sadokitischen Priesterkreises, auch wenn sich die Priester von der *Mehrheit* dieses Volkes schon abgesondert hatten. Wie war diese Situation entstanden, einerseits entschiedene Absonderung, andererseits noch keine fundamentale Trennung[43] im Sinne jener Scheidung von Gerechten und Frevlern, zu der es aus der
Sicht des Lehrers im Streit um die ihm offenbarte Tora in Israel gekommen ist[44]?

   Angesichts der akuten Hellenisierung und der religionspolitischen Turbulen-
zen nach der Amtsenthebung Onias III. im Jahre 174 v.Chr., spätestens jedoch
168 v.Chr., hatten viele der Frommen Jerusalem und Judäa überhaupt verlassen
(1Makk 1,38; CD 7,14; 20,22) und sich nach Koilê Syria gerettet, d.h. in die
Gebiete Transjordaniens, die bis hinauf nach Damaskus reichten[45]. Der apokalyptische Hinweis in diesem Zusammenhang spricht von den Gebieten Edom,
Moab und Ammon (Dan 11,41). Die emigrierten Ḥasidim bildeten die Vorläufergruppe der späteren Qumrangemeinde. Erst zwanzig Jahre später stieß „der Lehrer
der Gerechtigkeit" hinzu (CD 1,10) und gründete die endzeitliche Heilsgemeinde
(4Q171 3,15f.). Dieser hatte wohl nach Alkimus' Tod (159 v.Chr.) als legitimer
Zadokite zwar das Hohepriesteramt angetreten, hatte aber angesichts der hellenistischen Mehrheit in der Gerusie auf Amtsausübung in Jerusalem verzichtet und
war so in einer vergleichbaren Situation wie der Hasmonäer Jonathan gewesen,
der seit 157 seine Herrschaft über Israel von Michmas aus organisierte[46]. Die
Entscheidung, nicht nach Jerusalem zu gehen, sprechen der Hohepriester und
seine Getreuen in dem Lehrbrief so an, daß sie „sich abgesondert haben von der
Mehrheit des Volks" (4QMMT C 7). Diese Formulierung verrät präzise den Hintergrund der Absendersituation. Der Neologismus „wir haben uns abgesondert"
für eine *innerjüdische* Separation ist wohl eine Reaktionsbildung auf die Devise
der hellenistischen Mehrheit im Volk. In der Absonderung von den Heiden-
völkern zu leben, gehört zur jüdischen Identität (Est 3,8)[47]. Die hellenistischen
Assimilanten nun propagierten, daß eben aus dieser Absonderung alles Unglück

---

hatte (vgl. 2Chr 15,3; Sir 45,17) s. E. QIMRON and J. STRUGNELL, Miqṣat 119f. zu 4Q171 4,7–
9; zum Anweisen der Tora vgl. J. MAIER, System 91, 95–97; DERS., Qumran-Essener III, 13–15.

   [43] Vgl. E. QIMRON and J. STRUGNELL, a.a.O. 115f.
   [44] R. BERGMEIER, Glaube 63ff.
   [45] C. MÖLLER / G. SCHMITT, Siedlungen 180.
   [46] Näher ausgeführt in meiner Essa-Hypothese, s. R. BERGMEIER, Essa 81f.
   [47] Vgl. J.D.G. DUNN, Paulus-Perspektive 39 unter Hinweis auf Lev 20,24–26; Esr 10,11;
Neh 13,3; PsSal 17,28; 3Makk 3,4; Jub 22,16; Arist 139.142; Philo, VitMos 1,278.

des Volkes herrühre (1Makk 1,11). Nach der auf den Diasporajuden Jason von Kyrene zurückgehenden Darstellung in 2Makk wären dies Parteigänger des Jason gewesen[48], wie K.-D. Schunck zutreffend kommentiert: „Gemeint ist die Gruppe der hellenistischen Reformjuden, die von Jason ... angeführt wurden (vgl. 2Makk 4,7–15). Sie traten für eine Annahme der Errungenschaften der hellenistischen Kultur in allen Lebensbereichen ein, was sie mit den Forderungen des Jahweglaubens und der Thora in Konflikt bringen mußte."[49] Josephus, der bei der Darstellung des gleichen Zusammenhangs nicht nur 1Makk paraphrasiert, sondern noch weiteres Quellenmaterial herangezogen hat[50], präzisiert den innerjüdischen Konflikt so, daß „die Mehrheit des Volkes" Jason unterstützt habe (Ant 12,240). Dieses τὸ πλέον τοῦ λαοῦ entspricht genau רוב העם, wie in 4 QMMT C 7 zu lesen ist. Von dieser Mehrheit im Volk, die die Absonderung von den Heiden aufgab, hatten sich also der später sogenannte Lehrer der Gerechtigkeit und sein Priesterkreis ihrerseits abgesondert. Die hellenistischen Assimilanten hatten ihr Ziel nach 1Makk 1,13f. darin gesehen, sich nach τὰ δικαιώματα τῶν ἐθνῶν bzw. τὰ νόμιμα τῶν ἐθνῶν zu verhalten. Nach Josephus, Ant 12,241 imitierten sie τὰ τῶν ἀλλοεθνῶν ἔργα. Dieser Sprachgebrauch entspricht dem hebräischen Gebrauch von מעשה ארץ מצרים bzw. מעשה ארץ כנען (parallel zu חקתיהם) Lev 18,3 oder auch den in Ps 106,35 genannten „Werken (sc.) der Heiden" (τὰ ἔργα τῶν ἐθνῶν Ps 105,35LXX)[51]. Während sich also auf der einen Seite die Mehrheit des Volkes der Lebensweise der Heiden, d.h. der Sünder, anzupassen suchte, setzte die Priestergruppe in ihrem Lehrbrief auf מעשי התורה, d.h. auf Toraanweisungen, die für die Zugehörigkeit zu den Gerechten in Israel schlechthin fundamental waren. Dabei treten sich „Wir-Gruppe" und „Ihr-Gruppe"[52] im Stil der chronistischen Abiarede 2Chr 13,4–12 einander gegenüber.

Bevor wir uns nun dem Wortlaut des entscheidenden Schlusses des epistolaren Lehrschreibens selbst zuwenden, bedarf die dort vorkommende Formulierung מקצת מ׳ der sprachlichen Klärung, da die Übersetzung "some precepts of the Torah"[53] nicht gerade erhellend ist. Überblickt man nämlich das ganze Schreiben, zeigt sich, daß es sich bei der Formulierung um eine feststehende Redewendung handelt, wonach מקצת מ׳ mit Ausnahme des abbreviatorischen מן in C 30 regel-

---

[48] Nach der nicht mehr durchsichtig zu machenden Version des Josephus, Ant 12,237–241 ging die 1Makk 1,13; 2Makk 4,9 beschriebene Hellenisierungspetition an Antiochus IV. aufgrund eines Konflikts zwischen Jason und Menelaos (alias Onias) von Menelaos und den Tobiaden aus. Nach Bell 1,31ff. vertrieb Onias IV., der später das Konkurrenzheiligtum von Heliopolis gründete, die Tobiaden, die sich dann an Antiochus IV. wandten, woraufhin Krieg und Religionsverfolgung über Jerusalem hereinbrachen. Jason wird hier überhaupt nicht erwähnt.

[49] K.-D. Schunck, 1. Makkabäerbuch 299 zu 11 a). Im übrigen vgl. M. Hengel, Judentum 135ff. ·

[50] E. Bickermann, Makkabäer 150; M. Hengel, a.a.O. 509, Anm. 133; 511.

[51] In Jub 22,16 stehen die Gebote Abrahams dem Tun bzw. Werk der Völker gegenüber.

[52] Vgl. E. Qimron and J. Strugnell, Miqsat 114f.

[53] So E. Qimron and J. Strugnell, a.a.O. 1u.ö.

mäßig mit einem folgenden, durch שׁ eingeleiteten Relativsatz zusammen zu lesen ist[54]. In B 1 findet sich die Wendung מקצת דבריו ...שהם „*von* unseren Anweisungen ..., *die*", in B 1 f. מ]קצת דברי ה[מ]עשים שׁא א[נ]ח[נו] „*von* Anweisungen der Toragebote, *die* wir", in B 59 מקצת [עצמות המק]דש ש[הבשר עליהם „*von* Knochen im Heiligtum, *an denen* noch Fleisch ist", in C 20 f. מקצת הברכות והקללות שכתוב „(wir erkennen sehr wohl, daß gekommen ist) *an* Segen und Flüchen, *was* geschrieben steht", in C 26 f. מקצת מעשי התורה שחשבנו „(wir haben dir schriftlich mitgeteilt) *an* Torabestimmungen, *was* wir erachteten", entsprechend in C 30 במצאך מקצת דברינו כן „*wenn* du *von* unseren Anweisungen finden kannst, daß sie zutreffend waren". Die Erwartung, daß am Ende der Zeit Taten als gut bzw. böse herauskommen, belegt 4QpNah 3,3. Der Schluß des epistolaren Lehrschreibens erweist sich als wohlgesetzt und theologisch hochreflektiert, wenn man auf die inclusio ...לטוב C 27 und 31 f. sowie auf die Doppelung von „damit – wenn" C 30 f. gebührend achthat[55]. Er lautet:

> „Und so haben wir Dir an Torabestimmungen schriftlich mitgeteilt,
> was wir als gut erachteten für Dich [und für Dein Volk].
> Da wir sehen, daß Du intelligent bist und über Toraverständnis[56] verfügst,
> achte auf all das und erbitte von Ihm,
> daß Er Deine Überlegung in die richtigen Bahnen lenkt
> und fernhält von Dir böse Absicht und schlimmen Plan,
> *damit* Du Freude erfährst am Ende der Zeit,
> wenn Du dann feststellen kannst von unseren Anweisungen, daß sie zutreffend waren,
> *und damit* es Dir zur Gerechtigkeit angerechnet wird,
> wenn Du Dir und Israel zugute getan hast, was recht und gut ist vor Ihm[57]."

Es unterliegt keinem Zweifel, daß in diesem Lehrschreiben der Ausdruck מעשי התורה die halachisch ausformulierten Toragebote bedeutet, also diejenigen Taten, Handlungen und Verhaltensweisen, die nach Meinung des zuvor erwähnten Priesterkreises für Gerechte in Israel verbindliche Tora sind[58]. Es werden mithin nicht Werke, die jemand getan hat oder tut, angesprochen, sondern Taten, deren Tun für Gerechte in Israel zur Erfordernis erklärt werden, also „(in) der Tora (verbindlich vorgeschriebene) Praktiken"[59]. An anderer Stelle[60] habe ich den gleichen Sinnzusammenhang der Wendung in 4Q174 3,6 f. nachgewiesen, wo es heißt:

---

[54] Vgl. auch Mur 24 C 7 f. מ]ן קצת עפר שאיש בעיר [נ]חש „ von Land, das sich in der Stadt Nahaš befindet".

[55] Die Konstruktion verläuft a) שתשמח, b) במצאך – a) ונחשבה, b) בעשותך. Zum Wechsel der Tempusformen vgl. W. Gesenius-E. Kautzsch, Grammatik § 49.1; 112.

[56] Vgl. 3Esr 1,31.

[57] Vgl. Dtn 12,28; 11QT 59,17; 1QS 1,2.

[58] J. Maier, Qumrangemeinde 60, 65.

[59] H. Stegemann, Essener 149; vgl. auch P. Grelot, Les œuvres.

[60] R. Bergmeier, Erfüllung 281.

„Auch ‚sagte Er, Er werde ihm bauen' ein Heiligtum von Menschen, die Ihm dazu dienen sollen, daß sie darin als Rauchopfer darbringen vor Ihm[61], was nach der Tora verbindlich zu tun ist."[62]

In Ex 18,20, CD 2,14f., 4Esr 7,24 wie auch in Joh 6,28f. begegnet entsprechend die Rede von Taten, die Gott fordert[63]. Auch an diesen Stellen bedeutet der Ausdruck nicht „Werke, die getan sind oder werden", sondern „Werke, die getan werden sollen".

M. Bachmann dürfte nach alledem im Recht sein mit der Feststellung, Paulus meine mit dem Ausdruck „Werke des Gesetzes" die Regelungen des Gesetzes selber[64], also nicht Werke, die der Mensch tut oder getan hat, sondern „Halakhot"[65]. Auch A. Schlatter erkannte klar: „ἔργα νόμου, Werke, die des Gesetzes sind, weil es sie befohlen hat und durch sie Gottes Gebot geschieht, ..."[66]. Wenn von der Vergeltung und vom Gericht die Rede ist, werden die Werke immer einer Person zugeordnet (Röm 2,6; 1Kor 3,13.14.15; 2Kor 11,15; Gal 6,4), aber wenn von den „Werken des Gesetzes" die Rede ist, fehlt, wie E. Lohmeyer beobachtet hatte, konstant der Genetiv der Person[67], ja sie können in Parallele zum Nomos selbst stehen[68]. Diese Parallelität erhellt auch aus dem jeweils ersichtlichen Gegenüber zur πίστις.

ὅσοι γὰρ ἐξ ἔργων νόμου εἰσίν, ὑπὸ κατάραν εἰσίν Gal 3,10	ὥστε οἱ ἐκ πίστεως εὐλογοῦνται Gal 3,9
εἰ γὰρ οἱ ἐκ νόμου κληρονόμοι, ... κατήργηται ἡ ἐπαγγελία· ὁ γὰρ νόμος ὀργὴν κατεργάζεται Röm 4,14	διὰ τοῦτο ἐκ πίστεως, ... εἰς τὸ εἶναι βεβαίαν τὴν ἐπαγγελίαν ... Röm 4,16.

Genauso entsprechen sich folgende Redefiguren:

οὐ δικαιοῦται ἄνθρωπος ἐξ ἔργων νόμου Gal 3,10	ἐν νόμῳ οὐδεὶς δικαιοῦται παρὰ τῷ θεῷ Gal 3,9
„Seine Gebote als schönen Duft aufsteigen lassen" Jub 2,22 „als Rauchopfer vor Ihm darbringen, was nach der Tora verbindlich zu tun ist" 4Q174 3,6f.	„der Balsamduft des Weihrauchs der Gerechtigkeit aus dem Gesetz" syrBar 67,6.

---

[61] Daß vor Gott Rauchopfer dargebracht werden, ist nach 2Chr 2,5 der Sinn des „Hausbaus".

[62] Die einzige Bibelstelle, an die man bei Lesung תורה denken könnte, wäre Am 4,4f., wo der Ausdruck aber durch פשע eindeutig negativ belegt ist. Das wird die Qumrangemeinde, zu deren eigenem Sprachgebrauch תורה nicht gehört, schwerlich auf sich bezogen haben. Im übrigen ist, worauf schon K. BERGER, Jubiläen 330, hingewiesen hatte, auch Jub 2,22 die Rede von „aufsteigen zu lassen seine Gebote als schönen Duft".

[63] R. BERGMEIER, Glaube 223f.

[64] M. BACHMANN, Rechtfertigung 15.

[65] M. BACHMANN, 4QMMT 100, 109–113.

[66] A. SCHLATTER, Gerechtigkeit 130.

[67] E. LOHMEYER, Probleme 34; M. BACHMANN, Rechtfertigung 19.

[68] M. BACHMANN, a.a.O. 21.

Von den ἔργα ist bei Paulus im übrigen so überindividuell die Rede wie von der πίστις (vgl. Gal 3,2.5 ἐξ ἔργων νόμου ἢ ἐξ ἀκοῆς πίστεως;), darum geht es nicht wie später in den Pastoralbriefen (2Tim 1,9; Tit 3,5) um je meine bzw. unsere (guten) Werke[69], sondern um *Verhaltensweisen, die als für das Leben unter der Tora verbindlich betrachtet werden, weil sie den Unterschied zwischen Gerechten und Sündern markieren.* Begriffe wie Leistungs- oder Verdienstdenken, „Zwang, sich selbst rechtfertigen zu müssen" oder Werkgerechtigkeit müssen als unsachgemäß ferngehalten werden[70]. Die Paulusexegese muß ja schließlich so vor sich gehen, daß die Sätze οἱ *ποιηταὶ* νόμου δικαιωθήσονται Röm 2,13 und ἐξ ἔργων νόμου οὐ δικαιωθήσεται πᾶσα σάρξ Röm 3,20 zueinander passen und sich nicht widersprechen. Denn A. Schlatter pointierte zu Recht: „Den Übertreter des Gesetzes hieß Paulus schuldig, nicht seinen Täter."[71] Wir sind daher gut beraten, wenn wir die „Werke des Gesetzes" als die Taten, Handlungen und Verhaltensweisen begreifen, die aus der Tora jeweils als Kennzeichen der Gerechten verbindlich gemacht wurden, dabei natürlich die Erfordernis des tatsächlichen Tuns immer mit bedenkend. Das erstmalige Vorkommen des Ausdrucks bei Paulus (Gal 2,16) verrät im übrigen zur Genüge, worum es geht. Aus der Argumentation des Apostels in ihrer wechselseitigen Verknüpfung ergibt sich dort, daß ἰουδαΐζειν jüdische Lebensweise bedeutet, also Ἰουδαϊκῶς ζῆν, jüdische Lebensweise, deren *notae iusti* sich definieren ἐξ ἔργων νόμου:

σὺ Ἰουδαῖος ὑπάρχων	τὰ ἔθνη
ἰουδαΐζειν	ἐθνικῶς καὶ οὐχὶ Ἰουδαϊκῶς ζῆν
ἡμεῖς φύσει Ἰουδαῖοι	(καὶ οὐκ) ἐξ ἐθνῶν ἁμαρτωλοί
(οὐκ) ἐξ ἔργων νόμου	

δικαιοῦται ἄνθρωπος διὰ πίστεως Ἰησοῦ Χριστοῦ
καὶ ἡμεῖς εἰς Χριστὸν Ἰησοῦν ἐπιστεύσαμεν.

Judenchristen dürfen nach Paulus Heidenchristen nicht auf jüdische Lebensweise verpflichten (πῶς τὰ ἔθνη ἀναγκάζεις ἰουδαΐζειν; 2,14)[72], weil sie ja selbst, die als Juden sehr wohl die Halacha befolgen und nicht wie Sünder aus den Heiden gelebt haben[73], zu der Erkenntnis gekommen sind, daß sie gleichwohl Sünder

---

[69] Das protestantische Prinzip wird gerne nach folgendem Muster formuliert: „Allein aus Glauben, nicht durch unsere guten Taten werden wir vor Gott gerecht. Unter Berufung auf Paulus hat der Protestantismus diese Einsicht ins Zentrum seiner Auffassung vom Christsein gestellt." Und von diesem Glauben gelte: „Er beendet den Zwang, sich selbst rechtfertigen zu müssen", so EKD-Texte 64: Gestaltung und Kritik 14.

[70] R. LIEBERS, Gesetz 238.

[71] A. SCHLATTER, Gerechtigkeit 130.

[72] Vgl. auch K. FINSTERBUSCH, Thora 66, 72.

[73] Zum Grundsätzlichen s. F. AVEMARIE, Tora 501–510: „Israel und die Völker: Unterschiedensein durch Gebote"; vgl. auch E.P. SANDERS, Paul 90: "... laws ... which, in the Diaspora, separated Jew from Gentile: circumcision, rules governing eating, and observance of the sabbath ('days')." Zu Beschneidung, Sabbat und Speisegesetzen als wichtigsten Unterscheidungsmerkmalen zwischen Juden und Heiden vgl. J.D.G. DUNN, Issue 303–305; F. LANG, Erwägungen 593.

sind und also *nicht aufgrund von Halacha* Gerechte waren, *sondern allererst durch den Glauben an Jesus Christus* zu Gerechten werden konnten: „Auch sie, die von Geburt Juden sind, sind an Christus gläubig geworden, um durch den Glauben an ihn den rettenden Freispruch von Gott zu empfangen."[74] Der biblisch-theologisch formulierte Grundsatz διότι ἐξ ἔργων νόμου οὐ δικαιωθήσεται πᾶσα σὰρξ ἐνώπιον θεοῦ (Röm 3,20; vgl. Gal 2,16) ist daher *Grundlage* der beschneidungsfreien Heidenmission (Gal 2,1–10).

Wie wir gesehen haben, pries Josephus die Stiftung von ἔργα in der mosaischen Gesetzgebung als Möglichkeit, unter dem Gesetz wie unter einem Vater und Gebieter zu leben, um so weder mit Absicht noch aus Unwissenheit in Sünde zu geraten. Das konnte er so sehen, weil, wie Arist 139 zeigt, die Reinheitsgebote, die jüdische Lebensweise definieren, als „undurchdringliche Wälle und eiserne Mauern" interpretiert wurden, mit denen der weise Gesetzgeber Mose das jüdische Volk umgab, „damit wir uns mit keinem anderen Volk irgendwie vermischen, (sondern) rein an Leib und Seele bleiben ..." Denn, so ergänzt § 142 derselben Quelle, „damit wir nun nicht besudelt und durch schlechten Umgang verdorben werden, umgab er uns von allen Seiten mit Reinheitsgeboten in bezug auf Speisen und Getränke und Berühren, Hören und Sehen."[75] Paulus aber stellt diese Sichtweise geradezu auf den Kopf, indem er die beaufsichtigende und verwahrende Funktion der Tora ausdrücklich begrenzt „bis zum Kommen Christi"[76] und den „Einschluß" als Festlegen auf das *Sündersein* konkretisiert: „ὑπὸ ἁμαρτίαν werden die Menschen bis zum Kommen des Glaubens insofern ‚eingeschlossen' (συνέκλεισεν V. 22), als sie ὑπὸ νόμον – und somit ὑπὸ κατάραν, d. h. unter dem Verdammungsurteil der Tora (vgl. 3,10.13) – ‚in Haft gehalten' (ἐφρουρούμεθα συγκλειόμενοι V. 23), ‚beaufsichtigt' (ὑπὸ παιδαγωγόν ἐσμεν V. 24f.) und ‚bevormundet' werden (ὑπὸ ἐπιτρόπους ἐστὶν καὶ οἰκονόμους 4,2)."[77] Auch als Jude ist man also Sünder, obwohl man doch nicht heidnisch lebt. Also macht jüdische Lebensweise keine Gerechten, also rechtfertigen Toragebote nicht, die ja diese Lebensweise verbindlich vorschreiben. Also konnten auch Paulus und andere Judenchristen *als Sünder* Rechtfertigung nur erfahren, indem sie zum Glauben an Christus Jesus kamen. Das aber entsprach gemeinchristlicher Bekenntnisgrundlage: ὅτι Χριστὸς ἀπέθανεν ὑπὲρ τῶν ἁμαρτιῶν ἡμῶν κατὰ τὰς γραφάς (1 Kor 15,3).

---

[74] H.-J. ECKSTEIN, Verheißung 26.
[75] Zitiert nach N. MEISNER, Aristeasbrief 63 f.
[76] H.-J. ECKSTEIN, Verheißung 216 f.
[77] H.-J. ECKSTEIN, a.a.O. 193.

2. Gesetz, Gerechtigkeit und Gerechtigkeit Gottes

Wie weit die Ausführungen des Apostels Paulus in Röm 7 von autobiographischer Reflexion entfernt sind, zeigt der Vergleich von Röm 7,14.18 mit dem „Katalog" von Phil 3,5 f.[78]:

κατὰ νόμον Φαρισαῖος
κατὰ ζῆλος διώκων τὴν ἐκκλησίαν
κατὰ δικαιοσύνην τὴν ἐν νόμῳ γενόμενος ἄμεμπτος.

Der Pharisäer Paulus hatte, sein Selbstzeugnis beim Wort genommen, nicht unter der Last der Tora gelitten, auch nicht an der Erkenntnis seines Unvermögens, die Tora zu erfüllen[79]. Zu Recht hebt daher H.-J. Eckstein hervor, Paulus spreche nirgends autobiographisch von seiner persönlichen Verzweiflung unter dem Gesetz (vgl. im Gegenteil Gal 1,13 ff.; Phil 3,4 ff.), noch begründe er das Absterben dem Gesetz gegenüber überhaupt mit der eigenen „Erfahrung" oder „erfahrungsmäßigen Erkenntnis"[80]. Nein, der vorchristliche Paulus verstand sich in Betracht seines Wandels vor Gott als unbescholten entsprechend dem göttlichen Befehl an Abraham: γίνου ἄμεμπτος (Gen 17,1), eben damit auch, was auszusprechen er, wie es scheint, vermeidet, als δίκαιος (vgl. Hi 1,1 ἄμεμπτος, δίκαιος). Δικαιοσύνη ἡ ἐν νόμῳ (Phil 3,5; vgl. syrBar 67,6) ist diejenige Gerechtigkeit, die man als Jude, d.h. in Besitz und Kenntnis der Tora[81] sehr wohl leben konnte. Sie lag im Bereich des Menschenmöglichen. Altbiblische Grundlage solchen Selbstverständnisses war *die Intaktheit des Gemeinschaftsverhältnisses,* „das Jahwe Israel angeboten hatte, und das vornehmlich im Kultus gepflegt wurde"[82]. Danach war gerecht, wer den Ansprüchen, die dieses Gemeinschaftsverhältnis an ihn stellte, gerecht wurde. Damit Israel „gerecht" sein konnte, hatte ihm Gott seine Gebote gegeben, denn Gerechtigkeit gegenüber Gott bestand im Beachten und Tun all der Gebote, die Gott Israel aufgetragen hatte (Dtn 6,25). Die alten, unmittelbar aus dem Kultus stammenden Texte (Dtn 26,18 ff.; Hes 18,5 ff.) hatten sich wohl im wesentlichen auf die Festlegung eines noch ganz in den Grenzen des Möglichen liegenden Gehorsams beschränkt. Erst mit der Lösung vom Kultisch-Agendarischen wuchs das Bild von dem exemplarischen Gerechten in immer riesigere Dimen-

---

[78] Vgl. dazu K.-W. Niebuhr, Heidenapostel 79–111: „Der exemplarische Jude (Phil 3,5 f)".
[79] K. Stendahl, Paulus 20 f., vgl. auch E. Lohmeyer, Grundlagen 5 f.; E. Lohse, Paulus 51.
[80] H.-J. Eckstein, Verheißung 63.
[81] Dem „Katalog" von Phil 3,5 f. entsprechen die drei Felder des Übertreffens in Gal 1,13 f.:

κατὰ ζῆλος διώκων τὴν ἐκκλησίαν	καθ᾽ ὑπερβολὴν ἐδίωκον τὴν ἐκκλησίαν κτλ.
κατὰ δικαιοσύνην τὴν ἐν νόμῳ γενόμενος ἄμεμπτος	καὶ προέκοπτον ἐν τῷ Ἰουδαϊσμῷ ὑπὲρ κτλ.
κατὰ νόμον Φαρισαῖος	περισσοτέρως ζηλωτὴς ὑπάρχων τῶν πατρικῶν μου παραδόσεων.

[82] G. von Rad, Theologie I, 369.

sionen[83]. Urbild eines solchen Gerechten wurde der torafromme Abraham[84]. So
konnten die Frommen des Herrn, „die in der Gerechtigkeit seiner Gebote wandeln, in dem Gesetz, das er uns auferlegte zu unserem Leben", schließlich auch
ewig grünen als Lebensbäume des Paradieses (PsSal 14,2–4). Da das rabbinische
Judentum gerade diese altbiblischen Grundlagen tradierte und pflegte, schließen
sich E.P. Sanders Beobachtungen hier nahtlos an: „Gerechtsein in dem Sinne,
daß das Gesetz nach besten Kräften eingehalten und Übertretungen bereut und
gesühnt werden, *erhält* dem Gläubigen seinen Platz innerhalb des Bundes …, es
erwirbt ihm diesen Platz jedoch nicht. Bemerkenswert ist, daß die Frage: ,Wie
kann man gerecht *werden*?', nicht gestellt wird. Gerechtsein ist nicht das Ziel
religiösen Strebens; es ist vielmehr das Verhalten, das denjenigen auszeichnet,
der den Sinaibund und die Gebote, die der Anerkennung der Königsherrschaft
Gottes folgten, bejaht hat."[85]

Eine Erkenntnis ganz anderer Art ist aus mancherlei gegenläufigen Erfahrungen erwachsen. „Dem Gesetz in seiner richtenden und zerstörenden Funktion ist
Israel erst in der Verkündigung der Propheten begegnet."[86] Die Erfahrung des
Exils und, damit verbunden, das Aussetzen zahlreicher kultischer Begehungen,
schließlich die zunehmende Individualisierung der weisheitlichen Strömungen
im nachexilischen Judentum[87] mögen zu der neuen Sicht der menschlichen Situation vor Gott beigetragen haben. Man kann sich die ganz andere Sehweise
leicht an dem individuellen Klagepsalm 143 vor Augen führen. Der Beter verweist nicht auf seine Gerechtigkeit, sondern wendet sich an die heilschaffende
Gerechtigkeit Gottes (V. 1). „Höchst bemerkenswert aber ist nun die in 2 geäu-
ßerte Bitte: ,Gehe nicht ins Gericht mit deinem Knecht!' Dieser Satz schiebt sich
wie ein Fremdkörper in das Klagelied ein (HSchmidt). War es sonst üblich, daß
die Angeklagten und Verfolgten ihre Unschuld beteuerten (vgl. zu Ps 7 4ff.) und
auf ihre צדקה pochten (vgl. Ps 7 9 Hi 27 6), so erkennt jetzt der Beter des 143.
Psalms, daß er vor Jahwes Gericht nicht bestehen kann. Er kann nicht mehr
bitten: ,Richte mich!' (vgl. Ps 7 9 35 24 43 1). Er weiß: Vor Jahwe ist kein Mensch
gerecht. Es wird also dem Menschen jede Gerechtigkeit abgesprochen (vgl. Ps
14 3 130 3 Hi 4 17 9 2 25 4 Rm 3 20 Gal 2 16)."[88] In die gleiche Richtung gehen
alle jene nachexilischen Texte, die zum Gattungselement der Gerichtsdoxologie
gehören oder in Beziehung dazu stehen wie der Lustrationspsalm 51[89]. Das
Schema: „Gott ist gerecht – wir aber …", das für die späten Gerichtsdoxologien
so charakteristisch ist (Esr 9,6–15; Neh 9,6–37; Dan 9,4–19), stellt sodann die

---

[83] G. von Rad, Gerechtigkeit 233f.
[84] B. Ego, Abraham 25–40.
[85] E.P. Sanders, Paulus 193.
[86] G. von Rad, Theologie I, 197.
[87] M. Hengel, Judentum 214ff.; 356; 369.
[88] H.-J. Kraus, Psalmen II, 937.
[89] H.-J. Kraus, Psalmen I, 384; 386.

Verbindung her zu den Niedrigkeitsdoxologien in den Psalmen der Qumrangemeinde[90].

Blicken wir noch einmal zurück! Mit der Zerstörung der Heiligen Stadt durch
Nebukadnezar war eine nachhaltige Störung in sakral-kultischer Hinsicht über
Israel hereingebrochen. Sie wird an den Klageliedern ablesbar, wo auf das Bekenntnis der tiefen Schuld (vgl. 1,8; 3,39–43; 4,6f.13; 5,16), da keine Antwort
der Entsühnung, kein Danklied folgt. Entsprechend klagt Ps 74,7.9:

> „An dein Heiligtum legten sie Feuer,
> entweihten bis auf den Grund deines Namens Wohnsitz.
> …
> Zeichen für uns sehen wir nicht – Propheten gibt es nicht mehr;
> unter uns ist keiner, der wüßte: bis wann."[91]

Aber nicht nur der Tempel war verwüstet, „die großen kultischen Begehungen
ruhten, die Feste fielen aus, an einem Notaltar war nur ein improvisierter Kultus
möglich; das hieß: es war Fasten- und Trauerzeit (Sach 7 1ff)."[92] Ebenso ist nach
dem Untergang des zweiten Tempels in den Apokalypsen des Esra und Baruch
„das Gefühl der eigenen Verschuldung und Unwürdigkeit des Volkes besonders
lebendig; es wird hier daher die Bitte ausgesprochen, Gott möge dem Volk gegenüber Gnade vor Recht gehen lassen …"[93] Sündenbekenntnisse tiefster Radikalität
begegnen uns dann aber, wie schon angesprochen, insbesondere im Schrifttum aus
Qumran. Und wiederum war es eine fundamentale Störung im Kultischen, mit
der im Rahmen der Entstehungsverhältnisse der Qumrangemeinde dieses Phänomen einhergegangen ist.

Die Agende des Bundesfestes 1QS 1,16–2,25 läßt die Priester die Heilstaten,
d.h. die Erweise der Gerechtigkeit Gottes rezitieren und die Leviten die Sünden
der Israeliten unter der Herrschaft Belials aufzählen. Sodann bekennen alle, die
das Fest des Bundesschlusses begehen: „Wir haben uns vergangen, wir [haben
gesündigt], wir haben gefrevelt, wir [und] unsere [Väter] vor uns, durch unseren
Wandel [entgegen den Vorschriften der] Wahrheit. Aber ger[echt ist Gott und]
Sein Gericht an uns und unseren Vätern, und das Erbarmen Seiner Gnade erwies
Er an uns von Ewigkeit zu Ewigkeit."[94] Vielfach begegnet uns sodann in den
Hodajot die Rede von der Verfallenheit des Menschen an Sünde und Gericht und
das Rühmen des Heilshandelns Gottes am Beter[95]. Dabei kommt „die Gerechtig-
keit Gottes" als heilvolles Handeln am Menschen in den Blick, das das Gemein-

---

[90] H.-W. Kuhn, Enderwartung 28.

[91] Übersetzung: H.-J. Kraus, Psalmen I, 512.

[92] G. von Rad, Theologie I, 89.

[93] P. Volz, Eschatologie 107.

[94] Übersetzung: J. Maier, Qumran-Essener I, 169f.

[95] H. Lichtenberger, Menschenbild 92. Die Gemeindelieder stehen ihrerseits schon in
ḥasidischer Tradition, wie an Psalmbeispielen aus Höhle 11 deutlich wird, vgl. 11Q05 19,9–11,
zitiert nach J. Maier, a.a.O. 335: „Dem Tod verfallen war ich in meiner Sünde …, da hast Du
mich gerettet, *JHWH*, … nach der Fülle Deiner Gerechtigkeitserweise."

schaftsverhältnis, das von seiten des Menschen zerstört war, von Gott her wiederherstellt, so daß, wie bei Paulus, von einer Rechtfertigung des Sünders[96] gesprochen werden kann:

> „Mach froh die Seele Deines Knechts durch Deine Wahrheit
>   und reinige mich durch Deine Gerechtigkeit,
>   wie ich auf Deine Güte geharrt
>   und auf Deine Gnadenerweise hoffe.
> Für [Deine] Vergebungen löstest Du meine Wehen
>   und in meinem Kummer hast Du mich getröstet,
>   denn ich stützte mich auf Dein Erbarmen!"[97]

Zentral für die Sicht des in Sünde verlorenen Menschen und des in freier Gnade rechtfertigenden Gottes ist noch immer jener Passus aus dem Schlußpsalm der Gemeinderegel 1QS 11,11–15:

> „Und ich – wenn ich wanke,
>   sind Gottes Gnadenerweise mir Hilfe für immer,
> und wenn ich strauchle durch Fleischesschuld,
>   steht mein Urteil in Gottes Gerechtigkeit
>   auf Ewigkeit fest:
> Weil Er meine Bedrängnis aufschließt,
>   aus Verderben meine Seele errettet
>   und meinen Fuß auf den Weg setzt,
> in Seinem Erbarmen mich nahen ließ
>   und durch Seine Gnadenerweise
>   eintritt mein Recht,
> Er mich in Seiner wahren Gerechtigkeit richtete
>   und Er in der Fülle Seiner Güte
>   alle meine Verschuldungen sühnt,
> und Er in Seiner Gerechtigkeit mich reinigt
>   von menschlicher Unreinheit
>   und Sünde von Menschensöhnen,
> um Gott Seine Gerechtigkeit zu bekennen
>   und dem Höchsten Seine Pracht!"[98]

Die Wurzeln dieses Verständnisses von Gerechtigkeit Gottes reichen ins AT zurück, wo in den Psalmen und dann vor allem bei Deuterojesaja Gerechtigkeit nicht nur Gottes richtendes, sondern auch sein Recht und Heil schaffendes Handeln bezeichnet[99]. Wo der Exilsprophet „צדק und צדקה als Heil Jahwes auf die

---

[96] H. Braun, Qumran II, 168.
[97] Übersetzung: J. Maier, Qumran-Essener I, 102.
[98] Übersetzung: J. Maier, a.a.O. 199.
[99] Grundlegend H. Cremer, Rechtfertigungslehre 6–70; s. speziell 23: „Man braucht sich der Thatsache nicht zu verschließen, daß צדק und seine Derivate stets im socialen und forensischen Sinne stehen und *sich überall auf ein Verhältnis beziehen*, in welchem einer dem andern ‚gerecht' zu werden hat, und kann trotzdem anerkennen, daß kein Widerstreit zwischen Gerechtigkeit und Gnade Gottes besteht, daß die Gerechtigkeitsübung seitens Gottes Gnade ist, daß seine richtende Gerechtigkeit heilschaffend ist und in engstem Zusammenhange steht mit

Heiden ausdehnt", scheint das eigentümlich Neue seiner Sprache gegeben zu sein[100]. Noch weiter führt die Sprachentwicklung in Jes 52,13–53,12: Hier wirkt der Gottesknecht Heil für alle Welt. „Dies geschieht dadurch, daß er die Schuld trägt. Es ist berechtigt, צדק Hi durch ,rechtfertigen' wiederzugeben, wenn gesehen wird, daß das Rechtfertigen ,Recht wirken' bedeutet und zugleich ,Heil erwirken' einschließt."[101] So ist der Gottesknecht also selbst Gerechtfertigter und „vermag andere zu rechtfertigen und so für sie Recht und Heil zu erwirken."[102]

Dank der Schriftrollenfunde vom Toten Meer kennen wir nun wesentliche *theologische Sprachelemente,* deren sich Paulus bedient, grundlegend besser, als dies vor der Jahrhundertmitte möglich war: die Sünde als Macht, der der Mensch in seiner fleischlichen Existenz hoffnungslos erlegen ist, und die Rechtfertigung des Sünders durch Gottes heilschaffende Gerechtigkeit[103]. Bei Paulus bekommen diese Sprachelemente aber von der fundamental veränderten Sicht der Entsühnung her eine neue Wertigkeit: Durch die Dahingabe Christi in den Tod wurden die Menschen entsühnt und vom Fluch, den Gott über die Sünde ausgesprochen hatte, befreit[104]. Im Licht der Auferstehung des Gekreuzigten hatte nun auch Paulus sich als Sünder zu sehen gelernt (Gal 2,15 f.)[105], dem im Feuerschein des Letzten Gerichts die δικαιοσύνη ἡ ἐν νόμῳ (Phil 3,6) nicht mehr helfen konnte, weil nun offenbar geworden war, daß die, die ἐν νόμῳ sind (Röm 2,12; 3,19), *als Sünder* auch unter dem Fluchurteil der Tora stehen (Gal 3,10) und also ἐν νόμῳ οὐδεὶς δικαιοῦται παρὰ τῷ θεῷ (Gal 3,11). Sein eigener Weg von Phil 3,6 nach Gal 2,15 f. wird sich dann spiegeln in der Korrektur der nachexilischen Sicht von „Abraham als Urbild der Toratreue Israels"[106] zum Vorbild (Röm 4,23 f.) des Glaubens „an den, der den *Gottlosen* rechtfertigt" (4,5)[107]. Denn durch die Auferweckung des Gekreuzigten hatte Gott vor aller Welt kundgemacht, daß auf der Grundlage von Werken, die aus der Tora verbindlich gemacht werden, „kein Mensch vor ihm zu rechtfertigen sein wird" (Ps 143,2), sondern nur durch den Glauben an Christus, der den Fluch getragen und Sühne geschaffen hat.

Im Verständnis von Sünde und Gerechtigkeit spannt sich, wie wir gesehen haben, ein Bogen, der von Veränderungen im Verständnis der Sühne bestimmt ist. Von der altbiblischen Grundlage waren wir ausgegangen, von dem „Gemeinschaftsverhältnis, das Jahwe Israel angeboten hatte, und das vornehmlich im

---

seiner Güte und Treue, so daß Gerechtigkeit und Treue synonym, Gerechtigkeit und Gnade parallel stehen können." Vgl. auch O. Hofius, Rechtfertigung 125 f.; H.-J. Eckstein, Wort 217 f.

[100] F.V. Reiterer, Gerechtigkeit 216.
[101] F.V. Reiterer, à.a.O. 114.
[102] F.V. Reiterer, a.a.O.
[103] O. Betz, Rechtfertigung 29–36.
[104] H.-J. Eckstein, Verheißung 58 f.; 153–163.
[105] S. dazu H.-J. Eckstein, a.a.O. 5–30.
[106] B. Ego, Abraham 25–40.
[107] S. dazu O. Hofius, Rechtfertigung 121 f.; 128–131.

Kultus gepflegt wurde"[108]. Wir warfen einen Blick auf die Auswirkungen der Zerstörung des ersten und dann auch des zweiten Tempels, dann vor allem auf die tiefgreifenden Umwälzungen im Kreis derer, die sich mit dem später sogenannten Lehrer der Gerechtigkeit von der Mehrheit des Volkes abgesondert hatten[109], und schließlich auf die nach Paulus grundstürzende Erkenntnis, daß die Gerechtigkeit Gottes dadurch offenbare Wirklichkeit geworden ist, „daß er Christus zum ἱλαστήριον machte, um selber gerecht zu sein und den zu rechtfertigen, der an Christus glaubt, er sei Jude oder Heide."[110] In ebendieser ἔνδειξις τῆς δικαιοσύνης αὐτοῦ ἐν τῷ νῦν καιρῷ, so Röm 3,26, erweist das Evangelium, was Gott vermag: Rettung schaffen für jeden, der glaubt (1,16).

3. Das Gesetzesverständnis im Römerbrief: das Gesetz im Licht des Evangeliums

Das Evangelium von Jesus Christus, das zu verkündigen Paulus sich berufen wußte, wird im Brief an die Christen in Rom mit zwei Aspekten der Offenbarung verbunden, einem, der die von der Auferstehung erschlossene Gegenwart, einem zweiten, der die vom Gericht terminierte Zukunft bestimmt. Der präsentische spricht von der Gottesgerechtigkeit, die dem *Glauben* zugeeignet wird, der futurische vom Zorngericht vom Himmel, das nach den *Werken* erfolgt, die ein jeder *getan* hat. Beide sind sehr wohl aufeinander bezogen, erweist sich doch in beiden Gott als der Gerechte, aber auch klar voneinander zu unterscheiden, wie die Rede von den Werken, die aus der Tora verbindlich gemacht werden, und vom Ruhm zeigen wird. In der von der Auferstehung erschlossenen Gegenwart erweist das Evangelium, was Gott vermag, „indem es jedem, der glaubt, Rettung schafft, dem Juden insbesondere, aber auch dem Griechen" (1,16). So offenbart sich darin die *Gerechtigkeit* Gottes[111]. Von der Zukunft bezeugt es den Tag des Zorns und des *gerechten* Gerichts über alle Gottlosigkeit der Menschen, nicht nur der Heiden, sondern auch der Juden.

Zu beiden Aspekten hat das Gesetz seine unverwechselbare Beziehung. Mit den Propheten *bezeugt* es – so Ausdruck der heilsgeschichtlichen Prärogative der Juden – die Gerechtigkeit Gottes, die durch den Glauben an Jesus Christus allen Glaubenden zuteil wird. So ist die Tora „ein Gesetz, das vom Glauben handelt" (3,27). Andererseits ergeht das Letzte Gericht nach dem Maßstab, den die Tora

---

[108] G. VON RAD, Theologie I, 369.
[109] Vgl. auch J. MAIER, Grundempfinden: „Krisen traten also auf, sofern das Funktionieren des Kultes aus irgendwelchen Gründen in Frage gestellt erschien und einzelne befürchten konnten, daß das ungesühnte Unheilspotential ihnen persönlich und ganz Israel zum Verderben wirkt."
[110] CH. BURCHARD, Glaubensgerechtigkeit 255f.
[111] O. HOFIUS, Wort Gottes 381–390.

gültig beschreibt, und danach sind alle schuldig, die Heiden ohnehin, aber auch die Juden, stehen doch alle unter der Herrschaft der Sünde (3,9), so daß im Kern auch Juden den Heiden nichts voraus haben. Nur „die Täter des Gesetzes werden gerechtfertigt werden" (2,13). Die die Tora besitzen und kennen, werden auch durch die Tora gerichtet werden (2,12). Als „Gesetz, das von Werken handelt" (νόμος τῶν ἔϱγων 3,27), rechtfertigt die Tora nur „Täter des Gesetzes", liefert also den Menschen, den sie nur bei seinem Sündersein behaften kann, zwingend an das Zorngericht Gottes aus, ohne dem Sünder helfen zu können. Angesichts der Universalität der Sünde gilt darum, zumal im Feuerschein des Letzten Gerichts: „Durch Werke, die aus dem Gesetz verbindlich gemacht werden, ,wird vor Ihm kein Mensch zu rechtfertigen sein'" (3,20). Sollte also Gerechtigkeit heilvoll erfahrbar werden, durfte sie nur χωϱὶς νόμου als δικαιοσύνη θεοῦ auf den Plan treten. Das ist die Situation der von der Auferstehung erschlossenen Gegenwart: „Jetzt aber ist die Gottesgerechtigkeit ohne das Gesetz offenbart" (3,21). Die Formulierung χωϱὶς νόμου ist mithin nicht Sache von Gesetzeskritik, sondern Ausdruck der Heilsverkündigung angesichts der conditio humana coram Deo. Die theologische Erkenntnis, die Paulus im Streit formuliert hatte – „Ja wenn ein Gesetz gegeben worden wäre, das lebendig zu machen vermöchte, käme die Gerechtigkeit tatsächlich aus dem Gesetz" (Gal 3,21) –, gilt somit auch im ruhigen Gespräch mit den Christen in Rom: Wie sich aus der Heiligen Schrift ergibt, kann vor Gott kein Mensch gerechtfertigt werden (Ps 143,2), also auch nicht durch je und je verbindlich gemachte Toragebote. Diese Kontinuität besteht offenbar deshalb, weil für Paulus die Heilsverkündigung von Anfang an auf das Zeugnis von Christus bezogen war, „den Gott von den Toten auferweckt hat, Jesus, der uns vor dem anstehenden Zorngericht retten wird" (1Thess 1,10; vgl. Röm 5,9). Entsprechend sind auch Röm 1,16f. und 1,18ff. durch γάϱ miteinander verbunden: Die Rettung, die die im Evangelium begegnende Gotteskraft wirkt, ist bezogen auf die zukünftige Offenbarung des Zorngerichts vom Himmel. Präzise und gültig hat R. Bultmann formuliert: „Die Glaubenspredigt bringt nicht einen neuen Gottesbegriff, als sei Gott nicht der das gute Werk verlangende Richter, sondern nur der Gnädige. Nein, von Gottes χάϱις kann nur geredet werden, wo auch von seiner ὀϱγή gesprochen ist."[112]

3.1. Juden und Heiden in der gleichen Verdammnis (Röm 1,18–3,20)

3.1.1. Die apostolische Verkündigung des Gerichts über alle Menschen (1,18–2,16)

Die Situation der Menschen vor Gottes unparteiischem Gericht stellt sich aus der Sicht des Paulus ausweg- und daher hoffnungslos dar. Der Argumentations-

---

[112] R. BULTMANN, Theologie 263.

bogen, der von Röm 1,18 bis 3,20 reicht, beginnt mit dem Hinweis auf die anstehende Offenbarung „des Zornes Gottes vom Himmel über alle Gottlosigkeit und Ungerechtigkeit der Menschen" und gipfelt in der Zielangabe auf, daß *alle Welt vor Gott strafwürdig* erscheine. Deutlich entsprechen sich die Aussagen πάντας ὑφ' ἁμαρτίαν εἶναι (3,9) und ἵνα ὑπόδικος γένηται πᾶς ὁ κόσμος τῷ θεῷ (3,19). Das Urteil trifft auch Juden, weil auf der Basis von Werken, die aus der Tora verbindlich gemacht werden, im Endgericht schlichtweg niemand gerechtzusprechen sein werde (3,19f.). Und dem ist so, weil die Gerechtigkeit Gottes, die sich im Evangelium offenbart, dem Glauben zugeeignet wird, καθὼς γέγραπται· ὁ δὲ δίκαιος ἐκ πίστεως ζήσεται (1,16f.). Aus dem Gesetz hingegen *verlautet,* daß *alle* Sünder sind.

Noch bevor Paulus im Römerbrief zum erstenmal verbatim vom νόμος spricht (2,12), hat er schon in großer Übereinstimmung mit frühjüdischem Selbstverständnis Götzendienst und Lasterhaftigkeit als Kennzeichen des toralosen Heidentums angeprangert[113]. Dabei zeigt die Korrespondenz der Formulierungen 1,21 διότι γνόντες τὸν θεόν und 1,32 οἵτινες τὸ δικαίωμα τοῦ θεοῦ ἐπιγνόντες, daß für Paulus die Erkenntnis Gottes fundamental mit der Erkenntnis seines Willens und also mit der Sittlichkeit zusammenhängt[114]. So formuliert er in unüberbietbarer Härte: Die moralische Verkommenheit des götzendienerischen Heidentums unterliegt dem Todesurteil des göttlichen Rechtswillens, der infolge des angesprochenen Zusammenhangs auch dem Nichtjuden bekannt ist, eben des Inhalts, ὅτι οἱ τὰ τοιαῦτα πράσσοντες ἄξιοι θανάτου εἰσίν (1,32). Aber diesen göttlichen Rechtswillen kennen erst recht die Juden, und *darum* ist jeder Mensch, auch der Jude, unentschuldbar, auch wenn er meint – weil er nicht „selbst Sünder ist wie die aus den Heiden" (Gal 2,15) –, über den Mitmenschen zu Gericht sitzen, ihn als „Sünder aus den Heiden" taxieren zu können (Röm 2,1). Entscheidend ist nicht das Selbstbewußtsein, sondern das *Tun:* τὰ γὰρ αὐτὰ πράσσεις. Die Erwartung, daß die Sünder dem Gericht Gottes nicht entfliehen werden (PsSal 15,8; Röm 2,3), darf als gemeinjüdisch angesehen werden. Um so überraschender muß im Blick auf das noch gar nicht förmlich genannte jüdische Gegenüber „im literarisch-fiktiven Streit"[115] die Zuspitzung der Frage wirken: Und wenn du das gleiche tust wie die Heiden, wirst du dann wohl dem Gottesgericht entgehen? Man muß sich die Worte des Paulus sodann alle im einzelnen ansehen. Am Tag des gerechten Gerichts wird Gott einem jeden *nach seinen Werken* vergelten: Wer beharrlich das gute Werk verfolgt und so nach Preis, Ehre und Unvergänglichkeit strebt, dem wird auch, und zwar als *Lohn,* das ewige Leben zuteil. Wer aber widerspenstig und der Wahrheit ungehorsam, dafür jedoch der Ungerechtigkeit ergeben ist, den treffen Zorn und Grimm. Und beides gilt „dem Juden

---

[113] E. Reinmuth, Geist 41f.; vgl. auch K. Finsterbusch, Thora 37, Anm. 88.
[114] E. Reinmuth, a.a.O. 16.
[115] J. Becker, Paulus 367.

zuerst, aber auch dem Griechen". Das klingt wie in der Gerichtspredigt des Amos: Die „Vornehmen des ersten unter den Völkern" werden die Spitze des Zugs in die Verbannung sein (Am 6,1.7).

Im Gericht nach den Werken, sie seien gut oder böse, gibt es vor Gott kein Ansehen der Person. Die Heiden, die, ohne im Besitz des Gesetzes Israels zu sein (ἀνόμως), sündigten, werden auch ohne dieses Gesetz verlorengehen. Wie man daraus ersieht, ist das Gesetz nicht die weltweit wirkende Macht, unter die die Menschheit verkauft ist. Aber alle, die in Besitz und Kenntnis des Gesetzes sündigten, werden durch dieses Gesetz gerichtet werden. Hier gilt der klare Grundsatz, angesichts dessen sich jede Form von Antinomismusverdacht verbietet: „Nicht die Hörer des Gesetzes sind vor Gott gerecht, sondern die *Täter* des Gesetzes werden gerechtgesprochen werden" (2,13)[116]. Ebendarin wird dann ja auch die Antwort auf die Frage zu suchen sein, *warum* „aus Werken des Gesetzes" überhaupt kein Mensch gerechtzusprechen sein werde: In der Welt der *Sünde* gibt es die Täter des Gesetzes nicht, aber nur diese könnten gerechtfertigt werden[117]. Im Anschluß an R. Bultmann läßt sich der paulinische Textsinn so auf den Punkt bringen: Was, von Kreuz und Auferstehung Christi her gesehen, die Situation des Menschen unter dem Gesetz „so trostlos macht, ist die einfache Tatsache, daß es vor der πίστις *keine wirkliche Erfüllung des Gesetzes gibt.*"[118]

Nur wenige Exegeten stellen sich dem Problem, daß Paulus in Röm 2,14f. nun doch – nicht als irreale oder hypothetische, sondern als reale Bedingung formuliert[119] – von Menschen, dazu noch von *Heiden* spricht, die tatsächlich tun, was Sache der Tora ist[120]. Und wenn sie das gar noch „von Natur aus tun", wie viele übersetzen, muß man doch fragen, ob Paulus etwa erst in Röm 8,7 zu der Erkenntnis gelangt, daß sich das Fleisch dem Gesetz Gottes nicht unterwirft, ja dies auch *gar nicht kann*. Nein, der Apostel arbeitet in 2,14 doch immer noch auf die „Klimax des ganzen 1. Hauptteils des Lehrschreibens"[121] hin: „Denn wir haben bisher die Anklage erhoben, daß Juden und Griechen alle in der Macht der Sünde sind, wie geschrieben steht: ‚Keiner ist gerecht, auch nicht einer! … Alle sind abgefallen, ausnahmslos sind sie verdorben! Keinen gibt es, der Gutes tut, keinen einzigen' (Ps 14,1–3; 53,2–4)."[122] Da findet er doch wohl nicht, zwischendurch gedankenverloren, in irgendeiner heidnischen Nische Ausnahmen von der „*Universalität* der Sündenverfallenheit"[123], die aufzuzeigen er sich gerade bemüht.

---

[116] Der Grundsatz, daß Hören und Tun zusammengehören, ist genuin alttestamentlich-jüdisch, vgl. z.B. Dtn 31,10–12; Josephus, Ant 4, 210f.; 5,132; 20,44; vgl. auch M. WINNINGE, Sinners 237.

[117] Vgl. auch O. HOFIUS, Rechtfertigung 126f.

[118] R. BULTMANN, Theologie 263.

[119] H.-J. ECKSTEIN, Syneidesis 147.

[120] Vgl. dazu auch K. FINSTERBUSCH, Thora 17–20.

[121] W. SCHMITHALS, Römerbrief 103.

[122] Übersetzung: W. SCHMITHALS, a.a.O. 102.

[123] W. SCHMITHALS, a.a.O. 111.

Man muß also wohl die Stellung von φύσει als Hervorhebung[124] betrachten und ἔθνη τὰ μὴ νόμον ἔχοντα φύσει wie ἔθνη τὰ μὴ διώκοντα δικαιοσύνην Röm 9,30 auf Heiden*christen* beziehen, von denen Paulus dann wie von allen Christen in der Tat sagen kann, daß bei ihnen die Rechtsforderung des Gesetzes erfüllt werde (Röm 8,4). Die Parallelität der Formulierungen in 2,14 und 2,27 bekräftigt die vorgeschlagene Zuordnung von φύσει:

ὅταν γὰρ ἔθνη τὰ μὴ νόμον ἔχοντα φύσει	τὰ τοῦ νόμου ποιῶσιν
καὶ κρινεῖ ἡ ἐκ φύσεως ἀκροβυστία	τὸν νόμον τελοῦσα.

Sie, fährt Paulus fort, die Heidenchristen, seien für sich selber Gesetz. Warum und inwiefern? Die Tora gehört nach wie vor dem erwählten Volk Israel[125], und die Heiden treten, was den Besitz der Tora betrifft, nicht als Erben an. Wenn nun aber Heidenchristen tun, was Sache der Tora ist (ὅταν γὰρ ἔθνη ... τὰ τοῦ νόμου ποιῶσιν 2,14, ἐὰν οὖν ἡ ἀκροβυστία τὰ δικαιώματα τοῦ νόμου φυλάσσῃ 2,26, ἡ ... ἀκροβυστία τὸν νόμον τελοῦσα 2,27), ohne dieselbe von ihrer Abstammung her zu besitzen[126], so müssen sie gleichsam für sich selber Gesetz sein. Das können sie, weil ja das, was nach der Tora zu tun ist (τὸ ἔργον τοῦ νόμου), in ihre Herzen geschrieben ist. Wenn denn von Heiden in deutlichem Anklang an Jer 31,33 gesagt werden kann, daß das, was die Tora zu tun gebiete, in ihre Herzen geschrieben sei, können diese ja wohl nur Heiden*christen* sein. Nein, vom νόμος ἄγραφος ist hier wahrlich nirgends die Rede, sondern im Kontrast zu denen, die in Kenntnis der Tora gesündigt haben, von Heidenchristen, an denen durch die Gabe des Geistes die Weissagung von Jer 31,33 in Erfüllung gegangen ist. Insoweit hatte A. Schlatter völlig recht mit seiner Auslegung: „Das Werk des Gesetzes, das in sie hineingeschrieben wurde, weisen sie dann nach, wenn Gott sie richtet. An jenem Tag wird sichtbar, was in den Herzen war. Damit setzt der Satz die vorangehenden Aussagen fort; denn ἀπολοῦνται und δικαιωθήσονται sprachen vom kommenden Gericht."[127] Analog 1Kor 4,5, wo vom Endgericht die Rede ist, in dem der Kyrios die zuvor verborgenen, den Herzen immanenten Absichten aufdecken wird, muß der ganze Passus Röm 2,14–16 im Verbund gelesen werden: „*Sie* (die Heidenchristen) erbringen den Beweis, daß das, was die Tora zu tun gebietet, in ihren Herzen geschrieben ist, wobei ihr Gewissen dies bestätigt, und zwar wenn ihre Gedanken sich untereinander anklagen oder verteidigen an dem Tag, wenn Gott das Verborgene der Menschen richtet ..." In solchen Zusammenhang mag denn auch der Makarismus von Röm 14,22 gehören: „Wohl dem, der sich nicht selbst zu verurteilen braucht in dem, wofür er sich

---

[124] Vgl. z.B. Josephus, Ant 8,152 (αὐτὴν οὖσαν ὀχυρὰν φύσει) neben Ant 14,13 (φύσει χρηστὸς ὤν).

[125] R. Bultmann, Theologie 26: „Die νομοθεσία, die Israel zuteil wurde, gehört zu den Ehrentiteln des Volkes, auf die Paulus stolz ist (Rm 9,4)."

[126] N.T. Wright, Law 143–148.

[127] A. Schlatter, Gerechtigkeit 92.

entscheidet." – Von Heidenchristen wird nun gleich noch einmal die Rede sein, und zwar so, daß das positive Verhältnis zu dem, was Sache der Tora ist, wieder an eine Prophetenstelle erinnert, diesmal an Ez 36,27: καὶ τὸ πνεῦμά μου δώσω ἐν ὑμῖν καὶ ποιήσω ἵνα ἐν τοῖς δικαιώμασίν μου πορεύησθε καὶ τὰ κρίματά μου φυλάξησθε καὶ ποιήσητε.

3.1.2. Warum auf der Grundlage von verbindlich gemachten Torageboten vor Gott „kein Mensch Rechtfertigung erfahren kann" (2,17–3,20)

Wenn der Heidenapostel den Juden Röm 2,20 charakterisiert als ἔχοντα τὴν μόρφωσιν τῆς γνώσεως καὶ τῆς ἀληθείας ἐν τῷ νόμῳ, so ist die γνῶσις für Paulus wie für das AT und das Frühjudentum „die Erkenntnis des fordernden Willens Gottes, wie er ἐν τῷ νόμῳ vorliegt"[128], Erkenntnis, die das in Götzendienst verstrickte Heidentum gerade nicht hat. Sich auf den Besitz des Gesetzes zu verlassen und dann Gottes sich zu rühmen, kritisiert Paulus dementsprechend nur insoweit, als es nicht zum *Tun des Gesetzes* kommt. Rhetorisch wiederholt der Apostel einzelne Wörter aus 2,17 in V. 23, setzt sie aber wirkungsvoll in einem neuen Zusammenhang ein:

sich auf das Gesetz verlassen	sich Gottes rühmen
sich des Gesetzes rühmen	Gott entehren durch Übertretung des Gesetzes.

Kritisiert wird also nicht der Gesetzesruhm[129], sondern die Übertretung des Gesetzes. Paulus bemüht sich geradezu aufzuzeigen, daß das wahre Judesein im Christusglauben allererst erfüllt wird. – Nicht umsonst nimmt er Röm 2,18 nach Wortlaut und Gehalt in Röm 12,2; 13,8–10 für die christliche Paränese selbst wieder auf. – Beschneidung ist wohl nütze, *wenn* man das Gesetz *tut,* aber sie ersetzt die Gesetzeserfüllung nicht: Der Jude, der das Gesetz übertritt, macht sich dadurch dem unbeschnittenen Heiden gleich. Wenn aber die Unbeschnittenen durch die belebende Macht des Geistes aus dem Verhängnis von Sünde und Tod herausgeholt werden – das ist „Beschneidung, die am Herzen geschieht *durch den Geist"* (V. 29) – und so in den Stand versetzt werden, das δικαίωμα τοῦ νόμου zu erfüllen (8,2, vgl. τὰ δικαιώματα τοῦ νόμου φυλάσσειν 2,26), kehren sie ein in das Gottesvolk der wahren Juden (V. 26 „als Beschneidung angerechnet")[130]. Durch sie wird das Gesetz erfüllt, freilich nicht διὰ γράμματος καὶ περιτομῆς (2,27), sondern ἐν πνεύματι οὐ γράμματι (V. 29). An ihnen hat Gott Wohlgefallen, sie empfangen nicht Verurteilung, sondern Lob, sind sie doch Menschen, die erkennen und zu beurteilen wissen, was Gottes Wille ist (2,18; 12,2). Dabei kommt Paulus ganz selbstverständlich darauf zu sprechen, daß sie den Gotteswillen aus der Tora vernehmen (2,18; 13,8–10). Zu Recht stellt F. Lang

---

[128] R. BULTMANN, ThWNT I, 705,40ff.
[129] R. LIEBERS, Gesetz 64–69; vgl. auch K. FINSTERBUSCH, Thora 61.
[130] Vgl. auch N.T. WRIGHT, Law 132–139.

heraus: „Paulus versteht mit dem Judentum die Mose-Tora als den gültigen Ausdruck des Rechtswillens Gottes."[131]

So hat das Volk der Beschneidung wohl einen Vorzug, die Verheißung (3,1f.), aber es ist den Unbeschnittenen in nichts voraus (3,9): Juden und Griechen unterliegen beide dem Urteil, daß sie allesamt unter der Herrschaft der Sünde stehen, wie ja auch die Schrift bezeugt (V. 10–18). Offensichtlich, wie mir scheint, nimmt ὅσα ὁ νόμος λέγει V.19 das vorhergehende Schriftzeugnis, eingeleitet durch καθὼς γέγραπται ὅτι (V. 10), auf, wendet es aber ausdrücklich auf die *Juden* an, die, wie 2,12 eingeführt hatte, in Besitz bzw. Kenntnis des Gesetzes gesündigt haben – mit dem Ziel, daß *jedem* das Maul gestopft werde und damit *alle* Menschen, nicht nur die Heiden, als vor Gott schuldig ausgewiesen seien. Und ebendadurch steht auch fest, daß auf der Grundlage von Werken, die die Tora anweist, überhaupt niemand vor Gott gerechtgesprochen werden kann, führt doch die Tora, wie zuvor in den Versen 10–18 vor Augen gestellt, gerade im Gegenteil zur Erkenntnis der *Sünde*. So ist klar, daß für Paulus der Terminus ἐξ ἔργων νόμου spezifisch für die ἐν νόμῳ (3,19; vgl. 2,12) ist[132]. Wenn aber auch für „die im Gesetz" gilt, daß sie Sünder sind, wie das Gesetz ihnen selbst sagt (3,19), ist erwiesen, daß das biblisch-theologische Urteil über „alles Fleisch" (Gen 6,12), ὅτι οὐ δικαιωθήσεται ἐνώπιόν σου Ps 142, 2 LXX, *grundsätzlich,* nicht nur faktisch gilt und demgemäß für *keinen* Menschen in Aussicht zu nehmen ist, was z.B. 4QMMT, wie wir eingangs gesehen haben, in Aussicht stellen konnte: daß dem Empfänger des Lehrschreibens am Ende zur Gerechtigkeit angerechnet werden wird, wenn er auf der Grundlage der dargelegten מעשי התורה getan haben wird, was vor Gott recht und gut ist. „Der Mensch unter dem Gesetz", so R. Bultmann, „erlangt also aus dem Grunde nicht die ‚Gerechtigkeit' und das Leben, weil er ein Übertreter des Gesetzes ist, weil er vor Gott als schuldig dasteht."[133] Deshalb muß dann in V. 21 von einer anderen Grundlage der Rechtfertigung die Rede sein: χωρὶς νόμου nimmt ἐξ ἔργων νόμου οὐ auf, δικαιωθήσεται wird aufgenommen von δικαιοσύνη θεοῦ.

Die hier vorgetragene Auslegung des Argumentationsschlusses διὰ γὰρ νόμου ἐπίγνωσις ἁμαρτίας ist mit dem von *Martin Luther* herkommenden Verständnis von der *heilsnotwendigen* Aufgabe des Gesetzes, den Sünder zur Erkenntnis seiner *Gnadenbedürftigkeit* zu führen, nicht unmittelbar in Übereinstimmung zu bringen[134]. H.M. Müller hat daran erinnert, wie sich bei *Luther* die Unterscheidung des Wortes Gottes nach der Sprache des Gesetzes und des Evangeliums zum hermeneutischen Schlüssel seiner Exegese, ja seiner Theologie überhaupt ausgebildet hat[135]. „Daß das Evangelium das Gesetz geistlich zu verstehen lehrt,

[131] F. LANG, Erwägungen 582.
[132] Vgl. auch K. FINSTERBUSCH, Thora 82.
[133] R. BULTMANN, Theologie 264.
[134] Vgl. auch H.-J. ECKSTEIN, Verheißung 196f. zum usus elenchticus sive paedagogicus.
[135] H.M. MÜLLER, Evangelium 107.

wodurch der Mensch seiner verzweifelten Lage als Sünder vor Gott inne wird, ist das uneigentliche Werk des Evangeliums, sein wahres, eigentliches Werk, sein ‚Proprium' ist die Verkündigung der Vergebung der Sünden."[136] Um aber zu dieser Erkenntnis des opus proprium Dei vorzudringen, sei die Erkenntnis seines opus alienum nötig, das die Sünde des Menschen bloßstelle[137], denn die heilsame Wirkung von Kreuz und Auferstehung teile sich nur denen mit, „die ... zur rechten Erkenntnis des Gesetzes und damit ihrer eigenen Verlorenheit gelangt sind."[138] Nun steht die Erkenntnis *Luthers*, erwachsen aus seiner Paulusauslegung in der „Verflechtung in die Kämpfe und Erfahrungen des Lebens"[139], gewiß nicht im Gegensatz zu Paulus, aber sie ist eine *Fortentwicklung* paulinischer Gedanken, nicht das, was Paulus selbst zum Ausdruck bringt[140]. Die Aussage des Paulus muß, wie das begründende γάρ zeigt, *kontextbezogen,* nicht schon als dogmatischer Selbstläufer ausgelegt werden: Hier, im Zusammenhang der Argumentation des Paulus, aus den *Schriftzitaten* 3,10–18, d.h. ὅσα ὁ νόμος λέγει (V. 19), folgt ἐπίγνωσις ἁμαρτίας. Also kann, so die Kohärenz der Verse 19 und 20, auf der Basis von Torageboten überhaupt niemand (πᾶσα σάρξ nimmt πᾶς ὁ κόσμος auf) gerechtfertigt werden, weil ja die Tora selbst denen, die ἐν νόμῳ sind, dokumentiert, daß sie Sünder sind (ἐπίγνωσις ἁμαρτίας). So wird die klare Grundaussage von 2,12 auch in diesem Zusammenhang bestätigt: ὅσοι γὰρ ἀνόμως ἥμαρτον, ἀνόμως καὶ ἀπολοῦνται, καὶ ὅσοι ἐν νόμῳ ἥμαρτον, διὰ νόμου κριθήσονται.

Wie sich gezeigt hat, kritisiert Paulus wiederum nicht das Gesetz, sondern die Übertretung des Gesetzes. A. Schlatter hat präzise beobachtet, daß es in Röm 1,18–3,20 für die Begründung des Verzichts auf die Rechtfertigung aus dem Gesetz nur das eine Argument gibt, daß „aus der Übertretung des Gesetzes Verdammung folgt"[141]. Durch das Gesetz gerecht werden kann nur der *Täter* des Gesetzes (2,13; 10,5). Wenn es den in der Welt der Sünde nicht gibt, bedarf es zur Rechtfertigung des Menschen eines anderen Mittels. Davon handelt das Evangelium, in dem die Gottesgerechtigkeit begegnet, die dem Glaubenden das Heil *schenkt* (1,16f.). Daß man das Gesetz *tun* muß, ist bei Paulus urjüdisch gedacht[142], denn „er ist und bleibt Jude"[143]. Die Wahrnehmung aber, daß es ausgerechnet dem Juden sein Sündersein dokumentiert, trennt ihn von der Mehrheit seiner jüdischen Zeitgenossen. Das bestätigt auf ihre Weise auch die große Un-

---

[136] H.M. MÜLLER, a.a.O. 105.

[137] H.M. MÜLLER, a.a.O.

[138] H.M. MÜLLER, a.a.O. 106.

[139] H.M. MÜLLER, a.a.O. 108.

[140] K. STENDAHL, Paulus 23: „Die Paulusinterpretation der Reformatoren beruht auf einer Analogiebildung, wenn die paulinischen Aussagen über Glaube und Werke, Gesetz und Evangelium, Juden und Heiden im Rahmen spätmittelalterlicher Frömmigkeit gelesen werden."

[141] A. SCHLATTER, Glaube 331.

[142] J.D.G. DUNN, Issue 308.

[143] O. KUSS, Nomos 175.

tersuchung von F. Avemarie über den Zusammenhang von Tora und Leben: Die
Forderung, die Gebote einzuhalten, sei aus rabbinischer Sicht nicht einseitig von
ihrer Hinordnung auf Heil und Leben abhängig, schon gar nicht in dem engen
Beziehungsrahmen von Tun und Vergeltung, Lohn und Strafe, Verdienst und
Gericht. „Auf der einen Seite scheint es, daß einer individuellen Steigerung der
tätigen Frömmigkeit keine Grenzen gesetzt sind, auf der anderen Seite ist jedoch
ebensowenig zu übersehen, daß dem einzelnen niemals etwas zugemutet würde,
was seine natürlichen Fähigkeiten übersteigt. Prinzipiell jedenfalls gilt, daß der
Mensch und die Gebote so beschaffen sind, daß jener diese erfüllen kann – eine
nur selten ausgesprochene, aber überall implizierte Grundvoraussetzung, in der
sich das rabbinische Denken etwa von Paulus oder dem Essenismus der Qumrantexte fundamental unterscheidet."[144] So macht es auch durchaus Sinn, mit
E.P. Sanders die Bedeutung des Paulus als Theologen dahingehend zu pointieren, daß seine Analyse der Misere des Menschen sein wichtigster Beitrag zum
theologischen Denken sei[145].

3.2. *Gerechtigkeit Gottes durch den Glauben an Jesus Christus (Röm 3,21–31)*

Wenn selbst Juden, denen das Gesetz vertraut ist, infolge der allgemeinen Sündenverfallenheit Gerechtigkeit nicht erlangen können, kann Rettung nur von außerhalb erfolgen. Paulus ist sich dessen in seiner Ostererfahrung (vgl. 1Kor 15,8.17)
gewiß geworden. Darum blickt 3,21 mit seiner Entsprechung von πεφανέϱωται
und ἐγήγεϱται auf die seit der Auferstehung Jesu Christi veränderte, endzeitliche
Situation. Seitdem ist nämlich eine Gerechtigkeit ohne die Tora auf den Plan
getreten, die die Gegenwart der Evangeliumsverkündigung bestimmt: δικαιοσύνη
θεοῦ, bezeugt von Gesetz und Propheten, also dem Ganzen der Heiligen Schrift,
Gerechtigkeit Gottes, die, weil χωϱὶς νόμου, durch den *Glauben* an Jesus Christus an alle Gläubigen vermittelt wird. Damit keine Mißverständnisse im Blick
auf das χωϱὶς νόμου aufkommen, erinnert Paulus noch einmal an das Ergebnis
des vorausgehenden Argumentationszusammenhangs: Da alle ohne Unterschied
auf das Sündigen verfallen sind, mithin δόξα δὲ καὶ τιμὴ καὶ εἰϱήνη (2,10), d.h.
das Lichtkleid Gottes, das die Gerechten im Himmel umfangen wird[146], entbehren werden[147], haben es auch alle ohne Unterschied nötig, durch Gottes Gnaden-

---

[144] F. Avemarie, Tora 579/581; vgl. auch G. Stemberger, Verdienst.

[145] E.P. Sanders, Paulus 488.

[146] Paulus spricht im Anschluß an 2,7.10 vom eschatologischen Mangel an δόξα τοῦ θεοῦ
3,23, nicht von der Herrlichkeit Adams (1QS 4,23; 1QH 17,15; CD 3,20; ApkMos 20), die die
Menschen verloren haben. Zum Lichtkleid Gottes, das die Gerechten im Himmel umgibt, vgl.
4Esra 7,122; syrBar 51,3; 54,15, allegorisiert zum Hochzeitskleid Mt 22,12, im übrigen s.
P. Volz, Eschatologie 397.

[147] So mit H. Lietzmann, Römer 49; A. Schlatter, Gerechtigkeit 142. Das Imperfekt
ἥμαϱτον 3,22 dient wie 2,12 zum Ausdruck der relativen Zeitstufe. Das Gesündigthaben *aller*
geht also dem Zeitpunkt, zu dem das Fehlen der δόξα τοῦ θεοῦ festgestellt wird, voraus.

erweis gerechtfertigt zu werden, wie er durch die in Jesus Christus geschehene
Erlösung wirksam geworden ist. Im Sühnetod Christi erwies Gott seine Gerechtigkeit, indem er die zuvor begangenen Sünden vergab, und er erweist sie im Jetzt
der Verkündigung des Evangeliums, indem er alle, die zum Glauben kommen,
gerechtmacht. Wer als Täter der Tora gerecht wäre, würde verdientermaßen Ehre,
Lob und Preis erlangen[148]. Durch die seit Ostern neue Situation der im Evangelium angebotenen und dem *Glauben* zugeeigneten Gnade wird jedoch eigener
Ruhm ausgeschlossen. Aber beileibe nicht theologisch prinzipiell! Nach dem
Gesetz, das gerechte Taten verlangt, gäbe es für gerechte Menschen, wenn es sie
denn gäbe, schon Ruhm, Preis und Ehre[149]. Ausgeschlossen ist eigener Ruhm
durch eine bestimmte Stelle in der Tora – gefragt wird ja ausdrücklich διὰ ποίου
νόμου; –, die unzweideutig die Stimme der πίστις zu Gehör bringt, wie Paulus
sogleich in Kap. 4 entfalten wird. Wiesehr er schon an seine Kardinalstelle der
Heiligen Schrift denkt, zeigen die Verwendung von λογίζεσθαι in 3,28 und der
Hinweis auf die Abrahamsthematik, daß Gott ein Gott der Beschnittenen *und* der
Unbeschnittenen sei (V. 30). Klar bezieht sich in 3,28 die Rechtfertigung χωρὶς
ἔργων νόμου auf die Gerechtigkeit Gottes, die χωρὶς νόμου auf den Plan getreten ist: „ohne Werke, die aus der Tora verbindlich gemacht werden". Glaube aber,
den die Heilige Schrift selbst zur Norm erhebt (Gen 15,6), ist der Glaube (V. 28
γάρ), durch den ein Mensch gerechtfertigt wird. In diesem präzisen Sinn hebt die
Verkündigung des Glaubens das Gesetz nicht auf[150], sondern bringt es zur Geltung, eben als Wort der Schrift, das den *Glauben* zur Norm macht. Wer wie ein
Proselyt die Toraforderung der Beschneidung auf sich nimmt, ist verpflichtet, „alle
Gebote auf sich zu nehmen"[151]. Als νόμος τῶν ἔργων bezieht sich das Gesetz
nicht auf den Glauben, sondern will *getan* sein (vgl. Ex 18,20: καὶ διαμαρτυρῇ
αὐτοῖς ... τὸν νόμον αὐτοῦ καὶ σημανεῖς αὐτοῖς ... τὰ ἔργα, ἃ ποιήσουσιν),
hat aber nicht die Kraft, *Sünder* zu rechtfertigen. Aber bei der schroffen Einschränkung von Gal 3,12 bleibt Paulus im Römerbrief nicht stehen, sondern bringt
die Tora als Wort der Schrift zur Geltung, d.h. als Wort Gottes, das den Glauben
verkündigt. Die Geschichte Abrahams, von der im ersten Buch der Tora zu lesen
ist, „soll den Anspruch stützen, durch die Predigt des Evangeliums werde das
Gesetz nicht etwa aufgelöst, sondern im Gegenteil aufgerichtet, d.h. zu seiner
eigentlichen Bedeutung gebracht."[152] Mit Ch. Burchard könnte man wohl for-

---

Ὑστεροῦνται dürfte daher zu den Fällen des futurischen Gebrauchs des Präsens „speziell bei
futurisch-eschatologischen Aussagen" (H.-J. ECKSTEIN, Gottes Zorn 85) gehören.

[148] H. MERKLEIN, Paulus 318 f.

[149] Den gedanklichen Zusammenhang beleuchtet schön das Zitat aus 4Esra 9,31: „Denn
seht, ich säe in euch mein Gesetz; es wird in euch Frucht bringen, und ihr werdet dadurch Ruhm
erwerben in Ewigkeit."

[150] U. WILCKENS, Römer I, 249: „Auch für Paulus wäre eine Außerkraftsetzung der Tora
nichts anderes als Frevel."

[151] F. AVEMARIE, Tora 580.

[152] E. LOHSE, Gesetz 65; vgl. auch O. HOFIUS, Gesetz 67.

mulieren: In Christus wird die Tora dahingehend lesbar, daß sie Glaubensgerechtigkeit als Ziel setzt[153]. So ist ja auch die χωρὶς νόμου δικαιοσύνη θεοῦ zugleich die δικαιοσύνη θεοῦ διὰ πίστεως Ἰησοῦ Χριστοῦ, *die von der Tora und den Propheten bezeugt wird* (3,21f.).

3.3. Das Zeugnis der Tora für die Glaubensgerechtigkeit (Röm 4)

In Kap. 3 hatte Paulus die Erwählung „des Juden" als bleibend gültig herausgestellt, aber so präzisiert, daß die Juden trotz Besitz und Kenntnis der Tora und ihrer Gebote den Sündern aus den Heiden nichts voraus haben, weil ja die Tora gerade τοῖς ἐν τῷ νόμῳ das *Sündersein* dokumentiert und Toragebote demgemäß Sünder nicht rechtfertigen können. Nun wird es darum gehen, im Rückgriff auf die paradigmatische Gestalt Abrahams die für alle Sünder, Juden und Heiden, Beschnittene und Unbeschnittene, *gleiche Bedingung des Empfangs* der heilschaffenden Gerechtigkeit aufzuzeigen[154]. Leitfrage ist daher: τί οὖν ἐροῦμεν εὑρηκέναι Ἀβραάμ ...;

„Wenn nämlich Abraham aufgrund von Werken gerechtfertigt worden wäre, hätte er Ruhm, aber dieser Ruhm gälte nicht Gott."[155] Den Beweis (γάρ) aus der Schrift liefert der Septuaginta-Wortlaut von Gen 15,6, der mit seiner Anfangs- und Endstellung von ἐπίστευσεν und δικαιοσύνην dem paulinischen Anliegen, die Stelle als Predigt von der Glaubensgerechtigkeit auszulegen, glänzend entgegenkommt. Inhaltlich ist die Auffassung des Paulus freilich schlechthin revolutionär, schließt sie doch, was die Rechtfertigung des Sünders angeht, die Relevanz von Toraboten (δικαιοῦσθαι ἄνθρωπον χωρὶς ἔργων νόμου 3,28) und deren Tun (δικαιοσύνη χωρὶς ἔργων 4,6) zugunsten des Glaubens aus. Der Text, der für das Verständnis des Ausdrucks „Gesetzeswerke" so wichtig war, 4QMMT, läßt in seiner stilistisch wohlüberlegten Schlußformulierung auch die tiefe Differenz zwischen der paulinischen Auffassung vom „Anrechnen zur Gerechtigkeit" (Gen 15,6) und dem frühjüdischen Verständnis der Wendung, das immer ein *Tun* zum Dreh- und Angelpunkt macht (Ps 106,31; 1Makk 2,52; Jub 30,17), gewahren: In dem eschatologischen Sinn, daß die bösen Taten der Abtrünnigen „in der Endzeit" ganz Israel als solche aufgedeckt werden (4QpNah 3,3), formuliert, wie wir oben unter 1. gesehen haben, die Priestergruppe um den später sogenannten Lehrer der Gerechtigkeit, daß der Adressat, der Hasmonäer Jonathan, Gelegenheit haben werde festzustellen, daß die Toraanweisungen des Lehrbriefs zutreffend gewesen seien, dann nämlich, wenn ihm zur Gerechtigkeit angerechnet werden könne, daß er sich und ganz Israel zugute *getan* habe, was recht und gut sei

---

[153] Ch. Burchard, Glaubensgerechtigkeit 258f.

[154] Schön beobachtet E.P. Sanders, Paulus 464, daß zu den Hauptanliegen des Paulus die Feststellung gehöre, daß das Heil Juden und Heiden gelte und daß *die Grundlage des Heils für beide dieselbe sei.*

[155] Der Text Röm 4,2 lautet οὐ πρὸς θεόν, nicht παρὰ θεῷ wie 2,13.

vor Gott. Ganz offenkundig definieren also jene Toraanweisungen (מעשי התורה) des Lehrbriefs die *notae* dessen, der als Gerechter zu gelten habe. Und deshalb zählt nur das *eine*: auf der Grundlage der verbindlich gemachten Anweisungen *getan* zu haben, was vor Gott recht und gut ist. Man erinnere sich auch an die schöne Erkenntnis H. Cremers: „Recht aber hat der Gerechte nicht, weil er sittlich fehllos ist, sondern seine gerechte Sache ist seine Furcht Gottes, die Erkenntnis und das Bekenntnis seiner Sünden, seine Beugung unter das Gericht Gottes, sein Festhalten an Gott und Gottes Gesetz unter einem Volke, welches alles Recht mit Füßen tritt, dem Bruder die Treue nicht hält und den Armen und Geringen ebenso wie den, der Ernst macht mit seiner Religion, vergewaltigt."[156] Auch wenn also jeder Jude weiß, daß man nie ohne Sünde leben kann, sondern immer auf Gnade und Erbarmen dessen angewiesen bleibt[157], der auf Israel seinen Namen gelegt hat: „..., ein barmherziger und gnädiger Gott, langmütig und reich an Gnade und Treue ..." (Ex 34,6–10), ist für das Gerechtsein schlechthin *unerläßlich,* daß die Toragebote, zumindest grundsätzlich, erfüllt werden, denn „an der Tora scheiden sich Gerechte und Frevler, ..."[158]. Für Paulus aber erklärt das Zeugnis der Tora, wie in Röm 3,9–20 ausgewiesen, *alle Menschen ohne Ausnahme* zu Sündern, Gottlosen, Feinden, so daß selbst Abraham, als Gottes Ruf ihn traf, ein *gottloser Heide* war (ἀσεβής, ἐν ἀκροβυστίᾳ 4,5.10). Wenn nun Gott in seiner Güte den Menschen entgegengekommen ist und aus freien Stücken (δωρεὰν τῇ αὐτοῦ χάριτι 3,24) seine Gerechtigkeit schenkt, dann würde die Forderung, Christen müßten sich, um an der Gerechtigkeit teilzuhaben, doch auch beschneiden lassen und damit in eins bestimmte verbindlich gemachte Toragebote auf sich nehmen[159], den Ruhm dieser freien Gnade zunichte machen[160]. Nur noch im Irrealis räumt daher Paulus ein, was andere thetisch formulieren können: Aufgrund eigener Werke empfängt man legitimerweise Lohn (4Esr 8,23), ja ἕκαστος κατὰ τὰ ἔργα αὐτοῦ εὑρήσει – „jeder *empfängt* nach seinen Taten" (Sir 16,14). Entsprechend beginnt die Argumentation von Kap. 4: τί οὖν ἐροῦμεν

---

[156] H. CREMER, Rechtfertigung 69 zur „alttestamentlichen Anschauung vom Gerechten" (68). Vgl. dazu auch E.P. SANDERS, Fulfilling 108: "... a righteous man in rabbinic Judaism is a man who intends to obey the law, who obeys it as best he can, and who atones for transgression."

[157] P. VOLZ, Eschatologie 106: „..., und in allen Schriften unserer Periode spricht die Erkenntnis, daß Israel auf das Erbarmen angewiesen ist, überall vernehmen wir den Hilferuf um Gnade ..." Vgl. auch J.-N. ALETTI, Romains 2, 160; H. RÄISÄNEN, Paul 120.

[158] H. LICHTENBERGER, Tora-Verständnis 13.

[159] Vgl. das Nebeneinander von περιτέμνεσθαι und κατὰ τοὺς Ἰουδαίων νόμους ζῆν Josephus, Ant 13,318.

[160] F. HAHN, Taufe 119: Durch die Ausnahmslosigkeit des Sündigseins der Menschen, so daß selbst Abraham, der das maßgebende Beispiel alttestamentlicher Frömmigkeit und Gerechtigkeit war, als ἀσεβής erscheint, „ist eine Rechtfertigung auf Grund der ‚Werke des Gesetzes' a limine ausgeschlossen. Erst in dieser letzten Konsequenz wird die Rechtfertigungsbotschaft Ausdruck der uneingeschränkten Gnade Gottes und seiner rückhaltlosen Zuwendung zu den gottlosen Menschen."

εὑρηκέναι Ἀβραάμ ... – „Was sollen wir nun sagen, daß Abraham ... *empfangen* hat?" Verdienten Lohn als Gerechter oder frei geschenkte Gnade als Sünder? Die Auswirkungen der jeweiligen Antwort sind beträchtlich.

Der Ruhm der freien Gnade beruht auf der Tatsache des christlichen Grundbekenntnisses, daß Christus, mortuus pro nobis, *auferstanden* ist (1 Kor 15,3f.; vgl. Röm 4,25), woraus nach Paulus zwingend hervorgeht, daß *alle* Sünder waren (1 Kor 15,17; Gal 2,17[161]; Röm 5,8), zumal ja für einen Gerechten kaum jemand sterben dürfte (Röm 5,7). Gegenüber dem Irrealis von Lohn und Ruhm steht in Röm 5 das konfessorische Sich-Rühmen: „Wir rühmen uns der Hoffnung auf die Verherrlichung durch Gott" (V. 2), ja Gottes selbst „durch unseren Herrn Jesus Christus, durch den wir jetzt die Versöhnung empfangen haben" (V. 11). Ruhm, der Gott gilt (καύχημα πρὸς θεόν 4,2), ist paulinisch Ruhm, der die χάρις groß und also den Dank überreich werden läßt εἰς τὴν δόξαν τοῦ θεοῦ (2 Kor 4,15). Dies geschah bei Abraham so, daß er sein Vertrauen an der Verheißung festmachte und dadurch Gott die Ehre gab (4,20 f.). Das war sein καύχημα πρὸς θεόν. Erst jetzt also, da es um diesen Ruhm der freien, unverdienten Gnade geht, da Gott dem verdammenswerten Sünder *seine* Gerechtigkeit aus freien Stükken schenkt, gewinnt die Rede von den ἔργα etwas von jenem Klang, den protestantische Ohren fast immer schon mit hören, wenn von den Werken die Rede ist, die der Mensch nach der Tora zu tun habe. Aber Paulus teilt ja, wie wir gesehen haben, die Auffassung, daß Toragebote zu tun seien, und ist für Leistungsschelte nicht zu vereinnahmen. Exegetische Wahrnehmung hat sich hier differenzierter zu betätigen, als unsere Tradition uns lange Zeit glauben machen wollte. Das zeigen die drei Stufen der χωρίς-Aussagen: Nach 3,21 ist mit Ostern (vgl. auch 4,25) eine Gerechtigkeit ohne die Tora auf den Plan getreten, eine Gerechtigkeit für Sünder, die δικαιοσύνη θεοῦ, die allein Sache seiner χάρις (3,24) ist. Das ist der Erkenntnisgrund dafür, daß der Mensch „ohne Werke, die aus der Tora verbindlich gemacht werden", ohne „die Bestimmungen der Gebote"[162], Rechtfertigung erfährt (3,28), konkret also beispielsweise ohne daß er sich beschneiden lassen muß, d.h. χωρὶς ἔργων νόμου. Und darum gilt dann auch, daß dem Sünder die Gerechtigkeit zugeeignet wird aufgrund des Glaubens und nicht aufgrund der Tatsache, daß er bestimmte Toragebote auf sich nimmt und erfüllt, also χωρὶς ἔργων.

Als Gottes Ruf in sein Heiden-Dasein (ἐν ἀκροβυστίᾳ 4,10) fiel, war Abraham ein unbeschnittener ἀσεβής (4,5), kannte also wie alle Heiden (2,12.14) die Tora nicht und konnte Werke im Gesetz nicht vorweisen (μὴ ἐργαζόμενος 4,5)[163]. *Als solcher,* wie ja auch der Makarismus Davids bestätigt (4,6–9), ist er Urbild dessen, was es heißt, durch den *Glauben* Gerechtigkeit zu erlangen (4,5.24).

---

[161] H.-J. Eckstein, Verheißung 35: „Auch die *Juden* – und nicht nur die ‚sündigen Heiden‘ (V. 15) – haben sich in ihrem Angewiesensein auf Christus *als Sünder* erwiesen."

[162] E. Lohse, Gesetz 68.

[163] R. Liebers, Gesetz 34.

Wenn Abraham aufgrund seiner Frömmigkeit und Werke im Gesetz – als ἐργαζόμενος (Röm 4,4) – gerechtfertigt worden wäre, wie Sir 44 rühmt, stünde unter diesen Werken, die er beobachtet hat, an hervorgehobener Stelle die Beschneidung (44,20). Die Segensverheißung für die Völker liefe über den Beschneidungsbund[164]. Dagegen kann Paulus die Reihenfolge der Genesiserzählung für seine Sicht der Dinge verbuchen: Zuerst kamen die Verheißung und der Verheißungsglaube. Dieser Verheißungsglaube, der mit dem christlichen Glauben an den Tote erweckenden Gott und Vater Jesu Christi in eins zu sehen ist[165], wurde Abraham zur Gerechtigkeit angerechnet. Später, die Glaubensgerechtigkeit besiegelnd, nicht als Toragebot, empfing er die Beschneidung. So ist gewährleistet, daß Abraham wirklich „unser aller Vater" ist, der Beschnittenen, die Abrahams Glauben folgen[166], *und* der unbeschnittenen Gläubigen. Und also gehören Glaube, Glaubensgerechtigkeit und Verheißung in ihrer universalen Bedeutung zusammen, wie andererseits Sinaitora, Beschneidung und Zorngericht über die Übertretung des Gesetzes zusammengehören. Wie Abraham die Glaubensgerechtigkeit zugerechnet wurde, als die Sinaitora, die ja das Zorngericht über die Übertretung proklamiert (4,15)[167], noch nicht erlassen war, so wird allen, die das apostolische Evangelium hören und glauben, die Glaubensgerechtigkeit zugesprochen, weil Christus dieses Zorngericht getragen hat, also dahingegeben wurde wegen unserer Vergehen[168] und auferweckt, damit wir Rechtfertigung erfahren. Beides ist sorgfältig zu unterscheiden, so daß weder das Gesetz durch den Glauben, sofern es um die Glaubensgerechtigkeit geht (3,31), noch der Glaube durch das Gesetz, sofern es um die universale Gültigkeit der Verheißung geht (4,14), entwertet werden.

Die Stellung des Schriftzeugnisses, daß Gott den Abraham zum Vater vieler Völker gemacht habe, erweist sich beim Vergleich von Sir 44 mit Röm 4 als schlechthin aufschlußreich: Nach Sir 44,21 bestätigt Gott die Segensverheißung für die Völker einem Abraham, der das Gebot des Allerhöchsten gehalten hat, in einen Bund mit ihm trat, die Beschneidung vollzog und in der Prüfung Treue bewahrte. Die Segensverheißung rahmt den Preis des Abraham: V. 19 „Vater einer Menge von Völkern" – V. 21 „Darum bestätigte er ihm mit einem Schwur, durch seine Nachkommen die Völker zu segnen." Die Segensverheißung für die Völker läuft über die beschnittenen Nachkommen Abrahams. Anders bei Paulus: Die Beschneidung empfing Abraham als Siegel der Gerechtigkeit, die dem Glauben zugesprochen wird, „damit die Verheißung für seine *ganze* Nachkommenschaft gewiß sei, nicht nur für die Nachkommen, die die Sinaitora besitzen." Dementsprechend werden die Verheißungszitate Gen 17,5 in Röm 4,17 und

---

[164] Vgl. auch R.B. Hays, Roles 154.

[165] K. Berger, Abraham 72.

[166] K. Berger, a.a.O. 68f.

[167] Zum Zusammenhang von Strafgericht, Gesetz und Übertretung vgl. auch syrBar 15,5f.

[168] O. Hofius, Adam-Christus-Antithese 182.

Gen 15,5 in Röm 4,18 erst *nach* der Zurechnung der Glaubensgerechtigkeit Gen 15,6 in Röm 4,3 aufgerufen. Im Ergebnis ist also festzuhalten: Die Verheißung für Abraham und seinen Samen beruht nicht auf dem Besitz der Tora, sondern auf der Zueignung der Glaubensgerechtigkeit (V. 13), die dementsprechend δικαιοσύνη χωρὶς ἔργων (V. 6) ist.

3.4. Die Bedeutung der Mosetora im Rahmen der Adam-Christus-Antithese (Röm 5,13f.20f.)

Der Aussagegehalt der Adam-Christus-Antithese erschließt sich aus deren Konkretionen, die aus folgenden Gegenüberstellungen ersichtlich werden:

Adam	Christus
ἡ ἁμαρτία εἰς τὸν κόσμον εἰσῆλθεν εἰς πάντας ἀνθρώπους ὁ θάνατος διῆλθεν	
τὸ παράπτωμα	τὸ χάρισμα ἡ χάρις τοῦ θεοῦ – ἡ δωρεὰ τῆς δικαιοσύνης
τὸ κρίμα ... εἰς κατάκριμα	τὸ χάρισμα ... εἰς δικαίωμα
ὁ θάνατος ἐβασίλευσεν	οἱ ... ἐν ζωῇ βασιλεύσουσιν
παράπτωμα ... εἰς κατάκριμα	δικαίωμα εἰς πάντας ἀνθρώπους εἰς δικαίωσιν ζωῆς
ἡ παρακοή	ἡ ὑπακοή
ἁμαρτωλοί	δίκαιοι
ἐβασίλευσεν ἡ ἁμαρτία	ἡ χάρις βασιλεύσει διὰ δικαιοσύνης
ἐν τῷ θανάτῳ	εἰς ζωὴν αἰώνιον
	διὰ ᾽Ιησοῦ Χριστοῦ τοῦ κυρίου ἡμῶν.

Wie die Sünde Adams am Anfang steht der Heilbringer Jesus Christus am Ende solitär da. Ausgangsthese ist also die Feststellung, daß durch Adams Gebotsübertretung (ἡ παράβασις ᾽Αδάμ V. 14) die Sünde als Macht in die Welt Einzug gehalten hat und durch sie der Tod als Trennung von Gott. Der Weg vom εἰσῆλθεν zum διῆλθεν (V. 12) verdeutlicht wie auch der Schritt vom εἷς ἄνθρωπος zu εἰς πάντας ἀνθρώπους die Universalität und Unentrinnbarkeit des Sünde-Tod-Zusammenhangs. Und dieser Sünde-Tod-Zusammenhang bestand, wie V. 13 eigens anmerkt, unabhängig von der Gesetzgebung vom Sinai: Die Sünde war in der toralosen Zeit schon in der Welt. Auch wenn sie, solange die Tora noch nicht erlassen war, dem Sünder nicht als Gesetzesübertretung in Rechnung gestellt wurde, herrschte der Tod als Folge der Sünde auch schon über die, die nicht wie Adam selbst durch Gebotsübertretung gesündigt haben. Mit O. Hofius ist festzustellen: „Die Tora schafft nicht erst den Sünde-Tod-Zusammenhang, sondern sie findet ihn bereits vor. Sie bringt diesen Zusammenhang aber gültig und unausweichlich zur Sprache und macht so objektiv offenbar, wer der Mensch – *jeder* Mensch – immer schon ist: der *homo peccator*, der als solcher dem Tod als dem von Gott verfügten κατάκριμα verfallen ist."[169]

Die Herrschaft der Sünde und des Todes infolge der Verfehlung Adams wird von der Herrschaft der Gnade und der Gabe der Gerechtigkeit abgelöst, die durch Jesus Christus zuteil wird. Die paulinische Antithetik heißt nicht Gesetz und Gnade, sondern Herrschaft der Sünde und Herrschaft der Gnade, wie die V. 17 und 21 deutlich vor Augen führen. Andererseits sind die *Gabe* der Gerechtigkeit (V. 17f.21) und die Gerechterklärung (V. 19) streng gebunden an Jesus Christus, keine Möglichkeit der Tora. Diese wird parallel zum Einzug der Sünde in die Welt und dem διῆλθεν des Todes zu allen Menschen (V. 12) durch παρεισῆλθεν („ist noch hinzugekommen" V. 20) mit der Zielangabe eingeführt, die Sünde in ihrer ganzen Größe und in ihrem ganzen Umfang[170] in Erscheinung treten zu lassen, also, wie der Leser von 4,15 her weiß, als παράβασις, über die Gottes Zorngericht ergeht.

Die Ausführungen über die Adam-Christus-Antithese drängen auf die Entfaltung dreier theologischer Schlüsselbegriffe: Sünde, Gnade, Gesetz (Röm 5,20–22). Dabei zeigt sich, daß der νόμος von 5,20 wie 5,13 unzweideutig die an Israel ergangene Weisung vom Sinai ist. Mit ihr aber hatten die Heiden, die ἀνόμως ἥμαρτον (2,12), nichts zu tun gehabt. Demgemäß erfolgt die Entfaltung dessen, was Paulus über das Ende der Sündenherrschaft unter der Gnade zu sagen hat, in zwei getrennten Schritten.

3.5. Das Ende der Sündenherrschaft unter der Gnade (Röm 6,12–23)

Zuerst wendet sich der Völkerapostel an die heidenchristlichen Adressaten in Rom, wie aus dem „ihr" in 6,14 und 6,21 klar hervorgeht. Im Unterschied zu Paulus und den anderen Judenchristen, mit denen er sich im „wir" zusammenzuschließen pflegt[171], waren die Heidenchristen nie „unter dem Gesetz" gewesen. Anders als Gal 3,25 (οὐκέτι ὑπὸ παιδαγωγόν ἐσμεν) steht daher in Röm 6,14 nicht οὐκέτι, sondern οὐ γάρ ἐστε[172]. Ferner würde sich Paulus als κατὰ

---

[169] O. Hofius, a.a.O. 197, vgl. auch H. Merklein, Paulus 328.

[170] Vgl. sprachlich Sir 23,3. Zur Auslegung vgl. auch H.-J. Eckstein, Verheißung 195: „Die Vorstellung, Gott habe durch die Sinai-Tora den Ungehorsam und die Auflehnung gegen sich ,mehren' und ,steigern' wollen, ist in Gal 3,10ff. und 19ff. durch nichts angedeutet, und sie entspricht auch keineswegs den Aussagen von Röm 5,20 und 7,13."

[171] Vgl. auch K. Finsterbusch, Thora 68–72; 86–90.

[172] Schon K. Stendahl, Paulus 24, machte auf die Verschiebung der Perspektive aufmerk-

δικαιοσύνην τὴν ἐν νόμῳ γενόμενος ἄμεμπτος Phil 3,6 niemals mit anderen Judenchristen in den Schändlichkeiten des heidnischen Lebens (Röm 6,21; vgl. 1 Kor 6,11) zusammenschließen[173], als hätte er je gelehrt, man müsse zuerst einmal ein richtiger heidnischer Sünder werden, um die Gnade wirklich als Gnade erfahren zu können (3,8; 6,1). Zuerst wendet er sich also an die Heidenchristen und führt die Frage nach dem Verhältnis von Sünde und Gnade (6,1) in 6,23 zu der Antwort zurück, die 5,21 schon im Blick auf alle Nachkommen Adams formuliert worden war: Tod auf der Seite der Sündenherrschaft, ewiges Leben auf der Seite derer, die im Bekenntnis zum Kyrios unter der Herrschaft der Gnade verbunden sind. In 7,1 wird sich Paulus dann förmlich an die Judenchristen wenden, die „das Gesetz kennen", und in Kap. 7 insgesamt die genuin jüdische Problematik um Gesetz und Sünde behandeln. Das Ende der Sündenherrschaft führt wie in 6,17 so in 7,25a zum Dank an Gott, wobei die drei Schritte des Gedankengangs Kap. 5–7 jeweils durch die Bekenntnisformeln διὰ ᾿Ιησοῦ Χριστοῦ τοῦ κυρίου ἡμῶν 5,21, 7,25a bzw. ἐν Χριστῷ ᾿Ιησοῦ τῷ κυρίῳ ἡμῶν 6,23 abgerundet werden.

Die Antithetik von „Herrschaft der Sünde" und „Herrschaft der Gnade" (5,21) darf nicht auf Röm 6,14 übertragen werden: Unter der Gnade sind wir mit Christus gestorben, also durch den Sühnetod Christi rechtskräftig von der Sündenherrschaft getrennt und grundlegend befreit worden, wie freigelassene Sklaven zu neuem Leben bestimmt. „Bis zu ihrer endgültigen Vernichtung," so H.-J. Eckstein, „mag die Sünde nach wie vor *Macht* haben, sie hat aber keinen *Anspruch* mehr auf die, die ihr gegenüber gestorben sind."[174] Das hätte niemals Sache des Gesetzes sein können: aus Sündendienst und Todesfrucht zu befreien zum Wandel „in der Neuheit des Lebens" (6,4). Deshalb erinnert Paulus die Heidenchristen daran, daß sie, als sie gläubig wurden, nicht unter das Gesetz, sondern unter die Gnade gekommen sind, wie er Gott dankt, daß sie Befreiung aus der Sündenmacht erfahren haben, indem Gott sie „zum Glauben an die Lehre des Evangeliums bewegt hat"[175], so daß sie nun zum Dienst der Gerechtigkeit befähigt sind (6,17 f.). Solcher Dienst ist im Unterschied zur heidnischen Existenz nach 1,18– 32 „Leben für Gott" (6,11) als ἁγιασμός mit der Verheißung des ewigen Lebens (6,19.22). Das ist im Kern alte paulinische Verkündigung an Heiden, die aus einer Vergangenheit ohne Gerechtigkeit herkommen (1,18; 6,20; 9,30): „Das Evangelium verändert den Sünder, damit er hinfort nicht mehr sündigt (1.Thess 4,3.7–9; Röm 6)."[176] Auch in 1 Thess spricht Paulus vom Dank gegen Gott, daß

---

sam, wenn „die paulinische Unterscheidung von Juden und Heiden verlorengegangen ist. ‚Unser Tutor/Wächter' ist nun eine Aussage, die sich auf die Menschheit überhaupt bezieht, nicht ‚unser' im Sinne von ‚ich, Paulus, und meine jüdischen Glaubensgenossen'."

[173] Vgl. auch K. Finsterbusch, Thora 68 zu Gal 2,15: „Paulus verleugnet den von jüdischer Seite traditionell betonten Unterschied von Juden und Heiden keineswegs."

[174] H.-J. Eckstein, Auferstehung 18.

[175] P. Stuhlmacher, Römer 89.

[176] J. Becker, Paulus 458.

die angesprochenen Thessalonicher die von Paulus übermittelte Verkündigung als Wort Gottes empfangen und angenommen haben (2,13), daß sie zum Dienst Gottes gekommen sind (1,9; vgl. Röm 6,22), der sich im περιπατεῖν ἀξίως τοῦ θεοῦ (1,12; vgl. Röm 6,11) und eben im ἁγιασμός (4,3.7; Röm 6,19.22) ausdrückt. Wie in 1Thess fehlt in Röm 6 die *Terminologie* der Rechtfertigungsbotschaft. Der biblisch-theologisch formulierte Grundsatz Röm 3,20; Gal 2,16 ist wohl Grundlage der beschneidungsfreien Heidenmission, aber nicht Gegenstand der Verkündigung an Heiden, die vielmehr aus einem Leben ohne Tora und ohne Gerechtigkeit zum „Dienst der Gerechtigkeit" gelangen sollen.

Zusammenfassend kann die Frage von Röm 6,1 mit H.-J. Eckstein beantwortet werden: „Die Konsequenz der übergroßen Gnade ist nicht etwa das ‚Verharren bei der Sünde', sondern im Gegenteil das ‚Leben für Gott'."[177] Hat der Ungehorsam Adams die Sündenherrschaft in der Welt installiert, so basiert die Herrschaft der Gnade auf dem Gehorsam Christi, um den Gehorsam der Glaubenden zu inaugurieren. Führte die Sündenherrschaft im Dienst der Unreinheit und der Gesetzlosigkeit zur ἀνομία (6,19) und also zum Tod, so gelangt der Gehorsam unter der Gnade im Dienst der Gerechtigkeit zur Heiligung (6,18.19.22) und also zum ewigen Leben (6,22f.).

3.6. Befreit von der Sünde, dem Gesetz entbunden (Röm 7,1–6)

Mit Röm 7,1 wendet sich Paulus speziell an *juden*christliche Hörer bzw. Leser[178], wie er dann später in 11,13 förmlich die Heidenchristen ansprechen wird[179]. Er setzt ja, wie wir eingangs (0.2.) skizziert haben, in den verschiedenen stadtrömischen Örtlichkeiten aus Juden- sowohl als auch aus Heidenchristen bestehende Hausgemeinden voraus, wobei er sich im Verlauf seines apostolischen Schreibens jeweils Juden- oder Heidenchristen im besonderen zuwendet. Entspechend ist dann aus Röm 7,1 zu entnehmen, daß sich der Apostel mit γινώσκουσιν γὰρ νόμον λαλῶ förmlich[180] an die Judenchristen wendet, nicht nur, weil eben gerade sie als torakundig gelten können, sondern weil *nur* ihnen gegenüber wie vom Briefschreiber selbst gesagt werden kann, daß sie *durch die Tora gebunden waren*, nun aber von ihr entbunden sind[181]. Wie käme Paulus auch angesichts 2,12 ὅσοι γὰρ ἀνόμως ἥμαρτον, ἀνόμως καὶ ἀπολοῦνται dazu, die Heiden als durch

---

[177] H.-J. ECKSTEIN, Auferstehung 12.

[178] A. VAN DÜLMEN, Theologie 101f.

[179] D.J. MOO, Romans 691: "Verse 13a – 'Now I am speaking to you Gentiles' – reveals Paul's concern to apply what he is saying in this passage to the Gentile Christian majority in the church at Rome."

[180] Vgl. τὸ γὰρ (δὲ) γνῶναι νόμον Prov 9,10; 13,15; πάντας τοὺς ἐπισταμένους τὸν νόμον τοῦ θεοῦ σου 3Esr 8,23; davon abhängig Josephus, Ant 11,129; ᾔδειν τὸν Ἰουδαίων νόμον Bell 3,400.

[181] Vgl. auch N.T. WRIGHT, Law 134.

die Tora Gebundene zu bezeichen! Wohl nicht umsonst redet er die Adressaten wie in 15,14 (nach 15,7–13) so in 7,4 speziell mit „*meine* Brüder" an[182].

Will man sich vom marcionitischen Mißverständnis der paulinischen Botschaft freihalten, lohnt es sich, darauf zu achten, daß „die beiden Teile VV 1–3 und VV 4–6 … streng parallel gebaut"[183] und in der Argumentation jeweils dreigliedrig angelegt sind:

ἡ γὰρ ὕπανδρος γυνή	νόμῳ	τῷ ζῶντι ἀνδρὶ δέδεται
ἐὰν δὲ ἀποθάνῃ ὁ ἀνήρ	κατήργηται ἀπὸ τοῦ νόμου	τοῦ ἀνδρός
ἐὰν δὲ ἀποθάνῃ ὁ ἀνήρ	ἐλευθέρα ἐστὶν ἀπὸ τοῦ νόμου	[γίνεσθαι ἀνδρὶ ἑτέρῳ]
ἐθανατώθητε	τῷ νόμῳ	εἰς τὸ γενέσθαι ὑμᾶς ἑτέρῳ
	διὰ τοῦ νόμου	ὅτε γὰρ ἦμεν ἐν τῇ σαρκί τὰ παθήματα τῶν ἁμαρτιῶν ἐνηργεῖτο ἐν τοῖς μέλεσιν ἡμῶν
[ἀποθανόντες]	νυνὶ δὲ κατηργήθημεν ἀπὸ τοῦ νόμου	[ἐν ᾧ κατειχόμεθα].

Entscheidend für das Verständnis ist also die *Dreiteiligkeit* der Aussage sowohl auf der Seite des Vergleichs als auch in der Sache. Der νόμος τοῦ ἀνδρός bindet eine Ehefrau an ihren Mann, solange dieser lebt. Mit dem Tod des Ehemannes erlischt jene gesetzliche Bindung, so daß die Frau eines andern werden kann, ohne Ehebrecherin zu sein. So herrschte die Mosetora über „uns", d.h. über Paulus und die angeredeten Judenchristen, solange „wir" im Fleisch lebten, dem σῶμα τῆς ἁμαρτίας, in dem die Sünde ihre Zwangsherrschaft ausübte (6,6). Durch Anteil am Kreuzesgeschehen Christi, dem σῶμα τοῦ Χριστοῦ, kam der Leib der Sünde zu Tode, so daß „wir" nun zu Recht einem andern gehören, nämlich dem von den Toten Auferweckten. Zu beachten ist nun der Unterschied zwischen „Gebundenheit an" und „Gebundenheit durch". Der Wechsel der „Gebundenheit an", ἐν ᾧ κατειχόμεθα, geschieht also, analog zum Beispiel von der Ehefrau, nicht vom *Gesetz* zu Christus, sondern von der Zwangslage des Sündigens im fleischlichen Dasein („worin wir festgehalten wurden") zu dem, durch dessen Hingabe in den Tod ‚das Sein im Fleisch' gegenüber der verurteilenden Tora für tot erklärt wurde. U. Wilckens empfindet wohl zutreffend, daß Freiheit vom Gesetz, proklamiert als *Begründung* der Freiheit von der Sünde, für einen

---

[182] Die Anrede ἀδελφοί μου beschränkt sich im Römerbrief auf die beiden genannten Stellen, wobei die Textüberlieferung in 15,14 schwankend ist.

[183] U. WILCKENS, Römer II, 63.

Juden nicht anders denn als Gotteslästerung aufzufassen wäre[184]. Aber sowohl nach Röm 6,1–11; 7,1–6 als auch nach Gal 2,19 „gründet und besteht für Paulus das eigene Sterben der Sünde gegenüber einzig und allein im Sterben des Sohnes Gottes ‚für uns‘"[185]. Von diesem Tod zu Tode getroffen ist ebendas Sein im Fleisch, der alte Mensch, τὸ σῶμα τῆς ἁμαρτίας, d.h. der Leib, in dem die Sünde herrschte. Vom Gesetz vorgeführt, taten sich seine Leidenschaften in den Sündentaten hervor, nichts zeitigend als Tod (7,5), weil das Wort der Tora über den Gesetzesübertreter den Zorn Gottes herbeiruft (4,15). Mit der Toterklärung des alten Menschen ist die Zuständigkeit der Mosetora („Gebundenheit durch"), Anklage zu erheben und für den Sünder das Todesurteil im eschatologischen Zorngericht Gottes festzuschreiben, erloschen[186]. Damit ist aber nicht die Tora selbst oder als solche an ihr Ende gekommen[187], sondern, wie der Text ausdrücklich sagt, das Dienen im alten Stil des γράμμα, nach dessen Ende ein neues Dienen im Geist Platz greift. Dieses Vokabular kennt der Leser schon aus Röm 2,27.29. Abgelöst wird man demgemäß von der Tora, die Beschneidung fordert und auf die ἔργα der jüdischen Lebensweise verpflichtet. Aber an deren Stelle tritt ein Dienen im neuen Stil des Geistes. Wie sich schon an 2,25–29 gezeigt hat, führt dieser spirituelle Umgang mit der Tora nicht zu deren Auflösung, sondern gerade zur Erfüllung (2,26 f.).

Das Vorführen der παθήματα τῶν ἁμαρτιῶν bedarf nun aber noch dringend der Klärung, *wie* Sünde und Gesetz zusammengehören bzw. nicht zusammengehören[188]. In 7,5 hat Paulus die extrem verkürzte Ausdrucksweise τὰ παθήματα τῶν ἁμαρτιῶν τὰ διὰ τοῦ νόμου immerhin soweit vor Mißverständnis geschützt[189], daß wir mit Sicherheit nicht übersetzen dürfen: „Denn als wir im Fleisch lebten, waren die sündhaften Leidenschaften durch das Gesetz in unseren Gliedern wirksam, …"[190] Macht man sich des weiteren klar, daß bei Paulus der

---

[184] U. WILCKENS, a.a.O. 75.

[185] H.-J. ECKSTEIN, Verheißung 62.

[186] Vgl. auch O. HOFIUS, Gesetz 65, Anm. 51 auf S. 65; Rechtfertigung 124.

[187] So richtig U. WILCKENS, Entwicklung 174.

[188] Im Anschluß an W.G. KÜMMELS einschlägige Untersuchung führt R. BULTMANN, Römer 7, 204 f. aus: „Der Abschnitt ist, wie man mit Recht zu sagen pflegt, eine Apologie des Gesetzes; es soll verhindert werden, daß aus der 7,1–6 (spez. V. 5) behaupteten Zusammengehörigkeit von νόμος und ἁμαρτία der Schluß gezogen wird: ὁ νόμος ἁμαρτία (V. 7)." Die Bezeichnung „Apologie des Gesetzes" ist aber nicht wirklich textgemäß. Oder ist etwa Röm 6 wegen 6,1.15 eine Apologie der Gnade, Römer 11 wegen 11,1 eine Apologie der Erwählung Israels? Nein, der didaktische Stil bedient sich solcher Fragen, um die Argumentation lebendiger zu gestalten.

[189] F. BLASS / A. DEBRUNNER, Grammatik § 269, Anm. 5: „Mit wiederholtem Artikel zur Vermeidung von Mißverständnissen …"

[190] W. SCHMITHALS, Römerbrief 205. S. dagegen D.J. MOO, Romans 419 f.: "It is unlikely that he would accuse the law of provoking these desires. Moreover, the 'sinful passions' of this verse are interpreted in v. 7 as the 'desire' *that the law forbids*." Zutreffend daher H. MERKLEIN, Paulus 329: „Das Gesetz produziert nicht die Leidenschaften, sondern weist sie als *sündige* Leidenschaften aus."

Plural αἱ ἁμαρτίαι, wenn er nicht in Zitaten begegnet (Röm 4,7; 11,27), vom frühchristlichen Bekenntnis 1Kor 15,3 geprägt ist und also immer die Sündentaten bezeichnet (1Kor 15,7; Gal 1,4; 1Thess 2,16), legt sich im Anschluß an H. Lietzmanns interpretierende Wiedergabe[191] folgender Übersetzungsvorschlag nahe: „Als wir nämlich unser Dasein im Fleisch hatten, wirkten sich die in Tatsünden, und zwar durch das Gesetz, zutage tretenden Leidenschaften in unseren Gliedern dahingehend aus, daß wir dem Tod Frucht brachten.“ Das Kryptogramm τὰ διὰ τοῦ νόμου wird erst in 7,7.8.11 verständlich gemacht werden. Festzuhalten ist aber schon jetzt: Ist die Mosetora erst auf den Plan getreten, als die Herrschaft der Sünde schon installiert war (5,12ff.), erlischt auch ihre Anklage- und Verurteilungskompetenz[192] wieder, wo die Herrschaft der Sünde an ihr Ende gekommen ist. Geht es dann aber um den Zusammenhang von Sünde und Gesetz, ist mit P. Stuhlmacher festzustellen, daß Paulus bei der Charakteristik des Ich in Röm 7,7–25 den *Juden,* nicht den Heiden im Blick habe[193]. Auch E. Käsemann beobachtet, beim Wort genommen, zutreffend: „Der Unterschied zu 5,12ff. besteht darin, daß in 7–13 primär auf den Menschen unter der Tora geblickt (Eichholz, Paulus 253) und Adam als dessen Prototyp gezeichnet wird.“[194]

3.7. Das Gesetz Gottes und das Gesetz der Sünde (Röm 7,7–25a)

Sünde wird nach Paulus *erfahren* durch Begegnung mit dem Gesetz. Man lernt sie kennen, wie das Erfahren von Begierde lehrt, in der Begegnung mit dem Torawort „Du sollst nicht begehren!“ (7,7)[195]. Für den Apostel gibt es nur *einen,* der diese Erfahrung nicht gemacht (2Kor 5,21), sondern sich im Gehorsam bewährt (Phil 2,8) hat: Christus. So ist von Röm 7,7 an klar[196], daß das Ich, das in diesem Kapitel zu uns spricht, stilistisch rhetorisch überindividuell, sachlich theologisch gewissermaßen adamitisch[197] gemeint ist: Das Ich lebt so, daß die Erzählung der jahwistischen Fundamentalgeschichte Gen 2f. immer schon das Para-

---

[191] H. Lietzmann, Römer 73: „Der Plural αἱ ἁμαρτίαι bezeichnet die einzelnen Tatsünden …, also ‚die in Sünden zutage tretenden Leidenschaften‘ …“

[192] O. Hofius, Gesetz 60.

[193] P. Stuhlmacher, Römer 101; vgl. auch R. Bultmann, Römer 7, 198f.

[194] E. Käsemann, Römer 189.

[195] R. Bultmann, Römer 7, 205: „Die ‚Apologie‘ wird 7,7–13 in der Weise geführt, daß gezeigt wird, daß durch die ἐντολαί des νόμος die schon vorher im Menschen schlummernde Sünde geweckt wird.“

[196] Zu den Gründen im einzelnen s. W.G. Kümmel, Römer 7, 27ff.; G. Bornkamm, Sünde 58f. Die bis heute grundlegende Bedeutung der „bahnbrechenden Dissertation ‚Römer 7 und die Bekehrung des Paulus‘ (1929)“ von W.G. Kümmel würdigt O. Merk, Paulusforscher 245–256 (Zitat: 246).

[197] Paulus vermeidet trotz so wörtlicher Anspielung wie ἐξηπάτησέν με Röm 7,11, vgl. Gen 3,13, Adam direkt zu nennen, da das Ich ein speziell *jüdisches*, nicht ein universal menschliches ist; vgl. dazu D.J. Moo, Romans 423–431.

digma seiner Erfahrung ist. In der Begegnung mit dem Gebot (καὶ ἐνετείλατο κτλ. Gen 2,16f. – ἐλθούσης δὲ τῆς ἐντολῆς Röm 7,9), das auf dem Weg über das Dekaloggebot für die Tora überhaupt steht[198], erwachte die Sündenmacht und ergriff die Gelegenheit (Gen 3,1), mittels des Gebots „in mir" Begierde jeder Art[199] zu bewirken (Gen 3,6). Als *Geschöpf Gottes* war das Ich (der Mensch) lebendig gewesen (Gen 2,7). Für Paulus selbst hat es *biographisch* eine solche Zeit (ποτέ) – allen in die Kindheit scheinend und worin noch niemand war[200] – nie gegeben. Erst mit dem Kommen des Gebots feierte die Sünde sodann ihre „Auferstehung" – wie sie denn mit der Auferstehung Christi (Röm 14,9) wieder ihren Tod findet (6,10) –, und das führte zum Sündentod des adamitischen Ich, denn Getrenntsein vom Ursprung des Lebens heißt Tod. Für Adam, solange er *lebendiges* Geschöpf Gottes war, sollte *und konnte* das Gebot zum Leben dienen, d.h. *im* Leben erhalten[201], wie Gottes Wort gesagt hatte (Gen 2,17; 3,3)[202]. Die Sünde aber nahm die Gelegenheit wahr, das Ich mittels des Gebots (Gen 3,1) zu verführen (Gen 3,13) und ebendadurch zu töten. So ist also der Nomos selbst nicht Sünde (V. 7), sondern heilig. Und das Gebot ist gleichermaßen heilig, gerecht und gut. Nicht das gute Gebot hat den Tod gebracht, sondern die Sünde, ja, die Sünde wurde durch das Gebot als Sünde entlarvt, weil sie eben durch das Gute den Tod bewirkt hat.

Der Wechsel vom Ich zum Wir und wieder zum Ich erlaubt es Paulus, zwischen Aussagen auf der kommunikativen Briefebene und solchen, die das adamitische Ich betreffen, deutlich zu unterscheiden. Auch bei οἴδαμεν ist noch einmal zu differenzieren, ob Paulus mit folgendem δέ ein die Adressaten einschließendes Glaubenswissen (2,2; 3,19; 8,28; vgl. auch 5,3; 6,9) aufruft oder mit folgendem γάρ an Grundlagen erinnert, die er zuvor selbst entwickelt und gelegt hat (7,14; 8,22[203]). H. Lichtenberger stellte nun fest: „Sprachlich und sachlich ist die Wendung ‚Das Gesetz ist geistlich' außergewöhnlich. Eine echte Analogie, die mehr als Annäherungswert hätte, zu finden, ist bisher nicht geglückt."[204] Das kommt wohl daher, daß Paulus mit οἴδαμεν γὰρ ὅτι ὁ νόμος πνευματικός ἐστιν (7,14a) an Aussagen anknüpft, die er im Brief selbst entwickelt hat. So weiß der Leser von 2,25–29 her, daß es zwar διὰ γράμματος καὶ περιτομῆς nicht (V. 27), aber für die περιτομὴ καρδίας ἐν πνεύματι (V. 29) sehr wohl zur Erfüllung des Ge-

---

[198] Vgl. K.-W. Niebuhr, Gesetz 219 mit Anm. 252.

[199] Vgl. W. Bauer, Wörterbuch 1274f., s.v. πᾶς, πᾶσα, πᾶν 1.a.β .

[200] So, den Anfang der Genesis beerbend, E. Bloch, Das Prinzip Hoffnung, Bd. 3, Frankfurt a.M. 1959, 1628.

[201] Vgl. dazu eine mögliche Parallele aus CN Gen 3,22, zitiert nach F. Avemarie, Tora 378: „Wenn er die Gebote der Tora gehalten und ihre Verordnungen erfüllt hätte, würde er leben und bestehen bis in Ewigkeit."

[202] Vgl. auch O. Hofius, Gesetz 58f.; J. Becker, Paulus 421.

[203] Schön führt U. Wilckens, Römer II, 155, aus: „Die Schöpfung insgesamt stöhnt unter dem Gewicht der in VV 20f beschriebenen Not …"

[204] H. Lichtenberger, Paulus 364.

setzes kommt (V. 26f.), weil für sie das Gesetz offenbar selbst als eine geistliche Größe erschlossen ist. Diesen Zusammenhang hat Paulus gerade zuvor in 7,1–6 für die judenchristliche Situation weiterentwickelt: ὅτε γὰρ ἦμεν ἐν τῇ σαρκί (7,5a.14b), τὰ παθήματα τῶν ἁμαρτιῶν τὰ διὰ τοῦ νόμου (7,5b; σὲ τὸν διὰ γράμματος καὶ περιτομῆς παραβάτην νόμου 2,27b) ἐνηργεῖτο κτλ. Nun aber, dem Gesetz als γράμμα entbunden, weil der Sünde gestorben, können auch geborene Juden als Christen das Gesetz in neuer Spiritualität wahrnehmen und, wie 8,4 eigens hervorheben wird, erfüllen. So gehört die Tora wohl auf die Seite des πνεῦμα, aber das adamitische Ich auf die Seite des Fleisches und ist dementsprechend wie ein Sklave verkauft, nämlich an die Sündenmacht (7,14). Niemals würde Paulus als Christ – auch wenn er Sündlosigkeit von sich nicht behaupten kann[205] – noch sagen können, er sei an die Sündenmacht *verkauft* und also wie ein Sklave der Sünde hörig, ja mehr noch, von ihr besessen: Zwischen dem, was das Ich will, und dem, was bei seinem Tun herauskommt[206], liegt der Abgrund der hamartiologischen Obsession. Wenn nun aber das Ich eigentlich gar nicht will, was es tut, dann kommt es doch immerhin mit dem Gesetz überein, daß dieses gut ist. Zugleich ergibt sich, daß das handelnde Subjekt nicht mehr das Ich, sondern die in ihm wohnende Sünde ist. Das Ich handelt nicht authentisch, sondern folgt dem kommandierenden Interesse der Sünde. Es ist, in Anlehnung an *Freud* gesagt, nicht Herr im eigenen Haus[207]. Hausbesitzer und Hausbesetzer liegen im Streit, stehen im Widerspruch: Das Wollen des Guten ist mir möglich, das Gute zu verwirklichen nicht. Demgemäß ist in Röm 7,21, wie M. Winger zutreffend beobachtet hat, der ὅτι-Satz *Inhalt* des νόμος[208]: Es herrscht also die Regel, daß „ich" das Gute zwar tun will, aber nur das Böse erreiche. Erhellend analysierte R. Bultmann: „Die Wörter ποιεῖν und πράσσειν sind also gewählt, weil pointiert der innere Widerspruch zwischen dem Wollen und dem faktischen Tun, zwischen der Intention und dem Akt zum Ausdruck gebracht werden soll: alles Tun ist von vornherein gegen seine eigene und eigentliche Intention gerichtet. *Das* ist der Zwiespalt!"[209] Der innere Mensch, die Bestimmung des Menschen zum Geschöpf Gottes[210], stimmt mit Freude dem Gesetz Gottes zu, aber in

---

[205] H.-J. ECKSTEIN, Auferstehung 17.

[206] H. HÜBNER, Römer 7, 209.

[207] Vgl. auch R. BULTMANN, Römer 7, 208: Anstelle des Ich werde die Sünde das Subjekt (V. 9).

[208] M. WINGER, By what law? 183. Die Beobachtung wird gestützt durch 1,32: Dort ist der ὅτι-Satz Inhalt des δικαίωμα τοῦ θεοῦ.

[209] Vgl. R. BULTMANN, Römer 7, 207.

[210] Die Rede vom „inneren Menschen" Röm 7,22 wurzelt, wie auch Philo erkennen läßt, in platonischer Tradition, vgl. U. DUCHROW, Christenheit 61–91; TH.K. HECKEL, Mensch 42–76. „Der innere Mensch", Plato, Politeia 588b, ist nach Philo der Mensch als Geschöpf Gottes (Gen 1,27), „der eigentliche Mensch" (vgl. N. WALTER, EWNT II, 163), „der wahre Mensch", ὃς δὴ νοῦς ἐστι καθαρώτατος, Philo, Fug 71f. TH.K. HECKEL, a.a.O. 193, weist zu Recht darauf hin, daß Paulus mit dem in V. 23 unvorbereitet eingeführten νοῦς genau den in die platonische Tradition passenden Komplementärbegriff zum „inneren Menschen" wählt.

den Gliedern, den Handlungsorganen des Leibes, gebietet eine andere Macht mit einem andersartigen[211], vom vorhergehenden verschiedenen Gesetz (ἕτερον νόμον ἐν τοῖς μέλεσίν μου V. 23), das im Streit liegt mit dem Gesetz, dem meine Vernunft zustimmt, dem Gesetz Gottes. An die Sünde verkauft heißt somit Gefangenschaft im Gesetz des Sündigenmüssens[212]. Dieses Gesetz, das kommandierende Interesse der Sünde, wirkt *in* den Gliedern – die Sünde war es ja, die jegliche Begierde bewirkte –, so daß der Leib des unerlösten Menschen[213] der Ort der Gefangenschaft in Sünde und Tod ist.

Tief getrennt sehen wir den Judenchristen Paulus nicht so sehr vom Gesetzesverständnis des Frühjudentums als vielmehr von dessen Sicht der Situation des Menschen vor Gott. Denn nach Paulus lebt auch der jüdische Mensch nicht mehr in einem positiven Gemeinschaftsverhältnis, sondern „im Bruch mit Gott", worin sich „unwiderruflich die Verfehlung der Daseinsbestimmung, von Gott her und für Gott zu leben", vollzieht[214]. Demgegenüber war, wie schon am Sirachbuch oder an der Sammlung der Salomopsalmen ablesbar[215], „der Mensch gegenüber der Tora" immer der Mensch, der auf der Grundlage eines positiven Gemeinschaftsverhältnisses zu Gott frei wählt in Bezug auf seine Taten und folglich in Bezug auf Heil und Verderben.

> „Als Er am Anfang den Menschen schuf,
> überantwortete Er ihn seinem eigenen Streben.
> Wenn du willst, kannst du das Gebot halten,
> ist es doch eine Sache von Treue, Gottes Willen zu tun.
> …
> Vor dem Menschen liegen Leben und Tod,
> was er will, wird ihm gewährt." (Sir 15,14–17)[216]

> „Unser Tun geschieht nach unserer eigenen Wahl und Freiheit,
> Recht bzw. Unrecht zu tun mit unserer Hände Werk.
> Und so suchst du in deiner Gerechtigkeit die Menschen heim.
> Wer Recht tut, sammelt sich Leben beim Herrn,
> wer aber Unrecht tut, verwirkt selbst sein Leben in Verderben;
> denn die Gerichte des Herrn geschehen in Gerechtigkeit
> gegenüber Mensch und Haus." (PsSal 9,4f.)[217]

---

[211] Zu ἕτερος in diesem Sinn vgl. 1Kor 15,40; 2Kor 11,4; Gal 1,6.

[212] Zum Verständnis der Sünde in Röm 7, nämlich der Sünde als Macht, „die sowohl *über* den Menschen herrscht und ihn als ihren Sklaven gefangen hält (V. 14) wie auch *in* ihm haust und sein Personzentrum regiert (V. 17.20)", s. O. Hofius, Rechtfertigung 123.

[213] Wenn zum σῶμα τῆς ἁμαρτίας Belehrung notwendig ist, dann mit H.-J. Eckstein, Auferstehung 17, Anm. 44: „Umfassend: ‚die von der Sünde bestimmte Existenz', nicht ‚der sündige Körper' (Gen. qualitatis) im Sinne einer trichotomischen Unterscheidung von Leib, Seele und Geist; vgl. τὸ σῶμα τοῦ θανάτου τούτου Röm 7,24 und absolutes τὸ σῶμα in 8,10."

[214] O. Hofius, Rechtfertigung 123.

[215] Vgl. auch 4Esra 8,56 und des weiteren F. Avemarie, Tora 581, Anm. 29.

[216] R. Bergmeier, Glaube 54.

[217] R. Bergmeier, a.a.O. 56.

Demgegenüber gilt für Paulus das *servum arbitrium,* die hoffnungslose Verstrickung in Sünde und Tod. Allein steht er mit dieser Sicht wohl nicht da, wie wir seit der Entdeckung der Handschriften vom Toten Meer wissen. In den „Elendsbetrachtungen" der Gemeindelieder aus den Hodayotrollen bekennt ein überindividuelles Ich seine ausweglose Verlorenheit an Sünde und Tod[218] wie in Röm 7. Oder die Handschrift 4Q507 aus dem frühen ersten Jahrhundert nach Christus läßt noch den Text erkennen:

> „aber wir sind in Unrecht vom Mutterleib an
> und von (der) Mutterbrust her in Sch[uld]
> und während (all) unseres Daseins
> sind unsere Schritte mit Unreinheit … [–]"[219].

In der literarischen Hinterlassenschaft der Qumrangemeinde finden sich auch Belege für die Anschauung von der Sündenmacht in den Gliedern des Fleisches. So wird nach 1QS 4,20f. Gottes eschatologisches Werk der Reinigung geschehen, „indem er allen Geist der Sündenmacht aus den Gliedern seines (sc. des Menschen) Fleisches tilgt." Den Ausdruck „Sündenmacht in den Gliedern des Fleisches" belegt auch 4Q511 Frgm. 28+29, Z. 4, die Rede von „den Gliedern des Fleisches" findet sich in Frgm. 48–49+51 II,3f. und in 1Q36 14,2. In 4Q511 könnte darüber hinaus auch von einem „Widereinander" von „Vorschriften Gottes in meinem Herzen" und der Sünden-"Grundlage in den Gliedern meines Fleisches" die Rede gewesen sein. Jedenfalls erweist sich die Verfallenheit des „Fleisches" an die Sünde auch für den Beter der Qumrangemeinde darin, daß er „zu Fall kommt durch die Sündenmacht des Fleisches" (1QS 11,12). Dazu passend entspricht σὰρξ ἁμαρτίας Röm 8,3 dem Ausdruck „Fleisch der Sündenmacht" 1QS 11,9; 1QM 4,3. Aber auch zu Qumran bestehen dann wieder tiefgreifende Unterschiede: An Christus hat die Tora ihr Todesurteil über „die Sünde im Fleisch" vollstreckt, darum steht „die Erfüllung der Rechtsforderung der Tora unter denen, die nach dem Geist wandeln" (Röm 8,4), nicht wie in Qumran im Zeichen der Sühne[220], sondern der Versöhnung (Röm 5,10). „Wie in Röm 6,4 spricht Paulus auch in 2Kor 5 davon, daß die mit Gott Versöhnten schon in der Gegenwart Anteil an der neuen Wirklichkeit des Lebens haben."[221] Dabei sind die Aussagen über die Teilhabe am neuen Leben und über das Dasein in der Sünde in der Perspektive des „Schon-Jetzt" und des „Nicht-Mehr" zu sehen[222]. Auch das ist in Qumran anders, wie H. Lichtenberger über das Nebeneinander von „Niedrigkeits- und Heilsaussagen" ausgeführt hat: Diese Aussagen beziehen sich „nicht auf ein Nacheinander in dem Sinne, als beschrieben die Niedrigkeitsbekenntnisse die vergangene sündige Existenz, der die Heilsaussagen als

---

[218] H. LICHTENBERGER, Menschenbild 73–93.
[219] Übersetzung: J. MAIER, Qumran-Essener II, 620.
[220] H. LICHTENBERGER, Menschenbild 211f.
[221] H.-J. ECKSTEIN, Auferstehung 19.
[222] H.-J. ECKSTEIN, a.a.O. 23.

Ausdruck einer neuen sündlosen Existenz gegenübergestellt wären. Vielmehr verbleibt dieser Mensch in seiner ganzen Kreatürlichkeit mit all ihren Implikationen, aber die Sünde wird vergeben, er wird kraft der göttlichen Hilfe zu einem neuen Wandel befähigt."[223] Wohl wird also der *Sünder* gerechtfertigt und erneuert, aber nicht von der Tora entbunden.

Zu Röm 7,25b ist in der Literatur alles Nötige gesagt worden. U. Wilckens hat, was m.E. zu sagen ist, schön gesagt: „... V 25b faßt das Voranstehende in einem Sinn zusammen, der diesem widerspricht. ... Deswegen kann der Satz V 25b nicht im Paulustext belassen und muß als diesen mißverstehende Randglosse eliminiert werden."[224] H. Lichtenberger ergänzt und präzisiert noch mit dem Hinweis, wiesehr Röm 7,25b als Beginn der Auslegungsgeschichte von Röm 7 das Gesamtverständnis des Kapitels verändert und theologiegeschichtlich bestimmt hat[225]. „Wollen wir aber *Paulus* lesen, so ist nach 25a mit 8,1 fortzufahren, ..."[226]

3.8. Der Geist und das Gesetz (Röm 8,1–11)

Jesus Christus, der den elenden Menschen von Röm 7,24 aus der Gefangenschaft des Leibes, in dem er durch die Sünde dem Tod diente, erlöst hat, ist der Grund für den Freispruch der Christen: Es ergeht keine Verurteilung mehr. Warum gilt dies τοῖς ἐν Χριστῷ Ἰησοῦ? Die Antwort muß in Röm 8,2 (γάρ) zu finden sein. Vergegenwärtigen wir uns dazu, was der Apostel schon in früherem Zusammenhang ausgeführt hat, so wird unsere Aufmerksamkeit auf jenen Abschnitt präsentischer Eschatologie bei Paulus gelenkt, Röm 6,1–11[227], der, mit den Worten P. Stuhlmachers gesagt, ausführt: „Die Täuflinge werden durch Jesu Sühnetod von ihrer alten Existenz unter der Sünde befreit und am Leben des für sie auferweckten Christus beteiligt."[228] Von diesem neuen Leben spricht Röm 8,2 in zwei Ausdrücken, „der Geistesnorm" und „dem Leben in Christus Jesus", wie aus folgenden Entsprechungen ersichtlich wird:

ὁ νόμος τοῦ πνεύματος	δουλεύειν ἡμᾶς ἐν καινότητι πνεύματος 7,6
ἡ ζωὴ ἐν Χριστῷ Ἰησοῦ	ἐν τῇ ζωῇ αὐτοῦ σωθησόμεθα 5,10
	χάρισμα τοῦ θεοῦ ζωὴ αἰώνιος ἐν
	Χριστῷ Ἰησοῦ 6,23
	ζῶντες δὲ τῷ θεῷ ἐν Χριστῷ Ἰησοῦ 6,11.

Also besagt nach Auflösung des Substantiv-Ungetüms Röm 8,2 im Zusammenhang: Die Geistesnorm des Lebens in Christus, d.h. der gegenwärtigen Teilhabe

---

[223] H. LICHTENBERGER, Menschenbild 93, im übrigen vgl. in diesem Bd. S. 112.
[224] U. WILCKENS, Römer II, 97.
[225] H. LICHTENBERGER, Beginn 294.
[226] H. LICHTENBERGER, a.a.O. 295.
[227] H.-J. ECKSTEIN, Auferstehung 8–23.
[228] P. STUHLMACHER, Römer 85.

an der neuen Wirklichkeit des Lebens[229], hat den Sünder befreit von der Norm, durch die Sünde dem Tod dienen zu müssen (vgl. ἐλευθερωθέντες ἀπὸ τῆς ἁμαρτίας 6,18.22). Mit der Tora hat die Aussage von Röm 8,2 schlechthin nichts zu schaffen, vielmehr geht es um das Ergebnis aus dem Wechsel der Existenz. Deutlich lassen sich die beiden Existenzweisen voneinander unterscheiden:

ἡ οἰκοῦσα ἐν ἐμοὶ ἁμαρτία	7,17.20	πνεῦμα θεοῦ οἰκεῖ ἐν ὑμῖν	8,9
τὸ φρόνημα τῆς σαρκὸς θάνατος	8,6	τὸ φρόνημα τοῦ πνεύματος ζωὴ κτλ.	8,6
ὁ νόμος τῆς ἁμαρτίας καί τοῦ θανάτου	8,2	ὁ νόμος τοῦ πνεύματος τῆς ζωῆς ἐν Χριστῷ Ἰησοῦ	8,2.

Von der Tora redet erst V. 3 f., dies aber in einer Weise, die dem Diktierenden die Satzperiode fast mißlingen ließ: Angesichts des Unvermögens der Tora, weil sie infolge des Fleisches kraftlos war, sandte Gott seinen Sohn, um die Sünde *im Fleisch* – vgl. „das Gesetz der Sünde in den Gliedern" 7,23 – zu verdammen mit dem Ziel, daß die Rechtsforderung der Tora bei denen erfüllt wird, die nun nicht mehr nach dem Fleisch, sondern nach dem Geist wandeln. Parallel dazu hatte Paulus in 6,18 gesagt, Befreiung von der Sünde realisiere sich im Dienst der Gerechtigkeit[230]. Wahre Erfüllung findet die Tora also erst auf der Ebene des Geistes, wie auch E. Reinmuth zutreffend herausgearbeitet hat: „Offensichtlich ist es die Funktion des Geistes, die in der Verurteilung der Sünde möglich gewordene Erfüllung der Gesetzesforderung zu verwirklichen."[231] Im Sinne des Paulus ist hier aber nicht von einer *nova oboedientia*, sondern von einem jetzt überhaupt erst möglichen Gehorsam zu sprechen, wie auch O. Hofius zu Recht hervorhebt: „Die Befreiung von dem Todesurteil der Tora ist … zugleich und in einem die Befreiung zu jenem neuen, vom Geist Gottes bestimmten Leben, in dem gemäß der Verheißung von Ez 36,26 f. der heilige Gotteswille allererst seine Erfüllung finden kann und findet."[232] Sonst begegnet sich nur ein doppeltes Unvermögen. Gegenüber dem Sündenfleisch ist die Tora unvermögend und kraftlos, kann, wie seit Kap. 3 klar ist, im Sünder keine Gerechtigkeit schaffen, und umgekehrt ist das Fleisch unvermögend, dem Gesetz Gottes zu gehorchen bzw. Gott zu gefallen. Allererst Freiheit vom Gesetz führt nach Paulus zum Gehorsam gegenüber dem Gesetz Gottes, weil Freiheit vom Gesetz aus der Befreiung von der Sündenmacht resultiert. Und zur Befreiung von der Sündenmacht ist nie Tora gegeben worden. Die „Erfüllung der Rechtsforderung der Tora" geschieht demgemäß nach Paulus nicht wie in Qumran sub lege im Sinne von Vollkommenheit „in allem,

---

[229] H.-J. ECKSTEIN, Auferstehung 20 zu Röm 6,4.11.13.

[230] Vgl. die sprachlichen Parallelen: τὰ μέλη ὑμῶν

δοῦλα τῇ ἀκαθαρσίᾳ καὶ τῇ ἀνομίᾳ   δοῦλα τῇ δικαιοσύνῃ   Röm 6,19

בעבודת טמאה   1QS 4,10   בעבודת צדק   1QS 4,9.

[231] E. REINMUTH, Geist 70.

[232] O. HOFIUS, Evangelium 120.

was aus der ganzen Tora offenbart ist" (1QS 8,1f.), sondern durch die Ablösung von der Tora in der Freiheit des neuen Wesens des Geistes. Das entspricht dem Wechsel aus dem Sklavenstand in die Freiheit der Kinder Gottes[233].

3.9. Israel und das Gesetz (Röm 9–11)

Zu den unwiderruflichen Gnadengaben an Israel (11,29) – χαρίσματα, ein Begriff, „mit welchem Paulus sonst von den Gaben des Geistes Jesu Christi an die Glieder der christlichen Gemeinde spricht"[234] – gehören nicht nur die Verheißungen, sondern auch die Gesetzgebung vom Sinai (9,4)[235]. Gleichwohl kann bei Paulus von der Tora nicht als *Heilsgabe* die Rede sein: Einerseits ist die Tora gegenüber der Sündenmacht im Fleisch kraftlos und unvermögend, andererseits ist das Werk der freien Gnade, das in der Zueignung der Gerechtigkeit Gottes χωρὶς νόμου besteht, ungeteilt frei. Das zeigt Paulus sogleich am Erwählungshandeln Gottes auf: Dem Passus „als sie noch nichts Gutes oder Böses *getan* hatten" (9,11) entspricht „nicht aufgrund von *Taten*" (V. 12), dem Erwählungsratschluß Gottes (V. 11) entspricht „aufgrund des Berufenden" (V. 12). So hatte Paulus schon in Kap. 4 am Beispiel Abrahams die Zusammengehörigkeit von freier Gnade, Gerechtigkeit und Glauben aufgezeigt (τῷ μὴ ἐργαζομένῳ 4,5, χωρὶς ἔργων 4,6). Dementsprechend wird in 11,6 die κατ' ἐκλογὴν χάρις durch „dann also nicht aufgrund von Taten" interpretiert. Judenchristen sind nach Paulus „ein Rest gemäß der Gnadenwahl", nach Röm 4 Beschnittene, die dem Glauben Abrahams folgen. Und nur *sie* sind als „Abrahams Samen" Träger der Verheißung (4,13; 9,8). Sie haben erlangt, was das übrige Israel nicht erreicht hat (11,7). Was haben sie – wie alle Christen – erlangt? Was hat das übrige Israel nicht erreicht? Die Antwort findet sich in 9,30–10,10. Es geht, wie 10,10 zeigt, um Heil und *Gerechtigkeit*: Mit dem Herzen wird die Auferweckung des Herrn Jesus von den Toten geglaubt – der Erschließungsgrund für die Heil schaffende Gerechtigkeit Gottes –, so daß man Gerechtigkeit erlangt (εἰς δικαιοσύνην). Von hier aus lohnt sich der Blick zurück auf 9,30ff.

Heiden, die nicht auf Gerechtigkeit aus waren – weil sie ja als ἔθνη τὰ μὴ νόμον ἔχοντα φύσει (2,14) das Gerechtigkeitszeugnis der Tora gar nicht kannten –, haben, als sie Christen wurden, wie der unbeschnittene Abraham Gerechtigkeit erlangt, die dem *Glauben* zugesprochen wird. Deutlich greift der Ausdruck ἡ δικαιοσύνη ἡ ἐκ πίστεως (9,30) auf 4,13 διὰ δικαιοσύνης πίστεως zurück. Im Unterschied zu den Heiden war Israel hinter der ihm verliehenen Tora

---

[233] Wie leicht Paulus an diesem Punkt mißverstanden werden konnte, zeigt der Vergleich mit einem R.Jischmael zugeschriebenen Ausspruch in mAv 4,5; ARNa 27 (Sch 84), zitiert nach F. AVEMARIE, Tora 332: „Nicht die ganze Tora nimmst du auf dich, daß (du) sie vollenden (müßtest), doch bist du kein Freigeborener, daß (du dich) von ihr trennen (dürftest)."

[234] P. VON DER OSTEN-SACKEN, Israel 80.

[235] Zur korrespondierenden frühjüdischen, vor allem rabbinischen Sicht vgl. F. AVEMARIE, Tora 446–574.

(9,4) mit dem ihr eigentümlichen Gerechtigkeitszeugnis her, ohne allerdings zum Ziel zu gelangen. Die Tora ist nämlich nicht, wie Paulus schon gezeigt hat, als νόμος τῶν ἔργων (2,13; 3,27), sondern nur als νόμος πίστεως auf Gerechtigkeit als Sünder rettende Macht bezogen (3,27; 4,3)[236]. So hat Israel in seiner Mehrheit das wahre Ziel der Tora und damit die Tora selbst verfehlt (9,31; 11,7). Warum? Weil es Gerechtigkeit nicht wie Abraham durch den Glauben an den die Toten lebendig machenden Gott (4,17.22.25), sondern, als wäre dies in der Begegnung mit dem Evangelium überhaupt etwas, das in Betracht kommen könnte[237], auf dem Weg der Toragebote suchte, nachdem doch Gott durch die Auferweckung des Gekreuzigten *seine* Gerechtigkeit offenbart hat, die nichts als Glauben erfordert, wie die Tora selbst sagt: Röm 3,27; 4,3; 10,6ff. Am Eifer um Gott fehlt es ihnen nicht, aber sie eifern ohne die rechte Erkenntnis: Blind für „die Gerechtigkeit Gottes", statt dessen auf der Suche, ihre „eigene Gerechtigkeit" aufzurichten, haben sie sich „der Gerechtigkeit Gottes" nicht untergeordnet. Von dem falschen Ziel, „eigene Gerechtigkeit" aufzurichten[238], ist zu reden seit Ostern, seitdem „die Gerechtigkeit Gottes" heilvoll auf den Plan getreten ist. *Ihr* hat sich die Mehrheit Israels versagt. Inwiefern? Nicht weil im Sinne des Paulus zu erklären wäre, Juden frönten immer schon, von lohnsüchtigem Krämergeist erfüllt, der Selbst- bzw. Werkgerechtigkeit, sondern *weil sie in der Begegnung mit dem Evangelium nicht zum Glauben an Christus gekommen sind* (9,32f.). Mit E.P. Sanders könnte man die paulinische Aussage so pointieren: „Falsch am Judentum ist nicht, daß sich die Juden selbst zu erretten suchten und dabei selbstgerecht würden, sondern daß ihr Streben nicht auf das rechte Ziel führt. Sie sind nicht erleuchtet."[239] Denn *was als Ziel der Tora gesucht wird, ist in Wahrheit Christus, der jedem, der glaubt, die Gerechtigkeit schenkt.* Mose bezeugt nämlich: Gerechtigkeit, die die Tora zuspricht, gibt es nur für *Täter* der Gebote (Lev 18,5), nicht für Sünder. Die Glaubensgerechtigkeit aber erwächst aus dem Glauben weckenden

---

[236] O. Hofius, Auslegung 167, möchte im Anschluß an *Johannes Calvin* den Ausdruck νόμος δικαιοσύνης im Sinne von „Gerechtigkeit aus dem Gesetz" als Hypallage verstanden wissen, eine rhetorische Figur, durch die „das in die Position des Nomen regens versetzte Wort besonders hervorgehoben wird". Dazu wäre umfassend zu prüfen, inwieweit diese rhetorische Figur für Paulustexte in Betracht kommt. Die Stellen, die O. Hofius, a.a.O. 172, Anm. 42, anführt, belegen m.E. die Figur nicht. Die Ausdrücke ἐν σοφίᾳ λόγου 1Kor 1,17 und λόγος σοφίας 1Kor 12,8 sind sachlich nicht vergleichbar, da der λόγος σοφίας eine *Geistesgabe* ist, während die σοφία λόγου zur Torheit der σοφία τοῦ κόσμου (1,20) gehört. In 2Kor 3,18 ist κυρίου πνεύματος doppelter Genetiv (vgl. zu diesem Phänomen R. Bergmeier, Glaube 227), abhängig von ἀπό, wozu V. 17 ὁ δὲ κύριος τὸ πνεῦμά ἐστιν den entsprechenden Nominativ erkennen läßt.

[237] O. Hofius, a.a.O. 168 mit Anm. 49, weist, was ὡς ἐξ ἔργων betrifft, zu Recht auf L. Radermachers Beobachtung zum „subjektiv Angenommenen" hin.

[238] „,Eigene Gerechtigkeit' meint in diesem Fall nicht Selbstgerechtigkeit," wie W. Kraus, Volk Gottes 305, Anm. 220 zu Recht anmerkt. Vgl. auch O. Hofius, Auslegung 168: „Unter der ἰδία δικαιοσύνη versteht Paulus die ... dem ‚Täter des Gesetzes' aufgrund seines gehorsamen Tuns rechtens zustehende δικαιοσύνη."

[239] E.P. Sanders, Paulus 512.

Wort der apostolischen Verkündigung. Das ist das Evangelium, von dem 1,16 gesagt hatte, es erweise sich darin, „was Gott vermag, indem es jedem, der *glaubt, Rettung gewährt*."

Der Streit um das Verständnis von Röm 10,4 kann durch die genaue Kontext-analyse[240] und die Beachtung der syntaktischen Parallele in 1,16 entschieden werden. Die Rede vom „Ende des Gesetzes" wäre ein gedanklicher Überfall, auf den der Hörer bzw. Leser vom *Kontext* her nicht vorbereitet wäre. Stünde τέλος νόμου Χριστός, wie der Text meist in unsachgemäßer Verkürzung zitiert wird, in Gal 3 nach dem Passus V. 23–26, wäre ein anderer Fall gegeben und zugleich ein anderes Paulusverständnis vorgezeichnet. Wir könnten dann mit E. Lohse sagen: „In lapidarer Kürze wird die Wende der Zeiten bezeichnet, die mit Christi Kommen eingetreten ist. Die Zeit des Gesetzes als Weg zum Heil ist beendet."[241] Aber nach Paulus war ja das Gesetz zu keiner Zeit gegeben, um Menschen, die tot sind in Sünden, zur Gerechtigkeit zu führen (Gal 3,21), sondern um sie *als Sünder* vorzuführen (Gal 3,22; Röm 3,9–20). Wer Röm 10,4 im Kontext wahrnimmt, erwartet denn auch keine Erklärung zum Ende des Gesetzes. Denn διώκειν δικαιοσύνην bzw. νόμον δικαιοσύνης, νόμον οὐ φθανεῖν 9,30f. und die Wiederaufnahme von δικαιοσύνη in 10,3 läßt von selbst erwarten, daß dann in 10,4 vom Erreichen des Ziels, von der Verwirklichung des Gesuchten die Rede ist[242]. Wenn man übersetzt: „Christus ist des Gesetzes Ende", tut man so, als ende der Satz mit Χριστός. Aber εἰς δικαιοσύνην παντὶ τῷ πιστεύοντι ist *unmittelbarer Bestandteil der Redefigur,* und zwar so, daß παντὶ τῷ πιστεύοντι hervorgehoben am Ende steht. Der Ton liegt ja auch gar nicht auf τέλος γὰρ νόμου, wie der Textfortgang deutlich zeigt (Μωϋσῆς γάρ), sondern auf dem *Glauben:* Wie nämlich Mose *die* Gerechtigkeit, die die Tora feststellen kann, an das *Tun* der Gebote bindet[243], sprechen Schriftzeugnis und apostolische Verkündigung die Zueignung der Gerechtigkeit allein dem Christusglauben zu. In Übereinstimmung mit G.S. Oegema ist zu sagen: „Das Thema, auf das es in Röm 10,4 ankommt, ist dementsprechend nicht das Gesetz bzw. sein Ende, sondern der Glaube an Christus (und zwar im Teilsatz: ,... ist Christus ... für jeden, der glaubt')."[244] Im Grunde ist die Stelle Röm 10,4 eine Entfaltung von 1,16f. und hat zugleich syntaktisch und kompositionell in 1,16f. ihre deutliche Parallele:

10,4 τέλος γὰρ νόμου Χριστὸς   εἰς δικαιοσύνην παντὶ τῷ πιστεύοντι
                                (vgl. 10,10a)
1,16 δύναμις γὰρ θεοῦ τὸ   εἰς σωτηρίαν παντὶ τῷ
     εὐαγγέλιον   πιστεύοντι (vgl. 10,10b).

---

[240] D. SCHELLONG, Paulus 83; G.S. OEGEMA, Versöhnung 254; CH. BURCHARD, Glaubensgerechtigkeit 255–257.

[241] E. LOHSE, Paulus 222.

[242] Vgl. auch K. HAACKER, Ende 137f.

[243] D.-A. KOCH, Schrift 294; O. HOFIUS, Auslegung 165.

[244] G.S. OEGEMA, Versöhnung 254.

Man könnte, die Substantivsprache verbalisierend, umschreiben:

1,16 Was Gott vermag, begegnet im Evangelium, das Rettung schafft jedem,
der glaubt.
10,4 Was die Tora zum Ziel hat, begegnet in Christus, der Gerechtigkeit zueignet jedem, der glaubt.

Beiden Aussagen folgen programmatische Bibelzitate[245]:

in Röm 1,17 Hab 2,4b   ὁ δὲ δίκαιος ἐκ πίστεως   ζήσεται,
in Röm 10,5 Lev 18,5c ὁ ποιήσας αὐτὰ   ζήσεται ἐν αὐτοῖς.

Was das Gesetz nicht geben und der Sünder nicht erreichen konnten[246], realisiert
Christus, „indem er Gerechtigkeit zueignet jedem, der glaubt." Vom „Ende des
Gesetzes" zu sprechen, gibt der Kontext keine Veranlassung, wohl aber zeigt die
Entfaltung von Dtn 30,11–14 in Röm 10,6–8, daß sich im Christusglauben er-
füllt, was Sache der Tora ist[247]. Eindrücklich hat Ch. Burchard resümiert: „Paulus
begegnet den Juden, die in ihrem unberatenen Eifer für Gott und Tora die eigene
Gerechtigkeit gegen die offenbare Gottesgerechtigkeit aufrichten, mit einem
Stück Auslegung der Tora, das in ihr die Glaubensgerechtigkeit rufen hört …"[248]
Glaubensgerechtigkeit ist aber immer Gerechtigkeit durch den Glauben an Jesus
Christus, darum führt, nach Paulus, auch für Israel kein Weg an Christus vorbei
(Röm 9,32f.; 11,26f.), weil ja τέλος νόμου eben Christus ist. Sucht Israel an
Christus vorbei Gerechtigkeit, erweist er sich als Stein, an dem man zu Fall
kommt (9,33).

Die christologische Grundfigur dieses Gesetzesverständnisses hatte Paulus zuvor schon in 2Kor 3,12–18 entwickelt. Sie lautet, wie O. Hofius treffend zu-
gespitzt hat: „Die Verkennung der Tora hat ihren Grund in der Verkennung Christi."[249] Wenn sich aber Israel zum Kyrios hinwenden wird, wird nicht die Tora,
sondern das κάλυμμα, d.h. die Verschlossenheit der Tora, weggenommen werden (V. 16), „denn es wird *in Christus* beseitigt" (V. 14). So auch der wahre Jude
(2,29) als „ein eschatologisches Phänomen"[250] im Jetzt der Evangeliumsverkündigung: er erfüllt das Gesetz, indem er an Christus *glaubt*.

---

[245] D.-A. KOCH, Schrift 289f.293f.
[246] Man muß ja wohl so interpretieren, daß Paulus seine Ausführungen in 2,12f.; 3,9; 3,19f.
als bekannt voraussetzt.
[247] Vgl. auch K. HAACKER, Ende 134: „Statt ‚Ziel' + Gen. könnte man auch sagen: ‚Das,
worum es bei … geht.'"
[248] CH. BURCHARD, Glaubensgerechtigkeit 261.
[249] O. HOFIUS, Evangelium 118.
[250] E. KÄSEMANN, Römer 70.

3.10. Die Fülle der Tora und das Maß des Glaubens (Röm 12–15)

In Röm 12 f. verwendet Paulus einen hellenistisch-jüdischen Ethik-Kanon, der schon christlich erweitert und modifiziert war[251]. Die frühchristliche Erweiterung betraf den Einbau des Vergeltungsverzichts mit der Forderung, das Böse mit dem Guten zu überwinden, sowie die Mahnung zu gegenseitiger Liebe. Diese hatte Paulus schon im Galaterbrief mit dem Gebot der Nächstenliebe Lev 19,18 identifiziert und so die Liebe als die Fülle der Tora herausgestellt (5,14). Da Paulus im Römer- nicht wie im Galaterbrief an mündlichen Vortrag erinnern kann, sondern seine Mahnung im Brief allererst entwickelt und vorstellt, fällt die Darlegung breiter aus als dort und reicht von νόμον πεπλήρωκεν 13,8 zu πλήρωμα νόμου V.10. Durch diese Entfaltung der Mahnung zu gegenseitiger Liebe schlägt er den Bogen zu 12,9 und definiert so das Gute inhaltlich als Liebe, die dem Nächsten nichts Böses tut (13,10)[252]. Den angesprochenen Interpretationsrahmen verdeutlicht Paulus noch durch Anfangs- und Endstellung von ἡ ἀγάπη 12,9–13,10, wonach dann aber auch das Gute von 12,2 eben in der Liebe besteht. So wird einerseits ersichtlich, daß die Glaubenden prüfen sollen, was *Gottes Wille* ist, indem sie ihn als *die Fülle der Tora* im Tun der *Liebe* wahrnehmen, und andererseits wird deutlich, daß das Liebesgebot nicht nur die in 13,9 aufgerufenen Toragebote[253] zusammenfaßt, sondern zugleich *die ganze Reihe der konkreten Einzelmahnungen* zwischen 12,9 und 13,10 auf die Liebe als *die Fülle der Tora* bezieht. Darin folgt Paulus einem holistischen Gesetzesverständnis, das K.-W. Niebuhr auch aus den „katechismusartigen Weisungsreihen in der frühjüdischen Literatur"[254], die „die Situation frühjüdischer Gemeinden in einer hellenistisch geprägten Umwelt" widerspiegeln[255], ermittelt hat. Danach gelten „die in den katechismusartigen Reihen zusammengestellten konkreten sittlichen Mahnungen" als „Ausdruck der Forderungen der Tora", auch wenn „nur selten spezielle Passagen des Pentateuch expressis verbis wiedergegeben"[256] oder sogar „mit gemeinantikem Weisungsgut" kombiniert[257] werden. „In der Regel", so K.-W. Niebuhr, „werden die Mahnungen allgemein auf das Gesetz als ganzes bezogen"[258]. In der aktualisierenden Gesetzeszusammenfassung begegnet daher immer die Zusammenfassung des Gotteswillens[259]. In diese hellenistisch-jüdische Tradition läßt sich auch die paulinische Paränese in Röm 12 f. mit ihrem zusam-

---

[251] R. Bergmeier, Loyalitätsparänese 341–357, in diesem Band 144–160.

[252] Vgl. dazu „die Regel der Tora" nach R. Aqiva: „Was dir verhaßt ist, dies sollst du nicht deinem Nächsten zufügen", ARNb 26 (53), zitiert nach K. Finsterbusch, Thora 104.

[253] Zur Voranstellung des Ehebruchverbots s. K.-W. Niebuhr, Gesetz 16, Anm.36; zu μὴ ἐπιθυμεῖν vgl. a.a.O. 219 mit Anm. 252.

[254] Zitat des Untertitels der Untersuchung von K.-W. Niebuhr, Gesetz.

[255] K.-W. Niebuhr, a.a.O. 235; vgl. auch 63–65.

[256] K.-W. Niebuhr, a.a.O. 233.

[257] K.-W. Niebuhr, a.a.O. 235.

[258] K.-W. Niebuhr, a.a.O. 233.

[259] K.-W. Niebuhr, a.a.O. 63 f.; 239 f.

menfassenden Abschluß in 13,8–10 einordnen. Von der Erfüllung der speziellen Verpflichtungen zu φόρος, τέλος, φόβος, τιμή (13,7) schreitet die Paränese zur generellen Anwendung, die die gesamte Reihe der Einzelweisungen bündelt: „Kommt gegenüber jedermann eurer Verpflichtung nach, zumal der zur gegenseitigen Liebe!" (13,8a). Auf dem Weg über das Nächstenliebegebot stellt Paulus dann den Bezug zur Tora her, deren in V. 9 zitierte Einzelgebote ihrerseits im Liebesgebot aus Lev 19 zusammengefaßt werden[260]. So ist es auch, meint Paulus, mit den Einzelweisungen von 12,9 an: als Ausdruck der ἀγάπη gehören sie zur Fülle des Gesetzes, in der die Zusammenfassung des Gotteswillens 12,2[261] gegeben ist.

πλήρωμα οὖν νόμου ἡ ἀγάπη ist im strengen Sinn das letzte Wort zum Thema Tora im Römerbrief. Das bildet zwar einen wohlklingenden Abschluß, läßt aber die konkreten Problemlösungen offen, zumindest unerörtert. Welche Toragebote blieben für Paulus so verbindlich wie die Zitate aus dem Dekalog (Röm 13,9)? „Dem Nächsten nichts Böses zu tun" kann allenfalls intentional, jedenfalls nicht real den vorliegenden Texten nach als kritischer Maßstab gelten, wie die Beispiele belegen, in denen der Apostel material der Toratradition der jüdischen Sexualethik voll inhaltlich folgt (Röm 1,26f.; 1Kor 5,13)[262]. In Fragen, die genuin jüdische Lebensweise betreffen, sah Paulus andererseits keine ethische Verbindlichkeit gegeben: im Beachten von Reinheitsgeboten (14,3.14f.20f.), in der Unterscheidung von Tagen (14,5f.). In der Sache war hier das Maß des Glaubens genug, im Miteinander der Gemeinde war die Liebe bindend, die in Christus ihre *Norm* hat (Röm 15,3.7; Gal 6,2). Es verhält sich hier exegetisch so, wie O. Hofius zu Recht hervorhebt: „Das ‚Gesetz Christi' ruft zu einem Tun und Verhalten κατὰ Χριστὸν Ἰησοῦν (Röm 15,5), das an der Heilstat Christi orientiert ist und sich dem gekreuzigten Kyrios verpflichtet und veranwortlich weiß."[263] Mit der Tora stellt Paulus selbst keinen Zusammenhang her[264]. Aber ist deshalb „Christus das Ende des Gesetzes … für die Ethik"[265]? Dann hätte sich der Apostel den Interpretationsrahmen 12,1–2; 13,8–10 zu den Einzelweisungen in 12,3–13,7 ersparen

---

[260] Zur Rolle des Dekalogs und des Kap. 19 des Levitikus in der frühjüdischen zusammenfassenden Gesetzesparänese s. K.-W. Niebuhr, a.a.O. 62–65; vgl. auch H. Frankemölle, Tora 399f.

[261] Den Zusammenhang zwischen Gotteswillen und Tora beleuchtet K. Finsterbusch, Thora 147–152.

[262] U. Wilckens, Römer I, 110: „Zu beachten ist allerdings, wie spontan-selbstverständlich Paulus die Homosexualität in seiner hellenistischen Umwelt als repräsentatives Beispiel sittlicher Verkommenheit der Heiden als Folge ihrer Gottlosigkeit verurteilt. Er ist darin einfach abhängig von der religiös begründeten jüdischen Tradition …" Vgl. auch O. Michel, Römer 68f.; E.P. Sanders, Paul 110f.; K. Finsterbusch, a.a.O. 158f., mit Anm. 306, zu 1Thess 4,3–8.

[263] O. Hofius, Gesetz 71; vgl. auch Ch. Burchard, Summe 175ff.; H.-J. Eckstein, Verheißung 251 mit Anm. 12.

[264] O. Hofius, a.a.O. 72.

[265] W. Schmithals, Römerbrief 476.

können. Mit Ch. Burchard ist daher festzuhalten: „Röm 13,7–10 und Gal 5,13–15 besagen nicht, daß Paulus das Nächstenliebegebot an die Stelle der Tora setzen will und damit eine formal und stofflich neue Ethik begründet. Das Nächstenliebegebot, die zitierten Dekalog- und die anderen mitgemeinten Gebote gelten, weil die Tora sie fordert."[266] Darüber hinaus dient ja, wie wir gesehen haben, der Abschnitt 13,8–10 gerade dazu, die konkreten Einzelmahnungen zwischen ἡ ἀγάπη 12,9 und 13,10 auf das Ganze der Tora zu beziehen. Was immer also die Tora jeweils zu tun oder zu unterlassen gebietet (καὶ εἴ τις ἑτέρα ἐντολή 13,9), sah Paulus, was den Zusammenhang von Röm 12f. angeht, im Liebesgebot zusammengefaßt. Im Konkreten war dann wohl das Prüfen von 12,2 nicht abschließbar, sondern eine je und je neue Aufgabe der charismatischen Gemeinde, wie E. Käsemann ausführt: „Was Gottes Wille jeweils von uns fordert, läßt sich nicht ein für alle Male festlegen, weil es nur in konkreter Entscheidung gegenüber einer gegebenen Situation erkannt und getan werden kann."[267] Aber daß mit der Gabe des Geistes *die Erfüllung des* holistisch als Willenskundgebung Gottes verstandenen *Gesetzes* verbunden ist, bleibt bestehen: „Nach Paulus orientiert sich der auf den Geist gegründete Wandel an dem in der Tora manifesten Gotteswillen und verwirklicht diesen."[268] M. Hengel hat daher zu Recht geäußert, daß es im Grunde auch bei Paulus gesetzes*freie* Predigt nicht gegeben hat[269].

4. Der Nomos nach seinen Aspekten und in seiner Ganzheit

Als Exeget möchte man im Sprachgebrauch eines neutestamentlichen Autors gerne präzisen Unterscheidungen nachspüren, die sich dann wie in einem theologischen Wörterbuch-Artikel auffächern und auflisten lassen. Aber Paulus hat sich in seinem Gebrauch von νόμος bzw. ὁ νόμος[270] nicht um solche begriffliche Distinktion bemüht. Das Dilemma der Auslegung hängt sicher auch mit dem Fehlen differenzierender Gesetzesterminologie zusammen. Noch nicht einmal dann, wenn Paulus von einem Gesetz im Sinne von Ordnung, Regel, Grundsatz, Norm[271] spricht, schafft er durch *eindeutige* Hinweise jedermann einsichtig zu machende Klarheit darüber, daß an diesen Stellen ein semantischer Zusammenhang mit der Tora als der Israel anvertrauten Willensoffenbarung Gottes nicht besteht: Röm 7,21.23(25); 8,2; Gal 6,2. Wenn man aber sehr aufmerksam hin-

---

[266] Ch. Burchard, Summe 182.
[267] E. Käsemann, Römer 318.
[268] E. Reinmuth, Geist 92.
[269] M. Hengel, Stellung 29.
[270] Die Verwendung mit und ohne Artikel macht keinen Sinnunterschied, s. W. Grundmann, ThWNT IX, 536, Anm. 327.
[271] Zu diesem Lexem vgl. W. Bauer, Wörterbuch s.v. νόμος 2; F. Passow, Handwörterbuch s.v.; W. Gutbrod, ThW 4, 1043,42–45; K.H. Rengstorf, Konkordanz III, 151.

schaut, wie es *philologischem* Handwerk wohl ansteht, kann man kleine Hinweiszeichen der Unterscheidung erkennen: Die Christusnorm Gal 6,2 entspricht καθὼς καὶ ὁ Χριστὸς κτλ. Röm 15,7, jeweils bezogen auf das Vermögen, im christlichen Miteinander ein βαστάζειν aufzubringen (Gal 6,2a; Röm 15,1). Die Geistesnorm Röm 8,2 entspricht πνεύματι („mit dem Geist im Einklang"[272]) Gal 5,25 bzw. ἐν καινότητι πνεύματος Röm 7,6. In Röm 7,21 ist der ὅτι-Satz, entsprechend 1,32, *Inhalt* des νόμος, so daß sich die Bedeutung „Gesetzmäßigkeit, Regel" von selbst ergibt. In 7,23 wird der νόμος τῆς ἁμαρτίας *verortet* durch ὁ ὢν ἐν τοῖς μέλεσίν μου, wozu die Qumranbelege, die von der Sündenmacht in den Fleischesgliedern sprechen, und die paulinischen Formulierungen ἡ οἰκοῦσα ἐν ἐμοὶ ἁμαρτία 7,17.20 und τὸ φρόνημα τῆς σαρκός 8,6 in erhellender Parallele stehen. Hinzu kommt, daß Paulus in 7,23 ausdrücklich von einem „dem Gesetz Gottes" gegenüber *„andersartigen* Gesetz in meinen Gliedern" spricht. Das kann aber kaum nur einen anderen Aspekt desselben Gesetzes bedeuten.

In allen anderen Fällen läßt sich der paulinische Sprachgebrauch nicht vergleichbar sortieren. Daß sich die Gesetzgebung Röm 9,4 auf die Israel bleibend auszeichnende Gabe der Sinaitora bezieht, steht außer Frage[273]. Denn die Tora ist und bleibt Kriterium der heilsgeschichtlichen Unterscheidung zwischen Juden und Heiden (1 Kor 9,20f.; Gal 2,15; Röm 2,12)[274]. Sie definiert die beschnittene Nachkommenschaft Abrahams als „solche, die zur Tora gehören" (οἱ ἐκ νόμου Röm 4,14.16). Und wenn Mose genannt wird (5,14; 10,5), ist sicher jeweils mit dem νόμος speziell die Sinaitora im Blick 5,13; 10,5. Aber obwohl Paulus in Röm 5 ganz deutlich von einer postlapsaren toralosen Zeit spricht (V. 13f.), stört es ihn nicht, in Röm 7, von einem prälapsaren χωρὶς νόμου V. 9 ausgehend, das Gebot von Gen 2,16f. mit dem Grundgebot der *Tora* οὐκ ἐπιθυμήσεις V. 7 zu identifizieren und also beliebig von der ἐντολή zum νόμος überzugehen. Hier zeigt sich deutlich, daß Paulus die Tora holistisch denkt, so daß, ganz in der Tradition des hellenistischen Judentums, das letzte Dekaloggebot „zum umfassenden Ausdruck für die Forderung des göttlichen Gesetzes werden" kann[275]. Dieses ganzheitliche Gesetzesverständnis erlaubt sodann auch nicht, am νόμος-Gebrauch des Paulus eine Unterscheidung von Ritual- und Sittengesetz festzumachen[276], selbst wenn sie dem Ganzen seiner apostolischen Verkündigung und Wirksamkeit unausgesprochen zugrunde liegen könnte. Der νόμος ist immer das Gesetz als ein Ganzes.

---

[272] O. Hofius, Gesetz 70, Anm. 69.
[273] Vgl. P. Stuhlmacher, Theologie 258. F. Avemarie, Tora 584, bündelt im Vergleich: „Mit den Rabbinen teilt Paulus die Überzeugung, daß das Gesetz eine Auszeichnung Israels vor den Heiden bedeutet."
[274] U. Wilckens, Entwicklung 160.
[275] K.-W. Niebuhr, Gesetz 219.
[276] E.P. Sanders, Paul 86; H.-J. Eckstein, Verheißung 23.

Auch der Versuch, den νόμος als Sinaitora vom νόμος als Pentateuch oder als Gesamtheit der Heiligen Schrift[277] präzise zu unterscheiden, scheitert an den Texten des Paulus selbst. Sicher bezieht sich im Ausdruck „das Gesetz und die Propheten" Röm 3,21b der νόμος auf den Pentateuch, wie wohl wegen 4,3 auch die Fügung „Gesetz, das sich auf den Glauben bezieht" 3,27. Aber schon die Präzisierungen „Pentateuch" oder „Buch Genesis" entsprechen nicht der Tendenz der Paulustexte selbst. In Röm 3,9–20 führt der Apostel „als Zeugnis für die allgemeine Schuldverfallenheit der Menschen Belege aus den ‚Propheten' und den ‚Schriften' an und versteht sie als Äußerungen des ‚Gesetzes' … ."[278] In diesem Zusammenhang ist also die Heilige Schrift (καθὼς γέγραπται 3,10) ὁ νόμος. Auf der anderen Seite vernimmt Paulus aus den Torazitaten aus Dtn 8,17f.; 9,4ff.; 30,11–14 – ergänzt durch Prophetenworte, weil ja nach jüdischem Verständnis die Propheten bevollmächtigte Ausleger der Tora sind[279] – die Predigt der Glaubensgerechtigkeit 10,6.8, und das heißt ja wohl nichts anderes als das Wort der Verkündigung des Glaubens. H.-J. Eckstein hat daher zu Recht festgestellt: „Beachtenswert ist an der Zuordnung dieser Schriftbelege zur Glaubensgerechtigkeit aber vor allem, daß Paulus das ‚Evangelium' – präziser: die ἐπαγγελία, die Verheißung – im Gesetz des Mose vernimmt. Somit lassen sich für ihn die beiden konträren Größen ‚Gesetz und Evangelium' nicht grundsätzlich einerseits der Sinai-Tora, Ex 19–Dtn 34, und andererseits den Verheißungen aus der Genesis, den Propheten und Schriften zuordnen."[280] Und ebendeshalb kann er auch in Röm 10,4 von Christus als der Erfüllung der Tora sprechen.

Was als Mangel empfunden werden kann, das Fehlen der Differenzierung, war vielleicht doch Stärke. Paulus kann in manchen Formulierungen scheinbar bis an den Rand des Bruchs gehen: Über Glaubende hat das Gesetz nicht mehr zu befinden (Röm 7,6). Stünde Röm 10,4a in *diesem* Zusammenhang, müßte man in der Tat übersetzen: „Christen stehen überhaupt nicht mehr unter dem Gesetz, denn für jeden, der glaubt, ist Christus das ‚Ende des Gesetzes' (Röm 10,4)."[281] In Christus ist ja sehr wohl die verklagende und verurteilende Tora, die gerade den Juden als *Übertreter* des Gotteswillens an das Zorngericht ausliefert (2,12; 3,19), definitiv an ihr Ende gekommen, aber Paulus spricht in diesem Zusammenhang nicht vom τέλος νόμου, und Heidenchristen als ἔθνη τὰ μὴ νόμον ἔχοντα φύσει (2,14) waren nie unter der Tora gewesen: ὅσοι γὰρ ἀνόμως ἥμαρτον, ἀνόμως καὶ ἀπολοῦνται 2,12a. Das Gesetz wird von Paulus gerade nicht als die „weltweit wirkende Macht"[282] angesprochen, von deren verhängnisvoller Herrschaft

---

[277] Vgl. P. Stuhlmacher, Theologie 261f.; U. Wilckens, Entwicklung 158.

[278] H.-J. Eckstein, Verheißung 211, Anm. 143.

[279] Ch. Burchard, Glaubensgerechtigkeit 261.

[280] H.-J. Eckstein, Nahe 208.

[281] J. Becker, Paulus 418.

[282] E. Käsemann, Römer 178; U. Wilckens, Römer II, 71; J.C. Poirier, Universality of Law 348, 352f., 356, 358.

„die Menschheit erlöst werden muß"[283]. Von weltweit wirkender Macht muß aber gesprochen werden im Blick auf die „Universalität der Sünde von Juden und Heiden (3. 22b–23)", der dann im eschatologischen νυνὶ δέ (3,21; 7,6) χωρὶς νόμου (3,21) und χωρὶς ἔργων νόμου (3,28) „die Universalität der Rechtfertigung von Beschnittenen und Unbeschnittenen durch denselben Glauben (3. 29 f.) gegenübertritt."[284]

Worüber Paulus energisch wacht, ist die klare Entscheidung, daß Christwerden nicht bedeutet, durch Beschneidung Jude zu werden und also unter die Herrschaft der Tora zu kommen. Ausdrücklich redet er daher die *Heidenchristen* in Rom an: οὐ γὰρ ἐστε ὑπὸ νόμον ἀλλὰ ὑπὸ χάριν Röm 6,14b. Andererseits beschreibt Paulus diesen Stand so, daß jetzt auf der Basis des geschenkten neuen Gemeinschaftsverhältnisses allererst Gerechtigkeit im Leben der Glaubenden Praxis wird: An die Stelle des Dienstes der ἀνομία, des Sündendienstes ist Dienst der Gerechtigkeit getreten (6,17ff.). Im Leben „unter dem Gesetz" gibt es für Paulus nämlich – und das gilt seit seiner Berufung – keine Freiheit von der Sünde, weil Christus nicht umsonst gestorben und auferstanden ist. Das macht den gelegentlich antijüdisch anmutenden Affekt paulinischer Theologie aus. Man kann sich die tiefe Differenz verdeutlichen, indem man vom paulinischen Gesetzesverständnis aus hinüberblickt auf die Apologie jüdischen Lebens unter dem Gesetz (ὥσπερ ὑπὸ πατρὶ τούτῳ καὶ δεσπότῃ ζῶντες), die ein halbes Jahrhundert später Josephus geschrieben hat: "What meats a man should abstain from, and what he may enjoy; with what persons he should associate; what period should be devoted respectively to strenuous labour and to rest – for all this our leader made the Law the standard and rule, that we might live under it as under a father and master, and be guilty of no sin through wilfulness or ignorance."[285] So einfach steht es für Paulus mit der Sünde nicht. Deshalb gibt es Freiheit von der Sünde nur in Christus, der die Sündenherrschaft gebrochen hat. Aus der Freiheit von der Sünde aber folgt die Freiheit vom Gesetz als Freiheit im Geist. Aber Paulus hat nie aufgehört, an der Tora als der *Willenskundgebung Gottes* festzuhalten. U. Wilckens betont daher in der Auslegung von Röm 8,4 zu Recht: „Man darf die pointierte Rede vom Gesetz darum nicht abschwächen, indem man allgemein vom Willen Gottes spricht und diesen von der Tora abhebt. Es ist geradezu der Prüfstein für das richtige Verständnis der paulinischen Rechtfertigungslehre, zu sehen, daß und wie der Anspruch der Tora an den Wandel für den Christen nicht *trotz*, sondern gerade *wegen* der iustificatio impii vollauf in Geltung gesetzt wird (vgl. 1Kor 7,19)."[286] So hat Paulus im Anschluß an die bereits

---

[283] A. VON HARNACK, Marcion 122. Ähnlich versteht E. GRÄSSER, Abraham 7, „die paulinische Rechtfertigungstheologie" als „an die adamitische Menschheit gerichtete Botschaft der Befreiung von der unheilvollen Trias Gesetz, Sünde, Tod (1Kor 15,56f.)."

[284] Zitate: U. WILCKENS, Entwicklung 182.

[285] Josephus, Ap II, 174 nach der Übersetzung von M.ST.J. THACKERAY.

[286] U. WILCKENS, Römer II, 129.

hellenistisch-jüdisch elementarisierte Toraauslegung[287] seine Paränese auf die Ganzheit der Tora als Willensoffenbarung Gottes bezogen. Und in diesem Sinn begegnen bei Paulus immer wieder die holistischen Formulierungen des Gesetzesbegriffs: τὰ τοῦ νόμου 2,14; τὸ ἔργον τοῦ νόμου 2,15; τὸ δικαίωμα τοῦ νόμου 8,4; τέλος νόμου 10,4; πλήρωμα νόμου 13,10; ὁ πᾶς νόμος Gal 5,14. Dabei muß man nur zum Vergleich sich umsehen, daß auch πᾶς Ἰσραήλ Röm 11,26 nicht alle einzelnen Israeliten, τὸ πλήρωμα τῶν ἐθνῶν 10,25 nicht jeden Menschen der Völkerwelt bedeuten.

Überblickt man die Ausführungen des Römerbriefes insgesamt, fallen zum Gesetzesverständnis des Paulus insbesondere folgende Akzente auf: Unbeschnittene werden durch das Werk des Geistes in den Stand versetzt, τὸν νόμον τελεῖν Röm 2,27, Erneuerung aus der Macht des Geistes geschieht, ἵνα τὸ δικαίωμα τοῦ νόμου πληρωθῇ ἐν ἡμῖν κτλ. 8,4, Gerechtigkeit durch den Glauben an Christus ist τέλος νόμου 10,4, die Liebe ist πλήρωμα νόμου 13,10. So gesehen, verwundert es nicht, daß der judenchristliche Völkerapostel im Gespräch mit seinen nächsten Schwestern und Brüdern „das Gesetz Gottes" (7,22) nicht nur als heilig (7,12a), sondern, an 7,6 erinnernd, auch als pneumatisch bezeichnet (7,14a). Durch den Existenzwechsel vom Unglauben zum Glauben ändern sich nach Paulus Verständnis und Gebrauch der Tora fundamental: Juden, die sich der Gottesgerechtigkeit nicht unterordnen (10,3), lesen und gebrauchen die Tora im alten Stil von περιτομή und γράμμα (2,27.29; 7,6). Das ist die Wahrnehmung der Tora auf der Ebene der ἔργα, der Halacha. So bleibt man aber παραβάτης νόμου (2,27). „Im neuen Wesen des Geistes" (7,6), dem „die Erneuerung des Sinnes" (12,2) sodann korrespondiert, tritt die Tora selbst als geistlich hervor, wird ihre Erfüllung Ereignis.

5. Gesetz und Rechtfertigung im Rahmen des apostolischen Empfehlungsschreibens nach Rom

Die Gesetzesauslegung im Römerbrief und die Botschaft von der Rechtfertigung des Gottlosen (Röm 4,5) gehören spannungsreich zusammen: Im Jetzt der Verkündigung des Glaubens ist Gottes heilschaffende Gerechtigkeit gültig erschlossen, wegen der Universalität der Sünde aber (Röm 3,9–20) *ohne die Tora,* doch diese Gerechtigkeit Gottes wird von Tora und Propheten bezeugt, und zwar als solche, die *durch den Glauben* an Jesus Christus allen, die zum Glauben kommen, zugeeignet wird (Röm 3,21f.; 10,4). Beide Themen fehlen *terminologisch*[288], wie

---

[287] P. STUHLMACHER, Theologie 373.

[288] Auch wenn man sich wie R. RIESNER bemüht, die „sachliche Übereinstimmung mit der Gnadenlehre der anderen Paulus-Briefe", die natürlich gegeben ist, herauszuarbeiten, bleibt nüchtern festzustellen, daß „die Rechtfertigungsterminologie fehlt". Zitate: R. RIESNER, Frühzeit 356.

man weiß, in dem rein heidenchristlich[289] orientierten Schreiben an die von Paulus gegründete Gemeinde in Thessalonich, deren Glieder Paulus ja insgesamt als Menschen anspricht, die sich, nämlich als ἔθνη τὰ μὴ εἰδότα τὸν θεὸν (4,5), von den heidnischen Göttern weg dem wahren Gott und seinem Dienst zugewendet haben (1,9). Im Blick auf die nachapostolische Zeit hat schon W. Wrede durchaus mit Recht festgestellt hat: „Als Ganzes, als eigentümlicher Bau ist … die paulinische Theologie in der Folgezeit im Grunde nicht mehr wiederzufinden."[290] Und er nennt auch gleich zumindest die eine Seite des sachlichen Grundes, indem er fortfährt: „Das ist auch natürlich, schon darum, weil sie doch immer die Theologie eines geborenen Juden, und zwar eines Pharisäers, blieb."[291] Die andere Seite des sachlichen Grundes blieb bei W. Wrede verdeckt, weil er glaubte, die paulinische Lehre von der Rechtfertigung sei allererst als Kampfeslehre entwickelt worden, die historisch also auch darum wieder verschwunden sei, „weil die Situation verschwand, für die sie geschaffen war. Die Frage, die einst alles bewegte, wie sich bekehrte Heiden zum jüdischen Gesetze stellen müßten, verlor durch den Gang der Dinge ihre praktische Bedeutung."[292] Tatsächlich aber muß die Lehre des Paulus von Gesetz und Rechtfertigung von Anfang seiner beschneidungsfreien Heidenmission an zumindest prinzipiell vorhanden gewesen sein[293], wenn anders wir annehmen dürfen, daß der Apostel schon immer sein Tun theologisch reflektiert hat. Es ist ja schließlich nicht von ungefähr, daß er die Erkenntnis der Rechtfertigung des *Sünders* speziell mit der *Ostererfahrung* in Verbindung bringt (1 Kor 15,17; Röm 4,25b), an der sein Völkerapostolat (Röm 1,1) unmittelbar, wenn auch spät partizipiert (1 Kor 9,1; 15,8; Gal 1,15 f.). Danach gilt: Ist auch der Jude Paulus – vordem nach der Gerechtigkeit als Jude, d.h. ἐν νόμῳ, unbescholten (Phil 3,6) – *Sünder,* kann die Zugehörigkeit zum Gesetz nicht mehr über Gerecht- oder Sündersein entscheiden (Gal 2,15 f.). Fundamental gilt daher, daß auf der Grundlage von aus der Tora verbindlich gemachten Werken überhaupt niemand vor Gott gerechtfertigt werden kann (Gal 2,16; Röm 3,20). Aber diese Lehre von Gesetz und Rechtfertigung war nicht *Botschaft an die Heiden,* sondern theologische *Grundlegung* „des Evangeliums für die Unbeschnittenen" (Gal 2,7). Als solche theologische Grundlegung in erfahrungsgesättigter Reflexion ist wohl der Römerbrief insgesamt aufzufassen, das gibt ihm auch den Cha-

---

[289] Argumentation und Formulierung von 1 Thess 2,14 weisen auf rein heidenchristliche Adressaten hin, insofern Paulus davon spricht, „daß die jungen Christen in Thessalonich ‚Nachahmer der Gemeinden Gottes, die in Judäa in Christus sind' (vgl. Gal 1,13.21), geworden seien, weil ‚ihr dasselbe von euren eigenen Stammesverwandten erlitten habt, wie auch jene von den Juden'." Zitat: M. Hengel, Paulus 276.

[290] W. Wrede, Paulus 91.

[291] A.a.O. Zur pharisäischen Vergangenheit des Apostels vgl. M. Hengel, Paulus 222–256.

[292] A.a.O., 93.

[293] R. Riesner, Frühzeit 352; vgl. auch P. Stuhlmacher, Römer 59; ausführlich M. Hengel und A.M. Schwemer, Paulus 153–173.

rakter eines theologischen Testaments[294]. Aber die Grundlegung, was Gesetz und Rechtfertigung betrifft, ist vorab Wort eines geborenen Juden an geborene Juden, wie das Evangelium selbst Ἰουδαίῳ τε πρῶτον καὶ Ἕλληνι (1,16). Und Heidenchristen, die den Weg der entstehenden christlichen Kirche bestimmten, haben diejenige Seite der paulinischen Theologie, die insbesondere für Judenchristen formuliert war, auch mehr oder weniger auf sich beruhen lassen, wie sie ja von Anfang an nicht zum Spezifikum „des Evangeliums für die Unbeschnittenen" gehört hatte. Andererseits hat die heidenchristliche Kirche aber auch einen so unpaulinischen Gedanken, daß das Gesetz in seiner Gesamtheit, eben weil es Gesetz sei, antiquiert sei[295], mehrheitlich nicht vollzogen.

Das Gesetz, argumentiert Paulus, macht niemanden gerecht, vielmehr dokumentiert es, daß alle Sünder sind (Röm 3,9–20). Weil aber alles, was das Gesetz sagt, denen gilt, die unter dem Gesetz sind, sind auch geborene Juden Sünder und strafwürdig vor Gott (3,19f.). Heiden hingegen, die ja die Tora nicht kennen, werden in ihrem Götzendienst und in ihrer Unreinheit auch ohne die Tora verlorengehen. Die aber in Besitz und Kenntnis der Tora gesündigt haben, werden durch die Tora als Gesetzesübertreter verurteilt werden, weil die Tora nur Täter der Tora für gerecht erklärt (2,12f.). Vergißt man bei der weiteren Lektüre des Römerbriefs nicht, was Paulus in Kap. 2 ausgeführt hat, wird man kaum auf den Gedanken kommen, die theologische Grundlegung des Völkerapostolats, die Paulus als Judenchrist gerade auch für Judenchristen entfaltet, laufe auf die Annulierung des Gesetzes hinaus, denn von Kap. 2 an zeigen sich seine Ausführungen von der Frage bewegt, wie aus Übertretern (2,27) Täter des Gesetzes (2,13.14.27) werden. Daß dies ἐν νόμῳ nicht möglich sei, ist der Stein des Anstoßes. Denn zur Erfüllung des Gesetzes kommt es nach Paulus allein „im Geist" (2,27–29; 7,6; 8,4). Dazu bedürfen die, die unter dem Gesetz sind, der Entbindung von der Tora (7,6), um des Geistes zu werden. Die toralosen Heiden aber brauchen demgemäß nicht erst unter die Tora zu kommen, sondern bedürfen allein des Seins unter der Gnade (6,14). Für beide aber, Juden und Heiden, war schlechthin unerläßlich, daß sie von der Sündenmacht befreit wurden. Dies geschah in dem Sühnetod Christi, in dem Gott die Jetztzeit der Heilsverkündigung machtvoll erschlossen hat, seine Gerechtigkeit erweisend und die Rechtfertigung derer, die auf die Seite des Glaubens an Jesus gehören (3,24–26). Der prophetisch angesagte δίκαιος ἐκ πίστεως (Hab 2,4; Röm 1,17) ist nämlich ὁ ἐκ πίστεως Ἰησοῦ.

Das Gesetz, argumentiert Paulus weiter, sagt uns nicht nur, daß wir Sünder sind. Es bezeugt auch die Gerechtigkeit Gottes (Röm 3,21), steht also in positiver Beziehung zu dem in 1,16f. programmatisch formulierten Inhalt des Evangeliums. Denen, die in ihrer Sünde von Gott getrennt, Feinde, Gottlose waren, ohne Hoffnung, im anstehenden Endgericht das Doxakleid der Gerechtigkeit empfan-

---

[294] G. BORNKAMM, Römerbrief.
[295] H. LIETZMANN, Paulus 406f.

gen zu können (3,23), hat Gott von sich aus, ohne die Tora, seine Gemeinschaft erschlossen, durch Tod und Auferstehung Jesu Christi seine heilschaffende Gerechtigkeit zugewendet. Was Heiden in ihrer Gesetzlosigkeit gar nicht erstrebten, was auch Juden in der Gefangenschaft der Sünde nicht erreichen konnten, hat Gott in Christus aus freien Stücken geschenkt: Gerechtigkeit für jeden, der zum Glauben kommt (10,4). So ist Christus des Gesetzes Erfüllung, eröffnet den Glaubenden Leben im Geist und also in der Liebe als der Fülle der Tora. Heidenmission ohne Verpflichtung auf jüdische Halacha führt demzufolge nicht zu einem Leben in Sünde (6,15), sondern aus Gesetzlosigkeit heraus zu neuem Leben in Gerechtigkeit und Heiligung (6,18.19.22), so daß die Heiden durch den Glaubensgehorsam weckenden Dienst des Völkerapostels (1,5; 15,18) zu einer Gott wohlgefälligen Opfergabe werden, geheiligt im Geist (15,16).

Viel lag Paulus daran, die geistliche Gemeinschaft mit allen christlichen Hausgemeinden in Rom zu erreichen (1,12; 15,24.32). Der ruhig werbende Ton des gesamten Schreibens läßt nicht erwarten, daß der Apostel selbst den Eindruck hatte, er habe zum Teil reichlich kühn geschrieben, wie die Stelle 15,15 in der Regel verstanden wird. Hier muß man wohl sehen, daß τολμηρότερον V. 15 durch οὐ γὰρ τολμήσω τι λαλεῖν in V. 18 wieder aufgenommen wird. In diesem Abschnitt spricht Paulus also insgesamt im Bewußtsein seiner heidenapostolischen Vollmacht. Zuvor hatte er seine Volksgenossen in Rom ermahnt, die Einheit zwischen Juden- und Heidenchristen christusgemäß zu verwirklichen (15,7–13). Für diese Mahnung an die Judenchristen in Rom entschuldigt er sich fast (V. 14). Beherzter aber schreibt er dann, wenn er zu der Sache kommt, die kraft seiner Berufung nun wirklich seine Sache ist: „Diener Christi Jesu für die Heiden zu sein" (V. 16). Davon hatte er im Briefeingang schon gehandelt (1,5) und *daran* erinnert er[296], wenn er nun ausführlicher als dort auf seinen Völkerapostolat zu sprechen kommt. Denn um nichts anderes geht es in den Ausführungen zwischen 1,5 und 15,15ff. als um die Darlegung dessen, was theologische Grundlegung und kerygmatischer Gehalt der paulinischen Heidenmission sei. Der paradigmatischen Gestalt des biblischen Abraham kommt dabei grundlegende Bedeutung zu, denn Abraham wurde, so Paulus, von Gott als gottloser Heide in freier Gnade gerechtfertigt. Allein sein Glaube an den, der die Toten ins Leben ruft, wurde ihm zur Gerechtigkeit angerechnet. Das Beschneidungszeichen empfing er nachträglich als Siegel der Gerechtigkeit, die er aufgrund des Glaubens schon empfangen hatte. So ist er nicht nur genealogisch Vater aller Juden (4,1), sondern wurde auch

---

[296] Entsprechend ist der Gebrauch von ὑμᾶς ἐπαναμιμνήσκω bei Platon, Gesetze 3, 688a, wo mit ebendiesen Worten auf die Ausführungen in 1, 625d–631d Bezug genommen wird. ἀπὸ μέρους deute ich nach 2Kor 2,5 im Sinne von „gewissermaßen", ὡς mit Partizip nach F. BLASS / A. DEBRUNNER, Grammatik § 425,3 im Sinne von „im Gedanken, daß", ἔγραψα ist Aorist des Briefstils: „Beherzter aber schreibe ich euch – gewissermaßen im Gedanken, daß ich euch wieder daran erinnere – aufgrund der mir von Gott verliehenen Gnade, ein Diener Christi Jesu für die Heiden zu sein …"

Vater aller Heiden- und Judenchristen, derer also, denen in gleicher Weise zur Gerechtigkeit angerechnet wird, daß sie an den glauben, „der Jesus, unseren Herrn, von den Toten auferweckt hat, ihn, der um unserer Vergehen willen dahingegeben und um unserer Rechtfertigung willen auferweckt wurde" (4,24f.).

A. von Harnack hatte geglaubt, Paulus sei unter den wahren Schülern Jesu, „die in der Liebe und Freiheit des Geistes lebten, der von seiner Persönlichkeit ausging und an dem er sie hatte teilnehmen lassen", einer der großen gewesen, der fähig war, einen Schritt, den Jesus nicht ausdrücklich gelehrt hatte, selbständig vorwärts zu tun, indem er das Christusereignis als Verfallsdatum des Judentums perzipierte. Dazu „zitiert" und kommentiert A. von Harnack Röm 10,4: „,Christus ist des Gesetzes Ende für jedermann, der da glaubt.' So weit mußte es kommen. Das Gesetz mußte abgeschafft werden."[297] Will man indes Paulus gerecht werden, wäre in Abwandlung des *Harnack*-Diktums zu sagen: So weit mußte es kommen. Das Gesetz mußte in Christus erfüllt werden, indem er jedem, der glaubt, Gerechtigkeit schenkt.

---

[297] A. VON HARNACK, Jesus 235. Auf die Stelle machte K. HAACKER, Ende 128, aufmerksam.

Bibliographie zur Einleitung
und zu „1. Das Gesetz im Römerbrief"

I. Quellen

K. BERGER, Das Buch der Jubiläen, JSHRZ II,3, Gütersloh 1981

K. BEYER, Die aramäischen Texte vom Toten Meer, Göttingen 1984

DERS., Die aramäischen Texte vom Toten Meer. Ergänzungsband, Göttingen 1994

Biblia Hebraica, ed. R. KITTEL, Stuttgart ¹⁴1966

R.H. CHARLES (Ed.), The Greek Versions of the Testaments of the Twelve Patriarchs, Darmstadt ²1960 (Nachdr. der Ausg. Oxford 1908)

Flavii Josephi opera, ed. B. NIESE, I–VI, Berlin ²1955

A.F.J. KLIJN, Die syrische Baruch-Apokalypse, JSHRZ V,2, Gütersloh 1972, 103–191

J. MAIER, Die Qumran-Essener: Die Texte vom Toten Meer, I–II UTB.W 1862/63, 1995, III UTB.W 1916, 1996

N. MEISNER, Aristeasbrief, JSHRZ II,1, Gütersloh ²1977, 35–85

Novum Testamentum Graece, post E. NESTLE et E. NESTLE ed. K. ALAND, M. BLACK etc., Stuttgart ²⁶1979 (1981)

H. ODEBERG, 3 Henoch or The Hebrew Book of Enoch, Prolegomenon by J.C. GREENFIELD, New York 1973

Philonis Alexandrini Opera quae supersunt, I–VI, ed. L. COHN et P. WENDLAND, Berlin 1896–1915, Nachdr. 1962

Platon, Werke in acht Bänden, griechisch und deutsch, hg. v. G. EIGLER, Darmstadt ²·³1990

E. QIMRON and J. STRUGNELL (Hg.), Qumran Cave 4/V, MIQSAT MAʿASE HA-TO-RAH, in consultation with Y. SUSSMANN and with contributions by Y. SUSSMANN and A. YARDENI, DJD X, Oxford 1994

J. SCHREINER, Das 4. Buch Esra, JSHRZ V,4, Gütersloh 1981

K.-D. SCHUNCK, 1. Makkabäerbuch, JSHRZ I,4, Gütersloh 1980

Septuaginta, ed. A. RAHLFS, 2 Bde., Stuttgart ⁹1979

H.St.J. THACKERAY, Josephus I The Life. Against Apion, with an English translation by –, LCL 186, London usw. 1976

II. Hilfsmittel: Wörterbücher, Konkordanzen usw.

W. BAUER, Griechisch-deutsches Wörterbuch zu den Schriften des Neuen Testaments und der frühchristlichen Literatur, hg. v. K. ALAND und B. ALAND, Berlin/New York ⁶1988

F. BLASS/A. DEBRUNNER, Grammatik des neutestamentlichen Griechisch, bearb. von F. REHKOPF, Göttingen ¹⁴1976

Computer-Konkordanz zum Novum Testamentum Graece von Nestle-Aland, 26. Aufl. u. zum Greek New Testament, 3. ed. / hrsg. vom Inst. für Neutestamentl. Textforschung u. vom Rechenzentrum d. Univ. Münster. Unter besonderer Mitw. von H. BACHMANN u. W.A. SLABY, Berlin/New York 1980

A.D. Crown, R. Pummer and A. Tal (Hg.), A Companian to Samaritan Studies, Tübingen 1993

W. Gesenius, Hebräische Grammatik, völlig umgearb. v. E. Kautzsch, Darmstadt 7. Nachdruckauflage 1995 der 28., vielfach verb. und verm. Aufl. Leipzig 1909

F. Passow, Handwörterbuch der griechischen Sprache, I,1–II,2, Darmstadt 1970 (= Leipzig ⁵1841)

K.H. Rengstorf (Hg.), A Complete Concordance to Flavius Josephus, 4Bde., Leiden 1973–1983

III. Kommentare und Sekundärliteratur

J.-N. Aletti, Romains 2. Sa cohérence et sa fonction, Bib. 77,1996, 153–177

J. Augenstein, „Euer Gesetz" – Ein Pronomen und die johanneische Haltung zum Gesetz, ZNW 88, 1997, 311–313

D.E. Aune, Revelation 1–5, Word Biblical Commentary 52$_A$, Dallas 1997

F. Avemarie, Tora und Leben. Untersuchungen zur Heilsbedeutung der Tora in der frühen rabbinischen Literatur, TSAJ 55, Tübingen 1996

Ders., Bund als Gabe und Recht, in: Bund und Tora, Zur theologischen Begriffsgeschichte in alttestamentlicher, frühjüdischer und urchristlicher Tradition, hg. v. F. Avemarie und H. Lichtenberger, WUNT 92, Tübingen 1996, 163–216

M. Bachmann, Sünder oder Übertreter. Studien zur Argumentation in Gal 2,15ff., WUNT 59, Tübingen 1992

Ders., Rechtfertigung und Gesetzeswerke bei Paulus, ThZ 49, 1993, 1–33

Ders., 4QMMT und Galaterbrief, התורה מעשי und ΕΡΓΑ ΝΟΜΟΥ, ZNW 89, 1998, 91–113

R. Badenas, Christ the End of the Law: Romans 10.4 in Pauline Perspective, JSNT.S 10, Sheffield 1985

H. Balz, Art. ᾠδή, EWNT 3, 1208f.

E. Bammel, Romans 13, in: Ders., Judaica et Paulina. Kleine Schriften II, WUNT 91, Tübingen 1997, 286–304

J.M.G. Barclay, 'Do we undermine the Law?' A Study of Romans 14.1–15.6, in: Paul and the Mosaic Law, ed. by J.D.G. Dunn, WUNT 89, Tübingen 1996, 287–308

Ch.K. Barrett, Das Evangelium nach Johannes, KEK.S, Göttingen 1990

J. Baumgarten, Paulus und die Apokalyptik, WMANT 44, Neukirchen-Vluyn 1975

S.R. Bechtler, Christ, the Τέλος of the Law: The Goal of Romans 10:4, CBQ 56, 1994, 288–308

J. Becker, Das Evangelium nach Johannes. Kapitel 11–22, ÖTBK 4/2, Gütersloh (¹1981, ²1984) ³1991

Ders., Paulus. Der Apostel der Völker, Tübingen ²1992

Ders., Der Völkerapostel Paulus im Spiegel seiner neuesten Interpreten, ThLZ 122, 1997, 977–990

K. Berger, Abraham in den paulinischen Hauptbriefen, MThZ 17, 1966, 47–89

Ders. und C. Colpe (Hg.), Religionsgeschichtliches Textbuch zum Neuen Testament, TNT 1, Göttingen 1987

Ders., Im Anfang war Johannes. Datierung und Theologie des vierten Evangeliums, Stuttgart 1997

R. Bergmeier, Glaube als Gabe nach Johannes. Religions- und theologiegeschichtliche Studien zum prädestinatianischen Dualismus im vierten Evangelium, BWANT 112, Stuttgart usw. 1980

DERS., Weisheit – Dike – Lichtjungfrau, JSJ 12, 1981, 75–86

DERS., Erfüllung der Gnadenzusagen an David, ZNW 86, 1995, 277–286

DERS., Die Leute aus Essa, ZDPV 113, 1997, 75–87

O. BETZ, Rechtfertigung in Qumran, in: Rechtfertigung, FS E. KÄSEMANN, hg. v. J. FRIEDRICH, W. PÖHLMANN und P. STUHLMACHER, Tübingen und Göttingen 1976, 17–36

DERS., Paulus als Pharisäer nach dem Gesetz. Phil. 3,5–6 als Beitrag zur Frage des frühen Pharisäismus, in: Treue zur Thora. Beiträge zur Mitte des christlich-jüdischen Gesprächs, FS G. HARDER, hg. v. P. VON DER OSTEN-SACKEN, VIKJ 3, Berlin 1977, 54–64

J. BEUTLER, Zwei Weisen der Sammlung. Der Todesbeschluß gegen Jesus in Joh 11,47–53, in: DERS., Studien zu den johanneischen Schriften, SBAB 25, Stuttgart 1998, 275–283

E. BICKERMANN, Der Gott der Makkabäer, Berlin 1937

J. BLANK, Erwägungen zum Schriftverständnis des Paulus, in: Rechtfertigung, FS E. KÄSEMANN, hg. v. J. FRIEDRICH, W. PÖHLMANN und P. STUHLMACHER, Tübingen und Göttingen 1976, 37–56

O. BÖCHER, Art. Johannes-Apokalypse, RAC Bd. 18 (1997), 595–646

DERS., Die Johannesapokalypse, EdF 41, Darmstadt [4]1998

G. BORNKAMM, Gesetz und Natur. Röm 2,14–16, in: DERS., Studien zu Antike und Urchristentum, BEvTh 28, München 1959, 93–118

DERS., Die Offenbarung des Zornes Gottes. Röm 1–3, in: DERS., Das Ende des Gesetzes, BEvTh 16, München [3]1961, 9–33

DERS., Sünde, Gesetz und Tod. Exegetische Studie zu Röm 7, in: DERS., Das Ende des Gesetzes, BEvTh 16, München [3]1961, 51–69

DERS., Der Römerbrief als Testament des Paulus, in: Geschichte und Glaube, 2. Teil, BEvTh 53, München 1971, 120–139

H. Braun, Qumran und das Neue Testament, 2 Bde., Tübingen 1966

M. BRECHT, Römerbriefauslegungen Martin Luthers, in: Paulus, Apostel Jesu Christi, FS G. KLEIN, hg. v. M. TROWITZSCH, Tübingen 1998, 207–225

R. BRUCKER, ,Christushymnen' oder ,epideiktische Passagen'? Studien zum Stilwechsel im Neuen Testament und seiner Umwelt, FRLANT 176, Göttingen 1997

R. BULTMANN, Art. γινώσκω κτλ., ThWNT I, 688–719

DERS., Theologie des Neuen Testaments, Tübingen [4]1961

DERS., Die Bedeutung der neuerschlossenen mandäischen und manichäischen Quellen für das Verständnis des Johannesevangeliums, in: DERS., Exegetica, hg. v. E. DINKLER, Tübingen 1967, 55–104

DERS., Römer 7 und die Anthropologie des Paulus, in: DERS., Exegetica, hg. v. E. DINKLER, Tübingen 1967, 198–209

DERS., Das Evangelium des Johannes, KEK 2, Göttingen [21]1986

CH. BURCHARD, Versuch, das Thema der Bergpredigt zu finden, in: DERS., Studien zur Theologie, Sprache und Umwelt des Neuen Testaments, hg. v. D. SÄNGER, WUNT 107, Tübingen 1998, 27–50

DERS., Die Summe der Gebote (Röm 13,7–10), das ganze Gesetz (Gal 5,13–15) und das Christusgesetz (Gal 6,2; Röm 15,1–6; 1Kor 9,21), in: DERS., Studien zur Theologie, Sprache und Umwelt des Neuen Testaments, hg. v. D.Sänger, WUNT 107, Tübingen 1998, 151–183

DERS., Noch ein Versuch zu Galater 3,19 und 20, in: DERS., Studien zur Theologie, Sprache und Umwelt des Neuen Testaments, hg. v. D. SÄNGER, WUNT 107, Tübingen 1998, 184–202

DERS., Nicht aus Werken des Gesetzes gerecht, sondern aus Glauben an Jesus Christus – seit wann? In: DERS., Studien zur Theologie, Sprache und Umwelt des Neuen Testaments, hg. v. D. SÄNGER, WUNT 107, Tübingen 1998, 230–240

DERS., Glaubensgerechtigkeit als Weisung der Tora bei Paulus, in: DERS., Studien zur Theologie, Sprache und Umwelt des Neuen Testaments, hg. v. D. SÄNGER, WUNT 107, Tübingen 1998, 241–262

P. BUSCH, Der gefallene Drache. Mythenexegese am Beispiel von Apokalypse 12, TANZ 19, Tübingen; Basel 1996

M. CHYUTIN, The New Jerusalem Scroll from Qumran, Sheffield 1997

H. CREMER, Die paulinische Rechtfertigungslehre im Zusammenhange ihrer geschichtlichen Voraussetzungen, Gütersloh ²1900

C. DEUTSCH, Transformation of Symbols: The New Jerusalem in Rv 21,1–22,5, ZNW 78, 1987, 106–126

U. DUCHROW, Christenheit und Weltverantwortung, FBESG 25, Stuttgart ²1983

A. VAN DÜLMEN, Die Theologie des Gesetzes bei Paulus, SBM 5, Stuttgart 1968

J.D.G. DUNN, Paul's Epistle to the Romans: An Analysis of Structure and Argument, in: ANRW II 25.4, Berlin/New York 1987, 2842–2890

DERS., What was the Issue between Paul and "Those of the Circumcision"? In: M. HENGEL und U. HECKEL (Hg.), Paulus und das antike Judentum, WUNT 58, Tübingen 1991, 295–317

DERS., In Search of Common Ground, in: Paul and the Mosaic Law, ed. by J.D.G. DUNN, WUNT 89, Tübingen 1996, 309–334

DERS., Die neue Paulus-Perspektive. Paulus und das Gesetz, KuI 11.1996, 34–45 (Übersetzung eines Abschnitts aus: DERS., Romans 1–8, WBC 38a, Dallas 1988, LXIII–LXXII, durch W. STEGEMANN)

H.-J. ECKSTEIN, Der Begriff Syneidesis bei Paulus, WUNT 2/10, Tübingen 1983

DERS., „Denn Gottes Zorn wird vom Himmel her offenbar werden". Exegetische Erwägungen zu Röm 1,18, ZNW 78, 1987,74–89

DERS., „Nahe ist dir das Wort". Exegetische Erwägungen zu Röm 10,8, ZNW 79, 1988, 204–220

DERS., Verheißung und Gesetz. Eine exegetische Untersuchung zu Galater 2,15–4,7, WUNT 86, Tübingen 1996

DERS., Auferstehung und gegenwärtiges Leben nach Röm 6,1–11. Präsentische Eschatologie bei Paulus? ThBeitr 28, 1997, 8–23

DERS., Die Weisung Jesu Christi und die Tora des Mose nach dem Matthäusevangelium, in: Jesus Christus als die Mitte der Schrift. Studien zur Hermeneutik des Evangeliums. Für OTFRIED HOFIUS, hg. v. C. LANDMESSER, H.-J. ECKSTEIN u. H. LICHTENBERGER, BZNW 86, Berlin/New York 1997, 379–403

B. EGO, Abraham als Urbild der Toratreue Israels, in: Bund und Tora, Zur theologischen Begriffsgeschichte in alttestamentlicher, frühjüdischer und urchristlicher Tradition, hg. v. F. AVEMARIE und H. LICHTENBERGER, WUNT 92, Tübingen 1996, 25–40

K. FINSTERBUSCH, Die Thora als Lebensweisung für Heidenchristen. Studien zur Bedeutung der Thora für die paulinische Ethik, StUNT 20, Göttingen 1996

U. FISCHER, Eschatologie und Jenseitserwartung im hellenistischen Diasporajudentum, BZNW 44, Berlin/New York 1978

M. Florentin, Art. Liturgy, in: A.D. Crown, R. Pummer and A. Tal (Hg.), A Companian to Samaritan Studies, Tübingen 1993, 147–149

J.E. Fossum, The Name of God and the Angel of the Lord, Samaritan and Jewish Concepts of Intermediation and the Origin of Gnosticism, WUNT 36, Tübingen 1985

Ders., Sects and Movements, in: The Samaritans, ed. by A.D. Crown, Tübingen 1989, 293–389, speziell 357–389

J. Frey, Die johanneische Eschatologie I: Ihre Probleme im Spiegel der Forschung seit Reimarus, WUNT 96, Tübingen 1997

Ders., Die johanneische Eschatologie II: Das johanneische Zeitverständnis, WUNT 110, Tübingen 1998

G. Friedrich, Das Gesetz des Glaubens Röm 3,27, ThZ 10, 1954, 401–417 Gestaltung und Kritik. Zum Verhältnis von Protestantismus und Kultur im neuen Jahrhundert, hg. v. Kirchenamt der EKD und der Geschäftsstelle der VEF, EKD.T 64, 1999

H. Giesen, Die Offenbarung des Johannes, RNT, Regensburg 1997

E. Grässer, Der ruhmlose Abraham (Röm 4,2). Nachdenkliches zu Gesetz und Sünde bei Paulus, in: Paulus, Apostel Jesu Christi, FS G. Klein, hg. v. M. Trowitzsch, Tübingen 1998, 3–22

P. Grelot, «Les œuvres de la Loi» (à propos de 4Q 394–398), RdQ 63, 1994, 441–448

H. Gressmann, Der Ursprung der israelitisch-jüdischen Eschatologie, FRLANT 6, Göttingen 1905

W. Grundmann, Art. χρίω κτλ., ThWNT 9, 482–485 und 518–576

W. Gutbrod, Art. νόμος κτλ., ThWNT 4, 1029–1084

K. Haacker, Zum Werdegang des Apostels Paulus. Biographische Daten und ihre theologische Relevanz, in: ANRW II, 26.2, Berlin/New York 1995, 815–938 [Anhang unten S. 1924–1933]

Ders., Paulus. Der Werdegang eines Apostels, SBS 171, Stuttgart 1997

Ders., „Ende des Gesetzes" und kein Ende? Zur Diskussion über τέλος νόμου in Röm 10,4, in: Ja und nein. Christliche Theologie im Angesicht Israels, FS W. Schrage, hg. v. K. Wengst und G. Sass in Zusammenarbeit mit K. Kriener und R. Stuhlmann, Neukirchen-Vluyn 1998, 127–138

F. Hahn, Taufe und Rechtfertigung, in: Rechtfertigung, FS E. Käsemann, hg. v. J. Friedrich, W. Pöhlmann und P. Stuhlmacher, Tübingen und Göttingen 1976, 95–124

Ders., Die Verwurzelung des Christentums im Judentum. Exegetische Beiträge zum christlich-jüdischen Gespräch. Zum 70. Geburtstag hg. v. C. Breytenbach unter Mitwirkung von S. von Stemm, Neukirchen-Vluyn 1996

A. Harnack, Entstehung und Entwickelung der Kirchenverfassung und des Kirchenrechts in den zwei ersten Jahrhunderten, Leipzig 1910

Ders., Hat Jesus das alttestamentliche Gesetz abgeschafft? in: Ders., Aus Wissenschaft und Leben II, Gießen 1911, 225–236

Ders., Marcion: Das Evangelium vom fremden Gott; eine Monographie zur Geschichte der Grundlegung der katholischen Kirche. Neue Studien zu Marcion. Adolf von Harnack. – Unveränd. reprographischer Nachdr. der 2., verb. und verm. Aufl. Leipzig 1924, Darmstadt 1996

R.B. Hays, Three Dramatic Roles: The Law in Romans 3–4, in: Paul and the Mosaic Law, ed. by J.D.G. Dunn, WUNT 89, Tübingen 1996, 151–164

Th.K. Heckel, Der Innere Mensch. Die paulinische Verarbeitung eines platonischen Motivs, WUNT 2/53, Tübingen 1993

R. Heiligenthal, Werke als Zeichen. Untersuchungen zur Bedeutung der menschlichen Taten im Frühjudentum, Neuen Testament und Frühchristentum, WUNT 2/9, Tübingen 1983

F. Heintz, Simon «le magicien». Actes 8,5–25 et l'accusation de magie contre les prophètes thaumaturges dans l'antiquité, CRB 39, Paris 1997

M. Hengel, Judentum und Hellenismus, WUNT 10, Tübingen ³1988

Ders., Der vorchristliche Paulus, in: Ders. und U. Heckel (Hg.), Paulus und das antike Judentum, WUNT 58, Tübingen 1991, 177–293

Ders., Die johanneische Frage. Ein Lösungsversuch. Mit einem Beitrag zur Apokalypse von J.Frey, WUNT 67, Tübingen 1993

Ders., Die Stellung des Apostels Paulus zum Gesetz in den unbekannten Jahren zwischen Damaskus und Antiochien, in: Paul and the Mosaic Law, ed. by J.D.G. Dunn, WUNT 89, Tübingen 1996, 25–51

Ders., Präexistenz bei Paulus? In: Jesus Christus als die Mitte der Schrift. Studien zur Hermeneutik des Evangeliums. Für Otfried Hofius, hg. v. C. Landmesser, H.-J. Eckstein u. H. Lichtenberger, BZNW 86, Berlin/New York 1997, 479–518

Ders. und A.M. Schwemer, Paulus zwischen Damaskus und Antiochien. Die unbekannten Jahre des Apostels. Mit einem Beitr. von E.A. Knauf, WUNT 108, Tübingen 1998

J. Herzer, Petrus oder Paulus? Studien über das Verhältnis des ersten Petrusbriefes zur paulinischen Tradition, WUNT 103, Tübingen 1998

O. Hofius, Wort Gottes und Glaube bei Paulus, in: M. Hengel und U. Heckel (Hg.), Paulus und das antike Judentum, WUNT 58, Tübingen 1991, 379–408

Ders., Nächstenliebe und Feindeshaß. Erwägungen zu Mt 5,43, in: Die Freude an Gott – unsere Kraft, FS O.B. Knoch, hg. v. J.J. Degenhardt, Stuttgart 1991, 102–109

Ders., Das Gesetz des Mose und das Gesetz Christi, in: Ders., Paulusstudien, WUNT 51, Tübingen ²1994, 50–74

Ders., Gesetz und Evangelium nach 2. Korinther 3, in: Ders., Paulusstudien, WUNT 51, Tübingen ²1994, 75–120

Ders., Die Adam-Christus-Antithese und das Gesetz. Erwägungen zu Röm 5,12–21, in: Paul and the Mosaic Law, ed. by J.D.G. Dunn, WUNT 89, Tübingen 1996, 165–206

Ders., Struktur und Gedankengang des Logos-Hymnus in Joh 1,1–18, in: Ders. und H.-C. Kammler, Johannesstudien. Untersuchungen zur Theologie des vierten Evangeliums, WUNT 88, Tübingen 1996, 1–23

Ders., Der in des Vaters Schoß ist" Joh 1,18, in: Ders. und H.-C. Kammler, Johannesstudien. Untersuchungen zur Theologie des vierten Evangeliums, WUNT 88, Tübingen 1996, 24–32

Ders., Das Wunder der Wiedergeburt. Jesu Gespräch mit Nikodemus Joh 3,1–21, in: Ders. und H.-C. Kammler, Johannesstudien. Untersuchungen zur Theologie des vierten Evangeliums, WUNT 88, Tübingen 1996, 33–80

Ders., Zur Auslegung von Römer 9,30–33, in: „Mit unsrer Macht ist nichts getan …", FS D. Schellong, hg. v. J. Mertin, D. Neuhaus, M. Weinrich, ArTe 80, Frankfurt a.M. 1997, 163–174

T. Holtz, Gott in der Apokalypse, in: L'Apocalypse johannique et l'Apocalypique dans le Nouveau Testament, par J.Lambrecht, BEThL 53, Leuven 1980, 247–265

Ders., Grundzüge einer Auslegung der Bergpredigt, in: Ders., Geschichte und Theologie des Urchristentums. GAufs., hg. v. E. Reinmuth u. C. Wolff, WUNT 57, Tübingen 1991, 365–377

Ders., Literatur zur Johannesapokalypse 1980–1996, ThR 62, 1997, 368–413

F.W. Horn, „Weisung zum Leben und Lebens-Weise". Neuere Arbeiten zum Verständnis der Tora in urchristlicher, frühjüdischer und rabbinischer Theologie, ZRGG 51, 1999, 64–69

H. Hübner, Das Gesetz bei Paulus. Ein Beitrag zum Werden der paulinischen Theologie, FRLANT 119, Göttingen [3]1982

Ders., Paulusforschung seit 1945. Ein kritischer Literaturbericht, in: ANRW II 25.4, Berlin/New York 1987, 2649–2840

Ders., Biblische Theologie des Neuen Testaments, Bd. 2 Die Theologie des Paulus und ihre neutestamentliche Wirkungsgeschichte, Göttingen 1993

Ders., Zur Hermeneutik von Römer 7, in: Paul and the Mosaic Law, ed. by J.D.G. Dunn, WUNT 89, Tübingen 1996, 207–214

W. Huss, Die Gemeinde der Apokalypse des Johannes, Diss. München 1967

J. Jeremias, Art. αἴρω, ἐπαίρω, ThWNT 1, 184–186

M. de Jonge, The Use of the Expression ὁ χριστός in the Apocalypse of John, in: L'Apocalypse johannique et l'Apocalypique dans le Nouveau Testament, par J. Lambrecht, BEThL 53, Leuven 1980, 267–281

E. Käsemann, An die Römer, HNT 8a, Tübingen [4]1980

K. Kertelge, Autorität des Gesetzes und Autorität Jesu, in: Vom Urchristentum zu Jesus. FS J. Gnilka, hg. v. H. Frankemölle u. K. Kertelge, Freiburg u.a. 1989, 358–376

H.G. Kippenberg, Die Samaritaner, in: Ders. und G.A. Wewers (Hg.), Textbuch zur neutestamentlichen Zeitgeschichte, NTD GNT 8, Göttingen 1979, 89–106

G. Klein, Art. Gesetz. III.Neues Testament, TRE 13 (Berlin 1984), 58–75

P.-G. Klumbies, Die Rede von Gott bei Paulus in ihrem zeitgeschichtlichen Kontext, FRLANT 155, Göttingen 1992

D.-A. Koch, Die Schrift als Zeuge des Evangeliums. Untersuchungen zur Verwendung und zum Verständnis der Schrift bei Paulus, BHTh 69, Tübingen 1986

H.-J. Kraus, Psalmen, 2 Bde., BK 15, Neukirchen [2]1961

W. Kraus, Das Volk Gottes. Zur Grundlegung der Ekklesiologie bei Paulus, WUNT 85, Tübingen 1996

Ders., Johannes und das Alte Testament. Überlegungen zum Umgang mit der Schrift im Johannesevangelium im Horizont Biblischer Theologie, ZNW 88, 1997, 1–23

H.-W. Kuhn, Enderwartung und gegenwärtiges Heil, StUNT 4, Göttingen 1966

W.G. Kümmel, Römer 7 und die Bekehrung des Paulus, Leipzig 1929, in: Römer 7 und das Bild des Menschen im Neuen Testament, TB 53, München 1974

O. Kuss, Nomos bei Paulus, MThZ 17, 1966, 173–227

J. Lambrecht, Gesetzesverständnis bei Paulus, in: Das Gesetz im Neuen Testament, hg. v. K. Kertelge, QD 108, Freiburg usw. 1986, 88–127

Ders., Pauline Studies: Collected Essays, BEThL 115, Leuven 1994

P. Lampe, Die stadtrömischen Christen in den ersten beiden Jahrhunderten, WUNT 2/18, Tübingen [2]1989

C. Landmesser, Der paulinische Imperativ als christologisches Performativ, in: Jesus Christus als die Mitte der Schrift. Studien zur Hermeneutik des Evangeliums. Für Otfried Hofius, hg. v. C. Landmesser, H.-J. Eckstein u. H. Lichtenberger, BZNW 86, Berlin/New York 1997, 543–577

F. LANG, Erwägungen zu Gesetz und Verheißung in Römer 10,4–13, in: Jesus Christus als die Mitte der Schrift. Studien zur Hermeneutik des Evangeliums. Für OTFRIED HOFIUS, hg. v. C. LANDMESSER, H.-J. ECKSTEIN u. H. LICHTENBERGER, BZNW 86, Berlin/New York 1997, 579–602

H. LICHTENBERGER, Studien zum Menschenbild in Texten der Qumrangemeinde, StUNT 15, Göttingen 1980

DERS., Paulus und das Gesetz, in: M. HENGEL und U. HECKEL (Hg.), Paulus und das antike Judentum, WUNT 58, Tübingen 1991, 361–378

DERS., Das Tora-Verständnis im Judentum zur Zeit des Paulus. Eine Skizze, in: Paul and the Mosaic Law, ed. by J.D.G. DUNN, WUNT 89, Tübingen 1996, 7–23

DERS., Der Beginn der Auslegungsgeschichte von Römer 7: Röm 7,25b, ZNW 88, 1997, 284–295

R. LIEBERS, Das Gesetz als Evangelium. Untersuchungen zur Gesetzeskritik des Paulus, AThANT 75, Zürich 1989

H. LIETZMANN, An die Römer, HNT 8, Tübingen [4]1933

DERS., Paulus, in: Das Paulusbild in der neueren deutschen Forschung, in Verbindung mit U. LUCK hg. v. K.H. RENGSTORF, WdF 24, Darmstadt 1964, 380–409

M. LIMBECK, Vom rechten Gebrauch des Gesetzes, in: „Gesetz" als Thema Biblischer Theologie, JBTh 4, Neukirchen-Vluyn 1989, 151–169

DERS., Das Gesetz im Alten und Neuen Testament, Darmstadt 1997

E. LOHMEYER, Probleme paulinischer Theologie, Stuttgart o.J.

DERS., Grundlagen paulinischer Theologie, BHTh 1, Tübingen 1929 (Nachdr. 1966)

W.A. LÖHR, Die Auslegung des Gesetzes bei Markion, den Gnostikern und den Manichäern, in: Stimuli. Exegese und ihre Hermeneutik in Antike und Christentum, FS E. DASSMANN, hg. v. G. SCHÖLLGEN und C. SCHOLTEN, JAC.E 23, Münster 1996, 77–95

E. LOHSE, „Wir richten das Gesetz auf!" Glaube und Thora im Römerbrief, in: Treue zur Thora. Beiträge zur Mitte des christlich-jüdischen Gesprächs, FS G. HARDER, VIKJ 3, Berlin 1977, 65–71

DERS., Summa Evangelii – zu Veranlassung und Thematik des Römerbriefes –, NAWG.PH 1993, Nr. 3, 91–119

DERS., Paulus. Eine Biographie, München 1996

DERS., Das Präskript des Römerbriefes als theologisches Programm, in: Paulus, Apostel Jesu Christi, FS G. KLEIN, hg. v. M. TROWITZSCH, Tübingen 1998, 65–78

U. LUCK, Das Gute und das Böse in Römer 7, in: Neues Testament und Ethik, FS R. SCHNACKENBURG, hg. v. H. MERKLEIN, Freiburg u.a. 1989, 220–237

G. LÜDEMANN, Wie verhält sich das Gesetzesverständnis des Paulus zum jüdischen Verständnis des Gesetzes? In: Thora und Gesetz. Wege zu einem neuen Verstehen der biblischen Offenbarung, Herrenalber Protokolle 39, Karlsruhe 1988, 7–24

J. MAIER, The Judaic System of the Dead Sea Scrolls, in: Judaism in Late Antiquity, ed. by J. NEUSNER, II Historical Syntheses, HO I, 17, Leiden usw. 1995, 84–108

DERS., Der Lehrer der Gerechtigkeit, FDV 5, Münster 1996

DERS., Jüdisches Grundempfinden von Sünde und Erlösung in frühjüdischer Zeit, in: Sünde und Erlösung im Neuen Testament, hg. v. H. FRANKEMÖLLE, QD 161, Freiburg usw. 1996, 53–75

DERS., Die Qumrangemeinde im Rahmen des frühen Judentums, in: Die Schriftrollen von Qumran, hg. v. SH. TALMON, Regensburg 1998, 51–69

O. Merk, Werner Georg Kümmel als Paulusforscher. Einige Aspekte, in: Paulus, Apostel Jesu Christi, FS G. Klein, hg. v. M. Trowitzsch, Tübingen 1998, 245–256

H. Merklein, Der Sühnetod Jesu nach dem Zeugnis des Neuen Testaments, in: Ders., Studien zu Jesus und Paulus II, WUNT 105, Tübingen 1998, 31–59

Ders., Geschöpf und Kind. Zur Theologie der hymnischen Vorlage des Johannesprologs, in: Ders., Studien zu Jesus und Paulus II, WUNT 105, Tübingen 1998, 241–261

Ders., Gott und Welt. Eine exemplarische Interpretation von Joh 2,23–3,21; 12,20–36 zur theologischen Bestimmung des johanneischen Dualismus, in: Ders., Studien zu Jesus und Paulus II, WUNT 105, Tübingen 1998, 263–281

Ders., „Nicht aus Werken des Gesetzes …". Eine Auslegung von Gal 2,15–21, in: Ders., Studien zu Jesus und Paulus II, WUNT 105, Tübingen 1998, 303–315

Ders., Paulus und die Sünde, in: Ders., Studien zu Jesus und Paulus II, WUNT 105, Tübingen 1998, 316–356

Ders., Sinn und Zweck von Röm 13,1–7. Zur semantischen und pragmatischen Struktur eines umstrittenen Textes, in: Ders., Studien zu Jesus und Paulus II, WUNT 105, Tübingen 1998, 405–437

O. Michel, Der Brief an die Römer, KEK 4, [14]1978

C. Möller/G. Schmitt, Siedlungen Palästinas nach Flavius Josephus, BTAVO.B 14, Wiesbaden 1976

D.J. Moo, The Epistle to the Romans, NIC, Michigan 1996

H.M. Müller, ‚Evangelium latuit in lege'. Luthers Kreuzespredigt als Schlüssel seiner Bibelhermeneutik, in: Jesus Christus als die Mitte der Schrift. Studien zur Hermeneutik des Evangeliums. Für Otfried Hofius, hg. v. C. Landmesser, H.-J. Eckstein u. H. Lichtenberger, BZNW 86, Berlin/New York 1997, 101–126

U.B. Müller, Die Offenbarung des Johannes, ÖTBK 19, Gütersloh u. Würzburg 1984

Ders., Zur Eigentümlichkeit des Johannesevangeliums. Das Problem des Todes Jesu, ZNW 88, 1997, 24–55

K.-W. Niebuhr, Gesetz und Paränese. Katechismusartige Weisungsreihen in der frühjüdischen Literatur, WUNT 2/28, Tübingen 1987

Ders., Heidenapostel aus Israel. Die jüdische Identität des Paulus nach ihrer Darstellung in seinen Briefen, WUNT 62, Tübingen 1992

R. Nordsieck, Johannes. Zur Frage nach Verfasser und Entstehung des vierten Evangeliums. Ein neuer Versuch, Neukirchen-Vluyn 1998

A. Obermann, Die christologische Erfüllung der Schrift im Johannesevangelium. Eine Untersuchung zur johanneischen Hermeneutik anhand der Schriftzitate, WUNT 2/83, Tübingen 1996

G.S. Oegema, Versöhnung ohne Vollendung? Römer 10,4 und die Tora der messianischen Zeit, in: Bund und Tora, Zur theologischen Begriffsgeschichte in alttestamentlicher, frühjüdischer und urchristlicher Tradition, hg. v. F. Avemarie und H. Lichtenberger, WUNT 92, Tübingen 1996, 229–261

P. von der Osten-Sacken, Israel als Anfrage an die christliche Theologie, in: Treue zur Thora. Beiträge zur Mitte des christlich-jüdischen Gesprächs, FS G. Harder, VIKJ 3, Berlin 1977, 72–83

Ders., Die Heiligkeit der Tora. Studien zum Gesetz bei Paulus, München 1989

H. Paulsen, Überlieferung und Auslegung in Römer 8, WMANT 43, Neukirchen-Vluyn 1974

J.C. POIRIER, Romans 5:13–14 and the Universality of Law, NT 38, 1996, 344–358

R. PUMMER, Samaritan Rituals and Customs, in: The Samaritans, ed. by A.D. CROWN, Tübingen 1989, 650–690

G. VON RAD, „Gerechtigkeit" und „Leben" in der Kultsprache der Psalmen, in: DERS., Gesammelte Studien zum Alten Testament, TB 8, München 1961, 225–247

DERS., Theologie des Alten Testaments, München I ^{3}1961, II ^{2}1961

H. RÄISÄNEN, Paul's Theological Difficulties with the Law, in: DERS., The Torah and Christ, Helsinki 1986, 3–92

DERS., Römer 9–11: Analyse eines geistigen Ringens, in: ANRW II 25.4, Berlin/New York 1987, 2891–2939

DERS., Paul and the Law, WUNT 29, Tübingen ^{2}1987

DERS., Faith, Works and Election in Romans 9. A Response to S. WESTERHOLM, in: Paul and the Mosaic Law, ed. by J.D.G. DUNN, WUNT 89, Tübingen 1996, 239–249

H. REICHELT, Angelus interpres – Texte in der Johannes-Apokalypse. Strukturen, Aussagen und Hintergründe, EHS.T 507, Frankfurt a.M. usw. 1994

BO REICKE, Paulus über das Gesetz, ThZ 41, 1985, 237–257

E. REINMUTH, Geist und Gesetz, ThA 44, Berlin 1985

F.V. REITERER, Gerechtigkeit als Heil, Graz 1976

H.-M. RIEGER, Eine Religion der Gnade. Zur „Bundesnomismus"-Theorie von E.P. SANDERS, in: Bund und Tora, Zur theologischen Begriffsgeschichte in alttestamentlicher, frühjüdischer und urchristlicher Tradition, hg. v. F. AVEMARIE und H. LICHTENBERGER, WUNT 92, Tübingen 1996, 129–161

R. RIESNER, Die Frühzeit des Apostels Paulus. Studien zur Chronologie, Missionsstrategie und Theologie, WUNT 71, Tübingen 1994

M. RISSI, Die Hure Babylon und die Verführung der Heiligen. Eine Studie zur Apokalypse des Johannes, BWANT 136, Stuttgart usw. 1995

G. RÖHSER, Jesus – der wahre „Schriftgelehrte". Ein Beitrag zum Problem der „Toraverschärfung" in den Antithesen der Bergpredigt, ZNW 86, 1995, 20–33

J. ROLOFF, Die Offenbarung des Johannes, ZBK.NT 18, Zürich 1984

E.P. SANDERS, On the Question of Fulfilling the Law in Paul and Rabbinic Judaism, in: Donum Gentilicium, New Testament Studies in Honour of DAVID DAUBE, ed. by E. BAMMEL, C.K. BARRETT and W.D. DAVIES, Oxford 1978, 103–126

DERS., Paulus und das palästinische Judentum. Ein Vergleich zweier Religionsstrukturen, StUNT 17, Göttingen 1985

DERS., Jewish Law from Jesus to the Mishnah: Five Studies, London and Philadelphia 1990

DERS., Judaism: Practice and Belief, 63 BCE – 55 CE, London and Philadelphia 1992

DERS., Paul, Oxford/New York 1996 (=1991)

D. SÄNGER, Die Verkündigung des Gekreuzigten und Israel. Studien zum Verhältnis von Kirche und Israel bei Paulus und im frühen Christentum, WUNT 75, Tübingen 1994

DERS., Schriftauslegung im Horizont der Gottesherrschaft. Die Antithesen der Bergpredigt (Mt 5,21–48) und die Verkündigung Jesu, in: Christlicher Glaube und religiöse Bildung, FS F. KRIECHBAUM, hg. v. H. DEUSER – G. SCHMALENBERG, GSTR 11, Gießen 1995, 75–109

Ders., Heiden – Juden – Christen. Erwägungen zu einem Aspekt frühchristlicher Missionsgeschichte, ZNW 89, 1998, 145–172

D. Schellong, Paulus und das Gesetz nach dem Römerbrief, in: Altes Testament und christlicher Glaube, JBTh 6, Neukirchen-Vluyn 1991, 69–87

Ders., Christus fidus interpres Legis. Zur Auslegung von Mt 5,17–20, in: Jesus Christus als die Mitte der Schrift. Studien zur Hermeneutik des Evangeliums. Für Otfried Hofius, hg. v. C. Landmesser, H.-J. Eckstein u. H. Lichtenberger, BZNW 86, Berlin/New York 1997, 659–687

A. Schlatter, Gottes Gerechtigkeit. Ein Kommentar zum Römerbrief, Stuttgart 1935

Ders., Der Glaube im Neuen Testament. Mit einer Einführung von P. Stuhlmacher, Stuttgart [6]1982

W. Schmithals, Der Römerbrief. Ein Kommentar, Gütersloh 1988

U. Schnelle, Gerechtigkeit und Christusgegenwart. Vorpaulinische und paulinische Tauftheologie, GTA 24, Göttingen 1983

Ders., Wandlungen im paulinischen Denken, SBS 137, Stuttgart 1989

Ders., Das Evangelium nach Johannes, ThHK 4, Leipzig 1998

S. Schulz, Das Evangelium nach Johannes, NTD 4, Göttingen [12]1972

Ders., Der frühe und der späte Paulus. Überlegungen zur Entwicklung seiner Theologie und Ethik, ThZ 41, 1985, 228–236

U. Sim, Das himmlische Jerusalem in Apk 21,1–22,5 im Kontext biblisch-jüdischer Tradition und antiken Städtebaus, Bochumer Altertumswissenschaftliches Colloquium 25, Trier 1996

R. Smend/U. Luz, Gesetz, KTB 1015, Stuttgart usw. 1981

Th. Söding, Das Wort vom Kreuz, Studien zur paulinischen Theologie, WUNT 93, Tübingen 1997

H. Stegemann, Die Essener, Qumran, Johannes der Täufer und Jesus. Ein Sachbuch, Herder/Spektrum, [4]1994 (= [7]1998)

G. Stemberger, Verdienst und Lohn – Kernbegriffe rabbinischer Frömmigkeit? Überlegungen zu Mischna Avot, Franz-Delitzsch-Vorlesung H. 7, hg. v. H. Lichtenberger und F. Siegert, Münster 1998

K. Stendahl, Der Apostel Paulus und das „introspektive" Gewissen des Westens, KuI 11.1996, 19–33 (Übersetzung von: The Apostle Paul and the Introspective Conscience of the West, HThR 56. 1963, 199–215, durch W. Stegemann)

C. Strecker, Paulus aus einer „neuen Perspektive". Der Paradigmenwechsel in der jüngeren Paulusforschung, KuI 11.1996, 3–18

G. Strecker, Befreiung und Rechtfertigung. Zur Stellung der Rechtfertigungslehre in der Theologie des Paulus, in: Rechtfertigung, FS E. Käsemann, Tübingen/Göttingen 1976, 479–508, wieder abgedr. in: Ders., Eschaton und Historie, Aufsätze, Göttingen 1980, 229–259

Ders., Die Johannesbriefe, KEK 14, Göttingen 1989

P. Stuhlmacher, „Das Ende des Gesetzes". Ursprung und Ansatz der paulinischen Theologie, ZThK 67, 1970, 14–39

Ders., Der Brief an die Römer, NTD 6, Göttingen [14]1989

Ders., Biblische Theologie des Neuen Testaments, Bd. I Grundlegung: von Jesus zu Paulus, Göttingen 1992

Ders., Der Kanon und seine Auslegung, in: Jesus Christus als die Mitte der Schrift. Studien zur Hermeneutik des Evangeliums. Für Otfried Hofius, hg. v. C. Landmesser, H.-J. Eckstein u. H. Lichtenberger, BZNW 86, Berlin/New York 1997, 263–290

A. Tal, Samaritan Literature, in: The Samaritans, ed. by A.D. Crown, Tübingen 1989, 413–467

G. THEISSEN, Psychologische Aspekte paulinischer Theologie, FRLANT 131, Göttingen 1983

H. TIEDEMANN, Das Gesetz in den Gliedern – Paulus und das sexuelle Begehren, Zeitschrift für Neues Testament 1, H. 2/1998, 18–28

P. VOLZ, Die Eschatologie der jüdischen Gemeinde im neutestamentlichen Zeitalter, Hildesheim 1966 (= Tübingen 1934)

N. WALTER, Art. ἔσω κτλ., EWNT II, 161–164

M. WELKER, Gesetz und Geist, in: „Gesetz" als Thema Biblischer Theologie, JBTh 4, Neukirchen-Vluyn 1989, 215–229

S. WESTERHOLM, Paul and the Law in Romans 9–11, in: Paul and the Mosaic Law, ed. by J.D.G. DUNN, WUNT 89, Tübingen 1996, 215–237

U. WILCKENS, Zur Entwicklung des paulinischen Gesetzesverständnisses, NTS 28, 1982, 154–190

DERS., Der Brief an die Römer, EKK VI/1, Zürich u.a./Neukirchen-Vluyn ²1987, VI,2, ³1993, VI,3, ²1989

DERS., Das Evangelium nach Johannes, NTD 4, Göttingen ¹⁷1998

M. WILCOX, Tradition and Redaction of Rev 21,9–22,5, in: L'Apocalypse johannique et l'Apocalypique dans le Nouveau Testament, par J. LAMBRECHT, BEThL 53, Leuven 1980

H. WINDISCH, Paulus und das Judentum, Stuttgart 1935

M. WINGER, By what law?: the meaning of nomos in the letters of Paul, SBL.DS 128, Atlanta 1992

M. WINNINGE, Sinners and the Righteous, A Comparative Study of the Psalms of Solomon and Paul's Letters, CB.NT 26, Uppsala 1995

C. WOLFF, Irdisches und himmlisches Jerusalem – Die Heilshoffnung in den Paralipomena Jeremiae, ZNW 82, 1991, 147–158

W. WREDE, Paulus, in: Das Paulusbild in der neueren deutschen Forschung, in Verbindung mit U. LUCK hg. v. K.H. RENGSTORF, WdF 24, Darmstadt 1964, 1–97

G.E. WRIGHT, Biblische Archäologie, Göttingen 1958

N.T. WRIGHT, The Law in Romans 2, in: Paul and the Mosaic Law, ed. by J.D.G. DUNN, WUNT 89, Tübingen 1996, 131–150

2. Röm 7,7–25a (8,2): Der Mensch – das Gesetz – Gott – Paulus – die Exegese im Widerspruch?

„Theologische Anthropologie: Freiheit – Verantwortung – Schuld" lautet anspruchsvoll eines der schwierigen Themen im Lehrplan für Evangelische Religionslehre für die reformierte gymnasiale Oberstufe in Baden-Württemberg. Schwierig, weil unter Grundelementen biblisch-theologischer Anthropologie nicht nur vom Menschen als Geschöpf und Ebenbild Gottes, sondern auch vom Menschen als Sünder zu handeln ist: „Der Mensch im Widerspruch." Als Textbeispiele dienen u. a. Gen 2 f. und Röm 7,7–25. Immerhin, die biblisch-theologischen Bezüge zwischen beiden Texten, die herauszuarbeiten auch dann legitim wäre, wenn der Paulustext nicht exegetisch als an der jahwistischen Paradiesgeschichte orientiert[1] erwiesen werden könnte, eröffnen Schülern die Möglichkeit, von der in Röm 7 zu Wort kommenden „menschlichen Grunderfahrung"[2] her die Paradiesgeschichte als „Urgeschehen"[3] wahrzunehmen, so daß das historisierende Verständnis von Gen 2 f. im Sinne von Schöpfung, Urstand und Sündenfall aufgegeben werden kann, ein Verständnis, das ja „mit dem heute erreichbaren Wissen über die naturgeschichtlichen Anfänge der Menschheit nicht vereinbar ist"[4]. Mit nur wenig Anleitung können Schüler in der Tat Beziehungen zwischen Röm 7,7 ff. und Gen 2 f. selbständig entdecken. Gleichwohl konfrontiert gerade die intensive Beschäftigung mit den Texten auch mit allen Verstehensschwierigkeiten, vor die der Paulinische Text selbst den gutwilligen Leser stellt. Es ist ja – um sogleich auf des Pudels Kern zu kommen – durchaus nicht so, wie G. Theißen meint: „Der Leser

---

[1] Vgl. dazu die Traditionsanalyse von G. Theißen, Psychologische Aspekte paulinischer Theologie, FRLANT 131, Göttingen 1983, 204–210.

[2] *C. F. von Weizsäcker,* Der Garten des Menschlichen. Beiträge zur geschichtlichen Anthropologie, München/Wien ⁴1978, 255: (anschließend an das Pauluszitat Röm 7,19) „Hier ist eine menschliche Grunderfahrung angesprochen, und zwar in derjenigen Schärfe, die geschichtlich fast nur dem paulinischen Christentum zukommt."

[3] *C. Westermann,* Schöpfung, Themen der Theologie 12, Stuttgart/Berlin ²1976, 29 ff.

[4] *W. Pannenberg,* Anthropologie in theologischer Perspektive, Göttingen 1983, 54.

kann beim ‚Gesetz der Sünde in meinen Gliedern' (7,23) aufgrund von 7,5 nur an das mosaische Gesetz denken."[5] „Was meint der Paulus eigentlich", so fragte eine Schülerin sichtlich verärgert, weil sie nicht verstehen konnte, „mit dem ‚Gesetz der Sünde, das in meinen Gliedern herrscht' (Röm 7,23)?"

In der Tat, was meint Paulus eigentlich? In der Hoffnung, darüber belehrt zu werden, schaute ich mich in exegetischen Standardwerken um. Die Ernüchterung war groß. Von einem Kommentar zum anderen verschob sich das Verständnis erheblich, bei H. Schlier sogar innerhalb desselben Werks[6]: (S. 234) „V 23 ist ὁ νόμος τῆς ἁμαρτίας das von der Sünde beherrschte und die Sünde erzeugende Gesetz, als das die Tora in der Hand der Sünde begegnet." S. 238 aber steht die Auskunft, νόμος τῆς ἁμαρτίας sei „die Notwendigkeit, sündigen zu müssen, die Ordnung, in die die Sünde den Menschen bannt", und als solches gerade nicht „das 7,7 ff. erwähnte Gesetz". Die Suche mußte auf weitere exegetische Fachliteratur ausgedehnt werden. Dabei stellte sich heraus, daß selbst das Verständnis des *Themas* von Röm 7 exegetisch umstritten ist. Meine Erfahrung mit der einschlägigen Literatur provozierte den Titel dieses Beitrags, wobei der Begriff „Widerspruch" in ähnlicher Unschärfe gebraucht ist wie νόμος in Röm 7,7–25 a; 8,2. Nach einem ersten, referierenden Durchgang durch eine Auswahl mir aufgefallener Literatur konzentriere ich mich in einem zweiten Teil auf δυσνόητά τινα (2. Petr 3,16), speziell auf das Verständnis des umstrittenen νόμος τῆς ἁμαρτίας ὁ ὢν ἐν τοῖς μέλεσίν μου.

I.

Der Mensch im Widerspruch [7]?

„Vielfach wird", so kritisiert K. Kertelge[8], „bei der Auslegung von Röm 7 das Gespaltensein des menschlichen Wesens unter dem Gesetz als die eigentliche Aussage und damit aber auch als das eigentliche Problem dieses Kapitels hingestellt." Dem widerspricht aber nach K. Kertelge die gegenüber Röm 7,7–13 („Apologie des Gesetzes") in 7,14 zu beobachtende Verschiebung des Themas „zu der weiteren Frage nach der *Verfaßtheit des Ich* unter dem Gesetz"[9]. Dabei gehe es Paulus um „die Aufdek-

---

[5] Aspekte, 259.

[6] Der Römerbrief, HThK VI, Freiburg/Basel/Wien ²1979.

[7] Zu *E. Brunner*, Der Mensch im Widerspruch, Zürich 1937, vgl. *W. Pannenberg*, Anthropologie, 52.

[8] Exegetische Überlegungen zum Verständnis der paulinischen Anthropologie nach Römer 7, ZNW 62, 1971, 105–114, dort 110.

[9] ZNW 62, 109 (Hervorhebung von mir). Darauf hatte schon *W. G. Kümmel*, Römer 7 und die Bekehrung des Paulus, Leipzig 1929, in: Römer 7 und das Bild des Menschen im Neuen Testament, TB NT 53, München 1974, 10, mit Entschiedenheit hingewiesen.

kung der bösartigen Gewalt der Sünde im Menschen": Das Ich, „in sich widersprüchig", ist unter der Macht der Sünde „entfremdet", hat seine Identität verloren[10].

Das Gesetz im Widerspruch?

Dem Aufweis der „'Entfremdung' des Ich unter der Gewalt der Sünde"[11] fehlt nach F. Hahn „die Dialektik des mit der Sünde verschlungenen Gesetzes selbst", das in Röm 7 als νόμος τοῦ θεοῦ und als νόμος τῆς ἁμαρτίας bezeichnet werde. „Denn der sündigende Mensch erfährt das Gesetz in dieser Zwiespältigkeit als ein von Gott gegebenes Gesetz, dem er zustimmen will, und als ein von der Sünde beschlagnahmtes Gesetz, von dem er in seinem Tun beherrscht wird."[12] Bündig formuliert sodann G. Theißen: „Der Widerspruch zwischen Wollen und Tun ist letztlich ein Widerspruch zwischen dem Gesetz Gottes und dem Gesetz der Sünde."[13] Ist es Zufall, daß G. Theißen geradezu in gnostische Sprechweise fällt, wenn er „die Apologie des Gesetzes" in einer „Aufspaltung des Gesetzes in ein lichtes Gesetz Gottes und ein dunkles, widerstrebendes Gesetz in den Gliedern" kulminieren läßt[14]? Nein, dahinter steckt System, vergleichbar dem valentinianischen System des Ptolemäus. Denn das „Drei-Instanzen-Modell in Römer 7 …, oder besser ‚hinter' Röm 7": νοῦς, σάρξ und Ego[15] nimmt sich aus wie eine Spiegelung dessen von πνεῦμα, ὕλη und ψυχή[16], die analoge Interpretation von Röm 7,23 eingeschlossen: „Dieses Fleisch hat der Heiland ‚Widersacher' (Matth. 5,25 f. Par.) genannt und Paulus ‚das Gesetz, das dem Gesetz meines Nus entgegenarbeitet' (Röm 7,23)."[17] Spaltung des Gesetzes „in zwei einander bekämpfende Gesetze"[18] ist ein theologisches Interpretationsmodell, zu dem sich der Gnostiker Ptolemäus nicht zuletzt durch das paulinische Schrifttum herausgefordert sah: Das mit der Ungerechtigkeit verbundene Gesetz fand er in Eph 2,15 bezeichnet, das mit dem Schlechteren nicht vermischte Gesetz mit den Worten aus Röm 7,12[19].

---

[10] ZNW 62, 111 f. Vgl. dazu etwa auch *E. Jüngel (– D. Rössler),* Gefangenes Ich – befreiender Geist, München 1976, 12 f.

[11] ZNW 62, 111.

[12] Das Gesetzesverständnis im Römer- und Galaterbrief, ZNW 67, 1976, 29–63, dort 46.

[13] Aspekte, 234, vgl. auch *W. Schmithals,* Die theologische Anthropologie des Paulus, Kohlhammer Taschenbücher 1021, 1980, 65–68.

[14] Aspekte, 192.

[15] Aspekte, 193.

[16] Belege und Interpretation s. in meiner Arbeit: Glaube als Gabe nach Johannes, BWANT 112, Stuttgart usw. 1980, 180–182.

[17] *Clemens Alexandrinus,* Excerpta ex Theodoto 52,1, nach der Übersetzung in *W. Foerster,* Die Gnosis I, Zürich/Stuttgart 1969, 197.

[18] *G. Theißen,* Aspekte, 257.

[19] *Epiphanius,* Panarion 33, 6,6.

Bedenken wir nun, daß sich, wie immer wieder betont wird, die Rede vom Gesetz Gottes und vom Gesetz der Sünde auf ein und dieselbe Thora bezieht, liegt nahe, den aufgezeigten Widerspruch in der Thora in Gott selbst hineinzutragen.

Gott im Widerspruch?

Geradewegs im Gegenzug zu K. Kertelge formuliert U. Wilckens[20]: „Der Schlüssel zum Verständnis unseres Abschnitts ist … die Einsicht, daß sein Thema *das Gesetz* ist, … Das Thema als solches heißt nicht: ‚Ich', und der Skopos nicht: ‚Der Mensch im Widerspruch'." Elementar geht es um das Problem der Identität Gottes selbst, um den Schrei nach *Gott gegen Gott*. Von 8,1 ff. her werde deutlich, „daß gerade dort, wo ich vom ‚Gesetz der Sünde und des Todes' *befreit* bin, das Gesetz als Gesetz Gottes *erfüllt* wird, so daß hier die Identität Gottes mit sich selbst in dem Wunder der Rettung durch Gott gegen Gott sichtbar wird, die innerhalb des Gedankengangs in 7,7–24 tief verborgen ist."

Erweist es sich als so schwierig, Paulus zu verstehen oder doch wenigstens sein Anliegen eindeutig zu erfassen, liegt das vielleicht an der Widersprüchlichkeit Paulinischer Sätze selbst[21]?

Paulus im Widerspruch?

Gal 3,21 bringt Paulus grundsätzlich und unmißverständlich zum Ausdruck, daß die Thora nicht lebendigmachen (ζωοποιῆσαι) kann: „Nur wenn ein Gesetz gegeben wäre, das da lebendigmachen *könnte,* käme die Gerechtigkeit (d. h. das Heil) wirklich aus dem Gesetz."[22] Nach solchem ζωοποιηθῆναι schreit das Röm 7,24 klagende Ich. „Als Antwort auf die Bitte um Erlösung ‚aus diesem Todesleib' in 7,24", ist nach F. Hahn Röm 8,2 zu hören, u. zw. so, daß „der durch Sünde und Tod qualifizierte νόμος", von dem der Mensch in seinem Tun beherrscht war, nun überwunden ist durch die Macht des Geistes, der „die ursprüngliche Intention des Gesetzes, zum Leben zu führen (vgl. 7,10)", tatsächlich wirksam werden läßt[23]. Noch pointierter formuliert U. Wilckens: „In Christus Jesus' … kommt die pneumatische, lebenschaffende Kraft, die dem Gesetz ursprünglich innewohnte, zur vollen Wirkung …"[24] Steht also der Paulus des Römerbriefs in fundamentalem Widerspruch zum Paulus des Galaterbriefs – oder die Exegese zu Paulus? Eines wird man mit Sicherheit sagen können: Paulusinterpretation bewegt sich in Widersprüchen.

---

[20] Der Brief an die Römer, EKK VI, 2, 1980, 100 f.

[21] Vgl. dazu *H. Hübner,* Das Gesetz bei Paulus, FRLANT 119, Göttingen 1978, 9 f.

[22] *O. Hofius,* Das Gesetz des Mose und das Gesetz Christi, ZThK 80, 1983, 262–286, dort 267.

[23] ZNW 67, 47 in Verbindung mit 46.   [24] EKK VI, 2, 123.

Exegese im Widerspruch?

H. Braun[25], seine Beobachtungen zum „Verhältnis von Römer 7 zu den Qumran-Aussagen" formulierend, stellt eine Reihe von Analogien fest: „Paulus wie Qumran lehren: Der Mensch ist extrem sündig. Beide bekennen: Das Heil erhält der Mensch nur durch Gottes gnädiges Heilstun ... Beide ... lehren den Heilsstand als betonten Gegensatz zu der vergangenen heillosen Situation ..." Dann aber folgt als entscheidende Markierung des Unterschieds: „Gleichwohl ist das Heil bei beiden etwas sehr Verschiedenes. Gottes Heilstun befreit bei Paulus *von* der Tora, die als tödlich gilt; in Qumran *zu* der Tora, die die entscheidende Hilfe darstellt."

In seinem H. Braun gewidmeten Beitrag „ὁ νόμος τοῦ πνεύματος τῆς ζωῆς" hat E. Lohse[26] eine beachtliche Wende im Verständnis der Paulinischen Position eingeleitet. Die Rede vom Gesetz in Röm 7,23.25; 8,2–4 bezieht sich immer prägnant auf die Thora[27]. „Sie enthält den Willen Gottes und ist darum νόμος θεοῦ; aber weil es zu einem unheilvollen Bündnis zwischen Sünde und Gesetz gekommen ist, darum ist für den unerlösten Menschen das Gesetz allemal νόμος ἁμαρτίας."[28] So besagt Röm 8,2–4, daß unter dem νόμος τοῦ πνεύματος τῆς ζωῆς möglich wird, was zuvor unmöglich war: daß das δικαίωμα τοῦ νόμου erfüllt wird[29]. – Also doch, wie in Qumran, Befreiung zur Thora? Wird, wie E. Käsemann befürchtet, „das Evangelium zum Mittel der Gesetzeserfüllung"[30]? Oder noch provozierender gefragt: Verkündet Röm 8,2 die „Befreiung durch das Gesetz"[31]?

In der Tat ergibt sich nach E. Lohses Vorgabe[32] für U. Wilckens folgende klare Linie: Unter der Macht der Sünde wird das Gesetz Gottes, die Thora, „zum ‚Gesetz der Sünde und des Todes' im Gegensatz zu seinem ursprünglichen und eigentlichen Ziel, dem Gerechten das Leben zuzusprechen"[33]. Und entsprechend bedeutet „das Gesetz des Lebensgeistes" Röm 8,2: Unter der Macht der Gnade, d. h. in Christus Jesus, entfaltet sich die lebenschaffende Kraft der Thora[34], so daß „die Befreiung vom Gesetz

---

[25] Römer 7,7–25 und das Selbstverständnis des Qumran-Frommen, ZThK 56, 1959, 1–18, dort 15. Vgl. auch *H. Conzelmann,* Grundriß der Theologie des Neuen Testaments, München [2]1968, 255 im Zusammenhang 252–259.

[26] Exegetische Anmerkungen zu Röm 8,2, in: Neues Testament und christliche Existenz, FS H. Braun, Tübingen 1973, 279–287.

[27] FS H. Braun, 285 f.

[28] FS H. Braun, 286.

[29] FS H. Braun, 285, 287.

[30] An die Römer, HNT 8 a, Tübingen 1973, 207 f.

[31] So *P. von der Osten-Sacken,* Befreiung durch das Gesetz, in: Richte unsere Füße auf den Weg des Friedens, FS H. Gollwitzer, München 1979, 349–360. „Wer hier den Begriff ‚Gesetz' ... streicht, der hat nolens volens den ganzen Paulus gestrichen" (350).

[32] Vgl. auch *H. Hübner,* Gesetz, 125 ff.

[33] EKK VI, 2, 92.

[34] EKK VI, 2, 123, vgl. oben bei Anm. 24.

als Befreiung zur Erfüllung des Gesetzes (V 4) begriffen wird"[35]. Der hier sich ergebenden Konsequenz für das Gesetzesverständnis versucht P. von der Osten-Sacken zu entgehen, indem er – bei voller Übereinstimmung mit den Grundfiguren obiger Auslegung[36] – betont: „Wenn aber der Geist die Gegenwart Jesu Christi bedeutet, dann kann die Erfüllung der Forderung des Gesetzes unter den nach dem Geist Wandelnden nur heißen: Vollzug der eschatologischen Verurteilung des Menschen als des in der σαρξ αμαρτιας Lebenden."[37] Die Auslegung erweist ihre Logik in folgenden „Gleichungen": „das Heil" = die „Erfüllung des Gesetzes"[38] = der Tod „des alten Menschen" = „als pneumatisches Geschehen Heilsgeschehen"[39]. Die Logik der „Gleichungen" ist zwingend, jedoch die Formalisierung Paulinischer Sätze fragwürdig, die Voraussetzung, das Heil bestehe „nach wie vor in der Erfüllung des Gesetzes"[40], m. E. falsch: Ist „die Gerechtigkeit Gottes" nicht χωρὶς νόμου offenbar geworden (Röm 3,21)? Wozu beharrt Paulus auf dem prae der Verheißung gegenüber der Thora (Röm 4,13–15; vgl. 5,20; Gal 3,17–19)? Und was die Formalisierung betrifft: Darf man das Verständnis von τὸ δικαίωμα τοῦ νόμου πληρωθῆναι ἐν ἡμῖν κτλ. Röm 8,4 *völlig* trennen vom Verständnis von τὰ δικαιώματα τοῦ νόμου φυλάσσειν 2,26? Gerade im Blick auf Röm 8,1–4 bewährt sich, was R. Bultmann zum „Problem der Ethik bei Paulus" so formuliert hat: „Ist aber das ganze Sein des Gerechtfertigten durch die χάρις bestimmt, so auch der Imperativ, unter dem er steht. … Wie … die im Imperativ sich aussprechende sittliche Forderung für ihn Gottes Gebot ist, so ist die der Forderung entsprechende Haltung des Gehorsams zugleich Gabe Gottes, gewirkt durch das πνεῦμα, ohne daß die Forderung ihren imperativischen Charakter verliert."[41] Oder heißt etwa „Wandel nach dem Geist" lediglich „Nachvollzug des Geschicks Jesu Christi, durch dessen Sendung Gott die Sünde in der Sarx verurteilt hat"[42]? Die Parallele zu Gal 5,22ff. liegt doch auf der Hand: Das Fleisch gekreuzigt haben, heißt positiv „im Geist leben" und hat zur Folge den „Imperativ": „im Geist wandeln". So entsprechen sich:

Röm 8	Gal 5
V. 5 τὰ τοῦ πνεύματος	V. 22 ὁ δὲ καρπὸς τοῦ πνεύματος κτλ.
V. 4 ἵνα τὸ δικαίωμα τοῦ νόμου πληρωθῇ	V. 23 κατὰ τῶν τοιούτων οὐκ ἔστιν νόμος.

---

[35] EKK VI, 2, 122.
[36] Römer 8 als Beispiel paulinischer Soteriologie, FRLANT 112, Göttingen 1975, 194–232.
[37] Römer 8, 233.   [38] Römer 8, 232.
[39] Römer 8, 233.   [40] Römer 8, 232.
[41] Das Problem der Ethik bei Paulus, ZNW 23, 1924, 123–140 = Exegetica, hg. v. *E. Dinkler,* Tübingen 1967, 36–54, dort 53f.
[42] *P. von der Osten-Sacken,* Römer 8, 233.

Bleibt es also, wenn P. von der Osten-Sackens Ausweg keine Lösung darstellt, dabei: *Die Thora* unter der Macht des Geistes *befreit von der Thora* unter der Macht der Sünde *zur Erfüllung der Thora*? Oder gehören Röm 7,23 und 8,2 zu jenen „Aussagen des Römerbriefes, die sich aus sachlich–inhaltlichen Gründen *nicht* auf die Sinai-Tora beziehen können"[43]?

II.

Um das Gefälle des Paulinischen Textes deutlich zu machen, schlage ich vor, ihn von einer möglichen Gegenposition her zu lesen. Solche Gegenposition bietet sich an in PsSal 9,4f. Der Mensch vor der Thora, das ist der Mensch, der frei wählt in bezug auf seine Taten und folglich in bezug auf Heil oder Verderben:

„Unser Tun geschieht nach unserer eigenen Wahl und Freiheit, Recht bzw. Unrecht zu tun mit unserer Hände Werk. Und so suchst du in deiner Gerechtigkeit die Menschen heim. Wer Recht tut, sammelt sich Leben beim Herrn, wer aber Unrecht tut, verwirkt selbst sein Leben in Verderben; denn die Gerichte des Herrn geschehen in Gerechtigkeit gegenüber Mensch und Haus."[44]

Beide Schritte dieses Textes bringt Paulus zu Fall, den vom Rechttun zum Erwerb des Lebens wie den vom Wollen zum Tun. Denn nach ihm gilt: Auch wenn ich eigentlich[45] dem Gesetz Gottes zustimme, bestimmt ein anders geartetes Gesetz das Gesetz meines Handelns: „das Gesetz der Sünde, das in meinen Gliedern herrscht" (Röm 7,22 f.). Sollte auch dieser ἕτερος νόμος die Thora sein? Ich denke, nein. Paulus kann zwar die die Sündenmacht aufdeckende Thora (Röm 3,20; 7,7.13) als „Kraft der Sünde" 1.Kor 15,56, ihr Werk am Sünder als „Dienst des Todes" 2.Kor 3,7 bezeichnen[46], aber schwerlich die Thora als „Gesetz der Sünde in meinen Gliedern" verorten (Röm 7,23) und somit als „Gesetz der Sünde und des Todes" (Röm 8,2) charakterisieren. Nicht die Thora, sondern die durch die Thora erregten sündigen Leidenschaften wirkten nach Röm 7,5 „in unseren Gliedern". Die Rede vom „Gesetz der Sünde" signalisiert somit die Unfreiheit des Willens[47]. „Recht bzw. Unrecht zu tun *mit*

---

[43] O. *Hofius,* ZThK 80, 262, Anm. 2 mit Hinweis auf W. G. Kümmel, Römer 7, 55, 61 ff.

[44] Zu Übersetzung und Interpretation s. meine Arbeit: Glaube als Gabe, 56 f.

[45] Die Rede vom „inneren Menschen" Röm 7,22 entstammt platonischer Tradition, vgl. zu Plato und Philo: *U. Duchrow,* Christenheit und Weltverantwortung, FBESG 25, Stuttgart ²1983, 61–91. „Der innere Mensch", Plato, Politeia 588 b, ist nach Philo der Mensch als Geschöpf Gottes, „der eigentliche Mensch", Philo, fug 71 f. (vgl. auch das Nebeneinander von νοῦς und „wahrer Mensch").

[46] O. *Hofius,* ZThK 80, 273: „Die διακονία des Mose kennzeichnet Paulus als διακονία τοῦ θανάτου (v. 7) und als διακονία τῆς κατακρίσεως (v. 9 a), weil das von Mose proklamierte Gesetz dem Sünder das todbringende Verdammungsurteil Gottes zuspricht."

[47] Vgl. *W. Pannenberg,* Anthropologie, 115.

unserer Hände Werk", geschieht nicht nach unserer eigenen Wahl und Freiheit. Zwischen dem Menschenbild der Psalmen Salomos und dem des Paulus liegt ein Bruch, der sich im Verständnis der Sünde zeigt.

Längst ist aufgefallen, daß „die Kennzeichnung menschlicher Existenz als ‚Fleisch'" im Sinne von „Beherrschtsein von der Sünde als Macht" in Texten aus Qumran ihre ausgeprägteste Parallele hat[48]. Kaum zufällig begegnen im Umkreis von Röm 7 eine Reihe von Entsprechungen zu qumranischen Formulierungen und Aussagen. σάρξ ἁμαρτίας Röm 8,3 entspricht בשר עול 1 QS 11,9; 1 QM 4,3; בשר אשמה 1 QM 12,12. Die Verfallenheit des „Fleisches" an die Sünde erweist sich darin, daß ich scheitere durch die in mir wohnende Sünde, s. Röm 7,17.20, vgl. 1 QS 11,12: „Und wenn ich strauchle durch die Sündenmacht des Fleisches, ..." In den „Elendsbetrachtungen" der Gemeindelieder bekennt ein überindividuelles Ich seine ausweglose Verlorenheit an Sünde und Tod[49] wie in Röm 7. (τὰ μέλη ὑμῶν) δοῦλα τῇ ἀκαθαρσίᾳ καὶ τῇ ἀνομίᾳ – δοῦλα τῇ δικαιοσύνῃ Röm 6,19 entspricht עבודת טמאה 1 QS 4,10 (vgl. auch 1 QM 13,5) – עבודת צדק 1 QS 4,9 (vgl. auch 1 QH 6,19). Befreiung von der Sünde zielt auf die „Heiligung" Röm 6,19.22, wie nach 1 QH 11,10f. Reinigung von Sünde und Heiligung zusammengehören[50]. Im gleichen Vorstellungskreis begegnet nun auch die Rede von den „Gliedern" im Zusammenhang mit „Fleisch" und „Sünde". Zu Recht hatte schon E. Schweizer festgehalten, der Begriff „Glieder" wurzele nicht in gnostischer bzw. hellenistischer Tradition[51], und auf jene jüdische Redeweise aufmerksam gemacht, wonach die sündigen Taten mit den „Gliedern" ausgeführt werden[52]. Präziser in der Verbindung von „Fleisch", Sündenmacht und „Gliedern" sind nun aber die Belege aus den Qumrantexten. So wird nach 1 QS 4,20f. Gottes eschatologisches Werk der Reinigung geschehen, להתם כול רוח עולה מתכמי בשרו „indem er allen Geist der Sündenmacht tilgt aus den Gliedern[53] seines (sc. des Menschen) Fleisches." Den Ausdruck „Glieder des Fleisches" belegen auch 1 Q 36 14,2[54] und 4 Q 511 f. 48–49 + 51, II,

---

[48] *K. G. Kuhn,* Πειρασμός – ἁμαρτία – σάρξ im Neuen Testament und die damit zusammenhängenden Vorstellungen, ZThK 49, 1952, 200–222, dort 213.

[49] *H. Lichtenberger,* Studien zum Menschenbild in Texten der Qumrangemeinde, StUNT 15, Göttingen 1980, 73–93.

[50] Vgl. dazu *H.-W. Kuhn,* Enderwartung und gegenwärtiges Heil, StUNT 4, Göttingen 1966, 84.

[51] Die Sünde in den Gliedern, in: Abraham unser Vater, FS O. Michel, AGSU 5, Leiden 1963, 437–439, dort 437. Das Gegenteil behauptet *W. Schmithals,* Anthropologie, 62f., allerdings ohne Belege anzuführen.

[52] FS O.Michel, 438: syrBar 49,3; Aboth RN 16 (5d); N^ed 32b; Midr Qoh 9,15 (45a), s. Bill. III, 94; IV, 472.

[53] Die Parallelität von „meine Gebeine" und „meine Glieder" in 1 QH 7,4 sichert die Übersetzung „Glieder", s. *G. Jeremias,* Der Lehrer der Gerechtigkeit, StUNT 2, Göttingen 1963, 228, Anm. 11.

[54] בתכמי בש[ר], s. DJD I, 139.

3 f. [55]; f. 28–29, 3 spricht gar von der „Sündenmacht in den Gliedern meines Fleisches" [56].

Der Anschauung vom „Geist der Sündenmacht" in „den Gliedern des Fleisches" 1 QS 4, 20 f. entspricht bei Paulus der Sache nach der Ausdruck „das Gesetz [57] der Sünde, das in meinen Gliedern herrscht" Röm 7, 23. Rabbinisch wird der analoge Sachverhalt dann so lauten: Wenn sich ein Mensch „zu einer Gebotserfüllung anschickt, fangen alle seine Glieder an, säumig zu werden, weil der böse Trieb in seinem Innern König ist über die 248 Glieder, die am Menschen sind" [58]. Auf solchem Hintergrund müssen wir ὁ νόμος τῆς ἁμαρτίας ὁ ὢν ἐν τοῖς μέλεσίν μου begreifen als „der Sünde bestimmende Macht, die in meinen Gliedern herrscht" [59]. Und von dieser Herrschaft mich zu *befreien,* kann nicht das Werk der Thora, sondern nur das Werk der eschatologischen Herrschaft des Lebensgeistes sein, der in Christus Jesus auf den Plan getreten ist (Röm 8, 2) [60]. Allein eine solche Aussage kann Antwort auf den „elementaren Schrei" [61] des Elenden [62] sein, der aus der Todverfallenheit seines irdischen Daseins unter der Macht der Sünde nach eschatologischer vivificatio ruft: „Wer wird mich erlösen aus diesem Todesleib?" [63]

Indes, da Paulus das befreiende Werk des Geistes nach Röm 8, 2 nicht als Totenerweckung begreift (Röm 8, 11.23 f.), muß er die καινότης πνεύματος als Dienst (7, 6), als „Frucht für die Heiligung" (6, 22), als „Wandel nach dem Geist" (8, 4), als nun allererst möglich gewordenen Gehorsam gegenüber dem in der Thora bezeugten Rechtswillen Gottes (8, 3 f. 7) interpretieren. Also wären die Aussagen des Paulus schlußendlich auch darin qumrananalog, daß er das rechtfertigende Heilshandeln Gottes am Menschen, „dessen gesamtes Sein und Verhalten von Verkehrtheit und Sünde gekennzeichnet sind", als *Befähigung zum thoragemäßen Wandel* [64]

---

[55] בְּתֹכְמִי בְּשָׂרִי, s. DJD VII, 243. Die Lesung hat mir Herr Prof. Dr. Dr. H. Stegemann mit Brief vom 20. 4. 84 nach dem ihm vorliegenden Photo (PAM 43.625) bestätigt. Für eine weitere Auswertung der Stelle, vor allem im Blick auf den Kontext, der in Z. 4 f. von אל חוק, handelt, bleibt die Rekonstruktion der Handschrift abzuwarten, die Herr Stegemann zu einem späteren Zeitpunkt vorzulegen gedenkt.

[56] וְעֹוֹלָה בתכמי בשרי, s. DJD VII, 235.

[57] Entfernt vergleichbar ist die Rede vom νόμος τοῦ Βελίαρ TestNaph 2,6 v. l. oder von αἱ ἐντολαὶ τοῦ διαβόλου Herm mand XII 4,6, beides im Ausstrahlungsbereich des Zwei-Mächte-Denkens, das die dualistischen Texte aus Qumran zu erkennen geben, s. dazu meine Arbeit: Glaube als Gabe, 223 f.

[58] Aboth RN 16 (5 d) = Bill. IV, 472.

[59] Diese Auffassung ist sprachlich möglich, vgl. die Belege zum Gesetz als gebietender Macht bzw. als Herrschaft: *H. M. Kleinknecht,* ThW IV, 1018, 15–18; 1024, 3–15.

[60] *E. Käsemann,* HNT 8 a, 205: „Das Gesetz des Geistes ist nichts anderes als der Geist selbst nach seiner Herrschaftsfunktion im Bereich Christi."

[61] *E. Jüngel (– D. Rössler),* Gefangenes Ich, 8.

[62] Zu ταλαίπωρος vgl. EWNT III, 795; *Chr. Burchard,* Joseph und Aseneth, JSHRZ II, 4, 644.

[63] Vgl. JosAs 27, 10, s. *Chr. Burchard,* JSHRZ II, 4, 716 f.

[64] So für Qumran *H. Lichtenberger,* Menschenbild, 92.

versteht? Nein, die formale Analogie wird durchkreuzt von der Christologie; zwischen dem Thoraverständnis Qumrans und dem des Paulus steht der gekreuzigte (Röm 8,3) und durch den Geist von den Toten erweckte Christus (8,11). An Christus hat die Thora ihr Todesurteil über „die Sünde im Fleisch" vollstreckt, darum steht „die Erfüllung der Rechtsforderung der Thora unter denen, die nach dem Geist wandeln", nicht mehr wie in Qumran im Zeichen der Sühne[65]. Die äonenwendende Heilstat Gottes in Christus[66] definiert das Verhältnis von Röm 7 zu Röm 8 zu einem Verhältnis von einst und jetzt im Sinne des Herrschaftswechsels von Röm 6,12–23. Anders in den entsprechenden Texten aus Qumran: „Niedrigkeits- und Heilsaussagen beziehen sich ... nicht auf ein Nacheinander in dem Sinne, als beschrieben die Niedrigkeitsbekenntnisse die vergangene sündige Existenz, der die Heilsaussagen als Ausdruck einer neuen sündlosen Existenz gegenübergestellt wären."[67] Die „Erfüllung der Rechtsforderung der Thora" geschieht nicht wie in Qumran sub lege im Sinne von Vollkommenheit „in allem, was aus der ganzen Thora offenbart ist"[68], sondern im Freispruch von der Thora im Zeichen der eschatologischen Freiheit des Geistes. Paulus spricht ja in Röm 8,4 nicht von der Erfüllung „aller Gebote" der Thora (vgl. Gal 3,10). Wenn der Ausdruck τὸ δικαίωμα τοῦ νόμου ohne interpretierenden Zusatz verständlich und eindeutig sein soll, dann muß er es aus dem Kontext sein, d.h., wir werden ihn mit W. Schmithals streng auf den Bogen von Röm 7,7 zu Röm 8,7 beziehen müssen[69]: Kommt es „durch das Gesetz zur Erkenntnis der Sünde, indem das Gesetz den Widerspruch der Begierde zum Gotteswillen und damit zur Bestimmung des Menschen aufdeckt"[70], bedeutet die Gabe ἵνα τὸ δικαίωμα τοῦ νόμου πληρωθῇ ἐν ἡμῖν κτλ., sich in seiner Bestimmung als Geschöpf annehmen, nicht mehr begehren müssen, ohne bzw. gegen den Schöpfer das Leben gewinnen zu wollen. Der in Christus Jesus durch den Geist zu seiner Identität als Geschöpf Gottes erneuerte Mensch ist befreit von der sein Dasein als „Fleisch" bestimmenden Feindschaft gegen Gott, so daß er entgegen der alten Situation (Röm 7,10) „das geistliche Gesetz" im „Wandel nach dem Geist" als „Gebot zum Leben" in der Identität seines Menschseins erfährt. Von daher ergibt sich als Thema von Röm 7: Der Mensch im Widerspruch zur Bestimmung seines Menschseins als Geschöpf Gottes[71].

Dr. Roland Bergmeier, Ruländerweg 35, 7504 Weingarten

---

[65] *H. Lichtenberger,* Menschenbild, 211f.
[66] *P. Stuhlmacher,* Erwägungen zum ontologischen Charakter der καινὴ κτίσις bei Paulus, EvTh 27, 1967, 1–35, dort 5, 8.
[67] *H. Lichtenberger,* Menschenbild, 93.
[68] 1 QS 8,1f., vgl. *H. Lichtenberger,* Menschenbild, 200–212.
[69] Anthropologie, 101f.
[70] *W. Pannenberg,* Anthropologie, 133.
[71] Vgl. dazu *W. Pannenberg,* Anthropologie, 133.

3. ΤΕΤΕΛΕΣΤΑΙ Joh 19,30

Als charakteristisch für E. Käsemanns Einschätzung der johanneischen Christologie kann gelten:»Der durch die Erde als ein Fremder ging, nämlich als der vom Vater Gesandte, und durch den Tod unangefochten und jubelnd geht, weil er in das Reich der Freiheit zurückgerufen wird, hat ganz einfach seine Sendung erfüllt, wie sein letztes Wort am Kreuz anzeigt. Weder Inkarnation noch Passion haben hier jene Akzente und Inhalte, welche man der gängigen kirchlichen Tradition entnahm. Sie markieren nicht eine Veränderung Christi nach seinem Wesen, sondern als ›Kommen und Gehen‹, ›Hinabsteigen und Auffahren‹ den Wechsel des Raumes und damit der Reichweite seiner Manifestation.«[1] Nun kann man sich, mit E. Haenchen zu sprechen, von E. Käsemann wohl auf das Problem des geschichtlichen Wandels des Passionsbildes aufmerksam machen lassen − »es entwickelt sich von Mk über Lk bis zu Johannes in der Weise, daß die Hoheit immer mehr im Vordergrund steht«[2] −, aber man darf dabei nicht vernachlässigen, auch den *Zusammenhang* mit der synoptischen Überlieferung zu würdigen, will man das Johanneische nicht wie eine Trockenblume, sondern wie eine lebendige Pflanze betrachten, die ja nicht ohne ihre Wurzeln lebt. So ist nach Joh 12 27 die bevorstehende Passion Jesu nicht nur die Stunde seiner Verherrlichung (12 23.28), der er gar »jubelnd« entgegensieht, sondern in deutlicher Erinnerung an Mk 14 34 par. Mt zugleich die Stunde seiner Erschütterung, die ὥρα (Mk 14 35 Joh 12 27), deren Sinn (εἰς τοῦτο) es ist, »daß Jesus sie erfährt und annimmt, sich ihr nicht entzieht und aus ihr ›retten‹ läßt.«[3] »Soll ich den Kelch nicht trinken, den mir der Vater gegeben hat?« sagt der johanneische Jesus 18 11c − wieder in deutlichem Anklang an die Gethsemaneperikope, vgl. Mk 14 36 par. −, nicht »weil so abschließend der, der von Anfang an alles inszenierte, auch das letzte Wort behielt«[4], sondern weil die Hingabe seines Lebens zum Auftrag gehört, den er von seinem Vater erhalten hat 10 18. Denn wie nach Mk 14 36 par. geschieht Jesu Passion nach Gottes Willen: Dem Hinweis auf den Vater, der ihm den Kelch »gegeben hat«, vor der Verhaftung 18 12 entspricht vor der Aburteilung 19 16 der

---

[1] Jesu letzter Wille nach Johannes 17, Tübingen [4]1980, 48 f. − J. Becker, Das Evangelium nach Johannes, ÖTK 4/1, [2]1985; ÖTK 4/2, [2]1984, hat sich E. Käsemanns Einschätzung weitgehend angeschlossen, vgl. ÖTK 4/2, 401−407, Exkurs 8: »Die Deutung des Todes Jesu im Joh«.

[2] Das Johannesevangelium, hg. v. U. Busse, Tübingen 1980, 559.

[3] R. Schnackenburg, Das Johannesevangelium, HThK 4/2, [4]1985, 485. Zur Analyse von 12 27 im Vergleich mit Mk 14 34 vgl. 484 f.

[4] So J. Becker, ÖTK 4/2 (Anm. 1) 544.

Hinweis darauf, daß Pilatus keine Macht über ihn hätte, »wenn es ihm nicht von oben gegeben wäre« 19 11. So wird man neben E. Käsemanns Problemanzeige auch R. E. Browns Leitsatz beherzigen müssen: »Throughout the commentary we shall caution against exaggerating the differences between John and the Synoptics in their portraits of Jesus, and shall try to show that even the most characteristically Johannine elements have some parallel in the Synoptic tradition.«[5] Gerade im Blick auf das letzte Wort des johanneischen Jesus am Kreuz erweist sich die Notwendigkeit solchen Vorgehens.

Wer indes Joh 19 28.30 auszulegen hat, sieht sich vor eine Reihe von Schwierigkeiten gestellt. 1. Zunächst ist philologisch zu präzisieren, daß τελέω im Johannesevangelium nur 19 28.30 eben in der Form τετέλεσται vorkommt[6]. Man kann also nicht einfach mit J. Becker sagen: »Es ist ein Wort, das ebenso für das Verhalten von Vater und Sohn Bedeutung hat: Die Aussage, wie der Vater dem Sohn zu tun befohlen hat, so vollbringt Jesus das Werk (14,31), wird mit diesem (im Griechischen) einen Wort aufgenommen.«[7] 2. Wie haben wir zu übersetzen? »Es ist zu Ende gebracht«, nämlich, so R. Bultmann, das Werk, das der Vater dem Sohn aufgetragen hat, und dies ausdrücklich so, daß Lk 18 31 καὶ τελεσθήσεται πάντα τὰ γεγραμμένα »keine Analogie« ist[8]? Oder hat man gerade den Gebrauch von τελεῖν / τελεῖσθαι an Stellen wie Lk 18 31 22 37 Apg 13 29 als lukanisch-johanneische Gemeinsamkeit zu würdigen[9] und dann Joh 19 28.30 mit W. Grundmann auf »die Vollendung in der Passion« zu beziehen[10] oder aber konsequent nach dem lukanischen Sprachgebrauch auf die *Verwirklichung* dessen, was im Alten Testament »über den Ausgang Jesu« offenbart ist[11], weil johanneisch ja beides, das dem Sohn aufgetragene Werk »and the plan of Scripture«, vom Vater kommt[12]? 3. Unklar erscheint die syntaktische Beziehung des ἵνα-Satzes in Joh 19 28 ἵνα τελειωθῇ ἡ γραφή. Leitet er, wie heute meist angenommen wird[13], den wahrscheinlich an Ps 69(68) 22 erinnernden Ausruf Jesu ein[14], ist also zu beziehen auf λέγει· διψῶ, oder ist er abhängig von dem vorhergehenden ὅτι-Satz[15], so daß er das ἤδη πάντα τετέλεσται expliziert?

[5] The Gospel according to John, AncB 29, 1966, LII.
[6] H. Hübner, Art. τελέω, EWNT III, 1983, 831.
[7] ÖTK 4/2 (Anm. 1) 594.
[8] Das Evangelium des Johannes, KEK 2, ²¹1986, 522 Anm. 2.
[9] W. Grundmann, Das Evangelium nach Lukas, ThHK 3, ⁶1971, 355; vgl. J. Schniewind, Die Parallelperikopen bei Lukas und Johannes, Hildesheim ²1958, 83 Anm. 3.
[10] Der Zeuge der Wahrheit, Berlin 1985, 79. Auf die Vollendung von Jesu Werk bzw. Sendung beziehen τ. A. Dauer, Die Passionsgeschichte im Johannesevangelium, StANT 30, 1972, 210; W. Thüsing, Die Erhöhung und Verherrlichung Jesu im Johannesevangelium, NTA 21, ³1979, 64–69; J. P. Miranda, Die Sendung Jesu im vierten Evangelium, SBS 87, 1977, 20; R. Schnackenburg, HThK 4/3, ⁵1986 (vgl. Anm. 3) 329.332.
[11] G. Delling, Art. τελέω, ThWNT VIII, 1969, 60 f.
[12] R. E. Brown, AncB 29a, 1970 (vgl. Anm. 5) 929.
[13] Vgl. u. a. F. Blaß/A. Debrunner, Grammatik des neutestamentlichen Griechisch, bearb. v. F. Rehkopf, Göttingen ¹⁶1984, § 478; G. Delling, Art. τελειόω, a. a. O. (Anm. 11) 83 mit Anm. 16; A. Dauer, Passionsgeschichte (Anm. 10) 201.
[14] R. Schnackenburg, HThK 4/3 (Anm. 10) 330.
[15] F. Smend, Die Behandlung alttestamentlicher Zitate als Ausgangspunkt der Quellenscheidung im 4. Evangelium, ZNW 24, 1925, 147–150, dort 149 (F. Smend konnte noch formulieren: »Mit der überwiegenden Zahl der Ausleger möchte ich den

4. In welchen Deutungshorizont ist Jesu letztes Wort einzuordnen? Trifft J. Beckers pointiertes Urteil zu:»Das letzte Wort Jesu eröffnet nicht biblische Horizonte, ..., sondern hat seinen Bedeutungsradius in der Gesandtenchristologie von E«[16]? Oder haben wir streng nach dem literarischen Spannungsbogen von 18 4 nach 19 28 zu interpretieren, den der Evangelist selbst gesetzt hat? Dann wäre mit R. Schnackenburg zu formulieren:»Dem vorausschauenden Wissen Jesu zu Beginn der Passion entspricht am Ende sein Wissen, daß πάντα τετέλεσται (19,28)!«[17] Nach den Konsequenzen für das theologische Gesamtverständnis der Passion wie auch der Gesandtenchristologie wäre allererst noch zu fragen.

1.1 Von der Terminologie der johanneischen Gesandtenchristologie her (4 34 5 36 17 4)[18] wäre in Joh 19 28.30 τετελείωται zu erwarten. Warum, so muß man fragen[19], führt der Evangelist an so exponierter Stelle die terminologische Abwandlung τετέλεσται ein, zumal τελέω nicht zu seinem Sprachgebrauch gehört? Den analogen Fall bietet das gleichfalls singuläre ἵνα τελειωθῇ ἡ γραφή. Die üblichen Sprachfiguren im vierten Evangelium lauten: ἵνα ἡ γραφὴ πληρωθῇ 13 18 ∼ 17 12 19 24.36 bzw. ἵνα ὁ λόγος ... πληρωθῇ 12 38, ἵνα πληρωθῇ ὁ λόγος κτλ. 15 25, und zwar jeweils verwendet als ausdrückliche Zitateinleitung, so daß ἡ γραφή die je herangezogene Schriftstelle bedeutet[20]. Es sieht demnach so aus, als hingen beide terminologischen Besonderheiten mit dem Stoff zusammen, den der Evangelist zur Sprache bringt. So ist denn, was ἵνα τελειωθῇ ἡ γραφή betrifft, mit guten Gründen vermutet worden, daß der Schriftverweis auf die Quelle des johanneischen Passionsberichts zurückzuführen ist[21]. Was τετέλεσται angeht, werden wir analog auf Herkunft aus dem Passionskerygma schließen dürfen.

2.1 Schon die alte christologische Formel, die Paulus 1 Kor 15 3–5 aus der judenchristlichen Gemeindetradition übernahm, hält fest,

»daß Christus gestorben ist für unsere Sünden nach den Schriften

...

und daß er auferweckt ist am dritten Tage nach den Schriften

...«

Auffällig ist die Allgemeinheit des Schriftbezugs, auch wenn an bestimmte Stellen, Jes 53 und Hos 6 2, gedacht sein dürfte[22]. Die Bedeutung solchen Schriftbezugs im frühen Christentum erhellt aus der Vielfalt der Formeln, die sich, das alte Kerygma weiterent-

---

Finalsatz vielmehr von dem vorhergehenden, mit ὅτι eingeleiteten Satz abhängig machen«); G. Richter, Studien zum Johannesevangelium, hg. v. J. Hainz, BU 13, 1977, 60.
16 ÖTK 4/2 (Anm. 1) 595.
17 HThK 4/3 (Anm. 10) 252.
18 J.-A. Bühner, Der Gesandte und sein Weg im 4. Evangelium, WUNT 2/2, 1977, 202 f.
19 W. Rothfuchs, Die Erfüllungszitate des Matthäus-Evangeliums, BWANT 88, 1969, 153 Anm. 2.
20 W. Rothfuchs, Erfüllungszitate, 152 f.
21 A. Dauer, Passionsgeschichte (Anm. 10) 205; R. Schnackenburg, HThK 4/3 (Anm. 10) 330.
22 H. Conzelmann, Der erste Brief an die Korinther, KEK 5, ²1981, 301.305−312.

wickelnd, in der synoptischen Überlieferung niedergeschlagen hat: Mk 8 31 par. (δεῖ) — 9 12 14 21 par. Mt Lk 24 46 (γέγραπται) — Mk 14 49 par. Mt (ἵνα πληρωθῶσιν αἱ γραφαί) Lk 18 31 (τελεσθήσεται πάντα τὰ γεγραμμένα διὰ τῶν προφητῶν) — Mk 10 32 Mt 17 12.22 Lk 9 44 (μέλλειν), dazu im Mt-Sondergut 26 54 (πῶς οὖν πληρωθῶσιν αἱ γραφαὶ ὅτι οὕτως δεῖ γενέσθαι;) und im Lk-Sondergut 17 25 24 7.26 (δεῖ) 9 31 (ἤμελλεν πληροῦν) 24 44 (δεῖ πληρωθῆναι πάντα τὰ γεγραμμένα κτλ.), vgl. noch 22 22 24 25.27.32.45[23]. Auch das vierte Evangelium schöpft aus dieser Überlieferung[24]. Die beiden Grundaussagen der sog. Leidensweissagungen begegnen Joh 3 14 12 34 einerseits und 2 19 – 22 20 9 andererseits. Traditionelle Elemente sind: das δεῖ des göttlichen Ratschlusses 3 14 12 34 20 9, die Rede vom Menschensohn 3 14 12 34, der Bezug auf die Schrift 3 14 12 34, in 2 22 20 9 in der typischen Allgemeinheit, das Motiv des Jüngerunverständnisses 20 9. Und schließlich entsprechen sich der Sache nach τὰ μέλλοντα αὐτῷ συμβαίνειν Mk 10 32 und πάντα τὰ ἐρχόμενα ἐπ'αὐτόν Joh 18 4.

Der Allgemeinheit des Schriftbezugs, von der wir ausgegangen waren, korrespondieren bei Mt und Lk zugleich generalisierende und zusammenfassende Formeln, so Mt 26 56 τοῦτο δὲ ὅλον γέγονεν ἵνα πληρωθῶσιν αἱ γραφαὶ τῶν προφητῶν, Lk 18 31 καὶ τελεσθήσεται πάντα τὰ γεγραμμένα διὰ τῶν προφητῶν τῷ υἱῷ τοῦ ἀνθρώπου, Apg 13 29 — vgl. zuvor v. 27 — ὡς δὲ ἐτέλεσαν πάντα τὰ περὶ αὐτοῦ γεγραμμένα. Andererseits wird in Lk 22 37 die Verwirklichung der Weissagung aus Jes 53 12 ausgedrückt mit den Worten ὅτι τοῦτο τὸ γεγραμμένον δεῖ τελεσθῆναι ἐν ἐμοί. In ähnlicher Verwendung begegnet τελεῖσθαι auch Barn 7 3 im Blick auf die Realisierung des Typos, der an Isaak, der auf dem Altar dargebracht wurde, geschehen war. Offensichtlich bedeutet τελεῖν / τελεῖσθαι im aufgezeigten Zusammenhang: im Geschehen der Passion Jesu verwirklicht sich, was im Alten Testament, christologisch gelesen (vgl. Lk 18 31 24 27.44 Apg 13 29 Joh 5 39.46), niedergelegt war. Das ist eindeutig der gleiche Sprachgebrauch wie in Joh 19 28.30, zumal 19 28 auch das umfassende πάντα und der Hinweis auf die Schrifterfüllung begegnen[25].

3.1 Nach den bisherigen Ausführungen steht zu erwarten, daß der ὅτι-Satz und der ἵνα-Satz in Joh 19 28 sachlich und daher auch syntaktisch zusammengehören. Läßt sich das erhärten? In der Tat bietet der Text des Evangeliums noch zwei Parallelen, die die Entscheidung erleichtern.

Joh 19 28	6 15	13 1
... εἰδὼς ὁ Ἰησοῦς	Ἰησοῦς οὖν *γνοὺς*	... εἰδὼς ὁ Ἰησοῦς
ὅτι ἤδη πάντα	ὅτι μέλλουσιν ἔρχεσθαι	ὅτι ἦλθεν αὐτοῦ ἡ ὥρα
τετέλεσται	καὶ ἁρπάζειν αὐτὸν	
ἵνα τελειωθῇ	ἵνα ποιήσωσιν	ἵνα μεταβῇ ἐκ τοῦ κόσμου
ἡ γραφή	βασιλέα	τούτου πρὸς τὸν πατέρα

---

[23] Zusammenstellung in Anlehnung an J. Jeremias, Art. παῖς θεοῦ, ThWNT V, 1954, 704 Anm. 405.

[24] W. Thüsing, Erhöhung (Anm. 10) 11; R. Schnackenburg, HThK 4/1, ⁶1986 (vgl. Anm. 3) 407; U. B. Müller, Die Bedeutung des Kreuzestodes Jesu im Johannesevangelium, KuD 21, 1975, 49 – 71, dort 56.

[25] Zutreffend hebt J. Beutler, Die Heilsbedeutung des Todes Jesu im Johannesevangelium nach Joh 13,1 – 20, in: Der Tod Jesu. Deutungen im Neuen Testament, hg. v. K. Kertelge, QD 74, 1976, 188 – 204, dort 194, hervor: »Auch der johanneische Passionsbericht sieht im Leiden und Sterben Jesu die *Erfüllung der Schrift* und damit des göttlichen Heilsratschlusses.«

Alle drei Stellen sind redaktionelle Figuren von der Hand des Evangelisten, durch die
er jeweils seine Quelle bzw. Tradition kommentiert. 13 1 stellt die folgende Fußwaschung
in den Horizont des Todes Jesu[26], 6 15 markiert die Kritik am mißverstandenen Wunder
der Brotvermehrung[27], 19 28 deutet das Geschehen des Passionsberichts[28] und bereitet
auf das bevorstehende τετέλεσται 19 30 vor. Wie man leicht sieht, sind alle drei Beispiele
syntaktisch so parallel strukturiert, daß es keine Frage mehr sein sollte, wie der ἵνα-
Satz in 19 28 zu beziehen ist: »Danach, da Jesus (voraus)wußte, daß nunmehr alles
verwirklicht war, damit die Schrift in Erfüllung ging, sagte er: Ich habe Durst.« Jetzt,
mit dem Ruf Jesu: »Ich habe Durst!« und dem Darreichen des Essigwassers, einem
Geschehen, das schon die Quelle als Schrifterfüllung nach Ps 69(68) 22 gestaltet hatte,
jetzt, so will der Evangelist sagen, wenn auch dies noch geschehen ist, ist das *Ganze* der
Passion, auf das Jesus 18 4 vorausgeblickt hatte, realisiert, weil nunmehr alles, was zur
Schrifterfüllung nötig war, verwirklicht ist.

4.1 Schon bei den Synoptikern gehören die sog. Leidensweissagungen in den
Motivkreis vom prophetischen »Vorauswissen« Jesu[29], und auch dieses Motiv teilt der
vierte Evangelist mit den synoptischen Evangelien, wenn er es auch noch stärker und
expliziter verwendet als diese (vgl. 13 19 14 29). Er setzt es betont in 13 1 und rahmt dann
speziell die eigentliche Passionsdarstellung durch 18 4 und 19 28: »Wie am Anfang der
Passion gesagt wird, daß Jesus *alles weiß*, was über ihn kommen wird, so am Ende, daß
er *weiß*, daß *alles* erfüllt ist. So bilden die beiden εἰδώς-Sätze eine Inklusion, die die
Passionserzählung zusammenhält.«[30] Das Vorauswissen Jesu markiert Anfang und Ende,
betrifft also das Ganze der Passion. Und damit hat der Evangelist auch den Sinn von
τετέλεσται 19 30 eindeutig präzisiert: »Es ist verwirklicht«, nämlich dieses Ganze der
Passion, das als Gottes Plan in der Schrift vorgezeichnet war und sich im Leiden und
Sterben Jesu erfüllen und realisieren mußte. Wir werden also nicht fehlgehen in der
Annahme, daß die das Kerygma entfaltenden Formeln der synoptischen Überlieferung,
von denen unter 2.1 die Rede war, die traditionsgeschichtliche Wurzel dessen ausmachen,
was das vierte Evangelium inhaltlich als Sendungsauftrag begreift, den der Sohn vom
Vater empfangen hat (10 18). Wie schon jene Formeln bis zurück zum ältesten Kerygma
mit Hilfe des Schriftbeweises den Nachweis führen, daß der Kreuzestod gottgewollt
war[31], so sehen wir ja auch den vierten Evangelisten noch mit dem typisch jüdischen
Einwand gegen die Messianität Jesu (12 34) befaßt, wie G. Richter herausgestellt hat:
Ohne die »Hingabe in den Kreuzestod wäre der Sendungsauftrag, den Jesus vom Vater
erhalten hat, nicht erfüllt ... gewesen. Ohne den Kreuzestod wäre also Jesus gar nicht
der Messias, der Heilbringer. Darum ist die Passion und besonders der Kreuzestod die
Erfüllung seiner messianischen Sendung, ›seine Stunde‹, auf die im vierten Evangelium
das ganze Wirken Jesu von Anfang an ausgerichtet ist.«[32]

---

26 R. Schnackenburg, HThK 4/3 (Anm. 10) 7–17; J. Beutler, Heilsbedeutung,
194–202.

27 J. Becker, ÖTK 4/1 (Anm. 1) 189–194.

28 A. Dauer, Passionsgeschichte (Anm. 10) 201–205.

29 Vgl. dazu G. Friedrich, Art. προφήτης κτλ., ThWNT VI, 1959, 846.

30 A. Dauer, Passionsgeschichte (Anm. 10) 202.

31 J. Jeremias, a. a. O. (Anm. 23) 706 f.; A. Dauer, Passionsgeschichte, 231 f.

32 Studien (Anm. 15) 62.

4.2 Wer so von der Notwendigkeit der Passion Jesu spricht, wie es der vierte Evangelist 18 4 19 28.30 zufolge tut, hat damit wohl mehr im Sinn, als den Passionsbericht, so J. Becker, »als integralen Teil des Geschicks des Gesandten« in sein Evangelium einzuordnen[33] oder den Tod Jesu nur als notwendigen »Durchgang«, d. h. »als Austritt aus der Welt« bzw. »als Fortgehen zum Vater« zu deuten, weil alles an diesem Ziel und – entgegen 12 33 – »nichts an der Art des Todes als solchem« liege[34]. Tatsächlich hat auch für den vierten Evangelisten der Tod Jesu Heilsbedeutung, gehört, wie J. Becker anderenorts selbst ausführt, der Tod Jesu »zu seinem Heilswerk«[35], ist die Kreuzigung »Heil für den Glauben«[36]. Im übrigen resultiert J. Beckers Gesamtdeutung aus der Art, wie er die literarkritische Methode handhabt. Betreibt man Literarkritik bei der Auslegung der johanneischen Texte nicht zu dem Zweck, bestimmte Auffassungen aus der Theologie des Evangelisten herauszufiltern[37], sondern lediglich dazu, anderweitig nicht lösbare literarische Spannungen im Text einer wahrscheinlichen Lösung zuzuführen, ersetzt man also nicht Interpretation durch literarkritische Operation, wird leicht erkennbar, daß die soteriologische Deutung des Sterbens Jesu, die der Deutung der Passion durch 18 4 19 28.30 entspricht, auch vom vierten Evangelisten weitergetragen wird. Hier ist vor allem auf »die Wendung τιθέναι τὴν ψυχήν (J 10,11.15.17.18)« hinzuweisen; »sie erinnert an Js 53,10 (hbr); 53,12 (aram) u ist, wie der Vergleich mit Mk 10,45 Par (διδόναι τὴν ψυχήν) u die ὑπέρ-Formel zeigen, traditionell.«[38] Die typisch johanneische Neuinterpretation der Tradition 10 17f., daß Jesus aus der Einheit des Sohnes mit dem Vater »in Freiheit sein Leben hingibt und es in Vollmacht wieder an sich nimmt«[39], eliminiert nicht die Heilsbedeutung der Lebenshingabe, sondern bekräftigt sie: Das durch die Lebenshingabe gesetzte Verhältnis der Glaubenden zu Jesus ist das ewige Leben; »niemand kann sie Jesus entreißen, da niemand sie Gott entreißen kann; er und der Vater sind ja eins«[40] 10 28–30.

Die Heilsbedeutung des Sterbens Jesu akzentuieren sodann übereinstimmend als eschatologische Sammlung der Heilsgemeinde die Texte Joh 10 15f. 11 51f. 12 20–33. In

---

[33] ÖTK 4/2 (Anm. 1) 538.

[34] J. Becker, ÖTK 4/2, 405.

[35] ÖTK 4/1, 126.

[36] ÖTK 4/2, 538.

[37] J. Becker ist bestrebt, den prädestinatianischen Einschlag des johanneischen Dualismus, was den Evangelisten betrifft, zu minimalisieren (ÖTK 4/1, 151); dem entspricht die Zuweisung von 10 1–18.26–29 zur »Kirchlichen Redaktion«, vgl. 311 f. Dabei entsteht dann die aparte Konstruktion, daß 10 16 als Nachtrag der »Kirchlichen Redaktion« im Nachtrag der »Kirchlichen Redaktion« bestimmt wird. Auf der gleichen Linie liegt, daß J. Becker unterschiedslos *alle* Stellen, die den Tod Jesu als Heilstod deuten (1 29 6 51c 10 11.15 11 51f. 12 24–26 15 13 17 19), der Redaktion zuweist (ÖTK 4/2, 399 f.407). Nun wird man, um ein Beispiel herauszugreifen, feststellen müssen, daß die Abtrennung 10 30 von 10 28f. willkürlich ist, daß 10 26f. genau 8 47 entspricht, daß σχίσμα ἐγένετο Polarisierung aufgrund *christologischer* Aussage signalisiert, so 7 43 bezogen auf 7 40–42, 9 16d bezogen auf 9 16a–c, 10 19 bezogen auf 10 17f.

[38] J. Jeremias, a. a. O. (Anm. 23) 705/36 ff.

[39] R. Schnackenburg, HThK 4/2 (Anm. 3) 380.

[40] R. Bultmann, KEK 2 (Anm. 8) 294.

10 15 11 51 f. begegnet wieder die traditionelle ὑπέρ-Formel, dem δεῖ von 10 16 entspricht das ἔμελλεν — ἵνα von 11 51 f. Beide Texte verdeutlichen: Die verheißene endzeitliche Sammlung des zerstreuten Gottesvolks geht durch das Sterben Jesu in Erfüllung[41]. Den eschatologischen Horizont eröffnet der Abschnitt 12 20–33 durch Einführung des apokalyptischen Vorstellungsguts in V. 31 (vgl. 14 30): Jetzt, in der bevorstehenden Stunde der Passion (V. 27), geschieht Weltgericht und Entmachtung des Teufels, und in ebendiesem Zusammenhang ist die Rede von der Verherrlichung (V. 23.28) und von der Erhöhung Jesu am Kreuz, in deren Folge er alle an sich ziehen wird (V. 32). Man verbaut sich ja das Verstehen des johanneischen Textes, wenn man das vielschichtige ὑψωθῆναι[42] nicht grundlegend auf die Erhöhung am Kreuz bezieht[43]. Joh 12 33 wird diese Präzisierung zu V. 32 ausdrücklich gegeben, und in 8 28 deutet die Erhöhung Jesu als Tat der Juden darauf hin,»daß die Erhöhung hier speziell die Kreuzigung Jesu meint«[44]. Spricht der Evangelist 3 14 f. wie auch 12 34»von der heilsentscheidenden Notwendigkeit der Erhöhung Jesu«, dann nicht, weil das Heilsinteresse»anscheinend nicht am Leiden und damit am Kreuz Jesu, sondern an seiner Erhöhung« hängt[45], sondern weil ὑψωθῆναι entsprechend der genuin christlichen Typologie 3 14[46] immer schon soteriologische Erschließung des Kreuzestodes Jesu impliziert[47]. Wohl blendet der Evangelist den *erniedrigenden* Charakter des Leidens aus, geht aber»speziell von der Kreuzigung als einem äußeren Erhöhen aus (12,32; vgl. 3,14) und versteht es in einem übertragenen theologischen Sinn, um zu sagen: die Passion Jesu, genauer das Kreuz, ist schon Jesu ὑψωθῆναι und gehört entsprechend zu seinem δοξασθῆναι.«[48] Denn indem Jesus die Stunde seiner Passion annimmt und besteht (12 27), geschieht seine und des Vaters Verherrlichung (12 23.28 13 31 f.)[49]. Und in welchem Sinn? Offensichtlich wird durch»das sorgsam gewählte Bild vom Weizenkorn« 12 24[50] eben der soteriologische Sinn von Jesu Erhöhung und Verherrlichung präzisiert:»Jesu δοξασθῆναι ist nicht ein mythischer Vorgang, der ihn allein beträfe, sondern ein heilsgeschichtliches Ereignis: zu seiner δόξα gehört

---

[41] Vgl. dazu meine Arbeit: Glaube als Gabe nach Johannes, BWANT 112, 1980, 26 f.

[42] H.-W. Kuhn, Jesus als Gekreuzigter in der frühchristlichen Verkündigung bis zur Mitte des 2. Jahrhunderts, ZThK 72, 1975, 1—46, dort 24 f.

[43] So mit W. Thüsing, Erhöhung (Anm. 10) 12.15.23 u. ö., gegen U. B. Müller, KuD 21 (Anm. 24) 56—61.

[44] J. Becker, ÖTK 4/1 (Anm. 1) 296.

[45] U. B. Müller, KuD 21 (Anm. 24) 56.

[46] Vgl. dazu R. Schnackenburg, HThK 4/1 (Anm. 24) 408. Wäre auf jüdische Verwendung der Schriftstelle Bezug genommen, würde der Evangelist formuliert haben:»Wahrlich, wahrlich ich sage euch: Nicht Mose hat erhöht ... Eure Väter haben in der Wüste auf die erhöhte Schlange geschaut und sind gestorben, ...«, vgl. 6 32.49.

[47] W. Thüsing, Erlösung (Anm. 10) 15.31—33. A. Schlatter, Der Evangelist Johannes, Stuttgart ³1960, 272 zu 12 32:»Der Spruch gibt der Gewißheit Jesu über die Heilsmacht seines Todes einen besonders kraftvollen Ausdruck.«

[48] H.-W. Kuhn, ZThK 72 (Anm. 42) 25.

[49] Vgl. H. Hegermann, Art. δόξα, EWNT I, 1980, 840.842 f.

[50] Mit R. Schnackenburg, HThK 4/2 (Anm. 3) 477 f., ist der ganze Abschnitt 12 20–36 als Werk des Evangelisten zu interpretieren, gegen J. Becker, ÖTK 4/2 (Anm. 1) 382 f.399 ff.

die Sammlung seiner Gemeinde.«[51] Die Frucht seines Todes ist Leben, Heil für die Glaubenden[52]. So begreift das »Ziehen« Joh 12 32 »die Sammlung der Heilsgemeinde in sich, von der schon 10,16 11,52 die Rede war«[53].

4.3 Nicht die Heilsbedeutung von Kreuz und Leiden wird vom vierten Evangelisten ausgeblendet, sondern der Charakter der Erniedrigung (Phil 2 8), der Schmach und Schande (Hebr 12 2 13 13), der Schwachheit (2 Kor 13 4) und des Fluchs (Gal 3 13)[54] zumal. Eben weil der Heilssinn des Kreuzestodes beherrschend im Vordergrund steht, ist die Darstellung der Passion schon überblendet vom Ostersieg, ergeht die Rede vom Gekreuzigtwerden als ὑψωθῆναι und δοξασθῆναι. Das Kreuz *als Widerlegung* der Sendung Jesu überwindend, beschreitet der vierte Evangelist den Weg seiner grundlegenden »Neuinterpretation des Grundkerygmas von Tod und Auferstehung Jesu«[55]. Denn ewiges Leben kann Jesu Sterben ja nur eröffnen, wenn der, der »dahingeht« (ὑπάγειν Mk 14 21par. Mt; πορεύεσθαι Lk 22 22), auch tatsächlich ankommt bei Gott (Joh 7 33 14 12.28)[56]. Anders gesagt: Die Vollmacht der Hingabe seines Lebens mit dem Ziel, es wieder an sich zu nehmen, gründet im Sendungsauftrag, den der Sohn vom Vater erhalten hat (10 18, vgl. 14 31). So hatte seine ἐξουσία schon die Perikope zum ersten Passah gedeutet (2 13–22): »Brecht diesen Tempel ab, dann will ich ihn in drei Tagen wieder aufrichten. – Er meinte aber den Tempel seines Leibes« 2 19.21. Vordergründig betreiben die Juden den gewaltsamen Tod Jesu (5 16.18 7 1.19.25.30 8 28.37.40 11 50.53 18 30.35 19 11b), hintergründig der Teufel, dessen Handlanger sie sind (8 38b.44), tatsächlich aber nimmt Jesus in der Vollmacht des Gesandten das ihm vom Vater bestimmte Leiden und Sterben auf sich, um so den Teufel zu entmachten und ewiges Leben zu eröffnen denen, die an ihn glauben.

So ist auch im vierten Evangelium Jesu Passion Heilsgeschehen, in der Schrift als Wille Gottes vorausbestimmt und durch Jesu letztes Wort am Kreuze besiegelt: »Es ist verwirklicht!« Denn in der Tat, liest der Glaube »die Schriften« gemäß ältestem christlichen Kerygma im Licht von Kreuz und Auferstehung Jesu, findet er darin »ewiges Leben«, denn sie bezeugen den, der am Kreuz erhöht werden muß, damit der Glaube in ihm ewiges Leben hat (3 15). Diese soteriologische Bestimmung aber ist zugleich die Bestimmung seiner Sendung (3 16)[57]. Denn in der 3 16f. aufgenommenen soteriologischen Sendungsformel war bereits vorjohanneisch die Sendung von oben auf das Heilsgeschehen der Kreuzigung bezogen gewesen[58], so daß die Integration des Passionsberichts in

---

51 R. Bultmann, KEK 2 (Anm. 8) 325.

52 A. Schlatter, Johannes (Anm. 47) 268: »Die Bedingung für die Übertragung seines Lebens auf die anderen ist sein Sterben.«

53 H. Thüsing, Erhöhung (Anm. 10) 23.

54 Vgl. dazu H.-W. Kuhn, ZThK 72 (Anm. 42) 33–35.

55 W. Thüsing, Erhöhung (Anm. 10) 334 ff.

56 Theologisch ist damit nichts anderes gesagt, als wenn die vorpaulinische Formel Röm 4 25 dem Tod die Bedingung des Heils, der Auferweckung die Übermittlung des Heilsguts zuordnet. – Den »Tod als bleibenden Ort der Offenbarung« interpretieren (J. Becker, ÖTK 4/2 [Anm. 1] 402) – wenn dies eine zutreffende Auslegung von Röm 4 17 sein sollte – kann auch Paulus nur im Blick auf den Gott, »der Jesus, unseren Herrn, von den Toten auferweckt hat« Röm 4 24.

57 J. P. Miranda, Sendung Jesu (Anm. 10) 12 mit Anm. 2, 19.

58 J.-A. Bühner, Der Gesandte (Anm. 18) 410 Anm. 16.

die Gesandtenchristologie[59] traditionsgeschichtlich schon präfiguriert war. Das typisch Johanneische der Gesandtenchristologie ist dann die Zentrierung der Heilsaussage in die Christologie[60]; gleichwohl war der vierte Evangelist nicht darauf bedacht, die Heilsbedeutung des Kreuzestodes Jesu zu eliminieren, sondern darauf, sie an der Christologie selbst festzumachen.

---

[59] J. Becker, ÖTK 4/2 (Anm. 1) 538.
[60] J.-A. Bühner, Der Gesandte (Anm. 18) 410 Anm. 17; W. Thüsing, Erhöhung (Anm. 10) 316 ff.

4. „Und deinen Feind hassen"

Wäre Jesus, wie H.G. Pöhlmann formulieren konnte, „sozusagen der *letzte Jude* und der *erste ‚Christ'* zugleich"[1] gewesen, wäre auch der Sinngehalt der abschließenden Antithese der matthäischen Bergpredigt (Mt 5,43f) entsprechend schlüssig zu bestimmen: Mit dem Gebot der Feindesliebe verstößt Jesus gegen die religiöse jüdische Tradition, ja gegen das Alte Testament selber[2]. Noch zugespitzter erklärte W.G. Kümmel, mit der Antithese von der Feindesliebe werde alttestamentliches Gebot nicht verschärft, sondern aufgehoben[3]. Aber das Gebot der Nächstenliebe (Lev 19,18) wird, wie die grundlegenden Stellen Mt 7,12 und 22,34–40 klar vor Augen führen, sicher nicht aufgehoben, andererseits ist „und deinen Feind sollst du hassen" kein Gebot der Bibel[4]. Die *crux interpretum* besteht dementsprechend in der Frage, so J. Gnilka, aus welcher Quelle der Evangelist das Gebot des Feindeshasses bezogen hat.[5] Dieser Frage soll folgende Untersuchung gewidmet sein.

Mit gutem Grund weist die Mehrheit der Exegeten Mt 5,43 *ganz* der matthäischen Redaktion zu. Damit ist auch klar, daß „deinen Feind", altbiblische Sprechweise nachahmend (vgl. Ex 23,4f; Prov 24,17; 25,21), in der Reihe von „dein Bruder" V.23f und „dein Gegner" V.25 steht, Feindschaft sich also wie in 10,36 oder 13,25 auf den *zwischenmenschlichen* Bereich bezieht. Wenn nun also Formulierung und Inhalt der These in ihren *beiden* Teilen von Matthäus stammen, verbietet sich von 7,12 und 22,34–40 her die Auskunft, das Gebot der Feindesliebe werde in einen ausdrücklichen Gegensatz zum Alten Testament gebracht[6]. Besteht kein Gegensatz zur Bibel Israels, dann vielleicht doch zum Judentum, wie U. Luz findet: „Keine einzige Antithese drückt so deutlich die Matthäus wichtige antijüdische Frontstellung aus wie diese."[7] Aber *gegen wen* richtet sie sich? „Dieser Vers", so W.D. Davies zu Mt 5,43, „ist immer schon ein Problem, weil im AT oder in der anderen jüdischen Literatur keine Verse bekannt waren, in denen es ein Gebot, den Feind zu

---

1 Wer war Jesus von Nazareth? GTBS 1423, ⁶1988, 31.
2 H. Braun, Jesus – der Mann aus Nazareth und seine Zeit, Stuttgart 1969 und 1984, 105. Vom „Widerspruch zur Thora" spricht J. Gnilka, Das Matthäusevangelium I. Teil, HThK ³1993, 148.
3 Die Theologie des Neuen Testaments, GNT 3, 1969, 48.
4 G.B. Ginzel (Hg.), Die Bergpredigt: jüdisches und christliches Glaubensdokument, Lambert-Schneider-Taschenbücher, Serie Tachless: Zur Sache Bd. 3, 1985, 30.
5 Gnilka, Matthäusevangelium (s. Anm. 2), 189.
6 D. Lührmann, Liebet eure Feinde (Lk 6,27–36/Mt 5,39–48), ZThK 69, 1972, 412–438: 413.
7 Das Evangelium nach Matthäus, EKK I/1, 1985, 310.

hassen, gibt."[8] In der Not greift man nach jedem Strohhalm: In Qumran sei nun endlich, resümiert H. Braun, – im Unterschied zum AT und zum sonstigen Judentum – das in Mt 5,43 zitierte Gebot des Feindeshasses belegt[9]. Auch Th. Söding faßt seine eigens angestellten „Beobachtungen zur essenischen Ethik" in das Urteil zusammen: „Unter allen frühjüdischen Texten sind es in der Tat die qumranischen, die am ehesten Anschauungsmaterial für die 6. Antithese liefern."[10] Ist diese weit verbreitete Meinung begründet?

Es sollte zu denken geben, daß die qumran-essenische Gemeinschaftsordnung in 1QS 10,17f formuliert: „Ich will niemandem seine böse Tat vergelten, mit Gutem will ich ihn verfolgen." Mit dieser Stelle gehört ja Qumran eher zu den jüdischen Voraussetzungen der „urchristlichen Paränese im Umfeld der Feindesliebe"[11] als zu deren Gegenpol. Ein Gebot, seinen Feind zu hassen, paßt dazu jedenfalls nicht. Es ist daher unangemessen, wenn Th. Söding schreibt: „Die Verbindung zwischen Bruderliebe und Feindeshaß ist so eng, daß die Liebe zum Nächsten in den Augen der Qumran-Essener nicht wirklich Liebe wäre, würde ihr nicht der Haß auf die ‚Männer der Grube' entsprechen."[12] Auch die Qumrantexte verdienen genaue Auslegung, und das bedeutet statt vorschneller Belegausbeute immer auch kritische Wahrnehmung dessen, was dasteht, und dessen, was man vergleicht. So steht das in der exegetischen Literatur oft zitierte Gebot, „alle, die zum Licht gehören, zu lieben", „aber alle, die zur Finsternis gehören, zu hassen" (1QS 1,9f, vgl. auch Josephus, Bell 2,139), im Kontext von „alles zu lieben, was ER erwählt hat, und alles zu hassen, was ER verworfen hat, sich fernzuhalten von allem Bösen, aber anzuhangen allen guten Werken" (1QS 1,3–5, vgl. CD 2,15). Wie man sich also von den bösen Taten abwenden soll, muß man sich trennen und fernhalten von denen, die nicht nach Gottes Willen leben, wie ihn die Qumrangemeinde auslegt. Wer sich durch den Eintrittseid verpflichtet, zur Mosethora und deren priesterlicher Auslegung in der Gemeinde umzukehren, der bindet sich auch, sich von den Frevlern mit ihrem gottlosen Wandel abzusondern und die Grenze der rituellen Reinheit zu schützen (1QS 5,7–20). Entsprechend dürfen sowohl Gemeindeglieder als auch Mebaqqer (Gemeindevorsteher) gegenüber Frevlern von der Rechtsinstitution der „Zurechtweisung des Nächsten" keinen Gebrauch machen[13]. Die Zurechtweisung ist vorzuenthalten,

---

8 Die Bergpredigt. Exegetische Untersuchung ihrer jüdischen und frühchristlichen Elemente, München 1970, 98.
9 Qumran und das Neue Testament, I–II, Tübingen 1966: I, 17.
10 Feindeshaß und Bruderliebe. Beobachtungen zur essenischen Ethik, RdQ 16, 1995, 601–619: 619.
11 H.-W. Kuhn, Das Liebesgebot Jesu als Tora und als Evangelium. Zur Feindesliebe und zur christlichen und jüdischen Auslegung der Bergpredigt, in: Vom Urchristentum zu Jesus, FS J. Gnilka, hg. v. H. Frankemölle u. K. Kertelge, Freiburg u.a. 1989, 194–230: 202.
12 Feindeshaß (s.o. Anm. 10), 615.
13 1QS 5,24–6,1; 9,16; CD 7,2; 9,2–8; zur Sache vgl. J. Jeremias, Der Lehrer der Gerechtig-

da sie ja Ermöglichung der Umkehr wäre. Nur beachte man: Mit persönlicher bzw. zwischenmenschlicher Feindschaft hat das nichts zu tun. Entsprechendes gilt vom Verbergen dessen, was der Gemeinde an Gebotsauslegung offenbart ist (1QS 9,17.21f). Ohne Grund leitet H. Hübner daraus die Vorstellung ab, die Gemeindeglieder hätten ihren Haß zu verbergen und in ebendiesem Verbergen des Hasses der Sektierer gegen den Gottesfeind liege etwas Heuchlerisches, die sogenannte Feindesliebe in Qumran sei nur Taktik[14].

Das religiös begründete Hassen im Stil von Ps 26,5; 119,113; 139,21f betraf zumal alle, die aus den Reihen der anfänglichen Bewegung in den Schoß der Tempelgemeinde zurückgekehrt waren (1QS 10,20f; CD 2,6). Für *sie* sollte der Anschluß an die essenische Union für immer versperrt sein (CD 19,33–35; 20,10–13). Man darf hierbei nur nicht der Meinung folgen, „der neue Bund" sei eine Bezeichnung speziell der *Vorläufergruppe* der Qumrangemeinde gewesen[15], denn sonst würden sich, was widersinnig ist, ebendiese Angehörigen des „neuen Bundes" gleichermaßen im Licht der Erfüllung von Jer 31,31 gesehen wie auch als „Blinde" (CD 1,9) bezeichnet haben. In der Verweigerung der Zurechtweisung und im Verbergen der gemeindeeigenen Gebotsauslegung nahm hier das Hassen, d.h. die religiöse Unduldsamkeit, konkrete Form an, hatte aber mit Feindschaft im Sinne von Mt 5,43 nichts zu tun. Nein, gegenüber denen draußen sollte der Maskîl[16] ausdrücklich auf Rechtsnahme verzichten (1QS 9,16; 10,19) und ihnen gar Besitz und Arbeitsertrag überlassen „wie ein Knecht seinem Gebieter"[17]. Das hatte je und dann sehr konkrete Bedeutung gehabt, z.B., als Jonathan, „der Frevelpriester", den Besitz der Essener konfisziert hatte (1QpHab 12,9f). Wohl ist dann davon die Rede, daß man das Unrecht der Rache Gottes überläßt (1QpHab 9,10f; 4Q171 4,9f), aber das ist bei Christen ja auch nicht unbedingt anders (Röm 12,19; 2Thess 1,6).

Nachdem nun also klar ist, daß auch Qumran das Haßgebot von Mt 5,43 nicht belegt, dürfte es geboten erscheinen, die Lösung des Problems nicht weiterhin außerhalb, sondern *im Text der Bergpredigt selbst* zu suchen. Dabei verdient nach wie vor die Bemühung Beachtung, „die im Neuen Te-

---

keit, StUNT 2, 1963, 85f; F. García Martínez, Brotherly Rebuke in Qumran and Mt 18: 15–17, in: ders. (and J. Trebolle Barrera), The People of the Dead Sea Scrolls, Leiden u.a. 1995, 221–232.

14 Das Gesetz in der synoptischen Tradition. Studien zur These einer progressiven Qumranisierung und Judaisierung innerhalb der synoptischen Tradition, Witten 1973, 99–101. Ähnlich klingt es bei D. Flusser: „im Geiste der Verschleierung hassen und den Haß verbergen" (Das essenische Abenteuer, Winterthur 1994, 68).

15 So in Anlehnung an H. Stegemanns Arbeiten A. Lange, Weisheit und Prädestination, STTDJ 18, 1995, 22.

16 Vgl. dazu Lange, a.a.O., 144–148 (Amtsträger mit liturgischen, katechetischen und halachischen Funktionen).

17 1QS 9,22, Übersetzung J. Maier, Die Qumran-Essener: die Texte vom Toten Meer, München 1995, I, 192.

stament vertretene Sache unpolemisch und zugleich in Kontinuität zur
Hebräischen Bibel und zum Judentum der hellenistisch-römischen Zeit
zur Sprache zu bringen".[18] Man muß sich allerdings bei dem Versuch, das
NT nicht antijudaistisch auszulegen, auch hüten, im Übereifer den NT-
Text selbst gar nicht mehr richtig zur Kenntnis zu nehmen. Ein Beispiel,
das nicht Schule machen sollte, liefert F.-W. Marquardt: Gerade in den sogenannten Antithesen der Bergpredigt diskutiere Jesus als Lernender unter Lernenden über die rechte Auslegung des Gesetzes. „Jesus diskutiert
dort einerseits, was in der Bibel an Geboten *gesagt* ist, andererseits, was
‚die Alten' davon *gehört* haben, schließlich: was er dazu gerne sagen
möchte. Alle drei Grundpositionen einer ordentlichen halachischen Diskussion tauchen da auf: die Bibel, die ‚Alten', d.h. die früheren Ausleger,
und das, was jetzt ich dazu sagen kann. Das ‚Ich aber sage euch' ist eine
ganz alltägliche und in talmudischen Diskussionen übliche Floskel und
Position, kein Wort irgendeiner höheren Autorität."[19] Aber warum formuliert dann Mt 7,29, Jesus habe sie gelehrt wie einer, der Vollmacht habe,
und – ausdrücklich – nicht wie ihre Schriftgelehrten? Warum nimmt man
nicht zur Kenntnis: „Die Formel, die bisher nur in einem begrenzten Umfang nachgewiesen ist, lautet: ‚ich aber sage' (wa'ªnî 'ômer), während bei
den zahlreichen jesuanischen λέγω-Formeln immer das Personalprono-
men der 2. Pers. Plur. (oder Sing.) folgt, d.h. der kerygmatische Anrede-
charakter betont wird. Es geht bei ihm nicht um die eigene schriftgelehrte
Meinung in der ‚wissenschaftlichen' Diskussion, die dann noch durch die
Schriftexegese begründet werden muß, sondern um das autoritative göttliche Offenbarungswort an den Hörer."[20] Nein, es ist schon so, daß sich das
ἠκούσατε ὅτι ἐρρέθη („ihr habt gehört, daß gesagt ist") auf nichts anderes
beziehen kann als auf das Schriftwort allein[21]. Wir begegnen hier deshalb
auch nicht „einer jener Passagen im NT, in denen ein falsches, negatives
Bild des Judentums gezeichnet wird, um die christliche Botschaft um so
strahlender präsentieren zu können", wie B.G. Ginzel repliziert[22]. Vor allem aber wird hier die Thora nicht aufgelöst, wie wir eingangs hörten, sondern zu ihrer Fülle, in ihrem Vollsinn zur Geltung gebracht[23]. Und das geschieht so, wie der Evangelist es gleich bei der ersten Antithese vorführt:
In Mt 5,21 bezieht sich ἐρρέθη natürlich auch nur auf „Du sollst nicht töten!", während das „wer aber . . ." lediglich *die exegetische Brücke* zur Antithese bildet, wie das „der wird des Gerichts schuldig sein" V.21.22 deutlich vor Augen führt. Genau so ist es in Mt 5,43f: „deinen Feind" schafft

---

18 Kuhn, Liebesgebot (s. Anm. 11) 195.
19 Jesus – ein Jude, in: Was Christen vom Judentum lernen können, hg. v. A. Lohrbächer in
Zusammenarbeit mit I. Schmidt und H. Ruppel, Freiburg u.a. ⁴1994, 168–171: 169f.
20 M. Hengel, Zur matthäischen Bergpredigt und ihrem jüdischen Hintergrund, ThR 52,
1987, 327–400: 376. Die Klarstellung gilt auch noch gegenüber M. Limbeck, Das Gesetz
im Alten und Neuen Testament, Darmstadt 1996, 133.
21 Luz, Matthäus (s. Anm. 7), 249.
22 Bergpredigt (s. Anm. 4), 30.
23 Kuhn, Liebesgebot (s. Anm. 11), 212–220.

die Verbindung von der Nächsten- zur Feindesliebe. Die These zitiert mit
der Formel „Ihr habt gehört, daß gesagt ist" ein Thoragebot und erweitert
dann dessen Formulierung um ein Element, das seinerseits Bestandteil der
Antithese sein wird.

These	Antithese
οὐ φονεύσεις Ex 20,13; Dtn 5,17	
ἔνοχος ἔσται τῇ κρίσει	ἔνοχος ἔσται τῇ κρίσει
ἀγαπήσεις τὸν πλησίον σου Lev 19,18	
τὸν ἐχθρόν σου	τοὺς ἐχθροὺς ὑμῶν

Hier wird also kein Gebot aufgelöst, keine jüdische Tradition desavouiert,
sondern das Thoragebot der Nächstenliebe durch das Gebot der Feindesliebe vollgültig ausgelegt[24]. Das macht Sinn, weil ja, wie K. Haacker zu
Recht betont, das Gebot der Nächstenliebe schon in Lev 19 die Überwindung zwischenmenschlicher Konflikte zum Ziele hat, die Forderung der
Feindesliebe also bereits impliziert[25]. Matthäus hat darüber hinaus, wie die
Korrespondenz von ἀμὴν γὰρ λέγω ὑμῖν und ἐγὼ δὲ λέγω ὑμῖν signalisiert, durch die Vorschaltung von 5,17–20 dem Leser deutlich zu machen
versucht, wie er die Antithesen verstanden wissen will[26]: „Wenn eure Gerechtigkeit nicht besser ist . . ." Allein im *Tun* entscheidet sich, was aus der
Sicht des Matthäus die Differenz zu Schriftgelehrten und Pharisäern aus-
macht (5,20; vgl. 23,3). Die Antithesen formulieren demgemäß als vollgül-
tige Auslegung des Gotteswillens der „in Gesetz und Propheten gegebenen Gebote"[27] (Mt 5,17; 22,40) die Grundlage der besseren Gerechtigkeit[28]. Konkret: „Die Feindesliebe ist das περισσόν, das zur besseren
Gerechtigkeit gehört (vgl. 5,20)."[29] Als Auslegung des Gebots der Nächstenliebe richtet sich das Gebot der Feindesliebe *gegen* niemanden, wohl
aber *an* die, die durch das Tun des Willens des himmlischen Vaters in das
Reich der Himmel gelangen (vgl. 7,21). Die Interpretation, Matthäus wolle
durch καὶ μισήσεις τὸν ἐχθρόν σου kennzeichnen, „daß das Liebesgebot

---

24 Unverständlich bleibt mir, warum durch Mt 5,17–48 deutlich werde, so Luz (Matthäus
[s. Anm. 7] 242), daß das atl.e Gesetz nicht einfach das immer schon geltende jüdische
Gesetz sei und seine Autorität erst durch Jesus habe, warum Gnilka (Matthäusevangelium [s. Anm. 2] 147f) von der Inkraftsetzung des atl.en Gesetzes durch Christus spricht,
warum F. Avemarie (Tora und Leben, TSAJ 55, 590) meint: „Daß das Gesetz und die
Propheten gültig bleiben, beruht auf Jesu Autorität, nicht auf der der Überlieferung."
25 Feindesliebe kontra Nächstenliebe? In: F. Matheus (Hg.), „Dieses Volk schuf ich mir,
daß es meinen Ruhm verkünde", Dieter Vetter zum 60. Geburtstag, Duisburg 1992,
47–51: 49.
26 Ch. Burchard, Versuch, das Thema der Bergpredigt zu finden, in: Jesus Christus in Historie und Theologie, FS H. Conzelmann, hg. v. G. Strecker, Tübingen 1975, 409–432:
422–426.
27 Burchard, a.a.O., 421.
28 K. Berger, Wer war Jesus wirklich?, Stuttgart 1995, 84.
29 Luz, Matthäus (s. Anm. 7) 312.

im Judentum nur in einer begrenzten Weise zur Sprache kommt"[30], sollte *ad acta* gelegt werden.

Läßt die Auslegung des Gebots der Nächstenliebe durch das Gebot der Feindesliebe aber nicht doch das Judentum hinter sich? Gelegentlich wird solcher Meinung das Wort geredet, sogar ohne daß man es will. F.-W. Marquardt wollte das Judentum Jesu hervorkehren, zu Recht, denn sowohl Jesus als auch das Urchristentum waren Teil des vor dem Jahre 70 n.Chr. pluralen Frühjudentums und haben sich auch selbst so verstanden[31]. Aber wie stellt F.-W. Marquardt die Sache im konkreten Fall dar? Er formuliert: „Unter den Geboten der nichtbiblischen, der sog. ‚mündlichen Tora', finden sich immer wieder Weisungen, seinen Feinden nicht ihre Lebensgrundlagen zu zerstören, vielmehr ihnen zum Leben zu helfen. Nach seiner praktischen Art spricht das Judentum nur viel konkreter davon, nicht in so schön geprägten ethischen Allgemeinplätzen wie: ‚Liebet eure Feinde' (Mt 5,44)."[32] Ja, war der Verkündiger des „ethischen Allgemeinplatzes" dann doch kein Jude mehr? Oder wurde das Gebot der Feindesliebe erst erfunden, als sich die Ablösung des Christentums vom Judentum schon abzuzeichnen begann? In diesem Sinne könnte man sich auf J. Sauer berufen, bei dem sich die Beobachtung findet, hinsichtlich des Gebots der Feindesliebe enthalte Röm 12,20, d.h. das Zitat des *Juden*christen Paulus aus Prov 25,21.22a, die *konkreteren* Anweisungen. Das synoptische Gebot ἀγαπᾶτε τοὺς ἐχθροὺς ὑμῶν sei *prinzipieller* abgefaßt[33] und erst nachträglich Jesus in den Mund gelegt[34], gleichsam als Überschrift zu dem Logion Lk 6,27c.28a, das seinerseits Röm 12,14 zur Voraussetzung habe[35]. J. Sauer hat dabei nur vergessen, daß Paulus nicht nur keine Parallele zur Form des Gebots der Feindesliebe bietet[36], sondern auch keine Parallele zur Forderung der Fürbitte für die Beleidiger[37]. Und gerade was Paulus *nicht* bietet, ist das synoptisch *Gemeinsame* zwischen Matthäus und Lukas[38]. Wie will J. Sauer dann erklären, daß die beiden gemeinsamen Imperative bei Lukas *randständig* sind und Matthäus ausgerechnet Glieder 1 und 4 der Reihe aus der Vorlage ausgewählt habe? Und wie erklärt sich das offensichtliche Bemühen des Lukas, die Komposition zur Feindesliebe (6,27–35) redaktionell zu klammern, zusammenzubinden durch die Wiederauf-

---

30 G. Strecker, Die Bergpredigt. Ein exegetischer Kommentar, Göttingen 1984, 91.
31 D. Lührmann, Liebet eure Feinde (Lk 6,27–36/Mt 5,39–48), ZThK 69, 1972, 412–438: 430.
32 Jesus – ein Jude (s. Anm. 18), 171.
33 Traditionsgeschichtliche Erwägungen zu den synoptischen und paulinischen Aussagen über Feindesliebe und Wiedervergeltungsverzicht, ZNW 76, 1985, 1–28: 25.
34 A.a.O., 28.
35 A.a.O., 27.
36 A.a.O., 26.
37 A.a.O., 25.
38 Einleitung und Imperative zeichnen sich durch weitgehend wörtliche Übereinstimmung der Mt/Lk-Parallele aus, s. dazu Th. Bergemann, Q auf dem Prüfstand. Die Zuordnung des Mt/Lk-Stoffes zu Q am Beispiel der Bergpredigt, FRLANT 168, 1993, 287f.

nahme von „Gutes tun" (6,27.33.35) und anzubinden an die Seligpreisungen durch μισεῖν (6,22.27)? Es erklärt sich doch wohl aus dem Umstand, daß Lukas das Logion 6,27c.28a in eine bereits bestehende Texteinheit hineinkomponiert hat.

In der Sache hat F.-W. Marquardt schon recht, an Aufrechnungen zwischen Jesustradition und Judentum sollte man sich nicht beteiligen, schon gar nicht mit der Frage von H. Braun, inwiefern das jüdische Niveau überwunden werde[39]. Ein Blick über den Tellerrand des Exegeten kann helfen, kurzsichtig gewordenen Augen Erholung zu schaffen. S. Freud korrigiert in „Das Unbehagen in der Kultur" zunächst die Auffasssung, die Kulturforderung der Nächstenliebe sei genuin christlich, stellt aber dann alsbald fest, daß er zu dieser Idealforderung, man könnte sagen in Gegenauslegung zur Bergpredigt (Lk 6,31–34), eine Korrekturanweisung geben müßte: „Ja, wenn jenes großartige Gebot lauten würde: Liebe deinen Nächsten wie dein Nächster dich liebt, dann würde ich nicht widersprechen. Es gibt ein zweites Gebot, das mir noch unfaßbarer scheint und ein noch heftigeres Sträuben in mir entfesselt. Es heißt: Liebe deine Feinde. Wenn ich's recht überlege, habe ich unrecht, es als eine noch stärkere Zumutung abzuweisen. Es ist im Grunde dasselbe."[40] Und worin besteht die Selbigkeit „desselben"? Sie ist in jüdisch-christlicher Tradition nichts anderes als der Kern der Nächstenliebe, mit C.F. von Weizsäcker gesprochen, „die emotionale Fähigkeit, den Mitmenschen als Mitmenschen wahrzunehmen."[41] Da mag man sich denn sehr wohl an ein Zwischenergebnis der Untersuchung von A. Nissen erinnern: „Zorn, Hader, Haß, Rachsucht, Nachträgerei, Herzenshärte und andere Gestalten der Erregung, Bewahrung und Verwirklichung persönlicher Feindschaft sind, wenn diese nicht in das Gebiet des Religiösen und Religiös-Sittlichen hinübergreift und dadurch den Gegner als Frevler und Gottesfeind erscheinen läßt, im gesamten antiken Judentum verboten und werden bekämpft vor allem aufgrund von Lev 19,17–18a."[42] Nein, legt das Gebot der Feindesliebe vollgültig das Gebot der Nächstenliebe aus, steht Mt 5,43f weder formal noch inhaltlich in Opposition zum AT oder zum Judentum, ist doch auch nach 4Makk 2,14[43] gerade im Hören auf die Thora Feindschaft zu überwinden.

39 Jesus (s. Anm. 2), 97.

40 Abriß der Psychoanalyse. Das Unbehagen in der Kultur. Mit einer Rede von Thomas Mann als Nachwort, Fischer Bücherei 6043, 1971, 101.

41 Der bedrohte Friede. Politische Aufsätze 1945–1981, Gütersloh o.J., 604.

42 Gott und der Nächste im antiken Judentum. Untersuchungen zum Doppelgebot der Liebe, WUNT 15, 1974, 304.

43 Die Stelle lautet nach H.-J. Klauck (4. Makkabäerbuch, JSHRZ III,6, Gütersloh 1989, 697): „Und haltet das bitte nicht für etwas Paradoxes, wo doch die Urteilskraft mit Hilfe des Gesetzes selbst die Feindschaft zu überwinden vermag." Die Weisungen, auf die zu hören ist, sind offenbar die von Dtn 20,19f; Ex 23,4 und 5.

II. Annäherungen an Röm 13,1–7

5. Loyalität als Gegenstand Paulinischer Paraklese

Eine religionsgeschichtliche Untersuchung
zu Röm 13,1ff. und Jos. B. J. 2,140

Die Frage nach dem religionsgeschichtlichen Hintergrund, von
dem her die Paulinische Paraklese und deren Begründungssätze
in Röm 13, 1-7 zu interpretieren sind, hat von seiten E. KÄSE-
MANNS [1]) eine in exegetischer und hermeneutischer Hinsicht
bedeutsame Beantwortung erfahren: Paulus hat „die Vorstellung
vom Weltenordner und seiner kosmischen Ordnung, die in der
Diaspora-Synagoge gängig war", aufgegriffen, wenngleich nur
fragmentarisch, und seinem Anliegen nutzbar gemacht [2]). — Mit
dieser Feststellung will KÄSEMANN, wie er ausdrücklich versichert,
nicht jener Exegese das Wort reden, die Röm 13, 1-7 in den Rahmen
einer Theologie der Ordnungen einzuspannen sucht, vielmehr
liegt ihm daran, gerade diese Theologie vom Text aus zu kritisie-
ren [3]), indem er den Blick des Interpreten von der Frage der
ordines weg auf die Thematik von Schöpfung und Dienst hinüber-
zulenken sich bemüht. — Die Aussage des Textes formuliert
KÄSEMANN sodann mit folgenden Worten: „. . . Paulus selber
sagt zunächst nicht mehr, als daß Gott — und zwar zweifellos
bei der Schöpfung! — die Welt von vornherein darauf angelegt
hat, in ihr Dienst zu ermöglichen, und deshalb Über- und Untergeordnetes erschuf". [4])

Gegenüber dieser Exegese, die — *mutatis mutandis* — auch von
anderen Neutestamentlern vertreten wird [5]), und ihrer religionsgeschichtlichen Begründung erheben sich folgende Fragen: 1. Mit
welchen Worten sagt Paulus das, was KÄSEMANN so zuversichtlich

---

[1]) Römer 13, 1-7 in unserer Generation, *Zeitschr. f. Theol. u. Kirche*
(*ZThK*) 56 (1959), S. 316-376, ferner: Grundsätzliches zur Interpretation
von Römer 13 (*Beiträge zur Evang. Theologie* Bd. 32), 1961, S. 37-55.
[2]) *ZThK* 56 (1959), S. 376, vgl. auch S. 373.
[3]) Grundsätzliches S. 47.
[4]) Ebenda.
[5]) Vgl. W. SCHRAGE, *Die konkreten Einzelgebote in der paulinischen Paränese*,
1961, S. 222: „Am deutlichsten und aufschlußreichsten zeigt sich innerhalb

als Aussage und Meinung des Textes formuliert? 2. Inwiefern
läßt sich von Röm 13, 1-7 her schließen, Paulus habe hier „die
Vorstellung vom Weltenordner und seiner kosmischen Ordnung"
aufgegriffen? 3. In welchem Text aus dem Umkreis der Diaspora-
Synagoge läßt sich die von KÄSEMANN vorausgesetzte Anschauung
belegen, Gottes Einsetzen [1]) von irdischer „Gewalt" sei bei der
Schöpfung erfolgt bzw. stehe in Zusammenhang mit seiner kosmischen Ordnung? — Diese Rückfragen an KÄSEMANNS Position
lassen das Problem des religionsgeschichtlichen Zusammenhangs,
in dem Röm 13, 1-7 steht, als ungeklärt erscheinen. Zu seiner
Klärung möchte die hier vorgelegte Untersuchung beitragen [2]).

Als die umfassendste und gewichtigste Begründung, die Paulus
der Weisung von Röm 13, 1a gibt, muß zweifelsohne die Wendung
οὐ γὰρ ἔστιν ἐξουσία εἰ μὴ ὑπὸ θεοῦ in v 1b angesprochen werden.
Wer daher nach der Tradition zu fragen unternimmt, in der Röm
13, 1-7 steht, hat notwendig von diesem Haupt-Satz auszugehen.
Diese zentrale Aussage lautet: „Es gibt (überhaupt) keine Gewalt
außer von Gott", und dieser Satz muß, wie M. DIBELIUS [3]) treffend
bemerkt, „im Gegensatz zum Folgenden möglichst allgemein, in
einem Himmel und Erde umgreifenden Sinn, verstanden werden . . .

---

der konkreten Mahnungen die mit dem Schöpfungsglauben gesetzte Norm
bekanntermaßen in Röm 13, 1-7, wo Paulus das Verhältnis des Christen zur
staatlichen Ordnung behandelt". Ähnlich S. 226: „Die als innere Norm
sichtbar werdende Ordnung ist in Röm 13 allein eine durch Gottes Schöp-
fungs- und Erhaltungshandeln bestimmte". — O. MICHEL, Der Brief an die
Römer, *Meyer Komm.* IV, 1963[12], S. 313 spricht von Motiven „der schöp-
fungsmäßigen Setzung" in Röm 13, 1 ff.

[1]) Zur Deutung von τάσσειν (Röm 13, 1c) s.u.

[2]) Der Notwendigkeit einer solchen Untersuchung hat W. G. KÜMMEL
schon in *Theol. Rundsch.* N.F. 17 (1948/49), S. 141 Ausdruck verliehen.— Den
konkreten Anlaß zu der hier vorgelegten Untersuchung bot eine Auseinandersetzung, die ich im Sozialethischen Oberseminar bei Prof. H.-E. TÖDT,
Heidelberg, im *WS* 1964/65, in Form einer „Studie zu Röm 13, 1-7" um die
Auslegung des Paulustextes zu führen hatte. Zur Diskussion standen dort
bislang unveröffentlichte Arbeitsergebnisse der „Römerbrief-Kommission"
der „Evangelischen Studiengemeinschaft 'Christophorusstift' ", die eine
Weiterführung der von KÄSEMANN vorgetragenen Exegese darstellen (Der
unten S. 58, Anm. 1 genannte Philotext und weitere Stellen aus dem
literarischen *opus* des Alexandriners hatten jener Weiterführung als Grundlage gedient). Erst von daher war mir die Problematik um KÄSEMANNS
religionsgeschichtliche und exegetische Ausführungen deutlich geworden.

[3]) Rom und die Christen im ersten Jahrhundert, *Sitzungsberichte der
Heidelberger Akademie der Wissenschaften, phil.-hist. Klasse* 2, 1941/42 =
Botschaft und Geschichte Bd. 2, 1956, S. 180 f.

So wird das Verhältnis der beiden Sätze zueinander deutlich: wie es
in der Welt keine Gewalt gibt, die nicht von Gott ist, so sind auch
die konkreten Gewalten auf Erden (erst so bekommt der Ausdruck
αἱ δὲ οὖσαι seinen Sinn !) von Gott ,geordnet.' "

Mit jenem die Ermahnung zum Untertansein begründenden Satz
von Röm 13, 1b spricht Paulus eine Anschauung palästinisch-
wie hellenistisch-jüdischer Tradition aus[1]). Allein, die zumeist
zitierten Belegstellen, zumal diejenigen aus der apokalyptischen
Literatur[2]), haben in der Regel „eine andere Ausrichtung als unser
Text; sie wollen die Herrscher warnen, die sich der göttlichen
Herkunft ihrer Herrschaft nicht bewußt sind und darum unver-
antwortlich handeln"[3]). Die rabbinischen Belege[1]) anderseits
kreisen, sofern sie nicht nur *generaliter* die Überzeugung aussprechen, daß „Herrschaft" — heidnische wie jüdische — von Gott
verliehen wird, um das Problem der Anerkennung heidnischer
Obrigkeit als Obrigkeit; Aussagen, die auf Gehorsam gegenüber
der Obrigkeit verpflichten, werden nicht gemacht. Am nächsten[4])
kommt Röm 13, 1b der Satz, mit dem Josephus das Gehorsams-
gelöbnis der Essener begründet: „denn nicht ohne Gott komme
jemandem die Herrschaft zu"[5]). In zweierlei Hinsicht ist dieser
Text dem Paulinischen parallel: Zum ersten begegnet hier und
dort der lapidare Satz, daß jegliches Herrscheramt von Gott verliehen wird[6]), zum andern — und darauf kommt es in diesem
Zusammenhang entscheidend an — liegt in beiden Texten theologische Begründung einer Gehorsamspflicht vor. Jos.
bell. 2, 140 unterscheidet sich von Röm 13, 1 nur darin, daß dort
vom Verhältnis zu den Oberen der essenischen Gemeinschaft,
hier von dem zu den politischen Gewalten die Rede ist. Da indes
das Verständnis von Jos. *bell.* 2, 140 strittig ist, bedarf die Stelle

---

[1]) Vgl. (H. L. STRACK-) P. BILLERBECK, *Kommentar zum NT aus Talmud
und Midrasch* Bd. 3, S. 303 f.

[2]) Auf sie verweist besonders O. MICHEL, *Meyer Komm.* IV, S. 316.

[3]) M. DIBELIUS, Rom S. 182. — Auch die entsprechenden Stellen im
sog. Aristeasbrief (im folgenden abgekürzt: Arist.) tragen den Charakter
der Mahnung, vgl. Arist. 196, 219, 224.

[4]) Vgl. M. DIBELIUS, Rom S. 182, s. auch E. KÄSEMANN, *Grundsätzliches*
S. 44.

[5]) Jos. *bell.* 2, 140: τὸ πιστὸν ἀεὶ πᾶσιν παρέξειν, μάλιστα δὲ τοῖς κρατοῦσιν·
οὐ γὰρ δίχα θεοῦ περιγενέσθαι τινὶ τὸ ἄρχειν.

[6]) Von den inhaltlich entsprechenden Sätzen in Arist. 196 und 224 unterscheiden sich Röm 13, 1b und Jos. *bell.* 2, 140 durch die Sprachfigur der
doppelten Verneinung.

einer eingehenden Interpretation, um als Parallele zu Röm 13, 1 recht gewürdigt werden zu können.

1. Zum Verständnis der Wendung τὸ πιστὸν παρέχειν τινί. — O. MICHEL-O. BAUERNFEIND [1]) verstehen den Ausdruck im Sinne von ‚jemandem die Treue halten'. Diese recht allgemein gehaltene Wiedergabe trifft jedoch schwerlich den konkreten Sinn, den die Wendung nach dem Sprachgebrauch [2]) des Josephus hat. πιστός bedeutet nämlich häufig ,,treu ergeben", ,,loyal" [3]). Insbesondere der Gebrauch neben εὔνοος macht diese Bedeutung wahrscheinlich [4]). In dieser Richtung deuten das Wort auch MICHEL-BAUERNFEIND in Jos. *bell.* 5, 535 [5]), indem sie den Text ἢ τίνα σωτηρίας ἔχομεν ἐλπίδα πιστοὶ πονηρῷ μένοντες; wiedergeben, wie folgt: ,,Oder welche Hoffnung auf Rettung können wir uns eigentlich machen, wenn wir weiterhin einem Schurken Gehorsam leisten?" Die Wendung τὸ πιστὸν παρέχειν τινί wäre demnach zu übersetzen: ,,treue Ergebenheit (= Gehorsam bzw. Loyalität) üben gegen jemanden". Diesen Sinn hat auch die ähnliche Formel πίστιν παρέχειν τινί in Jos. *c. Apionem* 2, 43: ἐτίμα γὰρ ἡμῶν τὸ ἔθνος, . . ., ὅτι διὰ τὴν ἐπιείκειαν καὶ πίστιν — ,,des Wohlverhaltens und der treuen Ergebenheit wegen" —, ἣν αὐτῷ παρέσχον Ἰουδαῖοι, τὴν Σαμαρεῖτιν χώραν προσέθηκεν ἔχειν αὐτοῖς ἀφορολόγητον.

2. Zur Gesamtinterpretation von Jos. *bell.* 2, 140. — DIBELIUS [6]) bemerkt zur Stelle: ,,Die Eidesformel bezieht sich auf die Ordensoberen; Josephus aber, immer darauf bedacht, die Essener als Muster allgemein menschlicher Tugenden hinzustellen, deutet die Worte auf alle menschlichen κρατοῦντες und liest so in den Eid die allgemeine Loyalitätspflicht hinein". MICHEL-BAUERNFEIND gehen

---

[1]) *Flavius Josephus, DE BELLO JUDAICO — DER JÜDISCHE KRIEG*, zweisprachige Ausgabe der sieben Bücher Bd. I 1959 z.St.

[2]) Daß mir eine umfassende Untersuchung des Sprachgebrauchs von πιστός bzw. τὸ πιστόν bei Josephus möglich war, verdanke ich Herrn Prof. K. H. RENGSTORF, Münster, der mir über Herrn H. LINDNER das gesammelte Material aus der entstehenden Konkordanz zu den Josephustexten freundlicherweise zur Verfügung stellte.

[3]) So in Jos. *bell.* 1, 391; 2, 467; 5, 534.535; *Ant.* 6, 205; 8, 384; 15, 99 u.ö. — Diesen Sinn dürfte die Vokabel auch in Arist. 36 haben.

[4]) Vgl. Jos. *bell.* 1, 441; *Ant.* 12, 402.

[5]) Bd. II, 1 1963 der Josephus-Ausgabe z.St.

[6]) Rom S. 182, Anm. 13; vgl. auch H. BRAUN, Spätjüdisch-häretischer nnd frühchristlicher Radikalismus, *Beiträge zur historischen Theologie* 24 I, 9157, S. 81.

— offenbar im Gefolge von H. Clementz'[1]) Übersetzung der Stelle — sogar so weit, daß sie behaupten[2]): „Der Gehorsam gegenüber den Vorgesetzten der Sekte steht außer Frage (vgl. § 126)"; — eine merkwürdige Argumentation und ein ebenso merkwürdiger Verweis[3] — „hier dürfte darum die Haltung zur weltlichen Obrigkeit gemeint sein". Beide Kommentare zur Stelle übersehen, daß Josephus im selben Paragraphen fortfährt: κἂν αὐτὸς ἄρχῃ, d.h., und wenn dann derjenige, der jetzt beim Eintritt in die Gemeinschaft schwört, „stets gegenüber allen treue Ergebenheit zu üben, allermeist aber gegenüber den Herrschenden, (denn nicht ohne Gott komme jemandem die Herrschaft zu)", einmal selbst eine leitende Funktion übernehmen sollte, dann werde er . . . Dieser Satz zeigt mit aller Deutlichkeit, daß in § 140 von den Verhältnissen innerhalb der Gemeinschaft die Rede ist.

Was das Verstehen der Stelle erschwert, ist der Umstand, daß Josephus in seinen Formulierungen traditionellen Wendungen und Anschauungsformen folgt. So läßt er in den Worten: „Und wenn er selbst einmal ein leitendes Amt bekleiden werde, werde er . . . die Unterstellten auch nicht durch irgendwelche besondere Kleidung oder mehr Schmuck überstrahlen" das für ihn wohl traditionelle Bild des „wahren Herrschers" erstehen, wie dies auch in der Schilderung der Gestalt des Mose geschieht[4]). Ebenso traditionell geprägt ist die Formulierung: τὸ πιστὸν ἀεὶ πᾶσιν[5]) παρέξειν, μάλιστα δὲ τοῖς κρατοῦσιν· οὐ γὰρ δίχα θεοῦ περιγενέσθαι τινὶ τὸ ἄρχειν, denn für die Beschreibung des Gehorsamsgelöbnisses sind diese Worte und Wendungen viel zu allgemein. Dies ist ein sicheres Anzeichen dafür, daß traditionelle Sprache und Anschauung vorliegt, jene

---

[1]) *Flavius Josephus, Geschichte des Jüdischen Krieges*, übersetzt und mit Einleitung und Anmerkungen versehen von H. CLEMENTZ S. 209.

[2]) Josephus-Ausgabe Bd. I S. 435, Anm. 61.

[3]) Warum soll in dem Eid nicht auch das Verhältnis zu den Oberen der Gemeinschaft zur Sprache kommen? — In Jos. *bell.* 2, 126 liegt ein Vergleich vor, keine Beschreibung des Verhältnisses zu den Vorgesetzten: καὶ σχῆμα σώματος ὅμοιον τοῖς μετὰ φόβου παιδαγωγουμένοις παισίν.

[4]) Jos. *Ant.* 3, 212: . . . ἰδιωτεύων καὶ τῇ στολῇ καὶ πᾶσι τοῖς ἄλλοις ἄγων ἑαυτὸν δημοτικώτερον. — Zur Sache selbst vgl. Arist. 205.

[5]) Da in § 140 von den Verhältnissen innerhalb der Gemeinschaft die Rede ist, dürfte das πᾶσιν im Unterschied zu der Wendung τὰ πρὸς ἀνθρώπους δίκαια § 139 auf die Glieder der Gemeinschaft zu beziehen sein, nicht auf alle Menschen. — Zur Aussage von § 140 wäre zu vergleichen 1 QS 5, 23: להשמע הכול איש לרעהו הקטן לגדול „damit jeder seinem Nächsten gegenüber sich gehorsam erweise, der Geringere gegenüber dem Höheren"; ähnlich auch 6, 2.

Anschauung nämlich, die die Forderung treuer Ergebenheit
(= der Loyalität) des Untertans gegenüber den Herrschenden in der göttlichen Einsetzung ebendieser
Herrschenden begründet sieht. Josephus hat sich dieser
Anschauungsform — wohl hellenistisch-jüdischer Herkunft [1]) —
bedient, um die Verhältnisse innerhalb der essenischen Gemeinschaft zu beschreiben; Paulus hat desgleichen auf sie zurückgegriffen, doch hat er sie im Unterschied zu Josephus nach ihrem
ursprünglichen Vorstellungskontext in Anwendung gebracht.

Was ergibt sich aus diesem Aufweis der spezifischen Tradition
von Röm 13, 1? Zum ersten: Das Hervorkehren der Gehorsamspflicht gegenüber der Obrigkeit und deren Begründung
durch den Hinweis auf Gottes Setzen aller Machtverhältnisse sind
nicht einzigartig bei Paulus [2]), sondern waren ihm in dieser
Form schon vorgegeben. Zum andern: Das Theologumenon vom
göttlichen Ursprung aller Machtverhältnisse zeigt keinerlei Bezug
auf Gottes Schöpfungswerk oder seine kosmische Ordnung. Von
Gott wird hier geredet als dem, der gegenwärtig in der Welt
handelt, man kann vielleicht sagen: als dem Herrscher der Welt.
So werden z.B. auch in Weish 6, 4 die Herrscher, da Gott ihnen
Macht und Herrschaft verliehen hat (v 3), als „Diener seiner
Herrschaft" [3]) angesprochen. Zum dritten: Paulus hat die in Rede
stehende Tradition in Röm 13, 1 aufgegriffen, ohne sie durch
irgendwelche Zusätze oder Umprägungen zu verchristlichen [4]).
Diese „Verchristlichung" hat erst einer seiner „Schüler" geleistet,
vgl. 1 Petr 2, 13 (διὰ τὸν κύριον!) [5]).

---

[1]) Ist die oben erwähnte Anschauung vielleicht mit ein Grund für die
Loyalität der Diaspora (vgl. D. GEORGI, Die Gegner des Paulus im 2.
Korintherbrief, *Wiss. Monogr. z. A. u. NT* 11, 1964, S. 125) während des
Jüdischen Kriegs?

[2]) Gegen H. Frhr. von CAMPENHAUSEN, Zur Auslegung von Röm 13:
Die dämonistische Deutung des ἐξουσία-Begriffs, *Bertholet-Festschr.* 1950
(S. 97-113), S. 107, ebenso gegen R. WALKER, Studie zu Römer 13, 1-7,
Theol. Existenz heute N.F. 132, 1966, S. 17 ff. Seine Argumente gegen die
religionsgeschichtliche Abhängigkeit des Textes überzeugen nicht; Sap
6, 4 z.B. bringt den „instrumentalen Sinn" (S. 19) deutlicher zum Ausdruck
als die Paulusstelle.

[3]) H. WINDISCH, *Paulus und das Judentum*, 1935, S. 46, gebraucht diesbezüglich ebenso die Kategorie der Herrschaft: „Organe seiner Weltregierung
und seines Weltgerichts", vgl. auch H. W. SCHMIDT, Der Brief des Paulus
an die Römer, *Theol. Handkomm. z. NT* VI, 1963, S. 219 f, R. WALKER,
Studie S. 20. 23 f.

[4]) Vgl. M. DIBELIUS, *Rom* S. 183 f.

[5]) Bei diesem „Schüler" findet sich auch das Stichwort, das für E.

Besonderer Überlegung bedarf im Zusammenhang dieser Untersuchung noch der Umstand, daß die oben skizzierte hellenistisch-
jüdische Tradition, soweit wir dies beurteilen können, Gottes
Weltherrschaft immer auch unter dem Gesichtspunkt seines
Wirkens und Handelns als Schöpfergott gesehen hat. Dies läßt
insonderheit Arist. 16 erkennen: τὸν γὰρ πάντων ἐπόπτην καὶ κτίστην
θεὸν οὗτοι σέβονται, ὃν καὶ πάντες, ἡμεῖς δέ, βασιλεῦ, προσονομάζοντες
ἑτέρως Ζῆνα καὶ Δία· οὕτω δ'οὐκ ἀνοικείως οἱ πρῶτοι διεσήμαναν,
δι' ὃν ζῳοποιοῦνται τὰ πάντα καὶ γίνεται, τοῦτον ἁπάντων ἡγεῖσθαί τε
καὶ κυριεύειν. Indessen: Dieses Wirken Gottes als Schöpfer wird als
gegenwärtiges angeschaut, wie denn auch das Verleihen von
Macht und Herrschaft je als auf die Gegenwart bezogenes Handeln
Gottes ausgedrückt wird. So läßt z.B. Josephus in *bell.* 1, 390
Herodes zu Oktavian sagen: „... καὶ θεὸς ὁ σοὶ τὸ κρατεῖν χαριζό-
μενος." Ähnlich formuliert diesen Sachverhalt Arist. 219 mit den
Worten: θεοῦ δόντος σοι (*sc.* Πτολεμαίῳ) καταξίως τῶν τρόπων τὴν
ἡγεμονίαν [1]). Entsprechend redet Weish 6, 3 die Könige an: ὅτι
ἐδόθη παρὰ κυρίου ἡ κράτησις ὑμῖν καὶ ἡ δυναστεία παρὰ ὑψίστου,...
Und nicht anders ist Röm 13, 1b, c. gemeint: Da alle Gewalt von
Gott verliehen wird, sind auch die bestehenden Gewalten „von
Gott eingesetzt" [2]). Die schon eingangs zitierte Exegese KÄSE-
MANNs, Paulus sage zunächst nicht mehr, „als daß Gott — und
zwar zweifellos bei der Schöpfung! — die Welt von vornherein
darauf angelegt hat, in ihr Dienst zu ermöglichen, und deshalb
Über- und Untergeordnetes erschuf", läßt sich somit weder vom
Text noch von der zugrundeliegenden Tradition her begründen.
Ebenso unbegründet ist die Auskunft, Paulus habe in Röm 13, 1 ff
die in der Diaspora-Synagoge gängige Vorstellung vom Weltenordner und seiner kosmischen Ordnung aufgegriffen [3]). Weder
läßt dies der Text erkennen [4]), noch läßt sich eine Tradition

---

KÄSEMANNs hermeneutische Überlegungen zu Röm 13, 1-7 so entscheidend
ist: ὡς ἐλεύθεροι v 16!
[1]) In Arist. 224 wird daran erinnert, daß Herrschaft eine Gottesgabe
(δόμα θεοῦ) ist.
[2]) Zur Deutung von ὑπὸ θεοῦ τεταγμέναι εἰσίν s.u.
[3]) Vgl. das eingangs gegebene Zitat; zur Kritik vgl. nun auch R. WALKER,
Studie S. 20.
[4]) Auch die Ausführungen des Paulus in Röm 13, 3 f lassen eine zu-
grundeliegende Anschauung von der kosmischen Ordnung Gottes nicht
ahnen. Die Wirkungsbereiche der Staatsgewalt, die Paulus ins Auge faßt,
sind diejenigen, von denen jeder Untertan unmittelbar betroffen ist: die

aufweisen, die Gottes Verleihen von Macht und Gewalt mit seinem kosmischen *ordo* in Verbindung bringt [1]).

Das bisher gewonnene Ergebnis der Untersuchung zu Röm 13, 1 ff bedarf noch der Ergänzung durch eine Analyse der Derivate vom Stamme ταγ [2]), die in den vv 1 und 2 mehrfach begegnen, ist es doch gerade diese Wortgruppe, von der die Rede von „Ordnung", „Schöpfungsordnung" und dergleichen immer wieder ihren Ausgang nimmt: KÄSEMANN spricht davon, daß Paulus in Röm 13, 1-7 „die Anschauung vom Weltenschöpfer, der ordnend auch die irdischen Gewalten setzt", von der Diaspora-Synagoge her über-

---

öffentliche Belobigung, die Sorge für das Wohl der Untertanen, das Gerichts- und Steuerwesen (v 6). In diesen Bereichen sieht Paulus die Obrigkeit als Dienerin Gottes am Werk. Zur Interpretation der Stelle vgl. A. STROBEL, Zum Verständnis von Rm 13, *Zeitschr. f. d. neutest. Wiss.* (*ZNW*) 47 (1956), S. 80 ff. — Am nächsten kommt Röm 13, 4 der Satz über die Herrscher in Weish 6, 4: ὅτι ὑπηρέται ὄντες τῆς αὐτοῦ βασιλείας οὐκ ἐκρίνατε ὀρθῶς. Wenngleich dieser Satz als Anklage sich gegen die Könige und Herrscher wendet, bringt er doch eine Anschauung zum Ausdruck, die der in Röm 13, 4 ähnlich ist. Einerseits redet er für die Herrscher als Diener an, durch die sich Gottes Weltherrschaft vollzieht, andererseits spricht er von der Gerichtsbarkeit, die den Herrschern anvertraut, wenngleich von ihnen mißbraucht worden ist.

[1]) Auch dem „idealen Herrscher" des „Regentenspiegels" von Arist. 187-292 wird eine Funktion in Gottes Weltordnung nicht zugeschrieben. Zwar wird er aufgerufen, der Güte und Milde des Schöpfergottes nachzueifern (Arist. 188, 190, 192, 205, 210, 254, 281), doch wird hierbei ebensowenig auf einen kosmischen *ordo* Bezug genommen wie in Matth 5, 44 f — Anders liegen indes die Dinge bei Philo, vgl. *spec. leg.* IV, 183-188. Er unterscheidet — Paulus und seine Tradition tun dies augenscheinlich nicht — zuvörderst zwischen guten und schlechten Herrschern. Die gute Herrschaft sieht er dann gewährleistet, wenn sich die Herrscher auf das ἕπεσθαι τῷ θεῷ einlassen, d.h., wenn sie wie Gott in der γένησις und διοίκησις des Kosmos auf das Gute (= τἀγαθά), die Herstellung und den Bestand von Ordnung und Harmonie des Ganzen bedacht sind. Hier scheint in der Tat an eine Funktion der (guten) Herrscher in Gottes Weltordnung gedacht zu sein, doch liegt in diesem Text Philonische, nicht allgemein hellenistisch-jüdische Anschauung vor, wie ein Vergleich mit den oben angeführten Stellen aus dem Aristeasbrief sowie der gesamten Tradition des hellenistischen Judentums, die ich in dieser Untersuchung darzulegen versucht habe, zeigt. — Selbst die Anschauung von Gottes Welthandeln, die in dem genannten Text zutage tritt, zeigt typisch Philonisches Gepräge; es sei hier zum Vergleich nur auf die grundlegend veränderte Gestalt des essenischen Prädestinationsgedankens hingewiesen, die unter Philos Hand entstanden ist: τὸ πάντων μὲν ἀγαθῶν αἴτιον, κακοῦ δὲ μηδενὸς νομίζειν εἶναι τὸ θεῖον *omn. prob. lib.* 84 (vgl. H. BRAUN, *Radikalismus* I, S. 86, Anm. 1). — Somit ist die Möglichkeit, den genannten Philotext zur Rekonstruktion des religionsgeschichtlichen Hintergrundes von Röm 13, 1 ff heranzuziehen, ausgeschlossen.

[2]) Der Wortstamm ist ταγ, nicht τασσ; gegen E. KÄSEMANN, *ZThK* 56 (1959), S. 373; *Grundsätzliches* S. 47.

nommen habe [1]). Von der göttlichen τάξις, in die der Staat gestellt sei, handelt W. Schrage [2]), und G. Delling bemerkt, es gehe in Röm 13, 1 um ,,das Sicheinfügen in eine von Gott gesetzte Ordnung" [3]). Die nahezu einhellige Meinung dieser und anderer [4]) Interpretationen von Röm 13, 1 ff läßt sich jedoch weder allgemein von der Exegese der Stelle noch speziell von der Bedeutung der zur Frage stehenden Begriffsgruppe her begründen. Dies soll im folgenden aufgezeigt werden.

Der Text Röm 13, 1 f zeichnet sich aus durch klaren Aufbau und logischen Gedankenfortschritt, so daß sich die einzelnen Sätze und Wendungen gegenseitig interpretieren. Der Ermahnung, jedermann solle den ,,vorgesetzten Gewalten" [5]) untertan sein (v 1a), folgt in v 1b die generelle Begründung: οὐ γὰρ ἔστιν ἐξουσία εἰ μὴ ὑπὸ θεοῦ, der sich wiederum v 1c als konkreter Begründungssatz anschließt: αἱ δὲ οὖσαι ὑπὸ θεοῦ τεταγμέναι εἰσίν. Das Verhältnis der beiden Sätze zueinander wurde schon oben berührt: v 1c stellt sachlich eine Folgerung aus v 1b dar. V 2 formuliert sodann als Summa aus v 1b. c: ὥστε ὁ ἀντιτασσόμενος τῇ ἐξουσίᾳ τῇ τοῦ θεοῦ διαταγῇ ἀνθέστηκεν· οἱ δὲ ἀνθεστηκότες ἑαυτοῖς κρίμα λήμψονται. Der Ausdruck ἡ τοῦ θεοῦ διαταγή nimmt augenscheinlich den Satz αἱ δὲ οὖσαι ὑπὸ θεοῦ τεταγμέναι εἰσίν (v 1c) auf, ἀντιτάσσεσθαι — fortgeführt durch ἀνθιστάναι — stellt den Gegenbegriff zu ὑποτάσσεσθαι (v 1a) dar. Die Einsicht in diesen streng durchgeführten Aufbau der Sätze, deren jeder (von v 1b an) sich sachlich und logisch auf den vorangehenden bezieht, läßt die Häufung der Derivate vom Stamme ταγ als stilistisches Moment erscheinen: Wie der auffällig wiederholende Gebrauch von ἐξουσία (v 1a. b. (c), 2a) verstärkt sie in stilistischer Hinsicht die innere Verknüpfung

---

[1]) *ZThK* 56 (1959), S. 373 (Sperrung von mir!). Die zitierte Bemerkung steht in Gegensatz zu den Ausführungen *ad vocem* διαταγή auf S. 324.

[2]) Einzelgebote S. 226. Nach Schrage kehrt die in Rede stehende Wortgruppe überhaupt das Ordnungsmotiv hervor, s. S. 225.

[3]) *Theol. Wörterb. z. NT* (*ThWb*) VIII (Lfg. 1, Bogen 1-4), S. 44, 21 f,; so auch E. Kähler, *Die Frau in den paulinischen Briefen*, 1960, S. 172 ff, 176 ff.

[4]) Z.B. spricht auch O. Michel, *Meyer Komm.* IV z.St. von ,,schöpfungsmäßiger Setzung", ,,göttlichen Ordnungen" und (S. 316) von ,,göttlicher Setzung", P. Althaus, Der Brief an die Römer, *Neues Testament Deutsch* Bd. 6, 1959⁹, z.St. von ,,göttlicher Ordnung", W. Böld, *Obrigkeit von Gott?* 1962, S. 59 vom ,,Ordnungsgefüge", allerdings nicht im ,,Sinne einer supralapsarisch-schöpfungstheologischen" (*sic!*) ,,Ursetzung", S. 61.

[5]) Zur Übersetzung s. M. Dibelius, Rom 180, zur Sache vgl. G. Delling, *ThWb* VIII, S. 44, Anm. 24.

der einzelnen Aussagen [1]). Diese Beobachtungen sind für die folgende Erklärung der Einzelbegriffe wichtig.

a) τάσσειν — διαταγή. Stellt Röm 13, 1c eine aus v 1b abgeleitete Aussage dar, so gibt diese exegetische Einsicht zugleich den Leitfaden zur Bestimmung dessen, was τάσσειν an dieser Stelle besagt, nämlich: Wie alle Gewalt jeweils von Gott her ist, so sind auch die bestehenden ἐξουσίαι von Gott eingesetzt [2]). Eine in der Schöpfung begründete Setzung meint die Phrase ὑπὸ θεοῦ τεταγμέναι εἰσίν nicht; an eine solche zu denken, widerrät nicht nur die Tradition, die Paulus übernommen hat, sondern auch der Text selbst, denn αἱ οὖσαι heißt „die bestehenden" (Gewalten). Die spezifische Bedeutung „einsetzen" hat τάσσειν desgleichen in 2 Βασ 7, 11 (= 1 Chr 17, 10) [3]): ἀπὸ τῶν ἡμερῶν, ὧν ἔταξα (Gott ist der Sprechende) κριτὰς ἐπὶ τὸν λαόν μου Ἰσραήλ. Dieser theologische Sprachgebrauch von τάσσειν ist abgeleitet von dem profanen, der in rechtlich-politischem Bezug das „Einsetzen in" oder „Bestellen zu" einem Amt bezeichnet. Charakteristisch hierfür sind in der LXX Stellen wie 2 Βασ 23, 23; 1 Chr 16, 4; Tob 1, 21; 2 Macc 8, 22 [4]).

Den soeben besprochenen Satz (v 1c) nimmt Paulus in v 2a mit dem Ausdruck ἡ τοῦ θεοῦ διαταγή nochmals auf. Beide Begriffe,

---

[1]) Von diesem Befund her kann die Meinung, der mehrfache Gebrauch von Derivaten des Stammes ταγ kehre das Ordnungsmotiv hervor (vgl. W. SCHRAGE, *Einzelgebote* S. 225, auch E. KÄSEMANN, *Grundsätzliches* S. 47 u.a.), schwerlich aufrechterhalten werden.

[2]) E. KÄSEMANN, *Grundsätzliches* S. 42, bemerkt: „Paulus reflektiert . . . nicht darüber, wie jene, 'vorhandenen' Gewalten, von denen er in 1b redet, zustandekamen. Für ihn besitzt derjenige, der sich politisch durchgesetzt hat, eben als Inhaber faktischer Gewalt eine von Gott verliehene Funktion und Autorität". Paulus sagt in der Tat „nur", daß die bestehenden Gewalten von Gott eingesetzt sind, doch eine andere als diese theologische Aussage kann man dem Text nicht entnehmen. Das Problem der Despotie, das E. KÄSEMANN offensichtlich im Text unterbringen will, bringt Paulus in Röm 13, 1-7 gerade nicht zur Sprache; auch darin ist er seiner Tradition treu.

[3]) Wiedergabe von צוה.

[4]) Die Wendung τῶν ἐπ' ἐξουσίαις τεταγμένων Est 8, 12e wird von V. RYSSEL (s. KAUTZSCH, *Apokryphen u. Pseudepigraphen d. A.T.* I S. 208) und G. DELLING, *ThWb* VIII S. 28, 24 gedeutet im Sinne von „eingesetzt von Gott". Indessen: ὑπὸ θεοῦ steht nicht im Text; der Gebrauch von τεταγμένος ἐπί in Est 8, 12e ist so formelhaft wie in 3, 13 f. oder 3 Macc 7, 1 (vgl. hierzu auch die Beispiele bei A. STROBEL, *ZNW* 47 (1956), S. 85 f mit ihren lateinischen Entsprechungen). Der in Rede stehende Ausdruck ist daher zu übersetzen: „von denen, die in Machtstellungen sind". — Im Unterschied zu diesem formelhaften Gebrauch liegt in Röm 13, 1c Passivkonstruktion vor. Dies hat A. STROBEL offenbar übersehen, sonst hätte er den Ausdruck ἐξουσίαι τεταγμέναι nicht von ὑπὸ θεοῦ isolieren und mit den Beispielen, auf die oben verwiesen wurde, vergleichen können.

τάσσειν und διαταγή, entstammen der rechtlichen Sphäre [1]): Wenn
ein König oder eine Behörde jemanden in ein Amt einsetzt, geschieht dies in Form einer διαταγή, einer „Anordnung", einer
„Verfügung" [2]). Derselbe Sachzusammenhang besteht in Röm
13, 1 f: Da die bestehenden Gewalten von Gott eingesetzt,
sind, „widerstrebt der, der sich der Amtsgewalt widersetzt, der
Verfügung Gottes".

b) ὑπο- und ἀντιτάσσεσθαι. Die spezifische Bedeutung von
ὑποταγή-ὑποτάσσεσθαι umschreibt Käsemann folgendermaßen [3]):
„ὑποταγή ist jener Gehorsam, den man als in einem bestimmten
τάγμα befindlich schuldet, also aus vorgegebenen irdischen Verhältnissen heraus, während ὑπακοή einfach den Gehorsam als
Leistung bezeichnet". Indes liegen, wie ein Blick auf den neutestamentlichen Sprachgebrauch lehrt, die Dinge nicht so einfach.
So exemplifiziert 1 Petr 3, 6a das Untertansein „der heiligen
Frauen" (ὑποτασσόμεναι τοῖς ἰδίοις ἀνδράσιν v 5b) mit der Haltung
Saras und formuliert: ὡς Σάρρα ὑπήκουσεν τῷ ᾿Αβραάμ, „κύριον
αὐτὸν καλοῦσα". Ein sachlicher Unterschied zwischen diesem
ὑπακούειν und jenem ὑποτάσσεσθαι scheint nicht zu bestehen [4]).
Die Gegenüberstellung folgender Texte mag diese Beobachtung
bestätigen:

---

[1]) A. Deissmann, *Licht vom Osten*, 1923[4], S. 71 — von A. Strobel, *ZNW*
47 (1956), S. 86, zustimmend zitiert —, merkt an, der Ausdruck τῶν θείων
διαταγῶν, der in einer Inschrift aus dem 2. Jh. n. Chr. belegt ist, stelle die
genaueste Parallele zu Röm 13, 2a dar. Dies mag für das rein Sprachliche
zutreffen, doch sind sachlich „kaiserliche Verordnungen' etwas anderes
als eine „Verordnung Gottes". Mehr als einen Beleg für die rechtliche
Bedeutung des Begriffs διαταγή gibt jene Wendung nicht ab, vgl. auch R.
Walker, *Studie* S. 24 f.

[2]) Die Vokabel ist erst in der Koine gebräuchlich und hat hier durchweg
diese Bedeutung. Im Unterschied zu διάταξις (vgl. Ps 118, 91 LXX) und
διατάσσειν (vgl. Weish 11, 20) begegnet διαταγή im Zusammenhang mit
Aussagen von Gottes Schöpfungshandeln erst in 1 Klem 20, 3, wohl in Anlehnung an den LXX-Sprachgebrauch von διάταξις.

[3]) *Grundsätzliches* S. 47, vgl. auch *ZThK* 56 (1959), S. 373 (ἀπο- ist in
ὑποτάσσεσθαι zu verbessern).

[4]) K. H. Rengstorf, Die neutestamentlichen Mahnungen an die Frau,
sich dem Manne unterzuordnen, *Festschr. für* O. Schmitz (1953), S. 131:
„Hier geht es nämlich aus dem Hinweis auf Sara und ihr Verhalten gegenüber
Abraham hervor, daß sich für den Verfasser des Briefes das ὑποτάσσεσθαι im
ὑπακούειν, also im Gehorsam, ausdrückt und bewährt". Diesem Satz stimme
ich zu, wenn ich auch das Ordnungsmotiv, auf das Rengstorf im übrigen
abhebt — s. S. 138, 142 f, noch stärker in: *Mann und Frau im Urchristentum*,
Heft 12 der Arbeitsgemeinschaft für Forschung des Landes Nordrhein-
Westfalen, 1954, S. 23 und 28 —, nicht gegeben sehe.

ὑπακοή:

ἀναμιμνησκομένου (*sc.* Τίτου) τὴν πάν
των ὑμῶν ὑπακοήν   2 Kor 7, 15

ὑποταγή:

δοξάζοντες τὸν θεὸν ἐπὶ τῇ ὑποταγῇ τῆς
ὁμολογίας ὑμῶν εἰς τὸ εὐαγγέλιον τοῦ
Χριστοῦ   2 Kor 9, 13

ὑπακούειν:

ἀλλ᾽ οὐ πάντες ὑπήκουσαν τῷ εὐαγγελίῳ
          Röm 10, 16

εἰς τὸ ὑπακούειν ταῖς ἐπιθυμίαις αὐτοῦ
(*sc.* τοῦ σώματος)   Röm 6, 12

καὶ τοῖς πνεύμασι τοῖς ἀκαθάρτοις ἐπι
τάσσεται, καὶ ὑπακούουσιν αὐτῷ
          Mk 1, 27

οἱ δοῦλοι, ὑπακούετε κατὰ πάντα τοῖς
κατὰ σάρκα κυρίοις
          Kol 3, 22 (= Eph 6, 5)

τὰ τέκνα, ὑπακούετε τοῖς γονεῦσιν ὑμῶν
          Eph 6, 1

ὑποτάσσεσθαι:

τῇ δικαιοσύνῃ τοῦ θεοῦ οὐχ ὑπετάγησαν
          Röm 10, 3

τῷ . . . νόμῳ τοῦ θεοῦ οὐχ ὑποτάσσεται
(*sc.* ἡ σάρξ)   Röm 8, 7

καὶ τὰ δαιμόνια ὑποτάσσεται ἡμῖν ἐν τῷ
ὀνόματί σου   Lk 10, 17

δούλους ἰδίοις δεσπόταις ὑποτάσσεσθαι
ἐν πᾶσιν   Tit 2, 9

καὶ ἦν (*sc.* Ἰησοῦς ὁ παῖς) ὑποτασσό
μενος αὐτοῖς (*sc.* τοῖς γονεῦσιν αὐτοῦ)
          Lk 2, 51.

Auf Gehorsam, der vorgegebenen irdischen Verhältnissen zu
entsprechen hat, kann nachweislich auch ὑπακούειν gehen, vgl.
Eph 6, 1.5; Kol 3, 20.22; 1 Petr 3, 6a [1]), anderseits auf ,,Gehorsam
als Leistung" auch ὑποτάσσεσθαι bzw. ὑποταγή, vgl. 2 Kor 9, 13;
Röm 8, 7; 10, 3; 1 Kor 16, 16. Die Exegese, die den Gebrauch von
ὑποτάσσεσθαι in Röm 13, 1a und 5 geradezu mit Selbstverständlichkeit in der Weise deutet, daß Paulus an das Sicheinfügen in eine
vorgegebene Ordnung denke, scheint mir daher schlecht beraten
zu sein. Vor allem widerrät dieser Deutung der im folgenden zu
erörternde Sprachgebrauch.

Der Begriff ὑποτεταγμένος ist geläufige Bezeichnung dessen, der
rechtlich oder politisch einem anderen unterstellt ist, sei es der
Untergebene [2]), sei es der Untertan; insbesondere bedeutet ὑποτε
ταγμένοι ,,Untertanen" eines Herrschers oder eines Reiches [3]).
Entsprechend ist τὸ ὑποτάσσεσθαι die dem rechten Untertan

---

[1]) Vgl. auch Josephus, *c. Apionem* 2, 201: γυνὴ χείρων, φησίν, ἀνδρὸς εἰς
ἅπαντα. τοιγαροῦν ὑπακουέτω, μὴ πρὸς ὕβριν, ἀλλ᾽ ἵν᾽ ἄρχηται· θεὸς γὰρ ἀνδρὶ
τὸ κράτος ἔδωκεν (Die Stelle ist genannt bei W. Bauer, *Wörterbuch s.v.*
ὑπακούω 1.). Bemerkenswert erscheint mir an diesem Text, daß die für jeden
Juden in der Schöpfung begründete ,,Unterordnung" der Frau unter den
Mann — so wird der Begründungssatz θεὸς γὰρ . . . . ἔδωκεν wohl zu verstehen
sein — hier als ὑπακούειν formuliert wird.

[2]) Vgl. z.B. 2 Chr 9, 14; Est 3, 13a; Jos. *bell.* 2, 140.

[3]) Vgl. Est 3, 13b; 8, 12c; 3 Macc 1, 7; Arist. 205, 291 u.ö.

eignende Haltung und Einstellung gegenüber der Staatsgewalt [1]). Aus diesem Befund erhellt: Das ὑποτάσσεσθαι von Röm 13, 1a und 5 hat — wie das τὸ πιστὸν παρέχειν von Jos. *bell.* 2, 140 — die konkrete Bedeutung „loyal", „untertänig sein". Der Gegenbegriff hierzu ist τὸ ἀντιτάσσεσθαι, „der Widerstand" [2]). Er meint nicht das aufständische Verhalten [3]), sondern das Sich-nicht-Halten an die Vorschriften und Gesetze der Staatsgewalt [4]). Dem skizzierten Zusammenhang der beiden Ausdrücke entspricht, daß Paulus dem ἐξουσίαις ὑπερεχούσαις ὑποτάσσεσθαι (v 1a) in 2a das ἀντιτάσσεσθαι τῇ ἐξουσίᾳ korrespondieren läßt.

Wie die Analyse gezeigt hat, gehen beide Begriffe, ὑπο- und ἀντιτάσσεσθαι, auf alltägliche Gegebenheiten der hellenistisch-römischen Welt; der Sprachgebrauch läßt nicht erkennen, daß sie das Problem der Ordnung zum Thema haben. Die herkömmliche Übersetzung „jedermann sei untertan" ist somit richtig, jedenfalls treffender als die neuerdings in Mode gekommene „jedermann ordne sich unter". So begründet unsere Aversion gegen kategorische Loyalitätsbekundungen, gegen das Denken im Schema „Obrigkeit und Untertan" auch ist, sie darf den Exegeten nicht hindern, den gegebenen philologischen Tatbestand deutlich auszusprechen. Paulus hat diesem Denken in Röm 13, 1-7 nicht nur eine klassische Formulierung verliehen, sondern darüber hinaus auch eine — wenngleich übernommene — theologische Begründung mitgegeben.

(Abgeschlossen am 1. Mai 1966)

---

[1]) Vgl. Jos. *bell.* 2, 433: Μανάημός τις, ..., ὁ καὶ ἐπὶ Κυρινίου ποτὲ Ἰουδαίους ὀνειδίσας ὅτι Ῥωμαίοις ὑπετάσσοντο μετὰ τὸν θεόν. In der Polemik bekommt das Wort sodann den Klang von „unterwürfig sein", vgl. Jos. *bell.* 4, 175: ὥσπερ ἐκ προγόνων τὸ ὑποτάσσεσθαι παραλαβόντες. — E. KÄHLER, *Frau* S. 177, hält mit K. H. RENGSTORF, *Mahnungen* S. 132, ὑποτάσσεσθαι im neutestamentlichen Sprachgebrauch für einen typisch christlichen Begriff und gebraucht im Hinblick auf dessen Verwendung in Röm 13 das Bild von der neu geprägten Münze, „die noch ihren ganzen Eigenwert repräsentiert". Nach dem oben aufgezeigten Sprachgebrauch ist jedoch das Gegenbild das zutreffende, das von der gängigen Münze.

[2]) Vgl. Arist. 254, wo ὑπήκοος εἶναι (= untertänig sein) und ἐναντιούμενος einander gegenübergestellt wird.

[3]) Josephus macht zwischen ἀντιτάσσεσθαι und ἀφίστασθαι einen deutlichen Unterschied, vgl. *bell.* 2, 194.

[4]) Vgl. das Beispiel Est 3, 4 (nur LXX): καὶ ὑπέδειξαν τῷ Ἀμαν Μαρδοχαῖον τοῖς τοῦ βασιλέως λόγοις ἀντιτασσόμενον.

6. Die Loyalitätsparänese Röm 13,1–7 im Rahmen von Römer 12 und 13

A Problemskizze

Röm 13,1–7 ist, so argumentiert J. Vollmer im *Deutschen Pfarrerblatt* 1995, ein nichtchristlicher politischer Traktat, den ein Redaktor dem Paulus angedichtet hat, verhängnisvoll in seinen Auswirkungen insgesamt, „mit seiner verheerenden absoluten Gehorsamsforderung gegenüber dem Staat ... eine schwere Hypothek für Kirche und Theologie, von der wir uns 50 Jahre nach Auschwitz befreien müssen"[1]. Drei Momente führen in der Tat leicht dazu, Röm 13,1–7 als nachpaulinische Einfügung zu bestimmen: 1. Die Texteinheit, für sich selbst betrachtet, weist eine formale und strukturelle Geschlossenheit auf, die ihr eine erstaunliche Selbständigkeit verleiht. Sie könnte so, wie sie dasteht, für sich stehen. 2. Wie Text und Kontext zusammengehören, liegt nicht auf der Hand[2]. Wohl hat sich gegen die Sicht der Formgeschichte, wonach für die gesamte paränetische Tradition „eine gewisse Unverbundenheit der einzelnen Elemente kennzeichnend" ist, „die weithin nicht nach der Ordnung einer Gedankenfolge, sondern nach äußeren, didaktischen Gesichtspunkten aneinandergereiht werden"[3], eine kontextbezogene Auslegung etabliert. Aber deren Vorgehensweise führt eher zu beliebigen als zu verifizierbaren Ergebnissen. 3. Theologisch überrascht die undialektische Direktheit der Loyalitätsparänese und ihrer Begründung[4].

1.1 U. Wilckens analysiert zutreffend: „Mit deutlichem Stilwechsel von der zweiten in die dritte Person, von der Reihung knapp formulierter Einzelmahnungen zu argumentativ-thematischer Paränese, beginnt in 13,1 ein neuer Abschnitt, dessen These in V1a vorangestellt ist."[5] Das Ende der Loyalitätsparänese charakterisiert E. Käsemann mit den Worten: „7 zieht plerophorisch die Summe: Jeder hat das von ihm Geschuldete zu leisten."[6] So wird die Texteinheit, die O. Michel als „eine selbständige Einlage" dia-

---

1 Römer 13,1–7. Ein eingeschobener politischer Traktat, DtPfrBl 95, 1995, 454–458: 457.
2 W. Schmithals, Der Römerbrief, Gütersloh 1988, 458–462.
3 U. Wilckens, Römer 13,1–7, in: ders., Rechtfertigung als Freiheit, Neukirchen-Vluyn 1974, 203–245: 207.
4 K. Wengst, Pax Romana, Anspruch und Wirklichkeit, München 1986, 105.
5 Der Brief an die Römer, EKK 6/3, ²1989, 29.
6 An die Römer, HNT 8a, ⁴1980, 346.

gnostiziert[7], gerahmt von einleitender und abschließender Mahnung: „*Jedermann* (πᾶσα ψυχή) soll sich den übergeordneten Gewalten fügen. . . . *Allen* (πᾶσιν) gebt, was ihr zu geben schuldig seid!" Wie läßt sich diese Selbständigkeit mit der „Authentie des Textes"[8] vereinbaren?

2.1 Römer 13,1–7 seien fest, so wird reklamiert[9], in den Zusammenhang der Paulinischen Paränese eingebettet, deshalb solle erlaubt sein, die vorhandenen Klammern sachlich auszubeuten und den Text dementsprechend kontextbezogen auszulegen. Aber wohin führt das? Nach U. Wilckens sei die Mahnung zum Tun des Guten, d.h. der Liebe, die übergreifende Thematik in Röm 12f.[10] Ist Paulus indes tatsächlich so zu interpretieren, daß die römischen Behörden von Gott die Aufgabe haben, die Taten der Liebe zu fördern (V.3f.)? Zu beachten seien ferner „die Berührungen von ἐκδίκησις in 12,19 und ἔκδικος in 13,4 . . . sowie die 12,19 und 13,4b.5 verklammernde Vorstellung des göttlichen Zorngerichtes"[11]. Sollen also die Christen, wie U. Wilckens formuliert, „die Ahndung des ihnen zugefügten Bösen dem eschatologischen Zorngericht Gottes überlassen (12,19)"[12], muß man dann logischerweise weiter exegesieren, daß „der Staat in durchaus eschatologischem Horizont seine Aufgabe als Schützer und Förderer des Guten und Ahnder des Bösen hat"[13]? Nach anderer Kontextauslegung, nämlich von Röm 13,11–14 her, bestünde der eschatologische Horizont allerdings eher in der Erkenntnis des eschatologischen Vorbehalts, daß der Staat ein Provisorium ist, „das der vergehenden Welt angehört"[14]. Ein weiteres Beispiel beliebiger kontextueller Auslegung findet sich bei K. Berger: Nicht zu richten (Röm 12,19–21; 14,3–13) sei die eigentliche Konsequenz der Paulinischen Rechtfertigungslehre im Handeln der Menschen, will sagen, das Ende des Richtens von Menschen über Menschen. „Die staatliche Ordnung hilft nach der Ansicht des Paulus direkt bei der Verwirklichung dieses Zieles des Römerbriefes."[15] Wenn nun aber kein Raum mehr sein soll „für das Richten von Menschen über Menschen", ist zu fragen, warum das nicht auch für die römischen Beamten zu gelten hätte. Wenn es Paulus darum ginge zu sagen, die staatlichen Behörden vollzögen „das, was an Richten auf Erden nötig ist"[16], warum plädiert er dann für Rechtsverzicht und, wenn dies nicht möglich ist, für Rechts-

---

7 Der Brief an die Römer, KEK 4, [14]1978, 312.
8 E. Käsemann, Römer (s. Anm. 6), 339.
9 J. Friedrich – W. Pöhlmann – P. Stuhlmacher, Zur historischen Situation und Intention von Röm 13,1–7, ZThK 73, 1976, 131–166: 149.
10 Römer 13 (s. Anm. 3), 210.
11 J. Friedrich – W. Pöhlmann – P. Stuhlmacher, Situation (s. Anm. 9), 149.
12 Römer 13 (s. Anm. 3), 211.
13 U. Wilckens, Römer (s. Anm. 5), 37. Zur Kritik s. auch K. Haacker, Zum Werdegang des Apostels Paulus: Biographische Daten und ihre theologische Relevanz, in: ANRW II.26/2, 1995, 815–938 (Anhang: 1924–1933): 842, Anm. 118.
14 W. Schrage, Ethik des Neuen Testaments, GNT 4, [5]1989, 245; vgl. auch K. Aland, Das Verhältnis von Kirche und Staat in der Frühzeit, in: ANRW II.23/1, 1979, 60–246: 186.
15 Gottes einziger Ölbaum, Stuttgart 1990, 257.
16 K. Berger, a.a.O., 258.

nahme innerhalb der Gemeinde (1Kor 6,1)? Sicher kann man angesichts der Rede von Steuer und Zoll (V.6f.) nicht sagen, allein die richterlichen Funktionen würden betont[17]. Die Wirkungsbereiche staatlicher Gewalt, die Paulus anspricht, sind die Vergabe öffentlicher Anerkennung, die Sorge für Sicherheit, die Strafverfolgung und das Steuerwesen. Wie läßt sich angesichts sovieler Irrfahrten kontextueller Auslegung die Stellung von Röm 13,1–7 im Kontext von Kap. 12 und 13 noch einmal neu wahrnehmen und bestimmen?

3.1 Trotz mannigfacher negativer Erfahrungen, die Paulus selbst mit städtischen Behörden gemacht hat (1Thess 2,2; 2Kor 11,25.32f.; Phil 1,13), werden Konfliktfälle dieser Art im Wortlaut von Röm 13,1–7 offenkundig nicht angesprochen[18]. „Es ist ein Grundproblem im Umgang mit Röm 13,1–7, daß Paulus in diesen Versen selbst nicht auch die Grenze der Loyalitätsforderung nennt."[19] Wie anders stellt sich die Einschätzung des „Schwerts" in Röm 8,35 dar! Ja, im Blick auf Röm 8 kann man E. Käsemanns Urteil nachempfinden: „Nur apokalyptische Weltanschauung kann die Wirklichkeit so beschreiben"[20]. Angesichts des Wortlauts von Röm 13,1–7 indes ist die Rede vom apokalyptischen Gottesbild sinnleer[21]. Das Problem läßt sich mit W.A. Meeks pointieren: Das apokalyptische Element im Paulinischen Gedankengut widerspreche eigentlich der Art, wie in Röm 13,1–7 der Appell zum Gehorsam gegenüber dem römischen *imperium* und seinen Vertretern durch Gottes Souveränität begründet wird[22]. Erklärungsbedürftig ist sodann auch die unterschiedliche Wahrnehmung staatlicher Gewalt in 1Kor 6,1–8 und Röm 13,1–7[23]: „Ungerechte" dort, „Diener Gottes" hier. Bei soviel Fremdheit der Loyalitätsparänese innerhalb der Paulinischen Theologie liegt es nahe, den Grund ihres singulären Skopus in der Situation, sei es, der Empfänger, sei es des Schreibers des Briefes zu suchen. Vielstimmig ist daher der Chor derer, die wie E. Käsemann die Vermutung äußern, Paulus wolle „Schwärmer in die Grenzen irdischer Ordnung" zurückrufen[24]. Aber weder genügt Röm 12,3 als Textbasis für solche Vermutung[25], noch macht es Sinn, die Enthusiasmusproblematik speziell mit der Situation der stadtrömischen Christen zu verbin-

---

17 Gegen K. Berger, a.a.O., 258.

18 J. Eckert, Das Imperium Romanum im Neuen Testament, TThZ 96, 1987, 253–271: 264; K. Wengst, Pax (s. Anm. 4), 101.

19 L. Schottroff, „Gebt dem Kaiser, was dem Kaiser gehört, und Gott, was Gott gehört." In: Annahme und Widerstand, hg. v. J. Moltmann, KT 79, 1984, 15–58: 39. Vgl. auch L. Pohle, Die Christen und der Staat nach Römer 13, Mainz 1984, 173.

20 Römer (s. Anm. 6), 243.

21 Gegen L. Schottroff, „Gebt dem Kaiser" (s. Anm. 19), 36.

22 Urchristentum und Stadtkultur. Die soziale Welt der paulinischen Gemeinden, Gütersloh 1993, 343, vgl. auch 223.

23 W. Schrage, Ethik (s. Anm. 14), 248.

24 Römer (s. Anm. 6), 338; vgl. u.a. H. Balz, Art. φοβέω κτλ., ThWNT 9, 1973, 186–194.201–216: 211; aber auch schon H. von Campenhausen, Zur Auslegung von Röm 13: Die dämonistische Deutung des ἐξουσία-Begriffs, in: FS A. Bertholet, hg. v. W. Baumgartner, O. Eißfeldt, K. Elliger, L. Rost, Tübingen 1950, 97–113: 112.

25 K. Wengst, Pax (s. Anm. 4), 103.

den[26]. Andere haben vorgeschlagen, den zeitgeschichtlichen Anlaß der Paränese in (tatsächlichen oder auch nur zu befürchtenden) antirömischen messianischen oder auch zelotischen Bestrebungen in der Welthauptstadt zu suchen[27]. Dabei bleiben wir aber auf bloße Vermutungsbereitschaft angewiesen[28]. Wieder andere wollen Steuerunruhen in der Welthauptstadt als Anlaß sehen, warum Paulus so massiv und einseitig zur Loyalität ruft[29]. Aber Röm 13,6 ist angesichts der Formulierung διὰ τοῦτο γὰρ καὶ κτλ. *begründend*, nicht auffordernd zu verstehen, die Übersetzung „Deshalb müßt ihr auch Steuern bezahlen" philologisch unzulässig[30]. Zu Recht resümiert daher L. Pohle: „Eine besondere situative Gegebenheit, die für die Aussagen Röm 13,1–7 Anlaß gewesen sein mag und die eine konkret-historische Einschränkung der Geltung des Textes nahelegen würde, kann Text und Kontext nicht entnommen werden."[31] Das gilt gleichermaßen für die Erwägung, römische Christen könnten Paulus verdächtigt haben, in der Loyalitätsfrage selbst ein Problem zu haben[32]. Denn spätestens in 13,6f. hätte er dann Beispiele und Formulierungen gewählt, bei denen er sich selbst eingeschlossen hätte (διὰ τοῦτο γὰρ καὶ ἡμεῖς). Wenn aber alle Einzelfälle der genannten Vermutungen in sich brüchig sind, werden sie nicht überzeugender, indem man sie kumuliert: „Die Diskussionstendenz wird am zutreffendsten mit ,Ursachenkombination' angegeben. Wie gross dabei der jeweilige Einfluss der Faktoren ,Enthusiasmus', ,Zelotismus', ,römische Protestbewegung' u.a.m. auch gewesen ist – sie zeigen, dass es Paulus an zeithistorischen Anlässen sicher nicht fehlte."[33] So bleibt denn die Fremdheit der Loyalitätsparänese in ihrer Diktion und Begründung bestehen. Wir können sie in die Frage J. Vollmers zusammenfassen: „Was könnte Paulus veranlaßt haben, gerade hier, den Zusammenhang von 12,9– 21 und 13,8–14 unterbrechend, so unbedingt und uneingeschränkt, nicht-

26 W. Schrage, Die Christen und der Staat nach dem Neuen Testament, Gütersloh 1971, 52.

27 M. Borg, A new context for Romans XIII, NTS 19, 1973, 205–218.

28 U. Wilckens, Römer 13 (s. Anm. 3), 228. Vgl. D. Georgi, Die Gegner des Paulus im 2. Korintherbrief, WMANT 11, 1964, 125 mit Anm. 1; W.A. Meeks, Stadtkultur (s. Anm. 22), 85f.

29 J. Friedrich – W. Pöhlmann – P. Stuhlmacher, Situation (s. Anm. 9), 153–159.164–166; H. Merklein, Sinn und Zweck von Röm 13,1–7, in: Neues Testament und Ethik, FS R. Schnackenburg, hg. v. H. Merklein, Freiburg u.a. 1989, 238–270: 264–267; R. Riesner, Die Frühzeit des Apostels Paulus, WUNT 71, 1994, 270.283; Th. Söding, Das Liebesgebot bei Paulus, NTA 26, 1995, 234 mit Anm. 27. In gebotener Nüchternheit hat sich P. Lampe (Die stadtrömischen Christen in den ersten beiden Jahrhunderten, WUNT 2/18, ²1989, 63f.) an dieser Steuer-Exegese nicht beteiligt.

30 Gegen J. Friedrich – W. Pöhlmann – P. Stuhlmacher, Situation (s. Anm. 9), 160 (der Text lautet jedenfalls nicht: διὰ τοῦτο γὰρ καὶ ὀφείλετε φόρους τελεῖν [vgl. 1Kor 11,10]); vgl. auch S. 165 die völlig textfremde Formulierung, Paulus *rate* den Christen, die Steuerbelastung durchzustehen, weil die auf Gottes Gericht zulaufende Welt einer ordnenden staatlichen Instanz bedürfe, *um nicht vorzeitig im Chaos zu versinken.*

31 Christen (s. Anm. 19), 172.

32 K. Wengst, Pax (s. Anm. 4), 104.

33 V. Riekkinen, Römer 13. Aufzeichnung und Weiterführung der exegetischen Diskussion, AASF.DHL 23, 1980, 117; vgl. auch 217f.

christlich und ohne jeden eschatologischen Vorbehalt, wider alle seine persönlichen Erfahrungen und im Widerspruch zu seiner Theologie derart positiv von den staatlichen Gewalten und dem Gehorsam ihnen gegenüber zu sprechen?"[34] Die nächstliegende Antwort wird in der Rückfrage nach der Tradition, in der Röm 13,1–7 steht, zu suchen sein.

B Die jüdische Vorgeschichte der Loyalitätsforderung und ihres Kontexts

Die neutestamentliche Wissenschaft hat in der Exegese der Römerbriefstelle Fortschritte von bleibendem Wert erzielt. Sie hat den Nachweis erbracht, daß in der Rede von den ἐξουσίαι ὑπερέχουσαι V.1, von den ἄρχοντες V.3 und den λειτουργοί V.6 sowie vom „Tragen des Schwerts" V.4 verwaltungstechnische Sprache der hellenistisch-römischen Welt begegnet[35]. Entsprechend ist die inhaltliche Beschreibung staatlicher Funktionen, also die Rede vom „Guten", von Lob und Bestrafung, τιμή und φόβος, geradezu als topisch zu bezeichnen[36]. In Übereinstimmung mit diesem Sprachgebrauch beziehen sich ὑποτάσσεσθαι und ἀντιτάσσεσθαι *exegetisch* nicht auf so etwas wie Schöpfungsordnung oder kosmischen *ordo*[37], sondern bezeichnen präzise Loyalität bzw. Widerstand[38]. διαταγή

---

34 Römer 13 (s. Anm. 1), 456.
35 A. Strobel, Zum Verständnis von Rm 13, ZNW 47, 1956, 67–93; J. Friedrich – W. Pöhlmann – P. Stuhlmacher, Situation (s. Anm. 9), 140–145. Zum Bild des Paulus als römischen Bürgers vgl. in diesem Zusammenhang M. Hengel, Der vorchristliche Paulus, in: Paulus und das antike Judentum, hg. v. M. Hengel und U. Heckel, WUNT 58, 1991, 202; K. Haacker, Werdegang (s.o. Anm. 13), 841–847.
36 A. Strobel, Furcht, wem Furcht gebührt. Zum profangriechischen Hintergrund von Rm 13,7, ZNW 55, 1964, 58–62; W.C. van Unnik, Lob und Strafe durch die Obrigkeit. Hellenistisches zu Röm 13,3–4, in: Jesus und Paulus, FS W.G. Kümmel, hg. v. E.E. Ellis und E. Gräßer, Göttingen 1975, 334–343; K. Wengst, Pax (s. Anm. 4), 220, Anm. 87.
37 *Exegetische* Wahrnehmung der theologischen Implikationen von Röm 13,1–7 führt auf die Vorstellung von *Gottes Regiment oder Herrschaft,* wie man auch von dem großen Bibelausleger Martin Luther in seiner Grundlegung der Zwei-Reiche-Lehre von 1523 (Von weltlicher Uberkeytt, wie weyt man yhr gehorsam schuldig sey, WA 11, 245–280: 251 u.ö.) lernen kann. V. Riekkinen hingegen (Römer 13 [s. Anm. 33]), wittert im Einspruch gegen die Ausbeutung der Derivate des Stammes ταγ als schöpfungs- bzw. ordnungstheologisches Leitmotiv „Antipathie gegen jegliche Ordnungs-Gedanken, die auf Analysen der Derivate vom Stamme ταγ- basieren". Aber so leicht sind Stilfragen nicht zu entkräften. Folgt etwa aus der viermaligen Verwendung von ἐξουσία in Röm 13,1–3, daß hier eine Lehre von der Staatsgewalt zugrunde liegt? Kann man aus der gehäuften Rede vom Guten (Röm 12,2.9.17.21; 13,3.4) auf eine vorauszusetzende Philosophie oder Ethik des Guten schließen? Will Paulus in Röm 7f. von der Macht der Sünde und deren Überwindung sprechen, oder entwickelt er eine Lehre von der Thora, weil er zu immer neuen νόμος-Wendungen greift?
38 R. Bergmeier, Loyalität als Gegenstand Paulinischer Paraklese, Theok. 1 (1967–1969), 1970, 51–63. E. Käsemann (Römer [s. Anm. 6], 337–347) hat meine Kritik an seiner früheren Position (ders., Römer 13,1–7 in unserer Generation, ZThK 56, 1959, 316–376: 373.376) in einigen Punkten offensichtlich berücksichtigt, aber meine Untersuchung selbst nicht angeführt. Sie lag ihm vor, er hat mit Schreiben vom 10.11.70 ihren Erhalt

und τάσσειν, terminologisch ebenfalls der rechtlich-politischen Sphäre zugehörig, drücken demgegenüber die theologische *Begründung* aus[39]. So teilt Paulus zwar nach Röm 13,1b die allgemeine Überzeugung des zeitgenössischen Judentums, daß Herrschaft und Machtstellung immer von Gott verliehen sind[40]. Aber nirgendwo sonst findet sich diese Überzeugung ebenso mit der Verpflichtung zur Loyalität verknüpft wie in der essenischen Eidesformel nach Josephus, Bell 2,140f.[41], wonach die Initianden schwören, „stets allen (Mitgliedern der Gemeinschaft) gegenüber loyal zu sein, besonders aber denen, die ein Leitungsamt hätten, denn nicht ohne Gott komme jemandem Herrschaft zu, wenn aber einer selbst in ein Leitungsamt komme, werde er sich niemals zu Amtsmißbrauch hinreißen lassen noch durch ein Kleidungsstück oder durch größere Aufmachung seine Untergebenen in den Schatten stellen."

Ein weiterer Meilenstein in der exegetischen Forschung, in seiner Bedeutung noch nicht vollständig ermessen, ist die Beobachtung U. Wilckens', entwickelt im Anschluß an die Vorarbeit von E.G. Selwyn[42], daß Röm 13,1–7 in einem frühchristlichen paränetischen Topos aus mündlicher Tradition verankert ist[43], in einer „Grundparänese", wie man mit E. Kamlah sagen könnte[44]. Die „urchristliche Traditionsbindung" erhellt aus einem Vergleich von Röm 13,1–7 mit 1Petr 2,13–17; Tit 3,1ff. und 1Tim 2,2f.; Kennzeichen des zugrundeliegenden Topos sind[45]:

- Gehorsamsforderung gegenüber den staatlichen Gewalten,
- Charakterisierung derselben durch ὑπερέχειν.
- „Die Mahnung zum Gehorsam gilt jedweden Gewalten und allen ihren Repräsentanten."
- Im Ahnden des Bösen und im Belobigen des Guten wird die Funktion der Gewalten gesehen.
- Zusammenfassung der Loyalitätsparänese durch die Motive Furcht und Ehre,
- kontextuelle Übereinstimmung in Mahnungen, die das Verhalten zu allen Menschen und zu den Brüdern betreffen.

---

bestätigt und die Kritik gewürdigt. Dann aber blieb der Aufsatz, in E. Käsemanns Diktion gesprochen, „im Dschungel" hängen.

39 R. Bergmeier, a.a.O., 60f.; vgl. auch J. Friedrich – W. Pöhlmann – P. Stuhlmacher, Situation (s. Anm. 9), 136–140.

40 Vgl. Bill. 3, 303f.; U. Wilckens, Römer 13 (s. Anm. 3), 223–226; J. Friedrich – W. Pöhlmann – P. Stuhlmacher, Situation (s. Anm. 9), 145.

41 M. Dibelius, Rom und die Christen im ersten Jahrhundert, in: ders., Botschaft und Geschichte 2, hg. v. G. Bornkamm, Tübingen 1956, 177–228: 182f.; R. Bergmeier, Loyalität (s. Anm. 38), 52–56.

42 The First Epistle of St. Peter, London (²1947=)1961, 18f.426–429.

43 Römer 13 (s. Anm. 3), 211.213.216.

44 Die Form der katalogischen Paränese im Neuen Testament, WUNT 7, 1964, 197, Anm. 5.

45 U. Wilckens, Römer 13 (s. Anm. 3), 211–214; Römer (s. Anm. 5), 31.

Aus alledem erhellt, so bilanziert U. Wilckens, daß nicht nur die Loyalitätsforderung als solche, sondern auch ihr Zusammenhang mit allgemeiner Paränese traditionell vorgegeben waren[46]. Die Wurzeln dieses Zusammenhangs reichen nun aber nicht nur in das früheste Christentum, sondern darüber hinaus in das Diasporajudentum der hellenistisch-römischen Zeit zurück.

Auf die Frage, worin wahre ἀρετή bestehe oder was wahre Religion sei, suchte man im Judentum der Diaspora offenbar einfache fundamentale Antworten[47]. So konzentrierte man im Anschluß an griechische Vorbilder[48] jüdische Ethik gern auf das rechte Verhältnis zu Gott (εὐσεβής, ὅσιος, εὐσέβεια) und zu den Menschen (δίκαιος, δικαιοσύνη)[49]. Ausdrücklich formuliert Philo (SpecLeg 2,63) als Zusammenfassung synagogaler Katechese zwei Grundgebote: in bezug auf Gott die Forderung der Gottesverehrung und Frömmigkeit, in bezug auf die Menschen die der Gerechtigkeit und Menschenliebe[50]. An diese Ausgangsform ließen sich weitere Fundamentalia angliedern, wie z.B. das öffentliche Wirken betreffende. So konnte man einen vorbildlichen Herrscher charakterisieren durch εὐσεβὴς μὲν τὰ πρὸς τὸν θεόν, δίκαιος δὲ τὰ πρὸς ἀνθρώπους und ἐπιμελὴς δὲ τῶν κατὰ τὴν πόλιν Josephus, Ant 9,236 oder noch deutlicher in Ant 15,375 εἰ καὶ δικαιοσύνην ἀγαπήσειας καὶ πρὸς τὸν θεὸν εὐσέβειαν, ἐπιείκειαν δὲ πρὸς τοὺς πολίτας. Solche Regentenspiegelethik war aber auch umkehrbar auf die Untertanen, wie 3Makk 3 vor Augen führt. Als anders lebende Minderheit[51] sah man sich gelegentlich schnell dem Vorwurf der Illoyalität ausgesetzt (Est 3,8.13e; Josephus, Ant 11,217; 3Makk 3,2.7). Daher gehört die Betonung der Loyalität speziell in das Selbstbild der jüdischen Diaspora[52]. In 3Makk 3,3.5 begegnen dementsprechend als ethische Standards[53]

> das Verhältnis zu Gott: V.4 σεβόμενοι τὸν θεόν,
> das Verhältnis zu den Menschen: V.5 τῇ δὲ τῶν δικαίων εὐπραξίᾳ

---

46 Römer 13 (s. Anm. 3), 214.
47 In der Diktion von Josephus, Ap 2,190: „einfach und faßlich".
48 G. Schrenk, Art. δίκη κτλ., ThWNT 2, 1935, 180–229: 184.
49 Philo, Det 73; Virt 175; Praem 162; Arist 24.131 (vgl. auch 168.189); Josephus, Ant 7,384; 8,295.
50 Vgl. auch Josephus, Ap 2,146. Möglicherweise nahm man so auch Stellung zum geradezu eingefleischten Vorwurf der Misanthropie (Diodor, Weltgeschichte 34,1 τὸ μῖσος τὸ πρὸς τοὺς ἀνθρώπους; Josephus, Ap 2,121; Tacitus, Historien 5,5).
51 Vgl. Greek and Latin Authors on Jews and Judaism, ed. by M. Stern, II, Jerusalem 1980, 39 zu Tacitus, Historien 5,2.
52 Vgl. 3Makk 3,3; 6,26; 7,7; Arist 36.254; Philo, Flacc 94; LegGai 161.279f.; aus Pseudo-Hekataios' Schrift s. Josephus, Ap 2,43. Im übrigen vgl. H. Braunert, Jüdische Diaspora und Judenfeindschaft im Altertum, in: ders., Politik, Recht und Gesellschaft in der griechisch-römischen Antike, hg. v. K. Telschow und M. Zahrnt, KiHiSt 26, 1980, 29–48: 38.
53 Schon H. Conzelmann (Heiden – Juden – Christen, BHTh 62, 1981, 137) vermutet: „In Kap. 3 steckt ein apologetisches Schema."

κοσμοῦντες τὴν συναναστροφὴν ἅπασιν ἀνθρώποις εὐδόκιμοι
καθειστήκεισαν,
das Verhältnis zur staatlichen Gewalt: V.3 τὴν μὲν πρὸς τοὺς βα-
σιλεῖς εὔνοιαν καὶ πίστιν ... φυλάσσοντες.

So nimmt es nicht wunder, daß die hellenistisch-jüdische Essäer-Quelle,
die Philo und Josephus für je ihre Essener-Referate parallel benutzt haben[54], das Programm der Gemeinschaft im Stil des besprochenen jüdischen Ethik-Katalogs beschrieben hat. Im Dienst missionarischen bzw.
apologetischen Interesses wird die sittliche Vollkommenheit der Essäer,
vorbildlich für alle Menschen, als genuin bzw. typisch jüdisch dargestellt[55].
Programmatisch folgt deshalb ihre Lebensverpflichtung der besprochenen
Grundgestalt jüdischer Ethik in noch einmal erweiterter Fassung[56]:

in bezug auf Gott   Frömmigkeit,
in bezug auf die Menschen   Gerechtigkeit,
in bezug auf den Staat   Loyalität,
in bezug auf die eigene Gemeinschaft enge Verbundenheit[57],
in bezug auf sich selbst   Bescheidenheit.

Josephus, in seiner Quellenbenützung insgesamt konservativer als Philo[58],
belegt nun nicht nur die Loyalitätsverpflichtung als solche, sondern auch
deren Begründung, nämlich daß niemandem Herrschaft zuwachse, es sei
denn von Gott[59]. Dabei beziehen sich die κρατοῦντες, gegenüber denen
man loyal zu sein habe, im zugrundeliegenden Katalog natürlich auf politische Gewalten[60], in der Anwendung auf die Gemeinschaftsverhältnisse der
Essäer jedoch – ausweislich der Formulierung κἂν αὐτὸς ἄρχῃ – auf die in-
nergemeindlichen Autoritäten[61]. Von diesem Ergebnis aus lohnt sich noch
einmal ein Blick auf die Loyalitätsforderung des Paulus im Rahmen des
frühchristlichen paränetischen Topos.

---

54 R. Bergmeier, Die Essener-Berichte des Flavius Josephus. Quellenstudien zu den Essenertexten im Werk des jüdischen Historiographen, Kampen 1993, 26–41.66–79.
55 A.a.O., 78f.115. Dort fehlt der Hinweis auf M. Friedländer, Geschichte der jüdischen
   Apologetik als Vorgeschichte des Christentums, Amsterdam 1973 (= Zürich 1903),
   248–262.343–346.
56 R. Bergmeier, a.a.O., 36–38.
57 Die Wendung τὸ πιστὸν ἀεὶ πᾶσιν παρέξειν Josephus, Bell 2,140 ähnelt sehr stark dem
   antijüdischen Versatzstück bei Tacitus, Historien 5,1: *quia apud ipsos fides obstinata*.
58 R. Bergmeier, a.a.O., 39.79 mit Anm. 153.
59 Josephus, Bell 2,140; zu Sache und Formulierung vgl. neben Weish 6,3a.b οὐδεὶς περὶ
   ἑαυτόν ἐστι βασιλεύς Arist 224.
60 Gegen V. Riekkinen, Römer 13 (s. Anm. 33), 82, Anm. 1.
61 Gegen F. García Martínez, The Origins of the Essene Movement and of the Qumran
   Sect, in: ders. & J. Trebolle Barrera, The People of the Dead Sea Scrolls, Leiden usw.
   1996, 77–96: 96, Anm. 146 (auf S. 249).

C Die frühchristliche Tradition der Loyalitätsparänese und ihres Kontexts

Schon H. von Campenhausen hatte auf eine fundamentale Verwandtschaft der paränetischen Texte Röm 12–13 und 1Thess 5 aufmerksam gemacht[62]. Seine Beobachtungen sind noch zu erweitern und zu vertiefen und können sowohl mit den Merkmalen, die U. Wilckens herausgearbeitet hat, als auch mit denen des hellenistisch-jüdischen Ethik-Kanons kombiniert werden. Darüber hinaus läßt sich auch der Zusammenhang der paränetischen Tradition, die der 1Petr *neben* der Haustafeltradition verarbeitet, in noch breiterer Form in den Vergleich einbeziehen, als die Beobachtungen von U. Wilckens schon erkennen ließen. Der wiederholte Wechsel „von Paränese und Kerygma"[63] verursacht dabei ein breiteres Auseinandertreten der zu vergleichenden Texte. Das Vorliegen „einschlägiger Paränese-Formeln" bzw. „allgemeinchristlicher, katalogischer Überlieferung von Anweisungen" hatte ja schon N. Brox herausgestellt[64]. Folgende Texte können somit zu einem Katalog frühchristlicher paränetischer *Grundthemen* zusammengestellt und nach dem Vorbild des hellenistisch-jüdischen Ethik-Kanons strukturiert werden[65]:

---

62 Auslegung (s. Anm. 24), 109–112.
63 N. Brox, Der erste Petrusbrief, EKK 21, 1979, 151.
64 A.a.O., 116.152.
65 Auf die etwas weniger ausgeprägten Parallelen in Gal 5f., auf die P.F. Beatrice (vgl. V. Riekkinen, Römer 13 [s. Anm. 33], 84 mit Anm. 5) aufmerksam gemacht hat, wird nur jeweils anmerkungsweise hingewiesen.

1Thess 4-5	Röm 12-13	1Petr 2-4
4,1 παρακαλοῦμεν	12,1 παρακαλῶ	2,11 παρακαλῶ
4,1 ἀρέσκειν θεῷ	12,2 θυσίαν ... εὐάρεστον τῷ θεῷ	2,5 θυσίας εὐπροσδέκτους τῷ θεῷ
4,3 τοῦτο γὰρ ἐστιν θέλημα τοῦ θεοῦ	12,2 τί τὸ θέλημα τοῦ θεοῦ	2,15 οὕτως ἐστὶν τὸ θέλημα τοῦ θεοῦ
5,21 δοκιμάζετε, τὸ καλὸν κτλ.[66]	12,2 δοκιμάζειν ... τὸ ἀγαθόν	
4,9 περὶ δὲ τῆς φιλαδελφίας ...	12,10 τῇ φιλαδελφίᾳ εἰς ἀλλή-λους ...[67]	2,17 τὴν ἀδελφότητα ἀγαπᾶτε 3,8 φιλάδελφοι
4,12 μηδενὸς χρείαν ἔχητε[68] 4,9 εἰς τὸ ἀγαπᾶν ἀλλήλους	13,8 μηδενὶ μηδὲν ὀφείλετε εἰ μὴ τὸ ἀλλήλους ἀγαπᾶν[69]	4,8 τὴν εἰς ἑαυτοὺς ἀγάπην ἔχοντες (1,22 ἀλλήλους ἀγαπήσατε)
4,12 ἵνα περιπατῆτε εὐσχημόνως πρὸς τοὺς ἔξω	13,13 εὐσχημόνως περιπατήσωμεν	2,12 τὴν ἀναστροφὴν ὑμῶν ἐν τοῖς ἔθνεσιν ἔχοντες καλήν
5,1f. περὶ δὲ ... τῶν καιρῶν ... αὐτοὶ γὰρ ... οἴδατε	13,11 εἰδότες τὸν καιρόν[70]	
5,2 ὅτι ἡμέρα κυρίου ... ἔρχεται	13,12 ἡ δὲ ἡμέρα ἤγγικεν	4,7 πάντων δὲ τὸ τέλος ἤγγικεν
5,4 οὐκ ἐστὲ ἐν σκότει	13,12 τὰ ἔργα τοῦ σκότους[71]	
5,8 ἡμεῖς δὲ ἡμέρας ὄντες	13,13 ὡς ἐν ἡμέρᾳ ... περιπατή-σωμεν	

66 Gal 6,4 τὸ δὲ ἔργον ἑαυτοῦ δοκιμαζέτω ἕκαστος.

67 Gal 6,10c μάλιστα δὲ πρὸς τοὺς οἰκείους τῆς πίστεος.

68 Nicht terminologisch, aber inhaltlich vergleichbar ist aus dem ethischen Katalog, den Josephus, Ap 2,291 ausbreitet (von den jüdischen Gesetzen), ἀργίαν καὶ πολυτέλειαν ἐξορίζοντες, αὐτάρκεις καὶ φιλοπόνους εἶναι διδάσκοντες.

69 Gal 5,13 διὰ τῆς ἀγάπης δουλεύετε ἀλλήλους. Die Parallelität tritt noch stärker hervor, wenn man beachtet, daß beide Stellen über die gegenseitige Liebe in die paulinische Erklärung münden, daß die Liebe des Gesetzes Erfüllung ist, s. Gal 5,14; Röm 13,8.10, s. dazu Th. Söding, Liebesgebot (s. Anm. 29), 200–211.250–258.

70 Zur Parallelität von Röm 13,11–14 und 1Thess 5,4–9 vgl. E. Kamlah, Paränese (s. Anm. 44), 192.

71 Gal 5,19 τὰ ἔργα τῆς σαρκός.

5,6 ἄρα οὖν μὴ καθεύδωμεν ..., ἀλλὰ γρηγορῶμεν	13,11 ὅτι ὥρα ἤδη ὑμᾶς ἐξ ὕπνου ἐγερθῆναι	
5,7 οἱ μεθυσκόμενοι νυκτὸς μεθύουσιν	13,13 μὴ ... μέθαις[72]	
5,8 ἐνδυσάμενοι θώρακα πίστεως	13,12 ἐνδυσώμεθα τὰ ὅπλα τοῦ φωτός	
5,15 μή τις κακὸν ἀντὶ κακοῦ τινι ἀποδῷ,	12,17 μηδενὶ κακὸν ἀντὶ κακοῦ ἀποδιδόντες	3,9 μὴ ἀποδιδόντες κακὸν ἀντὶ κακοῦ
5,13 εἰρηνεύετε ἐν ἑαυτοῖς	12,18 μετὰ πάντων ἀνθρώπων εἰρηνεύοντες	3,11 ζητησάτω εἰρήνην
5,22 ἀπὸ παντὸς εἴδους πονηροῦ ἀπέχεσθε	12,9 ἀποστυγοῦντες τὸ πονηρόν	3,11 ἐκκλινάτω δὲ ἀπὸ κακοῦ
5,15 ἀλλὰ πάντοτε τὸ ἀγαθὸν διώκετε εἰς ἀλλήλους καὶ εἰς πάντας	12,17 προνοούμενοι καλὰ ἐνώπιον πάντων ἀνθρώπων[73] V.21 νίκα ἐν τῷ ἀγαθῷ τὸ κακόν	2,17 πάντας τιμήσατε 2,15 ἀγαθοποιοῦντας
5,12 εἰδέναι τοὺς ... προϊσταμένους ὑμῶν ἐν κυρίῳ[74]	13,1 πᾶσα ψυχὴ ἐξουσίαις ὑπερεχούσαις ὑποτασσέσθω	2,13 ὑποτάγητε πάσῃ ἀνθρωπίνῃ κτίσει διὰ τὸν κύριον, εἴτε βασιλεῖ ὡς ὑπερέχοντι ...
5,6f. πάντοτε χαίρετε, ἀδιαλείπτως προσεύχεσθε	12,12 τῇ ἐλπίδι χαίροντες, ... τῇ προσευχῇ προσκαρτεροῦντες	4,7 νήψατε εἰς προσευχάς
5,19f τὸ πνεῦμα μὴ σβέννυτε, προφητείας μὴ ἐξουθενεῖτε	12,6 ἔχοντες δὲ χαρίσματα ..., εἴτε προφητείαν ...[75]	4,10 ἕκαστος καθὼς ἔλαβεν χάρισμα
4,6 τὸ μὴ ὑπερβαίνειν καὶ πλεονεκτεῖν ... τὸν ἀδελφὸν αὐτοῦ	12,3 μὴ ὑπερφρονεῖν 12,16 τὸ αὐτὸ εἰς ἀλλήλους φρονοῦντες[76]	3,8 πάντες ὁμόφρονες ... ταπεινόφρονες

72 Gal 5,21 μέθαι.
73 Gal 6,10 ἐργαζόμεθα τὸ ἀγαθὸν πρὸς πάντας.
74 Gal 6,6 κοινωνείτω δὲ ὁ κατηχούμενος τὸν λόγον τῷ κατηχοῦντι κτλ.
75 Gal 6,1 ὑμεῖς οἱ πνευματικοί ... ἐν πνεύματι πραΰτητος.
76 Gal 5,26 μὴ γινώμεθα κενόδοξοι, ἀλλήλους προκαλούμενοι.

In Übereinstimmung mit dem hellenistisch-jüdischen Ethik-Kanon thematisierte die Grundparänese somit die wahre Gottesverehrung bzw. die Frage nach dem Gotteswillen, sie mahnte zur Bruderliebe und zur Selbstbeschränkung, nahm – analog 3Makk 3 – auch das Wort zur Außenwirkung christlichen Verhaltens[77], dabei auf Gutestun gegenüber jedermann und Loyalität gegenüber staatlichen Instanzen abhebend. Paulus hat diesen Kanon paränetischer Topoi in schon frühchristlich erweiterter Gestalt übernommen und auch eigenständig weiterentwickelt. Die christlichen Innovationen betreffen die mehr ergänzenden Themen „gegenseitige Liebe" und Friedensparänese, sodann die Verbindung des „Gutestuns" mit dem Vergeltungsverzicht[78] sowie die Mahnung zu Freude und Gebet. Sehr breit ist bei Paulus der Einbau der eschatologischen Motivierung der Paränese angelegt. Je nach Situation waren diese Grundthemen natürlich variierbar. So berührt Paulus in 1Thess 5,12 das Verhalten zu den Gemeindevorstehern, verfolgt also einen Binnenaspekt, entsprechend lautet die Friedensparänese . . . ἐν ἑαυτοῖς, und die Aufforderung zum Gutestun bezieht er εἰς ἀλλήλους καὶ εἰς πάντας. Mit Röm 13,1–7 spricht er den öffentlichen Bereich an, demgemäß zielen die Mahnungen, Frieden zu halten und Gutes zu tun, auf das Verhalten gegenüber *allen* Menschen. Die thematisch neuartige Erweiterung um die Paränese, die Geisteswirkungen betreffend, hat Paulus deutlich vom Paränese-Kanon abgesetzt. In 1Thess 4–5 wird die traditionelle Themenreihe von den Hinweisen τοῦτο γὰρ (ἐστιν) θέλημα (τοῦ) θεοῦ (4,3; 5,18) gerahmt, in Röm 12–13 fällt entsprechend die Rahmung durch ἡ ἀγάπη auf (12,9; 13,10).

Die Beobachtung U. Wilckens', daß nicht nur die Loyalitätsparänese als solche, sondern auch ihr Zusammenhang mit allgemeiner Paränese traditionell vorgegeben waren[79], ist zu bestätigen, ja mehr noch, zu bekräftigen und zu unterstreichen. Das Urteil, eine zusammenhängende vorpaulinische Tradition im Vorfeld von Röm 12,9–21 sei nicht auszumachen[80], ist dementsprechend zu revidieren. H. von Campenhausen hatte, was den Vergleich von Röm 12f. mit 1Thess 5 betrifft, resümiert: „Am überraschendsten ist beim Vergleich beider Texte ohne Zweifel dies, daß die

---

77 Zu diesem Topos vgl. D. Daube, Jewish Missionary Maxims in Paul, StTh 1, 1948, 158–169; W.C. van Unnik, Die Rücksicht auf die Reaktion der Nicht-Christen als Motiv in der altchristlichen Paränese, in: Judentum, Urchristentum, Kirche, FS J. Jeremias, hg. v. W. Eltester, BZNW 26, 1960, 221–234; Ch. Burchard, Die Summe der Gebote (Röm 13,7–10), das ganze Gesetz (Gal 5,13–15) und das Christusgesetz (Gal 6,2; Röm 15,1–6; 1Kor 9,21), in: In dubio pro Deo, Heidelberger Resonanzen auf den 50. Geburtstag von G. Theißen, festgehalten von D. Trobisch, 1993, 28–62: 38 mit Anm. 48.

78 Vgl. dazu Th. Söding, Liebesgebot (s. Anm. 29), 81: „Die Parallelen in der synoptischen Überlieferung und in 1Petr sprechen dafür, daß der Verzicht auf Wiedervergeltung und die Überwindung des Bösen durch das Gute in der urchristlichen Missionspredigt auch neben (und vielleicht schon vor) Paulus einen festen Platz eingenommen haben." Vgl. auch a.a.O., 247, im übrigen J. Sauer, Traditionsgeschichtliche Erwägungen zu den synoptischen und paulinischen Aussagen über Feindesliebe und Wiedervergeltungsverzicht, ZNW 76, 1985, 1–28.

79 Römer 13 (s. Anm. 3), 214.

80 Th. Söding, Liebesgebot (s. Anm. 29), 242.

Mahnungen zugunsten der Gemeindeführer einerseits und der öffentlichen Richter und Beamten andererseits offensichtlich einander entsprechen."[81] Dies korrespondiert seinerseits dem Sachverhalt im hellenistisch-jüdischen Vorbild, daß mit den Mitteln der auf den Staat bezogenen Loyalitätsparänese auch die Gehorsamsforderung im Blick auf die Oberen der essenischen Gemeinschaft ausgedrückt werden konnte, wie die Stelle bei Josephus, Bell 2,140, deutlich vor Augen führt. Insgesamt aber hat sich eine Erkenntnis glänzend bestätigt, die E.G. Selwyn schon vor einem halben Jahrhundert zusammenfassend so formuliert hat: „We conclude that here, as in the preceding sections, the N.T. authors were all writing on the basis of a catechetical pattern well known to their readers, and were developing it, each in his own way."[82] Um Mißverständnisse zu vermeiden, sei präzisiert: Nicht der Existenz eines fixierten Katechismus wird so das Wort geredet, sondern die Erkenntnis wird gesichert, daß bestimmte „Formen und Inhalte ethischer Ermahnungen bereits vorpaulinisch sind" und von Anfang an in der Unterweisung der Gemeinde ihren Ort hatten[83].

Fazit: 1.2 Die Loyalitätsparänese wie die Paränese in Röm 12f. überhaupt folgen formal und inhaltlich „catechetical patterns and Forms"[84], die im mündlichen Lehrvortrag des Gemeindeaufbaus verwendet wurden. 2.2 Wie der Text Röm 13,1–7 und sein Kontext zusammengehören, ist aus der frühchristlichen und frühjüdischen Vorgeschichte des Paränese-Topos ablesbar. 3.2 Loyalitätspflicht und theologische Begründung sind im wesentlichen traditionell vorgegeben. Von alledem her dürfte auf die offenen Fragen der Problemskizze (A) neues Licht fallen.

D Röm 13,1–7 im Kontext von Röm 12f.

1.3 Die tiefe Unsicherheit der Exegese, worauf die Formulierungen τῷ τὸν φόβον τὸν φόβον, τῷ τὴν τιμὴν τὴν τιμήν Röm 13,7d.e wohl zu beziehen seien[85], rührt davon her, daß die Beziehung von φόβος – φοβεῖσθαι auf Gott geradezu topisch ist und an der Parallelstelle 1Petr 2,17 auch so begegnet[86]. Aber man muß ja auch auf die jeweilige Rolle der Verse in je ihrem Zusammenhang achten, um nicht einem Trugschluß zu erliegen. 1Petr 2,17 liest sich zwar auch wie ein Schlußsatz[87], aber nicht zur Loyalitätsparänese als solcher, sondern zur Grundfigur des Paränese-Kanons überhaupt. Chiastisch werden vier Bezugsfelder angesprochen:

---

81 Auslegung (s. Anm. 24), 111f.
82 St. Peter (s. Anm. 42), 435.
83 W. Schrage, Ethik (s. Anm. 14), 137f.
84 E.G. Selwyn, St. Peter (s. Anm. 42), 18.
85 Vgl. U. Wilckens, Römer 13 (s. Anm. 3), 222f., einerseits und ders., Römer (s. Anm. 5), 38, andererseits.
86 U. Wilckens, Römer (s. Anm. 5), 38.
87 N. Brox, 1Petr (s. Anm. 63), 123.

„*Ehrt* alle Menschen,   liebt die Brüder,
‚fürchtet Gott‘,   ehrt ‚den Kaiser‘!"

Im übrigen hat Pseudopetrus die Tendenz, auch bei traditionell vorgege-
bener Paränese auf Bibelsprache zurückzugreifen, vgl. neben 2,17c.d auch
3,11a.b. Röm 13,7 ist demgegenüber ganz auf die Loyalitätsparänese zuge-
schnitten und rundet diese rhetorisch durch Stereotypie und Alliteration
ab:

τῷ τὸν φόρον τὸν φόρον,   τῷ τὸ τέλος τὸ τέλος,
τῷ τὸν φόβον τὸν φόβον,   τῷ τὴν τιμὴν τὴν τιμήν.

Diese Besonderheit erklärt sich wohl daher, daß Paulus hier beim Diktie-
ren nicht nur thematisch, sondern auch formal eine Einheit aufgerufen hat,
die ihre Formung im häufigen mündlichen Lehrvortrag erfahren hatte. So
oder ähnlich haben Paulus bzw. seine Mitarbeiter in der Praxis des Gemeindeaufbaus gesprochen. Es ist also dann nicht die römische Adresse als
solche, warum Paulus die Loyalitätsparänese überhaupt und dazu noch in
solcher Breite vorträgt, sondern der Umstand, daß die christlichen Grup-
pen in Rom[88] diese Paränese so noch gar nicht kennen und deshalb davon
in Kenntnis gesetzt werden sollen. Die immer wieder so stark empfundene
Geschlossenheit der Perikope wurzelt also in der Prägekraft des mündlichen Lehrvortrags. Und dieser will ja nicht nur autoritativ anweisen, sondern auch argumentativ überzeugen. Das tut die Texteinheit von V.5 an,
und zwar in drei Stufen:

V.5 διὸ κτλ.
V.6 διὰ τοῦτο γὰρ καὶ κτλ.
V.6c εἰς αὐτὸ τοῦτο κτλ.,[89]

abschließend also in V.6c.7: „Beständig ebendies vor Augen, (daß sie Gottes Diener sind,) erstattet allen, was ihr zu geben schuldig seid!" Und daß
man ihnen φόβος und τιμή schuldet, war sowohl heidnischen wie jüdischen Ohren nicht fremd[90]. Im Ergebnis läßt sich also festhalten: Die Texteinheit Röm 13,1–7 zeigt neben großer Selbständigkeit viele Merkmale redaktioneller Einfügung, aber dies spricht nicht gegen paulinische Verfas-
serschaft[91].

2.3 Röm 13,8 schließe nahtlos, so J. Vollmer, an 12,21 an[92]. Wie? Wodurch? Sicher nicht durch den Wechsel von der 2. Person singularis zur 2.
Person pluralis, sicher auch nicht inhaltlich, weil man ja durch Überwin-

---

88 P. Lampe (Christen [s. Anm. 29], 301f.) zählt in der Großstadt Rom fünf verschiedene
     christliche Inseln.
89 Zur Begründung, so abzugrenzen und zu beziehen, s. V. Riekkinen, Römer 13 (s. Anm.
     33), 35f.215.
90 Auch Philo spricht von der dem Kaiser geschuldeten Ehrerbietung (ἤ τινα σεβασμὸν
     παρέλιπον τῶν ὀφειλομένων Καίσαρι;) und dessen Ehrungen (τὰς τιμάς) LegGai 152f.,
     vgl. auch 236.279, im übrigen A. Strobel, Furcht (s.o. Anm. 36), 58–62.
91 Vgl. auch U. Wilckens, Römer (s. Anm. 5), 40: „Es legt sich nahe anzunehmen, daß es
     Paulus selbst war, der ein traditionelles pattern in diese bestimmte Form gebracht hat."
92 Römer 13,1–7 (s. Anm. 1), 455.

dung des Bösen mit dem Guten nicht in jemandes Schuld bleibt, sondern immer schon mehr tut, als erwartet werden darf. Nein, thematisch enger als zwischen 13,7 und V.8 kann in paränetischen Stücken der Zusammenhang kaum sein. Von der Erfüllung der speziellen Schuldigkeit in 13,7 schreitet die Paränese zur generellen Anwendung: „Bleibt überhaupt niemandem etwas schuldig!" und erzeugt so gar noch ein Zeugma, weil man die gegenseitige Liebe natürlich auch nicht schuldig bleiben soll. Um im Deutschen den zeugmatischen Bruch zu umgehen, könnte man positiv formulieren: „Kommt gegenüber jedermann eurer Verpflichtung nach, zumal der (bekannten Verpflichtung)[93] zur gegenseitigen Liebe."

Abgesehen von der unmittelbaren Kontextanbindung 13,7f., ist festzuhalten, daß die Loyalitätsparänese als solche ihren festen Ort im frühchristlichen Paränese- und im hellenistisch-jüdischen Ethik-Kanon hatte. Die frühchristliche Erweiterung betraf, wie wir gesehen haben, den Einbau des Vergeltungsverzichts mit der Forderung, das Böse mit dem Guten zu überwinden[94], sowie die Mahnung zu gegenseitiger Liebe. Diese hatte Paulus schon im Galaterbrief mit dem Gebot der Nächstenliebe Lev 19,18 identifiziert und so die Liebe als Erfüllung der ganzen Thora herausgestellt (5,14)[95]. Wieder fällt im Römerbrief die größere Breite der Darlegung auf, die vom νόμον πεπλήρωκεν V.8 zum πλήρωμα νόμου V.10 reicht. Durch diese Entfaltung der Mahnung zu gegenseitiger Liebe wird nun aber nicht der Staat rückwirkend zum Objekt oder zum Büttel der Liebe, sondern es wird der Bogen zu 12,9 geschlagen und also das Gute inhaltlich als Liebe bezeichnet, die dem Nächsten nichts Böses tut. Durch Anfangs- und Endstellung von ἡ ἀγάπη 12,9–13,10 verdeutlicht Paulus diesen Interpretationsrahmen, wonach dann auch das Gute von 12,2 eben in der Liebe besteht und also der Wille Gottes aus der Thora vernommen wird.

Loyalitätsparänese gehört *als solche* in den paränetischen Katalog, deshalb braucht sie keine inhaltliche Verklammerung mit dem vorhergehenden oder nachfolgenden Abschnitt, und wir brauchen nicht nach anderen Gründen ihrer Stellung im Kontext zu suchen. Christen sollen Böses mit Gutem besiegen, aus dieser mit Paulus gemeinsamen frühchristlichen Forderung folgert Pseudopetrus, daß man die verleumderischen Verdächtigungen derer draußen durch entschiedenen Loyalitätsbeweis widerlegt. Das Böse sind dann die *gesellschaftlich* bedingten Verleumdungen, nicht *staatlich* angeordnete Verfolgungen, weil davon nichts im Text steht. Sagt man nun aber, Röm 13,1 schließe inhaltlich an 12,21 an, die in 12,14–21 vorausgesetzte Situation sei die gleiche wie in 13,1–7[96], muß man das Böse, das die Christen mit Gutem überwinden sollen, als *staatliches* Handeln

---

93　F. Blaß/A. Debrunner, Grammatik des neutestamentlichen Griechisch, bearb. v. F. Rehkopf, Göttingen ¹⁴1976, § 399, 1, Anm. 2.

94　Die Forderung als solche ist ebenfalls frühjüdisch vorgegeben, vgl. 1QS 10,17f.; TestJos 18,2; TestBenj 4,2f.; zum Vergeltungsverzicht vgl. ferner JosAs 23,9; 28,5.14; 29,3.

95　Von U. Schnelle (Wandlungen im paulinischen Denken, SBS 137, 1989, 67) irreführend als Reduktion bezeichnet.

96　L. Schottroff, Gebt dem Kaiser (s. Anm. 19), 17.

verstehen. Das steht aber zur Gesamtaussage von Röm 13,1–7 im Widerspruch. Das Gute, das die Christen tun sollen und wofür sie wie alle Menschen öffentlich geehrt werden können, ist für die *Christen* die Praxis der Liebe. Aber deshalb wird nicht der Staat mit dieser Liebe assoziiert, als sollten „Christen sich ihm unterordnen als dem Schützer der Liebe"[97]. Nein, den Amtsgewalten ist ohne Wenn und Aber zu gehorchen, d.h., es ist ihnen zu erstatten, was ihnen zusteht (V.7). Das Gute als Tun der Liebe ist Sache derer, die in allen Dingen prüfen, was Gottes Wille ist und denselben aus der Thora vernehmen.

3.3 Die Loyalitätsforderung und ihre Begründung entstammen unmittelbar dem Ethik-Kanon des hellenistischen Diasporajudentums. So erklärt sich die Beobachtung: „Eigenartig wie das Thema als solches ist auch die Argumentation, welche jeder spezifisch eschatologischen und christologischen Motivation unseres Abschnitts in sich selbst entbehrt, . . ."[98] Nur möge man den Hinweis auf die jüdischen Wurzeln nicht mißverstehen, als solle dadurch die Paränese negativ qualifiziert werden. Loyalität steht den staatlichen Gewalten zu, weil sie, von Gott bestellt, seine Diener sind. Loyalität und Respekt – nicht weniger, aber auch nicht mehr. Paulus hatte 1Kor 6,1, sich der Sprache der *Trennung* bedienend[99], weltliche Richter als „Ungerechte" bezeichnet. Das betraf dort ein innergemeindliches Problem: Christen sollen für ihre privaten Streitfragen nicht öffentliche Gerichte in Anspruch nehmen. Davon bleibt unberührt, daß weltliche Richter und deren Urteile gleichwohl zu respektieren sind. Zwischen 1Kor 6 und Röm 13 besteht somit kein Widerspruch[100]. Aber wir können uns angesichts dieser Texte etwas Grundsätzliches vor Augen führen: Hätten wir von Paulus nur die Aussagen, daß das *politeuma* der Christen im Himmel ist[101] oder daß weltliche Richter als Ungerechte und Ungläubige nicht über Heilige richten sollen, wäre das Anliegen, Gott auch im politischen Bereich zu dienen[102], im corpus Paulinum nicht mehr wahrnehmbar. Alttestamentlich-jüdisches Erbe bewahrt auch hier etwas von der Treue zum Irdischen, so problematisch andererseits die Wirkungsgeschichte von Röm 13,1–7 im Blick auf Staatsmetaphysik, Obrigkeitsdenken und Theologie der Ordnungen auch gewesen sein mag[103]. Biblisch-theologisch geht es in besagter Treue aber schlicht um Bewährung des Schöpfungsglaubens. Mit gutem Grund hat daher These V der „Theologischen Erklärung der Bekenntnissynode von Barmen" als schriftgemäß festgehalten, „daß der Staat nach göttlicher Anordnung die Aufgabe hat, . . . unter Androhung und Ausübung von Gewalt für Recht und Frieden zu sorgen. Die Kirche

97 U. Wilckens, Römer (s. Anm. 5), 39.
98 E. Käsemann, Römer (s. Anm. 6), 338; vgl. auch J. Vollmer, Römer 13 (s. Anm. 1), 455.
99 W. Meeks, Stadtkultur (s. Anm. 22), 199f.
100 J. Becker, Paulus, Tübingen ²1992, 263f.
101 Phil 3,20, vgl. dazu W. Meeks, a.a.O., 200.
102 E. Käsemann, Römer (s. Anm. 6), 347.
103 U. Wilckens, Römer (s. Anm. 5), 43–66.

erkennt in Dank und Ehrfurcht gegen Gott die Wohltat dieser seiner Anordnung an."

Paulus sagt in Röm 13,1–7 nichts zum Fall staatlicher Verfolgung, weil Verfolgung noch eher ein gesellschaftliches als ein staatliches Phänomen war. Würde sie ein Thema werden, hatte er mit 12,12.14.17–21 alles Nötige gesagt. Paulus äußert sich in Röm 13,1–7 auch nicht zur göttlichen Selbstüberschätzung des Staates, weil der Kaiserkult offenbar noch kein akutes Problem war[104]. Sollte es aktuell werden, hatte Paulus natürlich mit 12,2 (sich nicht dieser Welt anpassen, aber kompetent werden im Prüfen, was Gottes Wille ist) das Entscheidende schon gesagt. Auch mit Paulus muß man im Zweifelsfall Gott gehorchen, nicht den Menschen (Act 5,29). Auch mit Paulus muß man sich im Ernstfall dem Ansinnen versagen, „als solle und könne der Staat über seinen besonderen Auftrag hinaus die einzige und totale Ordnung menschlichen Lebens werden." Auf ein anderes Feld führt die Frage, wie gesellschaftliche *Erneuerung* und politische *Mitgestaltung* als christliche Verantwortung wahrgenommen werden können. Wer aber mit Martin Luthers Summa summarum der Grundlegung der Zwei-Reiche-Lehre daran festhält, daß staatliches Handeln – „unter Androhung und Ausübung von Gewalt für Recht und Frieden zu sorgen", wie Barmen V konkordant mit Luther formuliert – *Gottesdienst* ist (Röm 13,4.6), wird zumal unter demokratischen Bedingungen sich zu eigen machen, daß Christen am allerwenigsten sich solchem Gottesdienst entziehen sollten, führt er doch gleichermaßen zum Dienst am Nächsten.

---

104 H.-J. Klauck, Die religiöse Umwelt des Urchristentums, KStTh 9,2, 1996, 74.

III. Paulus und Johannes – Tradition und Interpretation

7. Weihnachten mit und ohne Glanz

Notizen zu Johannesprolog und Philipperhymnus

I. Joh 1,1−18

»Die Sphinx am Eingang des 4. Evangeliums hat noch keinem Forscher alle ihre Geheimnisse verrathen.«[1] Trifft die schlagende Bemerkung W. Baldenspergers die Situation der Forschung noch heute, kann nach schier hundert Jahren intensiver weltweiter, aber nicht konsensfähig erscheinender Produktion von Auslegung des Textes Joh 1,1−18 niemand für sich in Anspruch nehmen, als Intimus jener Sphinx ihre Geheimnisse alle zu enthüllen. Es sieht vielmehr so aus, als seien alle exegetischen Versuche Heideggerne Holzwege gewesen, Zugänge wohl, aber nicht das Ganze erschließend, ohne Chance für einen einzelnen also, je dieses Ganze zu Gesicht zu bekommen. Nur im Lernen voneinander kann Fortschritt hier überhaupt erhofft werden.

Bei K. G. Kuhn in Heidelberg habe ich seinerzeit ein Auslegungsmodell zu Joh 1,1−18 kennengelernt, das offen war und ist, vielseitige Beobachtungen und Anliegen der Forschung produktiv zu integrieren[2]. Dieses Modell besagt: Im Eröffnungstext des Joh[3] sind drei Stadien seines Werdens zu unterscheiden: 1. ein vorchristlicher Logoshymnus, der 2. christlich rezipiert und erweitert wurde, bevor ihn 3. der Evangelist seinerseits interpretierend redigierte und zum Eröffnungstext seiner Evangeliumsschrift machte. Dieses Konzept ist in sich selbst entwicklungsfähig, wie die davon abhängigen Ar-

---

[1] W. Baldensperger, Der Prolog des vierten Evangeliums. Sein polemisch-apologetischer Zweck, Freiburg u. a. 1898, 1.

[2] Vgl. meine Arbeit: Glaube als Gabe nach Johannes. Religions- und theologiegeschichtliche Studien zum prädestinatianischen Dualismus im vierten Evangelium, BWANT 112, 1980, 209−211. Die dort angedeutete Analyse kann nicht voll aufrechterhalten werden, sondern bedarf der a. a. O., 245 Anm. 164 sich ankündigenden Korrektur. − Eine eigenständige Variante zu K. G. Kuhns Modell hat J. Painter (Christology and the History of the Johannine Community in the Prologue of the Fourth Gospel, NTS 30, 1984, 460−474) in Auseinandersetzung mit M. Rissi (Die Logoslieder im Prolog des 4. Evangeliums, ThZ 31, 1975, 321−336) entwickelt.

[3] Ich versuche, so schwer es fällt, das übliche Stichwort »Prolog« zu vermeiden, denn im formgeschichtlichen Sinn ist Joh 1,1−18 in der Tat kein Prolog, s. J. Habermann, Präexistenzaussagen im Neuen Testament, EHS.T 362, 1990, 318.401.

beiten von J. Becker[4] und U. B. Müller[5] zeigen, und zugleich allseitig offen, erschließende Einsichten aus anderen »Holzwegen« sich dankbar zu assimilieren.

1. Wer von A. Harnack die Aufgabe zu sehen gelernt hat, »das Verhältniß des Prologs zu dem ganzen Werk sicher zu bestimmen«[6], verzeichnet es angesichts der großen Breite der Differenzen und der schmalen Basis der Übereinstimmungen[7] als Fortschritt und Gewinn, daß sich in der neueren Forschung doch ein breiter Konsens darüber gebildet hat, Joh 1,1–18 baue auf einer älteren Vorlage auf[8]. Strittig sind deren Umfang und Abgrenzung, Struktur und Aufbau, Rhythmus und Sprache, religionsgeschichtlicher Ort zumal[9]. Die vorzüglichen Arbeiten von J. Habermann[10] und W. Schmithals[11] erübrigen, die Einzelheiten alle noch einmal in Erinnerung zu rufen. Hervorzuheben aber ist, daß nur für die Vorlage von Joh 1,1–13 gilt, daß ihr der jüdische

---

4 Beobachtungen zum Dualismus im Johannesevangelium, ZNW 65, 1974, 71–87: 73–77; Das Evangelium nach Johannes. Kapitel 1–10, ÖTK 4/1, 1979, 67–86.

5 Die Geschichte der Christologie in der johanneischen Gemeinde, SBS 77, 1975, 13–22. Davon rückt U. B. Müller, Die Menschwerdung des Gottessohnes. Frühchristliche Inkarnationsvorstellungen und die Anfänge des Doketismus, SBS 140, 1990, 43, ab, indem er Joh 1,14.16 zum originären Bestand des vorjohanneischen Logoshymnus 1,1.3 f.5.10–12a.b rechnet, nicht achtend, was er sich damit verschenkt. Vom Tatbestand der Selbstkorrektur wird man leicht abgelenkt durch die Seitenhiebe gegen O. Hofius.

6 Über das Verhältniß des Prologs des vierten Evangeliums zum ganzen Werk, ZThK 2, 1892, 189–231: 191.

7 Habermann, Präexistenzaussagen (s. Anm. 3) 401 faßt zusammen: »Aufgrund der Spannungen, des unterschiedlichen Stiles und der Verschiedenheit der Struktur einzelner Textbestandteile sowie aufgrund des Vokabulars ist davon auszugehen, daß der Evangelist den ursprünglichen Text nicht verfaßt hat.« Im übrigen vgl. R. Schnackenburg, Das Johannesevangelium, HThK 4/1, ²1967, 201; Becker, Johannes (s. Anm. 4) 67–71; R. E. Brown, The Gospel According to John (i–xii), AncB 29, ²1966, 19; E. Haenchen, Das Johannesevangelium. Ein Kommentar aus dem nachgelassenen Manuskript hg. v. U. Busse, Tübingen 1980, 137.

8 W. Schmithals, Johannesevangelium und Johannesbriefe. Forschungsgeschichte und Analyse, BZNW 64, 1992, 260.

9 Hier sei erinnert an die eindrücklichen Worte E. Haenchens (Johannes [s. Anm. 7] 143): »Wir sind mit vielen anderen von der Vermutung ausgegangen, das vierte Evangelium habe mit einem Hymnus begonnen. Aber wir konnten uns nicht auf die Dauer an *Bultmann* anschließen, der in diesem Hymnus die Übersetzung eines aramäischen Textes vermutet, dessen Zeilen – mit je zwei betonten Wörtern – einst den Täufer verherrlicht hatten. Man muß zuviel Gewalt anwenden, um den Text in diese Form zu bringen, und mit den aramäischen Zweizeilern ging uns auch das gnostische Täuferlied verloren.« Was schließlich blieb, seien Strophen »jeweils von eigenem Bau und jede Zeile ihrem eigenen Maß folgend, ohne daß sie in der Formlosigkeit alltäglicher Prosa untergeht«.

10 Präexistenzaussagen (s. Anm. 3) 317–414.

11 JohEv (s. Anm. 8) 126 f.260–277.

Weisheitsmythos zugrunde liegt[12], so daß »spezifisch christliche Aussagen« fehlen[13]. Jedenfalls markiert V. 14 in vielerlei Hinsicht einen Neubeginn: Auffällig ist die plötzliche Wiederaufnahme des λόγος von V. 1, wobei aber das Fehlen solcher Wiederaufnahme schon in den Versen 9−11 entsprechende Verwirrung stiftet, der Übergang vom Er-Stil des Hymnus zum Wir-Stil des Gemeindebekenntnisses, »das Fehlen der concatenatio«[14], der Wechsel (spätestens ab V. 14c) von der Weisheitsmotivik zur typologischen Verwendung von Exodus- und Mose-Motiven[15]. Treffend akzentuiert daher E. Haenchen: »Bis zu diesem Punkt konnte das alte Lied von der Weisheit den Gang der Darstellung bestimmen. Jetzt aber war von etwas zu reden, das weder die Resignation der alten heidnischen Erzählung noch der jüdische Lobpreis der Weisheit der Tora kannte: Der Logos kehrt weder in den Himmel zurück noch wird er Buch, sondern er wird Mensch.«[16] Die Wiederaufnahme von λόγος kann so begründet werden, sein Fehlen in V. 9−11 nicht. Und J. Becker ist zuzustimmen: »Ab V. 5 handelt der Logos bereits in der Welt zum Heil der Menschen, so daß seine Fleischwerdung V 14 damit konkurriert.«[17]

2. Das Recht E. Käsemanns, am ursprünglich noch ernsthaft erwogenen Ansatz seines Lehrers[18] festzuhalten, »daß von V. 14 ab gar nicht mehr der Hymnus, sondern der Evangelist selber zu Wort kommt«[19], liegt darin begründet, daß Joh 1,14 ff. nie etwas anderes als *christliches Bekenntnis* sein konnte, zumal »für die Gnosis«, wie E. Käsemann pointiert, »Parallelen zur johanneischen Formulierung und Paradoxie doch wohl noch erst beigebracht werden« müßten[20]. Und daran hat auch die Auswertung des Nag Hammadi-Fundes »Die dreigestaltige Protennoia« NHC XIII/1, 35,1−50,21 nichts ge-

---

[12] R. Bultmann, Der religionsgeschichtliche Hintergrund des Prologs zum Johannes-Evangelium, in: ders., Exegetica, hg. v. E. Dinkler, Tübingen 1967, 10−35: 21 f. in Verbindung mit 33; S. Schulz, Das Evangelium nach Johannes, NTD 4, 1972, 27; vgl. weiter H. Thyen, Aus der Literatur zum Johannesevangelium, ThR NF 39, 1974, 1−69.222− 252.289−330: 249.

[13] Schmithals, JohEv (s. Anm. 8) 272.

[14] Habermann, Präexistenzaussagen (s. Anm. 3) 370.

[15] Schnackenburg, Johannes I (s. Anm. 7) 204 f.256 im Anschluß an M.-E. Boismard.

[16] Johannes (s. Anm. 7) 140. ÄthHen 42 ist allerdings anders zu beurteilen, als Haenchen (a. a. O., 138) noch meinte mit R. Bultmann festhalten zu müssen, s. meinen Beitrag: Weisheit−Dike−Lichtjungfrau, JSJ 12, 1981, 75−88: 77−83.

[17] Johannes I (s. Anm. 4) 71.

[18] Bultmann, Exegetica (s. Anm. 12) 33.

[19] Aufbau und Anliegen des johanneischen Prologs, in: ders., Exegetische Versuche und Besinnungen II, Göttingen 1964, 155−180: 166.

[20] Ebd.; vgl. auch J. Schneider, Das Evangelium nach Johannes, aus dem Nachlaß hg. unter Leitung v. E. Fascher, ThHK Sonderband, ²1978, 52; L. Schottroff, Der Glaubende und die feindliche Welt. Beobachtungen zum gnostischen Dualismus und seiner Bedeutung für Paulus und das Johannesevangelium, WMANT 37, 1970, 244.281 Anm. 1.

ändert[21]. Andererseits bleibt aber wie für Joh 1,1–13, so für 1,14–18 das
Problem der Abgrenzung von Vorlage und Evangelist bestehen, denn in *beiden* Teilen des vorliegenden Eingangstextes zum vierten Evangelium wird
der Text des in gebundener Sprache einhergehenden Logospsalmes *abrupt*
unterbrochen durch prosaische Martyria des Täufers[22]. War die Vorlage von
Joh 1,1–13 als frühjüdischer Logoshymnus zu bestimmen, so legt sich für
das Ganze der nun christlich erweiterten Vorlage von Joh 1,1–18 nach O.
Hofius'[23] hilfreicher Beobachtung die Bezeichnung Logospsalm nahe. Wie
E. Käsemanns Kritik wird mit dieser Lösung Chr. Demkes Analyse Genüge
getan[24], aber auch das Zutreffende an H. Thyens[25] Beobachtungen im Anschluß an G. Richter[26] aufgenommen, daß Joh 1,14–18 Züge von Redaktion
und Neuinterpretation an sich trägt.

    3. Von W. Schmithals kann man lernen: So einmütig und einleuchtend
das grundsätzliche Urteil über die Täufer-Passagen sei, so umstritten und dun-
kel seien die Gründe, die den Evangelisten zu dieser Einführung des Täufers
schon im Prolog bewogen haben mögen[27]. Die angesprochene Problematik

---

[21] S. meine Anm. 2 genannte Arbeit, 245 f. Anm. 177; P. Hofrichter, Im Anfang war der
     »Johannesprolog«. Das urchristliche Logosbekenntis – die Basis neutestamentlicher und
     gnostischer Theologie, BU 17, 1986, 215–221.

[22] Vgl. Schmithals, JohEv (s. Anm. 8) 263; O. Hofius, Struktur und Gedankengang des
     Logos-Hymnus in Joh 1,1–18, ZNW 78, 1987, 1–25: 2. Bündig formuliert Schneider,
     Johannes (s. Anm. 20) 51: »Der Prolog enthält poetische und prosaische Stücke. Darin
     liegt seine Eigenart, aber auch sein Problem.« *Unser* Problem aber besteht darin, daß wir
     zwischen gebundener und ungebundener Sprache nicht bzw. nicht immer zwingend zu
     unterscheiden wissen. Bei E. Ruckstuhl, Die literarische Einheit des Johannesevangeli-
     ums. Der gegenwärtige Stand der einschlägigen Forschungen. Mit einem Vorwort von
     M. Hengel, NTOA 5, 1987, 78, heißt es immerhin: »Daß 6–8 prosaische Erzählung ist,
     ist nicht ganz unrichtig.« Demgegenüber konstatiert Ch. K. Barrett, Das Evangelium nach
     Johannes, KEK Sonderband, 1990, 179, schlicht: »Aber der Prolog steht vor uns als eine
     Einleitung in Prosaform, die nicht der Interpolation ausgesetzt war.« Freilich bedarf die
     Äußerung Ch. K. Barretts, 178, über die Unkenntnis poetischer Struktur in neutestament-
     licher Zeit gründlicher Korrektur. Von 4Q521 f 2, II,1–13 her, einem stichisch geschrie-
     benen apokryphen Psalm eschatologischen (jedoch nicht messianischen!) Inhalts, bin ich
     auf die Belege für stichische und hemistichische Schreibweise gestoßen, die J. M. Oesch
     gesammelt hat: Petucha und Setuma. Untersuchungen zu einer überlieferten Gliederung
     im hebräischen Text des Alten Testaments, OBO 27, 1979, 121 f.276–278.282.289–
     291.300 (LXX).321–323.

[23] Struktur (s. Anm. 22) 13 f.

[24] Chr. Demke, Der sogenannte Logos-Hymnus im johanneischen Prolog, ZNW 58, 1967,
     45–68; s. dazu Glaube als Gabe (s. Anm. 2) 210 f.; vgl. auch Thyen, Literatur (s.
     Anm. 12) 64–66.

[25] A. a. O., speziell von 240 an.

[26] Die Fleischwerdung des Logos im Johannesevangelium, NT 13, 1971, 81–126; 14, 1972,
     257–276.

[27] JohEv (s. Anm. 8) 264.

macht zunächst einmal auf das Recht derer aufmerksam, die auf Quellenana-
lyse überhaupt meinen verzichten zu sollen[28]. In *jedem* Fall hat ja der Ausleger
von Joh 1,1−18 in erster Linie nicht die Vorlage, sondern den *gegebenen*
Text, wenn möglich als sinnvolle Einleitung des vierten Evangeliums zu interpretieren. Dabei muß geklärt werden, was der jetzt vorliegende Text selbst
und im Blick auf die Evangeliumsschrift als ganze zu sagen hat, so daß Quel-
lenanalyse nur dienende Funktion hat, um die Vorgeschichte des Textes aufzu-
hellen und also Risse und Brüche zu erklären. R. Bultmanns nüchterne Selbst-
disziplin verdient alle Achtung: »*Die Exegese hat selbstverständlich den voll-
ständigen Text zu erklären*, und die kritische Analyse steht im Dienste dieser
Erklärung.«[29]

K. Haacker kommt das Verdienst zu, wieder in Erinnerung gerufen zu
haben, daß »der Höhepunkt des Prologs« nicht in V. 14, sondern »in seinem
eigentlichen Abschluß« gesucht und mit der zentralen Kontroverse des Evangeliums konfrontiert werden muß, wie sie sich beispielsweise darstellt nach
Joh 9,29[30]:

ἡμεῖς οἴδαμεν ὅτι Μωϋσεῖ λελάλη- κεν ὁ θεός, τοῦτον δὲ οὐκ οἴδαμεν πόθεν ἐστίν.	»Wir wissen: zu Mose hat Gott ge- sprochen, von diesem aber wissen wir den Ursprung nicht.«

H. Thyen hebt somit zu Recht darauf ab, daß Joh 1,1−18 »den Leser ins Bild
setzt über Jesu himmlische Herkunft und sein göttliches Wesen«[31]. Und wieder lohnt es sich, bei A. Harnack nachzulesen: »Den wichtigsten Fingerzeig
für das Verständniß des Prologs giebt die Vergleichung seines Anfangs und
Schlusses.«[32] Denn die Rede von dem Einzigartigen in seiner Gottheit V. 18b
bindet die μονογενής−Prädikation von V. 14d[33] mit der θεός−Prädikation des
Logos in V. 1c zusammen[34]. Zutreffend führt H. Gese aus: »Der zweite Vers
(V. 1c.2) geht von der zeitlich-räumlichen Aussage zur ontologischen über.
Die Konsequenz des präexistenten Bei-Gott-Seins ist das Gott-Sein des Lo-

---

28 Vgl. die Übersicht bei Schmithals (a. a. O., 127).

29 Das Evangelium des Johannes, KEK 2, [18]1964, 4.

30 Die Stiftung des Heils. Untersuchungen zur Struktur der johanneischen Theologie, AzTh
    1/47, 1972, 28 f.35.

31 Art. Johannesevangelium, TRE 17, 1988, 200−225: 201.

32 Verhältniß (s. Anm. 6) 214.

33 Zu V. 14d als Interpretament des Evangelisten s. Schnackenburg, Johannes I (s. Anm. 7)
    246; Müller, Geschichte (s. Anm. 5) 16 f.; ders., Menschwerdung (s. Anm. 5) 41; Schmit-
    hals, JohEv (s. Anm. 8) 263.

34 M. Theobald, Die Fleischwerdung des Logos. Studien zum Verhältnis des Johannespro-
    logs zum Corpus des Evangeliums und zu 1 Joh, NTA 20, 1988, 207: »*Verzahnt* sind die
    beiden Hauptteile ..., so daß der Prolog auf diesen drei Säulen ruht: VV. 1 f.14 und 18.«

gos.«[35] Und O. Hofius sekundiert:»Damit ist in V. 1c eine Aussage erreicht, die ›nicht gesteigert werden‹ kann.«[36] Nicht ohne Grund hatte einst R. Bultmann die Vermutung geäußert:»Übrigens halte ich es für möglich, daß das καὶ θεὸς ἦν ὁ λόγος Joh 1,1 eine Einfügung des Verf. in seine Vorlage ist, deren vorigen Satz er dann mit dem οὗτος ἦν ἐν ἀρχῇ πρὸς τὸν θεόν wieder aufnimmt.«[37] Der typisch johanneische Stil von V. 2 ist ja auch kaum zu übersehen[38]. Wie V. 18b auf V. 1c lenkt V. 18c »εἰς τὸν κόλπον τοῦ πατρός bewußt zu dem V 1b zurück (πρὸς τὸν θεόν)«[39], zu dem ja der Evangelist selbst, V. 1a.b wiederholend, in V. 2 den Anschluß geschaffen hat. In formaler Hinsicht wird so die exegetische Arbeitsweise des Evangelisten deutlich: Wenn er den Gedankenfortschritt seiner Vorlage unterbricht, führt er nach der »Technik des gleichendigen Einsatzes«[40] auf den Wortlaut bzw. Gedanken zurück, bei dem er die Unterbrechung vorgenommen hat. In Konsequenz davon sind die Zeilen 6a bis 10c als Kommentar des Evangelisten zu erkennen[41], wobei καὶ ὁ κόσμος αὐτὸν οὐκ ἔγνω direkt auf V. 5b καὶ ἡ σκοτία αὐτὸ οὐ κατέλαβεν zurückführt[42]. Gleichermaßen führt V. 13d ἀλλ᾽ ἐκ θεοῦ ἐγεννήθησαν auf V. 12c τέκνα θεοῦ γενέσθαι zurück[43], nicht weniger deutlich V. 16a.b ὅτι ἐκ τοῦ πληρώματος αὐτοῦ ἡμεῖς πάντες ἐλάβομεν καὶ χάριν ἀντὶ χάριτος auf V. 14e πλήρης χάριτος καὶ ἀληθείας[44]. V. 17 muß demgemäß als Schlußvers des christlichen Logospsalms[45], V. 18 als Schlußkommentar des Evangelisten angesehen werden[46]. Das führt zu folgendem Gesamtbild:

---

[35] Der Johannesprolog, in: ders., Zur biblischen Theologie. Alttestamentliche Vorträge, BEvTh 78, 1977, 152−201: 161.

[36] Struktur (s. Anm. 22)ˈ17.

[37] Exegetica (s. Anm. 12) 22 Anm. 27.

[38] A. Schlatter, Der Evangelist Johannes. Wie er spricht, denkt und glaubt. Ein Kommentar zum vierten Evangelium, Stuttgart ³1960, 3; Schnackenburg, Johannes I (s. Anm. 7) 212; K. Wengst, Christologische Formeln und Lieder des Urchristentums, StNT 7, 1972, 201.

[39] Habermann, Präexistenzaussagen (s. Anm. 3) 400; s. schon Brown, John I (s. Anm. 7) 36.

[40] E. Hirsch, Stilkritik und Literaranalyse im vierten Evangelium, ZNW 43, 1950/51, 128−143: 133.

[41] Zu Recht hatte Ruckstuhl, Einheit (s. Anm. 22) 78 ff. kritisiert, V. 9 könne nicht an V. 5 anschließen.

[42] Der Evangelist enthebt uns der Spekulation, indem er durch οὐκ ἔγνω zeigt, wie *er* οὐ κατέλαβεν versteht. − Zur Analyse vgl. Becker, Johannes I (s. Anm. 4) 69 f.; auch (aber V. 6−11 umfassend) Schmithals, JohEv (s. Anm. 8) 264−267.

[43] Zur Analyse vgl. Bultmann, Johannes (s. Anm. 29) 37 f.

[44] Schmithals, JohEv (s. Anm. 8) 267 hat mich überzeugt:»Der hymnische V. 14 wird mit V. 16 nicht fortgesetzt, sondern tritt in dieser (partiellen) Dublette auf der Stelle.«

[45] So mit Haenchen, Johannes (s. Anm. 7) 131.137.140; Thyen, Literatur (s. Anm. 12) 251; Schmithals, JohEv, 268; vgl. auch Schnackenburg, Johannes I, 205 (»immerhin zu erwägen«). − Die Nennung des vollen Namens »Jesus Christus« kann nicht unbedingt als Hinweis auf vorjohanneischen Text verbucht werden, da fast alle Schriften des NT (Ausnahmen: Lk, Act, Hebr und 3Joh, der gar keinen Namen nennt) bei der *ersten* Nen-

| *Der vorjohanneische Logospsalm* | *und sein Kommentar* |

I   1a Ἐν ἀρχῇ ἦν ὁ λόγος,
    b   καὶ ὁ λόγος ἦν πρὸς τὸν θεόν,
    c   καὶ θεὸς ἦν ὁ λόγος.

    2   οὗτος ἦν ἐν ἀρχῇ πρὸς τὸν
                                            θεόν.

    3a πάντα δι'αὐτοῦ ἐγένετο,
    b   καὶ χωρὶς αὐτοῦ ἐγένετο οὐδὲ
        ἕν[47].

II 4a ὃ γέγονεν, ἐν αὐτῷ ζωὴ ἦν[48],
    b   καὶ ἡ ζωὴ ἦν τὸ φῶς τῶν
        ἀνθρώπων·

    5a καὶ τὸ φῶς ἐν τῇ σκοτίᾳ φαί-
        νει,
    b   καὶ ἡ σκοτία αὐτὸ οὐ κατέλα-
        βεν.

    6a   Ἐγένετο ἄνθρωπος,
    b   ἀπεσταλμένος παρὰ θεοῦ,
    c   ὄνομα αὐτῷ Ἰωάννης·

    7a   οὗτος ἦλθεν εἰς μαρτυρίαν
    b   ἵνα μαρτυρήσῃ περὶ τοῦ φω-
                                            τός,
    c   ἵνα πάντες πιστεύσωσιν δι'
                                            αὐτοῦ.

---

nung den vollen Namen gebrauchen. Im Mk ist 1,1 der einzige Beleg für »Jesus Christus«. – In der Sache gehört Joh 1,17 zum Logospsalm: Der Weisheitslogos fand seine Wohnung auf Erden nicht in der Thora – sie wurde durch Mose gegeben –, sondern, wie V. 14 zeigt, in Jesus Christus, durch den »Gnade und Wahrheit zuteil geworden ist« – altbiblischer Ausdruck »für das volle göttliche Heil ..., das dem Menschen zuteil wird als die in der Offenbarung an Israel sich eröffnende ewige göttliche Huld«, s. Gese, Johannesprolog (s. Anm. 35) 187.

46 Schmithals, JohEv, 269.

47 Habermann, Präexistenzaussagen (s. Anm. 3) 324: »V. 3 bildet unverkennbar einen synonymen Parallelismus. In chiastischer Weise stehen sich πάντα und οὐδὲ ἕν sowie δι' αὐτοῦ und χωρὶς αὐτοῦ gegenüber.« Das gleiche Formprinzip gilt m. E. auch für 1a.b.

48 Zur Begründung der Lesart vgl. Habermann, Präexistenzaussagen, 325; zum Logos als Lebensgrund der Schöpfung (»Was besteht, dafür war er das Leben.«) s. Gese, Johannesprolog, 163.

8a		οὐκ ἦν ἐκεῖνος τὸ φῶς[49],
b		ἀλλ᾽ ἵνα μαρτυρήσῃ περὶ τοῦ φωτός[50].
9a		Ἦν τὸ φῶς τὸ ἀληθινόν,
b		ὃ φωτίζει πάντα ἄνθρωπον,
c		ἐρχόμενον εἰς τὸν κόσμον[51].
10a		ἐν τῷ κόσμῳ ἦν,
b		καὶ ὁ κόσμος δι᾽ αὐτοῦ ἐγένε-το,
c		καὶ ὁ κόσμος αὐτὸν οὐκ ἔγνω[52].
III 11a	εἰς τὰ ἴδια ἦλθεν,	
b	καὶ οἱ ἴδιοι αὐτὸν οὐ παρέλα-βον.	
12a	ὅσοι δὲ ἔλαβον αὐτόν[53],	
b	ἔδωκεν αὐτοῖς ἐξουσίαν	
c	τέκνα θεοῦ γενέσθαι,	
d		τοῖς πιστεύουσιν εἰς τὸ ὄνομα αὐτοῦ,
13a		οἳ οὐκ ἐξ αἱμάτων
b		οὐδὲ ἐκ θελήματος σαρκὸς
c		οὐδὲ ἐκ θελήματος ἀνδρός
d		ἀλλ᾽ ἐκ θεοῦ ἐγεννήθησαν.

---

[49] Becker, Johannes I (s. Anm. 4) 82: »Da weiter das ›Licht‹ in V 5 zum Hymnus gehört, ist es wahrscheinlich, daß E nur von dort her Johannes die Lichtfunktion abspricht.« Man muß ja auch sehen, daß Joh 5,35 immerhin von ὁ λύχνος ὁ ... φαίνων sprechen wird.

[50] Es sieht ganz danach aus, daß der Evangelist V. 9 als Zeugnis des Täufers über das Licht anschließt; vgl. den analogen Fall V. 15 f.

[51] Vgl. F. Blass/A. Debrunner, Grammatik des neutestamentlichen Griechisch, bearb. v. F. Rehkopf, Göttingen [14]1975, § 353,2b mit Anm. 7. Im Anschluß an Ruckstuhl (Einheit [s. Anm. 22] 83) könnte man sagen: »Der Evglist nimmt noch einmal das ἦν der ersten Verse auf und verbindet es mit dem ἐρχόμενον« – bei dem er ja V. 11a angekommen sein muß, sowie mit εἰς τὸν κόσμον, um den Anschluß an εἰς τὰ ἴδια zu erreichen –, »um zu sagen, daß die Menschwerdung des Logos nicht der Anfang seines Daseins war, sondern nur das zeitliche Sichtbarwerden des Vorzeitlichen ...«.

[52] Im Unterschied zu Becker (Johannes I, 65) beobachtet Habermann (Präexistenzaussagen, 392) zutreffend: »Da in V 10 ohne weitere Begründung ein sich auf den Logos beziehen-des αὐτόν steht, ist auch in V 9 der Logos Subjekt.«

[53] Λαμβάνειν τινά gilt als johanneische Stileigentümlichkeit, s. Ruckstuhl, Einheit (s. Anm. 22) 196; Schnackenburg, Johannes I, 236 f.; die Wendung könne nur den johanneischen Sinn von »glauben« haben, s. Haenchen, Johannes, 127. Aber warum wird dann V. 12a eigens durch V. 12d interpretiert?

IV 14a Καὶ ὁ λόγος σὰρξ ἐγένετο
     b   καὶ ἐσκήνωσεν ἐν ἡμῖν,
     c   καὶ ἐθεασάμεθα τὴν δόξαν αὐ-
         τοῦ,
     d   δόξαν ὡς μονογενοῦς παρὰ
                                          πατρός,
     e   πλήρης χάριτος καὶ ἀληθείας.

    15a   Ἰωάννης μαρτυρεῖ περὶ αὐτοῦ
                                          καὶ κέκραγεν λέγων·
     b   οὗτος ἦν ὃν εἶπον·
     c   ὁ ὀπίσω μου ἐρχόμενος ἔμπρο-
                                          σθέν μου γέγονεν,
     d   ὅτι πρῶτός μου ἦν.

    16a   ὅτι ἐκ τοῦ πληρώματος αὐτοῦ
                                          ἡμεῖς πάντες ἐλάβομεν
     b   καὶ χάριν ἀντὶ χάριτος·

    17a ὅτι ὁ νόμος διὰ Μωϋσέως
         ἐδόθη,
     b   ἡ χάρις καὶ ἡ ἀλήθεια
     c   διὰ Ἰησοῦ Χριστοῦ ἐγέ-
              νετο.

    18a   Θεὸν οὐδεὶς ἑώρακεν πώποτε·
     b   μονογενὴς θεὸς ὁ ὢν εἰς τὸν
                                          κόλπον τοῦ πατρὸς
     c   ἐκεῖνος ἐξηγήσατο.

Was sind nun die Gründe, die den Evangelisten bewogen haben, den
Täufer schon im Prolog einzuführen? Lassen wir uns, diese Frage bedenkend,
zunächst, aber ohne uns auf mögliche Irrwege setzen zu lassen, von M. Theo-
balds Votum anregen: »Wenn die beiden Täufer-Intermezzi 1,6–8/15 die beiden großen Abschnitte 1,19 ff./29 ff. präludieren, dann bezeugen sie eine in
sich kohärente Konzeption des Evangeliumbeginns, die nur schwer auf verschiedene literarische Schichten verteilt werden kann.«[54] Es dürfte sich also
wohl lohnen, auf die redaktionellen Verschränkungen und Verzahnungen zu
achten:

1,6	ἀπεσταλμένος παρὰ θεοῦ	1,33	ὁ πέμψας με βαπτίζων ἐν ὕδα-τι
1,7	οὗτος ἦλθεν εἰς μαρτυρίαν	1,19	καὶ αὕτη ἐστὶν ἡ μαρτυρία
1,7	ἵνα μαρτυρήσῃ περὶ τοῦ φω-τός	1,34	καὶ μεμαρτύρηκα ὅτι οὗτός ἐστιν ὁ υἱὸς τοῦ θεοῦ

---

54 Im Anfang war das Wort. Textlinguistische Studien zum Johannesprolog, SBS 106, 1983,
   126.

1,7	ἵνα πάντες πιστεύσωσιν δι' αὐτοῦ	1,31	ἵνα φανερωθῇ τῷ Ἰσραήλ
1,8	οὐκ ἦν ἐκεῖνος τὸ φῶς	1,20	ἐγὼ οὐκ εἰμὶ ὁ χριστός
1,14	ἐθεασάμεθα	1,32	τεθέαμαι
1,15	οὗτος ἦν ὃν εἶπον· ὁ ὀπίσω μου ἐρχόμενος ἔμπροσθέν μου γέγονεν, ὅτι πρῶτός μου ἦν	1,30	οὗτός ἐστιν ὑπὲρ οὗ ἐγὼ εἶπον· ὀπίσω μου ἔρχεται ἀνὴρ ὃς ἔμπροσθέν μου γέγονεν, ὅτι πρῶτός μου ἦν
1,5	καὶ τὸ φῶς ἐν τῇ σκοτίᾳ φαίνει, καὶ ἡ σκοτία αὐτὸ οὐ κατέλαβεν	1,26	μέσος ὑμῶν ἔστηκεν ὃν ὑμεῖς οὐκ οἴδατε
1,18	θεὸν οὐδεὶς ἑώρακεν πώποτε· μονογενὴς θεὸς ... ἐκεῖνος ἐξηγήσατο.	1,34	κἀγὼ ἑώρακα καὶ μεμαρτύρηκα ὅτι οὗτός ἐστιν ὁ υἱὸς τοῦ θεοῦ.

Nach dieser Übersicht unterliegt es wohl keinem Zweifel mehr, daß die Parallelität der Verse 18 und 34 genau dazu dient, den Täufer als Zeugen des Sohnes zu bestätigen. Der präexistente Sohn kam aus der Unmittelbarkeit zum Vater und konnte deshalb den Zugang erschließen[55], Johannes seinerseits hat den Sohn »gesehen« und kann deshalb sein Zeuge sein. Dessen Funktion als Zeuge bedient sich somit der Evangelist, um den Logospsalm in christologischer Konzentration neu auszulegen[56]. Zustimmung verdient daher W. Schmithals: »Der Schlüssel zum Verständnis der Einfügung von V. 6 – 8.15, der auch die anderen Teile der Bearbeitung erschließt, liegt tatsächlich in der fundamentalen Beobachtung, daß der Bearbeiter mit Bedacht ›den Text von V. 5 an auf den Fleischgewordenen bezogen wissen will‹ (Bultmann, 1941, 4).«[57]

Nicht durch den Wortlaut des vorjohanneischen Hymnus, sondern allererst durch die Einführung der Täufer-Martyria wird V. 5a auf das Gekommensein des Lichts entsprechend 3,19; 8,12; 12,35 f. und V. 5b auf die Heilsver-

---

[55] Das Nebeneinander von ὁράω und ἐξηγέομαι muß von Hi 28,27 (LXX) und Sir 43,31 (man beachte vor allem die Parallelität »Wer hat ihn gesehen ... wie er ist?«) her interpretiert werden. Bezieht sich Sir 43,31 auf das »Geheimnis Gottes« (s. G. von Rad, Weisheit in Israel, Neukirchen-Vluyn 1970, 147), so Hi 28,27 auf das »Schöpfungsgeheimnis« (a. a. O., 193 f.), die Weisheit, die kein Mensch je gesehen oder gefunden, zu der nur Gott den Zugang gefunden hat.

[56] Die Gegenposition von Theobald (Menschwerdung [s. Anm. 34] 490) führt ins Nichts. 1983 (ders., Im Anfang war das Wort [s. Anm. 54] 129) konnten wir noch lesen: »Also hält der Prolog für seine Hörer den Schlüssel bereit, der ihnen das Evangelium insgesamt aufschließen kann.« Doch wozu ist jetzt dieser Schlüssel verkommen: ein aus einem älteren Passepartout (Menschwerdung, 468 f.) gefertigter Spezialschlüssel (a. a. O., 438 ff.) zu einem Haus, das erst gebaut wurde (a. a. O., 468), als das Schlüsselloch schon fertig war (a. a. O., 465 f.470 ff.).

[57] JohEv, 275.

schlossenheit der Finsternis, d. h. der Menschenwelt V. 10 gedeutet. Die Ausnahmen, von denen der Logoshymnus V. 12a.b gesungen hatte, mußte der
Evangelist seiner Theologie gemäß präzisieren und herausstellen, daß sich
die Heilssituation der Gotteskindschaft nicht einer Möglichkeit des Menschen
erschließt (und wäre es der Entscheidungscharakter der Existenz), sondern
ausschließlich als Geschenk von Gott erfahren werden kann[58]. In Verbindung
mit dem Bekenntnis der Gemeinde, die den himmlischen Lichtglanz im
Menschgewordenen gesehen hat, ruft der Evangelist noch einmal die Stimme
des Täufers auf, um sein Zeugnis für die Präexistenz mit dem Gemeindebekenntnis zum Logos zu vereinen zum gemeinsamen Rühmen der empfangenen
Heilsfülle: »Gnade über Gnade.«

Lag der Ton, wie U. B. Müller klar herausgearbeitet hat, schon im vorjohanneischen Logospsalm nicht auf dem Bekenntnis der Inkarnation als solcher,
so gilt dies für den Text des Evangelisten zumal[59]. Noch einmal sei A. Harnack zitiert: »Wir lesen heute unwillkürlich das 4. Evangelium unter dem
überwältigenden Eindruck der dogmengeschichtlichen Entwicklung. Daher ist
es für uns selbstverständlich, daß uns das ›ὁ λόγος σὰρξ ἐγένετο‹ – und zwar
genau in dieser Formulierung – wie der Höhepunkt des Evangeliums erscheint
… Aber wir haben vor Allem die Pflicht, zu untersuchen, was der Satz seinem
Verfasser bedeutete.«[60] Können wir das wissen? – Zumindest können wir
seinen Kommentar zur Kenntnis nehmen: Wie der Täufer (Joh 1,34), so konnte
auch die Gemeinde (1,14) den hohen Glanz Gottes wahrnehmen, weil der
einzige, der zum Vater unmittelbar ist, zu uns gekommen ist und den Zugang
erschlossen hat (1,14d.18).

Begrenzung und Auswahl in der Wahrnehmung der exegetischen Zugänge zu Joh 1,1–18 in Rechnung gestellt, hat sich doch gezeigt, daß es
mehr Konsensfähigkeit gibt, als man auf den ersten Blick vermutet. Einige
Überpointierungen in der Literatur müssen gleichwohl ausdrücklich zurückgewiesen werden:

- Für die anscheinend unausrottbare Alternative Gesetzes- oder Gnadenreli-
  gion[61] läßt sich Joh 1,17 im Rahmen von 1,1–18 nicht vereinnahmen.
- Da schon der vorjohanneische Hymnus unterstreicht: οὐ κατέλαβεν (V. 5b)
  – οὐ παρέλαβον (V. 11b) und der Evangelist ausdrücklich sekundiert καὶ
  ὁ κόσμος δι' αὐτοῦ ἐγένετο, καὶ ὁ κόσμος αὐτὸν οὐκ ἔγνω (V. 10b.c), dann
  aber dreimal hervorhebt: ἵνα πάντες κτλ. V. 7c, πάντα ἄνθρωπον V. 9b,

---

[58] Glaube als Gabe (s. Anm. 2) 219 f.
[59] Geschichte (s. Anm. 5) 13–22.
[60] Verhältniß (s. Anm. 6) 228.
[61] Ruckstuhl, Einheit (s. Anm. 22) 85; Becker, Johannes I, 84; U. Schnelle, Antidoketische
Christologie im Johannesevangelium. Eine Untersuchung zur Stellung des vierten Evangeliums in der johanneischen Schule, FRLANT 144, 1987, 43.

ἡμεῖς πάντες V. 16a, dürften Bestreitung eines »Offenbarungsuniversalismus«[62] und »Negation der Heilsgeschichte«[63] nicht *seine* Themen sein.

• Angesichts der Feststellungen, daß Joh 1,1–12 der Weisheitsmythos zugrunde liegt, die Inkarnationsvorstellung christlichen Ursprungs ist[64] und die Terminologie von V. 18a.c *weisheitlich* ist[65], ist eine Neuauflage der Gnosisdebatte[66] nicht angezeigt.

• »Die Alternative ›naiver Doketismus‹ oder ›Antidoketismus‹ hat in V. 14 … nichts zu suchen.«[67] Der Satz »Wir sahen seine Herrlichkeit« besagt gerade nicht: »Wir haben das Fleisch gesehen, die Schande und die Entehrung bis zum Kreuz; aber hinter der Hülle der Niedrigkeit und der Schande haben wir den Lichtglanz Gottes geschaut.«[68] Hier muß man mit U. B. Müller gegensteuern: Von Selbstentäußerung des Logos und Selbsterniedrigung des Menschgewordenen ist in Joh 1,14 gerade nicht die Rede[69]. Aber auch in die andere Richtung, die die Soteriologie der Gemeinde auf das unmittelbare Schauen des göttlichen Logos reduziert sieht[70], muß präzisierend gesagt werden: Was Joh 1,14 schon von der Vorlage her nicht anzusprechen scheint, die Passion und den Kreuzestod Jesu, wird der Evangelist nachholen, indem er z. B. 12,23–26 verdeutlicht: Die Gemeinde Jesu, die 1,14 bekennen kann, ist Frucht seines Todes, denn »zu seiner δόξα gehört die Sammlung seiner Gemeinde«[71].

Es ist ermutigend, zu sehen, daß Forschungszugänge ganz unterschiedlicher Art im Erfassen der Spitzenaussage von V. 14 zu konvergentem Ergebnis gelangen:

E. Ruckstuhl: »Der Logos wird in Vers 14 nicht Fleisch, um in die Welt zu kommen, sondern um seine Herrlichkeit im Fleische zu offenbaren.«[72]
U. B. Müller: »Die Fleischwerdung ermöglicht das Erscheinen der Herrlichkeit des Logos in der irdischen Wirklichkeit.«[73]

---

62 Schmithals, JohEv, 275.
63 Becker, Johannes I, 85.
64 Schmithals, JohEv, 272 f.
65 Theobald, Menschwerdung (s. Anm. 34) 260 Anm. 255.
66 A. a. O., 486: »Daß gnostisches Denken, obwohl es im Prolog neutralisiert wird, ihn doch unterschwellig mitgeprägt hat, zeigt sich … auch an 1,18, wo das gnostische ›Dogma‹ vom unbekannten Gott formuliert wird …«
67 Schmithals, JohEv, 273; s. auch Schottroff, Welt (s. Anm. 20) 276 f.; Becker, Johannes I, 77 f.; Müller, Menschwerdung (s. Anm. 5) 40–51.
68 J. Jeremias, Der Prolog des Johannesevangeliums (Johannes 1,1–18), CwH 88, 1967, 23.
69 Menschwerdung, 28.56 u. ö.
70 A. a. O., 57.
71 Bultmann, Johannes, 325.
72 Einheit (s. Anm. 22) 73.
73 Menschwerdung (s. Anm. 5) 50.

O. Hofius: »Die Worte ἐθεασάμεθα τὴν δόξαν αὐτοῦ meinen zweifellos: ›Wir schauten seine *Gottheit*.‹«[74]

Indessen hüte man sich, das Paradox, von dem R. Bultmann so nachdrücklich gesprochen hat[75], ganz aus dem Sinn zu lassen[76]. Das Scheinen des Lichts und das Leuchten des hohen Glanzes werden nicht anders aufgezeigt, als daß der Evangelist die Gottheit Jesu »in der Unzugänglichkeit leuchten« läßt, so daß sie sich menschlichem Zugriff und Willen je und je entzieht[77]. Daß dem so ist, zeigt sich am johanneischen Pendant zu »Messiasgeheimnis- und Parabeltheorie« des Mk: den Mißverständnissen und dem prädestinatianischen Akzent johanneischer Theologie[78], wie ja R. Bultmann durchaus zutreffend beobachtet hat: Das Schauen der δόξα vollziehe sich in dem Vorgang, der durch das διδόναι des Offenbarers (V. 12) und das λαμβάνειν der Glaubenden (V. 16) angedeutet sei[79].

Bedenkt man, daß er »das ewig Licht« versteht als »der Sohn des Vaters, Gott von Art«, kann man wohl sagen: M. Luther hat die Interpretation des vorjohanneischen Logoslieds durch den vierten Evangelisten präzise erfaßt und vielleicht unwiederholbar den hohen Glanz der johanneischen »Weihnachtsgeschichte« gespiegelt in der Strophe[80]:

> »Das ewig Licht geht da herein,
> gibt der Welt ein’ neuen Schein;
> es leucht’ wohl mitten in der Nacht
> und uns des Lichtes Kinder macht.«

II. Phil 2,6−11

Deutlicher als die Prologexegese hat die Auslegung von Phil 2,6−11 in unserem Jahrhundert bleibende Fortschritte erzielt. E. Lohmeyer ist es gelungen, den Text als *vorpaulinischen Christushymnus* zu erweisen[81]. Zwar hat die Exegese des Philipperbriefes den Hymnus nach wie vor im Rahmen seiner paränetischen Anwendung durch Paulus auszulegen, wie R. Deichgräber gegenüber E. Käsemann zu Recht geltend gemacht hat[82], doch kann solche Exe-

---

[74] Struktur (s. Anm. 22) 24, vgl. auch 25.

[75] Johannes, 41−45.

[76] Schottroff, Welt (s. Anm. 20) 278: »Nicht Paradoxie, sondern Zweigleisigkeit ist das Verhältnis beider Wirklichkeiten bei Johannes.«

[77] Die Anleihe sei erlaubt: P. Handke, Die Geschichte des Bleistifts, st 1149, 1985, 309.

[78] Glaube als Gabe (s. Anm. 2) 228 f.

[79] Johannes, 45.

[80] Evangelisches Kirchengesangbuch Nr. 15,4.

[81] E. Lohmeyer, Kyrios Jesus, SAH 1927/28, Nr. 4 (Neudr. Darmstadt 1961); Die Briefe an die Philipper, an die Kolosser und an Philemon, KEK 9, [13]1964, 90−99.

[82] R. Deichgräber, Gotteshymnus und Christushymnus in der frühen Christenheit. Untersuchungen zu Form, Sprache und Stil der frühchristlichen Hymnen, StUNT 5, 1967, 188−

gese sehr wohl von der Erkenntnis des vorpaulinischen Ursprungs des Textes profitieren. Im übrigen gewährt uns diese Erkenntnis Einblicke in das vorpaulinische Christentum und provoziert bzw. klärt Fragen der Gestaltwerdung von Christologie in christlicher Ursprungszeit[83]. E. Lohmeyers Gliederung des Hymnus in zwei Teile zu je drei Strophen von je einem Dreizeiler, bestechend untermauert durch Hinweis auf die formale Untergliederung ὅς, ἀλλά, καί – διό, ἵνα, καί[84], präsentiert noch heute die kolometrische Textdarbietung der Nestle-Aland-Textausgabe. Nur die kurze Wendung V. 8 θανάτου δὲ σταυροῦ fiel als typisch Paulinisches Interpretament aus E. Lohmeyers renaissancearchitektonischem Aufbauschema heraus und nährte, zumal nach E. Käsemanns »kritischer Analyse«[85], zusammen mit der »Gleichsetzung von Knecht- und Menschsein Phil 2,7«[86] die Hypothese, »daß das Schema des Liedes dem gnostischen Erlösermythos entlehnt ist«[87].

Das Ineinander von Form und Inhalt[88] verdeutlicht schön das Ergebnis derjenigen Studien, deren Anstoß entscheidend von R. Bultmann ausgegangen ist, insofern er gegen E. Lohmeyer den Parallelismus membrorum als Formprinzip des Hymnus zur Geltung gebracht hat[89]. So führt über J. Jeremias[90], G. Strecker[91], R. Deichgräber[92] und O. Hofius[93] eine aufsteigende

---

196. Zutreffend und bündig W. Grundmann, Art. ταπεινὸς κτλ., ThWNT 8, 1969, 1–27: 18: »Paränese und Hymnus sind durch ταπεινοφροσύνη (2,3 …) und ἐταπείνωσεν ἑαυτόν (2,8) miteinander verbunden …«

[83] Dazu gehört, wie Phil 2,1–11 und Röm 1,3 f. zeigen, daß die Auferweckung des Gekreuzigten als Erhöhung bzw. Inthronisation gesehen wird, vgl. H. Gese, Der Messias, in: Zur biblischen Theologie (s. Anm. 35) 128–151: 147.

[84] G. Bornkamm, Zum Verständnis des Christus-Hymnus Phil 2,6–11, in: ders., Studien zu Antike und Urchristentum, Gesammelte Aufsätze 2, BEvTh 28, 1959, 177–187: 178.

[85] E. Käsemann, Kritische Analyse von Phil 2,5–11, ZThK 47, 1950, 313–360 = Exegetische Versuche und Besinnungen 2, 1964, 155–180.

[86] Bornkamm, Verständnis (s. Anm. 84) 181; L. Abramowski, Phil 2,6 οὐχ ἁρπαγμὸν ἡγήσατο τὸ εἶναι ἴσα θεῷ und Oracula chaldaica 3 (des Places) ὁ πατὴρ ἥρπασεν ἑαυτόν, in: dies., Drei christologische Untersuchungen, BZNW 45, 1981, 1–17: 11.

[87] Wengst, Formeln (s. Anm. 38) 153.

[88] Lohmeyer, Philipper (s. Anm. 81) 90: »Dieser Abschnitt gehört zu den schwierigsten Abschnitten der paulinischen Briefe. … Eine Analyse der Form vermag auch hier den Weg zu bahnen.«

[89] Bultmann, Rez.: E. Lohmeyer, Kyrios (s. Anm. 81), DLZ 51, 1930, 774–780: 777 f.; Bekenntnis- und Liedfragmente im ersten Petrusbrief, in: Exegetica (s. Anm. 12) 285–297: 290 Anm. 10.

[90] J. Jeremias, Zur Gedankenführung in den paulinischen Briefen, in: ders., Abba. Studien zur neutestamentlichen Theologie und Zeitgeschichte, Göttingen 1966, 269–276: 274 ff.

[91] G. Strecker, Redaktion und Tradition im Christushymnus Phil 2,6–11, ZNW 55, 1964, 63–78.

[92] Gotteshymnus (s. Anm. 82) 118–133.

[93] O. Hofius, Der Christushymnus Philipper 2,6–11. Untersuchungen zu Gestalt und Aussage eines urchristlichen Psalms, WUNT 17, 1976.

Linie der Erkenntnis zu der Klärung, daß θανάτου δὲ σταυροῦ zum ursprünglichen Bestand des Hymnus gehört[94] und sprachlich wie sachlich die Klimax der ersten Strophe (V. 6−8) bildet, daß die Trias von V. 10b die Gesamtheit der Geschöpfe Gottes meint, V. 10 f. also − entsprechend dem gewaltigen Finale der gesamten Schöpfung in Apk 5,13[95] − deren eschatologische Huldigung vor dem zum Kyrios erhöhten Christus anspricht[96], daß dem Strukturprinzip des Hymnus entsprechend von einer speziellen Gleichsetzung von Knechtsein (»Sklave der Mächte«) und Menschsein nicht die Rede sein kann[97]. Das Studium der Sapientia Salomonis verdeutlicht zur Genüge, daß originär griechisch verfaßte Literatur sehr wohl den Parallelismus membrorum imitieren kann[98], dabei aber auch eine noch größere Freiheit in der Bildung überschießender dritter Glieder entwickelt als originär semitische Poesie[99]. Aus alledem ergibt sich für das Strukturganze des Hymnus folgendes Bild:

I   6a   ὃς ἐν μορφῇ θεοῦ[a] ὑπάρχων[b]
    6b   οὐχ ἁρπαγμὸν ἡγήσατο[c] τὸ εἶναι ἴσα θεῷ[d],

    7a   ἀλλὰ ἑαυτὸν ἐκένωσεν[c.e]
    7b   μορφὴν δούλου[a.f] λαβών.

    7c   ἐν ὁμοιώματι ἀνθρώπων γενόμενος[b]
    7d   καὶ σχήματι εὑρεθεὶς ὡς ἄνθρωπος[d]

    8a   ἐταπείνωσεν ἑαυτὸν[e]
    8b   γενόμενος ὑπήκοος[f] μέχρι θανάτου[g],
    8c   θανάτου δὲ σταυροῦ[g].

II 9a   διὸ καὶ ὁ θεὸς αὐτὸν ὑπερύψωσεν[h.i]
    9b   καὶ ἐχαρίσατο αὐτῷ[h] τὸ ὄνομα[k] τὸ ὑπὲρ[i] πᾶν ὄνομα[k],

    10a ἵνα ἐν τῷ ὀνόματι[k] Ἰησοῦ[l]
    10b πᾶν γόνυ κάμψῃ[m]
    10c ἐπουρανίων καὶ ἐπιγείων καὶ καταχθονίων[n]

    11a καὶ πᾶσα γλῶσσα ἐξομολογήσηται[m]
    11b ὅτι κύριος Ἰησοῦς Χριστὸς[l]
    11c εἰς δόξαν θεοῦ πατρός[o].

---

94 So auch, trotz Ablehnung des Parallelismus membrorum, H. Binder, Erwägungen zu Phil 2,6−7b, ZNW 78, 1987, 230−243: 231.

95 W. Bousset, Die Offenbarung Johannis, KEK 15, ¹⁶1966, 262.

96 Hofius, Christushymnus (s. Anm. 93) 56.

97 A. a. O., 62; vgl. auch Binder, Erwägungen (s. Anm. 94) 234:»Diese Deutung: ›Knecht‹ = Mensch scheitert indes schon am Aufbau des Hymnus.«

98 Deichgräber, Gotteshymnus (s. Anm. 82) 128.

99 Vgl. Weish 1,5c; 1,6e; 1,9c; 2,10c; 2,19c; 2,22c u. ö.

Der Hymnus weist eine solche Fülle sprachlich-formaler und sachlich-inhaltlicher Details auf, daß es angezeigt erscheint, diesen in einzelnen Annotationen nachzugehen.

Ad a: Offensichtlich schlägt der antithetische Parallelismus (V. 6a.7b/6b.7a) mit dem Wechsel von der höchsten göttlichen Würde zum niedrigsten sozialen Stand den Grundakkord der ersten Strophe des Christusliedes an[100]. Was bei diesem Wechsel gleichbleibt oder sich durchhält – die einen würden von der Seele, andere von der Hypostase, wieder andere von der Person sprechen –, läßt der Hymnus so offen, wie es in der umgekehrten Richtung Auferstehungsglaube oder Erhöhungsbekenntnis tun. U. B. Müller hat wohl recht, wenn er in dem Hymnus »als einem der frühesten Zeugnisse über die Präexistenz Christi den schwierigen Versuch« sieht, »dieses ganz Neue und für die antike Umwelt Ungewöhnliche überhaupt erst zur Sprache zu bringen, daß der Gottgleiche sich seiner ursprünglichen Würde entäußerte, um realer Mensch zu sein«[101].

Ad b: Zwischen V. 6a und V. 7c besteht eine klare Beziehung: ἐν ὁμοιώματι ἀνθρώπων γενόμενος setzt auf einer gegenüber ἐν μορφῇ θεοῦ ὑπάρχων neuen Ebene an, wobei beide Partizipialkonstruktionen zu einer Handlungsaussage im Aorist führen. Mir scheint daher in beiden Fällen eine temporale Beziehung vorzuliegen: »Als er noch[102] in göttlicher Würdestellung war, ... Den Menschen gleich geworden, ...«

Ad c: Was immer die Wendung heißen mag, erfordert die Satzkonstruktion, daß V. 7a das Gegenteil von V. 6b zum Ausdruck bringt[103].

Ad d: Dem »Ganz-wie-Gott-Sein« entspricht auf der neuen Ebene »in seiner Erscheinung als Mensch erfunden«, d. h., der Gottgleiche wurde den Menschen gleich.

Ad e: Wie R. Deichgräber zu Recht festgestellt hat, steht ἑαυτὸν ἐκένωσεν chiastisch zu ἐταπείνωσεν ἑαυτόν[104].

Ad f: Von ἑαυτὸν ἐκένωσεν abhängig steht μορφὴν δούλου λαβών, dazu chiastisch: von ἐταπείνωσεν ἑαυτόν abhängig γενόμενος ὑπήκοος. Dieses Formprinzip muß auch in der Auslegung berücksichtigt werden: Wie der Gottgleiche (V. 6a.b) sich selbst preisgibt (V. 7a), indem er Sklavendasein auf sich nimmt (V. 7b), erniedrigt sich (V. 8a) der Menschgewordene (V. 7c.d), indem er die Rolle übernimmt, die eines Sklaven ist: Er erweist sich gehorsam (V. 8b)[105]. Die auffällige »Objektlosigkeit des Gehorsams«[106] hat ihre nächsten Parallelen in Röm 5,19 und Hebr 5,9[107].

---

[100] Vgl. auch U. B. Müller, Der Christushymnus Phil 2,6–11, ZNW 79, 1988, 17–44: 25.

[101] A. a. O., 32.

[102] Ein ἔτι ist nicht erforderlich, wie z. B. Weish 18,14a zeigt: »Denn als tiefes Schweigen noch alles umfing, ...«

[103] J. Gewieß, Die Philipperbriefstelle 2,6b, in: Neutestamentliche Aufsätze. FS J. Schmid, hg. v. J. Blinzler, O. Kuss, F. Mußner, Regensburg 1963, 69–85: 73.

[104] Gotteshymnus (s. Anm. 82) 128.

[105] Vgl. Röm 6,16: Sklavesein erfüllt sich im Gehorsam. Wenn Müller (Christushymnus [s. Anm. 100] 27) gegen Hofius (Christushymnus [s. Anm. 93] 62) meint, an der pointierten

Ad g: Die Rede vom Gehorsam bis zum Tod kann in einem christologischen Hymnus gar nie anders gedacht gewesen sein, als daß der Tod den *Kreuzestod* meinte. Wahrscheinlich dachte ein antiker Hörer dabei auch, durchaus naheliegend, an das *supplicium servile*[108].

Ad h: Den in den Kreuzestod Erniedrigten hat Gott zur höchsten Höhe erhoben und ihm den höchsten Namen verliehen, eine Formulierung, die, wohl im Anklang an Ps 96,9 (LXX), schon auf die Huldigungsaussage V. 10 f. vorbereitet. Wieder fällt die chiastische Wortfolge auf: αὐτὸν ὑπερύψωσεν – ἐχαρίσατο αὐτῷ.

Ad i: Die Wiederholung von ὑπέρ betont die Zusammengehörigkeit von Erhöhung und Namensverleihung[109].

Ad k: Die dreimalige Wiederholung von ὄνομα läßt erkennen, daß in der Huldigungsaussage V. 11b die Spitze des Hymnus erreicht sein wird.

Ad l: Mit R. Deichgräber[110] und O. Hofius[111] ist »unter Anrufung des Namens Jesu« chiastisch dem »Herr ist Jesus Christus« zuzuordnen.

Ad m: Mit V. 10b beginnt die Bearbeitung des Schriftworts Jes 45,23 (LXX). Dabei läßt sich erkennen, daß der Erhöhte zweimal an der Stelle eingesetzt ist, die im Schriftwort »Gott« innehat:

(ὅτι) ἐμοὶ	(ἵνα) ἐν τῷ ὀνόματι ᾿Ιησοῦ
κάμψει πᾶν γόνυ	πᾶν γόνυ κάμψῃ
καὶ ἐξομολογήσεται πᾶσα	καὶ πᾶσα γλῶσσα ἐξομο-
γλῶσσα	λογήσηται
τῷ θεῷ	ὅτι κύριος ᾿Ιησοῦς Χριστός.

Ad n: Die Wesen der drei Stockwerke umschreiben die Gesamtheit alles Geschaffenen, vgl. Ex 20,4; Apk 5,13; IgnTrall 9,1.

Ad o: Das Ziel der Huldigung aller Geschöpfe an den zum Thron Gottes Erhöhten kann nur sein: »zur Verherrlichung Gottes, des Vaters«. Möglicherweise steht die Vokabel δόξα auch noch im Zusammenhang der Verwendung des Schriftworts Jes 45,23, vgl. dort V. 24. Auffällig parallel ist äthHen 48,5: Alle Erdbewohner werden vor dem Menschensohn niederfallen und den Namen des Herrn preisen.

Gleichsetzung von Sklave- und Menschsein festhalten zu sollen, unterschätzt er das Formprinzip des Hymnus.

106 Müller, Christushymnus, 34.

107 Vgl. U. Wilckens, Der Brief an die Römer I, EKK 6/1, 1978, 326; H.-F. Weiß, Der Brief an die Hebräer, KEK 13, [15]1991, 81.317.321.

108 Vgl. Hofius, Christushymnus, 16; M. Hengel, Crucifixion in the ancient world and the folly of the message of the cross, London 1977, 62 f.

109 Vgl. dazu Hofius, Christushymnus, 30 f.

110 Gotteshymnus, 122.

111 Christushymnus, 5.

Im ganzen dürften die Rätsel, die das *carmen Christi* der kritischen Forschung vormals aufgegeben hat, als gelöst betrachtet werden. Aufbau, Struktur und Aussage des Hymnus sind weitestgehend geklärt. Nur *eine* Stelle, gelegentlich schon als *»phrasis vexatissima«* bezeichnet[112], hält sich hartnäckig bedeckt: V. 6b οὐχ ἁρπαγμὸν ἡγήσατο τὸ εἶναι ἴσα θεῷ. Zwar schien auch hier mit W. W. Jaegers philologischem Beitrag ein Durchbruch und bleibender Fortschritt erzielt worden zu sein[113], doch der Schein trog, wie stets neue Anläufe in der Bemühung um das Verständnis der Phrase zeigen. ἁρπαγμόν τι ἡγεῖσθαι sollte einen traditionellen Topos von festbestimmtem Sinn[114], eine Redensart, einen Slogan[115] gar, ein Idiom[116] darstellen. Aber merkwürdig für ein Idiom, hat noch niemand einen Beleg für exakt diese Phrase nachweisen können[117]. Und auch der Sinn der Redensart, wenn es denn eine wäre, konnte nicht präzise angegeben werden. W. W. Jaeger ermittelte: Obwohl Christus in göttlicher Wesensgestalt war, hielt er es nicht für sein gutes Vorrecht, daß er wie Gott war, wollte also sein Sein-wie-Gott »nicht genießend ausnutzen, sondern er entäußerte sich desselben, *um seine ἀρετή zu beweisen*«[118]. Will man, natürlich zu Recht, diesen ethisierenden Zungenschlag vermeiden, wird man es mit J. Gnilka »bei der der Wendung eigenen Grundbedeutung belassen« wollen »und hier angezeigt sehen, daß der himmlische Christus das εἶναι ἴσα θεῷ nicht glaubte (gierig) festhalten, für sich ausnutzen, als Gewinn ansehen zu sollen«[119]. Aber völlig korrekt hat schon J. Gewieß gegen solche Ausweichmanöver für das Verständnis der Wendung geltend gemacht: »Immer handelt es sich dabei um etwas, was dem betreffenden nicht von vornherein und ursprünglich gehört, sondern was er sich erst aneignet oder das an sich zu nehmen und für sich auszunützen er die Möglichkeit hat ...«[120] Im übrigen

---

[112] Binder, Erwägungen (s. Anm. 94) 238.

[113] W. W. Jaeger, Eine stilgeschichtliche Studie zum Philipperbrief, Hermes 50, 1915, 537–553.

[114] A. a. O., 540.

[115] J. Gnilka, Der Philipperbrief, HThK 10/3, ⁴1987, 116; W. Trilling, Art. ἁρπαγμός, EWNT 1, 1980, 374 f.: 375.

[116] R. W. Hoover, The Harpagmos Enigma: A Philological Solution, HThR 64, 1971, 95–119; Habermann, Präexistenzaussagen (s. Anm. 3) 125: »Ist Hoover nicht ohne weiteres zuzustimmen, so halten wir die idiomatische, sprichwörtliche Deutung für die dem Text am meisten angemessene.«

[117] Man dürfte also allenfalls vermuten, daß die Philipper-Wendung in *Analogie* zu Redewendungen wie ἁρπαγμά τι ποιεῖσθαι oder ἕρμαιόν τι ἡγεῖσθαι (vgl. Jaeger, Studie [s. Anm. 113] 548 f.) formuliert ist.

[118] A. a. O., 552 (Hervorhebung von mir).

[119] Philipper (s. Anm. 115) 116 f.

[120] Philipperbriefstelle (s. Anm. 103) 71. Vgl. auch W. Foerster, Οὐχ ἁρπαγμὸν ἡγήσατο bei den griechischen Kirchenvätern, ZNW 29, 1930, 115–128: 119: »Im allgemeinen dagegen bedeuten diese Wendungen nicht, etwas wie einen Glücksfund festhalten.« Hoover, Enigma (s. Anm. 116) 118 f.: »Likewise, the discernment of the idiomatic character of the ἁρπαγμός expression renders untenable the view that it intends to say that Christ

müßte das *carmen Christi* dann sinnvollerweise formulieren: »Er nützte es nicht für sich aus, daß er wie Gott war, sondern setzte es für andere ein.« Aber davon steht nichts im Text[121]. Wie also weiter verfahren?

Auf einer ganz anderen Fährte[122] traf ich auf eine Spur, die mir einen neuen Zugang zum Verständnis der Philipperbriefstelle zu eröffnen schien. Josephus referiert in Bell 2,119−161 wohl aus drei verschiedenen Quellenschriften über die Essener. In 2,139 ff. sind speziell eine hellenistisch-jüdische Essener-Quelle, die auch Philo von Alexandrien benützte, und eine pythagoraisierende Essener-Quelle miteinander verwoben, und zwar in §§ 141 f. so ungeschickt, daß der Eindruck entsteht, es sei zweimal von denselben Sachverhalten die Rede:

- vom Lieben der Wahrheit bzw. von der Zuverlässigkeit in der Weitergabe der essenischen Satzungen,
- von Diebstahl bzw. von Raub,
- von Arkandisziplin.

Die kompositionstechnische Fuge wird sichtbar in dem völlig singulären πρὸς τούτοις ὄμνυσιν Bell 2,142. Nimmt man § 142 als Bestandteil eines Initiationseids für sich, entdeckt man Parallelen zu dem berühmten Mysterieneid, der in einem Papyrus des 1. und in einem solchen des 3. Jh.s n. Chr. vorliegt. Der Wortlaut dieses agendarischen Eids, der vom Hierokeryx vorgetragen wird, ist folgender:

ἐπόμνυμαι δὲ	»Ich schwöre aber,
καὶ οὒς π[ροσκυνῶ θ]εοὺς συν- τηρήσειν	daß ich die Götter sowohl, die ich (jetzt) verehre, bei mir behalten
καὶ φυλά[ξειν τὰ παραδ]εδομένα	als auch die Geheimnisse, die
μοι μυστή[ρια]	mir anvertraut wurden, hüten werde.«[123]

Leicht erkennbar entsprechen sich θεοὺς συντηρήσειν und συντηρήσειν τὰ τῶν ἀγγέλων ὀνόματα Bell 2,142. Solche mysteriensprachlichen Wendungen müssen in der Spätantike wohl als bekannt vorausgesetzt werden, wie auch

---

did not regard equality with God as something to be held fast. Neither in this idiomatic phrase nor in any other usage does ἅρπαγμα, ἁρπαγμός, or ἁρπάζειν, or any of their compounds or cognates mean to retain something.«

[121] So auch gegen Hoover, Enigma, 106.118.

[122] Die Fährte war eine Analyse der antiken Essenertexte, speziell derer des Josephus, s. R. Bergmeier, Die Essener-Berichte des Flavius Josephus. Quellenstudien zu den Essenertexten im Werk des jüdischen Historiographen, Kampen 1993, vgl. dort 88−91.

[123] Zum Text s. R. Merkelbach, Der Eid der Isismysten, ZPE 1, 1967, 55−73: 72 f.; M. Totti, Ausgewählte Texte der Isis- und Sarapis-Religion, SubEpi 12, 1985, 19 f.; M. P. Nilsson, Geschichte der griechischen Religion II: Die hellenistische und römische Zeit, HAW V/2, ²1961, 695 f. mit Anm. 4 auf S. 695; im übrigen s. meine in der vorigen Anm. genannte Untersuchung, 89 mit Anm. 220.

die Stelle bei Arnobius I 43,1 beweist, wo von dem Vorwurf die Rede ist, Jesus sei ein Magier gewesen, der aus den Heiligtümern der Ägypter die Namen der mächtigen Engel und esoterische Geheimlehren entwendet habe:

Aegyptiorum ex adytis angelorum potentium nomina
et remotas furatus est disciplinas[124].

Die Nähe des Josephustextes zu solchen Formulierungen ist jetzt deutlich:

ὄμνυσιν	»Er schwört,
μηδενὶ μὲν μεταδοῦναι τῶν δογμάτων	er werde niemandem die Satzungen anders weitergeben,
ἑτέρως ἢ ὡς αὐτὸς μετέλαβεν,	als er sie selbst empfing,
ἀφέξεσθαι δὲ ληστείας	sich von (Mysterien-)Entwendung enthalten
καὶ συντηρήσειν ὁμοίως	und für sich behalten
τά τε τῆς αἱρέσεως αὐτῶν βιβλία	wie die Bücher ihrer Gemeinschaft
καὶ τὰ τῶν ἀγγέλων ὀνόματα.	so die Namen der Engel.«

ἀφέξεσθαι δὲ ληστείας ist also nichts anderes als das zu vermeidende Gegenstück zu συντηρήσειν κτλ. Wie ληστής und ἅρπαξ[125] dürfen dann wohl auch ληστεία und ἁρπαγμός nebeneinandergestellt werden. Etwas von den Mysterien oder Symbolen der Straße preiszugeben, ist also wie ein Entwenden oder Entführen aus dem Adyton. Man vergleiche:

καὶ ἐκ μέσων τῶν τοῦ Πυθίου βωμῶν	»Er hat aus dem Tempel des Pythiers
τὴν ἐμὴν ψυχὴν ἀναρπάσας	mein ein und alles (sc. Charikleia) entführt.«[126]

Und ebendies, sagt die Philipperbriefstelle, hat der Präexistente mit der göttlichen Würde nicht getan, sondern hat sich ihrer begeben. Die Tatsache, daß er wie Gott war, betrachtete er nicht als etwas, das man aus dem himmlischen Heiligtum hinaustragen darf. Deutlich steht so der Christus des Hymnus von Phil 2 in strukturellem Gegensatz zu dem späteren gnostischen Jesus des Naassener-Psalms:

μυστήρια πάντα δ᾽ἀνοίξω,	»Die Geheimnisse alle will ich lüften,
μορφὰς δὲ θεῶν ἐπιδείξω·	die Gestalten der Götter zur Schau stellen

---

124 Arnobe, Contre les gentils I, ed. H. Le Bonniec, CUFr, Paris 1982, 168 f.

125 Vgl. Héliodore, Les Éthiopiques, CUFr, 1–3, Texte établi par R. M. Rattenbury–T. W. Lumb et traduit par J. Maillon, Paris ²1960, X 37,1 Ληστὴς ἐγὼ καὶ ἅρπαξ κτλ.

126 Heliodor, Aithiopica X 35,2, vgl. dazu parallel X 36,3 ἐκ τῶν ἀδύτων ... τὴν κόρην ἀποσυλήσας. Auch Josephus spricht einmal von ἁρπαγὴ τῶν θείων κειμηλίων Bell 2,321.

[καὶ] τὰ κεκρυμμένα τῆς ἁγίας   und das Verborgene des heiligen
ὁδοῦ ... παραδώσω[127].   Weges ... preisgeben.«

Vor allem aber tangiert die so gesehene Menschwerdung des Himmlischen
nicht das apokalyptische Trauma vom Fall der Engel, die die Grenze zwischen
Himmel und Erde mißachtet haben: vgl. äthHen 6,2 ff.; 15,3−7; 16,2 f.;
106,13−17; Jud 6 u. ö.[128].

Der Christus des Philipperhymnus hat seine göttliche Hoheit im Himmel
zurückgelassen, auf Erden ist er als Mensch unter Menschen erschienen. So
ungeschützt konnte nur Dichterwort reden, nicht ahnend, vor welche Abgründe
theologisches Denken sich dadurch gestellt sehen würde. Präzise hat Nikolaus
Herman[129] den weihnachtlichen Aspekt des Christus-Hymnus, also Intention
und Pointe seiner ersten drei Parallelismen, wiederum in dichte Sprache gebunden:

> »Er äußert sich all seiner Gwalt,
> wird niedrig und gering
> und nimmt an sich eins Knechts Gestalt,
> der Schöpfer aller Ding.

> Er wechselt mit uns wunderlich:
> Fleisch und Blut nimmt er an
> und gibt uns in seins Vaters Reich
> die klare Gottheit dran.«

III. Nachwort

Die Parallelität von Joh 1,1−18 und Phil 2,6−11 begrenzt sich auf drei
gemeinsame Theologumena: Präexistenzchristologie, θεός-Prädikation des
Präexistenten, Menschwerdung. Doch schon darin, wie die Menschwerdung
aufzufassen sei, gehen beide Texte höchst eigene Wege:

Joh 1,1−18	Phil 2,6−11
Gottheit	
Menschwerdung	
Lichtglanz der Gottheit	*Gehorsam des Sklaven bis zum Tod*
δόξαν ὡς μονογενοῦς παρὰ πατρός	μορφὴν δούλου λαβών, γενόμενος ὑπήκοος μέχρι θανάτου.

---

[127] Hippolyt, Refutatio V 10,2, zitiert nach W. Völker, Quellen zur Geschichte der christlichen Gnosis, SQS 5, 1932, 26 f.

[128] Belegsammlung bei P. Volz, Die Eschatologie der jüdischen Gemeinde im neutestamentlichen Zeitalter. Nach den Quellen der rabbinischen, apokalyptischen und apokryphen
Literatur, Hildesheim 1966 (= Nachdr. der Ausg. Tübingen 1934), 311 f.; ergänzend s.
K. Beyer, Die aramäischen Texte vom Toten Meer, Göttingen 1984, 226.234−
240.243 f.250 f., zumal was das Gigantenbuch betrifft, 258−268.

[129] Zitiert nach Evangelisches Kirchengesangbuch 21,3.4.

Während der Logos von Joh 1 als Licht in der Finsternis scheint bzw. als Menschgewordener Glanz der Gottheit leuchten läßt, gibt der Präexistente von Phil 2 seine göttliche Würde auf und »wird gehorsam bis zum Tod«[130]. Der »Manifestation seines göttlichen Wesens«[131] steht die Manifestation der Gehorsamstat gegenüber, wodurch präfiguriert ist, daß dem »gehorsam bis zum Tod, ja zum Tod am Kreuz« (Phil 2,8b.c) johanneisch das δεῖ ὑψωθῆναι (3,14; 12,34) korrespondieren wird, das zumal als δοξασθῆναι (7,39; 12,16.23; 13,31)[132] schon aussprechen wird, was im Philipperhymnus erst von V. 9 an Thema ist. An der Stelle aber der Rede vom Gehorsam wird johanneisch davon gesprochen werden, daß Jesus tut, was ihm der Vater aufgetragen hat (4,34; 5,30; 6,38; 8,28; 10,18; 12,49; 14,31; 17,4 u. ö.). Aber auch dabei wird die Heilsbedeutung von Kreuz und Leiden nicht eliminiert werden[133].

---

130 Vgl. auch Müller, Menschwerdung (s. Anm. 5) 28.

131 Schneider, Johannes (s. Anm. 20) 61.

132 Zweier Stachel ist hier noch zu gedenken: Haenchen (Johannes [s. Anm. 7] 129) macht wohl zu Recht darauf aufmerksam, daß die Wendung »wir sahen seine Herrlichkeit …« auf den verschiedenen Ebenen des 4. Evangeliums »in verschiedenem Sinne gebraucht worden sein« könnte. Von der um Joh 17 erweiterten Fassung her muß man sogar sagen, daß der Irdische die Präexistenzherrlichkeit nicht mehr besaß (a. a. O., 144 f.).

133 R. Bergmeier, ΤΕΤΕΛΕΣΤΑΙ Joh 19,30, ZNW 79, 1988, 282–290.

8. Gottesherrschaft, Taufe und Geist

Zur Tauftradition in Joh 3

Seinen Kommentar zu Joh 3,1−21 eröffnet E. Haenchen mit der vielsagenden Bemerkung: »In diesem Abschnitt drängen und überschneiden sich stärker als bisher Fragen der Quellenbenutzung, des historischen Wertes, der Komposition und der Theologie des JE. Das beweist das Auseinandergehen der Kommentare.«[1] In der Tat sieht sich ein Ausleger von Joh 3 mit nahezu allen Problemen konfrontiert, die das vierte Evangelium aufgibt bzw. die Johannesforschung formuliert oder auch nur erfunden hat. Keine Verbindung aber gibt es von Joh 3 als einem »Schlüsseltext des Evangeliums«[2] zur Gestalt des Lieblingsjüngers als einer »Schlüsselgestalt johanneischer Theologie und Geschichte«[3].

1. Johanneische Probleme im Spiegel von Joh 3

Schon die Aufgabe der Gliederung des Textganzen, das von 2,23 bis 3,36 reicht[4], wirft Fragen der *Textkohärenz* auf[5], die sich fortsetzen in der Frage nach Quellenbenutzung[6] bzw. in der Hypothese von Grundschrift und Bearbeitung[7] oder sich schürzen zur Problematik des johanneischen *Stils*[8]. Das Niko-

---

[1] Das Johannesevangelium − ein Kommentar, aus den nachgelassenen Manuskripten hg. v. U. Busse, Tübingen 1980, 215.

[2] K.-M. Bull, Gemeinde zwischen Integration und Abgrenzung. Ein Beitrag zur Frage nach dem Ort der joh Gemeinde(n) in der Geschichte des Urchristentums, BET 24, 1992, 67.

[3] J. Kügler, Der Jünger, den Jesus liebte. Literarische, theologische und historische Untersuchungen zu einer Schlüsselgestalt johanneischer Theologie und Geschichte. Mit einem Exkurs über die Brotrede in Joh 6, SBB 16, 1988.

[4] R. Bultmann, Das Evangelium des Johannes, KEK 2, ²¹1986, 91 ff.

[5] R. Schnackenburg, Die »situationsgelösten« Redestücke in Joh 3, ZNW 49, 1958, 88−99; zur Diskussion s. jetzt auch Bull, Gemeinde (s. Anm. 2) 61−68.

[6] Vgl. dazu W. Schmithals, Johannesevangelium und Johannesbriefe. Forschungsgeschichte und Analyse, BZNW 64, 1992, 117−128.

[7] Vgl. dazu Schmithals, a. a. O., 103−116.187−192.292 ff.

[8] E. Ruckstuhl, Die literarische Einheit des Johannesevangeliums, NTOA 5, 1987, s. speziell 304−331: »Sprache und Stil im johanneischen Schrifttum. Die Frage ihrer Einheit und Einheitlichkeit«; ders., Zur Antithese Idiolekt−Soziolekt, in: ders., Jesus im Horizont der Evangelien, SBA 3, 1987, 219−264; ders./P. Dschulnigg, Stilkritik und Verfasser-

demus-Gespräch, in dem Jesus in der Ichform spricht, scheint in 3,12 zu enden[9], denn mit dem Wechsel von der Ichform zur Erform in V. 13 ist auch der Gesprächspartner Nikodemus von der Bühne abgetreten: »Wir werden nicht zu Zuhörern eines Gesprächs zwischen zwei Personen, sondern des Dialogs zwischen Kirche und Synagoge ...«[10] Das Redestück Joh 3,13−21 findet seine typisch johanneische *Wiederaufnahme* in 3,31−36[11]. Beide Reden weisen gleiche Thematik auf[12]:

Joh 3,13−21	Joh 3,31−36
ὁ ἐκ τοῦ οὐρανοῦ καταβάς V. 13	ὁ ἐκ τοῦ οὐρανοῦ ἐρχόμενος V. 31[13]
ἵνα πᾶς ὁ πιστεύων εἰς αὐτὸν ... ἔχῃ ζωὴν αἰώνιον V. 16	ὁ πιστεύων εἰς τὸν υἱὸν ἔχει ζωὴν αἰώνιον V. 36[14]
... ἀπέστειλεν ὁ θεὸς τὸν υἱόν V. 17	ὃν γὰρ ἀπέστειλεν ὁ θεός V. 34.

Beide Textreihen formulieren kerygmatisch »die johanneisch-christliche Antwort auf die Heilsfrage«[15], und zwar jeweils in der Folge von Texten, die von der Taufe handeln: 3,1−12 und 3,22−30[16]. Als problematisch wird jedoch oft der Übergang von der Täuferrede 3,27−30 zu V. 31 ff. empfunden, weshalb auch J. Becker lapidar erklärt: »Situationslos und deplaziert steht allerdings 3,31−36.«[17]

---

frage im Johannesevangelium. Die johanneischen Sprachmerkmale auf dem Hintergrund des Neuen Testaments und des zeitgenössischen hellenistischen Schrifttums, NTOA 17, 1991.

[9] H. Zimmermann, Die christliche Taufe nach Joh 3. Ein Beitrag zur Logoschristologie des vierten Evangeliums, Cath(M) 30, 1976, 81.

[10] Ch. K. Barrett, Das Evangelium nach Johannes, KEK Sonderbd., 1990, 224.

[11] W. A. Meeks, Die Funktion des vom Himmel herabgestiegenen Offenbarers für das Selbstverständnis der johanneischen Gemeinde, in: ders., Zur Soziologie des Urchristentums, TB 62, 1979, 245−283: 260.

[12] I. de la Potterie, Ad dialogum Jesu cum Nicodemo (2,23−3,21), VD 47, 1969, 141−150: 144.

[13] Die postevangelistische Redaktion von Joh 6,51c−58 würde ἐξ οὐρανοῦ formulieren, s. dazu R. Bergmeier, Glaube als Gabe nach Johannes, BWANT 112, 1980, 207.

[14] J. Becker, Das Evangelium nach Johannes I, ÖTK 4/1−2, ³1991, 187: »Ungewöhnlich ist die futurische Aussage: ›wird Leben nicht sehen‹ (sonst wird präsentisch formuliert), womit eine futurische Eschatologie noch durchschimmert ...« Aber V. 36 *formuliert* im Blick auf das »ewige Leben« *präsentisch*, und die Kehrseite zur Gegenwart des Lebens ist auch Joh 8,21.24: »Ihr *werdet* in euren Sünden sterben.«

[15] J. Blank, Das Evangelium nach Johannes, GSL.NT 4/1a, 1981, 239.

[16] Zimmermann, Taufe (s. Anm. 9) 84−88.91 ff.

[17] Becker, Johannes I (s. Anm. 14) 154. Für Becker hat 3,31−36 reinterpretierenden Nachtragscharakter (vgl. a. a. O., 185) und gehört zur postevangelistischen Redaktion (s. ders., J 3,1−21 als Reflex johanneischer Schulddiskussion, in: Das Wort und die Wörter, FS G. Friedrich, Stuttgart 1973, 85−95: 85.94). In meiner Studie (Glaube als Gabe [s. Anm. 13] 212.221.246 Anm. 191) habe ich mich, wenn auch zögernd, dieser Fehleinschätzung angeschlossen.

»Das literarische Hauptproblem bei Johannes«, so W. A. Meeks, »ist das Nebeneinanderbestehen einer bemerkenswerten stilistischen Einheit und thematischen Kohärenz mit ins Auge springenden schlechten Übergängen zwischen Episoden an vielen Stellen.«[18] Brüche im Text führen so zur Diskussion um »Unordnung und Umordnung«[19] und/oder um *Schichtungen* im johanneischen Text nach Quelle bzw. Tradition, Komposition des Evangelisten und postevangelistischer Redaktion[20]. Die Einbeziehung *soziologischer* Fragestellung[21] kann sich sowohl verbinden mit der vorgenannten Schichten-Analyse zur Frage nach der Geschichte des johanneischen Gemeindeverbands[22] als auch diese Schichten-Analyse ersetzen durch die Frage, sei es nach der *historischen und geographischen Situation* der christlichen Gemeinde, für die das Johannesevangelium geschrieben wurde[23], sei es nach der Stellung des vierten Evangeliums in der *christologischen Kontroverse der johanneischen Schule*[24]. Fragen »des historischen Wertes«[25] stellen sich dort, wo Verarbeitung von Tradition[26] bzw. Quellenbenutzung seitens des Evangelisten zu vermuten ist, also im Blick auf das Herrenwort synoptischen Typs (Joh 3,3.5)[27] und auf

---

[18] Meeks, Funktion (s. Anm. 11) 250.

[19] Haenchen, Johannes (s. Anm. 1) 48–57.

[20] Becker, Johannes I (s. Anm. 14) 154: »Auch Joh 3 zeigt damit drei Schichten: Das E vorliegende Material ..., die Komposition von E und die KR« (vgl. dazu auch 36–41: »Die Frage nach den Quellen«).

[21] Meeks, Funktion (s. Anm. 11) 245–283; vgl. auch W. Rebell, Gemeinde als Gegenwelt. Zur soziologischen und didaktischen Funktion des Johannesevangeliums, BBETh 20, 1987.

[22] Becker, Schuldiskussion (s. Anm. 17) 85–95; ders., Johannes I (s. Anm. 14) 47–62. Dieser Grundlinie hat Bull (Gemeinde [s. Anm. 2] 158–196) drei innerjohanneische Redaktionen aufgesetzt.

[23] K. Wengst, Bedrängte Gemeinde und verherrlichter Christus. Ein Versuch über das Johannesevangelium, München ⁴1992, 42–54. Zur notwendigen Kritik s. M. Hengel, Die johanneische Frage. Ein Lösungsversuch. Mit einem Beitrag zur Apokalypse von J. Frey, WUNT 67, 1993, 288–291 u. ö.

[24] U. Schnelle, Antidoketische Christologie im Johannesevangelium. Eine Untersuchung zur Stellung des vierten Evangeliums in der johanneischen Schule, FRLANT 144, 1987, 49–86.249–258. – Zum Johannesevangelium als Ergebnis aus Auseinandersetzungen und Entwicklungstendenzen der Schule des Presbyters Johannes in der ersten Hälfte des 2. Jh.s s. auch G. Strecker, Die Johannesbriefe, KEK 14, 1989, 19–28.

[25] Haenchen, Johannes (s. Anm. 1) 215. Die Bedeutung, die der Frage nach dem historischen Wert gegeben werden kann, erhellt E. Ruckstuhl, Jesus und der geschichtliche Mutterboden im vierten Evangelium, in: Vom Urchristentum zu Jesus, FS J. Gnilka, Freiburg u. a. 1989, 256–286: 268–270.

[26] R. Schnackenburg, Tradition und Interpretation im Spruchgut des Johannesevangeliums, in: ders., Das Johannesevangelium, HThK 4/4, 1984, 72–89; G. Schille, Traditionsgut im vierten Evangelium, in: ThV 12, 1981, 77–89; s. jetzt auch speziell Schnelle (Christologie [s. Anm. 24] 200–212: »Redaktion und Tradition in Joh 3,1–21«).

[27] H. Windisch, Die Sprüche vom Eingehen in das Reich Gottes, ZNW 27, 1928, 163–192.

die Täuferperikope (3,22−30) mit ihrem eigentümlichen Nebeneinander[28] von Johannes und Jesus als Täufer (3,22−26)[29]. Zur Frage steht demnach auch *das Verhältnis* des vierten Evangeliums zu den *Synoptikern*[30]. Nimmt man bei solcher Verhältnisbestimmung auch das *Unterscheidende* in Blick und bedenkt zugleich offensichtliche Berührungen zwischen *Paulus und Johannes*[31], stößt man auf den harten Kern des johanneischen Problems, die *religionsgeschicht-liche* Ortsbestimmung[32]: Joh 3,3.5 lenkte die Aufmerksamkeit der Forschung auf die Mysterienreligionen und den hermetischen Traktat XIII[33], Joh 3,13 f. erfordert Klärung des Verhältnisses zur urchristlich apokalyptischen und zur

---

28 Bultmann (Johannes [s. Anm. 4] 122) vermutet: Der Evangelist »wollte die Konkurrenz der beiden Taufsekten bildhaft darstellen, indem er Jesus und Johannes nebeneinander als Täufer zeigt.« Daß 3,22 doch auf Tradition zurückgehen könnte, bleibt von dieser Vermutung unberührt.

Zu möglicher Konkurrenz von Täufer- und Christusgemeinde vgl. H. Lichtenberger (Täufergemeinden und frühchristliche Täuferpolemik im letzten Drittel des 1. Jahrhunderts, ZThK 84, 1987, 36−57); eher skeptisch Schmithals (Johannesevangelium [s. Anm. 6] 162 f.).

29 G. Bornkamm, Jesus von Nazareth, UTB 19, [11]1977, 45: »Jesus hat freilich sein eigenes Werk nicht als Johannesjünger begonnen und nicht das Wirken des Täufers unmittelbar fortgesetzt ...« Ganz anders E. Stauffer, Jesus, Geschichte und Verkündigung, ANRW II 25/1, 1982, 3−130: 35; J. Jeremias, Neutestamentliche Theologie, Gütersloh [3]1979, 52 f. Zur Diskussion s. auch G. Richter (Studien zum Johannesevangelium, hg. v. J. Hainz, BU 13, 1977, 310 Anm. 94); J. Ernst (War Jesus ein Schüler Johannes' des Täufers?, in: Vom Urchristentum zu Jesus [s. Anm. 25] 13−33: 16−18; ders., Johannes der Täufer. Interpretation − Geschichte − Wirkungsgeschichte, BZNW 53, 1989, 206−210).

30 J. Blinzler, Johannes und die Synoptiker. Ein Forschungsbericht, SBS 5, 1965; H. Thyen, Johannesevangelium, in: TRE 17, 1988, 200−225: 208; John and the Synoptics, hg. v. A. Denaux, BEThL 101, 1992; Schmithals, Johannesevangelium (s. Anm. 6) 118−123.

31 D. Zeller, Paulus und Johannes, BZ NS 27, 1983, 167−182; R. Schnackenburg, Paulinische und johanneische Christologie, in: HThK 4/4 (s. Anm. 26) 102−118.

32 W. G. Kümmel, Einleitung in das Neue Testament, Heidelberg [21]1983, 183−194; Schmithals, Johannesevangelium (s. Anm. 6) 140−151.177−182. Leider sitzt Schmithals immer noch dem Phantom einer vorchristlich jüdischen Gnosis auf, die den gemeinsamen Mutterboden für Paulus und den Grundevangelisten gebildet haben soll (a. a. O., 430).

33 Blank, Johannes (s. Anm. 15) 227−231; W. C. Grese, Corpus Hermeticum XIII and early Christian literature, SCHNT 5, 1979. Die Untersuchung Greses, eine Fortsetzung der Arbeit, die R. Reitzenstein begann (a. a. O., 198), krankt an grundlegenden Fehleinschätzungen sowohl des hermetischen Traktats als auch der frühchristlichen Literatur.

Sehr reserviert urteilt W. Burkert (Antike Mysterien. Funktionen und Gehalt, München 1990, 29.31.57.64.83−86, speziell 57), »daß die These vom heidnischen, vorchristlichen Ursprung der Gnosis schwieriger geworden ist« und (85 f.) daß es keinen Text gibt, »der so ausführlich und vollklingend von der ›Wiedergeburt‹ spricht wie Paulus oder das Johannesevangelium. Daß die Konzeption des Neuen Testaments von heidnischer Mysterienlehre direkt abhängig sei, ist philologisch-historisch bislang unbeweisbar.«

jüdisch-esoterischen Tradition[34] bzw. zu frühchristlichen »Überlieferungen griechisch-sprachiger Provenienz«[35], wie überhaupt hinsichtlich Joh 3,6–21.31–36 die fundamentalen Unterschiede in den religionsgeschichtlichen Voraussetzungen zum Verständnis der johanneischen *Christologie*[36] und des johanneischen *Dualismus*[37] zutage treten. Der Boden religionsgeschichtlicher Forschung ist allerdings schon wieder verlassen, wenn lediglich im Rückgriff auf den existenzial-analytischen Begriff der »Entweltlichung«[38] *strukturelle* Verwandtschaft mit der Gnosis aufgewiesen wird[39].

Mit den Fragen der religionsgeschichtlichen Orientierung aufs engste verknüpft ist das Verständnis der johanneischen *Theologie*. Joh 3,3–10 signalisiert das Problem der johanneischen *Mißverständnisse*[40] in ihrer Beziehung zum Verständnis dessen, was johanneisch »glauben« heißt[41]. Zugleich ist das

---

[34] J.-A. Bühner, Der Gesandte und sein Weg im 4. Evangelium, WUNT 2/2, 1977, 425 auf dem Hintergrund von 374–399.

[35] R. Kearns, Das Traditionsgefüge um den Menschensohn, Tübingen 1986, 8 mit Anm. 8.21.

[36] H.-M. Schenke, Die neutestamentliche Christologie und der gnostische Erlöser, in: Gnosis und Neues Testament, hg. v. K.-W. Tröger, Berlin 1973, 205–229, andererseits Bühner, Der Gesandte (s. Anm. 34).

[37] L. Schottroff, Der Glaubende und die feindliche Welt, WMANT 37, 1970, andererseits Bergmeier, Glaube als Gabe (s. Anm. 13).
Zunehmend schrumpft die Sensibilität für das religionsgeschichtliche Problem. So ist jetzt die Rede vom »sog. ›deterministischen Dualismus‹« in bloßer »pragmatisch-funktionaler« Dimension, s. R. Kühschelm, Verstockung, Gericht und Heil. Exegetische und bibeltheologische Untersuchung zum sogenannten »Dualismus« und »Determinismus« in Joh 12,35–50, BBB 76, 1990, 273.

[38] R. Bergmeier, Entweltlichung. Verzicht auf religions-*geschichtliche* Forschung? NT 16, 1974, 58–80.

[39] Liest man, wie Becker dies streckenweise tut, das Johannesevangelium mit den Augen eines gnostischen Adepten, erscheint unausweichlich, »daß von einer der Gnosis nahen dualistischen Gestalt gesprochen werden muß« (Johannes I [s. Anm. 14] 178). Beispiele (Hervorhebungen von mir): »Das Konzept eines im Irdischen *fremden* Offenbarers bedingt eine Soteriologie, die dieser *Fremdheit* Rechnung trägt, indem sie den Menschen an das christologische himmlische Woher und Wohin Anschluß gewinnen läßt ...« (165). Der »unbekannte Gott als dualistischer Gegenpol zur Welt des Todes« läßt »ewiges Leben *weltfern* und damit unanschaulich« werden (189). Und der individuelle Tod wird »Durchgang zur endgültigen *Entweltlichung*« (190). Im Blick auf das letzte Zitat wird man fragen dürfen: Was denn sonst?

[40] H. Leroy, Rätsel und Mißverständnis, BBB 30, 1968; s. dazu J. Beutler, Literarische Gattungen im Johannesevangelium. Ein Forschungsbericht 1919–1980, in: ANRW II 25/3, 1984, 2506–2568: 2555 f.

[41] F. Hahn, Sehen und Glauben im Johannesevangelium, in: Neues Testament und Geschichte, FS O. Cullmann, Zürich/Tübingen 1972, 125–141; W. J. Bittner, Jesu Zeichen im Johannesevangelium. Die Messias-Erkenntnis im Johannesevangelium vor ihrem jüdischen Hintergrund, WUNT 2/26, 1987, 105–112.259–282.

Unverständnis des Nikodemus, des »Lehrers in Israel« (Joh 3,9 – 12), zu sehen im Zusammenhang mit dem Thema » ›Die Juden‹ im Johannesevangelium«[42]. Sieht man in Joh 3,3 durch Jesus die Heilsfrage gestellt[43], wird durch den Spannungsbogen von πῶς δύναται (V. 4) zum πῶς δύναται (V. 9) deutlich, daß ihre Beantwortung in 3,13 – 21 *christologisch* erfolgen soll. Die Probleme johanneischer Christologie begegnen denn auch nahezu vollständig in Joh 3: Der Themawechsel von den Wundern (σημεῖα V. 2) zum Wunder der neuen Existenz (V. 3) im Glauben (V. 12.15 f.18.36) angesichts des christologischen *Zeugnisses*[44] (V. 11.32) macht aufmerksam auf das Problem von »Wunder und Christologie«[45]; die Verse 13 f. berühren die »christologische Schriftauslegung des vierten Evangelisten«[46] und sprechen vom ἀναβαίνειν, καταβαίνειν und ὑψωθῆναι in Verbindung mit dem *Menschensohn*-Titel[47], die Verse 16 ff.35 f. vom *Sohn Gottes*[48] als dem *Gesandten*[49] (V. 17.34). Und in ebendiesem Zusammenhang signalisieren die Verse 14 f. das johanneische Verständnis des *Kreuzestodes* Jesu[50], dessen Heilssinn mit dem schon in der älteren »Sendungsformel« definierten[51] offenbar zusammen zu sehen ist. Kann man für die Redestücke in Joh 3 schon generell Verwandtschaft mit Joh 1,1 – 18[52] kon-

---

[42] F. Hahn, in: Kontinuität und Einheit, FS F. Mußner, Freiburg u. a. 1981, 430 – 438. Vgl. ferner E. Gräßer, Die antijüdische Polemik im Johannesevangelium, in: ders., Text und Situation. Gesammelte Aufsätze zum Neuen Testament, Gütersloh 1973, 50 – 69; ders., Die Juden als Teufelssöhne in Joh 8,37 – 47, in: ders., a. a. O., 70 – 83; Hengel, Frage (s. Anm. 23) 288 – 298.

[43] Blank, Johannes (s. Anm. 15) 231.

[44] J. Beutler, Martyria. Traditionsgeschichtliche Untersuchungen zum Zeugnisthema bei Johannes, FTS 10, 1972.

[45] J. Becker, NTS 16, 1969/70, 130 – 148. Vgl. ferner ders., Johannes I (s. Anm. 14) 134 – 142; Schnelle, Christologie (s. Anm. 24) 87 – 194.

[46] Schnackenburg, HThK 4/4 (s. Anm. 26) 143 – 152. Vgl. ferner M⸴Hengel, Die Schriftauslegung des 4. Evangeliums auf dem Hintergrund der urchristlichen Exegese, JBTh 4, 1989, 249 – 288.

[47] E. Ruckstuhl, Abstieg und Erhöhung, in: ders., Jesus (s. Anm. 8) 277 – 310; R. Rhea, The Johannine Son of Man, AThANT 76, 1990.

[48] R. Schnackenburg, Das Johannesevangelium, HThK 4/2, [4]1985, 150 – 168; S. Kim, »The ›Son of Man‹« as the Son of God, WUNT 30, 1983.

[49] J. P. Miranda, Die Sendung Jesu im vierten Evangelium, SBS 87, 1977; R. Schnackenburg, »Der Vater, der mich gesandt hat«. Zur johanneischen Christologie, in: Anfänge der Christologie, FS F. Hahn, Göttingen 1991, 275 – 291.

[50] U. B. Müller, Die Bedeutung des Kreuzestodes Jesu im Johannesevangelium, KuD 21, 1975, 49 – 71; W. Thüsing, Die Erhöhung und Verherrlichung Jesu im Johannesevangelium, NTA 21, [3]1979; H. Kohler, Kreuz und Menschwerdung im Johannesevangelium. Ein exegetisch-hermeneutischer Versuch zur johanneischen Kreuzestheologie, AThANT 72, 1987, 248 – 270.

[51] Strecker, Johannesbriefe (s. Anm. 24) 232 mit Anm. 48.

[52] Bultmann, Johannes (s. Anm. 4) 93; Zimmermann, Taufe (s. Anm. 9) 92 f.

statieren, tritt die μονογενής-Prädikation[53] insbesondere als Verbindungsglied zum Eingangstext des vierten Evangeliums[54] hervor, zumal die Belege auf Joh 1,14.18; 3,16.18 beschränkt sind.

Wie die Rede vom ἔχειν ζωὴν αἰώνιον[55] (Joh 3,15 f.36) und von der Gegenwart des *Gerichts*[56] (V. 18 f.) belegt, verbinden sich im Johannesevangelium Fragen der Christologie unmittelbar mit dem Problem der besonderen Eschatologie[57]. Und schließlich wirft Joh 3 mit der Frage nach dem johanneischen *Tauf*verständnis die Frage nach dem Verständnis der *Sakramente* im vierten Evangelium auf[58]. Doch stellt sich sogleich die Frage: Handelt Joh 3 überhaupt von der Taufe? Wie gewöhnlich in der Johannes-Forschung[59] gehen die Meinungen weit auseinander. H. Zimmermann kommentiert:»In dem Gespräch mit Nikodemus bezeugt Jesus die christliche Taufe ... als das γεννᾶσθαι ἄνωθεν (V. 3) bzw. als das γεννᾶσθαι ἐξ ὕδατος καὶ πνεύματος (V. 5).«[60] Und G. Richter urteilt gegenüber solcher Auffassung:»Das ist nun freilich ein Irrtum.« Dem Evangelisten gehe es in Joh 3,1–13 vielmehr um die Widerlegung und Korrektur des Dogmas der Grundschrift, d. h. seiner Vorlage,»daß die in der judenchristlichen Gemeinde gespendete Taufe ... Heilswirkung hat«[61]. Es dürfte daher geboten erscheinen, nach der *Tauftradition in Joh 3* zu fragen, um der Aussageabsicht des vierten Evangelisten genauer auf die Spur zu kommen.

2. *Tradition und Interpretation in Joh 3*

2.1 Traditionsanalyse des Topos »Gottesherrschaft, Taufe und Geist«

Ein Überblick über die Streuung der neutestamentlichen Belege für βασιλεία τοῦ θεοῦ/τῶν οὐρανῶν zeigt deren signifikante Häufung in den synopti-

---

[53] J. van Dahms, The Johannine Use of Monogenes Reconsidered, NTS 29, 1983, 222–232; Strecker, Johannesbriefe (s. Anm. 24) 232–234.

[54] J. Habermann, Präexistenzaussagen im Neuen Testament, EHS.T 362, 1990, 317–414; Schmithals, Johannesevangelium (s. Anm. 6) 260–277; R. Bergmeier, Weihnachten mit und ohne Glanz. Notizen zu Johannesprolog und Philipperhymnus, ZNW 85, 1994, 47–68: 47–59.

[55] F. Mußner, Zoe. Die Anschauung vom »Leben« im vierten Evangelium, MThS.H 5, 1952.

[56] J. Blank, Krisis. Untersuchungen zur johanneischen Christologie und Eschatologie, Freiburg 1964.

[57] G. Richter, Präsentische und futurische Eschatologie im 4. Evangelium, in: ders., Studien (s. Anm. 29) 346–382; A. Stimpfle, Blinde sehen. Die Eschatologie im traditionsgeschichtlichen Prozeß des Johannesevangeliums, BZNW 57, 1990.

[58] H. Klos, Die Sakramente im Johannesevangelium, SBS 46, 1970; Schnelle, Christologie (s. Anm. 24) 195–230.

[59] Bull, Gemeinde (s. Anm. 2) 5: »Von einem Minimalkonsens der Exegeten ist die Forschung im Hinblick auf das Johannesevangelium weit entfernt.«

[60] Taufe (s. Anm. 9) 84.

[61] Zum sogenannten Taufetext, in: ders., Studien (s. Anm. 29) 327–345: 327.

schen Evangelien und ein deutliches Zurücktreten außerhalb der synoptischen Überlieferung[62]. Im gesamten Corpus Johanneum begegnet der Terminus nur noch in den beiden Variationen des Jesuslogions Joh 3,3 und 5. Dabei weist die zweite Fassung mit εἰσελθεῖν εἰς τὴν βασιλείαν τοῦ θεοῦ eindeutig das Sprachkolorit synoptischer Jesusworte auf[63]. Die Annahme, hier werde auf Tradition zurückgegriffen[64], liegt auf der Hand. Drei Momente sind in ihrem Zusammentreffen auffällig:

- die als Ausschlußformel gefaßte Rede vom Eingehen in die *Gottes-herrschaft,*
- verknüpft mit der *Taufe*[65]
- und mit dem *Geist* als Medien der Neuschöpfung.

Auch bei Paulus steht der Ausdruck »Gottesherrschaft« am Rande und findet sich nur noch »gelegentlich in traditionell geprägten Wendungen«[66]. Zu diesen zählt 1Kor 6,9 f. im Rahmen von Kap. 6,9–11, eine vorpaulinische Tradition, die das in V. 11b angesprochene Taufgeschehen[67] auf das »Ererben der Gottes-herrschaft« ausgerichtet sein läßt[68] und den »Geist« als »Mittel der Taufe, nicht als Gabe« nennt[69]. So eng wie in Joh 3,5 und 1Kor 6,9–11 finden sich nirgendwo im NT[70] miteinander verknüpft: a) Gottesherrschaft, b) Taufe, c) Geist.

---

[62] Jeremias, Theologie (s. Anm. 29) 40–43.

[63] A. a. O., 42.

[64] Bultmann, Johannes (s. Anm. 4) 95 Anm. 5.

[65] »Ὕδωρ ist wie λουτρόν bzw. ἀπολούεσθαι Umschreibung für Taufe«, s. G. Barth, Die Taufe in frühchristlicher Zeit, BHS 4, 1981, 73 f. »Daß ›Wasser und‹ in Joh. 3,5 sekundär sei, ist ein Postulat«, s. G. Delling, Taufe und neue Existenz nach dem Neuen Testament, in: Taufe und neue Existenz, hg. v. E. Schott, Berlin 1973, 11–20: 20 Anm. 10 (dort »und Wasser«). Methodisch ist die Frage nach der Interpretation des Evangelisten in Joh 3.3.6 ff. zu unterscheiden von der Frage nach der Tradition in 3,5.

[66] U. Luz, Art. βασιλεία, EWNT 1, 1980, 481–491: 490.

[67] R. Bultmann, Theologie des Neuen Testaments, 9. Aufl., durchgesehen und ergänzt von O. Merk, Tübingen 1984, 138 f.; F. Hahn, Taufe und Rechtfertigung, in: Rechtfertigung, FS E. Käsemann, Tübingen 1976, 95–124: 105–107; G. Strecker, Befreiung und Recht-fertigung, in: Rechtfertigung, FS E. Käsemann, Tübingen 1976, 479–508: 501.504; U. Schnelle, Gerechtigkeit und Christusgegenwart. Vorpaulinische und paulinische Tauf-theologie, GTA 24, ²1986, 39–42.

[68] Hahn, a. a. O., 105; ders., Die Taufe im Neuen Testament, in: CPH.S 1, 1976, 9–28: 14.

[69] E. Dinkler, Die Taufaussagen des Neuen Testaments, in: Zu Karl Barths Lehre von der Taufe, hg. v. F. Viering, Gütersloh 1971, 60–153: 91; vgl. auch H. Conzelmann, Der erste Brief an die Korinther, KEK 5, ²1981, 137 Anm. 46.

[70] Für Rückschluß auf Johannes den Täufer selbst fehlt jeder Anhalt am Text, gegen H. Thyen (Studien zur Sündenvergebung, FRLANT 96, 1970, 210): »Möglicherweise ist schon die Johannestaufe als eine neue Geburt aus dem Wasser verstanden worden. Zwei-fellos jedoch gehören seit den Tagen des Täufers die Taufe und die Gewißheit des Ein-gangs in die βασιλεία untrennbar zusammen ...«

a) Ausschluß aus der Gottesherrschaft

ὅτι ἄδικοι θεοῦ βασιλείαν οὐ κληρονομήσουσιν 1Kor 6,9
οὐ δύναται εἰσελθεῖν εἰς τὴν βασιλείαν τοῦ θεοῦ Joh 3,5c

b) Taufe als Einlaßbedingung

ἀλλὰ ἀπελούσασθε, ἀλλὰ ἡγιάσθητε, ἀλλὰ ἐδικαιώθητε 1Kor 6,11b
ἐὰν μή τις γεννηθῇ ἐξ ὕδατος Joh 3,5b

c) Geist nicht als Gabe, sondern als Medium

ἐν τῷ ὀνόματι τοῦ κυρίου ᾿Ιησοῦ Χριστοῦ καὶ ἐν τῷ πνεύματι τοῦ
θεοῦ ἡμῶν 1Kor 6,11c
καὶ πνεύματος Joh 3,5b.

Trotz differierender Begrifflichkeit unter b) liegt der Tradition beider Texte offenbar *gemeinsame* frühchristliche Tauftheologie zugrunde: Taufe gewährt als Bedingung sine qua non Teilhabe am endzeitlichen Heil der Gottesherrschaft, indem durch den Geist neue Existenz gesetzt wird[71].

Wenden wir uns zuerst der Analyse von 1Kor 6,11 zu! Sehr wahrscheinlich erinnert 1Kor 6,11c an die bei der Taufhandlung gebrauchte Formel:»Im Namen des Herrn Jesus Christus und im Geiste unseres Gottes.«[72] Die Nennung des Namens Jesu über dem Täufling dürfte von Anfang der christlichen Taufe an das unterscheidend Christliche gewesen sein[73]. Die in Form einer Klimax gesetzte Reihe V. 11b, die mit δικαιωθῆναι angibt, wie aus ἄδικοι Erben der Gottesherrschaft geworden sind, schließt an eine Sprechweise an, die wir insbesondere aus den Qumrantexten kennen[74], d.h. an die Lustrations-[75] und Konversionsterminologie[76] der Qumrangemeinde. Die »Reinheit der heiligen Männer« wird nach 1QS 5,13 zumal durch wiederholte Wasserri-

---

[71] Delling, Existenz (s. Anm. 65) 11 f.15; s. auch A. J. M. Wedderburn, Baptism and Resurrection: Studies in Pauline Theology against its Graeco-Roman Background, WUNT 44, 1987, 62.

[72] Dinkler, Taufaussagen (s. Anm. 69) 91.

[73] Thyen, Studien (s. Anm. 70) 148; Lichtenberger, Täufergemeinden (s. Anm. 28) 40.

[74] O. Betz, Rechtfertigung in Qumran, in: Rechtfertigung (s. Anm. 67) 17–36: 33 mit Anm. 50.

[75] O. Böcher, Wasser und Geist, in: ders., Kirche in Zeit und Endzeit, Neukirchen-Vluyn 1983, 58–69: 60 ff. Den Zusammenhang von Tauchbad, Heiligung und Reinheit bei Josephus beleuchten zutreffend Sh. Safrai, Die Wallfahrt im Zeitalter des Zweiten Tempels, FJCD 5, 1981, 176; H. Lichtenberger, The Dead Sea Scrolls and John the Baptist: Reflections on Josephus' Account of John the Baptist, in: The Dead Sea Scrolls, ed. by D. Dimant and U. Rappaport, STDJ 10, 1992, 340–346.

[76] H.-W. Kuhn, Enderwartung und gegenwärtiges Heil, StUNT 4, 1966, 50 ff.84.

ten repräsentiert[77]. Diese aber wirken nicht »ex opere operato«[78]; von dem, dessen Umkehr nicht »ganz« ist, gilt nach 1QS 3,3 ff.:

ולוא יצדק   »Und nicht kann er gerecht werden …
ולוא יטהר במי נדה   noch sich reinigen durch Reinigungswasser
ולוא יתקדש בימים ונהרות   noch sich heiligen in Seen und Flüssen …«

Die gleichen Motive, Gerechtigkeit, Reinigung und Heiligung, verbindet Josephus, Ant 18,117 mit der Tauflehre Johannes des Täufers: Die Taufe sei nach seiner Lehre nur dann vor Gott wertvoll, wenn man sie nicht zur Vergebung aller möglichen Sünden gebrauche, ἀλλ' ἐφ' ἁγνείᾳ τοῦ σώματος, ἅτε δὴ καὶ τῆς ψυχῆς δικαιοσύνῃ προεκκεκαθαρμένης. – Allein »durch den heiligen Geist« und den durch ihn gewirkten Wandel in der Qumrangemeinde geschieht Reinigung von allen Sünden[79], die dann durch Lustrationsbäder auch rituell vollzogen werden darf: להזות במי נדה ולהתקדש במי דוכי (1QS 3,9). Solche »Reinigung durch den Geist« erwartet der dualistische Text 1QS 4,18–23 als eschatologische Erneuerung im Rahmen dessen, was 1QS 4,25 »Neuschöpfung« nennt[80]. Bezogen auf die Konversion beim Eintritt in die Gemeinde, begegnet in den Gemeindeliedern die gleiche Ausdrucksweise. 1QS 11,13–15 »stellt, genau wie I.Kor. 6,11, Rechtfertigung und Reinigung nebeneinander«[81], und 1QH 16,11 f. verbindet damit das Wirken von Gottes heiligem Geist. Bedeutsam zumal ist dann 1QH 11,10–14, wo die Aufeinanderfolge von Reinigung, Heiligung und Eintritt in die Gemeinde interpretiert wird als Totenerweckung, Neuschöpfung und Sichaufstellen mit den Engeln[82].

Die judenchristliche Gemeinde, der Paulus die in 1Kor 6,9–11 aufgenommene Tauftradition verdankt[83], hat nach dem aufgezeigten Interpretationsrahmen das Taufgeschehen verstanden als eschatologische Reinigung und Erneuerung durch den Geist Gottes, wodurch der Täufling zum Erben der Gottesherrschaft wurde. Ist diesem Interpretationsrahmen nun aber auch die Tradition noch integrierbar, die in Joh 3,5 begegnet? Das scheint, blickt man auf das ganz aus dem Rahmen fallende γεννηθῆναι, nicht der Fall zu sein. Doch der Schein trügt. Tauftradition verarbeitet Joh 3 nicht nur in den Versen 3 ff., son-

---

[77] G. Klinzing, Die Umdeutung des Kultus in der Qumrangemeinde und im Neuen Testament, StUNT 7, 1971, 111.

[78] H. Lichtenberger, Studien zum Menschenbild in Texten der Qumrangemeinde, StUNT 15, 1980, 121.

[79] 1QS 3,7 f., vgl. Klinzing, Umdeutung (s. Anm. 77) 65.110 f.

[80] Lichtenberger, Menschenbild (s. Anm. 78) 137–141.

[81] H. Braun, Qumran und das Neue Testament I, Tübingen 1966, 191.

[82] Kuhn, Enderwartung (s. Anm. 76) 78–93, speziell 84.88, s. auch 113, zustimmend aufgenommen von Lichtenberger (Menschenbild [s. Anm. 78] 223), gegen U. Mell (Neue Schöpfung. Eine traditionsgeschichtliche und exegetische Studie zu einem soteriologischen Grundsatz paulinischer Theologie, BZNW 56, 1989, 91 [»nicht im Sinne der Totenauferstehung« bezieht sich bei Lichtenberger natürlich auf *zukünftige* Auferstehung!]).

[83] F. Lang, Die Briefe an die Korinther, NTD 7, 1986, 80.

dern offensichtlich auch in dem Abschnitt 3,22–30. Und in V. 25 begegnet
die Taufe terminologisch eben als καθαρισμός. Zu Recht hatte R. Bultmann
vermutet, »daß in V. 25 ein altes Traditionsstück zum Vorschein kommt.«[84]
Wie gehörte es mit dem gleichfalls alten Traditionsstück Joh 3,5 zusammen,
das die Taufe als Einlaßbedingung der Gottesherrschaft verstand und die neue
Existenz als Werk des Geistes verkündete? Dieser Frage gilt es im folgenden
nachzugehen.

2.2 Die Tauftradition in Joh 3

Überblickt man Joh 2,23–3,36 als Ganzes[85], zeigt sich in der Grobglie-
derung eine klare zweiteilige Komposition mit jeweils dreiteiliger Untergliederung:

	Jesus in Jerusalem	Jesus in Judäa
	2,23–3,21	3,22–36
Exposition	2,23–25	3,22–24
Gesprächsteil	3,1–12	3,25–30
kerygmatischer Teil im Er-Stil	3,13–21	3,31–36.

Beide Gesprächsteile werden initiiert von einem »Juden« (3,1.25), eröffnen
den Gesprächsfaden mit der Anrede »Rabbi« (3,2.26), thematisieren die Taufe
(3,5.25 f.) und die Unverfügbarkeit dessen, was in der Taufe geschieht
(3,6 f.27), schränken also Aussagen wie »viele glaubten an seinen Namen«
(2,23), »dieser kam zu ihm« (3,2), »und alle kommen zu ihm« (3,26) in cha-
rakteristischer Weise ein. Sowohl in 3,8 als auch in 3,29 begegnet ein Gleichnis. So gesehen erscheint die Anlage des Kapitels planvoll und klar, und doch
geht bei näherer Betrachtung die Rechnung nicht ganz auf. Wir müssen noch
einmal von vorne beginnen.

Als einen der vielen, die an Jesu Namen glaubten, weil sie seine Zeichen
sahen (Joh 2,23), läßt Joh 3,1 f. Nikodemus – man beachte den Stichwortanschluß ἄνθρωπος (Joh 2,25; 3,1)[86] – zu Jesus kommen mit dem Bekenntnis:
»Rabbi, wir wissen, daß du von Gott gekommen bist als Lehrer; denn niemand
kann *die* Zeichen tun, die du tust, es sei denn Gott mit ihm« (3,2). Doch
darauf geht die Antwort Jesu gar nicht ein. Joh 3,3–10 wirkt vielmehr wie
ein Intermezzo[87], und erst 3,11 schließt mit der christologischen Korrektur
wieder an 3,2 an: »Wir reden, was wir wissen, und bezeugen, was wir gesehen
haben.« Allererst die Fortsetzung in V. 11 »und doch nehmt ihr unser Zeugnis
nicht an« verklammert die Einlage mit der Antwort an Nikodemus in 3,11 f.:

---

84 Johannes (s. Anm. 4) 122.
85 De la Potterie, Ad dialogum (s. Anm. 12) 141–150; M. de Jonge, Nicodemus and Jesus,
    in: ders., Jesus: Stranger from Heaven and Son of God, SBibSt 11, 1977, 29–47.
86 De Jonge, Nicodemus, a. a. O., 32.
87 A. a. O., 38.

οὐκ οἶδας (3,8), οὐ γινώσκεις (3,10), οὐ λαμβάνετε (3,11), οὐ πιστεύετε (3,12). Der Sinn der Einlage 3,3–10 ist demnach, den Unglauben der mit Nikodemus zu Wort kommenden Juden aufzuweisen und zu begründen. Wie nach Joh 1,12c.13 das »Glauben an seinen Namen« aus der »Gotteskindschaft« herrührt[88], wird das οὐ λαμβάνετε – οὐ πιστεύετε (3,11 f.) aus dem Fehlen derselben begründet. Ist demnach die Einlage 3,3–10 so streng kontextbezogen, wird man nicht das Zugrundeliegen von Quellentext[89], sondern von *Tradition* anzunehmen haben. Woher aber stammt die Tradition, aus der der Evangelist das Nikodemus-Gespräch gestaltet hat? Wir brauchen nicht weit zu suchen, sie begegnet in Joh 3,25 ff.

Die Anonymität und Funktionslosigkeit des »Juden« Joh 3,25 ist seit langem eine crux interpretum[90]. Mir scheint, er habe seinen Namen und seine Funktion an den ἄρχων τῶν Ἰουδαίων in Joh 3,1 abgetreten. Wonach Nikodemus nach 3,2 nicht fragte, was ihm aber in 3,3–10 auseinandergesetzt wird, darüber kam es nach 3,25 »zu einer Auseinandersetzung seitens der Johannesjünger mit einem Juden«, nämlich über die »Reinigung« durch die Taufe der Jesusbewegung (3,22). Und worüber weder der anonyme Jude noch die Täuferschüler aufgeklärt werden, das erfährt Nikodemus nach 3,3 ff.: die Notwendigkeit der »Reinigung« durch die christliche Taufe. Wahrscheinlich gehörte also der Pharisäer mit Namen Nikodemus (3,1) ursprünglich zu der Tradition, die von 3,22 an zu Wort kommt. Wir kennen diese Rolle von »Pharisäern« aus verschiedenen Überlieferungssträngen: Joh 1,24; Mt 3,7; Ebionäer-Evangelium Fragment 2[91]. Dem pharisäischen Ratsherrn mit Namen Nikodemus (Joh 3,1) entspricht in dem Streitgespräch über die wahre Reinigung (Papyrus Oxyrhynchos 840) der pharisäische Oberpriester mit Namen Levi (?)[92]. An Stelle von Joh 3,27, wo ja deutlich die theologische Handschrift des Evangelisten hervortritt (vgl. 6,65; 19,11), dürfte also die Tradition, die Kap. 3 zugrunde liegt, Johannes den Täufer in der Form jenes Logions synoptischen Stils haben antworten lassen, das jetzt Joh 3,5 steht. Solche Angleichung der Täufersprache an die Sprechweise Jesu findet sich ja auch Mt 3,1 im Vergleich zu Mk 1,15. Damit wird deutlich: Die Notwendigkeit christlicher Taufe –

---

[88] Das vorchristliche Logoslied hatte die Gabe der Gotteskindschaft an das Annehmen des Logos geknüpft (Joh 1,12a.b). Der Evangelist kehrte diese Abfolge mit 1,12c.13 pointiert um, s. Bergmeier, Glaube als Gabe (s. Anm. 13) 219.

[89] Gegen Bultmann, Johannes (s. Anm. 4) 95 Anm. 5 auf S. 96; Schenke, Christologie (s. Anm. 36) 227; Richter, Studien (s. Anm. 29) 329–334.

[90] Vgl. Becker, Johannes I (s. Anm. 14) 182; s. jetzt auch Stimpfle, Blinde sehen (s. Anm. 57) 64–66. Stimpfle weist zu Recht auf die Parallelität des Ἰουδαῖος zu dem Juden Nikodemus (65) wie auch auf die parallele Rabbi-Anrede 3,2.26 (66) hin.

[91] S. dazu P. Vielhauer, in: NTApo 1, ⁴1968, 103; G. Howard, The Gospel of the Ebionites, ANRW II 25/5, 1988, 4034–4053: 4050.

[92] S. dazu J. Jeremias, in: NTApo 1, ⁴1968, 57 f.; vgl. auch S. Gero, Apocryphal Gospels: A Survey of Textual and Literary Problems, ANRW II 25/5, 1988, 3969–3996: 3976.

auch nach erfolgter Johannestaufe – ließ die Tradition den Täufer bezeugen mit den Worten: »Wenn jemand nicht (neu)geboren[93] wird aus Wasser *und Geist*« – der Ton liegt auf »und Geist« (s. Joh 1,33 im Vergleich zu 1,26.31) –, »kann er nicht eingehen in die Gottesherrschaft.« Zur gleichen frühchristlichen Taufanschauung im Munde des Täufers gehörte wahrscheinlich auch der unjohanneische Traditionssplitter in Joh 3,36: »Wer ungläubig bleibt ⟨ ⟩, wird das Leben nicht sehen, sondern der Zorn Gottes bleibt über ihm.«[94] Die hier begegnende Rede vom »Zorn Gottes« ist sogar altes täuferisches Erbe[95]. Vor dem kommenden Zorn Gottes rettet demnach nur das Reinigungsbad der christlichen Taufe; ausgeschlossen von der Gottesherrschaft bleibt, wer nicht durch den Geist erneuert wurde. In diesem Sinn besteht zwischen dem Taufen der Jesusbewegung (Joh 3,22) und dem Taufen des Johannes (V. 23)[96] nicht das Verhältnis der – ohnehin literarisch fiktiven – Konkurrenz (V. 26)[97], sondern der definitiven, weil heilsnotwendigen Ablösung (V. 29 f.).

Zu klären bleibt, woher das wie ein Fremdkörper wirkende γεννηθῆναι in Joh 3,3.5 stammt. Längst ist aufgefallen, daß dieses nach einem Herrenwort synoptischen Typs gebildete Logion in den zwei Formulierungsvarianten Mk 10,15 und Mt 18,3 seine traditionsgeschichtliche Entsprechung hat. Ist es nun aber aus dieser Vorlage selbständig durch Interpretation hervorgegangen[98],

---

93 »Neu« ist nach deutschem Sprachempfinden sinngemäß zu ergänzen wie z. B. auch bei Philo, Op 161; All I,8; VitMos I,8; Virt 126.128.

94 Τῷ υἱῷ dürfte Interpretament des Evangelisten sein; zu ἀπειθῶν vgl. Röm 15,31. Zur »Rettung vor dem kommenden Zorn« im Zusammenhang der Taufverkündigung s. G. Friedrich, Ein Tauflied hellenistischer Judenchristen, ThZ 21, 1965, 502–516: 514.516.

95 Beutler, Martyria (s. Anm. 44) 314: Die Rede vom Zorn Gottes »ist offenbar ein uralter Bestandteil der Überlieferung von der Täuferpredigt, denn er kommt im Vierten Evangelium nur hier, in den syn Evangelien an zwei von vier Stellen im Rahmen der Bußpredigt des Täufers vor ...« S. jetzt auch Hengel, Frage (s. Anm. 23) 316 Anm. 171. Solches täuferische Erbe begegnet wohl auch Sib 4,161–169, vgl. Lichtenberger (Täufergemeinden [s. Anm. 28] 38–43), der den Text jedoch weitergehend als Zeugnis einer »Täuferdiaspora« interpretiert.

96 Man beachte, daß weder erzähltechnisch noch sachlich vom Taufen der Johannes*jünger* die Rede ist!

97 Sowohl Taufstelle (Joh 1,28) als auch Verhaftung Johannes des Täufers (3,24) haben nach der geschichtlichen Überlieferung ihren Ort »jenseits des Jordan« (3,26). Die Darstellung der konkurrierenden Taufbewegungen als Folie der theologischen Klärung verlangte eine Verlegung der Taufstelle ins Westjordanland und ein täuferisches Wirken Jesu im Kreis seiner Jünger. Nachdem die theologische Klärung erfolgt ist, kann Jesus als Täufer zurückgenommen werden (4,2). Einen analogen Fall bietet Joh 7,1–13. Solche erzähltechnischen Ungereimtheiten gehören zum Johannesevangelium und werden nur deshalb nicht gelten gelassen, weil der Evangelist sprachlich-literarisch meist auf zu hohem Niveau vermutet wird, einer der Gründe alsdann, zwischen Grundschrift und Evangelist zu unterscheiden, s. Schmithals, Johannesevangelium (s. Anm. 6) 428.432.

98 R. E. Brown, The Gospel according to John (I–XII), AncB 29, 1966, 143 f.

oder setzt es seinerseits schon eine dritte Variante voraus, die auch Justin, Apol I,61,4[99] bezeugt[100]? Man darf indes Apol I,61,4 nicht isoliert betrachten, sondern muß in die Beurteilung einbeziehen, daß in Apol I,61,5 sogleich auch der Einwand des Nikodemus aus Joh 3,4 aufgenommen ist[101]. Somit wird man W. Boussets Lernprozeß aus dem Studium von A. Reschs Untersuchung[102] nachvollziehen müssen, d. h., daß Apol I,61,4 f. »eine unzweifelhafte Beziehung auf Joh 3,4 f.« vorliegt[103]. Wahrscheinlich setzt dann also Joh 3,5 wie Mt 18,3[104] eine Fassung des Herrenworts voraus, die sinngemäß mit J. Jeremias so wiederzugeben ist: »Amen, ich sage euch, wenn ihr nicht wieder wie Kinder werdet, werdet ihr nicht in die Königsherrschaft Gottes gelangen.«[105] Interpretationsrahmen ist eine Tauftheologie analog 1Kor 6,9–11, also ein Verständnis der Taufe als καθαρισμός: Durch Reinigung von der Sünde geschieht Neuschöpfung, die »wieder wie Kinder werden« läßt[106]. Noch nahe frühjüdischer Sprechweise vollzieht solchen Gedanken das Traditionsstück Barn 6,11–16[107], das einsetzt mit den Worten: »Denn dadurch also, daß er uns durch die Vergebung der Sünden erneuert hat, hat er uns zu einem anderen Typus[108] gemacht, so daß wir die Seele von Kindern haben, wie es ja wäre, wenn er uns von neuem schüfe.«[109] Offenbar steht dann das γεννηθῆναι von Joh 3,5 an Stelle von »wieder wie Kinder werden« und ersetzt so auf hellenistische Weise ältere Neuschöpfungsterminologie. Analoge Beispiele der terminologischen Verschiebung finden sich zur Genüge:

---

99 Καὶ γὰρ ὁ Χριστὸς εἶπεν· ἂν μὴ ἀναγεννηθῆτε, οὐ μὴ εἰσέλθητε εἰς τὴν βασιλείαν τῶν οὐρανῶν.

100 W. Bousset, Die Evangeliencitate Justins des Märtyrers in ihrem Wert für die Evangelienkritik, Göttingen 1891, 116–118; Bultmann, Johannes (s. Anm. 4) 95 f. Anm. 5; A. J. Bellinzoni, The Sayings of Jesus in the Writings of Justin Martyr, NT.S 17, 1967, 134–140; Richter, Studien (s. Anm. 29) 330–333.

101 Ὅτι δὲ καὶ ἀδύνατον εἰς τὰς μήτρας τῶν τεκουσῶν τοὺς ἅπαξ γεννωμένους ἐμβῆναι, φανερὸν πᾶσί ἐστι.

102 Aussercanonische Paralleltexte zu den Evangelien I–III, TU 10, 1893–1897: III, 72–78.

103 Rezension der vorgenannten Untersuchung in ThLZ 22, 1897, 68–76: 75.

104 Schnackenburg, HThK 4/4 (s. Anm. 26) 81 Anm. 18.

105 Theologie (s. Anm. 29) 154.

106 Zum jüdischen Deutungshintergrund »einem eben geborenen Kind gleichen« s. Bill. II, 422 f.; H. Windisch, Zum Problem der Kindertaufe im Urchristentum, ZNW 28, 1929, 118–142: 129 f.; E. Sjöberg, Wiedergeburt und Neuschöpfung im palästinischen Judentum, StTh 4, 1951, 44–85; J. Jeremias, Jerusalem zur Zeit Jesu, Göttingen ³1962, 359 f.; Kuhn, Enderwartung (s. Anm. 76) 50 f.; M. Wolter, Rechtfertigung und zukünftiges Heil, BZNW 43, 1978, 68 f.

107 Zum Traditionscharakter s. K. Wengst, Tradition und Theologie des Barnabasbriefes, AKG 42, 1971, 28 f.

108 Zur Terminologie vgl. Weish 19,6.

109 Übersetzung zitiert nach K. Wengst (Hrsg.), Didache (Apostellehre), Barnabasbrief, Zweiter Klemensbrief, Schrift an Diognet, SUC 2, 1984, 155.

1QS 4,25 עשות חדשה »Neuschöpfung«

Mt 19,28 ἐν τῇ παλιγγενεσίᾳ

1QH 3,20 f. »Es gibt eine Hoffnung für den, den du neugeschaf-
fen hast ...«
(יצרתה)

1Petr 1,3 f. ὁ ... ἀναγεννήσας
ἡμᾶς εἰς ἐλπίδα ζῶσαν

ShirR 1,3 »Wer einen Menschen
unter die Fittiche der Schekina
bringt, dem rechnet man es an, als
wenn er ihn geschaffen und ge-
formt und gestaltet hätte.«[110]
(... וריקמו ויצרו בראו)

Philo, Mut 137 (Gott in bezug auf
Isaak) διέπλασεν, ἐδημιούργησεν,
ἐγέννησεν

Barn 6,13 δευτέραν πλάσιν ἐπ’
ἐσχάτων ἐποίησεν

Philo, Quaest in Ex II,46 ἡ δὲ ἀνά-
κλησις τοῦ προφήτου δευτέρα
γένεσίς ἐστι τῆς προτέρας
ἀμείνων[111].

Mit der zuletzt angeführten Philostelle scheint zugleich der Nerv von γεννηθῆναι (Joh 3,5) getroffen zu sein. Philo interpretiert den Aufstieg des Mose auf
den Sinai, d. h. in den göttlichen Bereich (Quaest in Ex II,45), als »zweite
Geburt«. »Gleich darauf ist der Ausdruck ›göttliche Geburt‹ verwandt und im
Sinne einer Neuschöpfung erläutert, durch die der Hinaufgerufene aus Gott
neugeboren oder umgeschaffen wird in den himmlischen, körperlosen und
somit ebenbildlichen Menschen.«[112]

Wie die judenchristliche Tauftradition, aus der 1Kor 6,9−11 geschöpft
ist, verstand auch die Überlieferung, die in Joh 3 verarbeitet ist, das Taufgeschehen als eschatologische Reinigung und Neuschöpfung, wodurch dem

---

[110] Sjöberg, Wiedergeburt (s. Anm. 106) 54; vgl. auch Bill. II, 54; K. H. Rengstorf, Art.
γεννάω κτλ. B. Die Vorstellung vom »Neuwerden« durch den Übertritt zur wahren Religion im Spätjudentum, ThWNT I, 1933, 664−666.

[111] J. R. Harris, Fragments of Philo Judaeus, Cambridge 1886, 61. Auf die Stelle weisen
jetzt auch hin: K. Berger und C. Colpe, Religionsgeschichtliches Textbuch zum Neuen
Testament, NTD Textreihe 1, 1987, 153 f. Der Hinweis (Nr. 258, S. 152 f.) auf Hippolyt,
Ref. V,8,40 f. ist jedoch irreführend. Das Problem ist nicht, ob der Text eine allgemeine
Deutung der eleusinischen Mysterien enthält und Hippolyt sich der Sprache des Johannesevangeliums bedient, sondern daß er aus der sog. Naassener-Homilie zitiert bzw. referiert, wonach »die pneumatische Geburt« unzweideutig gnostisch im Sinne himmlischer
Herkunft des Pneumatischen zu verstehen ist. Im übrigen heißt zwar ἄνωθεν in Joh 3,3
»von oben« im Sinne von ἐκ θεοῦ (1,13), ist aber wie πνεῦμα (3,8) doppeldeutig, wie
δεύτερον (3,4) nahelegt. Daß »der bis dahin belegte griechische Sprachgebrauch allein«
die Übersetzung »von oben her« zulasse, trifft nicht zu, s. W. Bauer, Griechisch−
deutsches Wörterbuch zu den Schriften des Neuen Testaments und der frühchristlichen
Literatur, hg. v. K. Aland und B. Aland, Berlin/New York [6]1988, 153.

[112] A. Wlosok, Laktanz und die philosophische Gnosis, AHAW.PH 1960, 2, 1960, 72.

Täufling Eingang in die Gottesherrschaft allererst möglich wurde. Die Nähe der Ausdrucksweise zur Auferstehungsvorstellung, die ja Paulus regelmäßig abzuschneiden bemüht ist[113], liegt auf der Hand. Nicht umsonst hat die Ausschlußformel ... οὐ δύναται εἰσελθεῖν εἰς τὴν βασιλείαν τοῦ θεοῦ (Joh 3,5) ihre nächste Parallele in der vorpaulinischen Ausschlußformel[114], die Paulus 1Kor 15,50 zitiert und interpretiert: σὰρξ καὶ αἷμα βασιλείαν θεοῦ κληρονομῆσαι οὐ δύναται. Schon in dem Gemeindelied aus Qumran 1QH 11,11 − 14 war uns der Zusammenhang von Reinigung und Totenerweckung bzw. Neuschöpfung aufgefallen[115]. Die in γεννηθῆναι zutage tretende terminologische Verschiebung verweist die johanneische Tradition allerdings in das Milieu eines ausgesprochen hellenistischen Judenchristentums. In Ablösung vom Bezug auf die Gottesherrschaft wird die Tauftradition von 1Kor 6,9 − 11; Joh 3,5 schließlich einmünden in den λόγος Tit 3,8a, aus dem Tit 3,3 − 7 entlehnt ist:

V. 3   ἦμεν γάρ ποτε καὶ ἡμεῖς ... (mit Lasterkatalog ähnlich 1Kor 6,9)

V. 5   ἀλλὰ κατὰ τὸ αὐτοῦ ἔλεος
        ἔσωσεν ἡμᾶς διὰ λουτροῦ παλιγγενεσίας
        καὶ ἀνακαινώσεως πνεύματος ἁγίου,
        ...

V. 7   ἵνα δικαιωθέντες τῇ ἐκείνου χάριτι
        κληρονόμοι γενηθῶμεν κατ᾽ ἐλπίδα ζωῆς αἰωνίου.

An die Stelle der Anwartschaft auf das Ererben der Gottesherrschaft ist die auf das Erben des ewigen Lebens getreten. Die Tradition von Joh 3,5 hat also ihren theologiegeschichtlichen Ort zwischen 1Kor 6,9 − 11 und Tit 3,3 − 7. Wie aber hat der Evangelist die aufgenommene Tauftradition verarbeitet? Dem gilt es im folgenden nachzugehen.

2.3 Redaktion und Interpretation des Evangelisten in Joh 3

Schon die Gesamtkomposition des Kapitels macht deutlich, wo der Schwerpunkt der theologischen Aussage zu suchen ist. Er findet sich nicht in den Gesprächsteilen, die von der Taufe, sondern in den kerygmatischen Teilen 3,13 − 21.31 − 36, die von der Christologie und vom Glauben handeln: Wer an den Sohn glaubt, den Gott in die Welt gesandt hat, hat das ewige Leben (3,15 − 18.34 − 36). Und das ist im Kern das johanneische Kerygma. Demgegenüber können die Gesprächsteile nur dienende Funktion haben. Welche? Indem der Evangelist aus der Gestalt des Pharisäers Nikodemus und der ehemals judenchristlichen Taufverkündigung im Munde des Täufers nun in 3,1 − 12 eine eigene Szene gestaltet, wird der Verhandlungsgegenstand von

---

[113] H. Conzelmann, Grundriß der Theologie des Neuen Testaments, München 1968, 299.
[114] Windisch, Sprüche (s. Anm. 27) 171; K. H. Rengstorf, Die Auferstehung Jesu, Witten ⁴1960, 132; J. Jeremias, Abba, Göttingen 1966, 299.
[115] S. o. S. 62.

3,25 zum bloßen Ausgangspunkt, Johannes den Täufer als Zeugen (3,26c.28) nicht der Notwendigkeit der christlichen Taufe, sondern des Vorrangs und der Überlegenheit Jesu darzustellen. Diesen Gedanken greift 3,31 ff. sachlich auf und hebt ihn im kerygmatischen Er-Stil auf die eigentlich johanneische Ebene: Anschluß an das Leben gewährt allein der Sohn. Und was wird aus Nikodemus? – Ein Paradigma für die Heilsverschlossenheit der Judenschaft, mit der der Evangelist sich auseinandersetzt (vgl. 2,23 ff.)[116]. Das aus der Tauftradition aufgenommene Logion 3,5 dient eben dazu, das Unvermögen des jüdischen Ratsherrn, d. h. des Kreises, den er repräsentiert, zu demonstrieren, das Unvermögen, im Sinne des christologischen Kerygmas zu glauben[117]. Nikodemus kommt zu Jesus mit den Worten: »Rabbi, wir wissen, ...« (3,2). Diesem οἴδαμεν rückt der johanneische Jesus – und damit der Evangelist – mit der interpretierenden Variation zu 3,5 in 3,3 zu Leibe, um auf dem Weg des Mißverständnisses das *Unverständnis* des Nikodemus aufzuzeigen. Wie Jesus sein δεῖ ὑμᾶς γεννηθῆναι ἄνωθεν wiederholt (3,3.7), bleibt Nikodemus bei seinem πῶς δύναται (3,4.9).

Eine Schlüsselrolle spielt nun Joh 3,8. Eigentlich ist ja dem Leser des Evangeliums auf der theologisch kognitiven Ebene mit der Interpretation von 3,5 in 3,6 (vgl. 1,13) alles klar: irdisch menschlichem Sein bleibt der Zugang zum Heil verschlossen, es bedarf des neuen, unverfügbaren Seins aus der schöpferischen Macht des Geistes[118]. Auf der narrativen Ebene führt jedoch der Kompositionsring mit 3,7 zu 3,3 zurück: Nikodemus soll erscheinen als einer, dem gerade gar nichts klargeworden ist. Darum folgt der Neueinsatz mit dem einfachen Gleichnis (3,8), dessen Pointe nicht das *Woher* und *Wohin* des Windes[119], sondern das οὐκ οἶδας ist. Unbegreiflich, ein Wunder ist der Weg des Windes[120], so auch »jeder, der vom Geist gezeugt ist«. Nikodemus kann nur sein Nicht-Verstehen bestätigen (3,9) und Jesus ihn bei seinem Unverständnis behaften: »Du bist Lehrer Israels[121] und verstehst du das nicht?« (3,10).

---

116   Vgl. Meeks, Funktion (s. Anm. 11) 258.260.

117   Diese Verwendung der Tauftradition läßt sich nicht mehr als protreptisch begreifen, gegen K. Berger, Hellenistische Gattungen im Neuen Testament, ANRW II 25/2, 1984, 1031–1432: 1140.1300.

118   Bergmeier, Glaube als Gabe (s. Anm. 13) 219 f.

119   Becker (Johannes I [s. Anm. 14] 164) allegorisiert in der Weise eines gnostischen Lesers: Es bleibe für Nikodemus nicht wahrnehmbar, »woher sich dieser Zustand verdankt (dem Geist von oben) und wohin er führt (zum ewigen Leben). Damit wird auch das Leben des Gläubigen unter die für die joh Christologie wesentlichen Grundfragen nach Jesu Woher und Wohin gestellt.«

120   Niemand weiß, »welchen Weg der Wind nimmt« Koh 11,5, wobei Wissen um Woher und Wohin eben als Wissen um den *Weg* zu verstehen ist, vgl. Gen 16,8; Jdc 19,17; Jdt 10,12; IgnPhld 7,1.

121   Der bestimmte Artikel steht im Griechischen, weil mit ὁ διδάσκαλος auf das in Joh 3,1 eingeführte schriftgelehrte Ratsmitglied (vgl. Jeremias, Jerusalem [s. Anm. 106] 269.289) Bezug genommen wird, schwerlich, weil gesagt werden soll, Nikodemus sei »der große

Damit ist das Plateau erreicht, auf dem die Entgegnung auf 3,2 erfolgen kann:
»Wir wissen, daß du von Gott gekommen bist als Lehrer ...«, »sagst du als
Lehrer Israels, der nicht versteht?« (3,10) »Wir reden, was wir wissen« (3,11).
Mit Bedacht wechselt sodann die Terminologie von »nicht verstehen« auf »unser Zeugnis nicht annehmen« und »nicht glauben« (3,11 f.), um auf den Glaubensbegriff in 3,15 ff. vorzubereiten: »Wenn ich euch Irdisches sagte und ihr
nicht glaubt, wie werdet ihr, wenn ich euch Himmlisches sage, glauben?« Wie
so oft im Johannesevangelium stellt der Rückverweis des johanneischen Jesus
auf Gesagtes ein Problem dar[122]. Ist es wahrscheinlich, daß »mit den irdischen
Dingen die Geburt von oben gemeint« ist[123]? Da wird man genauer auf den
Topos achten müssen, der hier in 3,12 verwendet ist[124].

> »Wie du nicht wissen kannst, welchen Weg der Wind nimmt
> noch das Werden des Embryos im Leib der Schwangeren,
> so kannst du auch nicht verstehen das Handeln Gottes,
> der alles wirkt.«   Koh 11,5

> »Schon was auf Erden ist, erraten wir kaum,
> und was auf der Hand liegt, finden wir nur mit Mühe –
> das Himmlische aber, wer hätte es je ergründet?«   Weish 9,16

> »Der Kaiser sprach zu Rabban Gamaliel: ›Ich weiß, was euer Gott tut und wo er weilt.‹
> ... Dieser sagte zu ihm: ›Ich habe einen einzigen Sohn in den Küstenstädten, und ich
> habe Sehnsucht nach ihm; ich hätte gern, daß du ihn mir zeigst.‹ Er sagte: ›Weiß ich
> denn, wo er ist?‹ Er sagte zu ihm: ›Was auf Erden ist, weißt du nicht, weißt du dann,
> was im Himmel ist?‹«   San 39a[125]

> »›Die Nahrung wird durch den Mund aufgenommen, und durch denselben Mund wird
> das Wasser getrunken und denselben Weg hinabgeschickt. Wenn aber beides ausge-
> schieden wird, dann wird es voneinander getrennt. Wer bringt es auseinander?‹ Baldad
> antwortete: ›Ich weiß (es) nicht.‹ Und ich entgegnete ihm wieder: ›Wenn du den Vor-
> gang im Körper nicht begreifst, wie kannst du dann die himmlischen Dinge begrei-
> fen?‹«   TestHiob 38,3–5[126]

> »›Ich bin gesandt, um dir drei Wege zu zeigen und dir drei Gleichnisse vorzulegen.
> ... – Geh, wiege mir das Gewicht des Feuers oder miß mir das Maß des Windes oder
> ruf mir den Tag zurück, der vergangen ist.‹ Ich antwortete und sagte: ›Wer von den
> Geborenen könnte (dies) tun ...?‹ Er sagte zu mir: ›Wenn ich dich gefragt hätte: ...,
> hättest du mir vielleicht gesagt: Ich bin weder in die Tiefe hinabgestiegen, ... noch bin

---

(rechte) Lehrer«, gegen F. Blass/A. Debrunner, Grammatik des neutestamentlichen
   Griechisch, bearb. v. F. Rehkopf, Göttingen [14]1976, § 273 Anm. 3.
[122] Vgl. Schnackenburg, HThK 4/2 (s. Anm. 48) 71.
[123] So u. a. Becker (Johannes I [s. Anm. 14] 166), obwohl er dann (ebd.) feststellt: »E denkt
   in einem Weltbild, das konstitutiv von einem dualistischen Schnitt zwischen der oberen
   Welt Gottes und der irdischen Welt ausgeht.«
[124] Vgl. dazu auch Meeks, Funktion (s. Anm. 11) 257 f.
[125] Übersetzung der Schlußantwort nach Bill. II, 425.
[126] Übersetzung: B. Schaller, Das Testament Hiobs, JSHRZ 3/3, 1979, 358.

ich jemals in den Himmel hinaufgestiegen, ... Du kannst schon das nicht erkennen, was
dein und mit dir verwachsen ist, wie kann deine Fassungskraft den Weg des Höchsten
erfassen?‹«   IV Esr 4,3 – 11 [127]

Überblickt man alle diese Texte, wird deutlich:

- Der Sinn des Schlußverfahrens ist: Wenn wir schon das Irdische nicht begreifen, dann erst recht nicht das Himmlische.
- Über das Himmlische als solches zu belehren, gehört nicht zu diesem Topos, wie denn auch in Joh 3,13 – 21.31 – 36 »das, was wir gesehen haben«
  (3,11), nicht inhaltlich entfaltet wird [128].
- Sehr wohl zur Topik gehört, daß an einem irdischen Beispiel oder Gleichnis
  das Unvermögen zu verstehen, aufgewiesen wird. Das Wind-Gleichnis (Joh
  3,8) und des Nikodemus Nicht-Verstehen (3,9 f.) müssen also mit 3,12 zusammen gesehen werden: Wenn ihr schon das irdische Geschehen der
  Windrichtung nicht versteht, wie könnt ihr das Himmlische, meine Martyria, begreifen? Die Klarheit des Grundgedankens leidet nur darunter, daß
  der Evangelist um der folgenden Ausführungen willen zugleich den terminologischen Wechsel der Klimax οὐκ οἶδας – οὐ γινώσκεις – οὐ λαμβάνετε auf οὐ πιστεύετε eingeführt hat.
- Auch der Anschluß »Und niemand ist in den Himmel hinaufgestiegen«
  (3,13a) resultiert, wie IV Esr 4,8 zeigt, aus vorliegender Topik. Über das
  Himmlische kann kein Erdgeborener wissen, denn noch keiner ist »jemals
  in den Himmel hinaufgestiegen.« [129] Über solches Wissen verfügt nur das
  Himmelswesen [130] »Menschensohn«, »der aus dem Himmel herabgestiegen
  ist« (3,13). J. Becker meint, es sei gefragt: »Wer kann in die himmlische
  Welt gelangen?« [131] Weit gefehlt! Joh 3,11 f. sagt eindeutig, und zwar in
  Konfrontation zu 3,2: »Wir reden, was wir wissen, und bezeugen, was wir
  gesehen haben«, und das steht parallel zu »von den himmlischen Dingen
  zu euch sprechen«, wie auch »und ihr nehmt unser Zeugnis nicht an« parallel gesetzt ist zu »nicht glauben«.

Der Nikodemus-Kreis mit seinem innerjüdisch möglichen Bekenntnis
(3,2) verbleibt aus der Sicht des Evangelisten in der Heilsverschlossenheit des
Unglaubens, die dadurch definiert ist, daß die Menschen statt des Lichtes, das

---

[127] Übersetzung: J. Schreiner, Das 4. Buch Esra, JSHRZ 5/4, 1981, 317 f.

[128] Gegen Schmithals (Johannesevangelium [s. Anm. 6] 332), der meint, V. 12 richte sich
gegen Irrlehrer, die Offenbarungen aus der himmlischen Welt verlangen.

[129] Vgl. auch K. Berger, Die Auferstehung des Propheten und die Erhöhung des Menschensohnes, StUNT 13, 1976, 567 (II, 414): »Die Abfolge von Joh 3,12.13 hat eine Analogie
im Kontext von 4Esra 4,7 – 11.«

[130] Vgl. IV Esr 4,21: Nur die Himmlischen erkennen, was in Himmelshöhen ist. – Vgl. zu
Joh 3,11 – 13 auch E. Ruckstuhl, Abstieg und Erhöhung des johanneischen Menschen-
sohns, in: ders., Jesus (s. Anm. 8) 277 – 319: 290 – 294.307 – 310.

[131] Johannes I (s. Anm. 14) 167.

in die Welt gekommen ist, die Finsternis lieben[132]. Was diesem Bekenntnis fehlt, entfaltet das Kerygma von 3,13−21.31−36: Das Bekenntnis zum Sohn, den Gott gesandt hat und zu dessen Sendungsauftrag gehört, auf dem Weg ans Kreuz erhöht zu werden (3,14; 8,28; 12,32.34)[133].

3. Ergebnis und Konsequenzen

Die konträren Positionen, von denen wir ausgegangen waren, lassen sich positiv vermitteln: H. Zimmermann und G. Richter haben je auf ihre Weise zutreffende Beobachtungen gemacht, aber zu einseitig in den Vordergrund gerückt. Behandlung von Tauftradition ist das Kompositionsprinzip von Joh 3, das hat H. Zimmermann zutreffend herausgearbeitet:»In ähnlicher Weise, wie 3,13−21 den Abschnitt 3,1−12 erklärt, erläutert 3,31−36 den Abschnitt 3,22−30.« Aber die christliche Taufe ist nicht die»Gesamtthematik des dritten Kapitels«[134]. Darin ist G. Richter zuzustimmen: Thema ist nicht die Taufe, sondern die Christologie[135]. Indes hört Joh 3,5 damit nicht auf,»Taufetext« zu sein[136]: Nicht nur der von G. Richter vorausgesetzte Wortlaut einer judenchristlichen»Grundschrift«[137], sondern der vorliegende Wortlaut Joh 3,5 spricht von der Taufe. Daß Joh 3,3−10 der Zurückweisung und Korrektur judenchristlicher Lehre von der Notwendigkeit der Wiedergeburt aufgrund der Taufe diene[138], kann G. Richter nicht aus dem Text selbst erweisen. Gleichwohl steckt, wie die traditions- und redaktionskritische Analyse ergeben hat, auch in dieser Beobachtung G. Richters ein Wahrheitsmoment. Aus dem Text selbst erweisbar ist, daß er die Tauftradition dazu benutzt, das Unverständnis dessen aufzuzeigen, der in 3,2 eingeführt wird mit den Worten:»Rabbi, wir wissen …« Zurückgewiesen und korrigiert wird eben dieses Bekenntnis durch V. 11:»Wir reden, was wir wissen, und bezeugen, was wir gesehen haben …«, eine Martyria, die dann in 3,13−21 im kerygmatischen Er-Stil entfaltet wird.

Wie wir gesehen haben, war die Tauftradition, die Joh 3,5.25 begegnet, ursprünglich verwurzelt in einer judenchristlichen Tauftheologie, die den καθαρισμός als endzeitliche Erneuerung durch den Geist Gottes interpretierte, wodurch der Getaufte die Anwartschaft auf die Gottesherrschaft erlangte. 1 Kor 6,9−11 spiegelt noch ein älteres Stadium dieser Tauftheologie, während Joh 3,5 schon einen hellenistischen Einschlag aufweist und sich auf dem Weg befindet, der zu Tit 3,3−7 hinführt. Die besondere Gestalt der Formulierung

---

132 Zu Joh 3,19−21 vgl. Bergmeier, Glaube als Gabe (s. Anm. 13) 232 f.
133 Vgl. Richter, Studien (s. Anm. 29) 61 f.
134 Taufe (s. Anm. 9) 91.
135 Studien (s. Anm. 29) 327.337.
136 Gegen a. a. O., 327.340.
137 A. a. O., 329−334.
138 A. a. O., 338.

von Joh 3,5 dürfte mit tauftheologischer Interpretation eines Herrenworts zusammenhängen, das in der Nähe des Wortlauts von Mt 18,3 angesiedelt war. Die Verschiebung von »Gottesherrschaft« auf »ewiges Leben«, die Tit 3,7 bezeugt, setzt der Sache nach auch der vierte Evangelist voraus. Aber das ewige Leben ist ihm nicht nur Gegenstand der Hoffnung, sondern schon gegenwärtige Existenzweise des Glaubens. Darum fallen für ihn Neuschöpfung zur Gotteskindschaft und Auferstehung (Joh 5,24 ff.; 11,25 f.) in eins[139]. Denn so radikal, wie die judenchristliche Ausschlußformel gemeint war, die Paulus 1Kor 15,50 aufgreift, interpretiert der Evangelist die Tauftradition von Joh 3,5 in V. 6. Wichtig ist ihm dabei nicht mehr die Taufaussage als solche und ganze, sondern die mit ihr verbundene Aussage von der eschatologischen Neuschöpfung durch den Geist[140]. Entsprechendes gilt von der Redaktion der Täuferszene (Joh 3,22 – 30): Wichtig ist dem Evangelisten nicht mehr die Verhältnisbestimmung von Johannestaufe und christlicher Taufe, sondern die Martyria des Täufers für Jesus. Sein Thema ist nicht geschichtliche Erinnerung eines Zeitzeugen, sondern *christologisches Kerygma*. Und darin wiederum ist eine antidoketische Tendenz so wenig erkennbar wie eine doketische[141]. Das christologische Bekenntnis formuliert sich in Auseinandersetzung mit dem Judentum, das Nikodemus repräsentiert – und das ist *in Joh 3* weder ein solches der paradigmatisch-idealen Vergangenheit noch ein solches, das residual für die ungläubige bzw. gottfeindliche Welt steht. Dabei fällt auf, daß im Zusammenhang mit der Gestalt des Nikodemus ein Hinweis auf den drohenden *Synagogenausschluß*[142] fehlt. Man wird also nicht generell davon sprechen können, daß die johanneische Schule auf den »Ausschluß der *mînîm* aus der synagogalen Gemeinschaft« zurückschaut[143], noch wird die Situation des Aposynagogos zum Angelpunkt der Interpretation des vierten Evangeliums insgesamt erhoben werden dürfen[144].

---

[139] Vgl. Schille, Traditionsgut (s. Anm. 26) 80: Joh 5,24 ff. wiederhole den Gedankengang von 3,5 völlig unkultisch.

[140] Vgl. Schille, a. a. O., 80: »Für den vierten Evangelisten impliziert die Zitation von Tradition offenbar drei Vorgänge: das Eingehen auf (teilweise abweichende) Tradition, das selbständige (abweichende) Bedenken des Tradierten und die Bejahung der Intention des Zitierten.«

[141] Dies zu Hengel, Frage (s. Anm. 23) 155.183.185.193 ff. – Begrenzt auf das von ihm sogenannte Phänomen »Herrlichkeitschristologie des Grundevangeliums mit dem gesteigerten Realismus der Wunder« vollzieht auch Schmithals (Johannesevangelium [s. Anm. 6] 428 f.) die zutreffende Erkenntnis, naiven Doketismus könne man daraus so wenig erschließen wie das Gegenteil.

[142] Gegen Schmithals, Johannesevangelium (s. Anm. 6) 292.330. Schmithals arbeitet mit der brillanten Hypothese: Die Aussage, Jesus sei der von Israel erwartete eschatologische Gesandte, entstamme der Situation des Aposynagogos; die Aussage, der Mensch Jesus sei der in das Fleisch gekommene Gottessohn, entstamme der Situation des antignostischen Kampfes der Kirche. Aber an Joh 3 läßt sich die Hypothese nicht verifizieren.

[143] Dies zu Hengel, Frage (s. Anm. 23) 149.

[144] Dies zu Bull, Gemeinde (s. Anm. 2) 153.

IV. Zum Problem vorchristlicher Gnosis: Untersuchungen zur Gestalt des Simon Magus in Act 8 und in der simonianischen Gnosis

9. Quellen vorchristlicher Gnosis?

„Gab es eine vorchristliche[1] Gnosis?" An dieser Frage entscheidet sich nicht, wie E. Haenchen[2] im Anschluß an H. Jonas[3] argumentiert, ob das werdende Christentum „in das Netz hellenistisch-synkretistischer Religionsströmungen" hineinverwoben war, denn dies kann keinem historisch-kritisch arbeitenden Exegeten mehr fraglich sein[4]. Im Blick auf die vorhandenen Quellen und deren Bearbeitung in der Literatur stellen sich vielmehr Fragen der folgenden Art ein: 1. Meinen die Begriffe wie Hellenismus, Synkretismus, Magie, Zauber, Mysterienreligion, Mystik, Weisheit, Apokalyptik und schließlich Gnostizismus[5] etwas unverwechselbar Eigenständiges[5a], sind also für die wissenschaftliche Sprache gebrauchsfähig, oder stellen sie, mehr oder weniger voneinander abgrenzbar, lediglich Spezifikationen der einen „Gnosis" dar? 2. Ist der sachgemäße Umgang mit den Quellen die philologische Methode, also *historisch-*

---

[1] Die Bezeichnung „vorchristlich" hat nur dann einen eindeutigen Sinn, wenn sie in der Bedeutung von „dem Urchristentum voraufgehend" verwendet wird. A. Böhlig (-P. Labib), Koptisch-gnostische Apokalypsen aus Codex V von Nag Hammadi im Koptischen Museum zu Alt-Kairo, WZ Halle-Wittenberg 1963 (Sonderband), S. 95, Mysterion und Wahrheit (1968), S. 149 in Verbindung mit BZNW 37 (1969), S. 2, Anm. 5 (vgl. H.-M. Schenke in OLZ 61, 1966, Sp. 32!), gebraucht den Ausdruck „vorchristliche Gnosis" mißverständlich im Sinne von „Gnosis, die der christlichen Gnosis des 2. Jh.s vorausgeht".

[2] Gab es eine vorchristliche Gnosis?, ZThK 49 (1952), S. 316f. = Gott und Mensch. Gesammelte Aufsätze (1965), S. 265f. (im folgenden abgekürzt: G. u. M.).

[3] Gnosis und spätantiker Geist I (³1964), S. 1f.

[4] Man vergleiche in diesem Zusammenhang einmal die einführenden Bemerkungen E. Haenchens mit den abschließenden Sätzen von K. G. Kuhn, Die Sektenschrift und die iranische Religion, ZThK 49 (1952), S. 316.

[5] Zur Sprachregelung s. BZNW 37 (1969), S. 129f.

[5a] Ähnlich H. Dörrie, Rezension: A.-J. Festugière OP, La Révélation d'Hermès Trismégiste, 4 Bände, in GGA 209 (1955), S. 233: „Leicht kann der Eindruck entstehen, als sei im 2./3. Jahrhundert schlechthin alles in einen religiösen Synkretismus zusammengeflossen, in dem es sachlich, formal und dem Stil nach keine Unterschiede mehr gab."

kritisch[6], oder die dogmatische, die die Texte an dem immer schon vorgegebenen gnostischen Modell[7] mißt und von ihm her befragt? 3. Gibt es eine *konkrete*, historisch-kritisch aufweisbare gnostische Tradition, die dem Urchristentum vorausliegt? 4. Gibt diese gnostische Tradition, sofern sie sich namhaft machen läßt, der Interpretation neutestamentlicher Texte sachgemäßere Fragen an die Hand als andere Traditionen?

Gab es also einen vorchristlichen Gnostizismus? Die Frage ist nicht prinzipiell zu verneinen. Gibt es Gründe, d.h. anhand von Quellenmaterial aufweisbare Gründe, sie zu bejahen? E. Haenchen beschließt seine Untersuchung mit der Feststellung: „Es gab eine vorchristliche Gnosis. Sie war mythologisch."[8] A. Adam stellt fest: „Die Thomaspsalmen haben sich bei der Analyse als außerchristliche und zum großen Teil vorchristliche Texte erwiesen; der 1. Thomaspsalm ist sogar als vorgnostisch anzusprechen. Durch die Aufnahme des in ihnen vorwaltenden Gedankengutes in das spätjüdische Weisheitsdenken ist die entscheidende erste Gestalt einer gnostischen Strömung entstanden, wie sie uns in der WeishSal entgegentritt."[9] In beiden Fällen scheint es sich um erwiesene Tatbestände zu handeln[10]. K. Rudolph über die simonianische Gnosis: „Diese Gnosis liefert den Beweis für eine vorchristliche Gnosis, s. Haenchen, ZfThK 1952, S. 316ff."[11] Über die SapSal: „Als erstes Dokument der werdenden syrischen Gnosis sieht Adam (S. 30ff.) jetzt die SapSal an, . . ."[12]

---

[6] Die Notwendigkeit, von konkreten Texten und Gestalten auszugehen, betont mit Recht W. Eltester im Vorwort (S. VII) der von ihm herausgegebenen Aufsatzsammlung: Christentum und Gnosis, BZNW 37 (1969).

[7] Vgl. dazu C. Colpe, Die religionsgeschichtliche Schule, FRLANT N.F. 60 (1961), S. 57 u. 199f., und Die Thomaspsalmen als chronologischer Fixpunkt in der Geschichte der orientalischen Gnosis, JAC 7, 1964 (1966), S. 77–80.

[8] G. u. M., S. 298.

[9] Die Psalmen des Thomas und das Perlenlied als Zeugnisse vorchristlicher Gnosis, BZNW 24 (1959), S. 79f.

[10] Im Blick auf die folgenden (wenigen) Literaturhinweise sei W. C. van Unnik, Evangelien aus dem Nilsand (1960), S. 25, zitiert: „. . . so viele Hypothesen sind durch häufige Wiederholungen zu Tatsachen erhoben worden, . . ."

[11] Die Mandäer I, FRLANT N.F. 56 (1960), S. 173, Anm. 4; vgl. auch E. Gräßer, Der Hebräerbrief 1938–1963, ThR 30 (1964), S. 183, Anm. 3.

[12] Die Mandäer II, FRLANT N.F. 57 (1961), S. 382, Anm. 1 (auf S. 383); vgl. auch E. Gräßer (s. vorige Anm.); S. Schulz, Die Bedeutung neuer Gnosisfunde für die neutestamentliche Wissenschaft, ThR 26 (1960), S. 228f.

I

Nach E. Haenchens Rekonstruktion läßt sich über Simon Magus
und seine Lehre folgendes sagen: „Noch in der 1. Hälfte des 1. Jahrhunderts n. Chr. ist ein im Dorfe Gittai geborener Simon in Samarien
aufgetreten. Er lehrte: Engelmächte hätten in der von ihnen geschaffenen Welt die Ennoia in den Menschenseelen gefangen gehalten. Nun aber sei in ihm die höchste Gottheit, der Vater der Ennoia,
die ‚Große Kraft', herabgestiegen, um die Menschen zu erlösen und
damit die Ennoia zu befreien. Wer an ihn glaube, brauche sich nicht
mehr um die Mächte und ihre Gesetze zu kümmern und werde beim
Weltuntergang errettet werden."[13] Diese Fülle des Wissens ist verwunderlich angesichts jener spärlichen Daten, die wir aus Act 8,
9–11 erfahren. Wie kam dieses Ergebnis zustande? Einige methodo-
logische Anmerkungen scheinen mir notwendig zu sein.

Die Stationen der Untersuchung waren: 1. die „Große Verkündigung"[14], 2. der Bericht des Irenäus[15], 3. die Notiz bei Justinus
Martyr[16] und schließlich 4. Acta 8[17]. Ein Zeitraum von rund
180 Jahren[18] wird damit durchmessen, der nicht nur für die Entwicklung von der mythologischen zur „philosophischen Gnosis",
sondern darüber hinaus für mögliche Veränderungen im mythologischen Vorstellungsfeld selbst einen beachtlichen Spielraum
läßt. Durch den Weg der Untersuchung, den E. Haenchen einschlug,
ist jedoch die Fragerichtung bestimmt: Welche Elemente des jeweils jüngeren Textes lassen sich im nächst älteren schon ausmachen?
Die spärlichen Notizen der Anfänge werden von den reichlicher
fließenden Quellen der späteren Zeit her retrospektiv beleuchtet.
Dadurch kommt E. Haenchen über das fragmentarische Wissen
hinaus zur eindrucksvollen Demonstration eines geschlossenen
Systems und seiner Geschichte. Die Kosten dieser Methode indessen
wollen bedacht sein, M. P. Nilsson hat sie m. E. zutreffend beschrieben: „Gewiß ist die Kenntnis, die aus den wenigen erhaltenen
Fragmenten gewonnen wird, sehr unvollständig, ebenso gewiß ist
aber, daß, wenn man sie aus den späteren Quellen ergänzt, die
Gefahr groß ist, daß man den älteren Gnostikern etwas, was ihnen

---

[13] G. u. M., S. 297. Die Deutung der Ennoia als *anima generalis* findet
sich auch bei H. Jonas, The Gnostic Religion (1958), S. 110; Gnosis I,
S. 357 (durch Kontamination mit PsClem Recg II 57, wo nicht von Helena-
Ennoia, sondern von „den Seelen" die Rede ist).

[14] Nach Hippolyt, Elenchos VI 9–18, s. G. u. M., S. 266–287.

[15] Adv. haer. I 23,2–4 (Hippolyt, Elenchos VI 19f.), s. G. u. M., S. 287–
291.

[16] I. Apologie 26,1–3, Dial. c. Tryph. 120, s. G. u. M., S. 291–293.

[17] G. u. M., S. 293ff.

[18] Vgl. G. u. M., S. 266 u. 297.

noch fremd war, zuschreibt."[19] Die historisch-kritische Forschung hat in der Frage nach dem „historischen Jesus" oder nach den Verfassern der Evangelien, in der differenzierenden Analyse neutestamentlicher Theologien und nicht zuletzt in der Befreiung der Exegese vom Leitseil der späteren Symbole und Dogmen methodische Maßstäbe gesetzt, die auch im Bereich der Gnosisforschung Geltung haben und angewandt sein wollen.

Gehen wir also aus von Act 8,9f.! Simon wirkte mit großem Erfolg in Samaria als Wundertäter[20]. Er gab sich aus als ein μέγας[21]. Die Formulierung οὗτός ἐστιν ἡ δύναμις τοῦ θεοῦ ἡ μεγάλη[22] stellt die korrespondierende Akklamation dar. Simon trat also auf als θεῖος ἀνήρ[23]. E. Haenchen zieht den vorschnellen Schluß: „Aus der Geschichte der simonianischen Bewegung wird deutlich, daß ‚die große Kraft' dort die Bezeichnung für das höchste Gottwesen war. Simon hat behauptet, es sei in ihm zur Erlösung der Menschen herabgekommen."[24] Man wird vorsichtiger zu urteilen haben: *Erst* die Megale Apophasis benennt „die Wurzel des Alls" mit dem Ausdruck ἡ μεγάλη δύναμις ἡ ἀπέραντος, und Hippolyt merkt an, diese sei nach Simon in jedem Menschen[25]. Und weiter: Von einer „Erlösungslehre"[26] verlautet in Act 8 nichts. Lukas, dem wir einen Text wie Act 20,29ff. verdanken, hatte schwerlich einen Grund, die Verkündigung des Simon, falls sie ihm bekannt gewesen wäre, zu unterschlagen. Dem Gegenüber der Bezeichnungen „Magier" und „große Gotteskraft" kann zur Seite gestellt werden das Wort des Lehrers über den Jesusknaben, Ps.-Matth. 31,3: „Er muß ein Zauberer oder ein Gott sein."[27] Es ist in der Tat „nichts Besonderes und auch nicht

---

[19] Geschichte der griechischen Religion II ([2]1961), S. 615, Anm. 2. Das Zitat bezieht sich allgemein auf die Problematik der Gnosisforschung.

[20] Die Bezeichnung als Magier ist die übliche Herabsetzung des Gegners, s. L. Bieler, ΘΕΙΟΣ ΑΝΗΡ (unveränd. Nachdruck 1967) I, S. 83ff.

[21] Nach den zahlreich belegten μέγας-Formeln, vgl. W. Grundmann, ThW IV, S. 545f.; H. Conzelmann, Die Apostelgeschichte, HNT 7 ([2]1963), S. 113, drängt sich die Gleichung μέγας ὁ Σίμων = θεός auf.

[22] „ἡ καλουμένη ist ein Zusatz des Lk, der den titularen Sinn noch erkennen läßt." Siehe H. Conzelmann, HNT 7, z.St.; E. Haenchen, Die Apostelgeschichte, MeyerK 3 ([13]1961), z.St. τοῦ θεοῦ braucht dagegen keinesfalls Zusatz zu sein, vgl. H. Conzelmann, ebd.

[23] Vgl. L. Bieler I, S. 48.

[24] Kommentar, S. 253.

[25] Refutatio VI 9,4–5, vgl. dazu die Analyse von E. Haenchen, G. u. M., S. 268ff. Zur *sublissima virtus* bei Irenäus I 23,1 s. u.

[26] So H. Conzelmann, HNT 7, S. 53, neuerdings noch über E. Haenchens Position hinausgehend: Geschichte des Urchristentums, NTD Ergänzungsreihe 5 (1969), S. 107 mit S. 56.

[27] Zitiert nach L. Bieler I, S. 84.

unwahrscheinlich, daß Simon sich als Gott ausgegeben hat."[28]
Act 14, 11 ff. illustriert, aus welcher geistigen Atmosphäre heraus dies
möglich ist: Ein Wundertäter ist ein Gott[29]. Das Bild von Simon
dem Magier bzw. Zauberer, der sich als Gott ausgibt, beherrscht noch
die apokryphen Apostelakten[30].

Das Bild verändert sich erstmals bei Justin. Von der „großen
Gotteskraft" ist nicht die Rede, an ihrer Stelle steht der πρῶτος
θεός. An Act 8 erinnert der Name Simon — „aus dem Dorf Gittai"
ist neu —, seine göttliche Verehrung und die Beurteilung seiner
Wundertätigkeit als magische Praxis. Von dem Anspruch des Simon
erfahren wir indirekt, daß er sich als Gott ausgegeben hat[31].
Relativ breit ist seine göttliche Verehrung geschildert. Zum erstenmal taucht der Name Helena auf: „Und eine Helena, die mit ihm
zu jener Zeit umherzog, die sich vorher in einem Bordell aufgehalten
hatte[32], soll die von ihm entstandene erste Ennoia (Gedanke) gewesen sein."[33] Warum berichtet Lukas nichts von Helena? Die Vermutung, er habe diese Notiz unterschlagen[34], ist eine Unterstellung,
die begründet werden müßte. Wenn er, wohl im Anschluß an seine
Tradition, den wundertätigen θεῖος ἀνήρ, der göttlich verehrt wurde,
zum schmierigen Magier degradierte, wäre die Begleiterin Helena
aus dem Bordell ein willkommener Anlaß gewesen, Simon auch
„moralisch" zu disqualifizieren, zumal wir aus Act 24, 24f. erkennen
können, daß Lukas auf diesem Auge nicht blind war. So bleibt die
Tatsache festzuhalten, daß die Gestalt der Helena in Verbindung
mit Simon zum erstenmal um 150 n. Chr. bezeugt ist. Und auffallend bleibt die andere Tatsache, daß Justin vor allem auf die
göttliche Verehrung des Simon abhebt; Apol. 56 und Dial. c. Tryph.
120 spricht er nur hiervon. Von einer Erlösungslehre hören wir
nichts.

Ein Element seiner Notiz bleibt problematisch und lenkt uns zu
dem Bericht des Irenäus hinüber: Simon als dem πρῶτος θεός
steht Helena als ἡ ὑπ' αὐτοῦ ἔννοια πρώτη γενομένη gegenüber. So
läßt sich in der Tat mit E. Haenchen[35] vermuten, daß Justin und
die Simonianer seiner Zeit von weiteren Emanationen wußten.

---

[28] W. Foerster, in: Die Gnosis, hrsg. v. C. Andresen, I (1969), S. 39.
[29] Vgl. auch Act 28, 6: ἔλεγον αὐτὸν εἶναι θεόν.
[30] Siehe z. B. Acta Apostolorum Apocrypha, ed. R. A. Lipsius – M. Bonnet
(Neudr. 1959) I, S. 63, 142 u. ö.
[31] I. Apologie 26, 1: ... τινὰς λέγοντας ἑαυτοὺς εἶναι θεοὺς κτλ.
[32] Erst Irenäus, adv. haer. I 23, 2 nennt die Stadt Tyrus.
[33] I. Apologie 26, 3, Übersetzung nach W. Foerster, in: Die Gnosis I, S. 40.
[34] Vgl. H. Conzelmann, HNT 7, S. 53, dazu jetzt Geschichte des Urchristentums, S. 56 u. 107.
[35] G. u. M., S. 292.

Aber *bezeugt*, wie E. Haenchen meint, ist damit die simonianische Verkündigung, wie Irenäus sie vorträgt, für die 1. Hälfte des 2. Jh.s noch nicht. Irenäus verknüpft expressis verbis den Simon von Act 8 mit dem simonianischen System, das er beschreibt. Hiernach ist Helena die πρώτη ἔννοια, der erste Gedanke, den Simon, die *sublissima virtus*, der *super omnia pater*, faßte, nämlich Engel und Erzengel zu schaffen. Dementsprechend hat sie Engel und Mächte emaniert (*generare*), von denen diese Welt geschaffen wurde. In Ablehnung ihres minderen Rangs gegenüber der Ennoia — Simon selbst blieb ihnen gänzlich unbekannt — hielten sie diese in ihrem unteren Bereich fest und ließen sie von Frauenkörper zu Frauenkörper wandern, bis sie schließlich in der Dirne im Bordell zu Tyrus landete. Hier hat Simon, der höchste Gott, sie befreit, indem er sie zu sich nahm. Den Menschen aber gewährt er Rettung *per suam agnitionem*: Wer auf ihn und Helena seine Hoffnung setzt, ist frei, frei von den Geboten, mit denen die *mundi fabricatores angeli* die Menschen versklaven.

Dieser Bericht gibt mehr Probleme auf, als er löst. Die eindeutig „christlichen" Anklänge — auch sie werden als Bestandteil der Verkündigung des Simon angeführt — habe ich übergangen. Möglicherweise hat Irenäus mehr berichtet, als seine Information[36] erlaubt hätte. Der Passus über die doketisch aufgefaßte Menschwerdung Simons ist für Irenäus wohl ein Beleg dafür, daß Simon in jeder Hinsicht der Begründer der fälschlich so genannten Gnosis ist. Quellenmäßig stellt adv. haer. I 23,1–4 keine Einheit dar[37]: a) Der Bericht nennt das von Justin ausgebreitete Material in erweiterter Form: Der Magier Simon wird als Gott verehrt, die Dirne Helena aus dem Bordell zu Tyrus ist seine erste Ennoia, beide werden in den Gestalten des Zeus und der Minerva angebetet. b) Das mythologische Drama, das von dem *super omnia pater*, seinem Willen zur Schöpfung, seinem „ersten Gedanken", dem Neid der niedrigeren Mächte, der Gefangenschaft und endlichen Befreiung der Ennoia erzählt, bedarf der Namen Simon und Helena nicht. Ja weiter: Dieser gnostische Mythus verlangt als Pointe die Befreiung und *Heimholung der himmlischen Ennoia in die obere Welt*. Allein, diese Pointe ist weggebrochen, der Mythus auf Simon und Helena hin „historisiert" und auf das tertium „Befreiung von den Fesseln der Engelmächte" abgestellt. c) Nach dem, was Irenäus

---

[36] Vgl. H. Schlier, Das Denken der frühchristlichen Gnosis, BZNW 21 (1954), S. 67: „Die historischen Zusammenhänge und Verhältnisse sind aus den selbst nicht sehr unterrichteten Quellen kaum noch erkennbar."

[37] Vgl. H. Schlier, ebd. S. 68 über I 23. 24 insgesamt.

insgesamt ausführt, dient der Mythus zur Begründung des Libertinage[38]. Er hat paradigmatischen Charakter: Die göttliche Ennoia landet im Bordell. Aber was von den Engelmächten als Schmach gedacht war, erweist sich als Sprungbrett in die Freiheit. Der höchste Gott selbst erscheint, um die Umwertung aller Werte zu vollziehen. Man könnte es modern formulieren: In der freien Liebe dokumentiert sich die Freiheit von der repressiven Moral der Herrschenden (hier der Engelmächte)[39]. Wer Simon folgt, wird ebenso frei wie Helena, frei von den Fesseln der Engel, von der Sklaverei ihrer *praecepta*. Wie ein Freier kann er tun, was er will.

Eine Entstellung des Mythus setzt seine ursprüngliche Form voraus, darin hat E. Haenchen recht[40]. Daß er dann älter sein müßte als Simon selbst, gilt freilich nur von dem Simon des Berichts bei Irenäus, nicht von jenem des apostolischen Zeitalters. Um die Mitte des 2. Jh.s jenen mythologischen Stoff als bekannt vorauszusetzen, bereitet keine Schwierigkeiten. Auf die Verwandtschaft der „simonianischen Gnosis" mit anderen gnostischen „Lehren" wurde schon oft hingewiesen[41].

Die Grundeinsicht, die H. Waitz seinerzeit gewonnen hat, finde ich bestätigt: Die Nachrichten über Simon zeigen nicht ein von Anfang an vorliegendes gnostisches Konzept, sondern setzen eine Entwicklung voraus[42], die Entwicklung von dem wundertätigen θεῖος ἀνήρ, der wohl gemäß seinem Anspruch als Epiphanie der göttlichen δύναμις verehrt wurde, hin zu dem gnostischen Urgrund des Seins, dem *super omnia pater*, der die Freiheit von den *praecepta* der Engel gewährt. Der Wechsel der Begrifflichkeit: von der „großen Kraft"[43] zur „höchsten Kraft"[44], vom „Gott"[45] zum „ersten Gott"[46] und

---

[38] Diesen Zusammenhang hat auch H. Schlier, ebd. S. 72ff., herausgestellt.

[39] Die Gnostisierung des modernen Denkens, auf die H. Schlier, ebd. S. 81f. mit Anm. 30, seinerzeit hinwies, kommt in dem oben gebrauchten Jargon der Revolution ebenfalls zum Ausdruck.

[40] G. u. M., S. 290.

[41] Vgl. Epiphanius, Panarion XXI 2,4 (Ennoia sei dieselbe wie Prunikos usw.), ferner H. Waitz, Simon Magus in der altchristlichen Literatur, ZNW 5 (1904), S. 137; W. Bousset, Hauptprobleme der Gnosis, FRLANT 10 (1907), S. 18; H. Schlier, BZNW 21, S. 68; H. Jonas, Gnosis I, S. 353, 357f., 364. Insbesondere sei auf Apokryphon des Johannes 27 (nach BG) hingewiesen.

[42] Solche Entwicklung vom Gott zum gnostischen Erlösergott zeichnen je auf ihre Weise auch H. Waitz, ZNW 5, S. 137 und W. Bousset, Hauptprobleme, S. 261.

[43] Act 8,10.

[44] Irenäus, adv. haer. I 23,1: *sublissima virtus*.

[45] Vgl. die obigen Ausführungen zu Act 8,9f.

[46] Justin, I. Apologie 26,2: πρῶτος θεός.

super omnia pater[47] markiert diese Entwicklung. E. Haenchens
Einwand, der sich auf eine mündliche Mitteilung W. Foersters[48]
stützt: „Wenn wir von Mani absehen, dessen Anspruch, der Para-
klet zu sein, niemand bezweifelt, sind keinem der Sektenstifter
göttliche Aspirationen zugeschrieben worden. Daß der samaritanische Magier post festum zum göttlichen Erlöser geworden sein soll,
ist unwahrscheinlich"[49], trifft weder die Position von H. Waitz und
W. Bousset[42] noch die hier dargelegte Argumentation: Nicht der
Sektenstifter, sondern der als Gott verehrte Simon[50] ist „zum göttlichen Erlöser geworden". Dann aber steht fest, „daß der Simon
dieses gnostischen Systems nicht selbst Gnostiker, sondern die Ver-
körperung der göttlichen Idee selber ist"[51]. Wann und wo diese
Transformation stattgehabt hat, beantworten die Quellen nicht.
Sie geben auch keine Auskunft darüber, wann und unter welchen
Umständen Helena mit der Gestalt des Simon verbunden worden
ist. Diese Fragen können hier auf sich beruhen[52].

Der Mythus von der himmlischen Ennoia, die in der unteren Welt
gefangen gehalten wird, ist höchstwahrscheinlich unabhängig von
der Gestalt der Helena entwickelt worden. Darin hat E. Haenchen
recht[53]. Aber den Simon von Act 8 diesen Mythus verkündigen zu
lassen, entbehrt der Grundlage in den Quellen[54]. Das mythologisch-
gnostische Konzept begegnet erstmals bei Irenäus — bei Justin

---

[47] Irenäus, adv. haer. I 23,1. § 2 spricht nur vom „Vater" der Ennoia.
   [48] Siehe jetzt in: Die Gnosis I, S. 39, wo aber zutreffend gesagt wird,
von Simon *und seinem Nachfolger* werde der göttliche Anspruch berichtet.
   [49] G. u. M., S. 297.
   [50] Die göttliche Verehrung des Simon ist das durchgehend bezeugte Überlieferungselement: Act 8,10, Justin, I. Apologie 26,2. 3, Dial. c. Tryph. 120,
Irenäus, adv. haer. I 23,1. 4, Hippolyt, Refutatio VI 20,1, Acta Apostolorum Apocrypha I, S. 57,24f.
   [51] H. Waitz, ZNW 5, S. 137.
   [52] Wer davon ausgeht, daß man die Gestalt der Helena *als irdische Begleiterin* des Simon nicht erfunden haben könne, kommt notwendig zu dem
Schluß, daß der Simon von Act 8 und der Simon der simonianischen Gnosis
zwei verschiedene Personen waren; vgl. dazu die Bemerkungen von
H. Jonas, The Gnostic Religion (1958), S. 103. — Die Lösung des Problems,
warum Simons Ennoia gerade den Namen Helena erhielt und als Prostituierte
in Tyrus auftreten mußte, scheint mir auf dem von W. Bousset, Hauptprobleme, S. 78ff. u. 261, beschrittenen Weg zu finden zu sein. Ergänzend
sei hingewiesen auf L. Vincent, Le culte d'Hélène à Samarie, RB 45 (1936),
S. 221–226; G. Quispel, Gnosis als Weltreligion (1951), S. 61–70, dessen
Mißverständnistheorie zu Helena als Prostituierter allerdings mit H. Jonas,
Gnostic Religion, S. 104, Anm. 3, abzuweisen ist; E. Haenchen, G. u. M.,
S. 290f. (unter 2.); H. Jonas, Gnosis I, S. 356 mit Anm. 3.
   [53] G. u. M., S. 290f; gegen H. Conzelmann, Geschichte des Urchristentums, S. 56 u. 107.
   [54] Ähnlich H. Schlier, BZNW 21, S. 68.

können wir es vermutungsweise voraussetzen —, hier aber nur in
Verbindung mit Helena und in der Abzweckung auf die Verkündigung der Freiheit, des Libertinage. Gerade so wird deutlich, daß
„die Verkündigung des Simon", die Irenäus ausbreitet, in die Zeit
der großen gnostischen Systembildungen des 2. Jh.s n. Chr. hinein-
gehört, indem sie deren Hauptelemente voraussetzt bzw. darauf
aufbaut. Der Versuch, diese Hauptelemente in der 1. Hälfte des
1. Jh.s unterzubringen, darf als gescheitert betrachtet werden;
er hat die Dokumente gegen sich.

Daß Irenäus, vielleicht im Anschluß an Justin[55], Simon zum
Häresiarchen und schließlich zum ersten Gnostiker erklärt[56], hat
seinen Grund wohl nur darin, daß der Name in Act 8 begegnet[57].
Wir werden diese Notiz mit der gleichen kritischen Vorsicht aufnehmen müssen wie etwa die Angabe über die Herkunft des Johannesevangeliums von Johannes, dem Herrenjünger, „der auch
an seiner Brust gelegen hatte"[58].

II

Auch A. Adams Untersuchung gilt dem Ziel, eine konkrete vorchristliche Tradition des Gnostizismus anhand von Quellenmaterial
zu erheben: „Die Frage nach den Ursprüngen der Gnosis wird un-
beantwortet bleiben müssen, solange Texte fehlen, auf die sich eine
begründete These stützen kann."[59] Sein Ausgangsmaterial, von dem
her der vorchristliche Ursprung des Gnostizismus begründet wird,
sind die koptischen Thomaspsalmen[60], im besonderen I–XIII, d. h.
die Psalmen mit Überschrift, die „älteren Charakter" tragen und

---

[55] Vgl. die Reihenfolge in I. Apologie 26.

[56] Irenäus, adv. haer. I 23, formuliert — das in § 1 Mitgeteilte scheint
aus Justins Werk zu stammen — § 2 Anfang: *ex quo universae haereses
substiterunt*; § 4 bringt des Irenäus eigene Bezeichnung. — Zum Infor-
mationswert der Stelle vgl. auch H. Jonas, Gnosis I, S. 353.

[57] Diese Methode des Identifizierens kann man noch bei modernen
Autoren studieren, z.B. W. Bousset, Hauptprobleme, S. 261. Nachdem aus
durchweg jüngeren Quellen das Bild sowohl der simonianischen Gnosis
(S. 127ff., 229f., 236) als auch von Simon dem Kultgott gezeichnet ist, wird
die Brücke geschlagen: „Die Gestalt des Simon begegnet uns bereits in der
Apostelgeschichte . . ., — und zwar in ihrer gnostischen Ausgestaltung
(Apg. 8, 10: . . .)."

[58] Irenäus, adv. haer. III 1,2, s. dazu Feine-Behm-Kümmel, Einl NT
([13]1964), S. 165ff.

[59] BZNW 24, S. 1.

[60] C. R. C. Allberry, A Manichaean Psalm-Book II (1938), S. 203–227. Im
folgenden werden die Thomaspsalmen zitiert nach Übersetzung und Ein-
teilung von A. Adam, BZNW 24, S. 2–28.

„in der Hauptmasse mythologisch gehalten" sind[61]. Allein dem
fundamentum dieser Untersuchung soll im folgenden nachgegangen
werden.

„In ThPs 1 tritt die Vorstufe der gnostischen Vorstellungswelt
vor uns hin."[62] A. Adam denkt an parthische Mythologie. „Das
Weltendrama beginnt mit dem Ansturm der neidisch gewordenen
bösen Macht gegen" die in I 4–16 geschilderte himmlische Welt.
Die Lichtwelt bleibt nicht untätig, der „Sohn des Lichtgottes wird
beauftragt, den großen Krieg zu führen;... Noch ein junger Knabe,
springt er in der vollen Rüstung des Lichtreiches hinunter in den
Abgrund der dunkelen Welt, besiegt die Mächte der Finsternis und
nimmt ihnen ihren Raub ab, anscheinend die Lichtteile der lebenden
Wesen"[63].

Diesen Stoff findet A. Adam in Sap 18, 14–16 aufgenommen, ja
wiedergegeben. Da die Weisheit Salomos in das 1. Jh. v. Chr. datiert
werden kann, läßt sich für die Entstehungszeit des 1. Thomaspsalms
ein terminus ante quem bestimmen. Umgekehrt darf das Buch
der Salomo-Weisheit „auf Grund seiner Beziehung zum ersten Thomaspsalm als erstes Dokument der werdenden Gnosis beurteilt
werden"[64]. Diese Schlußfolgerung verwundert, nachdem zuvor festgestellt worden war, ThPs I repräsentiere „die Vorstufe der gnostischen Vorstellungswelt". Die spätere Erklärung, durch die Aufnahme des in den älteren Thomaspsalmen — also nicht nur in
ThPs I — vorwaltenden Gedankengutes in das spätjüdische Weisheitsdenken sei die entscheidende erste Gestalt einer gnostischen
Strömung entstanden[65], beseitigt die logische Unausgeglichenheit
nicht, da dort das demonstrandum als argumentum benützt wird.

Die Benützung des ersten Thomaspsalms durch den Verfasser der
SapSal ist bestritten worden[66]. Mit Recht. Wie sich zeigen wird,
sind selbst Beziehungen zwischen beiden Texten nicht gegeben. Die
Beobachtung indessen, daß Sap 18, 15–16 im Zusammenhang des
Erzählstoffes auffällt, ist richtig[67]. Allein, die hier bezeugte in sich

---

[61] BZNW 24, S. 30.
[62] A. Adam, BZNW 24, S. 30. J. Leipoldt, ThLZ 85 (1960), Sp. 196, hat
diesem Urteil zugestimmt.
[63] BZNW 24, S. 30f.   [64] BZNW 24, S. 33.
[65] So BZNW 24, S. 79f.
[66] Siehe J. Leipoldt, ThLZ 85, Sp. 196; W. Foerster, ZDMG 112 (1962),
S. 179; C. Colpe, JAC 7, S. 83, Anm. 18; E. Kamlah, Die Form der katalogischen Paränese im Neuen Testament, WUNT 7 (1964), S. 87, Anm. 1.
Mir selbst war der Beweisgang A. Adams unabhängig von diesen Hinweisen
als nicht schlüssig erschienen.
[67] Die Methode, Fremdkörper in einem Überlieferungszusammenhang auszumachen, hat ihr volles Recht, vgl. C. Colpe, Schule, S. 202.

geschlossene Vorstellung vom todbringenden Gotteswort läßt sich traditionsgeschichtlich aufhellen. Sie als „ein nicht in den jetzigen Zusammenhang gehöriges Einsprengsel"[68] zu bezeichnen, geht nicht an, wie ein Blick auf den Kontext zeigt.

Die beiden Abschnitte 18,14–19 und 18,20–25 demonstrieren einen der zahlreichen Gegensätze „des Geschicks der Ägypter und der Israeliten"[69]. Die Verzahnung nach vorne ist doppelter Art: a) Die Nacht, von der V. 14 spricht, ist in V. 6 präludiert, desgleichen das Motiv der Vorankündigung von V. 19. b) Die Verse 10–13 folgen dem Faden der biblischen Erzählung, V. 13 formuliert das Ziel: Jetzt, bei der Vernichtung der Erstgeborenen, müssen die Ägypter bekennen: θεοῦ υἱὸν λαὸν εἶναι. 18,14–19 läßt die sterbenden Erstgeborenen selbst zu „Zeugen" werden. Aufgrund vorausgehender Träume werden sie in den Stand gesetzt, die Ursache ihres Sterbenmüssens zu bezeugen.

Der Abschnitt 18,20–25 will zeigen, wie auch die „Gerechten" des Todes Not[70] erlebten, aber im Unterschied zu den Ägyptern errettet wurden. Der Verfasser der SapSal sieht diesen Unterschied so begründet: Bei den Ägyptern war der Würger Gottes „allmächtiges Wort", bei den Israeliten trat Aarons λόγος (sachlich aber: Gottes Bundesverheißungen an die Väter, V. 22) ins Mittel und überwand den Würger. Der λόγος τοῦ θεοῦ kämpfte mit dem scharfen Schwert, Gottes „unwiderruflichem Befehl", gegen Ägypten, Aaron kämpfte mit der Waffe seines Amtes, das auf Gottes unwiderruflichen Bundschlüssen (V. 22 und 24) aufruht, für Israel (V. 21). Die Entsprechung der beiden Abschnitte ist nahezu konsequent durchgeführt[71].

Wie ich zu zeigen versuchte, beherrscht die Motivik von 18,15f. den ganzen folgenden Abschnitt, die Einheit 18,14–25 stellt einen geschlossenen thematischen Entwurf dar. Trotzdem bleibt das Stück 18,15f. auffällig; der Übergang von V. 16 zu V. 17 ist hart. Dies bedeutet: Der Verfasser bringt offenbar eine Anschauung zu Wort, deren Einzelelemente so festgefügt waren, daß er keines davon beiseite lassen konnte. Ausgangsmaterial war: Ἐγενήθη δὲ μεσούσης τῆς νυκτὸς καὶ κύριος ἐπάταξεν πᾶν πρωτότοκον ἐν γῇ Αἰγύπτῳ

---

[68] So C. Colpe, ebd. Anm. 2, A. Adams kurze Bemerkung als methodisches Prinzip erläuternd.

[69] Siehe K. Siegfried, in: E. Kautzsch, Die Apokryphen und Pseudepigraphen des Alten Testaments (Neudr. 1962) I, S. 479; vgl. auch P. Dalbert, Die Theologie der hellenistisch-jüdischen Missionsliteratur unter Ausschluß von Philo und Josephus, ThF 4 (1954), S. 70. Sap 18,7 formuliert, was das Darstellungsprinzip meint.

[70] V. 20 und V. 16 verbindet das Thema θάνατος.

[71] Vgl. etwa auch V. 18a und V. 23a.

(Ex 12,29)[72] und περὶ μέσας νύκτας ἐγὼ εἰσπορεύομαι εἰς μέσον Αἰγύπτου[73] (Ex 11,4). Sap 18,14 nimmt im nachgeahmten parallelismus membrorum[74] Ex 12,29a auf, die VV. 15f. sind mit Hilfe der ἄγγελος-Vorstellung von 1 Chr 21[75] midraschartig ausgestaltet, wobei an die Stelle des κύριος[75a] nicht wie sonst oft „seine Weisheit", sondern „sein Wort", παντοδύναμος (vgl. 7,27, auch 23) und vom himmlischen Thron ausgehend wie die Weisheit (vgl. 9,4.10), getreten ist[76]. Es zeigen sich folgende Midraschelemente: a) Der ἄγγελος ist von Gott gesandt (1 Chr 21,15) — ἐπιταγή σου (Sap 18,16), b) ἡ ῥομφαία κυρίου (1 Chr 21,12) bzw. des Engels (V. 16) — ξίφος ὀξύ (Sap 18,15), c) ἄγγελος κυρίου ἐξολεθρεύων (1 Chr 21,12, ὀλεθρεύων Ex 12,23) — ὀλεθρία (Sap 18,15), d) θάνατος ἐν τῇ γῇ (1 Chr 21,12) — ἐπλήρωσεν τὰ πάντα θανάτου (Sap 18,16), e) ὁ ἄγγελος ἑστώς (1 Chr 21,15f.) — καὶ στάς (Sap 18,16), f) ὁ ἄγγελος κυρίου ἑστὼς ἀνὰ μέσον τῆς γῆς καὶ ἀνὰ μέσον τοῦ οὐρανοῦ (1 Chr 21,16)[77] — καὶ οὐρανοῦ

---

[72] Zitiert wird hier und im folgenden der auf uns gekommene LXX-Text — nach der Ausgabe von A. Rahlfs (editio sexta) —, obzwar immer mitzubedenken ist, daß die griechische Bibel des Verfassers der SapSal *mit der uns bekannten LXX-Fassung nicht identisch ist*, vgl. J. Fichtner, Der AT-Text der Sapientia Salomonis, ZAW 57 (1939), S. 155–192.

[73] Daß Sap 18,15 statt „Ägypten" „das dem Verderben geweihte Land" sagt, ist literarische Manier des Verfassers; vgl. dazu J. Fichtner, Die Stellung der Sapientia Salomonis in der Literatur- und Geistesgeschichte ihrer Zeit, ZNW 36 (1937), S. 114.

[74] Vgl. K. Siegfried, S. 477 zu Kap. 1–10.

[75] Auf diesen Zusammenhang hat neuerdings wieder J. Jeremias, Zum Logos-Problem, ZNW 59 (1968), S. 84f., hingewiesen. Daß in Sap 18,15 „die Doppeldeutigkeit von unvokalisiertem דבר (= Pest/Wort)" nachwirke (s. ebd. Anm. 18, in Anlehnung an G. Bertram, Praeparatio evangelica in der Septuaginta, VT 7 (1957), S. 239 zu Hab 3,5), scheint mir nicht naheliegen, da in 1 Chr 21,12 דבר mit θάνατος wiedergegeben wird und Sap 18,15f. aus diesem V. 12 die Leitworte „Schwert", „Verderben" und „Tod" empfangen hat. Zu λόγος s. die Anm. 76.

[75a] So auch G. Bertram, VT 7, S. 239f.

[76] Vgl. dazu J. Fichtner, ZNW 36, S. 130, Weisheit Salomos, HAT II 6 (1938), S. 65. — Diese Angleichung des λόγος an die σοφία θεοῦ (s. auch 9,1f.), und zwar in statu nascendi seiner Hypostasierung, stellt ein beachtliches Moment der Vorgeschichte des johanneischen Logos dar. Die SapSal setzt hierin die ersten Ansätze einer „Logostheologie", die schon bei Aristobul sichtbar werden, fort; dazu s. M. Hengel, Judentum und Hellenismus, WUNT 10 (1969), S. 303, Anm. 383, der schon bei Aristobul die Verbindung des Logos mit der hypostasierten Weisheit feststellt. Bei R. Bultmann, Das Evangelium des Johannes, MeyerK II (¹⁸1964), S. 9, Anm. 1, steht (im Unterschied zu: Der religionsgeschichtliche Hintergrund des Prologs zum Johannes-Evangelium, Eucharisterion. Festschr. für H. Gunkel [1923] II, S. 14 = Exegetica [1967], S. 21f.) die Verhältnisbestimmung auf dem Kopf.

[77] Für den Chronisten war der Engel keine überdimensionale Riesengestalt, s. W. Rudolph, Chronikbücher, HAT I 21 (1955), z. St. Die

μὲν ἥπτετο, βεβήκει δ'ἐπὶ γῆς (Sap 18,16). V. 16b, der den Übergang zu V. 17 so hart erscheinen läßt, erweist sich als durch die übernommene ἄγγελος-Vorstellung bedingt. Das Bild vom „wilden Krieger" scheint von der ῥομφαία ἐσπασμένη (1 Chr 21,16) her motiviert zu sein. Die Vorstellung vom „auf Jerusalem losstürzenden Engel", die Josephus[78] ausbreitet, liegt auf der gleichen Linie.

1 Chr 21 enthält nahezu vollständig die Elemente, aus denen der Verfasser der SapSal sein Bild vom παντοδύναμος λόγος gezeichnet hat. Die Gegenprobe an A. Adams Erklärungsversuch vermag das Ergebnis zu erhärten. a) Das auffällige Schwertmotiv von Sap 18,15c kommt in ThPs I nicht vor. Von dem himmlischen Boten heißt es nur: Er „rüstete sich und gürtete sich hoch" (V. 39f.). b) A. Adam umschreibt Sap 18,15 so, daß „das allmächtige Wort Gottes" hineinspringt „in die ägyptische Finsternis"[79]. Solche poetisierende Umschreibung mag angehen, wenn sie nicht unter der Hand zum „Text" selbst gerät. Sap 18,14 spricht im Anschluß an Ex 12,29 von der Nacht im astronomischen Sinn, und V. 15 läßt den λόγος um die Mitte der Nacht in das dem Verderben geweihte Land springen. Demgegenüber springt der himmlische Bote von ThPs I „in den Abgrund" (V. 41), d.h. in die untere Welt des Bösen und dessen Gefolges (V. 29 ff.)[80]. — Für A. Adam ist „die ägyptische Finsternis" Bestandteil des Textes, woraus sich für ihn drei wichtige Folgerungen ergeben: 1. (religionsgeschichtlich) Der Abgrund des Bösen von ThPs I 29.41 und die Nacht von Sap 18,14 lassen sich zusammenbringen, die gnostische Strömung ist im 1. Jh. v. Chr. dokumentiert. 2. (einleitungswissenschaftlich) Die herabziehende und schmähende Darstellung, „die Ägypten zuteil wird", schließt Alexandria als Entstehungsort der SapSal aus[81]. Doch dem

---

hebräische Ausdrucksweise für „in der Luft schweben" wurde aber vermutlich schon von den LXX-Übersetzern als Hinweis auf eine Riesengestalt verstanden.

[78] Jos. ant. VII 327: [ὁ βασιλεύς] καὶ θεασάμενος τὸν ἄγγελον δ'αὐτοῦ φερόμενον ἐπὶ τὰ Ἱεροσόλυμα.

[79] BZNW 24, S. 31.

[80] ThPs I gebraucht den Begriff „Finsternis" nicht, wenngleich die Rede vom Abgrund des Bösen im Gegensatz zur Höhe der Lichtsöhne die Vorstellung von der Finsterniswelt sachlich meint.

[81] BZNW 24, S. 31: A. Adam denkt an das nördliche Mesopotamien als Abfassungsort, wo seit dem Alexanderzug die religionsgeschichtlichen Wurzeln „der Gnosis" sich gütlich zusammenfügen lassen: das Judentum, nämlich die Exulantenschaft von 722 v. Chr., der iranische Einfluß (nur diese beiden Komponenten werden genannt in: Handbuch der Orientalistik I 8,2, S. 103) und die griechische Philosophie, hauptsächlich der Platonismus. Die geistigen Ergebnisse dieses modernen „Alexanderzugs" liegen nunmehr

Leser bleibt es überlassen, sich zu erklären, warum die gleiche Konsequenz nicht auch für die Texte von Philo und Clemens von Alexandrien gezogen wird, die S. 56, Anm. 54 zitiert werden. 3. (motivgeschichtlich) Das gnostische Motiv: Ägypten = die „Welt als Sphäre des Körpers und der fleischlichen Leidenschaften" (S. 56) ist von Sap 18 her bestimmt. — c) Das Ziel der Handlung in Sap 18, 15 f. ist der *Tod* der Erstgeborenen in Ägypten: ἐπλήρωσεν τὰ πάντα θανάτου. Das Motiv „Tod" fehlt in ThPs I. Dort geht es um die Fesselung und Beraubung des Bösen und seiner Gefolgschaft (V. 42 ff.). d) Das Motiv des „Stehens" (Sap 18,16) kommt in ThPs I nicht vor. e) Von einer riesengroßen Gestalt ist in ThPs I weder direkt noch indirekt die Rede. A. Adam muß diese Anschauung unausgesprochen zugrunde liegen lassen und ThPs II 42 ff., XIII 33 bemühen, obwohl dann S. 33 zu lesen steht: „Die Vorstellungswelt, die den zweiten Thomaspsalm erfüllt, gehört offenbar einer späteren Stufe an", gemeint ist: später als ThPs I. Im übrigen handeln weder Sap 18 noch ThPs I von einer „Offenbarungsgestalt". Und die Auskunft: „Die Erlösergestalt, die vom Himmel her in die untere Welt hinabsteigt, so daß Menschwerdung und Hadesfahrt mit den gleichen Worten beschrieben werden können, gehört bereits der Anschauung von Sap 18 an"[82], stellt ein Kuriosum dar. f) Über den „Sprung"[83] des Boten nach unten geht die Parallele zwischen Sap 18 und ThPs I nicht hinaus[84]. Doch aus der allgemeinen Vorstellung, daß der Himmel oben und die Erde unten ist, in Verbindung mit dem Kampfmotiv läßt sich diese Parallele der Formulierungen leicht verstehen.

Zwischen Sap 18 und ThPs I gibt es also keine Beziehungen derart, daß der Verfasser des Weisheitsbuchs den ersten Thomaspsalm benutzt oder gekannt haben müsse. Die von A. Adam in Anspruch genommene Möglichkeit, mit Hilfe von Sap 18,14–16 das syrisch-aramäische Original von ThPs I[85] in das ausgehende 2. Jh. v. Chr. zu datieren, besteht nicht. Damit ist der darauf fußenden Geschichtskonstruktion zur Einordnung der Thomaspsalmen[86], des

---

in ihrer Gesamtvorstellung A. Adams Lehrbuch der Dogmengeschichte I (1965) zugrunde, vgl. besonders S. 53–57, 69 f., 150, 154 f.

[82] BZNW 24, S. 81.

[83] Emanatistische Formulierungen wie Irenäus, adv. haer. I 23, 2 (nicht 1!): *Hanc enim Ennoiam exsilientem ex eo* etc. u. ä. sind fernzuhalten, gegen A. Adam, BZNW 24, S. 33, Lehrbuch I, S. 155 (die Stellenangabe muß dort lauten WeishSal 18,15!).

[84] Ähnlich E. Kamlah, Form, S. 87, Anm. 1 (Mitte).

[85] So BZNW 24, S. 29 mit S. 31 f.

[86] BZNW 24, S. 79: („zum großen Teil vorchristliche Texte").

Perlenlieds [87] und der frühgnostischen Strömung zumal [88] das Fundament entzogen.

Endlich bedarf die Beurteilung des ersten Thomaspsalms der Korrektur. A. Adam läßt ihn parthische Mythologie vertreten und bezeichnet ihn als vorgnostisch [89]. Dies Urteil hängt damit zusammen, daß A. Adam ThPs I vom Vergleich mit mandäischen Texten ausgenommen hat. Zu Unrecht. Die Beobachtung T. Säve-Söderberghs, daß manche Teile der Thomaspsalmen erst voll verständlich sind, wenn wir sie mit mandäischen Parallelen vergleichen [90], bestätigt sich auch an ThPs I [91].

I 49 gehört nicht zum Mythus, der von V. 17 an erzählt wird: „Was die Lebendigen nahmen, war gerettet; / sie werden wieder zurückkehren in das Ihrige." Schon der Subjektswechsel von 48 zu 49 zeigt an, daß hier nicht der Mythus zu Ende erzählt wird [92]. Es handelt sich vielmehr um eine von den vorangehenden Versen unabhängige Schlußformel [93] wie auch in II 51, der ähnliche Formeln aus den Mandaica zur Seite gestellt werden können: „Das Leben stützte das Leben, / das Leben fand das Seinige. / Das Seinige fand das Leben, / und Bar-Haijē führte das Seinige ihn. — Und das Leben ist siegreich." [94]

---

[87] BZNW 24, S. 58: („später als Sap"), S. 59: („in die Jahre zwischen 50 und 70 n. Chr."). Der Hinweis auf „die Legende von Joseph und Asenath" (S. 55) erscheint nach C. Burchards Untersuchungen zu Joseph und Aseneth, WUNT 8 (1965), S. 112–117, problematisch.

[88] Bezeugt durch die SapSal, s. BZNW 24, S. 24, 33, 80. Allein, der auffällige Gnosis-Begriff der SapSal ist z.T. der gleiche wie in der Apokalyptik; vgl. in diesem Zusammenhang J. Fichtner, ZNW 36, S. 124–127. Bekanntschaft mit der Mysteriensprache erscheint naheliegend, vgl. O. Eißfeldt, EinlAT (³1964), S. 814f.; auch J. Fichtner, HAT II 6, S. 8; A. Böhlig, Mysterion und Wahrheit, S. 19.

[89] S. BZNW 24, S. 30 u. 79.

[90] Studies in the Coptic Manichaean Psalm-Book (1949), S. (126) 161. Der Genannte hat diesen Vergleich an ThPs I nicht durchgeführt.

[91] Von der folgenden Untersuchung nehme ich I 1–16 aus. Der eher manichäisch anmutende Abschnitt steht, wie auch die Überschrift andeutet, unverbunden neben 17–49. Zu 1–8 richtig E. Kamlah, Form, S. 88, Anm. 2. Ephraems Testament XVI scheint den gesamten Vorstellungskreis von ThPs I vorauszusetzen: „Wenn sich die Bösen bis zum Himmel recken könnten, so würden sie selbst dort den Streit im ruhigen Haus der Himmlischen beginnen. Die Bösen haben ja einst versucht, bis in den Himmel aufzusteigen. . . ." Zitiert nach S. Schiwietz, Das morgenländische Mönchtum III (1938), S. 163.

[92] A. Adam, BZNW 24, S. 31, hat offenbar den Subjektswechsel von 48 zu 49 übersehen.

[93] Vgl. T. Säve-Söderbergh, Studies, S. 87.

[94] So GL 553, 35ff., vgl. auch 567, 21ff. u. ö. — Die mandäischen Texte werden zitiert nach M. Lidzbarski, Das Johannesbuch der Mandäer (1915,

Das dramatische Geschehen des Mythus beginnt mit der ver-
wunderten Frage[95], wie denn der Böse in Kenntnis der Lichtwelt
gekommen ist, hat er doch den gefährlichen Wunsch geäußert:
„Einer wie sie will ich werden!", um so seinen eigenen Mangel aus-
zugleichen. V. 23f. und 26 wird vorausgesetzt, daß er tatsächlich
jene Himmlischen sehen kann. In gänzlich zerdehnter Form enthält GR 279,15 280,5 einen ähnlichen Stoff[96]: Der Finsterniskönig
hat „aus der Ferne an den Grenzen der Finsternis und des Lichtes"
die Lichtwelt erblickt, dadurch den Unwert seiner eigenen Welt
entdeckt und will nun dem König der Lichtwelt die Krone ab-
jagen, um selber „König der Höhe und Tiefe" zu werden. Aber er
kann sein Ziel nicht erreichen. „Denn jene Gestalt, die er schaute,
war in der Höhe, während er in der Tiefe war." Und da bleibt er
samt seinem „hinfälligen Heer", das wie in ThPs I 22f. um ihn ver-
sammelt ist. ThPs I 24 läßt den Bösen nun darauf warten, daß einer
der Himmlischen fällt und herniederkommt. Ohne daß von einem
solchen „Fall" berichtet wurde, gehen die Verse 46–48 davon aus,
daß welche in die Gefangenschaft des Bösen geraten sind, die dann
befreit werden. Sehr wahrscheinlich setzt hier ThPs I einen Zusammenhang voraus, den uns mandäische Texte erschließen:
Uthras steigen tatsächlich hinab und wollen eine Welt schaffen; sie
sind in die Verzauberung der unteren Sphäre geraten: „Sie verließen
den Ort des Glanzes und des Lichtes, / gingen hin und liebten die
nichtige Wohnung."[97]

So wird auch der Neueinsatz in ThPs I 25f. verständlich: „Darum
tat der Vater den ersten Schritt; / er stärkte alle seine Engel . . ."
Die Präventiv-Maßnahme der noch intakten Lichtwelt soll das
Ärgste verhindern: „Steige früher zur Welt hinab, bevor die Uthras
dahingehen und etwas tun, das für uns häßlich und unschön"
ist[98]. Es folgt nun die Schilderung der unteren Welt: ThPs I 27–37

---

unveränd. Nachdr. 1966), Mandäische Liturgien (1920), Ginza (1925). Die
Stellenangaben beziehen sich auf die Seiten und Zeilen der genannten Aus-
gaben.

[95] Das gleiche Stilelement begegnet GR 81,13ff., 337,11ff. u.ö.; vgl.
auch ActThom 109 (Bonnet II 221,6f.), Hinweis von W. Foerster, in: Die
Gnosis I, S. 480 (Anm. 274).

[96] E. Kamlah, Form, S. 89, Anm. 1, zieht GR 279,21–27 zum Vergleich
heran. — In Psalmbuch 117,7f. (Allberry) scheint ein Anklang an ThPs I 26
vorzuliegen. Aber gerade der Vergleich mit Psalmbuch 117,3ff., einer der
manichäischen Bearbeitungen des „Perlenlieds" (s. 117,3. 9a. 13. 15f. 19ff.!),
vermag den nicht-manichäischen Charakter von ThPs I 17–48 zu erweisen.

[97] GR 69,12f.; vgl. den ganzen Abschnitt 3–37 und 67,22–37.

[98] GR 68,7f., vgl. ferner 70,30f., 78,26. Die Texte finden sich zusammengestellt bei K. Rudolph, Theogonie, Kosmogonie und Anthropogonie in
den mandäischen Schriften, FRLANT 88 (1965), S. 214.

∼ GR 70,32–71,8.29–32. Beide Texte hat schon G. Widengren, Mani und der Manichäismus (1961), S. 94f., nebeneinander gestellt und verglichen [99], so daß sich das Zitieren an dieser Stelle erübrigt. Der nächste Einsatz, ThPs I 38f., kommt unvermittelt: „Das Kind verbrachte seine Monate,/ bis es Schritte tun konnte;/ Der Geringe unter den Hohen ging weg,/ rüstete sich und gürtete sich hoch." Im Anschluß an VV. 27–37 und im Blick auf das Folgende erscheint die Rede von dem „Kind" unmotiviert [100]. Zwar kennen die Thomaspsalmen IV, V 22ff., X 5ff., XVII, die Mandaica [101] und darüber hinaus zahlreiche gnostische Schriften [102] die Gestalt des „Kindes" bzw. des „Knaben", aber in anderem Zusammenhang. Eine Beobachtung könnte weiterführen: Die mandäischen Texte, die als Parallelen zu ThPs I herangezogen werden können, handeln von einem „Descensus vor der Schöpfung (d.h. dem Wirken des Demiurgen), mit dem Ziel, den Unterwelts- bzw. Finsternisherrscher zu fesseln ... In dieser Funktion der *urzeitlichen Höllenfahrt* tritt uns Mandā d̲Haijê und Hibil entgegen" [103]. Und beide Gestalten begegnen mit der Bezeichnung „Knabe". GR 192,13ff. wird Mandā d̲Haijê empfangen mit den Worten: „Komm, komm, kleiner Knabe von drei Jahren und einem Tage, Kleinster unter seinen Brüdern und Ältester unter seinen Vätern, der klein ist, dessen Reden aber bedeutsam sind." Und Lit 248,9 redet Hibil an: „Lieblich ist deine Stimme, Knabe Hibil." So wäre es denkbar, daß die frühmandäische Mythologie einmal vom Descensus des „Kindes" [104], des „Kleinsten unter seinen Brüdern" gehandelt hat.

Von der Rüstung und Gürtung des Lichtboten berichten beide Textgruppen wieder parallel, knapp ThPs I 39f. (Der Bote rüstet

---

[99] Vgl. auch E. Kamlah, Form, S. 89, Anm. 3.

[100] Vgl. E. Kamlah, Form, S. 90, Anm. 1.

[101] So z.B. GR 222,2, 236f., 243,23ff.; Lit 248,9ff. ∼ ThPs XVII, vgl. auch C. Colpe, JAC 7, S. 90, Anm. 48.

[102] Vgl. G. Widengren, Iranisch-semitische Kulturbegegnung in parthischer Zeit (1960), S. 77f., ferner die Zusammenstellung bei K. Rudolph, Theogonie, S. 289, Anm. 1.

[103] K. Rudolph, Theogonie, S. 213.

[104] Ob wir nicht — die kritischen Ausführungen von K. Rudolph, Mandäer I, S. 195–222, vorausgesetzt — in Marduk das *Vorbild* dieses Mythologumenons sehen dürfen? Marduk, das Kind, das Götter-Sonnenkind, nach der Geburt von einer Wärterin gepflegt, bekleidet „mit dem Glanze von 10 Göttern, höchlichst stark", der Jüngste unter den Göttern und zugleich mächtiger als seine Väter, der Tiâmat und ihr Heer bezwingt und fesselt usw. (H. Greßmann, AOT [²1926], S. 111. 119). Anders G. Widengren, Mani, S. 54. — C. Colpe, JAC 7, S. 91, zieht, wie ich erst nachträglich sehe, für den „Aufstand der lichtfeindlichen Dämonen" das babylonische Weltschöpfungsepos ebenfalls als „formales Vorbild" heran; dazu vgl. auch G. Widengren, Handbuch der Orientalistik I 8,2 (1961), S. 93.

sich.), ausführlich GR 78,29–79,14 (Das große Leben rüstet und gürtet Mandā ḏHaijê).[105] Dem Sprung des Boten in den Abgrund, mitten unter die Bösen (I 41), entspricht GR 79,35ff.: „Als das Große so zu mir gesprochen, / ging ich durch seine Kraft nach dem Ort der Finsternis, / nach dem Orte, in dem die Bösen hausen, /..." Der Sieg des Lichtboten steht außer Zweifel: Der Böse und sein Anhang, die „Sieben" und die „Zwölf"[106], werden bezwungen und gefesselt (ThPs I 42–44; GR 84,27–32; 87,13–25; 93,9–28)[107], ihr Zelt (ThPs I 43a) bzw. ihr Haus (GR 371,13; 372,1–4) wird zerstört, ihr brennendes Feuer ausgelöscht (ThPs I 43b; GR 94,3f.). Die folgenden Bilder, die um das Thema Befreiung kreisen (ThPs I 45b–47), haben im Ginza keine Entsprechung. Doch den Stoff selbst (V. 46) hat Johannesbuch 147ff. bewahrt[108].

Den krönenden Abschluß des Werks des Lichtboten bildet die Befreiung und Heimführung des „Reichtums" (I 48): „Er zerstörte seinen Reichtum und nahm ihn, / nahm ihn hinauf nach dem Lande der Ruhe." Es versteht sich: „Er zerstörte seinen Reichtum", ist abgekürzte Redeweise für: Er löste den Zustand ab, daß Reichtum in den Fängen des Bösen war. Die gleiche abgekürzte Redeweise begegnet unter negativem Aspekt GR 371,14f.: „..., daß ich den Mangel niederschlage / und ihn siegreich zum Lichtort emporführe." Beseitigt wird der Status des Mangels, in den die „Söhne des Heils", die Uthras (= die Reichen) geraten sind, sie selbst aber werden gerettet. Wie ThPs I lassen einige mandäische Descensus-Schilderungen den Siegeszug des Lichtboten in dem Befreiungswerk für die „Reichen" kulminieren: „Ich ebnete einen Pfad für die Guten..."[109]

ThPs I stellt, wie sich zeigte, eine Bearbeitung mandäischer Mythologie dar. Seine Darstellung ist teilweise so komprimiert, daß erst der Vergleich mit mandäischen Parallelen den Inhalt er-

---

[105] Vgl. auch E. Kamlah, Form, S. 90, Anm. 1.

[106] Zum mandäischen Aspekt s. K. Rudolph, Mandäer I, S. 208f., Theogonie, S. 87ff.

[107] Der *Sinn* dieser Darstellung erschließt sich uns erst auf dem Hintergrund des originären Mythos: Die Fessel, der „Reifen", die „Mauer", womit der Urweltdrache umschlossen wird, ist das Firmament, an dem die „Sieben" und die „Zwölf" als Wächter postiert werden.

[108] Die Deutung der „schlechten Fischer" auf die Planeten, s. K. Rudolph, Mandäer I, S. 147, Anm. 2, besteht zu Recht, wie ThPs I zeigt. Auf die Gefangenschaft der *Seele* in den Netzen des Körpers bezogen, begegnet das Motiv von ThPs I 35f. 47 allegorisiert in Psalm 271 (Allberry 89,24–27). Diese Hinweise, die sich vermehren ließen, zeigen, daß dem Befreiungswerk von ThPs I prototypische Bedeutung beigelegt wurde; s. dazu auch K. Rudolph, Theogonie, S. 219.

[109] GR 94,7ff., vgl. auch 95,14ff., dazu K. Rudolph, Theogonie, S. 218ff.

schließt und verständlich macht[110]. Den mandäischen Hintergrund von ThPs I hat K. Rudolph, ohne den ersten Thomaspsalm zu Rate zu ziehen, als eigenständigen mythologischen Zusammenhang aus den Texten herausgeschält. Sein Ergebnis[111] wird durch ThPs I bestätigt[112]. Anderseits muß man freilich sehen, daß dieser Descensus-Mythus in ThPs I nicht die Jetztgestalt seiner mandäischen Überlieferung voraussetzt, sondern eine Stufe, die jener weit vorausliegt. Vermutlich gehört auch sie jener Frühstufe mandäischer Dichtung zu, die T. Säve-Söderbergh als Prototyp der Thomaspsalmen reklamiert hat[113].

An einer zweiten Stelle hat A. Adam versucht ein Datum ante Christum natum zu gewinnen. ThPs XIII 20f. nennt neben Mord und Selbstzerfleischung als Charakteristik der bösen Welt: „Da gibt es Annäherung, Empfängnis und Erschaffung, / die eine Seele zieht herab eine andere Seele."[114] A. Adam bemerkt dazu: „Als

---

[110] Vgl. dagegen A. Adams Kommentar zu I 48: „... nimmt ihnen ihren Raub ab, anscheinend die Lichtteile der lebenden Wesen", BZNW 24, S. 31.

[111] Zusammenfassung: Theogonie, S. 235.

[112] Zugleich wird E. Kamlahs Versuch, ThPs I als kosmogonischen Mythus zu interpretieren (s. Form, S. 90f., vgl. S. 87f., Anm. 1), widerlegt.

[113] S. Studies, S. 159–163; vgl. auch C. Colpe, JAC 7, S. 82; R. Haardt, Die Gnosis (1967), S. 330f. (Anm. 29). A. Adam verweist zunächst zustimmend auf T. Säve-Söderberghs Ergebnis (s. BZNW 24, S. 39, vgl. auch Handbuch der Orientalistik I 8, 2, S. 115), läßt aber danach die Thomaspsalmen — „hauptsächlich in ihrem mittleren Teil" — „in der mandäischen Tradition benutzt" sein (s. S. 41), ohne daß T. Säve-Söderberghs Argumente (s. Studies, S. 160f.) diskutiert worden wären. — Außer zahlreichen konvergenten Ergebnissen mit C. Colpes Aufsatz in JAC S. 77–93, der mir in der wissenschaftlichen Provinz erst nachträglich dank einer Korrespondenz mit Herrn Prof. Colpe bekannt geworden war, bleibt für die weitere Arbeit an diesem Problemfeld festzustellen, daß die den Thomaspsalmen und Mandäertexten gemeinsame Schicht offenbar mehr umfaßt als die drei Themen: „Die Sendung und Würde des Apostels, die Not des Einzelnen und seine Erlösung im Seelenaufstieg" (so S. 87). Darauf führt nicht nur die hier vorgelegte Untersuchung zu ThPs I 17–49, sondern auch die Parallele von ThPs V 1–4 zu GL 486 (vgl. dazu T. Säve-Söderbergh, Studies, S. 125ff.), die zeigt, daß „die himmlische Urheimat der Seele" durchaus schon ein Thema der früh-mandäischen Dichtung, d. h. der frühen mandäischen Gnosis des 3. Jh.s n.Chr., war. Insofern gewinnt auch ThPs XIII 29f.: „Selig ist, der seine Seele erkennt!" (νοεῖν) (~ Lit 195, 1–4, vgl. A. Adam, BZNW 24, S. 39) seine typisch gnostische Prägnanz: „Heil dem, der sich selber kennt, ..." (Johannesbuch 171, 17; vgl. z.B. CH I 19).

[114] Diese Stelle hebt sich von dem mandäischen Hintergrund des Psalms, vgl. T. Säve-Söderbergh, Studies, S. 115–124; A. Adam, BZNW 24, S. 39–41, C. Colpe, JAC 7, S. 85, deutlich ab. Die Mandäertexte in ihrer Jetztgestalt sprechen eine andere Sprache: Trotz starker asketischer Tendenzen sind Einehe und Zeugung strenges Gebot, s. K. Rudolph, Theogonie, S. 284. ThPs XIII 21 mutet demgegenüber *manichäisch* an — wie vieles andere in

Hauptsünde wird Zeugung und Geburt genannt: das enkratitische Thema, das in ThPs 1–12 noch nicht vorkommt, klingt auf und erweist sich schon hier als schlüssige Folgerung aus dem Ansatz des Gesamtsystems. Die gleiche Haltung erscheint I Henoch 15, 7; beide Texte werden dem Ende des 1. Jh.s v. Chr. zuzuweisen sein." Dieser Gewaltstreich[115] übersieht, daß äth Hen 12, 4 und 15, 3–7 nicht den sexuellen Verehr als solchen, sondern den der Engel mit den Frauen verurteilt. So wenig aus der Vorstellung, daß Engel nicht essen und trinken (vgl. Tob 12, 19)[116], gefolgert werden darf, Essen und Trinken werde als Sünde angesehen, so wenig folgt aus äth Hen 15, 7, der Coitus gelte als etwas Sündhaftes. Zeugung und Geburt gehören zum kreatürlich-irdischen Dasein und werden für die Menschen bejaht: Die Menschen sind sterblich, darum hat ihnen Gott Frauen gegeben, damit sie durch Zeugung und Geburt auf Erden erhalten werden (15, 6!).

Für die Engel freilich, die unsterblichen Geistwesen, gilt diese irdische Regelung nicht. Die gefallenen ,,Wächter", die im himmlischen Heiligtum hätten Fürsprache für die Menschen einlegen sollen (V. 2), haben sich ,,mit den Menschentöchtern verunreinigt", d. h. kultisch[117] disqualifiziert. Das ist ihre Sünde. Kurzum, äth Hen 15, 7 läßt sich mit ThPs XIII 21 nicht vergleichen[117a], A. Adams Schlußfolgerung ist unbegründet.

* * *

Weder die simonianische Gnosis noch die Thomaspsalmen stellen Zeugnisse eines Gnostizismus dar, der dem entstehenden Christentum voraufging. Damit ist die Frage nach dem Ursprung und den Anfängen des Gnostizismus nicht entschieden. Aber das so oft vorausgesetzte Frühstadium ,,der Gnosis", das deren tatsächlichen

---

den Thomaspsalmen; vgl. dazu K. Rudolph, Mandäer I, S. 191f.; C. Colpe, Thomaspsalmen, RGG³ VI, Sp. 868, näherhin JAC 7, S. 90f.

[115] Siehe BZNW 24, S. 35f. Nicht äthHen 15, 7, aber z. B. AscJes 10, 29. 31 steht ThPs XIII 19ff. sehr nahe. — Weitere Gewaltstreiche der bezeichneten Art finden sich S. 44, das Vorkommen des Namens Jesus in ThPs XII 1 betreffend: ,,Ich möchte annehmen, daß hier nicht Jesus Christus gemeint ist, sondern der Weisheitslehrer Jesus Sirach; . . ." und S. 38, wo der in die Welt hinunter rufende Mensch von ThPs XIII 29 mit Sokrates identifiziert wird; vgl. dazu W. Foerster, ZDMG 112, S. 180.

[116] Siehe dazu W. Bousset - H. Greßmann, Die Religion des Judentums im späthellenistischen Zeitalter, HNT 21 (⁴1966), S. 321.

[117] Zum kultischen Aspekt sexueller Askese vgl. G. von Rad, TheolAT I (³1961), S. 272f.; K. G. Kuhn, Askese III, RGG³ I, Sp. 642.

[117a] So auch W. Foerster, ZDMG 112, S. 180.

Dokumenten nach Lage der Dinge notwendig um Jahrhunderte vorausliegen muß[118], bleibt gegenwärtig, wie mir scheint, ein Postulat der motivgeschichtlich und phänomenologisch[119] orientierten Gnosisforschung[120].

---

[118] Vgl. K. G. Kuhn, Johannesevangelium und Qumrantexte, Suppl. NovTest VI (1962), S. 121.

[119] Vgl. C. Colpe, Schule, S. 200.

[120] Ihr gegenüber bleibt zu bedenken, was K. G. Kuhn in seinem grundlegenden Aufsatz zur religionsgeschichtlichen Stellung der Qumrantexte, ZThK 49, S. 315, dargelegt hat. Denn diese Sicht der Dinge bewahrheitet sich an den Quellen selbst, z. B. durch den Vergleich von 1 QS III, 17–21. 25 f. mit Apokryphon des Johannes 63, 9 ff. in BG (Hinweis bei A. Böhlig, Mysterion und Wahrheit, S. 100). Abgesehen von der sachlichen Verschiebung innerhalb des dualistischen Konzepts, bedingt durch die gnostische Transformation des alttestamentlichen Schöpfergottes zum „Ersten Archon der Finsternis" (BG 40, 1 f. Zur sachlich notwendigen Kritik an der Bezeichnung „jüdische Gnosis" s. A. Böhlig, Mysterion und Wahrheit, S. 83), zeigt sich das Gnostische insbesondere daran, daß aus der Herrschaft über die Taten eine Herrschaft über das Grab geworden ist, d. h. über den Körper als der „Fesselung durch die Hyle" (BG 55, 12 f.). Diese Herrschaftssphäre aber ist gekennzeichnet durch Anästhesie und Schlechtigkeit (κακία BG 64, 2 f.).

10. Zur Frühdatierung samaritanischer Theologumena: „Die große Macht"

[...]

2.3 *"Die große Macht"* [185])

H. G. KIPPENBERGS Ausführungen über die simonianische Gnosis entbehren nicht grundlegender Einsichten, so zu Justin, Apologie I 26, 3: Diese Nachricht beschreibe "ein sehr altes, wahrscheinlich das älteste Stadium simonianischer Gnosis" [186]). Ferner: Die Simon beigelegte Gottesbezeichnung ἑστώς verwende auch Philo an vielen Stellen [187]). Leider bleibt von diesen Ansätzen nichts erhalten. Die Nachrichten vom 1. bis 3. Jh. n. Chr., von Apg 8 bis zu Hippolyt, Refutatio VI 9, 3-18, 7, rücken zu einer Einheit zusammen, die einerseits samaritanische Theologumena im 1. Jh. n. Chr. bezeugt [188]) und andererseits das Bild des Simon aus Apg 8 wundersam verwandelt: "Simon Magus aus Gitta wurde im 1. Jh. n. Chr. als Stehender und als die Große Macht bezeichnet. In ihm sei die höchste Gottheit nieder-

---

[185]) H. G. KIPPENBERG, *Garizim* S. 328-349, vgl. auch S. 122-125, 144.

[186]) *Garizim* S. 123. Gegenüber dem Schluß auf samaritanische Simonianer in Rom sind allerdings stärkste Bedenken anzumelden. Justin wirft den *Römern*, nicht den Simonianern vor, sie hätten Menschen, die sich selbst für Götter ausgegeben hätten, nicht nur nicht verfolgt, sondern ihnen sogar Ehre erwiesen 26, 1; Beweis: Simon, den Justin mit dem altsabinischen Schwurgott *Semo sancus* identifiziert, sei in ihrer Kaiserstadt für einen Gott gehalten und mit einer Bildsäule wie ein Gott geehrt worden 26, 2. — Was der "Brief Kaiser Hadrians über ägyptische Verhältnisse" (*Garizim* S. 123 mit 124), in dem "von den Samaritanern in Ägypten dasselbe gesagt (wird) wie von den dortigen Juden und Christen, daß sie nämlich allesamt 'Astrologen, Haruspices und Quacksalber' seien" (SCHÜRER III, S. 51), mit der Simon Magus-Frage zu schaffen habe, wird aus H. G. KIPPENBERGS Ausführungen nicht klar. Das Problem löst sich, wenn man auf die Quelle dieser Kombination zurückgeht: G. A. DEISSMANN, *Bibelstudien*, Marburg 1895, S. 19 (H. G. KIPPENBERG, S. 124, Anm. 150, setzt sich mit S. 18 und 20 auseinander!). Dort wird über das Stichwort "Magie" die Brücke von Apg 8 zu jener "Briefstelle" geschlagen!

[187]) *Garizim* S. 124 f., vgl. auch S. 319, Anm. 72.

[188]) Vgl. *Garizim* S. 329 f., 334 f., 345 ff. mit Anm. 136 auf S. 347 ff., ferner *ZDPV* 85, S. 103.

gestiegen, um sich mit der gefallenen Ennoia wieder zu vereini-
gen" [189]). Die Identifizierung Simons "mit dem חילה, der in Lobpreisen der samar. Gemeinde als רב gepriesen wird", zeige, daß er als
rettender Gott verstanden worden sei [190]).
Den von der Quellenlage her [191]) einzig sinnvollen Einstieg in die
Problematik formuliert G. KRETSCHMAR so: "Den eigentlich simonianischen Mythos lernen wir durch Justin und Irenäus kennen, er
kreiste um das Verhältnis von Simon und Helena" [192]). Die folgen-
reiche Verbindung dieses simonianischen Mythus [193]) mit Apg 8
stellt erstmals Irenäus her; [194]) anders als moderne Interpreten [195])
wahrt er aber den quellenmäßig bedingten und sachlichen Unterschied zwischen der *virtus Dei, quae vocatur magna* aus Apg 8, 10 und der
sublissima virtus im gnostischen System (adv. haer. I 23, 1) [196]). Es
ist daher irreführend, zu behaupten, jene "große Kraft" sei der

---

[189]) *Garizim* S. 144.

[190]) *Garizim* S. 345.

[191]) Vgl. K. BEYSCHLAG, 'Zur Simon-Magus-Frage', *ZThK* 68 (1971), S. 395-
426, dort S. 400-422; s. auch meine Ausführungen in: *Festg. für K. G. Kuhn*
S. 202-208. Ferner sei hier generell auf die Monographie von K. BEYSCHLAG,
Simon Magus und die christliche Gnosis (WUNT 16), Tübingen 1974, hingewiesen.

[192]) 'Zur religionsgeschichtlichen Einordnung der Gnosis', *EvTh* 13 (1953),
S. 354-361, dort S. 357 f. Vgl. auch S. 359: "Nach Abzug der Helena-Gestalt
bleibt von der simonianischen Gnosis nur übrig, daß sich ein samaritanischer Goet
als die Epiphanie Gottes ausgab; das braucht aber keineswegs mehr Gnosis zu
sein". Zu dieser Frage vgl. meine Ausführungen in: *Festg. für K. G. Kuhn* S. 204
und 207 mit Anm. 52; gegen H. G. KIPPENBERG, *Garizim* S. 346 f., Anm. 134.
(Daß καὶ Ἑλένην τινά Justin, Apologie I 26, 3 der Einführung des bekannten,
sich als Gott ausgebenden und göttlich verehrten Simon entspricht: Σίμωνα μέν
τινα Σαμαρέα 26, 2, hat H. G. KIPPENBERG offensichtlich übersehen.)

[193]) Simonianisch bedeutet hier, daß der Mythus Simon zum Gegenstand hat
und nicht von Simon, sondern von den "Simonianern" stammt. R. SCHNACKEN-
BURG, 'Der frühe Gnostizismus' in: *Kontexte 3*, S. 111-118, dort S. 115, weist zu
Recht auf den großen geistigen Einfluß hin, den der Mann aus Samarien auch nach
seinem Tod noch gewann.

[194]) Vgl. A. HILGENFELD, *Die Ketzergeschichte des Urchristenthums*, Leipzig
1884, S. 172 f., 180; K. BEYSCHLAG, *ZThK* 68, S. 400 f. mit Anm. 18.

[195]) Vgl. E. HAENCHEN, 'Gab es eine vorchristliche Gnosis?' in: *Gott und
Mensch*. Gesammelte Aufsätze, Tübingen 1965, S. 265-298, dort S. 294, 297,
'Simon Magus in der Apostelgeschichte' in: *Gnosis und Neues Testament*. Studien
aus Religionswissenschaft und Theologie, hg. v. K.-W. TRÖGER, Berlin 1973,
S. 267-279, dort S. 275 (man beachte aber den neuen Gedanken S. 279: "Vielleicht
hat Lukas an eine Überlieferung vom Zauberer Simon gedacht, . . ."); H.-M.
SCHENKE, 'Die Gnosis' in: *Umwelt des Urchristentums*, hg. v. J. LEIPOLDT und W.
GRUNDMANN, I Berlin ²1967, S. 371-415, dort S. 383; P. POKORNÝ, *Kairos* 9,
S. 104; H. G. KIPPENBERG, *Garizim* S. 144, 329 f.; W. ULLMANN, *Gottesvorstellung*
(s.o. S. 139 f., Anm. 142) S. 396.

[196]) Vgl. dazu meine Darlegung in: *Festg. für K. G. Kuhn* S. 203, 206 f.

höchste Gott des gnostischen Systems [197]). Eine andere, und zwar nicht exakt lösbare Frage ist die, ob das Genetivattribut in dem Ausdruck ἡ δύναμις τοῦ θεοῦ ἡ καλουμένη μεγάλη als ursprünglich oder sekundär angesehen werden muß. Wie immer man sich entscheidet, in der späteren Überlieferung ist neben den gnostischen Ausdrücken, soviel ich sehe, durchweg von Simon als "der großen Kraft Gottes" die Rede [198]), ausgenommen die Einschaltung über Simon Magus in *Hegesippi qui dicitur Historiae libri* V, wo es III 2, 1 heißt: ... *magnam potentiam, sic enim appellabatur,* ... [199]). Der Verdacht, τοῦ θεοῦ in Apg 8, 10 sei (erklärendes oder sinnentstellendes) Interpretament, begründet sich aus dem synoptischen Vergleich zu Lk 22, 69 [200]). Während Mk 14, 62; Mt 26, 64 ἡ δύναμις absolut anstelle von ὁ θεός gebraucht wird [201]), begegnet Lk 22, 69 ἡ δύναμις τοῦ θεοῦ. Da wir aber aus Apg 7, 55 f. ἐκ δεξιῶν τοῦ θεοῦ [202]) schließen können, daß Lukas wußte, was Mk 14, 62 gemeint war, ist τοῦ θεοῦ als *Erklärung* von ἡ δύναμις aufzufassen [203]), grammatikalisch als *Genetivus appositivus*: [204]) "zur Rechten der Macht, d.h. Gottes". TestHiob 3, 3 οὗτος... οὐκ ἔστιν θεός, ἀλλὰ αὕτη ἐστὶν ἡ δύναμις τοῦ διαβόλου [205]) stellt dazu in sprachlicher Hinsicht ein Gegenbeispiel dar. Ich sehe nicht, wie man solches Erklärungsbedürfnis in Apg 8, 10 unterbringen kann.

Stellen wir diese Frage einmal zurück, dann hätten wir von dem Ausdruck ἡ μεγάλη δύναμις auszugehen. Er ist als Gottesbezeichnung belegt, und zwar nicht erst im Mêmar Marqā [206]). Aus dem Jakobus-

---

[197]) Gegen H. G. Kippenberg, *Garizim* S. 329 f.

[198]) Vgl. auch K. Beyschlag, *ZThK* 68, S. 414, Anm. 41.

[199]) *CSEL* 66, S. 184, 22 f.

[200]) Vgl. u.a. G. Dalman, *Die Worte Jesu*, Darmstadt 1965 (Nachdr. der Ausg. Leipzig ²1930), S. 164; E. Haenchen, *Die Apostelgeschichte* (MeyerK III), Göttingen ¹³1961, S. 253 (lies Lk 22, 69!); H. G. Kippenberg, *Garizim* S. 345 mit Anm. 129 (lies Lk 22, 69, vgl. E. Haenchen); K. Beyschlag, *ZThK* 68, S. 413 f. mit Anm. 40.

[201]) Vgl. Bill. I, S. 1006 f.; G. Dalman, *Worte Jesu* S. 164 f. Den dort gesammelten Belegen wären aus hellenistisch-jüdischer Literatur hinzuzufügen zB Weish 1, 3b; 5, 23a; 4 Makk 5, 13b; Philo, Mos I 111. Für die samaritanische Literatur, beginnend mit dem samaritanischen Targum, s. H. G. Kippenberg, *Garizim* S. 330 ff.

[202]) Vgl. auch Lk 20, 42; Apg 2, 34.

[203]) Vgl. G. Dalman, *Worte Jesu* S. 164; W. Grundmann, *Das Evangelium nach Lukas* (ThHK 3), Berlin ⁶1971, S. 420.

[204]) Beispiele bei F. Blass-A. Debrunner, *Grammatik des neutestamentlichen Griechisch*, Göttingen ¹⁰1959, § 167.

[205]) *Testamentum Iobi*, ed. S. P. Brock (PVTG 2), Leiden 1967, S. 20, 10-12.

[206]) Vgl. I § 1 (S. 5, 3); § 2 (S. 7, 29; 9, 24 f.) u.ö.

martyrium des Hegesipp zitiert Euseb, Kirchengeschichte II 23, 13, einen Text mit der Wendung ἐκ δεξιῶν τῆς μεγάλης δυνάμεως, und LebAd 28 begegnet "die unbegreiflich große Macht" [207]. Eine ähnliche Abstraktbildung ist ἡ δόξα ἡ μεγάλη [208]). Eine Gottesbezeichnung kann also Apg 8, 10 vorliegen [209]) — das Stichwort μέγας 8, 9 weist ja in die gleiche Richtung [210]) —, aber wir wären damit noch immer nicht beim "höchsten Gott" eines gnostischen Systems, wie denn Origenes die Gottheit *Christi* von den Propheten vielfach bezeugt sein läßt ὡς μεγάλην ὄντα δύναμιν [211]). Gerade so würde aber Ursprünglichkeit der Bezeichnung "die große Gotteskraft" wieder möglich; für G. P. WETTER fügte sie sich dem wechselnden Gebrauch der Epitheta "Gott" und "Gottessohn" zwanglos ein [212]). Eine mögliche Erklärung liegt hier bereit.

H. G. KIPPENBERG scheidet τοῦ θεοῦ rasch aus [213]), vergleicht aber ἡ δύναμις ἡ καλουμένη μεγάλη nicht mit חילה רבה im Mêmar Marqā [214]), sondern mit dem nach geringer Wahrscheinlichkeit [215]) schon im 2. Jh. belegten akklamatorischen Element רב חילה [216]). Die Exegese überschlägt sich: "Das Partizip besagt, daß der δύναμις in einem zweiten Akt (καλεῖν) ein Prädikat beigelegt wird (μεγάλη). Damit ist genau der Vorgang beschrieben, dem wir in den samar. Lobpreisen

---

[207]) Vgl. W. BOUSSET-H. GRESSMANN, HNT 21, S. 316, Anm. 1. *Vita Adae et Evae*, hg. v. W. MEYER, AAM 14, 3 Philos.-philolog. Classe 1878, S. 230, 67 f.: *incomprehensibilis magnitudinis virtus, v. l.* cod. 3 (= Cod. germ. Monac. 3866, s. S. 210): *magna.* — Zu ἡ δύναμίς μου PetrEv 5, 19 vgl. die von G. DELLING, BZAW 100, S. 31 f. mit Anm. 10, gesammelten Stellen. — Die Vorstellung ist nicht genuin gnostisch, gegen W. ULLMANN, *Gottesvorstellung* (s.o. S. 139 f., Anm. 142) S. 396.

[208]) GrHen 14, 20, vgl. auch TestLev 3, 4; s. dazu W. BOUSSET-H. GRESSMANN, *HNT* 21, S. 315 im größeren Zusammenhang von S. 312 ff.

[209]) Vgl. TestLev 3, 4 ἡ μεγάλη δόξα neben ἡ μεγάλη δόξα τοῦ θεοῦ nach Aᵝ, s. R. H. CHARLES, *The Greek Versions of the Testaments of the Twelve Patriarchs*, Darmstadt ²1960 (Nachdr. der Ausg. Oxford 1908), S. 34, Anm. 40.

[210]) Vgl. meine Ausführungen in: *Festg. für K. G. Kuhn* S. 203 f., ergänzend E. PETERSON, ΕΙΣ ΘΕΟΣ (FRLANT 41), Göttingen 1926, S. 205.

[211]) *C. Celsum* II 9 (*Origenes Werke* I, hg.v. P. KOETSCHAU, *GCS*, S. 135, 29-136, 1).

[212]) *"Der Sohn Gottes"* (FRLANT 26), Göttingen 1916, S. 4 ff., s. speziell S. 8-11.

[213]) *Garizim* S. 345. H. CONZELMANN, *Die Apostelgeschichte* (HNT 7), Tübingen 1963, S. 53, auf den H. G. KIPPENBERG in Anm. 129 hinweist, erwägt allerdings auch Ursprünglichkeit des Genitivs. — Für den Mêmar Marqā vgl. die Rede vom חילה רבה unseres Herrn IV §2 (S. 88, 6), von Gottes חילה III §5 (S. 70,16), IV §2 (S. 88, 7), VI §1 (S. 131, 6.8.18), §2 (S. 134, 26) u.ö.

[214]) S.o. S. 148, Anm. 206.

[215]) S.o. S. 126, Anm. 41.

[216]) *ZDPV* 85, S. 103.

begegneten: die Macht wird als groß gepriesen" [217]). Ein Blick in die Konkordanz lehrt den Gebrauch von καλούμενος als Stileigentümlichkeit des Lukas verstehen, vgl. etwa die "Gerade Straße" in Apg 9, 11 oder die "Italische Kohorte" in 10, 1. Apg 8, 10 muß also übersetzt werden: "Dieser ist die 'Große Kraft Gottes'." Weder in 9, 11; 10, 1 noch in 8, 10 hat καλεῖν etwas mit "preisen" zu tun und bedeutet weder hier noch dort, daß ein unabhängig existierender "Titel" auf etwas bzw jemanden übertragen wird [218]). In dieser Hinsicht ist H. G. KIP-PENBERGs Interpretationsvorgang abzuweisen. Aber *ein* Element dieses Vorgangs könnte weiterführen: Es besteht offensichtlich ein Korrespondenzverhältnis zwischen μέγας-Akklamation und μέγας-Prädikation, nur hat der Gebrauch von καλούμενος nichts damit zu tun. Den Akklamationen μέγας Ζεύς, μέγας θεὸς Ἀσκληπιός [219]), μεγάλη Ἶσις ἡ κυρία [220]) entspricht die Rede vom "großen Zeus" [221]), vom "großen Asklepios" [222]), von der "großen Göttin Isis" [223]); μεγάλη ἡ Ἄρτεμις Ἐφεσίων Apg 19, 28.34 entspricht ἡ μεγάλη Ἐφεσίων Ἄρτεμις [224]), und nicht zuletzt korrespondieren רב חילה und חילה רבה. Damit aber tritt auch jene lydische Inschrift aus dem 2. Jh. n. Chr. wieder in den Bereich möglicher Relevanz für Apg 8, 10, deren Text lautet:

Εἷς θεὸς ἐν οὐρανοῖς
Μέγας Μὴν οὐράνιος
Μεγάλη δύναμις τοῦ ἀθανάτου θεοῦ. [225])

---

[217]) *Garizim* S. 345. Was die Aufstellungen in Anm. 131 und 132 betrifft, genügt Einsicht von W. BAUER, *Griechisch-deutsches Wörterbuch zu den Schriften des Neuen Testaments und der übrigen urchristlichen Literatur*, Berlin ⁵1958, Sp. 788 *s.v.* καλέω 1 αγ und Sp. 929 *s.v.* λέγω II 3.

[218]) Gegen H. G. KIPPENBERG, *Garizim* S. 345. Von "eindeutig nachweisen" kann somit keine Rede sein, gegen K. RUDOLPH, *ThLZ* 97, Sp. 578. Den Vorgang der Benennung belegt schön Philo, mut 29 ἡ ποιητικὴ δύναμις, ἡ καλουμένη θεός, vgl. fug 97 ... ἣν Μωυσῆς ὀνομάζει θεόν.

[219]) Beispiele bei E. PETERSON, ΕΙΣ ΘΕΟΣ S. 204.

[220]) E. PETERSON, ΕΙΣ ΘΕΟΣ S. 205.

[221]) Belege bei B. MÜLLER, ΜΕΓΑΣ ΘΕΟΣ (Diss. Halle 1913), *Ex Dissertationum philologicarum Halensium vol. XXI, 3 seorsum expressum*, S. 308 f., nr. 71, 74, 76.

[222]) B. MÜLLER, ΜΕΓΑΣ ΘΕΟΣ S. 321, nr. 143.

[223]) B. MÜLLER, ΜΕΓΑΣ ΘΕΟΣ S. 374 ff., nr. 306.

[224]) Xenophon von Ephesus I 11, 5 (E. PETERSON, ΕΙΣ ΘΕΟΣ S. 199, Anm. 2); vgl. auch Apg 19, 27, ferner W. GRUNDMANN, *ThW* IV, S. 545, 32 f.

[225]) J. KEIL und A. VON PREMERSTEIN, *Bericht über eine zweite Reise in Lydien* (Denkschriften der kaiserlichen Akademie der Wissenschaften in Wien, Phil.-hist. Kl. Bd LIV, II), Wien 1911, S. 110 (Nr. 211 auf S. 109 f. mit Abb. 66). Zur Deutung s. E. PETERSON, ΕΙΣ ΘΕΟΣ S. 268-270; F. CUMONT, *Die orientalischen Religionen im römischen Heidentum*, Darmstadt ⁶1972 (Nachdr. der Ausg. Leipzig ³1931), S. 230, Anm. 54; W. GRUNDMANN, *ThW* IV, S. 546, 29 ff.; H. G. KIPPEN-

Geht man von dem bestbezeugten Überlieferungselement der Simon Magus-Frage aus, der Verehrung Simons als eines Gottes [226]), kann man fragen, ob dem Zusammenhang von Apg 8, 9 f (λέγων εἶναί τινα ἑαυτὸν μέγαν-ἡ δύναμις κτλ.) *historisch* nicht eine Akklamation auf den Wundertäter Simon zugrunde liegt, die eben zugleich dessen Apotheose war [227]):

Μέγας (ὁ) Σίμων
Μεγάλη (ἡ) δύναμις τοῦ θεοῦ.

Danach würde die jetzt Apg 8, 10 vorliegende Formulierung οὗτός ἐστιν κτλ. auf einem Mißverständnis beruhen: In falscher Anwendung des gerade besprochenen Korrespondenzverhältnisses zwischen μέγας-Akklamation und μέγας-Prädikation wäre aus der Akklamation, die die δύναμις des zum Gott erhobenen Simon preist, die Prädikation die "Große Kraft Gottes" geworden. Gegenüber den oben berührten — ebenfalls hypothetischen — Lösungsversuchen gäbe es hier eine plausible Erklärung, woher der umstrittene Genetiv τοῦ θεοῦ stammt.

Wie immer man sich in dieser Frage entscheidet, aus dem Quellenmaterial zur simonianischen Gnosis scheidet Apg 8 aus [228]). Aber auch die Megale Apophasis und ihre Paraphrase [229]), mit dem Simo-

---

BERG, Garizim S. 344. Die Legende geben falsch wieder: a) mit falscher Abtrennung H. CONZELMANN, HNT 7, S. 53, b) unter Auslassung von μέγας vor Μήν W. BAUER, *WB* Sp. 412 *s.v.* δύναμις 6; D. TABACHOVITZ, *Die Septuaginta und das Neue Testament. Stilstudien* (Skrifter utgivna av Svenska Institutet i Athen 8⁰ IV), Lund 1956, S. 117, Anm. 2; M. P. NILSSON, *Geschichte der griechischen Religion* II (HAW 5, 2), München ²1961, S. 657.

Die Inschrift ist jetzt leichter zugänglich in E. LANE, *Corpus monumentorum religionis dei Menis* (CMRDM) I (Études Préliminaires aux Religions Orientales dans l'Empire romain, ed. M. J. VERMASEREN, XIX), Leiden 1971, S. 55 (Nr. 83).

[226]) Vgl. meinen Beitrag in: *Festg. für K. G. Kuhn* S. 203 f., 207 mit Anm. 50.

[227]) Vgl. dazu E. PETERSON, ΕΙΣ ΘΕΟΣ S. 205.

[228]) K. BEYSCHLAG, *Die verborgene Überlieferung von Christus* (Siebenstern-Taschenbuch 136), München/Hamburg 1969, S. 117; *ZThK* 68, S. 415; vgl. auch meinen Beitrag in: *Festg. für K. G. Kuhn* S. 206, 208. K. PRÜMM, *Gnosis an der Wurzel des Christentums? Grundlagenkritik der Entmythologisierung*, Salzburg 1972, S. 490-492, setzt eine Entwicklung Simons an, in der die verschiedenen Nachrichten gleichsam in biographischen Stufen unterzubringen wären: vom ("nicht voll-gnostischen") Magier zum Gnostiker, ein abwegiger Gedanke. Leider wird das umfängliche Werk die Diskussion um die Frühdatierung der Gnosis eher emotional aufladen, statt sie zu versachlichen. Vg. dazu C. COLPE, 'Heidnische, jüdische und christliche Überlieferung in den Schriften aus Nag Hammadi I', *JbAC* 15 (1972), S. 5-18, dort S. 18 mit Anm. 49.

[229]) Hippolyt, *Refutatio* VI 9, 3-18, 7. Zur Diskussion vgl. K. RUDOLPH, 'Gnosis und Gnostizismus, ein Forschungsbericht', *ThR* NF 34 (1969), S. 121-175, 181-231, 358-361; 36(1971), S. 1-61, 89-124; 37(1972), S. 289-360; 38(1973), S. 1-25,

nianismus wohl nur verknüpft wegen rein sprachlicher Anklänge wie
ἡ μεγάλη δύναμις ἡ ἀπέραντος und ὁ ἐστώς, στάς, στησόμενος [230]),
kann der simonianischen Gnosis schwerlich zugerechnet werden [231]).
Das besagt, daß das Gottesprädikat ὁ ἐστώς, das in den Nachrichten
des 3. Jh. auf Simon angewendet wird [232]), religionsgeschichtlich
sehr wohl von Philos Sprachgebrauch hergeleitet werden kann [233]),
ist sein Sinn doch in keiner Weise vom Verständnis der dreigliedrigen
Formel in der Megale Apophasis berührt [234]). Auf Abhängigkeit von
samaritanischer Tradition deutet nichts.

Frühdatierung samaritanischer Theologumena läßt sich nach
alledem mit Hilfe Apg 8, 9 f. nicht durchführen. Umgekehrt können
aber auch samaritanische Überlieferungen aus der Zeit vor dem 4. Jh.
n. Chr. gegenwärtig noch wenig Licht in die Frage um die Anfänge
des Gnostizismus bringen, weil hier eine Unbekannte durch eine
andere erklärt werden müßte [235]).

dort *ThR* 34, S. 212-214; 37, S. 325-338; vor allem K. BEYSCHLAG, Rezension:
J. FRICKEL, *Die "Apophasis Megale" in Hippolyt's Refutatio (VI 9-18): Eine Paraphrase zur Apophasis Simons* (Orientalia Christiana Analecta 182), Rom 1968, *ThLZ*
95 (1970), Sp. 668-670, ausführlicher in dem oben Anm. 191 angezeigten Werk.

[230]) Hippolyt, *Refutatio* VI 9, 4; 12, 3; 13; 17, 1.2; 18, 4.

[231]) L. CERFAUX, 'La gnose simonienne', *RechSR* 16 (1926), S. 15, 18 ff.; M. P.
NILSSON, *Geschichte* II, S. 615, Anm. 2; H.-M. SCHENKE, in: *Umwelt des Urchristen-
tums* I, S. 406. K. RUDOLPH, *ThR* 37, S. 338, weist mit Recht darauf hin, daß nach
Hippolyt, *Refutatio* V 9, 5 die Megale Apophasis eine von Haus aus anonyme
Schrift gewesen zu sein scheint. R. HAARDT, *Die Gnosis. Wesen und Zeugnisse*,
Salzburg 1967, S. 304 f., Anm. 10, führt deutlich vor Augen, wie schwierig es ist,
die dreifache Formel vom "Stehen" überhaupt gnostisch zu interpretieren.

[232]) Clemens Alexandrinus, *Stromata* II 11, 52; Ps-Clem H II 22, 3; 24, 5 ff.;
XVIII 14, 3 (die abweichenden Formulierungen in XVIII 6, 4; 7, 5; 12, 1 gehen
zu Lasten des Homilisten, vgl. zu dieser Frage G. STRECKER, *Das Judenchristentum
in den Pseudoklementinen* (TU 70), Berlin 1958, S. 66, gehören also dem 4. Jh. an);
R I 72, 3; II 7, 1.3; 11, 2 ff.; III 47, 3; Mart. Petri II (S. 80, 37 R. A. LIPSIUS).

[233]) H. WAITZ, 'Simon Magus in der altchristlichen Literatur', *ZNW* 5 (1904),
S. 121-143, dort S. 139 f.

[234]) Gegen H. G. KIPPENBERG, *Garizim* S. 347 ff., Anm. 136; W. ULLMANN,
Gottesvorstellung (s.o. S. 139 f., Anm. 142) S. 397.

[235]) Gegen K. RUDOLPH, *Kairos* 9, S. 117 f.; *ThR* 37, S. 324, 338 ff.; *ThLZ* 97,
Sp. 578. — Diese Beurteilung ist insbesondere geltend zu machen gegenüber
W. BELTZ, 'Samaritanertum und Gnosis', in: *Gnosis und Neues Testament.* Studien
aus Religionswissenschaft und Theologie, hg. v. K.-W. TRÖGER, Berlin 1973,
S. 89-95. Der Aufsatz enthält überdies eine Reihe markanter Unrichtigkeiten:
a) Zu S. 89: Die Edikte Justinians betreffen die Samaritaner nicht speziell als
Gnostiker, sondern als Häretiker; dazu und zum politischen Hintergrund s. H. G.
KIPPENBERG, *Garizim* S. 118 ff., besonders S. 118 mit Anm. 117. b) Zu S. 90: Das
Buch Asātir wurde nicht um 250 n. Chr., sondern zwischen dem 9. und 12. Jh.
verfaßt, s.o. S. 125, Anm. 32. c) Zu S. 91 f.: Stünde hinter CD 7, 9-21 eine Nord-
reichtradition, die die Gleichungen zuließe "Ephraim" (Z. 12 f.) = "Israel" (Z. 18)
= "Damaskus" (Z. 15. 19) = "Söhne Seths" (Z. 21) = Samaritaner, käme die

sinnlose Aussage zustande, daß "der Fürst der ganzen Gemeinde" Samaritaner ist (Z. 20) und seine eigenen Leute zerschmettert. In Wirklichkeit stammt das "Zerschmettern aller Söhne Seths" (Z. 20 f.) aus Num 24, 17 (vgl. dazu Jub 22, 12; 1Q M 11, 6, 4Q test 12 f.) und ist *ad hoc* durch "bei seinem Auftreten" (Z. 20; kommentarlos ausgefallen bei W. Beltz, S. 91) auf die erwartete (Z. 9) Feindvernichtung durch den königlichen Messias bezogen. Vgl. zum Textganzen G. Jeremias, *Lehrer* S. 124 f. und 289-292. d) Zu S. 93 ff.: Während W. Beltz die Sekte der Dositheaner unter Johannes Hyrkan entstanden sein (S. 93) und gnostische Züge tragen läßt (S. 95), kommt H. G. Kippenberg, *Garizim* S. 136, zu dem Ergebnis: "Ein Gnostiker war Dositheus... mit Sicherheit nicht. Der Dositheanismus war eine ausschließlich innersamar. Bewegung, ... Sie entstand wahrscheinlich im 1. Jh. n. Chr."

Literaturnachweis und Anmerkungsverweise

P. Billerbeck (H.L.Strack –), Kommentar zum Neuen Testament aus Talmud und Midrasch, Bd. 1, München [3]1961

W. Bousset–H. Gressmann, Die Religion des Judentums im späthellenistischen Zeitalter, HNT 21, Tübingen [4]1966

G. Delling, Jüdische Lehre und Frömmigkeit in den Paralipomena Jeremiae, BZAW 100, Berlin/New York 1967

G. Jeremias, Der Lehrer der Gerechtigkeit, StUNT 2, Göttingen 1963

H.G. Kippenberg, Ein Gebetbuch für den samaritanischen Synagogengottesdienst aus dem 2. Jh. n. Chr., ZDPV 85 (1969) 76–103

Ders. Garizim und Synagoge. Traditionsgeschichtliche Untersuchungen zur samaritanischen Religion der aramäischen Periode, RVV 30, Berlin/New York 1971

J. Macdonald (Hg.), Memar Marqah. The Teaching of Marqah, ed. and trans. by –, I The Text, II The Translation, BZNW 84, Berlin/New York 1963

P. Pokorny, Der Ursprung der Gnosis, Kairos 9 (1967) 94–105

K. Rudolph, Randerscheinungen des Judentums und das Problem der Entstehung des Gnostizismus, Kairos 9 (1967) 105–122

Ders., Rezension: H.G. Kippenberg, Garizim und Synagoge. Traditionsgeschichtliche Untersuchungen zur samaritanischen Religion der aramäischen Periode, RVV 30, Berlin/New York 1971, ThLZ 97 (1972), 576–579

R. Schnackenburg, Der frühe Gnostizismus, in: Kontexte Bd. 3/Die Zeit Jesu, hg.v. H.J. Schultz, Stuttgart/Berlin 1966, 111–118

E. Schürer, Geschichte des jüdischen Volkes im Zeitalter Jesu Christi, Bd. 3, Hildesheim/New York 1970 (2. Nachdr. der Ausg. Leipzig 1909)

W. Ullmann, Die Gottesvorstellung der Gnosis als Herausforderung an Theologie und Verkündigung, in: Gnosis und Neues Testament. Studien aus Religionswissenschaft und Theologie, hg. v. K.-W. Tröger, Berlin 1973, 383–403

Anm. 215) S.o. S. 126, Anm. 41: Z. Ben-Hayyim, Einige Bemerkungen zur samaritanischen Liturgie, ZDPV 86 (1970), 87–89.

Anm. 235) ... s.o. S. 125, Anm. 32: H.G. Kippenberg, Garizim und Synagoge. Traditionsgeschichtliche Untersuchungen zur samaritanischen Religion der aramäischen Periode, RVV 30, Berlin/New York 1971, 11.

11. Die Gestalt des Simon Magus in Act 8 und in der simonianischen Gnosis – Aporien einer Gesamtdeutung

Martin Hengel zum 14. Dezember 1986

»Bruchstückhaftigkeit und Zufälligkeit der uns erhaltenen Quellen« bedingen, so M. Hengel, »die Grundaporie einer Geschichte des frühen Christentums«, aber auch der antiken Geschichte überhaupt: »Man kann nur selten aus dem vollen schöpfen und muß oft – wie der Kriminalist – mit sehr spärlichen Indizien arbeiten, die alle aufs sorgfältigste – gewissermaßen mit der Lupe – zu prüfen sind, die aber zugleich auch nicht überinterpretiert werden dürfen«[1]. Eine kunstvoll als Indizien-Interpretation angelegte, mit kriminalistischer Akribie durchgeführte Untersuchung hat seinerzeit G. Lüdemann zur simonianischen Gnosis vorgelegt.[2] Im zeitlichen Abstand eines Jahrzehnts seit Erscheinen des Buches wage ich mich mit der Frage hervor, ob der Autor die Indizien nicht überinterpretiert hat – im Bilde gesprochen: ob der Kriminalist vom Tathergang nicht eine vorgefaßte Meinung hatte. Seine Rezension des sachlichen Gegenentwurfs von K. Beyschlag: Simon Magus und die christliche Gnosis, WUNT 16, Tübingen 1974, beschließt G. Lüdemann: »Summa: Es bleibt dabei. Simon und seine Anhänger sind ernsthafte Kandidaten für eine Gnosis im 1. Jht., ... Die vorliegende Arbeit kann nur mit Gewaltsamkeiten und übergroßer Vermutungsbereitschaft die simonianische Gnosis aus christlichen Vorbildern ableiten«[3]. »Gewaltsamkeiten « – »übergroße Vermutungsbereitschaft«, das waren Steinwürfe aus dem Glashaus, wie aus folgenden Punkten erhellt, die dem Argumentationsgang von G. Lüdemanns hypothetischer Rekonstruktion simonianischer Gnosis entlanggehen.

1. Im Anschluß an seinen forschungsgeschichtlichen Überblick (9–29) geht G. Lüdemann von der Erkenntnis aus, »*daß* Simon Magus von den Häresiologen fremde Lehren untergeschoben sind«, rechnet aber mit der »Möglichkeit der Scheidung von authentischer und sekundärer Tradition« (29). Diese Vorentscheidung ist zulässig, solange man nicht annimmt, daß es sich mit dem Simon Magus aus Act 8 und dem der simonianischen Gnosis der Ketzerreferate so verhalten könnte wie mit dem Diakon Nikolaos aus Act 6 (Irenäus, adv. haer. I, 26,3) und den häresiologischen Mitteilungen über die Gnosis der Nikolaiten (beginnend mit Irenäus, adv. haer. III, 11,1): »Die Kirchenväter – zuerst Irenäus – haben die Nikolaiten in ihren Ketzerkatalog aufge-

---

[1] Zur urchristlichen Geschichtsschreibung, Stuttgart 1979, 11.
[2] Untersuchungen zur simonianischen Gnosis, GTA 1, 1975.
[3] ZKG 87, 1976, 346–351, dort 351.

nommen und ihnen aus Mangel an näherer Kenntnis ... alle möglichen gnostischen Lehren zugeschrieben«[4]. Das stetige bis inflationäre Wachstum der Simon-Magus-Nachrichten in der Reihe Justin, Irenäus, Hippolyt, Epiphanius[5], die Entstehung der legendären Nebenlinie in den Pseudoclementinen und apokryphen Petrusakten[6] und die Dürftigkeit dessen, was Origenes, der die Justin-Irenäus-Hippolyt-Nachrichten nicht kannte, im Palästina der ersten Hälfte des 3. Jh. überhaupt über den Simonianismus erfahren konnte[7], erweisen jedenfalls schon L. Lüdemanns Ausgangsbasis als hypothetisch. Offenbar rechnete Origenes überhaupt nicht mit der Existenz von Simonianern: Gäbe es nicht den Bericht der Apostelgeschichte, der Name Simons wäre längst vergessen: Παρὰ γὰρ οἷς φέρεῖαι, ἐκ τῶν Πράξεων τῶν ἀποστόλων φέρεται· Χριστιανοὶ δ'εἰσὶν οἱ ταῦτα περὶ αὐτοῦ λέγοντες (c. Cels. I, 57).

2. *Annehmen* möchte G. Lüdemann, wie er ausdrücklich sagt, daß wir dort authentische Tradition simonianischer Gnosis vor uns haben, »wo keine direkten Parallelen aus der christlichen Gnosis des 2. Jahrhunderts beigebracht werden können und andererseits sich von dieser Tradition, wenn sie zu ermitteln gelingt, eine Entwicklung zu den Systemen christlicher Gnosis des 2. Jahrhunderts verständlich machen läßt« (29). Daß sich von dieser Hypothese aus eine mögliche Gestalt simonianischer Gnosis rekonstruieren läßt, hat G. Lüdemann gezeigt, aber 1000 mögliche Taler sind eben noch keine wirklichen Taler. Die *inhaltliche* Verwandtschaft der gnostischen Lehren war für Irenäus Ausdruck ihrer historischen Aufeinanderfolge (adv. haer. III praefat.). Hält man die eine Seite der Sache, die christlich-gnostischen Einschläge in der simonianischen Gnosis, für unzutreffend, warum darf man an der anderen Seite festhalten, an der Möglichkeit einer Entwicklung von der ursprünglichen simonianischen Gnosis »zu den Systemen christlicher Gnosis des 2. Jahrhunderts«? Wer G. Lüdemanns Subtraktionshypothese nicht mitvollziehen kann, wird bei der Rückfrage nach der simonianischen Gnosis K. Beyschlags Analysen gerne kritisch zu Rate ziehen.

3. »Weiter wird vorausgesetzt, daß es sich bei Simon Magus und seinen Anhängern um eine heidnische Bewegung handelt« (29). Die Frage stellt sich, warum von Justin an, s. apol. I, 26,6, das Gegenteil behauptet wird[8] und wir Irenäus eigens damit befaßt sehen, Simon als Scheinchristen bloßzustellen, s. adv. haer. I, 23,1.[9] Was Act 8 13 angeht, mutet G. Lüdemann der historischen Imagination Erstaunliches zu: Schon in der Mitte des 1. nachchristlichen Jahrhunderts wird Simon/Zeus als heidnisch-gnostischer Kultgott verehrt (102), ihn läßt Lukas oder schon ältere Tradition (39/41 f.) von Philippus getauft werden. Zur Hypothese »pagane Gnosis« tritt also die weitere hinzu: Der Simon von Act 8 ist ein historisierter Simon/Zeus.[10]

---

[4]   K. Rudolph, Die Gnosis, Göttingen 1978, 323; vgl. auch A. von Harnack, Geschichte der altchristlichen Literatur bis Eusebius, I, 1, Leipzig ²1958, 156.

[5]   Vgl. dazu die Quellenkritik bei K. Beyschlag, Simon Magus, 9–47.

[6]   K. Beyschlag, Simon Magus, 48–67; G. Lüdemann, Untersuchungen, 88–98.

[7]   K. Beyschlag, Simon Magus, 62 f.

[8]   A. Hilgenfeld, Die Ketzergeschichte des Urchristentums, Hildesheim 1963 (= Leipzig 1884), 185; K. Beyschlag, Simon Magus, 24, Anm. 31.

[9]   So übereinstimmend K. Beyschlag, Simon Magus, 13 mit Anm. 14; G. Lüdemann, Untersuchungen, 37.

[10] Untersuchungen, 102: »..., daß nach Simon/Zeus auch Helena historisiert wurde.« Ansonsten vermerkt G. Lüdemann, die Frage nach dem historischen Simon sei nicht mehr beantwortbar (42, 54, 81, 102).

4. Vom Standpunkt der Quellenkritik aus könne das Ketzerreferat Irenäus, adv. haer. I, 23 durchaus auf das bei Justin erwähnte Syntagma zurückgehen, seien also wesentliche Elemente der simonianischen Lehre bereits vor 150 *bezeugt* (36). Nun ist es eine Sache, mit A. Hilgenfeld aus den erhaltenen Schriften Justins selbst[11] und mit Hilfe quellenkritischer Analyse von Irenäus, adv. haer. I, 11 f. 23−27[12] das verlorene Syntagma *in seinen Grundzügen,* d.h. in seinem Aufbau zu rekonstruieren, und eine andere Sache, »mit x und y zu rechnen«[13], d.h. aus dem Irenäustext mit Hilfe des verlorenen, aber aus Epiphanius, Philaster und Pseudo-Tertullian zu rekonstruierenden Syntagma Hippolyts[14] den Quellenbestand von Justins verlorenem Syntagma inhaltlich zu erschließen[15], und eine ganz andere Sache ist es, wie G. Lüdemann wesentliche Elemente der simonianischen Lehre durch Justins Syntagma *bezeugt* zu finden, obwohl das Syntagma Hippolyts als quellenkritische Kontrollinstanz entfällt (30−35). Fragen wir daher, *welche* wesentlichen Elemente bezeugt seien, werden wir belehrt: »Bei der Analyse des Simon-Magus-Kapitels« (sc. Irenäus, adv. haer. I, 23) »muß ... auch gefragt werden, ob und welche Züge ihm auf dieser Stufe zugewachsen sind« (38). Bei dieser Untersuchung aber herrscht freie Konjektur nach Maßgabe der Hypothesen 1−3, d.h., G. Lüdemann ersetzt die quellenkritische Rückfrage nach der Syntagma-Tradition weitgehend durch die Sachfrage nach ursprünglicher und nichtauthentischer Tradition zur simonianischen Gnosis (55−81/81−88).

Beispiele: Im Irenäusbericht stünden Ennoia- und Helenaabschnitt literarkritisch und inhaltlich unverbunden nebeneinander[16], die Richtung im Text (und im Mythos) verlaufe von der Ennoia zur Helena und nicht umgekehrt. »Die Hippolyt- und noch stärker die Epiphaniustradition setzen aber bereits ein eigenständiges Gewicht der Helena voraus. Deswegen sind sie ... gegenüber der Helena-Überlieferung des Irenäus als sekundär zu beurteilen« (73). Justin, apol. I, 26 bezeugt jedoch zu beiden Aufstellungen das Gegenteil: »... und eine gewisse Helena ... nennen sie seine erste Ennoia.« − Die kultische Verehrung des Zeus/Simon und der Athena (Irenäus, adv. haer. I, 23,4) reiche in die Zeit vor Justin zurück (51 f., 56), aber Justin handelt apol. I, 64 allgemein von heidnischen Nachahmungen der biblischen Offenbarung, nicht von Simonianern (s.u. ad 9/11). − Den Vorwurf libertinistischer und magischer Praktiken (Irenäus, adv. haer. I, 23,3.4) zählt G. Lüdemann zur Auffüllung der simonianischen Lehre mit Lehren der Basilidianer und Karpokratianer (84−86), wobei der karpokratianische Einschlag nicht auf Justins Syntagma zurückgeführt werden kann (87 f.). Tatsächlich aber begegnen beide Vorwürfe schon bei Justin, apol. I, 26,7, und zwar auch gegen die Anhänger Simons.

5. Wohl liegt Act 8 5−13 Tradition zugrunde, aber Lukas hat sie so tiefgreifend bearbeitet, »daß wir die Konturen der Tradition ganz aus den Augen verlieren« (41 f.). Der Text ermöglicht nur die chronologische und geographische Einordnung der simonianischen Gnosis in das Samarien zu »Anfang der zweiten Hälfte des 1. Jahrhunderts«

---

[11] Ketzergeschichte, 21−30.

[12] Ketzergeschichte, 46−58.

[13] Ketzergeschichte, 13.

[14] Ketzergeschichte, 14f.

[15] Ketzergeschichte, 174−182 (unter Einbeziehung von Hippolyt, haer. VI 19.20 und Tertullian, de anim. 34).

[16] K. Beyschlag, Simon Magus, 35, postuliert diesbezüglich »zwei verschiedene Quellen«.

(42. 54. 101 f.); »als authentische sim Tradition« sei »die Bezeichnung Simons als δύναμις μεγάλη anzusehen« (42). Da Act 8 10b in Analogie zum soteriologischen Redetyp im christlichen Gemeindebekenntnis formuliert sei (40), geht G. Lüdemann davon aus, »daß die älteste abhebbare Tradition auf die sim Gemeinde zurückgeht« (54); aus dem soteriologischen Redetyp sei zu erschließen, daß Simon als rettender Gott aufgefaßt worden sei (40. 54. 102). Obwohl Lukas eindeutig die δύναμις μεγάλη zur Wunderfrage, den δυνάμεις μεγάλας (Act 8 13), in Beziehung setzt, isoliert G. Lüdemann Act 8 10b derart aus seinem Kontext, daß er behaupten kann: In der lydischen Inschrift[17] sei μεγάλη δύναμις Antwort auf ein Wunder, während in Act 8 μεγάλη δύναμις (τοῦ θεοῦ) Titel oder Beschreibung eines Seins sei (43). Und warum nicht auch entstanden aus »Antwort auf ein Wunder«?

Sind »die Konturen der Tradition« von Act 8 5–13 nicht mehr zu ermitteln (42), kann man auch nicht mehr entscheiden, ob schon die Tradition oder erst Lukas von »Wundern« sprach. G. Lüdemann eliminiert die Wunderthematik (42) und trifft so unausgesprochen eine Entscheidung. Aber was wäre eine urchristliche Missionslegende ohne Wunder? Was Lukas sprachlich gestaltet und mit seiner Terminologie durchsetzt (41), kann inhaltlich sehr wohl Gegenstand der Tradition gewesen sein, sonst verliert die Rede von Tradition ihren Sinn. Geht man überdies von dem bestbezeugten Überlieferungselement der Simon-Magus-Nachrichten aus, der Verehrung Simons als eines Gottes[18], kann man mit Blick auf jene lydische Inschrift wohl fragen, ob dem Zusammenhang von Act 8 9 f. *historisch* nicht eine Akklamation auf den Wundertäter Simon zugrunde liegt, die zugleich dessen Apotheose war:

Lydische Inschrift	Akklamation auf den Wundertäter Simon	Act 8 9 f.
Μέγας Μὴν οὐράνιος	Μέγας (ὁ) Σίμων	(λέγων εἶναί τινα ἑαυτὸν) μέγαν
Μεγάλη δύναμις τοῦ	Μεγάλη (ἡ) δύναμις	ἡ δύναμις τοῦ θεοῦ ἡ
ἀθανάτου θεοῦ	τοῦ θεοῦ	καλουμένη μεγάλη.

6. »Bei der Bezeichnung Simons als Magier dürfte es sich um eine typische Herabsetzung eines Gegners handeln« (42). Gilt das dann gleichermaßen für Act 13 6.8 oder Josephus, Ant 20, 142 und viele andere Stellen mehr?[19] Immerhin, daß ein synkretistischer Kultgott (54) zum Christengegner wird, der als Magier abgestempelt werden muß (41), dürfte nicht gerade eine naheliegende Vermutung sein.

7. Der Begriff δύναμις ist in der Gnosis als Bezeichnung des höchsten Wesens nachweisbar (49), also kann »auch bei den Simonianern ›die große Kraft‹ ... innerhalb eines gnostischen Kunstmythos« gestanden haben (54). Die Frage ist nur, warum in der Überlieferung einschlägige Belege fehlen. Entweder ist im Anschluß an Act 8 10 von Simon als »der großen Kraft *Gottes*« die Rede[20], oder es werden andere Dynamis-Bezeichnungen oder überhaupt andere Ausdrücke auf ihn angewendet.[21] Nur Hippolyts

---

[17] S. dazu meinen Beitrag: Zur Frühdatierung samaritanischer Theologumena, JSJ 5, 1975, 121–153, dort 150 f.

[18] S. dazu meinen Beitrag: Quellen vorchristlicher Gnosis?, in: Tradition und Glaube, FS K. G. Kuhn, Göttingen 1971, 200–220, dort 203 f. 207 mit Anm. 50.

[19] Vgl. M. Hengel, Judentum und Hellenismus, WUNT 10, ²1973, 442.

[20] S. dazu JSJ 5, 148.

[21] Vgl. K. Beyschlag, Simon Magus, 113.

Apophasisreferat verwendet einmal präzise »die große Kraft« (haer. VI, 18,3), aber die Zugehörigkeit der Megale Apophasis zur simonianischen Gnosis hält G. Lüdemann zu Recht für höchst unwahrscheinlich (28. 100. 126 f., Anm. 69).[22]

8. Die Umdeutung der Semo- in eine Simon-Statue, Justin, apol. I, 26,2 gehe auf in Rom weilende Simonianer zurück; sie »nahmen die Zeus/Semo-Statue mit für sich in Anspruch, um ihren Simon/Zeus zu verehren« (51). Aber Justin formuliert: »... und durch eine Bildsäule im Tiber zwischen den beiden Brücken wurde er *von euch* als Gott geehrt«[23], und I, 56,2 macht er ausdrücklich den hehren Senat und das römische Volk für die Errichtung der Bildsäule zu Ehren des Gottes Simon verantwortlich und stellt Simon in die Reihe der »anderen, die *bei euch* als Götter gelten.« Die Anknüpfung an die römische Inschrift und ihre Umdeutung bzw. Metagraphe[24] ist daher wohl eher rein literarisches Motiv und gehört wie Act 17 23 in den von E. Norden ermittelten Zusammenhang religiöser διαλέξεις.[25]

9. Die Notiz des Irenäus, adv. haer. I, 23,4, die von der Verehrung des Simon unter dem Bilde des Zeus und der Helena unter dem Bilde der Athena handelt, reiche bis zu Justin hinauf (51, 55, 86), würde also Justins Syntagma entstammen. Dieser Vermutung ist kaum zuzustimmen, wirft sie doch die Frage auf, warum Justin die Verehrung der Helena nicht anführt: Das wäre doch auch ein Fall von Menschenvergötterung gewesen, vgl. 26,1. Und stand schon »hinter dem in Apg 8,10b angerufenen Gott ... wahrscheinlich der synkretistische Gott Simon/Zeus«, wie G. Lüdemann weiter vermutet (54), warum läßt der Acta-Text schlechthin nichts davon erkennen?

10. »Da die Verehrung der Athena durch Irenäus für die Simonianer bezeugt wird, ist es das einfachste zu schließen, daß dieser Kult neben dem von Simon/Zeus in die Zeit vor Justin zurückreicht« (56). Es könnte freilich sinnvoller sein, sich an solcher »übergroßen Vermutungsbereitschaft« nicht zu beteiligen.

11. Die Vermutung R. M. Grants[26] aufnehmend, »Apol I, 64,5 gehe auf Simonianer zurück« (129, Anm. 12), vermutet G. Lüdemann weiter: »Wenn Justin seine Quelle in Apol I, 64,5 richtig interpretiert hat, so ist dort Athena/Ennoia am Schöpfungswerk beteiligt« (56). Aber zum einen erwähnt Justin die Simonianer noch nicht einmal andeutungsweise, zum andern gehört apol. I, 64 zusammen mit I, 62 in den Argumentationszusammenhang von der dämonischen Mimikry biblischer Offenbarung bei den *Heiden,* wie denn auch die *heidnischen* Wasserriten Nachahmungen der christlichen Taufe seien.

12. »Wenn die sim Athena/Ennoia als von ähnlichen Traditionen« (sc. ähnlich der »alten (?) Tradition der pskl Rekognitionen X 33,2«) »abhängig gedacht werden darf, so wäre ihre kosmologische Funktion, wie sie Irenäus I, 23 vorliegt, vor Justin gesichert« (56). Der Altersbeweis (71) betrifft allerdings nicht simonianische Lehre, sondern griechi-

---

[22] Vgl. dazu auch E. Haenchen, Simon Magus in der Apostelgeschichte, in: Gnosis und Neues Testament, hg. v. K.-W. Tröger, Gütersloh 1973, 267–279, dort 269. Hippolyts Zuweisung der »Großen Verkündigung« an Simon hat ihre moderne Entsprechung in der Zuordnung von Nag Hammadi-Traktaten zum Simonianismus: C. Colpe, RAC XI, 537–659, dort 626 f.

[23] Zur Textkritik s. W. Schmid, Die Textüberlieferung der Apologie des Justin, ZNW 40, 1941, 87–138, dort 99.

[24] W. Schmid, ZNW 40, 132.

[25] Agnostos Theos, Darmstadt 1956, 31 f.

[26] Gnosticism and Early Christianity, New York 1959, 75.

sche Mythologie. Der Bezugstext Ps-Clem R X 33,2 handelt weder von Helena noch von der Ennoia; er gehört zum Lehrvortrag des Niketes an die Heiden, die griechische Mythologie betreffend.[27]

13. »Und wenn der erste Gedanke der obersten Gottheit einst eine Prostituierte war, so wird sie ... irgendwie degradiert worden sein, so daß der oberste Gott zu ihrer Rettung erscheinen mußte. Deshalb ist anzunehmen, daß den bei Justin vorliegenden wenigen Sätzen eine gnostische Lehre zugrunde liegt« (56). Die Rede von der Prostituierten gehört nun freilich zur Helena-Gestalt, die nach G. Lüdemann eine *Beigabe* zum ursprünglichen Ennoia-Mythos darstellt (77), und in fornice prostitisse sei nicht simonianisch, sondern christliche Polemik (57).

14. In Spannung zur Ausgangshypothese (s.o. Punkt 2), »daß wir dort ursprüngliche Tradition vor uns haben, wo keine direkten Parallelen aus der christlichen Gnosis des 2. Jahrhunderts beigebracht werden können« (29), stellt G. Lüdemann zu Irenäus, adv. haer. I, 23,2 fest: »Eine direkte Parallele findet sich im Bericht des Irenäus über die Valentinianer I, 1,1« (58). Freilich glaubt er die Parallele zum Valentinianismus minimalisieren zu können, indem er die Rede von der Allmutter (58) und vom verlorenen Schaf (62) gleichsam als Quantité négligeable behandelt und »die Vorstellung vom Hervorspringen der Ennoia« mit dem »Bericht vom Logos Weish 18, 14f« vergleicht (58). Tatsächlich aber konfrontiert der Irenäusbericht mit dem Problem, daß *alle* genannten Motive, d. h. auch die Rede von der Allmutter Ennoia und von ihrem Hervorgehen aus dem Willen des Vaters wie auch deren Interpretation als verlorenes Schaf, in der valentinianischen Gnosis ihre kohärente Entsprechung haben.[28] Mit dem kriegerischen Herabstürmen (ἥλατο) von Gottes allmächtigem Wort (Weish 18 15) kann G. Lüdemann »die Vorstellung vom Hervorspringen der Ennoia« nur vergleichen, indem er (exsilientem) *ex eo* ausblendet.

15. Zur Metempsychose der Ennoia, Irenäus, adv. haer. I, 23,2, entdeckt G. Lüdemann die nächsten wörtlichen Parallelen in der Seelenwanderungslehre der Karpokratianer, Irenäus, adv. haer. I, 25,4, wie auch der Doketen des Hippolyt, haer. VIII, 10,1 f. (61 f.). Diese Parallelen seien jedoch zu sehen als Analogien, die nur zeigen, daß die simonianische Ennoia »Züge der in den Körper gebannten Seele der griechischen Philosophie angenommen hat« (62). Freilich ist die Deutung der Ennoia als anima generalis in die Quellentexte eingetragen und nicht von diesen selbst belegt.[29]

16. Ausgehend von dem Homer-Kommentar des Erzbischofs von Thessalonich (seit 1178) Eustathius, Homerica IV, 2, 1488 (74), sieht G. Lüdemann die These G. Quispels[30] als sehr wahrscheinlich an, »daß Helena schon im Altertum Symbol der Seele sein konnte. ... Der Ennoia-Mythos wird also Züge einer Seelenlehre angenommen haben, so daß die Simonianer in der von ihnen verehrten Weisheit Athena das Symbol der Seele, Helena, erkennen konnten« (75). Der von G. Quispel herangezogene Vergleich mit dem Mythos vom Fall und Aufstieg der Seele ist jedoch eine textfremde Assoziation. Näher liegt es, jene Rede vom Mondmenschen Helena, die vom Mond gefallen sei, zu vergleichen mit der Legende, »nach der das Ei, das Helena barg, vom Mond gefallen

---

27 G. Strecker, Das Judenchristentum in den Pseudoklementinen, TU 70, 1958, 86.
28 K. Beyschlag, Simon Magus, 128 – 146.
29 K. Beyschlag, Simon Magus, 154; s. auch schon meinen Beitrag in: FS K. G. Kuhn 202 mit Anm. 13.
30 Gnosis als Weltreligion, Zürich 1951, 65; Der gnostische Anthropos und die jüdische Tradition, ErJb 22, 1953, 195 – 234, dort 220, Anm. 49.

und von Leda gefunden worden sei (FGrH Nr. 31 Frgm. 21)«[31], und jenes ἄνω ἁρπαγῆναι αὐτήν mit der Entrückung Helenas, von der Euripides, Or. V, 1634 ff., Apollon sprechen läßt: κελευσθεὶς ἥρπασ᾽ ἐκ Διὸς πατρόσ. »Die von allen Gehaßte wird zu ihren Brüdern, den Dioskuren, an den Sternenhimmel versetzt«[32].

17. »Neuerdings scheint es möglich, aus dem Nag Hammadi-Schrifttum den Beweis dafür zu bringen, daß Helena eine *gnostische* Metapher für die Seele ist, vgl. ›Exegese über die Seele‹, NH II, 136, 35 ff« (136, Anm. 95b). Indes ist Helena aus Odyssee IV, 260 ff. *neben Odysseus* aus I, 48 – 59 nicht Metapher für die Seele, sondern *Beispiel für wahre Buße,* die damit anhebt, daß man nicht mehr den Ort des Irrtums liebt (136, 26 f.). Für einen weitergehenden Vergleich der Seele von ExAn mit der Ennoia/Helena der Simonianer[33] fehlt jener überdies der kosmologische Bezug.[34]

18. Wenn gelte, daß die gnostische Daseinshaltung der Simonianer »in der Objektivation des Kunstmythos über den Fall der Sophia/Ennoia einen charakteristischen Ausdruck fand, so zeigt die Erweiterung dieses Kunstmythos um die Gestalt der Helena, daß sich die Simonianer bewußt wurden, daß der Mythos schon immer von dem Schicksal ihrer Seele/Selbst berichtet hat« (75). Aber, so wird man im Anschluß an K. Beyschlag fragen dürfen[35], wie sollte ein Simonianer diese Gedanken vollziehen, wenn der Mythos erzählt, jene Ennoia sei in immer andere *weibliche* Körper gewandert, Irenäus, adv. haer. I, 23,2?

19. Die Frage, wer den Simonianern die Vorstellung von der Helena als Mondmensch, die ja die Voraussetzung für die Deutung der Helena auf die Seele sei, vermittelt habe, beantwortet G. Lüdemann durch Hinweis auf den archäologischen Fund (20), der die Existenz der Helena als chthonische und lunare Göttin im Samaria des 1. nachchristlichen Jahrhunderts wahrscheinlich gemacht habe (76). Nun trägt aber die Statue jener stehenden Göttin die Inschrift Κόρη, und die Fackel in ihrer Rechten ist nicht spezifisch für Helena, sondern Attribut chthonischer Gottheiten wie Demeter, Kore usw.[36] Auch die Embleme der Dioskuren, die man in der Nähe fand, verweisen nicht von sich aus auf Helena-Kult. Was sich nach F. Chapouthiers Untersuchung «Les Dioscures au service d'une desse» *gesichert* sagen läßt, ist dies: «Il a existé dans le monde gréco-romain, – et plus particulièrement dans le bassin oriental de la Méditerranée –, en des temps qui vont au moins du IIᵉ siècle avant J.-C. jusqu'au IIIᵉ après, une série de représentations figurant une triade de divinités immobiles: à droite et à gauche Castor et Pollux, ...; au centre une déesse souveraine aux attributs divers suivant les

---

[31] H. Homeyer, Die spartanische Helena und der Trojanische Krieg, Palingenesia 12, 1977, 41. – Wie ich erst nachträglich sehe, wies schon F. Chapouthier, Les Dioscures au service d'une desse, Paris 1935, 140 mit Anm. 4, auf diesen Zusammenhang hin: »Athen., 57 f: Νεοκλῆς ὁ Κροτωνιάτης ἔφη ἀπὸ τῆς σελήνης πεσεῖν τὸ ᾠὸν, ἐξ οὗ τὴν Ἑλένην γεννηθῆναι.«

[32] H. Homeyer, Helena, 31.

[33] So z.B. der Berliner Arbeitskreis für koptisch-gnostische Schriften, in: Gnosis und Neues Testament, hg. v. K.-W. Tröger, Gütersloh 1973, 38.

[34] Richtig W. Schenk, in: Altes Testament, Frühjudentum, Gnosis, hg. v. K.-W. Tröger, Gütersloh 1980, 303.

[35] Simon Magus, 154 f.

[36] A. Oepke, ThWNT IV, 1954, 19, 14ff. Vgl. auch M. P. Nilsson, Geschichte der griechischen Religion II, HAW V, 2, ²1961, 374 f.

fonctions qu'on lui prête et le nom qu'on lui donne»[37]. Und im vorliegenden Fall hat man ihr den Namen Κόρη gegeben. 20. Die Ausführungen von Irenäus, adv. haer. I, 23,3–4 hält G. Lüdemann gemäß Hypothese 2 (s.o.) für größtenteils nichtauthentische Tradition (81–88). »Iren I, 23,3 Anfang« jedoch definiert er als »m.E. einzige authentische Tradition« zur Frage nach dem simonianischen Erlösungsverständnis: »quapropter et ipsum venisse, uti eam assumeret primam et liberaret eam a vinculis, hominibus autem salutem praestaret per suam agnitionem (Vö 2, 30 f)« (79). Der Passus sei folgendermaßen zu paraphrasieren: »Simon befreit die gefesselte und eingekerkerte Ennoia, und die Simonianer eignen sich diese Heilstat an durch die Erkenntnis ihrer selbst, ihres Selbst, dessen Fall und Heil durch Simon der gnostische Kunstmythos vergegenwärtigt« (79). In lockerer Folge geht dann G. Lüdemann über in die Rede vom »Motiv des Kommens Simons«, so daß »seine Einordnung in einen kultischen Zusammenhang möglich« wird, der zugleich das Gesamtergebnis der Untersuchung abrundet: »Der synkretistische Gott Simon/Zeus dürfte von seinen Anhängern um sein Kommen angerufen worden sein, ist dann den Teilnehmern seines Kultes erschienen und hat ihnen in der Ich-Form ... eröffnet, daß er zur Rettung der von den Engeln gefesselten Athena/Sophia gekommen sei ...« (80).

Der Irenäustext indes bezieht das Gekommensein Simons durch quapropter und primam auf die Befreiung der im Bordell gelandeten Ennoia/Helena und das Angebot der Rettung an die Menschen auf die Befreiung von den Geboten der Engel.[38] Dem venisse entspricht descendisse, ut et in hominibus homo appareret ipse, dem per suam agnitionem entspricht qui in eum ... spem habeant. In der Oratio obliqua ist das naheliegende Bezugswort zu suam nicht hominibus, sondern ipsum; Theodoret, haer. fab. comp. I, 1 bietet denn auch den unzweideutigen Text: καὶ τοῖς ἀνθρώποις διὰ τῆς εἰς αὐτὸν ἐπιγνώσεως παρασχεῖν σωτηρίαν.

Der Gründe sind nach alledem nicht wenige, G. Lüdemanns engagiertes Plädoyer »für die Existenz einer den Anfängen des Christentums gleichzeitigen Gnosis« (102) für überzogen zu halten, zumal wenn diese Existenz an dem Simon von Act 8 10b festgemacht werden muß. Es stimmt ja nachdenklich, daß »das Fehlen der Helena-Gestalt gegen eine Zuweisung der MA an die Simonianer schwer ins Gewicht« fällt (104), das Fehlen selbst der Ennoia in Act 8 aber nicht einmal ernsthaft diskutiert wird. Nun könnte man dieses Fehlen wohl plausibel machen, indem man erklärt, Lukas habe den Ennoia-(Helena-)Mythos unterdrückt. Aber die Rede vom polemischen Tendenzcharakter der lukanischen Darstellung wäre auch nur eine Hypothese.[39] W. Schmithals hat sie neuerdings wieder kräftig genutzt: »Auch könnte Lk in direkter Auseinandersetzung mit Simonianern das Simon-Bild schwerlich so tendenziös verzeichnen, wie er in Apg 8, 5–25 tut, will er nicht ohne jede Wirkung bleiben«[40]. Doch mit diesen Worten wird, wenn auch ungewollt, der Kern der Sachfrage unmittelbar berührt: Das gnostische Simon-Bild der Ketzerreferate ist in dem Simon-Bild von Act 8 nicht wiederzuerkennen; die motivische Verbindung beider Bilder ist die freilich je verschieden gefaßte göttliche Verehrung Simons.[41] Im übrigen ist die Verbindung so locker wie in dem redaktionellen

---

[37] Dioscures, 122 (im Original kursiv).

[38] S. dazu FS K. G. Kuhn, 206.

[39] Vgl. FS K. G. Kuhn, 204.

[40] Neues Testament und Gnosis, EdF 208, 1984, 133.

[41] FS K. G. Kuhn, 204 f., 207; vgl. auch G. Lüdemann, Untersuchungen, 39 ff.: »Die göttliche Verehrung Simons als älteste abhebbare Tradition.«

Amalgam von Irenäus, adv. haer. I, 23, wo in einem ersten Abschnitt (23, 1) die Person Simons aus Act 8, Justin, apol. I, 26 und sonst über Simon bekannte Nachrichten abgehandelt werden und darauf in einem zweiten Abschnitt über die Ennoia/Helena berichtet wird.[42] Ohne »Gewaltsamkeiten« und »übergroße Vermutungsbereitschaft« läßt sich somit Act 8 in die Quellen zur simonianischen Gnosis nicht integrieren.

---

[42] G. Lüdemann, Untersuchungen, 57; vgl. auch K. Beyschlag, Simon Magus, 13 f.

V. Der Seher Johannes als Interpret
von Vorlagen und Quellen

12. Altes und Neues zur „Sonnenfrau am Himmel (Apk 12)"

Religionsgeschichtliche und quellenkritische Beobachtungen zu Apk 12,1–17

I.

Fragen wir im Blick auf Apk 12 1–17 nach einer authentisch christlichen Aussage des Apokalyptikers, treffen wir in v. 11 auf ein Element seiner »Lammeschristologie«[2]: Die christlichen Märtyrer haben den Ankläger durch das Blut des Lammes besiegt. Ohne Zweifel haben wir hier eine Aussage vor uns, die sich auf den »Grund aller Christologie«, den Tod Jesu und seine Heilsbedeutung[3] bezieht. In Konkurrenz und unverkennbarer Spannung dazu hatte aber zuvor Apk 12 7–9 den Sieg Michaels und seiner Engel über den Satan und seine Engel zur Darstellung gebracht[4]. Ohne das typisch christliche *Interpretament* von v. 11, das den Duktus des Hymnus 12 10.12 unterbricht[5], wäre der Abschnitt 12 7–12 als

---

[1] Vgl. die forschungsgeschichtliche Übersicht unter der zitierten Überschrift bei O. Böcher, Die Johannesapokalypse (EdF 41), Darmstadt ²1980, 68–76.

[2] U. B. Müller, Messias und Menschensohn in jüdischen Apokalypsen und in der Offenbarung des Johannes (StNT 6), Gütersloh 1972, 162–165.

[3] T. Holtz, Die Christologie der Apokalypse des Johannes (TU 85), Berlin ²1971, 71, vgl. auch 71–80.

[4] Vgl. P. von der Osten-Sacken, Gott und Belial (StUNT 6), Göttingen 1969, 213. In H. Krafts Kommentar zu 12 10, s. Die Offenbarung des Johannes (HNT 16a), Tübingen 1974, 168, kann man lesen, was im Text von Apk 12 gerade nicht steht: Der Messias »ist der Führer beim Kampf gegen den Satan, nicht Michael.«

[5] U. B. Müller, Messias 169f. Die Erklärung, wie sich διὰ τοῦτο v. 12 auf die Thematik von v. 11 bezieht, muß H. Kraft, HNT 16a, 168f., verständlicherweise schuldig bleiben; ebenso P. Prigent, Apocalypse 12 (BGBE 2), Tübingen 1959, 146f. – Der Hymnus feiert den eschatologischen Herrschaftsantritt Gottes und seines Gesalbten, s. R. Deichgräber, Gotteshymnus und Christushymnus in der frühen Christenheit (StUNT 5), Göttingen 1967, 54. »The passive and subordinate role assigned to the Messiah« (R. H. Charles, A Critical and Exegetical Commentary on the Revelation of St. John (ICC) I, Edinburgh (1920) 1979, 300) ist nicht geeignet, das Loblied speziell »in den Zusammenhang der Thronbesteigung Christi« einzuordnen, gegen H. Kraft, HNT 16a, 168. Im übrigen gehören ἄρτι als selbständiges Zeitadverb und κατηγορέω nicht zum Sprachgebrauch des Johannes, κατήγωρ ist ohnehin Hapaxlegomenon im NT.

rein jüdisch apokalyptisch anzusprechen[6]. Hätte der christliche Apokalyptiker eigenständig einen jüdischen Traditionsstoff *ver*arbeitet und nicht, wie eher anzunehmen, eine literarische Quelle *ein*gearbeitet, hätte er wohl wie der Verfasser von 2 Kor 6 14–7 1[7] Michael durch Christus ersetzt. Hätte Johannes wie Hermas, so vor allem sim VIII, lediglich die Angelologie seines jüdischen Traditionsstoffs reproduziert[8], wäre sich also der Konkurrenz zwischen Michael und Christus nicht bewußt geworden[9], hätte er v. 11 nicht eingefügt. Somit hat Apk 12 7–10.12 in seinem Grundbestand nach der größeren Wahrscheinlichkeit als Quellenstück jüdisch apokalyptischer Provenienz zu gelten.

Wenn für den Seher Johannes, wie es sich für einen christlichen Zeugen gehört, „das geschichtlich einmalige Ereignis des Todes Jesu konstitutiven Wert besitzt für den Heilsstand der Gemeinde«[10], muß überraschen, daß nach 12 5 das Messias-Kind sogleich nach seiner Geburt zu Gottes Thron entrückt wird, ohne daß also für die 11 8 ausdrücklich erwähnte Kreuzigung noch irgendwie Zeit und Raum bliebe. Zu Recht protestierte J. Wellhausen: »Was wäre das für ein Resümé des Lebens Jesu: geboren und entrückt!«[11] Nichts von Bestand und Überzeugungskraft hat die historische Kritik seitdem hervorgebracht, das dieses »zu Recht« einschränken würde. Verständlicherweise hatte W. Bousset dem religionsgeschichtlichen Gedankenflug F. Bolls begeistert zugestimmt, wonach 12 5 von christlicher Hand gestaltet sei nach dem »Mythos von dem himmlischen präexistenten Urmenschen, der hier auf Erden nur kurze Zeit erschien, um wieder zu seinem Throne entrückt zu werden«[12]. Aber der Rekurs auf solchen »Mythos« ist heute längst nicht mehr vertretbar[13].

---

6 Vgl. R. H. Charles I, 300, 307 f.

7 P. von der Osten-Sacken, Belial 209 mit Anm. 4 (zu 2 Kor 6 15).

8 M. Dibelius, Der Hirt des Hermas (HNT ErgBd IV), Tübingen 1923, 576 und 589.

9 So P. von der Osten-Sacken, Belial 213.

10 T. Holtz, Christologie 78.

11 Analyse der Offenbarung Johannis, AGG.PH NF IX, 4, Berlin 1907, 20. Vgl. auch R. H. Charles I, 299 f., 308 f. Voraussetzung für beide, Wellhausen und Charles, war natürlich E. Vischer, Die Offenbarung Johannis, eine jüdische Apokalypse in christlicher Bearbeitung (TU II, 3), Leipzig ²1895, 22 f. – Wozu Vernachlässigung der Quellenfrage schließlich führen kann, demonstriert E. Ellul, Apokalypse, Neukirchen-Vluyn 1981, 40: »Und so dürfen wir das Leben Jesu nicht wie den Ablauf eines normalen Menschenlebens betrachten, das mit der Geburt einsetzt und mit dem Tod aufhört: Die Apokalypse zeigt uns, daß ›im Himmel‹ die Kreuzigung zuerst kommt« (nämlich 11 8) »und die Inkarnation« (nämlich 12 5) »nur durch sie Wirklichkeit wird«.

12 ThLZ 40, 1915, Sp. 275.

13 Vgl. dazu C. Colpe, Die religionsgeschichtliche Schule (FRLANT 78), Göttingen 1961, 205 ff.; H.-M. Schenke, Die neutestamentliche Christologie und der gnostische Erlöser, in: Gnosis und Neues Testament, hg. v. K.-W. Tröger, Berlin 1973, 210.

Es ist auch abwegig, wenn neuerdings H. Gollinger »die Geburt des Kindes«, das ja fraglos als Messias verstanden wird (12 5.10), lediglich »als Anbruch der messianischen Gerichts- und Heilszeit« deutet[14] oder H. Kraft, um der Versuchung, »Probleme durch Quellenscheidung zu lösen«, zu widerstehen[15], das in v. 5 Berichtete als »Mythos, der die Erfüllung der Weissagung aus Jes 7 und 66 erzählt«, definiert, wobei das Kind eindeutig als der künftige Messias bezeichnet werde, an dessen Gestalt hier aber nicht das Interesse des Verfassers hänge[16]. So konnte doch wohl im Ernst kein Christ des 1. Jh. von Christus sprechen[17]! Wäre H. Gollinger des weiteren im Recht, wenn sie annimmt, Apk 12 1–6 könne ein international bekannter Mythos von der wunderbaren Geburt eines himmlischen Retterkindes zugrunde liegen, den der christliche Apokalyptiker aber selbständig verarbeitet und mit eigenen christlichen Aussagen gefüllt habe[18], müßte eine ganz andere Geschichte herausgekommen sein, die man sich leicht ausmalen kann: Mutter und Kind würden wie im heidnischen Mythos miteinander bewahrt, bis das Kind zum Mann geworden wäre und den Kampf mit dem Drachen hätte aufnehmen können. In diesem Kampf wäre »Christus« zum »Lamm, das geschlachtet wurde«, geworden, aber der scheinbare Sieg des Drachen wäre vereitelt worden durch die Erhöhung des Getöteten zum Throne Gottes. – Doch nichts von alledem meldet der Text! »Die Umdeutung des ursprünglichen Mythos erhellt das Charakteristische des Textes. Diese seine Eigentümlichkeit, die Entrückung sofort nach der Geburt, paßt nicht zur urchristlichen Tradition«[19]. In Revision der Tendenz des H. Kraftschen Kommentars wird also gelten, was O. Böcher als gegenwärtige Problem- und Aufgabenstellung der Apokalypseforschung so formuliert hat: »Nach dem weitgehenden Verlust der nichtpharisäischen jüdischen Literatur infolge der Katastrophe von 70 n. Chr. ist die Johannesoffenbarung auch zu werten als ein Zeugnis für die Rezeption mythischer Stoffe durch das antike Judentum«[20].

---

[14] Das »große Zeichen« von Apokalypse 12 (StBM 11), Würzburg/Stuttgart 1971, 170.

[15] So in anderem Zusammenhang, aber wohl grundlegend: HNT 16a, 12.

[16] HNT 16a, 166.

[17] Im übrigen ist daran zu erinnern, daß die Johannesapokalypse kein Pseudepigraphon ist, wozu H. Kraft, HNT 16a, 16, zutreffend ausführt, daß dieses Buch nicht vorgibt, »Offenbarung an Fromme der Vorzeit und in alten, längst zurückliegenden Zeiten geschrieben zu sein, sondern in der Gegenwart geschaut sein will«. Auch von daher wird man sagen müssen, daß die Vision von der Geburt des Messiaskindes nicht auf das Konto des christlichen Apokalyptikers zu buchen sein kann.

[18] Zeichen 132f., 169. Ähnlich H. Kraft, HNT 16a, 172.

[19] So mit U. B. Müller, Messias 174, gegen H. Kraft, HNT 16a, 172: »Diese religionshistorischen Zusammenhänge sind nicht zu leugnen, aber sie bedeuten wenig für die Exegese des Kapitels.«

[20] Johannesapokalypse 24.

II.

Welcher Art war nun der Mythos, den ein jüdischer Apokalyptiker in der Apk 12 zugrunde liegenden Quelle[21] bearbeitete? Noch immer ansprechend wirken F. Bolls[22] astralmythologische Ergänzungen zu W. Boussets[23] Hinweis auf den ägyptischen Isis-Horus-Mythos: Sie erklären das Gegenüber der beiden »Zeichen am Himmel« (12 1a.3a), der Himmelskönigin Isis im Sternbild der Jungfrau und des feindlichen Drachen Typhon im Sternbild der Hydra. Ohne daß F. Bolls Namen noch genannt werden müßte, kehrt seine Erklärung bei heutigen Forschern wieder, als wäre sie eine gesicherte Selbstverständlichkeit[24]. Tatsächlich aber handelt es sich um eine *Hypothese*, faszinierend zwar, aber nicht zwingend[25]. Wohl »ist uns die Gleichung der Παρθένος des Tierkreises mit Isis mehrfach bezeugt«[26] — auch die Rede von der γυνή ist belegt[27] —, aber Gleiches gilt nicht von der Identifizierung der Hydra mit Typhon[28]. Wirklich breit und gut bezeugt, und zwar von altägyptischer bis in späthellenistische Zeit, ist die Identifizierung Seth-Typhons mit den Polargestirnen[29],

---

[21] Zur Einheitlichkeit der Quelle vgl. U. B. Müller, Messias 168f. Die Anknüpfung von v. 13ff. an v. 6 weist v. 7—12 sicher als ursprünglich eigenständigen Traditionskomplex aus, aber seine Einschaltung in 12 1—6.13—17 weist auf jüdische, nicht christliche Hand, denn warum sollte ein Christ die Peripetie im endzeitlichen Drama, den Sturz Satans und die eschatologische Machtergreifung Gottes und seines Gesalbten, gerade durch ein jüdisches Quellenstück zur Darstellung bringen, das die Heilstat Michael und nicht Christus zuweist?

[22] Aus der Offenbarung Johannis (ΣΤΟΙΧΕΙΑ 1), Leipzig/Berlin 1914, 98—124.

[23] Die Offenbarung Johannis (MeyerK 16), Göttingen 1966 (Neudr. der neubearb. Aufl. 1906), 354f. Entsprechende Zustimmung äußerte W. Bousset, ThLZ 40, Sp. 275f.

[24] Vgl. H. Kraft, HNT 16a, 164 (noch nicht einmal das Literaturverzeichnis 283ff. führt F. Bolls Werk auf); G. Quispel, The Secret Book of Revelation, New York/San Francisco/ St. Louis 1979, 24 und 77; vgl. auch E. Lohse, Die Offenbarung des Johannes (NTD 11[12]), Göttingen [5]1979, 69.

[25] Darauf hat auf seine Weise aufmerksam gemacht J. Freundorfer, Die Apokalypse des Apostels Johannes und die hellenistische Kosmologie und Astrologie (BSt 23, 1), Freiburg 1929, 124ff.; vgl. auch H. Gollinger, Zeichen 131.

[26] F. Boll, Offenbarung 109, vgl. Sphaera, Leipzig 1903, 209ff.

[27] F. Boll, Offenbarung 122, Anm. 2, Sphaera 210; W. Gundel, Parthenos, PW 18, 2, Sp. 1950, 9—19.

[28] Die Belege für »Typhon am Himmel«, F. Boll, Sphaera 162ff., Offenbarung 110 mit Anm. 5, betreffen nicht die Hydra, die seltenen Belege für die Bezeichnung der Hydra als »Drache«, so an der interpolierten Stelle bei Hipparch p. 108, 13 (ed. Manitius) und Catalogus codicum astrologorum Graecorum V, 2, 131, 5 in Verbindung mit VII, 123,12 *nach der Deutung F. Bolls* (ebd. Anm. 1), betreffen nicht Typhon (vgl. Offenbarung 102f.).

[29] F. Boll, Sphaera 162—164, Offenbarung 110f. mit Anm. 5; W. Gundel, Neue astrologische Texte des Hermes Trismegistos (AAM.PH NF H. 12), München 1936, 215f.; Th.

»genauer mit denjenigen sieben Sternen« des Großen Bären, »die wir den Wagen nennen«[30]. Die in der sog. Mithrasliturgie begegnende Anschauung von diesem Bärengestirn als einer Gruppe von sieben Göttern, κατέχοντες ἑπτὰ διαδήματα χρύσεα[31], könnte immerhin als Parallele zu Apk 12 3c.d angeführt werden, zumal »die sieben Köpfe«[32] und »die Diademe auf den Köpfen des Drachen« sich »nicht direkt aus dem Alten Testament nachweisen« lassen[33]. Danach wäre der »Ausgangspunkt der Phantasie des Apokalyptikers«[34] und zugleich der »Beweis der Lokalisierung der Isis nebst . . . Typhon *am Himmel*«[35] an jenen ägyptischen Reminiszenzen festzumachen, die Plutarch, De Iside et Osiride c. 21f. ausbreitet: Isis als Sirius oder Hundsstern und Seth-Typhon als der Große Bär[36]. So erst entstünde eine Kohärenz zwischen ägyptischen Astrologumena und ägyptischem Mythos, dem »Mythus von Hathor-Isis, ihrem Sohne Horos und dem feindlichen Drachen Typhon«, auf den W. Bousset aufmerksam gemacht und F. Boll nachdrücklich hingewiesen hat, denn »die Ähnlichkeit ist schlagend, so schlagend sie nur irgend erwartet werden kann, da doch der Apokalyptiker nicht einen historischen Bericht über einen fremden Mythus liefern, sondern das grandiose Bild seinerseits verwerten wollte«[37].

Hopfner, Plutarch: Über Isis und Osiris I, Darmstadt 1967, 163ff.; H. G. Gundel, Weltbild und Astrologie in den griechischen Zauberpapyri (MBPF 53), München 1968, 59ff.; J. G. Griffiths, Plutarch's De Iside et Osiride, Cambridge 1970, 373.

[30] F. Boll, Sphaera 162.

[31] A. Dieterich, Eine Mithrasliturgie, Darmstadt 1966, 12, 28f.; s. dazu H. G. Gundel, Weltbild 60f.

[32] Die Vorstellung von einem 7köpfigen Drachenwesen ist allerdings vielfach belegt: im babylonischen Ninib-Hymnus, s. H. Zimmern in: KAT³ 504, 512; vor allem im »Mythen-Zyklus von den Göttern Baal, Anat und Mut« aus Ugarit, s. A. Jirku, Kanaanäische Mythen und Epen aus Ras Schamra – Ugarit, Gütersloh 1962, I A 10, 38f. (30 mit Anm. 9), I A 20, 16–18 (56 mit Anm. 3); OdSal 22 5 (s. M. Lattke, Die Oden Salomos in ihrer Bedeutung für Neues Testament und Gnosis I (OBO 25/1), Fribourg/Göttingen 1979, 136f.); Qid 29ᵇ (= Bill. IV, 1, 535); Linker Ginzā 520, 3ff. (M. Lidzbarski). Von OdSal 22 5 führt der Weg zur Pistis Sophia, wo jedoch öfter der Basilisk aus der »Viererbande« nach Ps 90 13 LXX (95,20) 7köpfig figuriert, s. C. Schmidt–W. Till, Koptisch-gnostische Schriften I (GCS 45), Berlin ³1959, 88, 35f.; 91,14; 95,26; 100,5f.; im 10. »Zimmer« des Dodekaoros hat jeder Archon »sieben Drachenköpfe«, s. 208,5 (vgl. dazu F. Boll–C. Bezold–W. Gundel, Sternglaube und Sterndeutung, Darmstadt ⁵1966, 189).

[33] H. Kraft, HNT 16a, 165.

[34] F. Boll. Offenbarung 105.

[35] F. Boll, Offenbarung 111.

[36] Th. Hopfner, Plutarch I, 162–167; J. G. Griffiths, Plutarch 371–373. Vgl. auch H. G. Gundel, Astrologumena (SAGM.B 6), Wiesbaden 1966, 83.

[37] F. Boll, Offenbarung 108. Zur Einordnung des griechischen »Mythos von Leto, dem Drachen und der Geburt«, dessen Verwandtschaft mit ägyptischer Überlieferung schon

Läßt sich infolge der jeweils mehrfachen Verstirnung von Isis[38] und Typhon[39] und infolge der nur andeutenden Ausdrucksweise von Apk 12 die Frage nach einer möglichen astralen Grundanschauung von Apk 12 lediglich hypothetisch beantworten, wird man für die mythologische Voraussetzung von Apk 12 1ff. doch entschieden mit R. E. Witt urteilen müssen, daß die hier vorliegende Vision kaum hätte entstehen können ohne Bezug auf »the tradition of the pregnant Isis fleeing into the marshes of the Delta to escape Seth, and of Horus/Harpocrates triumphing over his foe«[40]. Und die Beziehungen zu ägyptischer Mythologie legen dann auch wieder für Apk 12 1ff. »Beziehungen zu astraler Mythologie«[41] nahe. Wie sehr Apk 12 1ff. von ägyptischer Mythologie her erhellt wird, mögen die folgenden Texte, Hinweise und Ausführungen vor Augen führen.

»Isis als Gestirn und als Himmelsgöttin«[42], als »Herrin des Himmels« steht nach ägyptischer und hellenistischer Überlieferung in Beziehung zu Sonne, Sternen und Halbmond[43] gleich der apokalyptischen Frau von Apk 12 1. Von der mit einem männlichen Kind schwangeren Isis[44] handelt ägyptischer Mythos ebenso wie von dessen Geburt: »Komm (Re) heraus, indem du heil bist, zwischen den Schenkeln deiner Mutter Isis, damit sie dich gebäre und du ein Knabe werdest, . . . Laß ihren Schrei (?) sich erheben . . .«[45]. Daß Seth der Isis gegenübersteht, wobei diese ihm speziell als Frau erscheint, ist ebenfalls belegt[46]. Sodann wurde Seth-Typhon u. a. angeschaut als Drache oder Schlange[47], seine Farbe war πυρρός[48].

Herodot, Historien II 156 aufgefallen war, s. W. F. Otto, Das Wort der Antike, hg. v. K. von Fritz, Stuttgart 1962, 127.

[38] F. Boll, Sphaera 208ff.

[39] W. Gundel, Texte 216.

[40] Isis in the Graeco-Roman World, London/Southampton 1971, 216.

[41] Zitat: O. Böcher, Johannesapokalypse 75.

[42] M. Münster, Untersuchungen zur Göttin Isis vom Alten Reich bis zum Ende des Neuen Reiches (MÄSt 11), Berlin 1968, 198.

[43] W. Drexler, Isis, in: Roscher II, 1, Sp. 433f.

[44] G. Roeder, Mythen und Legenden um ägyptische Gottheiten und Pharaonen (BAW.AO), Zürich/Stuttgart 1960, 180.

[45] M. Münster, Isis 95 (Pap. Chest. Beatty IX Rt. 5, 13ff.). Zur Gleichsetzung des Re mit Horus − »der Gott als die aufgehende Sonne gedacht« − s. ebd. 96.

[46] G. Roeder, Mythen 45f.

[47] H. Brugsch, Religion und Mythologie der alten Ägypter, Leipzig 1888, 42, 709; G. Roeder, Mythen 24, 92. − Zu W. Foerster, ThW II, 285, 4ff. (»Die an sich erwägenswerte Auffassung, daß sich die Apk an einen bestimmten Mythus angeschlossen habe, scheitert . . . besonders daran, daß das Bild des δράκων nicht nur in dem einen Gesicht Apk 12 gebraucht wird, sondern *das* Bild ist, unter dem die Apk den Satan schaut.«) ist zu bemerken: Das Wort begegnet in Apk »vor allem Kap. 12 (8 mal) sowie − daran anschließend − 13 2.4.11 16 13 und 20 2,« s. N. Walter, EWNT I, Sp. 853.

[48] Belege bei J. G. Griffiths, Plutarch 375; vgl. auch W. Gundel, Texte 215.

Und auch die Wassernatur (vgl. Apk 12 15) des Ungeheuers Typhon ist im Ägyptischen »noch ganz deutlich bewahrt«[49]. Daß der apokalyptischen Frau nach 12 14 Adlerflügel zur Flucht gegeben werden, erinnert vielleicht an »Isis als Falke«[50]: »Da nahm Isis ihre Gestalt als ein Falke an, sie flog weg, ...«[51]. Freilich hat der Apokalyptiker diesen mythologischen Zug nach alttestamentlicher Überlieferung[52] umgestaltet.

Speziell die Charakterisierung der apokalyptischen Frau von 12 1 als Sonnenfrau erhellt am eindrücklichsten aus ihrem Vergleich mit der ägyptischen Isis. »In einem koptischen Text spricht Isis von ihrem ›wahren Namen, der die Sonne zum Westen trägt und den Mond zum Osten trägt und die sechs Versöhnungssterne trägt, die unter der Sonne stehen‹ (ERMAN 1895, ZÄS, S. 49 f.)«[53]. Der Wiedergabe einschlägiger Texte schickte H. Brugsch die Erklärung voraus: »Der heliakische Aufgang des Sirius wurde als *Verbindung* der *Isis-Hathor* mit *Rā* aufgefasst und als Vereinigung ihrer Strahlen mit denen des Lichtgottes Rā, der zu gleicher Zeit seinen Geburtstag als Neujahrssonne feierte«[54]. So heißt es dann Thesaurus I, 105: »es verbinden (*ḥeter*) sich ihre Strahlen mit den Strahlen des leuchtenden Gottes an jenem schönen Tage der Geburt der Sonnenscheibe in der Frühe des Neujahrsfestes.« In diesem Sinn galt Isis als eine weibliche Sonne, »welche *erscheint am Anfange des Jahres* am Himmel als göttliches *Sothis*-Gestirn, die Königin der Dekansterne, deren Strahlen die Erde erleuchten gleichwie die Sonne, die sich am Morgen zeigt, ...«[55]. Dem Bild der »Frau, bekleidet mit der Sonne« Apk 12 1 vielleicht am nächsten steht die Aussage der Isis (M 44): »Ich bin in den Strahlen der Sonne«[56]. Daß sodann »der Königin der Dekansterne« eine *corona* zukommt, liegt auf der Hand[57]; ob die *Zwölfzahl* wie bei der Himmelsgöttin Juno auf den Tierkreis verweist[58] oder vom jüdischen Apokalyptiker allererst eingesetzt wurde[59], läßt sich schwerlich entscheiden. Alle Details aus »der mythologischen Vorlage« herleiten zu wollen[60], führt ohnehin

---

[49] W. Bousset, Offenbarung 355; F. Boll, Offenbarung 109.

[50] G. Roeder, Mythen 152, 181; vgl. auch W. Bousset, Offenbarung 354, Anm. 2.

[51] G. Roeder, Mythen 47.

[52] S. dazu H. Kraft, HNT 16a, 170.

[53] J. Bergman, Ich bin Isis (AUU.HR 3), Uppsala 1968, 201, Anm. 2.

[54] Thesaurus inscriptionum Aegypticarum. Altägyptische Inschriften, I./II. Abt., Graz 1968 (Nachdr. der Ausg. Leipzig 1883–1891), I, 104.

[55] Thesaurus I, 107.

[56] J. Bergman, Isis 204, Anm. 3.

[57] W. Gundel, Texte 119, 166; vgl. auch M. Münster, Isis 106 ff.: »Isis und das Diadem.«

[58] F. Boll, Offenbarung 40, Anm. 2, 99; H. G. Gundel, Zodiakos, PW 19, Sp. 602, 5–14.

[59] K. H. Rengstorf, ThW II, 323, 15 ff.

[60] Vgl. dazu A. Vögtle, Mythos und Botschaft in Apokalypse 12, in: Tradition und Glaube, Festg. K. G. Kuhn, hg. v. G. Jeremias, H.-W. Kuhn und H. Stegemann, Göttingen 1971, 401.

leicht zu Fehlurteilen, wie die Behauptung F. Bolls vor Augen führt:
»Die Himmelskönigin der Apokalypse steht auf dem Monde, gleich der
Isis«[61]. Außer in Sekundärliteratur gibt es für diese Behauptung keinen
Beleg.

Schon W. Drexler hatte kritisiert: »Wenn aber Sharpe, Gesch. Ägyp-
tens p. 246 meint, daß die Figuren der h. Jungfrau auf der Mondscheibe
Isisdarstellungen nachgeahmt seien, so irrt er; es beruht vielmehr diese
Darstellung auf Offenbarung Joh. 12,1 . . .«[62]. Gleichwohl taucht die angesprochene Behauptung wieder auf bei A. Dieterich[63], F. Boll[64], H. L.
Jansen[65]. Aus der Ikonographie zur Genüge bekannt sind ja die Marien-
bilder mit den Attributen der apokalyptischen Frau: »Im Anschluß an die
Apokalypse wurde die reinste Jungfrau geschildert als ›mit der Sonne bekleidet, mit dem Mond zu ihren Füßen und einer Krone mit zwölf Sternen
auf ihrem Haupte‹«[66]. So lag und liegt ja auch umgekehrt »die Deutung
der apokalyptischen Frau auf Maria« immer wieder nahe[67]. Ohne Zweifel
bestehen Zusammenhänge zwischen einzelnen Madonnentypen und »Isis
mit dem Horuskinde«[68], aber diese Tatsache ist kein Freibrief für religionsgeschichtliche Konjektur, wie A. Dieterich sie vorführte: Weil Isis
den Griechen Mondgöttin sei, diene ihr auf Bildern die Mondsichel als
Hauptschmuck" − was zutreffend ist[69] − »oder Schemel der Füße. Das
letztere kennen wir von den Bildern der Himmelskönigin Maria, die auch
hier an Isis erinnert«[70]. Die zitierte Äußerung A. Dieterichs ist die eigentliche Grundlage für F. Bolls Behauptung; denn der Verweis[71] auf W.
Weber, der seinerseits in ganz anderem Zusammenhang auf eine Gemme

---

[61] Offenbarung 100, vgl. auch 110.

[62] Roscher II, 1, Sp. 430.

[63] Kleine Schriften, Leipzig/Berlin 1911, 485.

[64] S. o. Anm. 61.

[65] Ägyptische Religion, in: HRG I, 1971, 377.

[66] W. Rothes, Die Madonna, Köln ³1920, 243 (vgl. auch 243−247, ferner Abb. 60, 67, 73,
133); vgl. auch G. Quispel, Revelation 158 (mit zahlreichen Reproduktionen: 15, 30, 33,
47, 76ff., 141, 158−163). Im übrigen s. G. Schiller, Ikonographie der christlichen Kunst
IV, 2, Gütersloh 1980, 148, 161, 164, 169, 174, 178, 192, 194, 198f.

[67] H. Gollinger, Zeichen 27−41 mit eingehender Kritik dieser Deutung; vgl. jetzt auch:
Maria im Neuen Testament, hg. v. R. E. Brown, K. P. Donfried, J. A. Fitzmyer und J.
Reumann, Stuttgart 1981, 185−188.

[68] Vgl. H. W. Müller, Isis mit dem Horuskinde, Münchner Jahrbuch der bildenden Kunst
14, 1963, 7−38.

[69] Vgl. W. Drexler, in: Roscher II, 1, Sp. 437f.; vgl. auch V. Tran Tam Tinh, Essai sur le
culte d'Isis à Pompéi, Paris 1964, 72f.; M. Malaise, Les conditions de pénétration et de
diffusion des cultes égyptiens en Italie (EPRO 22), Leiden 1972, 181 mit Anm. 7.

[70] Kleine Schriften 485. Ähnlich ist dann auch die Argumentation bei H. L. Jansen, HRG
I, 377.

[71] F. Boll, Offenbarung 100, Anm. 1.

hinweist, auf der »die Büste der Isis auf Halbmond, des Sarapis auf Sonnenscheibe, beide auf den Rändern eines Korbes stehend«[72], zu sehen
sind, ist irreführend. Man braucht sich ja die angesprochene Gemme nur
anzusehen[73], um zu erkennen, daß sie die Beweislast nicht tragen kann.
Und einen anderen Beleg gibt es meines Wissens nicht[74].

Gesondert zu bedenken und zu fragen ist, warum »der Mond« von Apk 12 1 fast regel-
mäßig auf den Madonnenbildern als »Mondsichel« wiederkehrt. Dafür, also für das Emblem
»Mondsichel« als solches, dürfte in der Tat die hellenistische Isis Pate gestanden haben –
und mehr hatte S. Sharpe, auf den W. Drexlers Kritik sich bezog, vielleicht auch nicht zum
Ausdruck bringen wollen, wenn man die Unschärfe und Vorsicht seiner Formulierung in
Betracht zieht: »Die Figuren der Jungfrau *Maria* in einer Mondscheibe . . . scheinen der
Göttin Isis entlehnt, welche insgemein von diesem Planeten verziert ward«[75] –. Wenn die
Dinge so liegen, wird man daraus zu lernen haben, daß religionsgeschichtliche Zusammenhänge komplexer sein können, als oft genug angenommen wird. Im vorliegenden Fall heißt
dies: Daß die Madonna den Mond zu ihren Füßen hat, stammt aus Apk 12 1, daß der Mond
als Sichel erscheint, dürfte spätantiken hellenistisch-römischen Isisdarstellungen nachempfunden sein.

Soll man nun angesichts der bestehenden Schwierigkeiten auf die
Anschaulichkeit des Bildes der Himmelskönigin verzichten und einfach
mit H. Kraft feststellen: »Wenn die Sonne ins Zeichen der Jungfrau tritt,
dann wird am Nachthimmel der Vollmond zu ihren Füßen stehen«[76]?
Aber um so interpretieren zu können, müßte die Jungfrau-Hydra-Hypo-
these gesicherter sein als sie kann. Und man muß fragen: Wird solche
Erklärung der Charakterisierung als Machtgestalt gerecht, die in der Formulierung ὑποκάτω τῶν ποδῶν αὐτῆς zum Ausdruck kommt[77]? Mir
scheint, dem Apokalyptiker müsse ein konkretes Bild der Himmelskönigin vorgeschwebt haben, das er sich dann auf seine Weise zurechtlegte[78].
Ich sehe dafür zwei Möglichkeiten, wobei mir die zweite wahrscheinlicher
erscheint. a) Im Anschluß an obige Ausführungen zu Isis in den Strahlen
der Sonne wäre daran zu erinnern, daß jene Aussagen »gerade ihre Stellung am Bug der Sonnenbarke beim Sonnenaufgang« betreffen[79]: Hathor

---

[72] Die ägyptisch-griechischen Terrakotten, Textband (MÄS II), Berlin 1914, 29, Anm. 27.

[73] S. Reinach, Pierres gravées (Bibliothèque des monuments figurés grecs et romains), Paris
1895, Pl. 27 (I, 54,4), s. am Ende des Aufsatzes Tafel A. – Das Beispiel zeigt allerdings,
daß in hellenistisch-römischer Zeit die Mondsichel einfach als Isis-Emblem verwendet
werden konnte.

[74] Es wäre Papierverschwendung, die mehr als zwanzig Bücher und Beiträge hier aufzu-
zählen, die ich auf der Suche nach einem Beleg für »Isis auf dem Monde stehend« vergeblich durchgesehen habe.

[75] Geschichte Egyptens II, Leipzig 1862, 246.

[76] HNT 16a, 164, vgl. dazu die nicht angegebene Vorlage: F. Boll, Offenbarung 100.

[77] Vgl. K. Weiß, ThWNT VI, 629.

[78] Vgl. W. Bousset, Offenbarung 336; J. Freundorfer, Apokalypse 130.

[79] J. Bergman, Isis 204, Anm. 3.

»erglänzt am Himmel an der Spitze der Sonnenbarke ...«[80]. Man müßte dann voraussetzen, daß der Apokalyptiker eine solche Darstellung unwissend oder eigenwillig als »Isis auf dem Monde stehend« gedeutet hätte. b) Vielleicht kannte er aber auch Bilder wie die in Italien zahlreich gefundenen Darstellungen der Isis-Fortuna mit dem Globus zu ihren Füßen[81], wohl zum Zeichen ihrer Herrschaft über das Schicksal, «comme le symbolise le pied qu'elle pose sur ce globe»[82]. Zumindest hätten wir hier ein Analogon zu der apokalyptischen »Frau, den Mond unter ihren Füßen«. F. Bolls oben zitierte Behauptung[83] müßte demnach korrigiert werden, wie folgt: Die Himmelskönigin von Apk 12 1 steht auf dem Mond wie zuweilen ihr religionsgeschichtliches Vorbild Isis auf dem Globus[84].

III.

Wen stellt nach alledem die apokalyptische Frau dar? Gegenüber dem ägyptischen Isis-Horus-Typhon-Mythos fallen ja vier Modifikationen auf, die eindeutig einer interpretatio Iudaica des Mythos zuzuordnen sind: a) Der Sohn, der Männliche, den die Frau zur Welt bringt (vgl. Jes 7 14 66 7), wird nicht solartheologisch, sondern messianisch im jüdischen Sinn charakterisiert[85]. b) Die Rettung des Kindes vor dem feindlichen Drachen geschieht nicht durch Flucht der Mutter mit dem Kinde, sondern in Analogie zur Menachem-Legende und in Entsprechung zu alttestamentlich-jüdischer Tradition durch Entrückung des Kindes zu Gottes Thron[86]. c) Den Sieg über den Drachen erringt nicht das zum Mann erstarkte Sonnenkind, sondern entsprechend eschatologisch-dualistischer Kampftradition Michael mit seinen Engeln[87]. d) Die Bewahrung der apokalyptischen Frau erfolgt nicht durch Flucht in das Delta der Sümpfe, sondern durch Flucht in die Wüste, wie es jüdischer Anschauung entspricht: »Die Flucht

---

[80] H. Brugsch, Thesaurus I, 108.

[81] Vgl. am Ende des Aufsatzes Tafel B.

[82] M. Malaise, conditions 179 f. mit Anm. 1 (180).

[83] S. o. Anm. 61.

[84] Vgl. EWNT III s.v. πούς 4.

[85] Vgl. Ps 2 9, ferner PsSal 17 24. Man kann schwerlich in den Worten »der alle Heidenvölker mit eisernem Stab weiden wird« ein Bekenntnis zu Jesus als dem Messias finden, »der zum Endgericht wiederkommen wird«, gegen E. Lohse, NTD 11, 72.

[86] U. B. Müller, Messias 174, 184 ff.; vgl. auch E. Lohse, NTD 11, 71 f. Auf keinen Fall mehr textbezogen ist eine Auffassung, die die Entrückung zu Gott im Sinne des vierten Evangeliums als Zusammenschau von Tod und Auferstehung interpretiert, so H. W. Günther, Der Nah- und Enderwartungshorizont in der Apokalypse des heiligen Johannes, fzb 41, 1980, 232, Anm. 187, als wäre es gesichert, daß der Apokalyptiker dem »johanneischen Schülerkreis« zuzuordnen sei (vgl. 259).

[87] Vgl. P. von der Osten-Sacken, Belial 210–213; vgl. auch E. Lohse, NTD 11, 73.

der Gemeinde Israel in die Wüste unmittelbar vor Anbruch der letzten Erlösung gehört zu den feststehenden Zügen im endgeschichtlichen Zukunftsbilde«[88].

So werden wir analog 4Esr 9 f. die apokalyptische Frau als Zion, als Bild der jüdischen Gemeinde aufzufassen haben[89]: »Der Mythos der Isis, die vor den Nachstellungen Typhons flieht, war dem verfolgten Judentum zum Symbol geworden«[90]. War nun aber, wie anzunehmen ist, die Existenz der jüdischen Kultusgemeinde in Jerusalem zerstört, konnte sich »der große Zorn« des Drachen nur noch gegen »die Übriggebliebenen ihrer Nachkommenschaft« wenden[91]. Wieder begegnet uns in vorliegender Ausdrucksweise ein Topos jüdisch apokalyptischer Eschatologie: Es sind die λοιποί diejenigen aus dem Gottesvolk, die aus den Drangsalen der Verfolgung für die Heilszeit übrigbleiben sollen[92]. Die Ausdrucksweise μετὰ τῶν λοιπῶν τοῦ σπέρματος αὐτῆς, τῶν τηρούντων τὰς ἐντολὰς τοῦ θεοῦ läßt sich vergleichen mit 4Esr 9 7 f.: *Et erit omnis, qui salvus factus fuerit et qui poterit effugere per opera sua . . ., is relinquetur de praedictis periculis . . . .* Es ist ja keineswegs so, daß »die Übriggebliebenen« schon die ganze endzeitliche Drangsal überstanden haben, wie 4Esr 13 19 deutlich vor Augen führt: *Sed et his, qui derelicti sunt, propter hoc vae! Videbunt enim pericula magna et necessitates multas, sicut ostendunt somnia haec.*

Auffälligerweise hat der christliche Apokalyptiker die Gestalt der Frau mit keiner Silbe christianisiert, es fehlt auch nur die Spur christlicher Interpretation[93]. Nur zweimal finden wir in Apk 12 1–17 einen eindeutigen Eingriff von christlicher Hand: a) Die nachträgliche Interpretation des Sieges in v. 11 und b) die wiederum nachgereichte Deutung »der

---

[88] Bill. III, 812 z.St.; H. Gollinger, Zeichen 101. Belege und Literaturhinweise »zur Wüstenflucht« s. W. Schrage, Die Elia-Apokalypse (JSHRZ V, 3), Gütersloh 1980, 262, Anm. m) zu 36, 14 ff.

[89] Durch die »Flucht der Frau in die Wüste« Apk 12 6.14 haben sich F. Boll, Offenbarung 113, und E. Lohmeyer, HNT 16, 104 ff., an den gleichen Motivkreis erinnert gesehen, an Arats Sternsage von Dike-Parthenos F. Boll, an den äthHen 42 vorliegenden Weisheitsmythus E. Lohmeyer. Nun hängt wohl der angesprochene Weisheitsmythus mit Arats Sternsage zusammen, s. meinen Beitrag: Weisheit-Dike-Lichtjungfrau, JSJ XII, 1, 1981, 75–86, hat aber weder mit der apokalyptischen Frau noch mit »dem Mythus vom göttlichen Urmenschen« etwas zu tun.

[90] U. B. Müller, Messias 181. Vgl. auch das Referat in: Maria im Neuen Testament 183.

[91] Apk 12 17 zeigt die λοιποί als Ersatz für die Frau, nicht für das entrückte Messiaskind, gegen Th. Baumeister, Die Anfänge der Theologie des Martyriums (MBT 45), Münster 1980, 217.

[92] P. Volz, Die Eschatologie der jüdischen Gemeinde im neutestamentlichen Zeitalter, Hildesheim 1966 (= Tübingen 1934), 352 f.

[93] Solche Interpretation erfolgt jedoch regelmäßig in der exegetischen Literatur, so jetzt auch in: Maria im Neuen Testament 183 ff.

Übriggebliebenen« auf die Gläubigen, »die das Zeugnis Jesu haben«, wobei das Stichwort »Zeugnis« an die Siegesthematik v. 11 erinnert. Warum gerade v. 17 christlicher Deutung bedurfte, liegt klar auf der Hand: »Vers 17 ist der Vers, der die Gemeinde des Apokalyptikers aktuell betrifft«[94]. Und dieser aktuelle Bezug war Johannes wohl Anlaß genug, die jüdisch apokalyptische Quelle mit all ihrem fremdartig Eigentümlichen in sein Werk aufzunehmen.

---

[94] H. Gollinger, Zeichen 110.

ANHANG: TAFEL

A (zu Anm. 73)

Isis und Jupiter-Serapis, S. Reinach, Pierres gravées,
Paris 1895, Pl. 27 (I, 54,4)

B (zu Anm. 81)

1 - Isis et Luna.

V. Tran Tam Tinh, Essai sur le culte d'Isis à Pompéi, Paris 1964, Pl. XIV.

13. „Jerusalem, du hochgebaute Stadt"

I

Das Herzstück seiner christlichen Hoffnung präsentiert der Seher Johannes in Apk 7 13–17: Das *Lamm*, das durch seinen Tod das Werk der Erlösung vollbracht hat[1], wird auch Mittler des ewigen Lebens sein: »Denn das Lamm mitten vor dem Thron wird sie weiden und sie zu Lebenswasserquellen führen« (v. 17). In den Ausführungen über die Endvollendung Apk 21 1–22 5 liegen nun offensichtlich Parallelen zu diesem Abschnitt vor:

Apk 7 13–17	Apk 21 1–22 5
v. 15 διὰ τοῦτό εἰσιν ἐνώπιον τοῦ θρόνου τοῦ θεοῦ καὶ λατρεύουσιν αὐτῷ . . . καὶ . . . σκηνώσει ἐπ' αὐτούς	22 3 καὶ ὁ θρόνος τοῦ θεοῦ [καὶ τοῦ ἀρνίου] . . . καὶ οἱ δοῦλοι αὐτοῦ λατρεύσουσιν αὐτῷ 21 3 καὶ σκηνώσει μετ' αὐτῶν 22 5 . . . φωτίσει ἐπ' αὐτούς
v. 16 οὐδὲ μὴ πέσῃ ἐπ' αὐτοὺς ὁ ἥλιος . . .	22 5 . . . καὶ οὐκ ἔχουσιν χρείαν . . . φωτὸς ἡλίου
v. 17 . . . ἐπὶ ζωῆς πηγὰς ὑδάτων	21 6 ἐκ τῆς πηγῆς τοῦ ὕδατος τῆς ζωῆς 22 1 ποταμὸν ὕδατος ζωῆς
καὶ ἐξαλείψει ὁ θεὸς πᾶν δάκρυον ἐκ τῶν ὀφθαλμῶν αὐτῶν	21 4 καὶ ἐξαλείψει πᾶν δάκρυον ἐκ τῶν ὀφθαλμῶν αὐτῶν.

Indes, die bleibende Bedeutung Jesu, wie Apk 7 13–17 sie vor Augen führt, läßt sich an der Darstellung der Eschata, die von 19 11 bis 22 5 reicht, nicht in vergleichbarer Weise ablesen, weshalb J. Wellhausen im Blick auf 21 1–8 fragen konnte: »Wo aber bleibt Christus, τὸ ἀρνίον?«[2]

---

[1] v. 14 ἐν τῷ αἵματι τοῦ ἀρνίου, vgl. 1 5 5 9. Vgl. dazu N. Hohnjec, ›Das Lamm – τὸ ἀρνίον‹ in der Offenbarung des Johannes, Rom 1980, 83–88.

[2] Analyse der Offenbarung Johannis, AGG.PH NF IX,4, Berlin 1907, 33. – Erst durch die redaktionelle »Zuordnung des Lammes zum Thron Gottes ergibt sich, daß Christus

Den Grund für diesen Befund legt die literarkritische Einsicht frei, daß hier jüdisch apokalyptisches Quellengut zu Wort kommt, das »den Messias nur in Form eines begrenzten Zwischenspiels wirksam werden läßt.«[3] Im übrigen weist der Textkomplex unübersehbar gesetzte Markierungen der christlichen Redaktion auf (19 9a.c 21 5b 22 6a−19 7 21 2 21 9−17 1 21 9−19 10 22 8f.−20 14f. 21 8). Folgen wir ihnen, erkennen wir nicht nur in sich stimmige Quellentexte, sondern auch den Schlüssel, wie Sperriges christlich erschlossen werden soll.

Auffällig sind die Einleitungssätze, die den eigentlich Redenden unbestimmt lassen: 19 9a καὶ λέγει μοι· γράψον, 19 9c καὶ λέγει μοι· οὗτοι οἱ λόγοι ἀληθινοὶ τοῦ θεοῦ εἰσιν, 21 5b καὶ λέγει· γράψον, ὅτι οὗτοι οἱ λόγοι πιστοὶ καὶ ἀληθινοί εἰσιν, 22 6a καὶ εἶπέν μοι· οὗτοι οἱ λόγοι πιστοὶ καὶ ἀληθινοί. Ohne Frage fordern solche Auffälligkeiten literarkritische Lösungsvorschläge heraus, gleichgültig ob wir mit E. Vischer an christliche Bearbeitung einer jüdischen Apokalypse[4] oder mit H. Kraft an sukzessives Wachstum einer im Ansatz christlichen Apokalypse[5] denken. Die Rede vom Offenbarungsengel 17 1 21 9 spannt den Bogen von c. 17 zu c. 21, wobei die Formulierung »einer von den sieben Engeln, die die sieben Schalen hatten« zugleich an c. 15f. anbindet. Wichtiger noch ist die wiederholende Rahmung der Einheiten 17f. und 21 9−22 5 durch die Anbetung des Engels 19 10 und 22 8f. Dabei bietet die zweite Stelle den stimmigeren Text, wie E. Vischer richtig erkannt hat: Sie nennt den Engel und die Motivation der Proskynese[6]. Danach ist 19 10 sachlich als Dublette zu 22 8f. zu bestimmen, nicht umgekehrt[7]. Es zeigt sich der kohärente Zusammenhang einer Quelle, die der 22 8 genannte Johannes bearbeitet hat: Für sie sind typisch der 17 1 21 9 genannte Offenbarungsengel und das Motiv der Anbetung des Engels[8], die Gottesbezeichnung »der Gott der Geister der Propheten« (22 6) und das Verständnis der zu dem Offenbarungsempfänger gehörenden Gemeinde als Propheten (22 9)[9].

---

mit Gott auch in der eschatologischen Zeit im neuen Jerusalem Herrscher ist.« Mit der hervorgehobenen Modifizierung ist N. Hohnjec, Lamm, 152 zuzustimmen.

[3] U. B. Müller, Messias und Menschensohn in jüdischen Apokalypsen und in der Offenbarung des Johannes, StNT 6, Gütersloh 1972, 213.

[4] Die Offenbarung Johannis, eine jüdische Apokalypse in christlicher Bearbeitung, TU II, 3, Leipzig 1886, 44, 65f.

[5] Die Offenbarung des Johannes, HNT 16a, Tübingen 1974, 11.

[6] TU II, 3, 44f.

[7] Gegen H. Kraft, HNT 16a, 278.

[8] Vgl. auch W. Bousset, Die Offenbarung Johannis, KEK 16, Göttingen 1966 (Neudr. der neubearb. Aufl. 1906), 455.

[9] Es ist schwerlich richtig, aus 22 9 abzuleiten, Propheten seien »die einzigen Amtsträger der Gemeinde«, gegen A. Satake, Die Gemeindeordnung in der Johannesapokalypse, WMANT 21, Neukirchen−Vluyn 1966, 62.

Bei der ersten Verwendung des Quellenstücks von der Anbetung des Engels in 19 10 erkennen wir deutlich die Hand des christlichen Bearbeiters. Die »Propheten« von 22 9 erscheinen hier als die, »die das Zeugnis Jesu haben«, und die Rede von der Weissagung ist so gestaltet, daß sie den Anschluß einer neuen Weissagung ermöglicht, nämlich der von 19 11 bis 22 5, vom Kommen des Messias bis zum Kommen des Neuen Jerusalem[10]. Nun ist aber auch dieser Themenkomplex nicht aus einem Guß, worauf sowohl die redaktionelle Modulation 21 5b als auch die Themawiederholung 21 2.10 (τὴν πόλιν τὴν ἁγίαν Ἰερουσαλήμ — καταβαίνουσαν ἐκ τοῦ οὐρανοῦ ἀπὸ τοῦ θεοῦ) zur Genüge aufmerksam machen[11]. Das zu 21 1 ff. themagleiche Stück von der eschatologischen Gottesstadt 21 9 ff., das nach dem Zusammenhang von Tradition und Quelle eigentlich zu c. 17 f. gehört (δεῦρο, δείξω σοι — καὶ ἀπήνεγκέν με ἐν πνεύματι 17 1.3 21 9.10)[12], wurde so angeschlossen, daß 21 5–8 formal noch einmal auf den Stand von 20 14f. (Feuersee, zweiter Tod) zurücklenkt, so daß 21 9 ff. nun wie eine Ergänzung zu 21 1 ff. dasteht, obwohl man ja »eigentlich nach 21 1–8 kaum noch etwas erwarten sollte.«[13] Tatsächlich bestehen denn auch unübersehbare Spannungen, worauf W. Bousset mit sachkundigem Urteil hingewiesen hat: »In den Versen 21 24– 27. 22 2 ist der Standpunkt des Jenseits vollkommen verlassen. Da wohnen noch Völker auf der Erde, die nach Jerusalem wallfahrten. Da gibt es noch Unreines und Gemeines, das von seinen Toren ausgeschlossen bleibt. Da müssen die Blätter des Lebensbaumes noch zur Heilung der Heiden dienen.«[14]

Schließlich bedürfen noch die auffälligen Dubletten der Erwähnung, die sich finden in 21 23 und 22 5b, 21 25 und 22 5a, 21 27 und 22 3, nicht zuletzt in 21 2 und 21 10. Sie resultieren aus einer bestimmten Technik der Verzahnung von Quellenstücken. Einmal ist der »ursprüngliche Zusammenhang der drei Gesichte in Kap. 17.18.21«, zu dem auch die »Anbetung des Engels« gehört[15], so aufgeschnitten, daß zwischen Babel- und Jerusalemvision die geschlossene Apokalypse von 19 11–21 4 (22 3–5)

---

[10] Zur Abfolge dieses Quellenstückes s. U. B. Müller, Messias, 199 f.

[11] H.-M. Schenke – K. M. Fischer, Einleitung in die Schriften des Neuen Testaments II, Gütersloh 1979, 285, wollen »die Beschreibung des endzeitlichen Ortes als neue Welt (21,1–8), als himmlisches Jerusalem (21,9–27) und als ewiges Paradies (22,1–5) als dreifache Variation eines Themas ansehen.« Die literarischen Nähte und inhaltlichen Spannungen bleiben bei diesem Verstehensmodell ungeklärt.

[12] Sturz des stolzen Babel und Herrlichkeit des neuen Jerusalem gehören seit Dtjes zusammen, vgl. Jes 47 51 1 f. 54. Vor allem ist hier auf Sib 5 420 ff.434 ff. hinzuweisen, vgl. auch W. Bousset, Offenbarung, 455.

[13] W. Bousset, Offenbarung, 454.

[14] Offenbarung, 454.

[15] W. Bousset, Offenbarung, 455.

eingestellt wurde, zum andern ist der Abschnitt jener Apokalypse, der Gottes neue Welt zum Thema hat, so aufgeschnitten, daß die Vision von 21 9ff. (22 1f.) in den Zusammenhang von 21 1–4 22 3–5 eingebaut wurde. Mit guter Begründung hat schon J. Weiß nachgewiesen, daß sich 22 3–5 »in schönster Weise mit 21 3.4 zusammenschließt.«[16] In 22 3 wird »der Thron Gottes [und des Lammes]« eingeführt, als wäre er nicht schon in 22 1 genannt worden. 22 5 ist Dublette zu 21 23.25, wobei 21 25 in redaktionellem Vorgriff auf 22 5 das originäre ἡμέρας καὶ νυκτός Jes 60 11 verändert ist, und zwar entgegen der »Folgerichtigkeit des Gedankens: Stadttore werden Nachts und nicht Tags zugeschlossen«[17] zu Gunsten des Ausgleichs der divergierenden Quellenaussagen. »Überhaupt fällt 22 3–5 in seiner weissagenden Form aus der visionären Darstellung von V. 1.2 (καὶ ἔδειξέ μοι) heraus«, stellte J. Weiß zutreffend fest[18], übersah aber, daß καὶ ἔδειξέν μοι stilistisch fest zum Quellenstück 21 9ff. gehört: es »kommt in der Apokalypse nur noch 21,10 vor«[19].

Deutlich stellt 22 5c den abschließenden Höhepunkt der ursprünglich jüdischen[20] Apokalypse 19 11–21 4 22 3–5 dar. Gegenüber 20 4fin. καὶ ἔζησαν καὶ *ἐβασίλευσαν* μετὰ τοῦ Χριστοῦ χίλια ἔτη und in Abhebung von 20 10fin. καὶ βασανισθήσονται ἡμέρας καὶ νυκτὸς *εἰς τοὺς αἰῶνας τῶν αἰώνων* lautet der Schluß: καὶ βασιλεύσουσιν εἰς τοὺς αἰῶνας τῶν αἰώνων. Ein Problem ist, daß 22 1.2 in Bezug auf 21 9–27 jetzt an unmöglicher Stelle steht. Darauf deutet ja auch der unerträglich weite Abstand zwischen der »Straße« von 21 21c und der »Straße« von 22 2a. Formal bildet 21 27 den sinnvollen Abschluß der Jerusalemvision 21 9ff. Zwischen die Ausschlußformel 21 27 und die Dublette 22 3a ist ein Stück gestellt, das sich sinnvoll an 21 21c anschließt, von dort aber durch eine nur christlich mögliche Aussage über den Tempel[21] verdrängt wurde. Dabei erscheint die Tempelaussage in Analogie zu 21 23 gestaltet zu sein. Streicht man V. 22 und ersetzt ihn durch 22 1.2, entsteht ein stimmiger Text- und Sinnzusammenhang.

---

16. Die Offenbarung des Johannes, FRLANT 3, Göttingen 1904, 106. Lediglich »denn das Erste ist vergangen« 21 4fin.wäre als redaktioneller Eintrag zu streichen, 107. – Zur Analyse vgl. auch R. H. Charles, A Critical and Exegetical Commentary on the Revelation of St. John, ICC II, Edinburgh (1920) 1976, 153.

17. So H. Kraft, HNT 16a, 273.

18. Offenbarung, 106.

19. H. Kraft, HNT 16a, 274.

20. Es war eine Fehleinschätzung seitens J. Weiß, Offenbarung, 107, daß er 21 1–4 22 3–5 dem Seher Johannes zuschreiben wollte: »Daß Christus zurücktritt, entspricht ganz der Art der letzten Visionen« – eben der geschlossenen jüdischen Apokalypse 19 11–21 4 22 3–5 – »und der Anschauung des Paulus, daß Gott schließlich Alles in Allem sein wird (1 Kor. 15 28).« Aber richtig stellt H. Kraft, HNT 16a, 275 fest: »Unser Buch vertritt nirgends den Gedanken, daß Christus seine Herrschaft dem Vater zurückgibt.«

21. Vgl. Ch. Brütsch, Die Offenbarung Jesu Christi, ZBK III, Zürich ²1970, 53 mit Anm. 25.

II

Um die Einsicht, dem Abschnitt 21 9−22 2 liege ein jüdisches Quellenstück zugrunde, kommt man schwerlich herum. Das gilt zumal, wenn man darauf achtet, welcher Art das Anliegen des christlichen Apokalyptikers war. Nach 19 7−9 21 2.9 will er dem Bild der einst herrlich geschmückten Hure (c. 17f.) das Bild der himmlisch geschmückten Braut, der vollendeten christlichen Gemeinde, gegenüberstellen, denn nach dem Sturz der Hure Babylon ist die Hochzeit des Lammes gekommen. Aber bei dieser *Andeutung* ist es geblieben, die *Durchführung* ist eine ganz andere, eben die, die die Quelle bot. T. Holtz stellt fest: »In 19, 7.9 ist die ›Braut‹ nur erwähnt, nicht aber gedeutet, und v. 9 werden die Nachfolger des Lammes als die Hochzeitsgäste bezeichnet, so daß ihre Gleichsetzung mit der ›Braut‹ ausgeschlossen wird. C. 21 f. hingegen nennt nur die Gemeinde als die Braut des Lammes, ohne daß von der Hochzeit des Lammes mit seiner Gemeinde die Rede wäre, obgleich hier der Ort für die Darstellung dessen wäre.«[22] Wohl läßt sich der Passus 19 7c.8a beziehen auf 21 2b und 21 11a, bleibt aber inhaltlich von 21 1−22 5 her ungedeutet. Wie anders stellt es sich dar, wenn ein christlicher Apokalyptiker jüdisches Überlieferungsgut in eigener Formulierung zur Sprache bringt, so z.B. 5 Esr 2 38.40: ». . . und seht die Zahl der Versiegelten beim Mahle des Herrn. . . . Empfange, Zion, deine Zahl und umschließe deine Weißgekleideten, die das Gesetz des Herrn erfüllt haben.«[23] Für Johannes besteht dagegen die Schwierigkeit, daß er Intention und Ausführung nur nach Art von 22 14 vermitteln kann: »Selig sind, die ihre Kleider waschen, damit sie Anrecht haben an den Lebensbäumen und zu den Toren in die Stadt eingehen.«

Hätte der christliche Apokalyptiker nur jüdisches Überlieferungsgut vom Bau der Himmelsstadt übernommen und daraus eigenständig ein Bild der christlichen Gemeinde im Stand der Vollendung entworfen, wären die vorgenannten Schwierigkeiten schwerlich zu verzeichnen[24]. Zwar wäre auch dann das Überlieferungsgut als solches noch erkennbar, aber es gäbe auch erkennbare Zusammenhänge zwischen Intention und Ausführung. Testfälle zum Vergleich bieten a) als innerjüdisches Beispiel das Lehrerlied 1 QH 6 und b) als christliches Beispiel Herm vis 3 und 9. Ad a): Inmitten tiefster Verzweiflung und Not hat Gott dem

---

[22] Die Christologie der Apokalypse des Johannes, TU 85, Berlin ²1971, 186.

[23] Übers. Hennecke³ II, 492. Zum Verständnis des Terminus »Zahl« vgl. meine Arbeit: Glaube als Gabe nach Johannes, BWANT 112, Stuttgart/Berlin/Köln/Mainz 1980, 60.

[24] Die Annahme, »daß der Verf. verschiedenartiges Material in selbständiger Weise verwendet hat«, so W. G. Kümmel, EinlNT, Heidelberg ¹⁷1973, 409, reicht also im vorliegenden Fall nicht aus.

»Lehrer der Gerechtigkeit« Rettung gewährt und ihm als Ort der Sicherheit seine Gemeinde geschaffen (Z. 22ff.). Dabei »greift der Beter zu einem Bild, um die Sicherheit zu schildern, die ihm von Gott geschenkt worden ist. Er vergleicht die Gemeinde mit einer befestigten Stadt, und die folgenden Zeilen (Z. 25−28) sind der Beschreibung dieser Festung gewidmet.«[25] Ohne Zweifel verrät sich die Terminologie überlieferungsgeschichtlich als solche vom Bau der Gottesstadt Jerusalem[26], aber Ausführung des Bildes und Aussageabsicht des Psalmbeters stimmen sachlich überein: Die Gemeinde als die verwirklichte Festung der Gottesstadt ist Ort letzter Sicherheit[27]. Ad b): Zweifellos komplizierter liegen die Dinge im Hirt des Hermas. Wie R. Knopf erkannt hat, ist in den beiden Allegorien vom Turmbau, vis III 2,3−9 und sim IX 3,1−4,8, die Vorstellung vom Bau der Himmelsstadt übernommen »als Grundlage für eine sich darüber erhebende eschatologische und paränetische Allegorie. . . . Diese Allegorie ist an den beiden Stellen eng verwandt. Hermas sieht, wie ein Turm gebaut wird, und dieser Turm ist die Kirche. Er wird aus Steinen errichtet, die von verschiedner Herkunft sind: das sind die verschiedenen Arten von Gläubigen.«[28] Sicher bilden die einzelnen Deutungen unter sich wie auch die Beziehung zwischen Bild und Deutung keine befriedigende Einheit[29] − ein Indiz für die Geschlossenheit und Mächtigkeit des übernommenen Traditionsguts −, aber die Deutungen stehen auch nicht *beziehungslos* neben dem Bild. Liegt »in der kirchlichen Deutung des Hermas . . . aller Nachdruck auf den Steinen und ihrer Brauchbarkeit,«[30] so ist eben im Bild selbst schon von diesen Steinen die Rede. Ganz anders verhält es sich mit Apk 219−222. Von 2110 an spielt der Gedanke, daß die Gottesstadt die *Braut* des Lammes − ἡ νύμφη ἡ γυνὴ τοῦ ἀρνίου[31] − sei, überhaupt keine Rolle.

Wir waren von der Beobachtung ausgegangen, daß der Seher Johannes nach Apk 197−9 von der himmlisch geschmückten Braut und der Hochzeit des Lammes hatte sprechen wollen, und hatten, literarkritisch analysierend, wie H. Kraft nur von »Andeutung« gesprochen[32]. Wir müs-

---

[25] G. Jeremias, Der Lehrer der Gerechtigkeit, StUNT 2, Göttingen 1963, 244.

[26] G. Jeremias, Lehrer, 245−248.

[27] Vgl. G. Jeremias, Lehrer, 248.

[28] Die Himmelsstadt, in: Neutestamentliche Studien, G. Heinrici zu seinem 70. Geburtstag dargebracht, Leipzig 1914, 213−219, dort 216.

[29] R. Knopf, Himmelsstadt, 216f.; M. Dibelius, Der Hirt des Hermas, HNT ErgBd IV, Tübingen 1923, 459.

[30] M. Dibelius, Hermas, 461.

[31] ἡ γυνή ist Attribut zu ἡ νύμφη, vgl. zu dieser grammatischen Erscheinung L. Radermacher, Neutestamentliche Grammatik, HNT 1, Tübingen ²1925, 107f.; 111; s. auch meine Arbeit: Glaube als Gabe, 227. Die Stelle ist zu übersetzen: »Die Braut, die die Frau des Lammes ist.« Zur Bezeichnung der Braut als γυωή s. J. Jeremias, ThWNT IV, 1092f.

[32] HNT 16a, 244.

sen nun aber auch dem vorliegenden Text des christlichen Apokalyptikers gerecht werden und die Hinweise in 19 7−9 21 2.9 im redaktionsgeschichtlichen Sinn als die *Deutung* verstehen[33], mit der der Seher Johannes seine jüdischen Quellen über die Gottesstadt verchristlicht hat. Mit der Gleichung Gottesstadt − Heilsgemeinde stand er in reicher jüdischer und urchristlicher Tradition[34], mit der Deutung der Gemeinde als Christusbraut einzig in urchristlichem Anschauungskreis[35]. Zur Frage steht allerdings, ob er mit seiner Deutung nicht einen älteren Zusammenhang verdrängt hat, der von Israel als tiefbetrübter Frau (Jes 54 4−6 4 Esr 9 38 10 7) und hernach als der herrlich geschmückten Gottesstadt sprach (Jes 54 11f. 4 Esr 10 27.50). Dies würde jedenfalls das Vorkommen von γυνή in 19 7 21 9 erklären, da aus 21 9 22 17 zu entnehmen ist, daß ihm die Rede von der νύμφη näherlag.

Noch ein weiteres Mal verrät die Vision Apk 21 9−22 2 einen Eingriff von eindeutig christlicher Hand. Jerusalem in der Deutung als Brautgemeinde des Lammes trägt auf den Fundamenten ihrer Mauer die Namen der zwölf Apostel des Lammes 21 14: »Es liegt nahe, daß eine christliche Hand dieses Bild in die Vision eingefügt hat, um dem Abschnitt einen spezifisch christlichen Akzent zu geben und die Stellung der Urapostel besonders hervorzuheben.«[36] Die Parallele zu Eph 2 20 liegt auf der Hand[37]. Schön kommentiert E. Lohse: »Auf jedes der Tore ist der Name eines der zwölf Stämme Israels geschrieben (vgl. Ez. 48,31ff.); denn Jerusalem ist die Stadt des Gottesvolkes. Dieses aber ist nicht mehr auf das Volk des Alten Bundes beschränkt, sondern es ist die aus Juden und Heiden zusammengerufene Gemeinde Jesu Christi (vgl. 7,4ff.). Darum wird hinzugefügt, daß die zwölf Grundsteine die Namen der zwölf Apostel tragen; denn die Kirche ist auf dem Grunde der Apostel und Propheten erbaut (Eph. 2,20; Mt. 16,18), die das tragende Fundament des ganzen Baues bilden.«[38]

III

Sieht man von den Stellen eindeutig christlicher Redaktion ab, stellt Apk 21 9−22 2 ein genuin jüdisches Quellenstück dar. Wohl bietet Apk

---

[33] Vgl. dazu T. Holtz, Christologie, 191−195: »Exkurs: Das neue Jerusalem als die vollendete Gemeinde.«

[34] G. Klinzing, Die Umdeutung des Kultus in der Qumrangemeinde und im Neuen Testament, StUNT 7, Göttingen 1971, 59−63, 168−171, 184−189.

[35] J. Jeremias, ThWNT IV, 1097 ff.; gegen O. Böcher, Kirche, in Zeit und Endzeit, Aufsätze zur Offenbarung des Johannes, Neukirchen−Vluyn 1983, 43, 159.

[36] A. Satake, Gemeindeordnung, 133.

[37] Vgl. dazu J. Gnilka, Der Epheserbrief, HThK X, 2, Freiburg/Basel/Wien ³1982, 154−158.

[38] Die Offenbarung des Johannes, NTD 11¹², Göttingen ⁵1979, 109 f.

21 »die ausführlichste Schilderung der endzeitlichen Heiligen Stadt«[39], aber doch so, daß nahezu jede Einzelaussage ihre Parallelen in alttestamentlich-jüdischen Texten hat[40]. Katenenartig soll dies im folgenden verdeutlicht werden.

21 9 ist, wie schon ausgeführt, stark redaktionell verändert. Als gesichert kann gelten, daß die Rede vom Offenbarungsengel auf die Quelle zurückgeht[41], vielleicht auch die Rede von der γυνή — analog 4 Esr 9 38—10 28: »In der vierten Vision erblickt der Seher eine trauernde Frau, die Jerusalem in seinem ganzen Elend und all seiner Verwüstung repräsentiert (4 Esr 9,38 ff.). . . . Plötzlich wird die Frau verwandelt, . . . Sie ist keine Frau mehr, sondern das Neue Jerusalem, überwältigend in seiner Schönheit (4 Esr 10,25 ff.).«[42]

21 10   a) Und er entrückte mich im Geist
        b) auf einen großen und hohen Berg,
        c) und er zeigte mir die Heilige Stadt,

21 11   a) Jerusalem / im Besitz der Herrlichkeit Gottes.
        b) Ihr Lichtglanz glich dem edelsten Stein,
        c) dem kristallglänzenden Jaspisstein.

21 10. Die wesentlichen Motive entstammen Ez 40 2.3 a: a) die Entrückung, b) der mythische Gottesberg, c) die Vision des stadtartigen Baus[43]. a) Zum Ekstatischen vgl. W. Bousset—H. Greßmann, Die Religion des Judentums im späthellenistischen Zeitalter (HNT 21), Tübingen [4]1966, 394—399; W. Bousset, Offenbarung, 4—6; besonders IHen 71 5f.: »Da entrückte der Geist den Henoch in den Himmel der Himmel . . .

[39] G. Jeremias, Lehrer, 245.

[40] »Zu allen einzelnen Elementen in der Beschreibung des himmlischen Jerusalem in Apk 21 f. lassen sich sehr enge Beziehungen zu Stellen des AT und deren haggadischer Auslegung durch das Rabbinat beibringen«, so H. Bietenhard, Die himmlische Welt im Urchristentum und Spätjudentum, WUNT 2, Tübingen 1951, 202, mit Hinweis auf Bill. III, 847—857. Vgl. auch O. Böcher, Kirche 159—161. Die reiche Materialsammlung bei P. Volz, Die Eschatologie der jüdischen Gemeinde im neutestamentlichen Zeitalter, Hildesheim 1966, 371—376, ist zu ergänzen durch 1 QH 6,24—33; 4 QpJes^d; ferner durch einen in mehreren Qumranhöhlen vertretenen Texttyp, den G. Vermes, The Dead Sea Scrolls, London 1977, 72 so beschreibt: "Fragments of a visionary Aramaic writing inspired by Ezekiel 40—48 have been found in Cave 1 (1 Q 32), 2 (2 Q 24), 4, 5 (5 Q 15) and 11 (11 Q JN ar)." Es erscheint mir unverständlich, wie D. Georgi, Die Visionen vom himmlischen Jerusalem in Apk 21 und 22, in: Kirche, Festschr. G. Bornkamm, Tübingen 1980, 351—372, dort 362 zu der Feststellung kommen kann, Johannes wolle seine Vision vom neuen Jerusalem von der Apokalyptik absetzen.

[41] W. Bousset, Offenbarung, 6 f. mit ausführlichem Vergleichsmaterial.

[42] H. H. Rowley, Apokalyptik, Einsiedeln/Zürich/Köln [3]1965, 93 f.; die Stelle zitiert auch Ch. Brütsch, Offenbarung III, 21.

[43] Vgl. dazu W. Zimmerli, Ezechiel, BK 13,2 II, Neukirchen—Vluyn 1969, 997 f.

Mein Geist sah, ...« b) Zu dem hohen Gottesberg[44] vgl. IHen 25 3: »Dieser hohe Berg, ... ist sein Thron, ...« c) »Heilige Stadt« Jes 48 2 52 1 Dan 9 24 Neh 11 1.18[45]. d) καταβαίνουσαν ἐκ τοῦ οὐρανοῦ ἀπὸ τοῦ θεοῦ scheint von 21 2b herübergenommen zu sein, vgl. auch 3 12[46].

21 11 a) ἡ δόξα τοῦ θεοῦ Jes 58 8 (LXX); vgl. auch Ez 43 2 (LXX); ferner Jes 60 1.2.19 PsSal 17 31c Bar 5 1. b) φωστήρ »Glanz« wie 3 Esr 8 76; in der Sache vgl. τὴν σὴν λαμπρότητα Bar 5 3; ferner 4 Esr 10 50: »... zeigte er dir den Glanz ihrer Herrlichkeit und die Schönheit ihrer Pracht«; Sib 5 420f.: »... und die Stadt, ..., die machte er glänzender als die Sterne und die Sonne und den Mond.« c) Zum Kristallglanz vgl. λίθους κρυστάλλου Jes 54 12; auch IHen 14 9–21 71 1–9[47].

21 12 a) Sie hatte eine große und hohe Mauer,
    b) sie hatte zwölf Tore
    c) und über den Toren zwölf Engel
    d) und Namen angeschrieben,
    e) welche die der zwölf Stämme der Israeliten waren.

21 13 a) Im Osten drei Tore
    b) und im Norden drei Tore
    c) und im Süden drei Tore
    d) und im Westen drei Tore[48].

21 12 a) Vgl. »auf hoher Mauer« 1 QH 6,25; »eine große Mauer« Sib 5 251[49]. b) Die Zwölfzahl der Tore, verbunden mit e) den Namen der zwölf Stämme, geht auf Ez 48 30–35 zurück, wozu W. Zimmerli ausführt: »12 Tore hat sie gleich jener herrlichen Anlage um den Tempelturm Etemenanki her. In den Namen der 12 Tore aber wird die Fülle des Zwölfstämmevolkes erkennbar.«[50] Der grundlegende schriftgelehrte Bezug auf Ez 48 30–35 läßt den möglichen kosmologischen auf die zwölf Himmelstore IHen 76 1ff. und deren zwölf Taxiarchen 82 11 fast nicht mehr gegeben erscheinen, abgesehen davon, daß »zwölf Tore« für die Himmelsstadt nicht konstitutiv waren, s. Lukian, Wahre Geschichten II, 11 πύλαι δέ εἰσιν ἑπτά[51]. Die prägende Kraft von Ez 48 30–35 zeigt

---

[44] Vgl. W. Bousset–H. Greßmann, HNT 21, 283f.; H.-J. Kraus, Psalmen, BK 15,1 I, Neukirchen ²1961, 343; O. Böcher, Kirche, 147f.

[45] J. Schreiner, Sion – Jerusalem · Jahwes Königssitz, StANT 7, München 1963, 221; weitere Belege bei Bill. I, 150; M. Rissi, Die Zukunft der Welt, Basel (1966), 49, Anm. 111.

[46] Zur Ausdrucksweise und Vorstellung vgl. Bill. III, 573, 796; ferner P. Volz, Eschatologie, 372–376.

[47] O. Böcher, Kirche, 148; s. auch TRE IX, 269.

[48] Zur Übersetzung von ἀπό s. Bauer, WB 171 s.v. II,1 z.St.

[49] G. Jeremias, Lehrer, 246f.

[50] Ezechiel II, 1239.

[51] Die Siebenzahl der Tore entspricht wohl der Siebenzahl der Edelsteinberge in IHen 18 6–8 24 2f.

sich auch in den mit den Namen der zwölf Stämme verbundenen zwölf
Toren der zweiten und dritten Hofanlage nach Tempelrolle 39,11–
41,11[52]. Vgl. auch 5 Q *15* 1,1,10f. und den Hinweis in DJD III,185:
«A la col. i du grand morceau de 4 Q . . . commence la description d'un
gigantesque rempart à douze portes . . .» c) Die Zwölfzahl von Engeln
begegnet 5 Esr 1 40, »astronomisch« IHen 82 11[53]. Sie kann aber auch einfach aus der Zwölfzahl der Tore abgeleitet sein. Danach wäre zu vergleichen PesR 35 (160[b]): ». . . u. ich werde den Engeln gebieten, sie
(Jerusalem) zu bewachen, wie es heißt: Über deine Mauern, Jerusalem,
habe ich Wächter bestellt Jes 62,6.«[54] d) . . . σαϱδόνυχες, τοὺς ἐπω-
νύμους τῶν τοῦ ἔθνους φυλῶν ἐπιγεγϱαμμέναι Josephus, bell. 5,233
(vgl. Ex 28 9.11). d)–e) Grundstelle ist Ez 48 31a. Möglicherweise kannte
auch 4 QpJes[d] 6f. den Zusammenhang von zwölf Toren und »den Stam-
meshäuptern Israels«, vgl. ferner die Mitteilung über die Handschrift
aus 4 Q (s. DJD III,185) betr. Umfassungsmauer »où s'ouvrent douze
portes nommées d'après les douze tribus, à l'image de la Ville d'Éz
48[30–35]«.

21 13. Zugrunde liegt Ez 48 30–34, nur daß die Reihe wie üblich –
weil ja die östliche die erste Himmelsrichtung ist IHen 77 1 – mit dem
Osten beginnt, so daß nun gegenüber Ez 48 30ff. Norden und Osten ver-
tauscht sind, ansonsten aber die Reihenfolge charakteristisch zusammen-
geht. Die einzige »Parallele« zur Reihenfolge O–N–S–W begegnet
IHen 76 3, aber sicher nur in der äthiopischen Übersetzung[55], nicht im
Aramäischen[56].

21 14 verrät die Hand des christlichen Redaktors und geht wohl ganz
auf sein Konto[57], denn V. 15 nennt nur »die Stadt, ihre Tore und ihre
Mauer«.

21 15 a) Und der mit mir redete,
　　　b) hatte als Maß ein goldenes Rohr,
　　　c) um zu messen die Stadt,
　　　d) ihre Tore und ihre Mauer.

21 16 a) Und die Stadt lag viereckig da
　　　b) bei Gleichheit ihrer Länge und Breite.
　　　c) Und er vermaß die Stadt mit dem Meßrohr
　　　d) zu 12.000 Stadien
　　　e) bei Gleichheit ihrer Länge, Breite und Höhe.

---

[52] Vgl. J. Maier, Die Tempelrolle vom Toten Meer, UTB 829, München/Basel 1978, 112f.
[53] Vgl. auch die zwölf Jungfrauen »rings um das Tor« Herm sim IX 2,3.
[54] Bill. IV, 923. ואני מצוה לה מלאכים לשומרה (M. Friedmann).
[55] F. Martin, Le livre d'Hénoch, Paris 1906, 176, Anm. zu Hen 76 3.
[56] J. T. Milik, The Book of Enoch, Oxford 1976, 285.
[57] Vgl. W. Bousset, Offenbarung, 454.

21 17 a) Und er vermaß ihre Mauer
       b) zu 144 Ellen
       c) nach Menschenmaß, das auch das des Engels war.

21 15 a) Vgl. Sach 1 9 u. ö., in der Quelle bezogen auf 17 1 21 9. b) Das Meßrohr ist vorgegeben aus Ez 40 3.5, vgl. auch 5 Q *15* 1,1 passim, s. DJD III,185: «Le schème littéraire de l'ouvrage araméen est celui d'Éz 4o ss.: le visionnaire fait une visite systématique de la Ville [et du Temple], accompagné d'un ‹métreur divin› qui opère des mensurations détaillées, la mesure de base étant une canne (קְנֵה) égale à sept coudées; cf. Éz 40^{3,5} et Apoc 21^{15}.» c) Der Vorgang des Messens hat den Sinn der genauen Beschreibung[58], vgl. Ez 40 1ff.; 5 Q *15* 1, steht also nicht in Zusammenhang mit Apk 11 1[59].

21 16 a)−b) Der quadratische Grundriß folgt der Tradition von Ez 48 30−35 (vgl. 48 16), vgl. auch Herm vis III 2,5, wie denn auch die quadratischen Hofanlagen der Tempelrolle der Tradition entsprechen, »die auch bei Ezechiel 40ff. schon bezeugt ist«[60]. c)−d) Das Gigantische der Maße der Stadt stammt nicht aus dem Buch Ezechiel, begegnet aber in verschiedener Weise in Schriften des antiken Judentums, vgl. 5 Q *15* 1 (s. dazu DJD III, 185f.) IHen 90 29 Sib 5 250f. 5 423f. 1 QH 6,31; s. ferner Bill. III, 849f. e) Zur Kubusgestalt[61] vgl. BB 75^{b} (= Bill. III, 849f.); Herm sim IX 2,1.

21 17. Welche Vorstellung der Apokalyptiker mit diesen Aussagen verband, läßt sich schwerlich ermitteln; wichtig war ihm sicher der Bezug des Maßes auf die Zwölfzahl[62]. c) Vgl. »nach gewöhnlicher Elle« Dtn 3 11.

21 18 a) Und ihre Umfassungsmauer war Jaspis
       b) und die Stadt reines Gold
       c) gleich reinem Glas.

21 19 a) Die Grundsteine der Mauer der Stadt
       b) erstrahlten im Schmuck von allerlei Edelsteinen:
       c) der erste Grundstein Jaspis,
       d) der zweite Saphir,
       e) der dritte Chalcedon,
       f) der vierte Smaragd,

21 20 a) der fünfte Sardonyx,
       b) der sechste Sardion,
       c) der siebte Chrysolith,

---

[58] Vgl. W. Bousset, Offenbarung, 315, 447f.
[59] Gegen H. Kraft, HNT 16a, 270.
[60] J. Maier, Tempelrolle, 68.
[61] O. Böcher, Kirche, 118, 131, 159.
[62] Ch. Brütsch, Offenbarung III, 48.

d) der achte Beryll,
e) der neunte Topas,
f) der zehnte Chrysopras,
g) der elfte Hyazinth,
h) der zwölfte Amethyst.

21 21 a) Und die zwölf Tore waren zwölf Perlen,
    b) jedes einzelne Tor bestand aus einer einzigen Perle.
    c) Und die Straße der Stadt war reines Gold
    d) wie durchscheinendes Kristallglas.

21 18 a) καὶ τὸν περίβολόν σου λίθους ἐκλεκτούς Jes 54 12; καὶ λίθῳ ἐντίμῳ τὰ τείχη σου Tob 13 17. Vgl. auch Lukian, Wahre Geschichten II, 11: αὐτὴ μὲν οὖν ἡ πόλις πᾶσα χρυσῆ, τὸ δὲ τεῖχος περίκειται σμαράγδινον. b) ἐν χρυσίῳ καθαρῷ Tob 13 17. c) Vgl. oben zu V. 11c.

21 19 a) Die Rede von den Grundsteinen − hier im Zusammenhang von V. 17.18 bezogen auf die Mauer der Stadt − ist fester Topos, vgl. Jes 54 11 4 QpJes^d 1 1QH 6,26 4 Esr 10 27. b) κεκοσμημένον παντὶ λίθῳ πολυτελεῖ Sir 50 9c. Zu diesem »allerlei« vgl. auch Ez 28 13 hebrSir 45 11c[63]. Im übrigen vgl. die Notiz in DJD III, 86 zu 2 Q 24 3,2: «D'après 4 Q le rempart de la terûmah (cf. Éz 45) est bâti de pierres précieuses....»

21 19f. Die zwölf Edelsteine reflektieren die Gesamtheit des Zwölfstämmevolks, s. Ex 28 17ff. 39 10ff. AntBibl 26 10ff.; vgl. auch JosAs 5 5(6). Überblickt man die vielfältigen Reihen, die zu Ex 28 17ff. 39 10ff. gebildet wurden, ohne daß auch nur eine mit der anderen übereinstimmt[64], wird man auch Apk 21 19f. den Bezug auf die zwölf Edelsteine des Pectorale nicht absprechen können. χαλκηδών 21 19e entspricht Stein 4 in TgN, Stein 6 in TgJ 1 und Stein 4 in ExR 38 8[65], also ἄνθραξ − carbunculus. σαρδόνυξ 21 20a ist gleich Stein 1 bei Josephus, ant. III, 168 und ExR 38 8. χρυσόπρασος 21 20f entspricht Stein 11 in TgJ 1 bzw. ExR 38 8[66]. ὑάκινθος 21 20g ist Stein 3 in ExR 38 8. Danach bliebe nur noch die Frage der Reihenfolge zu klären. Vielleicht kannte der Apokalyptiker eine Auffassung vom tetragonalen Pectorale, wonach die vier Reihen der Edelsteine nach den vier »Weltecken« angeordnet waren[67]; dann hat er sie natürlich nach dem Muster von 21 13 gelesen, O−N−S−W:

---

[63] Gegen H. Kraft, HNT 16a, 271.

[64] S. Anhang I.

[65] Im übrigen vgl. F. de Mély−Ch.-Ém. Ruelle, Les lapidaires Grecs, Paris 1898, 175, 15: λίθος ὁ χαλκηδόνιος . . . ἄνθρακι ὅμοιος, vgl. auch 191,4.

[66] Vgl. Plinius, hist. nat. 37, 76f.: (chrysoberulli . . .) vicinum huic genus est, sed pallidius . . . vocatumque chrysoprasum.

[67] TgJ 1 Ex 28 17. Auf die Stelle weist auch hin U. Jart, The Precious Stones in the Revelation of St. John XXI.18−21, StTh 24, 1970, 150−181, dort 166.

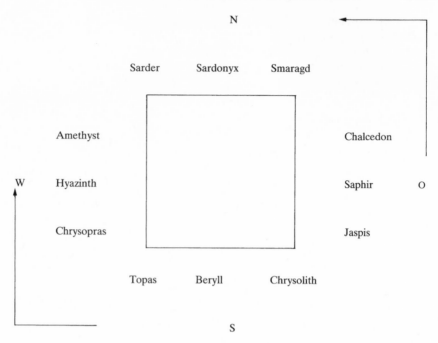

N

Sarder   Sardonyx   Smaragd

Amethyst   Chalcedon

W   Hyazinth   Saphir   O

Chrysopras   Jaspis

Topas   Beryll   Chrysolith

S

Einen Bezug der zwölf Edelsteine auf die zwölf Tierkreiszeichen kann man dem Text nur von außen aufzwingen[68].

21 21a)−b) καὶ τὰς πύλας σου λίθους κρυστάλλου Jes 54 12; καὶ αἱ θύραι Ιερουσαλημ σαπφείρῳ καὶ σμαράγδῳ οἰκοδομηθήσονται Tob 13 17 (nach S). Zu Edelsteinen und Perlen als Tore Jerusalems s. BB 75ª (= Bill. II, 586). c) καὶ αἱ πλατεῖαι Ιερουσαλημ βηρύλλῳ κτλ. Tob 13 17; «Et toutes les rues et la ville sont pavées de pierre ‹blanche›» (באבן חור) 5 Q 15 1,1,6 (Übers. DJD III, 191).

22 1   a) Und er zeigte mir den Lebenswasserstrom,
       b) glänzend wie Kristall,
       c) ausgehend vom Throne Gottes.

22 2   a) Zwischen ihrer Straße und dem Fluß zu beiden Seiten
       b) standen Lebensbäume, die zwölfmal Früchte trugen.
       c) Monatlich gab jeder seine Frucht,
       d) und die Blätter der Bäume dienten zur Heilung der Völker.

21 23 a) Und die Stadt brauchte nicht Sonne noch Mond,
       b) daß sie ihr schienen,
       c) denn die Herrlichkeit Gottes erleuchtete sie.

---

[68] S. Anhang II.

22 1. Längst ist in der Alttestamentlichen Wissenschaft erkannt, wie die Rede von der »Quelle« (Jos 4 18 Ez 47 1 ff.), vom »Strom« (Ps 46 5 Ez 47 5–12), vom »lebendigen Wasser« (Sach 14 8) mit der Heiligen Stadt zusammengehört: sie ist Folge »der Übertragung einer zur Göttersitz-Mythologie hinzugehörigen syrisch-kanaanäischen *yammu-* bzw. *naharu-*Vorstellung.«[69] Von dieser Vorgeschichte her gehen auch in der Apokalyptik[70] wie überhaupt in der jüdischen Gedankenwelt[71] Motive von Gottesstadt und Gottesgarten ineinander über. Wie J. T. Milik erkannt hat, begegnen die alten »Ugaritic expressions«, die zu der soeben angesprochenen Göttersitz-Mythologie gehören, »almost unaltered in En. 17: 7–8«[72], und im gleichen Zusammenhang, nämlich IHen 17 4, ist auch die Rede vom »lebendigen Wasser«. Natürlich gehört ferner hierher das Motiv »Lebensbaum«: »Denn für euch ist das Paradies geöffnet, der Baum des Lebens gepflanzt, ... die Stadt erbaut«, 4 Esr 8 52. Auch die Verbindung von Thronsitz und Lebensbaum dürfte von Bedeutung sein: IHen 25 1 ff. ApkMos 22 hebrHen 5 1.

22 2 a) Die syntaktische Mehrdeutigkeit des Textes löst sich von Ps 46 5 her: Die Arme des Stromes erfreuen die Gottesstadt. Diese Vorstellung ist mit Ez 47 7.12 kontaminiert. b)–c) Grundlage ist Ez 47 7.12, s. dazu die Belege Bill. III, 253 f. 856 f. d) Wie IHen 25 4 f. 4 Esr 7 123 geht auch unsere Stelle auf Ez 47 12 zurück, ihr Spezifikum ist die Sonderung von Früchten und Blättern, wobei nur die letzteren »zur Heilung der Völker« dienen.

21 23. Wie in 4 Esr 7 39.42 AntBibl 26 13 ist auch hier Jes 60 19 f. aufgenommen (vgl. ferner die Belege Bill. III, 853).

21 24 a) Und die Völker werden sich in ihrem Licht ergehen,
b) und die Könige der Erde bringen ihre Herrlichkeit in sie hinein,

21 25 a) und ihre Tore werden nicht geschlossen werden
b) bei Tag noch bei Nacht.

21 26 Und man wird Glanz und Ehre der Völker in sie hineinbringen.

21 27 a) Aber nichts Gemeines wird in sie hineingehen.

---

[69] H.-J. Kraus, Psalmen I, 344; vgl. auch H. Schmid, Jahwe und die Kulttraditionen von Jerusalem, ZAW 67, 1955, 168–197, dort 187 f.; J. Schreiner, Sion–Jerusalem, 222. – Von diesem gemeinsamen Wurzelgrund führen dann Verzweigungen auch zu den Parallelen (E. Lohmeyer, Die Offenbarung des Johannes, HNT 16, Tübingen ³1970, 175; K. Rudolph, Die Mandäer II, FRLANT 75, Göttingen 1961, 62, Anm. 4; 68, Anm. 2) in der mandäischen Religion: M. Lidzbarski, Ginzā, Göttingen 1925, 163, 32 f.; 281, 21 f.

[70] J. Klatzkin/J. Kaufmann, Apokalyptik, in: Apokalyptik, hg. v. K. Koch und J. M. Schmidt, WdF 365, Darmstadt 1982, 240; P. Volz, Eschatologie, 373 f.; J. Jeremias, ThWNT V, 764 f.

[71] Bill. IV, 2, 1151 f.

[72] The Books of Enoch, 39.

Ch. Brütsch, Offenbarung III, 57: »Von hier an stehen die Verben in der Zukunftsform (mit Ausnahme von ›bringen‹ im gleichen V.).« Der Apokalyptiker denkt also an Erfüllung prophetischer Weissagung.

21 24 a) Das Licht Jerusalems strahlt weit in die Runde, so daß die Völker schon auf ihrem Weg zur Gottesstadt »durch ihr Licht hindurchgehen werden«, und zwar in Erfüllung der Weissagung Jes 60 3 a; vgl. PRK 21, 4 (B. Mandelbaum I, 322, 1f. ~ Bill. III, 853):

ר' הושעיה בשם ר' אפס עתידה ירושלם לעשות כסילפנס לאומות העולם
והם מהלכין לאורה. ומה טעמ' ,והלכו גוים לאורך וג' (ישעיה ס:ג).

b) Die Formulierung ist kontaminiert aus Jes 60 3 b und V. 11 c. d.

21 25 a)–b) αἱ πύλαι σου . . . ἡμέρας καὶ νυκτὸς οὐ κλεισθήσονται Jes 60 11 a.b. »Öffne beständig [deine] Tor[e], daß man zu dir bringe den Reichtum der Völker!«, 1 QM 12,13 f.

21 26. Nach dem Vorbild der Tributleistungen bringt man die Schätze der Völker in die Heilige Stadt, vgl. Ps 76 12 f. Jes 60 5–17 Hag 2 7 Tob 13 11.

21 27. Es ist üblich, Apk 21 27 in die Reihe jener Aussagen zu stellen, wonach »kein Fremder die heilige Stadt betreten dürfe«[73]. Aber paßt das zu der Rede von den Völkern und Königen in 22 2d 21 24.26? Keineswegs! Vermutlich endete das Quellenstück mit der Ausschlußformel, die sich nur auf kultisch Unreines (κοινόν)[74], vielleicht noch im Anschluß an 17 4 f. auf βδέλυγμα bezog, während der Übergang auf Personen 21 27b.c vom christlichen Seher stammt (vgl. 21 8 22 15): Etwas Unreines wird keinen Einlaß in die Heilige Stadt finden. Jes 52 1 c (לא בוא – טמא)[75] lieferte wohl die Grundlage der Aussage, wäre aber charakteristisch uminterpretiert. In der Sache liegt Berührung vor mit Tempelrolle 47,3–7: »Aber die Stadt, . . ., soll heilig und rein sein von jeder Sache, die mit einer Unreinheit verbunden ist, mit der man sich verunreinigen kann. Alles in ihr soll rein sein, und alles, was in sie kommt, soll rein sein, . . .«[76]

---

[73] O. Böcher, Kirche, 116, Anm. 15 (entsprechend die Ausführungen 158, 160); vgl. ferner W. Bousset, Offenbarung, 451; G. Jeremias, Lehrer, 247f. mit Anm. 4; G. Klinzing, Umdeutung, 85 mit Anm. 39; 185, Anm. 7.

[74] H. Kraft, HNT 16a, 273f.

[75] Zu טמא – κοινός s. W. Paschen, Rein und unrein, StANT 24, München 1970, 165–168.

[76] J. Maier, Tempelrolle, 49. Zu vergleichen ist insbesondere die Entsprechung Apk 21 27a καὶ οὐ μὴ εἰσέλθῃ εἰς αὐτὴν πᾶν κοινόν, Tempelrolle 47,6 וכול אשר יבוא לה לה יהיה טהור (The Temple Scroll, ed. Y. Yadin, Bd. III, Jerusalem 1977). – Konträr zu vorliegender Analyse das Ergebnis von D. Georgi, Festschr. G. Bornkamm, 372: »Der Himmel als Welt, die Welt als Stadt und die Stadt als eine demokratisierte Welt, damit endet die Offenbarung des Johannes und erweist sich so als echtes Kind hellenistischer Kultur, einer durch und durch städtischen Welt.«

Ganz offenkundig passen die positive Aussage von den Königen und Völkern 21 24–26 und die ausschließende Rede von im Lebensbuch Verzeichneten nicht zusammen, jedenfalls nicht in jüdischem Verständnis des Topos[77]. Die Formulierung 21 27c stammt also in toto von christlicher Hand: Die »im Lebensbuch des Lammes Verzeichneten« sind die durch das Blut des Lammes Losgekauften »aus allen Stämmen, Sprachen, Völkern und Nationen« (5 9). Dem entspricht die abschließende christliche Deutung der Jerusalem-Vision in Apk 22 14: Die am Erlösungswerk Christi Anteil haben, werden auch partizipieren an der eschatologischen Gottesgemeinschaft der erlösten Gemeinde des Lammes[78].

---

[77] Nach jüdischem Verständnis würde die Rede vom »Lebensbuch«, bezogen auf die Erwählung des Volkes Israel, den Zugang der Völker in die Stadt 22 2d 21 24.26 gerade ausschließen, s. meine Arbeit: Glaube als Gabe, 98, Anm. 184.

[78] Formulierung im Anschluß an H. Strathmann, ThWNT VI, 532, 45–47.

Anhang I: Auf Ex 28 17–20 39 10–13 bezogene Reihen von zwölf Edelsteinen

Ex 28 17–20 39 10–13	LXX Ex 28 17–20 36 17–20 Ez 28 13 (Philo, all. I 81)	Josephus, bell. V 234	Josephus, ant. III 168	AntBibl 26 10f.
1	אדם σάρδιον (Ruben)	σάρδιον	σαρδόνυξ	sardinus Ruben
2	פטדה τοπάζιον (Simeon)	τόπαζος	τόπαζος	topazion Simeon
3	ברקת σμάραγδος (Levi)	σμάραγδος	σμάραγδος	smaragdinus Levi
4	נפך ἄνθραξ (Juda)	ἄνθραξ	ἄνθραξ	carbunculus Juda
5	ספיר σάπφειρος (Issaschar)	ἴασπις	ἴασπις	saphirus Issaschar
6	יהלם ἴασπις	σάπφειρος	σάπφειρος	iaspis Sebulon
7	לשם λιγύριον	ἀχάτης	λίγυρος	ligirius Dan
8	שבו ἀχάτης	ἀμέθυστος	ἀμέθυστος	ametistus Naphthali
9	אחלמה ἀμέθυστος	λιγύριον	ἀχάτης	achates Gad
10	תרשיש χρυσόλιθος	ὄνυξ	χρυσόλιθος	crisolitus Asser
11	שהם βηρύλλιον	βήρυλλος	ὄνυξ	berillus Joseph
12	ישפה ὀνύχιον	χρυσόλιθος	βήρυλλος	onichinus Benjamin

TgJ 1 Ex 28 17–20	TgN Ex 28 17–20	TgO Ex 28 17–20	ExR 38 8 (griechische Quelle)[79]	Apk 21 19–20
סמקתא Ruben	סמקתה Ruben		סמקן σαρδονύχιον Ruben	Jaspis
ירקתא Simeon	ירקתה Simeon		ירקן τοπάζιον Simeon	Saphir
ברקתא Levi	ברקתה Levi		ברקן ὑάκινθος Levi	Chalcedon
איזמורד Juda	כדכדינה Juda		אזמרגדין καρχηδόνιος Juda	Smaragd
ספירינון Dan	ספרינה Issaschar		שבזיז σαπφείρινον Issaschar	Sardonyx
כדכודין Naphthali	עין עגלה Sebulon		סבהלום σμάραγδος Sebulon	Sardion
קנברינון Gad	לשם זוזין Dan		קנכירי βηρύλλιον Dan	Chrysolith
טרקין Asser	ברולין Naphthali		טרקיא ἀχάτης Naphthali	Beryll
עין עיגל Issaschar	זמרגדין Gad		עין עגלא ἀμέθυστος Gad	Topas
כרום ימא Sebulon	כרום [י]מה רבה Asser		כרום ימא χρῶμα θαλάσσιον Asser	Chrysopras
בורלוות חלא Joseph	כדלחא Joseph		בורלא παράλευκον Joseph	Hyazinth
מרגניית אפנטירין Benjamin	מרגליתה Benjamin		פנתירי μαργαρίτης Benjamin	Amethyst

[79] Nach S. Lieberman, Greek in Jewish Palestine, New York 1942, 56–59, bes. 58; vgl. auch W. Bacher, Une ancienne liste des noms grecs des pierres précieuses relatées dans Exode XXVIII, 17–20, REJ 29, 1894, 79–90; H. Feldman, Prolegomenon zu M. R. James, The Biblical Antiquities of Philo, now first translated from the Old Latin Version, Neudr. New York 1971, CXIII f.

Anhang II: Die zwölf Edelsteine Apk 21 19f. und der Tierkreis

»In den zwölf Edelsteinen des himmlischen Jerusalem sowie auch in den zwölf Edelsteinen am Brustschild des Hohenpriesters hat man die zwölf Tierkreisbilder sehen wollen«, resümiert zustimmend Ph. Schmidt[80]. Zu bedenken ist jedoch, daß solche Beziehung lediglich auf die Nennung der *Zwölfzahl*[81] gegründet ist: In allegorischer Manier beziehen Josephus und Philo die Zwölfzahl der Edelsteine auf die Sternbilder des Zodiakus − über eine Liste der Entsprechungen zwischen Tierkreiszeichen und Edelsteinen verfügen sie offenbar nicht −, um damit die kosmologische Weisheit des jüdischen Gesetzgebers zu erweisen[82]. H. Zimmerns[83] Bezugsstelle Beschwörungstafeln Šurpu VIII 68ff. nennt lediglich zwölf nicht identifizierbare heilkräftige Edelsteine[84], A. Jeremias' Hinweis »zu der Zwölfzahl der Edelsteine vgl. Plinius, hist. nat. c. 37«[85] bezieht sich tatsächlich nur auf zwölf genera von Smaragdsteinen[86]. Eine Liste, die die zwölf Edelsteine von Apk 21 19f. mit je einem der zwölf Tierkreiszeichen verbindet, taucht erstmals 1653 bei Athanasius Kircher auf[87]. Dabei muß in Rechnung gestellt werden, daß A. Kirchers kabbalistische Quelle, sofern es sie gab und falls sie hergab, was er behauptet[88], schon ihrer-

---

[80] Edelsteine, Bonn 1948, 58.

[81] Zu Recht spricht U. Jart, StTh 24, 164 von »passages in which the twelve signs of the zodiac are contrasted with one or more of the entities of twelves known in OT.«

[82] Nach Josephus, ant. 3, 186 kann man die zwölf Steine entweder auf die Monate oder auf die Zwölfzahl der Tierkreiszeichen beziehen; nach Philo, vita II 124.133; spec I 87 entspricht die Anordnung der Edelsteine in vier Reihen zu je drei Steinen dem Vorbild des Tierkreises.

[83] KAT³, 628, 630. Den hypothetischen Charakter der Beziehung zwischen Edelsteinen und Tierkreiszeichen brachte H. Zimmern klar zum Ausdruck, s. 628, Anm. 1; 630, Anm. 3.

[84] H. Zimmern, Beiträge zur Kenntnis der Babylonischen Religion, AB 12, Leipzig 1896/1901, 45.

[85] Babylonisches im Neuen Testament, Leipzig 1905, 68, Anm. 1; vgl. auch R. H. Charles, Revelation II, 167, Anm. 1.

[86] Plinius, hist. nat. 37, 65ff.

[87] T. F. Glasson, The Order of Jewels in Revelation XXI.19−20: A Theory Eliminated, JThS n.s. 26, 1975, 95−100, dort 97−99. Zu Edelsteinlisten astraler Bedeutung, aber ohne erkennbaren Bezug zu Apk 21 19f., vgl. a.a.O. (98); W. Koch, Edelsteine der Tierkreiszeichen im Altertum. Monatssteine, Zenit (Sonderdruck), Düsseldorf 1938, 3, 5.

[88] T. F. Glasson, JThS 26, 99 tendiert dahin, die Existenz von Quelle und Gewährsmann zu bezweifeln: "The Arabic which Kircher reproduces is highly suspicious. Professor M. Plessner has kindly examined it and gives as his conclusion that the Arabic is so grotesque that it cannot possibly be a genuine quotation. It must, he says, be Kircher's own 're-translation' into a non-existent 'original' Arabic, the Latin version of which, like Abenephius himself, is one of Kircher's many inventions."

seits unter dem Einfluß der Edelsteinliste Apk 21 19f. gestanden haben
dürfte. Das Problem stellt sich analog bei dem Edelsteinkatalog des
Josephus von Skythopolis (4. Jh. n.Chr.): »Diese Liste, die am Schluß des
Libellus memorialis überliefert ist, enthält unter der Überschrift ›Die
Kräfte der Steine, die in den Gürtel des Hohenpriesters eingelegt sind‹
gerade nicht die Steine des Rationale, sondern die zwölf Steine des himm-
lischen Jerusalems in richtiger Reihenfolge, an die die vier zusätzlich im
Brustschild vorkommenden angehängt sind.«[89] Auch bei der Monatsstein-
liste ging »allmählich die Kenntnis verloren, daß sie aus der Liste der
Apokalypse herausgewachsen war.«[90]

Welche Bewandtnis hat es nun um die in der Literatur immer wieder
herangezogene Edelsteinliste[91] in A. Kirchers Monumentalwerk Oedipus Aegyptiacus II,2, Rom 1653, 177f.? Sie läßt ja die Edelsteine von
Apk 21 19f. in umgekehrter Reihenfolge den Tierkreiszeichen entsprechen. R. H. Charles wollte daraus schließen − natürlich unter der Voraussetzung, daß »according to Egyptian and Arabian monuments these stones
correspond to these signs« −, daß der Autor von Apk 21 »regards the
Holy City which he describes as having nothing to do with the ethnic
speculations of his own and past ages regarding the city of the gods.«[92]
Und neuerdings läßt O. Böcher den Apokalyptiker die Himmelsstadt »der
aufgehenden Sonne entgegen« umschreiten, »um beim Widder, dem
Sternbild Christi und des neuen Weltenjahres (Offb 5,6; vgl. F. Boll,
Offenbarung, 44−47), zu enden.«[93] Indes, hat es Sinn, das Verständnis
einer Quelle des 1. Jh. aus einer Quelle des 17. Jh. zu schöpfen?

A. Kircher beansprucht zwar für das, was er in seinen Catenae con-
sensus rerum cum 12 Signis Zodiaci darbietet, es entspreche der Vorstellung der alten Ägypter (iuxta mentem veterum Aegyptiorum) und sei
aus arabischen Quellen geschöpft (ex Arabum monumentis extracta),
aber die in Frage stehende Tierkreiszeichen-Edelsteinreihe ist ägyptolo-
gisch nicht nachweisbar[94]. Das ex Arabum monumentis extracta ist nicht

---

[89] Chr. Meier, Gemma spiritalis (Münstersche Mittelalter-Schriften 34/1) I, München
1977, 101, Anm. 329.

[90] W. Koch, Edelsteine, 11.

[91] Vgl. z.B. A. Jeremias, Babylonisches, 68, Anm. 1; R. H. Charles, Revelation II,159,
167f.; Ph. Schmidt, Edelsteine, 59; W. W. Frerichs, Precious Stones as Biblical Symbols,
Düsseldorf 1969, 116; O. Böcher, Kirche, 154f. − C. Clemen, Religionsgeschichtliche Erklärung des Neuen Testaments, Gießen ²1924, 405, hat seine in der 1. Aufl. 1908,
78 mit Anm. 6 vertretene Auffassung revidiert, offensichtlich in Anlehnung an F. Boll,
Aus der Offenbarung Johannis, ΣΤΟΙΧΕΙΑ 1, Leipzig/Berlin 1914, 40, Anm. 2.

[92] Revelation II, 159 und 168 (im Original kursiv).

[93] Kirche, 155, Anm. 55.

[94] T. F. Glasson, JThS 26, 97. Zu tatsächlichen Beziehungen, aber Apk 21 19f. nicht betr.,
vgl. A. Hermann, Edelsteine, RAC IV, 510.

weniger problematisch. A. Kircher führt wohl seinen Gewährsmann »Rabbi Barachias Abenephius«[95] an — andernorts nennt er unter seinen »Libri ex peregrinis Idiomatis translati« auch »Albenephi Arabs de Veterum Aegyptiorum litteris, et Institutis«, dessen Druck jedoch nicht nachweisbar ist[96] —, mutet aber seinem Leser zu, ihm, seine Aufstellungen schlicht und einfach zu glauben: quarum vnam (sc. catenam) qui traxerit, omnes reliquas traxisse censeatur. Weiter unten führt er aus: Postea eo ordine singula recenset, quo in praecedente tabula singulas Classes descripsimus. quae cùm omnia fusâ narratione prosequatur, & in Cabala Saracenica eius verba allegauerimus, superuacaneum esse ratus sum, hìc ea repetere[97]. Doch den Namen A(l)benephius und Ausführungen über Edelsteine sucht man in Oedipus Aegyptiacus II, 1, Rom 1653, 361—400: Classis V. de Cabala Saracenica vergeblich.

Bei soviel Fehlanzeigen, die jeden Versuch zum Scheitern verurteilen, »in die Antike führende Linien« aufzuspüren oder gar zurückzuverfolgen[98], sollte man endlich darauf verzichten, A. Kirchers Edelsteinliste zur Erklärung von Apk 21 19f. heranzuziehen. Ist aber die Reihenfolge der Edelsteine nicht zwingend astralmythisch bzw. astrologisch bedingt, kann auch die Beziehung der Edelsteine zum Tierkreis nicht als sicher gelten[99].

---

[95] P. C. Reilly, Athanasius Kircher S. J., Studia Kircheriana I, Wiesbaden/Rom 1974, 42.

[96] C. Sommervogel, Bibliothèque de la Compagnie de Jésus, Brüssel/Paris ²1960, IV, 1072.

[97] Oedipus II, 2, 178.

[98] So das Desiderat bezüglich der Kircherschen Liste von H. G. Gundel, Zodiakos, PW X A, 577, 11 ff.

[99] Gegen D. Georgi, Festschr. G. Bornkamm, 366.

14. Die Buchrolle und das Lamm (Apk 5 und 10)

I

Mit gutem Grund wird heute die Frage nach der Erlebnisechtheit der Visionen der Johannesapokalypse eher zurückhaltend beantwortet.[1] »Übernommen« – »erlebnisecht« braucht ohnehin alternativ nicht zu sein, wie Thomas Mann im Blick auf Abhängigkeiten der Johannesoffenbarung von Ezechiel zu Recht urteilt: »Tatsächlich gibt es eine apokalyptische Kultur, die den Ekstatikern bis zu einem gewissen Grade feststehende Gesichte und Erlebnisse überliefert, – so sehr es als psychologische Merkwürdigkeit anmuten mag, daß einer nachfiebert, was andere vorgefiebert, und daß man unselbständig, anleiheweise und nach der Schablone verzückt ist.«[2] Eine der Abhängigkeiten, die Th. Mann sachkundig anspricht, betrifft die Buchrollenvision Ez 2 8–3 3 Apk 10. Erstaunlich aber ist darüber hinaus, daß in Apk 4–5 das *Nebeneinander* von »Thron- und Buchrollenvision« Ez 1 1–3 15[3] wiederkehrt, so daß sich das Moment der »Buchrollenvision« in Apk 10 wie eine *Dublette* ausnimmt.[4] Dieser Befund wirft die Frage auf: Hat der Seher Johannes die genannten Kapitel

---

[1] Vgl. H.-M. Schenke–K. M. Fischer, Einleitung in die Schriften des Neuen Testaments II, Gütersloh/Berlin 1979, 282 f.; J. Roloff, Die Offenbarung des Johannes, ZBK NT 18, Zürich 1984, 21.

[2] Doktor Faustus, 1975, 358 im Zusammenhang von 357 f.

[3] W. Zimmerli, Ezechiel I, BK 13,1, Neukirchen-Vluyn 1969, 21.

[4] Die Frage, ob und wie das Buch von c. 5 und das Büchlein von c. 10 miteinander zusammenhängen, kehrt in der Exegese nahezu regelmäßig wieder, vgl. W. Bousset, Die Offenbarung Johannis, KEK 16, Göttingen 1966 (Neudr. der neubearb. Aufl. 1906), 308, 313; Ch. Brütsch, Die Offenbarung Jesu Christi, ZBK, Zürich ²1970, I, 401; R. H. Charles, A Critical and Exegetical Commentary on the Revelation of St. John, ICC, Edinburgh (1920) 1979, I, 260; A. Feuillet, Le chapitre X de l'Apocalypse: son apport dans la solution du problème eschatologique, in: Études Johanniques, ML.B 4, Brüssel 1962, 228–245, dort 229; H. Kraft, Die Offenbarung des Johannes, HNT 16 a, Tübingen 1974, 147 f.; E. Lohmeyer, Die Offenbarung des Johannes, HNT 16, Tübingen ³1970, 84 f., 89; E. Lohse, Die Offenbarung des Johannes, NTD 11, Göttingen ⁵1979, 62; P. Prigent, L'Apocalypse de Saint Jean, Commentaire du Nouveau Testament 14, Lausanne/Paris 1981, 151 f.; J. Roloff, Offenbarung, 108; A. Vögtle, Das Buch mit den sieben Siegeln, Freiburg/Basel/Wien 1981, 84.

lediglich nach der ezechielischen Vorlage komponiert und Ez 2 8–3 3 in Apk 5 und 10 variiert[5], oder hat er eine literarische Vorlage benützt, in der nach dem Vorbild Ezechiels »Thron- und Buchrollenvision« so zusammengehörten wie Apk 4 und 10, so daß c. 5 als *Vorschaltung* im Sinne von christlicher Deutung der »Buchrollenvision« anzusehen wäre.[6] Im Falle der zweiten Möglichkeit ergäben sich realistische Chancen eindeutiger Klärung a) der Deutungsprobleme um das βιβλίον Apk 5 1ff. und b) der Frage nach dem Ursprung der Bezeichnung Jesu als τὸ ἀρνίον von 5 6 an.[7] Denn noch immer läßt sich mit F. Spittas »Streitfragen« festhalten, »daß es sich hier um ein Bild handelt, über dessen Ursprung noch keineswegs Klarheit herrscht.«[8]

Ad a) Deutungsprobleme um das siebenfach versiegelte βιβλίον Apk 5 1ff.

Stellt die Buchrolle etwa das *AT* dar?[9] Gegen diese rein spekulative Deutung, die ja am Text selbst keinerlei Anhalt hat, meldet Ch. Brütsch zu Recht Bedenken an, »weil damals das AT eher als Sammlung von Schriften denn als einziges Buch betrachtet wurde und damit die Bezugnahme auf Ez 2 9ff. nicht erklärt ist.«[10] Wenn also nicht das Alte Testament, dann vielleicht »das *Testament Gottes*«, wie W. G. Kümmel[11] formuliert? Was zu solcher Auffassung führt, liest sich bei Th. Zahn so: »Die 7fache Versiegelung ... beweist, daß das Büchlein als ein in den Formen menschlichen Rechtes abgefaßtes Testament vorgestellt werden sollte.«[12] Der Beweis ist fragwürdig. Bedenkt man, daß »die Lösung der Siegel die

---

[5] E. Lohmeyer, Offenbarung, 84 (»zwei selbständige Varianten eines und desselben Motivs«); vgl. auch R. H. Charles, Revelation, 260; P. Prigent, L'Apocalypse, 151; A. Vögtle, Buch, 84.

[6] Christliche Deutung durch *vorgeschaltete* »Dubletten« begegnen auch Apk 19 10 zu 22 8f., 19 7–9 zu 21 1–22 5, vgl. meinen Beitrag »Jerusalem, du hochgebaute Stadt«, ZNW 75, 1984, 86–106, dort 87f., 90, 92.

[7] P.-A. Harlé, L'Agneau de l'Apocalypse et le Nouveau Testament, ETR 31, 1956, 26–35, dort 33: « L'Agneau de l'Apocalypse est un ‹idéogramme›, un mot-image, analogue quant à sa structure et à son emploi au Fils de l'Homme des Evangiles. » Vgl. auch N. Hohnjec, ›Das Lamm – τὸ ἀρνίον‹ in der Offenbarung des Johannes, Rom 1980, 164 mit Anm. 619.

[8] Streitfragen der Geschichte Jesu, Göttingen 1907 (172–224: Christus das Lamm), 172.

[9] So z.B. A. Feuillet, in: Études, 231; P. Prigent, L'Apocalypse, 94f.

[10] Offenbarung, 247. Zahlreiche Vertreter der angesprochenen Deutung werden ebenda aufgeführt.

[11] Einleitung in das Neue Testament, Heidelberg [17]1973, 407.

[12] Die Offenbarung des Johannes, KNT 18/I, Leipzig/Erlangen 1924, 340; vgl. auch G. Schrenk, ThWNT I, 617, 26ff.

erste apokalyptische Visionsreihe« bildet[13], daß sie es also mit Weissagung und nicht mit Testamentseröffnung zu tun hat, wird man W. C. van Unnik zustimmen müssen:»Nothing in the text points to its being a ›testament‹.«[14] Als »Testament Gottes« will nach W. Sattler der Apokalyptiker »das mit dem siebenfach versiegelten Buch 5 1 identische Lebensbuch« aufgefaßt wissen.[15] Gegen solche Deutung wendet Ch. Brütsch mit Recht ein: »Wir werden nicht (mit Couchoud, Lütgert, Niles u. a.) das ›*Buch des Lebens*‹ (vgl. 3,5) wiedererkennen; wenn dieses in Frage kommt, wird es ausdrücklich so benannt.«[16]

Als Akt der Inthronisation des endzeitlichen Weltherrschers verstehen die »Buchübergabe« (textgemäßer wäre die Rede vom Buchempfang) u. a. E. Lohmeyer[17], T. Holtz[18], H.-P. Müller[19], J. Roloff[20], das Buch somit als »*Symbol der Weltherrschaft*«[21]. Das Schema Erhöhung – Herrschaftsübertragung – Präsentation, das sich findet in Phil 2 9–11 1 Tim 3 16 Hebr 1 5 Mt 28 18–20, bildet nach J. Roloff[22] auch das Grundgerüst von Apk 5 1–14, allerdings, wie man hinzufügen muß, ohne *formalen* Kriterien genügen zu können:

V. 5: keine Erhöhungs-*Aussage*, sondern »Umschreibung des Erhöhungsgeschehens im Wort des Ältesten«,

V. 6–7: »Herrschaftsübertragung«, aber nur »in der Übergabe des Buches«, wobei die Formulierung »Übergabe des Buches« textwidrig den Ton vom »Öffnen« 5 2c.3c.4c.5e(9c 6 1a.3a.5a.7a.9a.12a 8 1a) auf das »Empfangen des Buches« V. 7a.8a.9b verlegt,

V. 8–14: »Präsentation des Herrschers«, aber nur indirekt »in der Huldigung der himmlischen Welt.«[23]

---

[13] T. Holtz, Die Christologie der Apokalypse des Johannes, TU 85, Berlin ²1971, 32. Vgl. auch A. Wikenhauser−J. Schmid, Einleitung in das Neue Testament, Freiburg/Basel/ Wien ⁶1973, 638; H. W. Günther, Der Nah- und Enderwartungshorizont in der Apokalypse des heiligen Johannes, fzb 41, Würzburg 1980, 193 f.; A. Vögtle, Buch, 60.

[14] "Worthy is the Lamb". The Background of Apoc 5, in: Mélanges Bibliques en hommage au R. P. B. Rigaux, Gembloux 1970, 445−461, dort 450.

[15] Das Buch mit sieben Siegeln, ZNW 21, 1922, 43−53, dort 52. Der wohl älteste Beleg solcher Identifizierung begegnet EvVer 19,34−20,14, vgl. dazu meine Arbeit: Glaube als Gabe nach Johannes, BWANT 112, Stuttgart usw. 1980, 178.

[16] Offenbarung, 247.

[17] Offenbarung, 51 ff.

[18] Christologie, 27−36.

[19] Die himmlische Ratsversammlung, ZNW 54, 1963, 254−267, dort 254−256, 266.

[20] Offenbarung, 72 f.

[21] So T. Holtz, Christologie, 31−36; vgl. auch J. Roloff, Offenbarung, 73.

[22] Offenbarung, 72 f. J. Roloffs Ausführungen sind deutlich abhängig von T. Holtz, Christologie, 27−36; H.-P. Müller, ZNW 54, 254−267.

[23] J. Roloff, Offenbarung, 72. Die Logik des Schlusses, das Buch müsse mit der Weltherrschaft etwas zu tun haben, a. a. O. 73, ist diejenige jeden Zirkelschlusses: Die Übergabe

Zu Recht hatte daher R. Deichgräber festgestellt: »Mit den sonst aus dem NT bekannten Christushymnen hat dieses Stück nur wenig zu tun, es ist eine offenkundige ad-hoc-Bildung des Verfassers der Apk, und zwar in seinem vollen Umfang.«[24] Und nach kritischer Auseinandersetzung mit der »enthronement-conception« befand es W. C. van Unnik »impossible to explain this chapter as a description of an enthronization.«[25] In nächster Nähe zur soeben angesprochenen Auslegung steht die Auffassung K.-P. Jörns vom Buch als »*Gerichtsbuch*«: »Um die Übergabe der Macht an das Lamm als den Messias auszudrücken, bedient sich der Verfasser der Apokalypse (wieder) der Vorstellung, die in der jüdisch-apokalyptischen Literatur geläufig ist (s. o. S. 39 f.), daß zum Gericht der Endzeit Bücher gehören.«[26] Indes, die tragende Vorstellung seiner Grundkonzeption, nämlich die der Gerichtsverhandlung[27], muß K.-P. Jörns regelmäßig von außerhalb des Textes Apk 4 f. eintragen: Gemäß 4 2b–8 hätten Gott und die Presbyter die *zum Gericht aufgestellten* Throne eingenommen, die Antiphonie 4 9–11 sei die Antwort auf *die inzwischen erfolgte Gerichtseröffnung, nach der Gerichtseröffnung* könnten die Übergabe des Buches an das Lamm *und das Gericht selbst beginnen*[28]. Schwerlich läßt sich solche Paraphrase noch als Textauslegung begreifen. Im übrigen bleibt wie bei J. Roloff so bei K.-P. Jörns die Bezugnahme von Apk 5 1 auf Ez 2 9f. ungeklärt.

Die Alternative zur Inthronisations-Konzeption ist nun allerdings auch nicht O. Rollers *Schuldurkunde*-Hypothese[29], wie U. B. Müller im Anschluß an K. G. Kuhns Heidelberger Apokalypse-Vorlesung meinte votieren zu sollen: Der Seher setze die Schuld der Menschen voraus, »wenn er vom Preis des Blutes spricht als Vorbedingung für den Loskauf. Damit denkt er an die Erlassung der Schuld. Diese erfolgt durch die Öffnung der Urkunde, d.h. durch die Ungültigmachung ihres Inhaltes.«[30] Dazu paßt aber ganz und gar nicht, daß das tatsächliche »Öffnen der Siegel in 6,1 ff.«, also die zuvor angesprochene »Ungültigmachung ihres Inhaltes« nur »einen formal-kompositorischen und nicht inhaltlich-theologischen Bezug zu Kap. 5« haben soll.[31] Abgesehen davon hat U. B. Müller

---

des Buches wird als »Herrschaftsübertragung« gedeutet, also hat das Buch »mit der Weltherrschaft etwas zu tun.«

[24] Gotteshymnus und Christushymnus in der frühen Christenheit, StUNT 5, Göttingen 1967, 52, s. auch ebenda Anm. 2.

[25] In: Mélanges B. Rigaux, 448 im Zusammenhang von 447 f.

[26] Das hymnische Evangelium, StNT 5, Gütersloh 1971, 46.

[27] Evangelium, 40.

[28] Evangelium, 41.

[29] Das Buch mit sieben Siegeln, ZNW 36, 1937, 98–113.

[30] Messias und Menschensohn in jüdischen Apokalypsen und in der Offenbarung des Johannes, StNT 6, Gütersloh 1972, 164.

[31] Messias, 165.

übersehen, daß 5 9 eine offenbar geprägte frühchristliche Soteriologie benützt, die den Gedanken einer Schuldurkunde nicht voraussetzt:

1 Petr 1 18 f.   Apk 5 9

ὅτι . . . ἐλυτρώθητε . . .   ὅτι ἐσφάγης καὶ ἠγόρασας τῷ θεῷ
τιμίῳ αἵματι   ἐν τῷ αἵματί σου
ὡς ἀμνοῦ . . . Χριστοῦ   (sc. τοῦ ἀρνίου).

Schließlich würde das Bild von Gott als Gläubiger mit der Schuldurkunde
auf der Hand (vgl. 5 1) in 5 9 die Aussage erfordern: Du hast Gott die
Schuld bezahlt für . . ., aber gegen solches Verständnis sperrt sich der
Wortlaut von 5 9 sowohl semantisch als auch syntaktisch: ἠγόρασας[32] τῷ
θεῷ ἐκ κτλ.

Ist stattdessen das βιβλίον eine *Doppelurkunde*[33], und haben wir mit
G. Bornkamm »8 2–22 6 als das Siebensiegelbuch zu bezeichnen«[34], wozu die Siegelvisionen selbst so etwas wie eine Ouvertüre darstellen und
22 6 »die feierliche Beglaubigung der Urkunde aus dem Munde des Kronzeugen Christus« bringt[35]? Die Markierung von 22 5 als Buchende und
22 6 als »Beglaubigung der Urkunde« scheitert daran, daß die Wendung
von 22 6a in 19 9c und 21 5b ihre Parallelen hat.[36] Die Möglichkeit der
Markierung von 8 2 als Buchanfang ist nicht dem Text, sondern der Theorie über die Form des βιβλίον entnommen: Im Anschluß an A. Deiß-
mann[37] und K. Staritz[38] sei unter dem βιβλίον eine zweiteilige Urkunde
vorzustellen, »die, in doppelter Ausfertigung geschrieben, einen rechts-
gültigen, versiegelten Text und einen unversiegelten, jedermann zur Einsicht dargebotenen, entsprechenden zweiten Text enthielt.« Danach sei
»zwischen der Öffnung ihrer einzelnen Siegel und der Bekanntgabe ihres
Inhaltes sorgfältig« zu unterscheiden, »denn das βιβλίον ist erst lesbar,
wenn das letzte, siebente Siegel gebrochen ist (8 1).«[39] Dies alles klingt
zwar überzeugend[40], ist aber weder logisch noch textgemäß: Die Vorstel-

---

[32] 1 Kor 6 20 7 23 2 Petr 2 1 Apk 14 3.4; vgl. H. Conzelmann, Der erste Brief an die Korin-
      ther, KEK 5, Göttingen ²1981, 144 (»Es ist . . . nicht darauf reflektiert, wer den Preis
      bekommen habe«).
[33] So jetzt auch J. Roloff, Offenbarung, 73.
[34] Die Komposition der apokalyptischen Visionen in der Offenbarung Johannis, in: G.
      Bornkamm, Studien zu Antike und Urchristentum. Gesammelte Aufsätze Band II, BEv-
      Th 28, München 1959, 204–222, dort 205.
[35] Studien, 220.
[36] Vgl. dazu meinen Beitrag ZNW 75, 87.
[37] Licht vom Osten, Tübingen ⁴1923, 28.
[38] Zu Offenbarung Johannis 5 1, ZNW 30, 1931, 157–170.
[39] G. Bornkamm, Studien, 205.
[40] So Ph. Vielhauer, Apokalypsen und Verwandtes, zuletzt in: Apokalyptik, hg. v. K. Koch
      und J. M. Schmidt, WdF 365, Darmstadt 1982, 403–439, dort 433; ders., Geschichte
      der urchristlichen Literatur, Berlin/New York 1975, 499.

lung von einem »unversiegelten, jedermann zur Einsicht dargebotenen, entsprechenden zweiten Text« würde bedeuten, daß man das βιβλίον sehr wohl lesen kann, bevor das letzte Siegel gebrochen ist – und dies im Widerspruch zu 5 3.4 οὔτε βλέπειν αὐτό: überhaupt niemand konnte das βιβλίον einsehen[41]. Überdies schafft die Vorstellung von einer Urkunde mit dem zweimaligen Text von 8 2–22 5 ein Bild, das nicht mehr zum Charakter einer Doppelurkunde paßt. Fällt so die Doppelurkunde-Theorie, und damit in eins G. Bornkamms Eingrenzung des Buchinhalts dahin, braucht man nicht in das andere Extrem zu fallen und die Frage nach dem Buchumfang abzuschneiden, wie H. Kraft dies tut: Allein auf das Öffnen des Buches komme es an, »ein Akt mehr der Entzauberung als der Enthüllung, wie er als Märchenmotiv hinreichend bekannt ist. Die Siegel binden nicht so sehr das Buch wie die Ereignisse, die in dem Buch aufgeschrieben sind. ... Folgerichtig ist nach dem Öffnen des siebten Siegels von dem Buch auch nicht weiter die Rede.«[42] Aber da hat die Dublette in 10 1ff. doch noch ein Wörtlein mitzureden, wie wir noch sehen werden.

Die Bezugnahme auf die ezechielische Schriftrollenvision definiert das βιβλίον 5 1 als beidseitig beschriebene Buchrolle, als *Opistograph*[43], seinen Inhalt entsprechend als προφητεία. Den besten Kommentar zur Buchrollenvision Apk 5 gibt m.E. 1 1 ab: Die Buchrolle ist Bild für die »Offenbarung Jesu Christi, die Gott ihm gegeben hat«, denn Christus empfängt die Buchrolle aus der Rechten der himmlischen Majestät. Ihr Inhalt ist also nichts anderes als ἃ δεῖ γενέσθαι ἐν τάχει 1 1[44], also *Weissagung*[45], wie es dem Selbstverständnis der Johannesapokalypse von ihrem Hauptinhalt entspricht (1 3 22 7.10.18.19). Die noch offenen Fragen werden sich von der Analyse von 10 1ff. her lösen.

Ad b) Zur Frage nach dem Ursprung der Christusbezeichnung τὸ ἀρνίον

Mit einem Terminus wohl jüdischer »Leidenstheologie« ausgedrückt[46], hat »gesiegt« 5 5 und ist »würdig, die Schriftrolle zu empfangen«

---

[41] Vgl. auch L. Koep, Das himmlische Buch in Antike und Christentum, Theoph. 8, Bonn 1952, 24.

[42] Offenbarung, 105. Zum Hintergrund von H. Krafts Formulierung vgl. H. Gunkel, Zum religionsgeschichtlichen Verständnis des Neuen Testaments, FRLANT 1, Göttingen ³1930, 60f.; P. Volz, Die Eschatologie der jüdischen Gemeinde im neutestamentlichen Zeitalter, Hildesheim 1966, 152f.

[43] So auch H. Balz, EWNT I, 523.

[44] R. H. Charles, Revelation, 138; N. Hohnjec, Lamm, 41. In der Sache ähnlich L. Koep, Buch, 18–27; G. Schrenk, ThWNT I, 617f.; Ch. Brütsch, Offenbarung, 246f.; E. Lohse, Offenbarung, 41; Bill. II, 175.

[45] W. Bousset, Offenbarung, 255; vgl. auch H. W. Günther, Enderwartungshorizont, 48.

[46] F. Hahn, Die Sendschreiben der Johannesapokalypse, in: Tradition und Glaube, FG K. G. Kuhn, Göttingen 1971, 357–394, dort 385.

5 9⁴⁷, der, den 5 6 mit alttestamentlich-jüdischen Wendungen⁴⁸ als den christlichen Messias einführt. Doch als Christus – mit den Worten F. Hahns formuliert – »im Anschluß an den Ausruf ἰδοὺ ἐνίκησεν ὁ λέων ὁ ἐκ τῆς φυλῆς Ἰούδα κτλ. im himmlischen Thronsaal sichtbar wird, erscheint er in der Gestalt des geschlachteten Lammes (5,6: ἀρνίον ἑστηκὸς ὡς ἐσφαγμένον).«⁴⁹ Wie kommt der Seher Johannes dazu, von Christus als τὸ ἀρνίον zu sprechen? Wir haben keinerlei Hinweis darauf, daß die Christusbezeichnung etwa speziell im « milieu chrétien d'Ephèse »⁵⁰ zu Hause gewesen sei, denn ihre Belege beschränken sich auf die Johannesapokalypse⁵¹. War 5 5 vom Messias in alttestamentlich-jüdischer Terminologie die Rede, liegt die Vermutung nahe, daß auch »das ›Lamm‹ schon im Judentum messianische Bezeichnung war.«⁵² Wer solcher Vermutung nachgeht, muß, um überhaupt diskutable Belege zu finden, τὸ ἀρνίον im Sinne von טליא⁵³ oder ὁ κριός⁵⁴ verstehen und/oder TestJos 19 8f. für die Rede vom ἀμνός jüdischen Ursprung postulieren⁵⁵. Indessen: B. Gärtners

⁴⁷ Zu ἄξιος λαβεῖν vgl. Barn 14 1.

⁴⁸ Zu »der Löwe aus dem Stamm Juda« vgl. Gen 49 9; 1QSb 5,29 (dazu A. S. van der Woude, Die messianischen Vorstellungen der Gemeinde von Qumrân, SSN 3, Neukirchen 1957, 112–115); 4 Esr 11 37 12 31f. (dazu U. B. Müller, Messias, 95–106); Bill. III, 801.
Zu »der Sproß aus David« vgl. Jes 11 1.10, dazu die Belege bei Bill. I, 28, 94; III, 315, 801. ῥίζα als *David*nachkomme belegt Sir 47 22 καὶ τῷ Δαυιδ ἐξ αὐτοῦ ῥίζαν. ἡ ῥίζα Δαυίδ dürfte nach der geläufigen Wendung צמח דויד Jer 23 5 (33 15) gebildet sein, vgl. auch die Messiasbitte in der babylonischen Rezension des Achtzehnbittengebets, s. Bill. IV,1, 213; W. Staerk, Altjüdische liturgische Gebete, KlT 58, Berlin 1930, 18, und in der palästinischen Rezension des Habinenu, s. Bill. IV,1, 222; W. Staerk, Gebete, 20; ferner 4Q *161* pJesᵃ ff. 8–10,17; 4Q *174* Flor ff. 1–2, I, 11; 4Q PB 3f.

⁴⁹ In: FG K. G. Kuhn, 383.

⁵⁰ P.-A. Harlé, ETR 31, 28; vgl. auch E. Lohse, Offenbarung, 42.

⁵¹ Als Christusbezeichnung im NT nur in Apk (28mal); H. Kraft, Clavis Patrum Apostolorum, Darmstadt 1963, s.v. ἀρνίον Fehlanzeige. Wenn die Untersuchung von F. Nikolasch, Das Lamm als Christussymbol in den Schriften der Väter, WBTh 3, Wien 1963, gezeigt hat, »welche bedeutende Rolle dem Bild des Lammes als Christussymbol in den Jahrhunderten patristischen Denkens zugewiesen war«, 204, so nur deshalb, weil sie das gesamte Wortfeld ἀμνός, ἀρνίον, κριός, πάσχα, πρόβατον umfaßt, 24–203; Belege für ἀρνίον sind dagegen spärlich, s. G. W. H. Lampe, A Patristic Greek Lexicon, Oxford 1968, 227 s.v.

⁵² E. Lohmeyer, Offenbarung, 54.

⁵³ B. Gärtner, טליא als Messiasbezeichnung, SEÅ 18/19, 1953/54, 98–108. – Zur Herleitung von τὸ ἀρνίον auf dem Umweg über טליא דאלהא in Verbindung mit Jes 53 7 s. T. Holtz, Christologie, 42f.; P. Prigent, L'Apocalypse, 97f.

⁵⁴ F. Spitta, Streitfragen, 177–194: »Das männliche Schaf als Symbol des Herrschers in der jüdischen Literatur«; O. Böcher, Kirche in Zeit und Endzeit, Neukirchen-Vluyn 1983, 40f.

⁵⁵ E. Lohmeyer, Offenbarung, 54; F. Spitta, Streitfragen, 193; O. Böcher, Kirche, 41.

Belegstelle für »טליא als Messiasbezeichnung«,Tg.Ps 118 22–29[56], handelt nicht vom Messias, sondern von David[57]. F. Spittas Belegstelle für den Messiaswidder, äthHen 90 13ff.[58] — nach 89 44 darf man דכר/κριός voraussetzen[59] —, handelt nicht vom Messias, sondern von Judas Makkabäus.[60] Was die christlich redigierten Versionen von TestJos 19 8f. betrifft, ist Rekonstruktion des ursprünglich jüdischen Textes wahrscheinlich keine lösbare Aufgabe mehr.[61] So bleibt im Ergebnis nur zu bestätigen, was oft schon festgestellt worden war: Jüdische Messiasbezeichnung ist ἀρνίον nicht[62].

Von besonderem Reiz ist die Hypothese, in dem ἀρνίον der Johannesapokalypse überlagerten sich mehrere Vorstellungen, die vom Passabzw. Opferlamm, die vom Messias und die vom Sternbild des Widders[63]: »Mit dem sieben-›äugigen‹ Sternbild Widder, dem ersten Tierkreiszeichen des Frühjahrs, gleichgesetzt, wird der Messias für die jüdische Mythologie (Apk 5 6) zum Herrscher des Kosmos und Bringer des neuen Weltenjahres.«[64] Die zitierte Vorstellung stammt nach O. Böcher »mit Sicherheit aus jüdischer, nach 70 n. Chr. eliminierter Astralmythologie«[65], so daß der Nachweis nicht mehr erbracht werden kann bzw. nicht mehr erbracht

---

[56] SEÅ 18/19, 99ff.

[57] Bill. I, 876, vgl. die Rede von »den Söhnen Isais« und von »Isai und seiner Frau.« — Auch F. Spittas krönender Beleg, Tg.Jes 16 1, s. Streitfragen, 206f., erbringt nicht, was er soll, denn die messianische Auffassung von Jes 16 1 im Targum hat nichts mit einem Lamm zu tun, s. Bill. III, 408.

[58] Streitfragen, 183–193. Das Vorbild für die Johannesapokalypse wird 193 heraufbeschworen: »Der Messias aber erscheint als ein Widderlein, ein ἀρνίον, mit einem großen Horn.«

[59] Vgl. dazu J. T. Milik, The Books of Enoch. Aramaic Fragments of Qumrân Cave 4, Oxford 1976, 224f. und 373, s.v. דכר.

[60] M. Hengel, Judentum und Hellenismus, WUNT 10, Tübingen 1969, 343; J. T. Milik, Enoch, 44 (Vergleich von 90 13–15 mit 2 Makk 11 6–12).

[61] Vgl. dazu J. Becker, Untersuchungen zur Entstehungsgeschichte der Testamente der zwölf Patriarchen, AGJU 8, Leiden 1970, 59–66, speziell 65; s. auch JSHRZ III/1, 129. J. Beckers Rekonstruktionsversuch (Untersuchungen, 64: καὶ εἶδον ὅτι προῆλθεν ἀμνὸς καὶ ἐξ ἀριστερῶν αὐτοῦ ὡς λέων) ist selbst ein Beispiel für bloßen Hypothesencharakter, denn er rekonstruiert einen Torso: Wie kann man annehmen, daß ein jüdischer Text im direkten Anschluß (62: »19,3–7 nachträglich eingeschoben«) an die Exilierung Israels und Judas (19 2) vom Auftreten der beiden Gesalbten aus Levi und Israel gesprochen habe?

[62] J. Jeremias, ThWNT I, 342,14; U. B. Müller, Messias, 162; T. Holtz, Christologie, 42f.; E. Lohse, Offenbarung, 42.

[63] F. Boll, Aus der Offenbarung Johannis, ΣΤΟΙΧΕΙΑ 1, Leipzig/Berlin 1914, 44ff.; E. Lohse, RGG³ IV, 218; Offenbarung, 42f.; O. Böcher, Die Johannesapokalypse, EdF 41, Darmstadt ²1980, 47; ders., Kirche, 3, 9, 22f., 36, 40f., 43ff., 50, 102, 113, 158.

[64] O. Böcher, Kirche, 41.

[65] Kirche, 41, Anm. 63.

zu werden braucht. Aber wie stark sind denn die Argumente für die
Astralmythologie? Dem »von astralen Bildern überall so auffallend be-
einflußten Apokalyptiker« mußte natürlich nach F. Boll »zumal bei den
sieben Hörnern und sieben Augen ... das Bild einer Sterngruppe« vorgeschwebt haben, das Sternbild des Widders.[66] Beweis: »Die Zahl der Sterne des Widders (bei Eratosthenes und Hipparch 17, in den Germanicus-
scholien 16, bei Ptolemaios nur 13) paßt zu jenen sieben Hörnern und
sieben Augen ausreichend: die Abrundung auf $7 + 7$ ginge natürlich auf
Rechnung des apokalyptischen Zahlenkultus.«[67] Braucht man aber für die
eigentliche Erklärung den »apokalyptischen Zahlenkultus«, ist der Umweg über das Sternbild überflüssig. Richtig T. Holtz: »Wahrscheinlich
sind eine Reihe von Einzelzügen, die aus der Tradition übernommen sind,
astralen Ursprungs. Für Jo sind sie aber Übernahmen aus der alttestamentlich-jüdischen Überlieferung, nicht aus der Astrologie.«[68]

Dem bisherigen Befund entspricht J. Jeremias' Beobachtung, der ju-
dengriechische Sprachgebrauch kenne nur die Bedeutung »Lamm«[69]; »er
wird durch J 21,15 und 2Cl 5,2−4 gestützt.«[70] Gegenüber dem Einwand,
diese Übersetzung treffe nur für einen Teil der Apokalypse-Belege wie
5 6.12a usw. zu, während die Rede vom Thronen und Herrschen des ἀρνίον 5 8 6 1 21 22 22 1.3, von seinem Zorn 6 16 und militärischen Sieg 17 14,
von seinen sieben Hörnern 5 6 und seiner Leittierfunktion 7 17 die Übersetzung »Widder« verlange[71], wird man mit H. Kraft argumentieren müssen, »daß alle messianischen Prädikate des Lammes in der Apokalypse
nicht am ›Lamm‹ hängen, sondern dadurch zustande kommen, daß Jesus
Christus durch die Figur des Lammes repräsentiert wird.«[72] Vom AT wie
von den neutestamentlichen Aussagen über Jesus als Lamm her wird man
auch das ἀρνίον der Johannesoffenbarung als Opferlamm zu verstehen
haben[73], als Bild für den gekreuzigten Messias. So klar und unbestritten
der Zusammenhang mit der Vorstellung zum Opferlamm zutage liegt,

---

[66] Offenbarung, 45/44.

[67] F. Boll, Offenbarung, 46.

[68] Christologie, 41, Anm. 1.

[69] LXX: Ps 113 4.6 Jer 11 19 27 45 PsSal 8 28, Aquila: Jes 40 11, Josephus, Ant 3,
       221.226.251, Philo, LegGai 362.

[70] ThWNT I, 345,13f.

[71] O. Böcher, Kirche, 40. Nach A. Vögtle, Buch, 56, vgl. auch J. Roloff, Offenbarung, 76,
       sei ἀρνίον wegen seiner Bedeutungsbreite »Lamm« und »Widder« (entsprechend Op-
       fertod und gottgleicher Machtstellung) gewählt.

[72] Offenbarung, 110.

[73] T. Holtz, Christologie, 44−47, plädiert speziell für Passalamm, bemerkt aber zu Recht
       45: »Zwingend beweisen läßt sich das freilich nicht.« Vgl. ferner H. Kraft, Offenbarung,
       107f.; N. Hohnjec, Lamm, 23−33; J. Jeremias, ThWNT I, 345,14−17; A. Vögtle, Buch,
       56; J. Roloff, Offenbarung, 75f.

bleibt die Verwendung ausgerechnet von ἀρνίον auffällig[74] und verlangt nach weiterer Klärung.

Ohne Frage erscheint das Lamm erstmals in 5 6 und wird von da an »zentral und bestimmend«[75]. Seine Einführung im Zusammenhang der Eröffnungsvision zum Hauptteil der Apokalypse könnte einen Hinweis darauf enthalten, warum der Seher Johannes nicht wie andere Christen πάσχα, ἀμνός oder πρόβατον[76], sondern ἀρνίον verwendete. Woher also fällt Licht auf die Einführung des ἀρνίον im Zusammenhang der Buchrollenvision, der Eröffnung der Weissagung? Zu erinnern ist hier an die demotische »Prophezeiung des Lammes« aus der Papyrussammlung der Österreichischen Nationalbibliothek[77]. Dieses Lamm ist ebenfalls eine *Figur apokalyptischer Literatur*[78], sein Charakteristikum das *Weissagen*[79], bezogen auf den Wortlaut eines *Buches* »(und) dessen, was darin (?) ist«[80]; nicht ohne Bedeutung sind seine Ansage künftiger heilvoller *Herrschaft*[81] und schließlich die *göttliche Verehrung*, die ihm zuteil wird[82]. Im griechischen Sprachraum erscheint es vor allem als τὸ ἀρνίον[83]. Danach zu urteilen, hätte der Seher Johannes bei der Einführung des Christuslam-

---

[74] N. Hohnjec, Lamm, 22.

[75] N. Hohnjec, Lamm, 43.

[76] Zu 1 Kor 5 7 Act 8 32f.35 Joh 1 29.36 1 Petr 1 19 (vgl. oben S. 228 f.) vgl. N. Hohnjec, Lamm, 28−33.

[77] J. Krall, Vom König Bokchoris, in: FG M. Büdinger, Innsbruck 1898, 1−11; AOT, 48 f.; A. von Gall, ΒΑΣΙΛΕΙΑ ΤΟΥ ΘΕΟΥ, RWB 7, Heidelberg 1926, 65−68. Neuausgabe: K.-Th. Zauzich, Das Lamm des Bokchoris, in: FS (zum 100jährigen Bestehen der Papyrussammlung der Österreichischen Nationalbibliothek) Papyrus Erzherzog Rainer, Textband, Wien 1983, 165−174. Auch K.-Th. Zauzich hält, wie ich zu meiner Überraschung feststellen konnte, eine Verbindung der angesprochenen Art für möglich, 173, Anm. 4: »Da die Erzählung von dem sprechenden Lamm in der antiken Welt wohlbekannt gewesen ist − sogar das alexandrinische Sprichwort τὸ ἀρνίον σοι λελάληκεν ist wohl darauf zurückzuführen − erscheint es gut möglich, daß der Verfasser der Geheimen Offenbarung dieses Motiv aufgegriffen (und verwandelt) hat.«

[78] C. C. McCown, Hebrew and Egyptian Apocalyptic Literature, HThR 18,4, 1925, 357−411, dort 392−397.

[79] Vgl. col. II, 19: »Das Lamm vollendete alle Verfluchungen über sie«, s. K.-Th. Zauzich, Lamm, 168, vgl. dazu 173.

[80] col. II, 8, s. K.-Th. Zauzich, Lamm, 168.

[81] col. II, 20−III, 5, s. K.-Th. Zauzich, Lamm, 168 f.

[82] col. III, 8−10, s. K.-Th. Zauzich, Lamm, 169.

[83] In Synkellos Epitome aus Manethon, p. 74B: ... ἐφ’ οὖ ἀρνίον ἐφθέγξατο, s. FHG II, 592. Zu dem alexandrinischen Sprichwort τὸ ἀρνίον σοι λελάληκεν s. E. Meyer, Ein neues Bruchstück Manethos über das Lamm des Bokchoris, ZÄS 46, 1909/10, 135 f. − Daneben begegnet auch einmal ἡ ἀρήν, s. Aelian, De natura animalium 12,3, und ⟨ὁ⟩ ἀμ{ω}νός P2/ὁ ἀμ{μ}νός P3 in »Die Prophezeiung des ›Töpfers‹«, s. L. Koenen, ZPE 2, 1968, 178−209, dort 202,21 und 203,34.

mes Apk 5 6 an das zu seiner Zeit berühmte λαλεῖν τὰ μέλλοντα[84] jenes
ägyptisch apokalyptischen ἀρνίον angeknüpft, dieses aber zugleich der urchristlichen Anschauung vom Opferlamm Christus angeglichen, s. 5 6 (ὡς
ἐσφαγμένον). 9.12 7 14 12 11 13 8.

II

Wir waren vorläufig von der Beobachtung ausgegangen, daß die
Buchrollenvisionen in c. 5 und 10 Dubletten sind. Die Beobachtung läßt
sich leicht verdeutlichen:

5 1	καὶ εἶδον ἐπὶ τὴν δεξιὰν κτλ.	10 1f.	καὶ εἶδον . . . καὶ ἔχων ἐν τῇ
	βιβλίον . . . κατεσφραγισ-		χειρὶ αὐτοῦ
	μένον	10 2	βιβλαρίδιον ἠνεῳγμένον
	σφραγῖσιν ἑπτά	10 3	αἱ ἑπτὰ βρονταί
5 2	καὶ εἶδον ἄγγελον ἰσχυρὸν	10 1	καὶ εἶδον ἄλλον ἄγγελον
	κηρύσσοντα ἐν φωνῇ μεγάλῃ		ἰσχυρὸν
	λῦσαι τὰς σφραγῖδας	10 3	καὶ ἔκραξεν φωνῇ μεγάλῃ
5 7	καὶ ἦλθεν καὶ εἴληφεν	10 4	σφράγισον ἃ ἐλάλησαν αἱ
	ἐκ τῆς δεξιᾶς κτλ.		ἑπτὰ βρονταί
6 1	. . . λέγοντος ὡς φωνὴ	10 8	ὕπαγε λάβε
	βροντῆς	10 10	καὶ ἔλαβον . . . ἐκ τῆς χειρὸς
			κτλ.
		10 3	ἐλάλησαν αἱ ἑπτὰ βρονταὶ
			τὰς ἑαυτῶν φωνάς.

Überblickt man die ganze Reihe der Beziehungen zwischen beiden
Einheiten, fällt ihre zum Teil gegenläufige Tendenz auf: Dort kann nur
das Lamm die Schriftrolle empfangen, hier empfängt sie der Visionär;
dort sollen die sieben Siegel gebrochen werden, hier soll die Rede der sieben Donner versiegelt werden; dort ist die Buchrolle verschlossen, hier
geöffnet. Beziehungen solcher Art erklären sich nicht von daher, daß an
beiden Stellen die ezechielische Vorlage unmittelbar gewirkt habe[85]. Vor
allem die 5 2 auffällige Einführung des »starken Engels«[86] weist gebiete-
risch auf Abhängigkeit von einer Szene wie der in c. 10 geschilderten, zumal Ez 2 8−3 3 von einem Engel nichts verlautet[87]. Literarische und in-

---

[84] O. Crusius, Plutarchi de proverbiis Alexandrinorum libellus ineditus, in: Tübinger Uni-
     versitätsschriften aus dem Jahre 1886/87, Tübingen 1887, 12, Nr. 21.
[85] Gegen H. Kraft, Offenbarung, 105, 147f.
[86] H.-P. Müller, ZNW 54, 257.
[87] Gegen E. Lohmeyer, Offenbarung, 86.

haltliche Merkwürdigkeiten des 10. Kapitels[88] bestärken die eingeschlagene Fragerichtung.

Das jetzt vorliegende Textganze gliedert sich in die drei Szenen 10 1–4, 5–7, 8–11, wobei Kontinuität nur durch die Reprisen 10 5a.b und 10 8 zustande kommt. 10 5a.b schließt an V. 2b.c, 10 8a.b an V. 4b, 10 8c an V. 2a, 10 8d an V. 5a.b an. Dieser Befund legt den Schluß auf literarische Nähte nahe, die durch redaktionelle Eingriffe entstanden sind. Was den kompositorischen Ort des Kapitels betrifft, stellt Apk 10 ein Unikum dar. Nach Form und Inhalt ist c. 10 prophetische Beauftragungsvision[89]: « L'investiture prophétique a sa place normale au début de la carrière d'un prophète ou au début du livre qui rapporte ses oracles »[90], jedenfalls nicht im Nachgang zu Texten wie Apk 1 9–20 und 4f. « Après cela, l'investiture donnée *une nouvelle fois* à Jean au chapitre x a de quoi étonner le commentateur.»[91] Hinzu treten inhaltliche Auffälligkeiten in Apk 10 selbst:

a) »Schwierigkeiten, die mit der literarischen Komposition der Apk zusammenhängen, erheben sich sofort bei der Frage nach dem jetzigen Standpunkt des Sehers. Denn wenn der Engel, um dem Seher das Buch zu überbringen, vom Himmel herabsteigt, so ist der Seher offenbar jetzt auf der Erde befindlich zu denken.«[92] Von einem Standortwechsel seit 4 1 war aber nicht die Rede.

b) »Schwierigkeiten bereitet auch die Frage, worauf sich das ἄλλος (ἄγγελος) zurückbeziehe, . . .«[93]

c) »Kein anderer Engel erscheint in der Apok. mit so imposanten Zügen, die den biblischen Gotteserscheinungen eigen sind, vgl. Ps 104,2–3, und an das erste visionäre Christusbild erinnern, 1,13ff.«[94] Es ist wahrscheinlicher, daß ein Christ die Christophanie nach angelologischem Vorbild[95] gestaltet als umgekehrt die Angelophanie der Christusvision angleicht. Einen analogen Fall hat U. B. Müller im »Vergleich von Apk 14,14ff. mit 1,12ff.« aufgedeckt: Apk 14 14–20 sei jüdisches Quellenstück, in Apk 1 12ff. knüpfe Johannes an 14 14 an[96].

d) Zu 10 4 bemerkt W. Bousset, der ja c. 10 »im Wesentlichen ein überleitendes Kapitel von des Apok. eigner Hand« bezeichnet[97], den-

---

[88] W. Bousset, Offenbarung, 313.
[89] H. W. Günther, Enderwartungshorizont, 216, 220; J. Roloff, Offenbarung, 107.
[90] A. Feuillet, in: Études, 236.
[91] A. Feuillet, in: Études, 236.
[92] W. Bousset, Offenbarung, 307.
[93] W. Bousset, Offenbarung, 307.
[94] Ch. Brütsch, Offenbarung, 394; vgl. auch A. Feuillet, in: Études, 229; H. W. Günther, Enderwartungshorizont, 220f.; J. Roloff, Offenbarung, 107.
[95] Parallelen zur Angelophanie s. Chr. Burchard zu JosAs 14 9, JSHRZ II, 4, 673, Anm. 9c.
[96] Messias, 198f.
[97] Offenbarung, 314.

noch, daß der Seher nirgends so aus seiner Rolle falle wie in c. 10: »Am ansprechendsten ist immer noch die Vermutung von Weizs., Schoen, Pfleid., daß das Intermezzo einen literarischen Zweck hat, und daß der Apok. hier eine Quelle, welche sieben Donnervisionen enthielt, absichtlich aus dem Rahmen seines apokalyptischen Werkes ausschließen wollte.«[98] Es ist freilich auch möglich, und darauf führt die Eröffnung der Sieben-Siegel-Vision 6 1, vgl. 10 3, daß er die Sieben-Donner-Vision der Sieben-Siegel-Vision zugrunde gelegt hat.

e) Die Rede vom Engel, der »*in seiner Hand* ein geöffnetes Büchlein hielt« 10 2a und »*seine rechte Hand* zum Himmel hob und schwor« 10 5c.6a, klingt nicht nach originaler Konzeption.

f) Apk 10 7b.c »will zwar . . . auf die Frage nach dem Zeitpunkt des Endes antworten . . ., führt jedoch die nähere Bestimmung dieses Endes nur in den Rahmen des Schemas der Posaunenreihe ein. Der Schwur erscheint, wie der Hinweis auf die siebente Posaune, . . . relativ unmotiviert und isoliert gegenüber dem Kontext, . . .«[99] R. H. Charles weist c. 10 der Hand des Sehers Johannes zu[100], gleichwohl gesteht er F. Spitta, D. Völter und J. Weiß zu: ". . . the very fact that all three . . . felt that there was something wrong about the clause, points to certain inherent difficulties."[101] – Die nur 10 7 11 18 begegnende Wendung »seine (deine) Diener, die Propheten« ist alttestamentlich geprägt[102] und auch in Qumran geläufig[103]; nichts weist auf christliche oder zeitgenössische Propheten hin[104]. Auffällig ist die Nähe zu einer Auffassung, wie sie in 1QpHab begegnet: Die Geheimnisse der Prophetenworte beziehen sich auf die Endzeit[105]; von ihnen redet 2 8ff. fast wie Apk 10 7: כול דברי עבדיו הנביאים אשר ב] ידם ספר אל את כול הבאות על פ – »alle Worte seiner Knechte, der Propheten, durch die Gott verkündigt hat alles, was kommen wird über . . .« Der Sprachgebrauch von εὐαγγελίζειν ist nichtchristlich, wie der von εὐαγγέλιον in 14 6.[106]

g) Zu 10 11 führt H. Kraft treffend aus: »Der Plural λέγουσιν ist befremdlich. Nach unserm Text sind der Engel und die Himmelsstimme gemeinsames Subjekt des Verbums. Aber das ist ein schlechter Behelf. Schon im nächsten Vers spricht wieder ein einzelner. Doch häufen sich

[98] Offenbarung, 309.
[99] H. W. Günther, Enderwartungshorizont, 223.
[100] Revelation, 256.
[101] Revelation, 264.
[102] Vgl. 2 Reg 17 13.23 21 10 24 2 Jer 25 4 Am 3 7 Dan 9 10 Esr 9 11.
[103] 1QS 1,3; pHab 2,9; 7,5; 4Q 166 pHos(A) 2,5.
[104] Gegen W. Bousset, Offenbarung, 311.
[105] G. Jeremias, Der Lehrer der Gerechtigkeit, StUNT 2, Göttingen 1963, 141.
[106] U. B. Müller, Messias, 191 mit Anm. 5.

nun die Hinweise dafür, daß der Verfasser beim Zusammenarbeiten seiner Vorlagen versäumt hat, alle Fugen zu glätten.«[107] Eine solche Fülle literarischer und inhaltlicher Auffälligkeiten schreit nach quellenkritischer Lösung. Im Blick auf 10 1−11 13 hatte J. Wellhausen geurteilt: »Dies Zwischenstück zwischen der sechsten und siebenten Posaune ist ein Geröll, ...«[108] Hier mich beschränkend auf 10 1−11, nehme ich das Bild auf und frage zurück nach der wahrscheinlichen Gestalt des Urgesteins, in der die jetzigen Geröllbrocken organisch miteinander verbunden waren. Es wird sich zeigen, daß die zuvor angeführten Auffälligkeiten verschwinden.

5 2   a)   [Und ich sah einen starken Engel][109]
10 1   b)   hinabsteigen vom Himmel[110],
          c)   bekleidet mit einer Wolke,
          d)   und der Regenbogen auf seinem Kopf
          e)   und sein Gesicht wie die Sonne
          f)   und seine Füße wie Feuersäulen.
10 2   b)   Und er setzte seinen rechten Fuß auf das Meer,
          c)   seinen linken aber auf das Land.
10 5   c)   [Und] er hob seine (rechte) Hand zum Himmel[111]
10 6   a)   und schwor bei dem, der in alle Ewigkeit lebt,
          b)   der den Himmel geschaffen und was in ihm ist,
          c)   und die Erde und was darauf ist,

---

[107] Offenbarung, 151. Auffälligkeiten sind πάλιν V. 11a und »Könige« V. 11b, s. P. Prigent, L'Apocalypse, 156.

[108] Analyse der Offenbarung Johannis, AGWG.PH NF IX, 4, Berlin 1907, 14.

[109] Die in 5 2 auffällige Einführung des »starken Engels« dürfte Eröffnungszeile der Schriftrollenvision c. 10 gewesen sein. Die »starken Helden« sind Gottes Engel, die sein Wort ausrichten, Ps 103 20, vgl. ExR 18 (80ᶜ), s. Bill. II, 93.

[110] καταβαίνειν ἐκ τοῦ οὐρανοῦ läßt sich auch aus himmlischer Perspektive sagen, vgl. W. Bousset, Offenbarung, 307. Daß der Visionär die Schriftrolle aus der Hand des Engels, der auf Meer und Land stand, empfing, entfällt im rekonstruierten Text!

[111] R. H. Charles, Revelation, 262, hat richtig gesehen, daß »נשא ידו (= αἴρειν or ἐξαίρειν or ἐκτείνειν τὴν χεῖρα) is a synonym for ὀμνύναι.« In Dtn 32 40 ὅτι ἀρῶ εἰς τὸν οὐρανὸν τὴν χεῖρά μου glossiert LXX καὶ ὀμοῦμαι τῇ δεξιᾷ μου. Sonst ist es unüblich, die *rechte* Hand speziell zu benennen, vgl. auch Gen 14 22 (הרימתי ידי = ἐκτενῶ τὴν χεῖρά μου). Die unmittelbare Bezugstelle Dan 12 7 nennt rechte *und linke* Hand. Warum fehlt »und seine linke Hand« in Apk 10 5a? − W. Bousset, Offenbarung, 309: »Nicht, weil der Engel in der linken das Buch hat, sondern weil die rechte Hand die Schwurhand ist, hebt der Engel diese zum Himmel empor.« Das erklärt gar nichts, denn es ist unüblich, die *rechte* Hand speziell zu benennen. Wollte der Seher Johannes einen Ausgleich zur »Buchrolle in der Hand des Engels« schaffen − oder ein späterer Abschreiber, worauf die schwankende Textüberlieferung hinweisen könnte?

d) und das Meer und was darin ist:
e) Verzug wird nicht mehr sein[112],
10 7 c) und erfüllt ist das Geheimnis Gottes[113],
d) wie er angekündigt hat seinen Knechten, den Propheten.
10 1 a) Und ich sah einen andern starken Engel,
10 2 a) und er hatte in seiner Hand eine geöffnete Schriftrolle[114],
5 1 b) [die innen und außen beschrieben war,]
10 3 a) und er schrie mit lauter Stimme, wie ein Löwe brüllt.
b) Und als er schrie, redeten (die) sieben Donner ihre Stimmen[115].
10 11 a) Und sie sagen mir: Du mußt weissagen[116]
b) über Völker, Nationen, Sprachen und über viele Könige.[117]
6 1 b) [Und ich hörte die erste Donnerstimme sprechen[118]:]
[Sieben − Donner − Vision.]
10 4 b) Und ich hörte eine Himmelsstimme sagen:
10 8 c) Auf, nimm die geöffnete Buchrolle in der Hand des Engels!
10 9 a) Und ich ging zum Engel und sagte ihm:
b) Gib mir die Buchrolle!
c) Und er sagte mir: Nimm und verschlinge sie!
d) Und sie wird deinen Bauch bitter machen,
e) aber in deinem Mund wird sie süß sein wie Honig.

---

[112] A. Feuillet, in: Études, 233 f.: « La formule grecque ($\chi\varrho\acute{o}\nu o\varsigma$ $o\mathring{\upsilon}\kappa\acute{\epsilon}\tau\iota$ $\check{\epsilon}\sigma\tau\alpha\iota$) doit en effet être entendue ... de la suppression de tout délai (sens classique du mot), donc de toute nouvelle étape intermédiaire dans la réalisation des plans divins. Ce sens résulte clairement du parallélisme de cette scène avec Dn XII, 7 où un ange jure qu'un certain laps de temps sépare la période actuelle de la fin. »

[113] »Erfüllt« (vgl. 17 17) ist die bis zur Endzeit versiegelte Weissagung Dan 12 7.9.

[114] Die aufgerollte Schriftrolle Ez 2 10 deutet unser Text auf die in der Endzeit eröffnete und entsiegelte Weissagung Dan 12 9. − Möglicherweise stand hier noch die Ez 2 10 Apk 5 1b folgende Zeile über das Opistograph.

[115] Das »Schreien« des Engels »mit lauter Stimme, wie ein Löwe brüllt« (vgl. Am 1 2 3 8) und das Reden der Stimmen »der sieben Donner« (vgl. Ps 29 3−9) sind Zeichen himmlischer Offenbarung, vgl. H. Kraft, Offenbarung, 148. Zur Rolle der Donnerstimmen vgl. O. Betz, ThWNT IX, 276,22−277,12; 281,15−42 mit Anm. 40; 289,11−46. Die Einführung der sieben Donner mit dem Artikel dürfte kaum ursprünglich sein.

[116] Die sieben Donnerstimmen schließen sich mit $\kappa\alpha\grave{\iota}$ $\lambda\acute{\epsilon}\gamma o\upsilon\sigma\acute{\iota}\nu$ $\mu o\iota$ nahtlos zusammen. $\delta\epsilon\tilde{\iota}$ $\sigma\epsilon$ $\pi\varrho o\varphi\eta\tau\epsilon\tilde{\upsilon}\sigma\alpha\iota$ folgt zwingend aus 10 3a.b, vgl. Am 3 8. $\pi\acute{\alpha}\lambda\iota\nu$ ist wie in 10 8b Zeichen der Redaktion des Sehers. Angesichts seiner eigenen Berufungsvision 1 9−20 und der »Fülle von Weissagungen«, »die er bereits vorgelegt hat«, s. W. Bousset, Offenbarung, 313, konnte der Seher schlecht so formulieren, als folge erst ab c. 11 Weissagung.

[117] Abweichend von 5 9 7 9 11 9 13 7 14 6 17 15 bringt die Reihe 10 11b das Glied $\kappa\alpha\grave{\iota}$ $\beta\alpha\sigma\iota$$\lambda\epsilon\acute{\upsilon}\sigma\iota\nu$ $\pi o\lambda\lambda o\tilde{\iota}\varsigma$. Hat der Seher die Sieben-Donner-Vision nicht nur ausgeschaltet, vgl. 10 4, sondern zur Sieben-Siegel-Vision umgestaltet, paßt die Rede von »vielen Königen« vorzüglich zu 6 15.

[118] Was der »Prophet« weissagen soll, wird ihm in der Sieben-Donner-Vision mitgeteilt. 6 1 erinnert noch an die erste Donnerstimme.

10 10 a) Und ich nahm die Buchrolle aus der Engelshand
     b) und verschlang sie.
     c) Und sie war in meinem Munde wie Honig süß,
     d) doch als ich sie gegessen hatte, wurde mein Bauch bitter.

Apk 10 in dieser Gestalt ist tatsächlich Berufungsvision eines endzeitlichen Propheten, zusammen mit Apk 4[119] dem Nebeneinander von
Thron- und Buchrollenvision Ez 1 1–3 3 nachempfunden. Die Schriftrolle
erscheint zugleich bezogen auf Dan 12 4–9, von daher erklärt sich das
Auftreten der Engel. Die Konzeption ist klar: Die von Daniel angekün-
digte Endzeit hebt jetzt an, die Fristen sind abgelaufen. Die bis zur Endzeit versiegelte Buchrolle Dan 12 4.9 ist nun eröffnet[120]. Der Prophet vernimmt die neue endzeitliche Weissagung als Sieben-Donner-Vision und
wird – wie Ezechiel[121] – durch das Verschlingen der Buchrolle zu ihrer
Verkündigung beauftragt. Die Schriftrolle visualisiert die endzeitliche
Weissagung.

III

Wie und warum hat der Seher Johannes das Quellenmaterial zum
jetzt vorliegenden Text umgestaltet? In seiner eigenen Berufungsvision
1 9–20 beschreibt er die Christophanie u. a. mit Zügen der Angelophanie
aus c. 10 und charakterisiert sich selbst als Empfänger und Verkünder der
Weissagung, s. 1 19. Als eigentliche Berufungsvision konnte c. 10 somit
nicht mehr stehenbleiben, daher die Versetzung von 10 11 an die jetzige
Stelle und die Einfügung von πάλιν. Aus einem Text, der als Berufungsvision eine jüdisch apokalyptische Quelle eröffnete, wird ein solcher der
Überleitung und der Digression, wie W. Bousset c. 10 zu Recht charakterisiert hat[122].

---

[119] Apk 4 1a.2–11 weist nicht die geringste Spur christlicher Theologie auf. In diesem fertigen
Ganzen hat der Seher Johannes sichtlich Mühe, dem Lamm c. 5 den ihm gebührenden
Platz zuzuweisen. Auch J. Roloff, Offenbarung, 75, empfindet: »... wie kann das
›Lamm‹ nicht nur ›inmitten des Thrones‹ sein, auf dem ja Gott selbst sitzt, sondern auch
zugleich noch inmitten der Wesen und der Ältesten?« In c. 4 haben die vier Wesen aus
Ez 1 die Funktion der Anbetung entsprechend Jes 6, ebenso die 24 Ältesten entspre-
chend Jes 24 23. In Texten aus der Hand des Sehers fungieren sie auch als Deuteengel,
vgl. 5 5 6 1.3.5.7 7 13 (so K. G. Kuhn, Heidelberger Apk-Vorlesung). Zum jüdischen Charakter von c. 4 vgl. R. Deichgräber, Gotteshymnus, 51; ferner die Materialhinweise bei
O. Hofius, Katapausis, WUNT 11, Tübingen 1970, 99; ders., Der Vorhang vor dem
Thron Gottes, WUNT 14, Tübingen 1972, 15 mit Anm. 74; J. T. Milik, Enoch, 199.

[120] Vgl. 4 Esr 6 20.

[121] Vgl. W. Zimmerli, Ezechiel, 77.

[122] Offenbarung, 314 f.

Vor allem aber hat der Seher Johannes der jüdisch apokalyptischen Eröffnungsvision Apk 10 in c. 5 eine genuin christliche Deutung vorgeschaltet und so der Schriftrolle der endzeitlichen Weissagung einen neuen Ort und Stellenwert zugewiesen: Die geöffnete Buchrolle in der Hand des Engels aus c. 10 – dort geöffnet, weil die Endzeit gekommen ist – erscheint in 5 1 als versiegelt, und zwar »auf der Rechten dessen, der auf dem Thron saß«[123], weil *Gott* die endzeitliche Weissagung *Christus* übergibt, damit er ihre Enthüllung vor den Augen des Sehers vollzieht. Die Stimmen der sieben Donner aus c. 10 müssen versiegelt werden, damit das *Lamm* c. 5 f. die sieben Siegel der Buchrolle eröffnen kann. Die Siebenzahl der Siegel erklärt sich von der Siebenzahl der Donnerstimmen c. 10 her.

Die Folgen für c. 10 sind erheblich. Nach Abzug des einen der beiden Engel – er wird ja 5 2 eingeführt – müssen die Funktionen beider auf einen einzigen Engel übertragen werden. Darum ist der Anfang von 10 2 nun ein Einsatz, dessen Zweck erst aus 10 8–11 erhellt.[124] Durch Umwandlung der Sieben-Donner-Vision zur Sieben-Siegel-Vision wird das Schreibverbot 10 4 nötig, das aber zugleich die Offenbarungseinleitung 10 3 recht eigentlich unnötig und die Aufforderung 10 11 situationslos macht. Für den Seher heißt dies: die endzeitliche Weissagung vermittelt das *Lamm*, nicht der Engel. So mag denn auch sein, daß das βιβλίον c. 5 gegenüber dem βιβλαρίδιον c. 10 eine beabsichtigte Steigerung darstellt[125].

Die Trennung des c. 10 von c. 4 verlangte nachträgliche Verzahnung mit dem zwischengeschalteten Stoff; diese leistet die redaktionelle Einschaltung 10 7b.c: »Hier haben wir die redaktionelle Klammer, durch welche das Stück in die Reihe der sieben Posaunen eingefügt wird.«[126] Redaktor aber ist nicht ein vom Seher Johannes zu unterscheidender Herausgeber, wie J. Weiß meinte[127], sondern dieser selbst, worauf W. Bousset

---

[123] Die Anbindung an Ez 2 9 ist nur sehr locker; zum Sprachlichen vgl. Ps 120 5b LXX. – Der Neueinsatz 5 1 mit seiner abrupten Einführung der Buchrolle, von K.-P. Jörns, Evangelium, 31 f., zu Recht so empfunden, erklärt sich somit redaktions-, nicht motivgeschichtlich, wie K.-P. Jörns will, der im Text von c. 4 vorausgesetzt sein läßt, daß zwischen 4 8 und 4 9–11 Gott das Buch ergreife.

[124] Vgl. J. Wellhausen, Analyse, 14.

[125] A. Feuillet, in: Études, 230: «... le petit livre semble moins important que le livre aux sept sceaux: il est désigné par un double diminutif.» Möglich ist auch der umgekehrte Fall: Das Hapaxlegomenon βιβλαρίδιον stand in der Quelle, und der Seher hat ihm c. 5 ein βιβλίον entgegengesetzt. – Das Schwanken der Textüberlieferung in 10 2.8.9.10, vergleichbar dem in Herm vis II 1 3, erklärt sich wohl mit von daher, daß die sachliche Nähe zu c. 5 und Ez 2 9 stets empfunden wurde.

[126] J. Weiß, Die Offenbarung des Johannes, FRLANT 3, Göttingen 1904, 42.

[127] Offenbarung, 41 f.

zu Recht abhob[128]. So wird nun auch die Funktion des redaktionellen Orts von 10 11 – der Vers war ja nach dem Eingriff 10 4 in die Quelle situationslos geworden – deutlich: δεῖ σε πάλιν προφητεῦσαι dient jetzt als redaktionelle Einleitung von c. 11[129], wie im vorliegenden Textganzen 10 1–11 überhaupt als Einleitungsvision des »Einschubs« zwischen sechster und siebenter Posaune gekennzeichnet werden kann[130].

Dank des Konservatismus gegenüber Quellentexten blieb trotz der neugestalteten Buchrollenvision c. 5 in c. 10 die alte Schriftenrollenvision erhalten. Hat der Seher Johannes bei der Gestaltung von c. 5 aus ihr geschöpft, hat er wohl auch das Verständnis der Buchrolle aus c. 10 übernommen, so daß sich rückschauend zusammenfassen läßt: Von c. 10 her wird das βιβλίον als *Schriftrolle der endzeitlichen Weissagung* bestimmt und zugleich τὸ ἀρνίον als *weissagendes Lamm* bestätigt.

---

[128] Offenbarung, 315.

[129] Auch Apk 19 10 dient das Stichwort »Weissagung« dem Anschluß neuer Weissagung, vgl. meinen Beitrag ZNW 75, 88.

[130] A. Vögtle, Buch, 83; vgl. auch H. W. Günther, Enderwartungshorizont, 215.

15. Die Erzhure und das Tier: Apk 12,18–13,18 und 17f.

Eine quellen- und redaktionskritische Analyse

> „Rom sank zur Hure ...,
> Roms Cäsar sank zum Vieh, ..."
> FRIEDRICH NIETZSCHE[1]

Vorbemerkungen

In keiner anderen Schrift des Neuen Testaments spiegelt sich die Thematik von 'Aufstieg und Niedergang der römischen Welt' so handgreiflich wie in der Apokalypse des Johannes. In einer Zeit, als die Krise des Imperiums überwunden war, als Vespasian die *aeternitas* der Flavischen Familie begründet hatte, an deren Ende, unter Domitian, die Errichtung einer Art von 'Dominat' stehen sollte, als die Verherrlichung der *domina Roma* in der Verehrung der *Dea Roma* ihren zeitgemäßen Ausdruck gefunden hatte und so zu einem Eckpfeiler des Kaiserkults geworden war, da proklamiert das letzte Buch der christlichen

---

[1] Das zutiefst jüdisch Sibyllinische solcher Redeweise hat F. NIETZSCHE mit sicherem 'Instinkt' erkannt, s. Also sprach Zarathustra IV, Gespräch mit den Königen, 1, in: F. NIETZSCHE, Werke, hg. v. K. SCHLECHTA, II, München 1955, 486, jetzt in: NIETZSCHE, Werke. Kritische Gesamtausgabe, hg. v. G. COLLI u. M. MONTINARI, VI, 1, Berlin 1968, 303; vgl. auch: Zur Genealogie der Moral, Erste Abhandlg.: 'Gut und Böse', 'Gut und Schlecht', 16, in: Werke, hg. v. K. SCHLECHTA, II, 795, jetzt in: Werke. Kritische Gesamtausgabe, hg. v. G. COLLI u. M. MONTINARI, VI, 2, 1968, 300f.

Bibel in apokalyptischer Weissagung den Untergang Roms und formuliert in der Auseinandersetzung mit dem Kaiserkult die Standortbestimmung des frühen Christentums im römischen Staat. Exemplarisch dafür stehen die Kapitel 13 und 17 f., sie sollen daher im folgenden analysiert werden. Den Schwerpunkt bilden die Kapitel 13 und 17.

I. Exegetische Probleme, Spannungen und Brüche in Apk 13 und 17

Die Kapitel 13, genauer 12 18 – 13 18, und 17 f. der Johannesapokalypse bilden thematisch einen relativ geschlossenen und in seinen Grundzügen leicht erkennbaren Zusammenhang von Visionen über die beiden Tiere, das aus dem Meer und das vom Land, und über Babylons Ende. Die Schwierigkeiten der Einzelauslegung beginnen jedoch sogleich mit 12 18: Wer trat an den Sand bzw., wie wir im Deutschen sagen, an den Strand des Meeres, der Drache von 12 17 oder der Visionär von 13 1? R. H. CHARLES urteilt wohl zutreffend: *"The textual evidence in itself is overwhelming in behalf of ἐστάθη. In the next place the sense is in favour of it. The dragon foiled in his attempt to destroy the Messiah and His Community proceeds to the shore of the sea and summons from it the Beast (i.e. the Roman Empire) in order to arm it with his own power. Thus ch. Xiii follows naturally after Xii."*[2] Gleichwohl hat auch W. BOUSSET recht, wenn er empfindet: „Freilich erscheint diese Überleitung etwas gezwungen, denn man sollte erwarten, daß noch genauer erzählt wird, wie der Drache das Tier wirklich gerufen hat. Das gerade aber muß man erraten."[3] – Als Ergebnis solchen Erratens teilt H. KRAFT mit: Der Drache sei es, der an das Meer trete. „Um in die Geschichte eingreifen zu können, braucht er ein materielles Abbild. Er erzeugt es dadurch, daß er sich in der Materie, im Wasser, spiegelt. Wir kennen diese Vorstellung aus der Gnosis, ..."[4] – Das Gezwungene des Übergangs von 12 18 zu 13 1 ff. zeigt sich denn auch in der sprachlichen Doppelung des „Meeres" 12 18 13 1a. Und nicht nur darüber, wie der Drache das Tier hervorgerufen habe, sagt uns der Seher Johannes nichts, sondern auch darüber, „wie sich das hier aus dem Meer auftauchende Tier zu dem aus dem Abgrund aufsteigenden 11 7 (vgl. 17 8) verhalte".[5] Und das ist verwunderlich genug, zumal

---

[2] A Critical and Exegetical Commentary on the Revelation of St. John, ICC, Edinburgh (1920) 1979, I, 344; vgl. auch E. LOHSE, Die Offenbarung des Johannes, NTD 11, Göttingen ⁵1979, 76.

[3] Die Offenbarung Johannis, KEK 16, Göttingen 1966 (Neudr. der neubearb. Aufl. 1906), 358.

[4] Die Offenbarung des Johannes, HNT 16 a, Tübingen 1974, 173.

[5] W. BOUSSET, Offenbarung, 358 (dort fälschlich 17 6); vgl. auch H. GUNKEL, Schöpfung und Chaos in Urzeit und Endzeit, Göttingen 1895, 337.

sich „das Tier, das aus dem Abgrund heraufkommt", in 11 3 – 13 fast wie ein Fremdkörper ausnimmt[6].
Betrachten wir weitere Auffälligkeiten der apokalyptischen Tiervision! Die Schilderung des Tieres 13 1 – 3 wird unterbrochen durch die Andeutung einer „Inthronisationsszene"[7] 13 2d.e, καὶ μίαν ἐκ τῶν κεφαλῶν αὐτοῦ 13 3a schließt syntaktisch an καὶ εἶδον 13 1a an. Das Staunen der ganzen Erde 13 3d mit der Folge der Huldigung an das Tier 13 4d wird unterbrochen durch die Anbetung des Drachens 13 4a.b. Die Verse 5 – 7 „sind von dem viermaligen ἐδόθη beherrscht. Während aber V. 2 als Geber der Drache auftrat, ist hier mit dem ʿGebenʾ die Zulassung Gottes ausgedrückt".[8] Ferner stellen 13 8 und 17 8d – f offensichtlich eine Dublette dar, wobei die erste Stelle geradezu überbordet von Auffälligkeiten: Da ist der Wechsel „aus dem im Vergangenheitstempus berichtenden Visionsstil"[9] ins Futur προσκυνήσουσιν, da bezieht sich αὐτόν nicht syntaktisch, sondern sinngemäß auf den ʿAntichristʾ[10], οὗ … τὸ ὄνομα αὐτοῦ wiederum nicht syntaktisch, sondern sinngemäß auf jeden Erdbewohner. Und nicht zuletzt bereitet in 13 8c die Erwähnung „des geschlachteten Lammes" Schwierigkeiten[11]. Mit 13 9 beginnt die Serie von Formeln, die, abgesehen von den Sendschreiben, nur im Zusammenhang mit Texten vom ʿTierʾ begegnen und zur aktuellen Deutung auffordern: 13 10e.18.a.b 14 12a 17 9a. Was schließlich den Wortlaut von 13 10a – d betrifft, scheint er von Anfang an als so sperrig empfunden worden zu sein, daß sich die Textüberlieferung weit aufgefächert und auseinanderentwickelt hat[12].
Weitaus problemloser, 13 15ff. ausgenommen, stehen die Dinge um 13 11 – 18, die zweite Tiervision. Das hängt wohl damit zusammen, daß Johannes das Bild vom zweiten Tier selbständig entworfen hat[13]. Das Tier vom Land handelt ja „in der Kraft des ersten Tieres und wirkt als sein Agent, indem es die Erdenbewohner zu seiner Anbetung veranlaßt".[14] Es bewirkt 13 12, was „die ganze Erde" 13 3f. ohnehin schon tat, stellt also eine partielle „Verdoppelung der gottfeindlichen Macht"[15] dar, in der Johannes die Vorstel-

---

6 Vgl. H. Kraft, Offenbarung, 157 f.: „Hier ist die Gegnerschaft des Tiers gegen die Zeugen im Text an keiner Stelle motiviert oder auch nur angedeutet; der Text läßt vielmehr andere Gegner gegen die Zeugen erwarten. Man wird daher schließen müssen, daß der Text nachträglich auf die Kapitel 13 und 17 bezogen wurde."
7 J. Roloff, Die Offenbarung des Johannes, ZBK NT 18, Zürich 1984, 136.
8 H. Kraft, Offenbarung, 177.
9 U. B. Müller, Die Offenbarung des Johannes, ÖTK 19, Gütersloh/Würzburg 1984, 247 f.
10 F. Blass – A. Debrunner – F. Rehkopf, Grammatik des neutestamentlichen Griechisch, Göttingen [14]1976, § 136, Anm. 4.
11 U. B. Müller, Offenbarung, 252.
12 H. Kraft, Offenbarung, 177 f.; vgl. auch J. Delobel, Le texte de l'Apocalypse: Problèmes de méthode, in: L'Apocalypse johannique et l'Apocalyptique dans le Nouveau Testament, hg. v. J. Lambrecht, BEThL 53, Louvain 1980, 151 – 166, dort 162 – 165.
13 P. Prigent, L'Apocalypse de Saint Jean, Commentaire du Nouveau Testament 14, Lausanne/Paris 1981, 200, Anm. 3, 208; J. Roloff, Offenbarung, 139.
14 U. B. Müller, Offenbarung, 253.
15 Zitat: U. B. Müller, Offenbarung, 253.

lung vom später ausdrücklich so und nur noch so genannten 'Pseudopropheten' unterbringen konnte: 16 13 19 20 20 10. Die tatsächlichen Deutungsprobleme betreffen wieder das erste Tier: Was bedeutet das χάραγμα 13 16f.? „Das vergebliche Umherraten der Exegeten beweist", so W. Bousset, „daß hier wieder ein Zug einer verschollenen älteren Tradition entlehnt ist, der in das vorliegende Bild und seine Deutung nicht mehr hineinpaßt".[16] Und was bedeutet die Zahl 666 (13 18)[17]? Das Vorliegen von Gematrie läßt sich wohl wahrscheinlich machen[18]. Aber welches Alphabet ist zu benützen? Zweifellos hat E. Stauffer recht, wenn er für den Griechisch schreibenden Apokalyptiker auch Verwendung des griechischen Alphabets reklamiert[19]. Allein, griechische Lösungsvorschläge bleiben unbefriedigend. E. Stauffer z. B. konstruiert und vermutet, in der Zahl 666 verberge sich der Amtsname des Kaisers Domitian, und zwar in der selteneren Schreibung ΔΟΜΕΤΙΑΝΟΣ und der nicht nachweisbaren Abkürzungsreihe A ΚΑΙ ΔΟΜΕΤ ΣΕΒ ΓΕ. Die ungewöhnliche Kurzform müßte demnach der Apokalyptiker erfunden haben[20]. Gegen H. Krafts Vorschlag, das Zahlenrätsel durch M.ΝΕΡΟΥΑ aufzulösen[21], spricht nicht nur die verwendete Namensform[22], sondern H. Krafts eigene Auslegung zu 13 15, wonach die angesprochene Verfolgung auf Christenprozesse unter Domitian zu beziehen sei[23]. „Diejenige Deutung", so U. B. Müller, „die bisher wohl am meisten Anklang fand, führt die Zahl 666 auf Nero zurück, wobei man auf den Zahlenwerten des hebräischen Alphabets aufbaut"[24]: נרון קסר, wobei die defektive Schreibweise קסר von D. R. Hillers in DJD II, 18,1 nachgewiesen

---

16 Offenbarung, 368.

17 Vgl. J. Ernst, Die eschatologischen Gegenspieler in den Schriften des Neuen Testaments, BU 3, Regensburg 1967, 141 – 145; O. Böcher, Die Johannesapokalypse, EdF 41, Darmstadt ²1980, 84 – 96; H. W. Günther, Der Nah- und Enderwartungshorizont in der Apokalypse des heiligen Johannes, fzb 41, Würzburg 1980, 123 f., Anm. 171; P. Prigent, L'Apocalypse, 214 – 217; U. B. Müller, Offenbarung, 256 f.; J. Roloff, Offenbarung, 144 f.; A. Y. Collins, Numerical Symbolism in Jewish and Early Christian Apocalyptic Literature, in: ANRW II 21,2, hg. v. W. Haase, Berlin – New York 1984, 1221 – 1287, dort 1270 – 1272.

18 R. Weisskopf, Gematria. Buchstabenrechnung, Tora und Schöpfung im rabbinischen Judentum, Diss. Tübingen 1975, 15 – 17, 201, 207 f., 210; vgl. auch O. Böcher, Johannesapokalypse, 87.

19 Christus und die Caesaren, Hamburg ⁶1964, Exkurs: 'Die Zahl 666', 315 – 320, dort 316. Der Exkurs ist ein erweiterter Abdruck des Beitrags: 666 in: CNT 11, 1947, 237 – 241.

20 Christus, 319.

21 Offenbarung, 222.

22 Vgl. P. R. Franke, Kleinasien zur Römerzeit, München 1968, Münzbeschreibung Nr. 135: ... ΝΕΡΟΥΑΣ; F. Preisigke, Wörterbuch der griechischen Papyrusurkunden, III, bearb. und hg. v. E. Kiessling, Berlin 1931, 47 (21 Belegstellen für Νέρουας). Bei der Lesung Νέρουα, s. F. Preisigke, Sammelbuch griechischer Urkunden aus Ägypten, II, Berlin/Leipzig 1922, 325, handelt es sich um eine Ergänzung, s. Bd. I, Straßburg 1915, 391: Νέρου[α]. Weitere Belege für ΝΕΡΟΥΑΣ oder auch ΝΕΡΒΑΣ bei: J.-W. Taeger, Einige neuere Veröffentlichungen zur Apokalypse des Johannes, VF 29, 1984, 50 – 75, dort 58, Anm. 9.

23 Offenbarung, 181.

24 Offenbarung, 257.

worden ist[25]. Als Frage bleibt dann nur, ob wir dem Griechisch schreibenden Seher Johannes die Erfindung dieses Zahlenrätsels zuschreiben dürfen. Ich denke, nein. Auffällig sind ja die Verse 17 und 18 bis ins Stilistische hinein: V. 17b.c εἰ μὴ ὁ ἔχων τὸ χάραγμα τὸ ὄνομα τοῦ θηρίου ἢ τὸν ἀριθμὸν τοῦ ὀνόματος αὐτοῦ wirkt ausgesprochen überladen[26] wie später ὄνομα γεγραμμένον, μυστήριον 17 5, und 13 18 führt die geheimnisvolle Deutung des apokalyptischen Rätsels[27] so umständlich (1. Hier braucht man Weisheit! 2. Wer Verstand hat, ... 3. Es ist nämlich die Zahl eines Menschen.) ein, daß sich die Vermutung aufdrängt, hier werde nicht authentischer Text produziert, sondern vorgefundener interpretiert. Den gleichen Eindruck[28] erweckt das mit Apk 13 zusammengehörende c. 17: „Das 17. Kapitel", so H. W. GÜNTHER, „ist in der Literarkritik, wie auch in der Auslegung ein sehr umstrittenes Kapitel. Einige Widersprüche, Dubletten, Doppeldeutungen, Umstellungen und Fugen in der Komposition fallen ins Auge."[29]

Zunächst wird man im Blick auf Apk 17 mit W. BOUSSET feststellen müssen: „Von nun an tritt die vorher nicht vorhandene Figur des Offenbarungsengels, der dem Seher seine Gesichte zeigt und deutet, in den Vordergrund der apokalyptischen Komposition."[30] Hinzu kommt die seit 4 1f. erste Angabe zur visionären Ortsveränderung 17 3a, die dann in 21 10a ihre Entsprechung haben wird. Auffällig treten folgende Motive auseinander: Die Hure sitzt an vielen Wassern 17 1e.15b, die Frau auf dem Tier 17 3b.7c bzw. auf den sieben Köpfen (das sind sieben Berge) des Tieres 17 9b.c. Durch 17 3c.d.7d wird das Reittier der Frau mit dem Tier von 13 1 identifiziert. Im Unterschied zu der engen Verbindung von Frau und Tier in 17 3.7 kommt in 17 16f. eine völlig abweichende Sicht zum Vorschein: Das Tier wird zusammen mit den zehn Hörnern das göttliche Strafgericht an der Hure vollziehen[31]. Ferner erfolgt von V. 5 nach V. 6 eine deutliche Sinnverschiebung: Nicht mehr berauscht die große Hure – durch Götzendienst – andere, sondern ist nun selbst betrunken – vom Blut christlicher Märtyrer. Das wie ein „Ausrufungszeichen" in 17 5a hineingestellte Stichwort μυστήριον[32] kehrt wieder in 17 7 und verbindet 'Frau' und 'Tier' zu einem Geheimnis, das gedeutet werden muß. Freilich geschieht auch dies nicht, ohne daß ein Problem entstünde. Mit Recht hat man beobachtet, daß c. 17 den einzigen Fall innerhalb der Johannesapokalypse darstellt, in dem das übliche apokalyptische Schema von Vision und Deutung

[25] Rev 13: 18 and a Scroll from Muraba'at, BASOR 170, 1963, 65. Lesung nach: P. BENOIT, J. T. MILIK, R. DE VAUX, Les Grottes de Murabba'ât, DJD II, Oxford 1961, 18, 1 לגרון קסֹרֹ .
[26] W. BOUSSET, Offenbarung, 369.
[27] W. BOUSSET, Offenbarung, 199.
[28] So mit CH. BRÜTSCH, Die Offenbarung Jesu Christi, ZBK, Zürich [2]1970, II, 222: „... den Eindruck eines zusammengesetzten, oder zum mindesten überarbeiteten Dokumentes ..."
[29] Enderwartungshorizont, 101.
[30] Offenbarung, 403.
[31] H. KRAFT, Offenbarung, 224.
[32] W. BOUSSET, Offenbarung, 404.

im großen Stil durchgeführt wird[33]. Und gleichzeitig muß man feststellen: Die Vision zeigt das Bild der Frau auf dem Tier, „aber die Deutung beschäftigt sich fast nur mit dem Tier. Und sie ist doppelt orientiert; sie weissagt einmal den Kampf des Tieres und der zehn Könige gegen das Lamm (14), sodann ihre Rache an dem Weibe".[34] Die Spannung zwischen Bild und Deutung tritt auch darin zutage, daß nun die Frau auf dem Tier sitzt, das „war und (jetzt) nicht ist" 17 8a.h.11a.

Wie man leicht erkennt, erfolgt die Deutung in drei Schüben. Nach der Einleitung zur Visionsdeutung 17 7 folgt die Deutung des Tieres in V. 8, die Deuteformel V. 9a markiert den Übergang zum zweiten Block, also 17 9b – 14d, eingeleitet durch die Doppeldeutung der sieben Köpfe auf sieben Berge 17 9 und sieben „Könige" 17 10. Den Beginn des dritten Blocks signalisiert καὶ λέγει μοι 17 15a, wobei die Deutungen der „Wasser" V. 15 und der „Frau" V. 18 merkwürdig nachgetragen bzw. deplaziert wirken[35]. Die Weissagung über das Wirken der Hörner-Tier-Allianz läßt dem οὗτοι von 17 13a und V. 14a in V. 16b ein drittes οὗτοι folgen. Und schließlich wird in 17 17 „die γνώμη, die in V. 13 die der Hörner war", nun zur γνώμη Gottes; entsprechend verändert sich μίαν γνώμην ἔχουσιν zu ποιῆσαι μίαν γνώμην[36].

II. Entwirrung von Quelle und Redaktion

Angesichts all der genannten Auffälligkeiten und Ungereimtheiten halte ich es für verfehlt, „die besondere Gestaltung des Kapitels" 17 mit U. B. Müller in dem Sinne „als bewußte literarische Absicht" zu erklären, daß sich „Quellenscheidungen und literarische Schichtenanalysen" erübrigten.[37] Demgegenüber scheint mir W. Boussets Analyse die richtige Richtung zur Lösung der Probleme eingeschlagen zu haben: Einer zur Zeit Vespasians entstandenen, möglicherweise jüdischen Quelle gehören die Verse 1–7. 9–11.15–18 an[38]; sie sah in dem Tier Nero, „der mit den Partherkönigen zur Zerstörung Roms wiederkehrt".[39] Auf das Konto des Bearbeiters, des Apokalyptikers letzter Hand, gehen die Verse 8.12–14 und einzelne Worte in V. 6.9.11[40]; ihm verdankt sich „die Anschauung vom Nero redivivus", also „die Anschauung von Nero als dem höllischen Widersacher des Lammes".[41] Nun

---

[33] U. B. Müller, Offenbarung, 286; J. Roloff, Offenbarung, 167.

[34] E. Lohmeyer, Die Offenbarung des Johannes, HNT 16, Tübingen [2]1953, 138 f.

[35] H. Kraft, Offenbarung, 224 f.

[36] H. Kraft, Offenbarung, 225.

[37] Offenbarung, 287.

[38] Offenbarung, 415.

[39] Offenbarung, 414 (Hervorhebung von mir).

[40] Offenbarung, 415.

[41] Offenbarung, 414. Sachgemäß unterscheidet auch E. Lohse, Offenbarung, 77 die „Sage vom Nero redux" von der „Erwartung des Nero redivivus."

enthält diese Analyse freilich auch Schwachstellen, die weitere Untersuchung erforderlich machen. Gerade die Härte, mit der die verschiedenen Anschauungen von Nero sich gegenüberträten, sei als Anzeichen zu werten, „daß in diesem Kapitel eine ältere Quelle verarbeitet ist".[42] Aber W. Bousset schreibt alle Aussagen, die überhaupt auf die Vorstellung vom wiederkehrenden Nero zu beziehen sein könnten, so konsequent dem Bearbeiter zu, daß für die Quelle fast nur noch Fehlanzeige zu konstatieren bleibt. Und gerade V. 8fin. bringt doch die Aussage, „daß es war, (jetzt) nicht ist und (wieder) dasein wird".

Unbefriedigend zumal bleibt die Grundentscheidung W. Boussets, daß das Tier der Quelle von c. 17 in keiner originären Beziehung zu dem Tier von c. 13 steht[43]. W. Bousset selbst empfand hier ein Ungenügen, konnte er sich doch „den gemeinsamen Gründen von Sp., Pfl., Weiß nicht ganz verschließen".[44] Das Problem sitzt in dem Mißverhältnis von Bild und Deutung des Bildes: „Im Bilde reitet das Weib auf einem scharlachenen Tier; dieses Tier ist nur ein Nebenzug in dem Bilde, in dem vor allem die Üppigkeit und Pracht des Weibes hervorgehoben wird. Dagegen erscheint in der Deutung das Tier als die Hauptfigur, und ganz unerwarteter Weise tritt es hier, während es früher der Träger der Macht des Weibes ist, nunmehr als dessen Zerstörer auf."[45] Damit zeigt sich, daß der Angelpunkt der literarkritischen Lösung in 17 7 zu suchen ist. Hier werden zwei Deutungen miteinander verknüpft, die so nicht ursprünglich zusammengehören: die Deutung des Geheimnisses des Tieres von c. 13 und, vorbereitet durch das in 17 5 hineinkomponierte μυστήριον, die Deutung des Geheimnisses der Frau von c. 17, die jedoch in ihrem Schwerpunkt eine Drohweissagung gegen die Hure Babylon darstellt. Tatsächlich dürften die ursprünglichen Eröffnungsformeln beider Einheiten in c. 17 noch erhalten sein: ἐγὼ ἐρῶ σοι τὸ μυστήριον ‹› τοῦ θηρίου ‹› τοῦ ἔχοντος τὰς κτλ. V. 7 leitet die Deutung der Tiervision von c. 13 ein, δεῦρο, δείξω σοι τὸ κρίμα τῆς πόρνης τῆς μεγάλης V. 1 eröffnet die Gerichtsweissagung im Anschluß an die Babylon-Vision von c. 17. In der vermuteten Quelle müssen demgemäß die Kapitel 13 und 17 unmittelbar aufeinander gefolgt sein und zusammen mit c. 18 eine große Einheit gebildet haben[46]. Darauf lassen auch die redaktionellen Vorankündigungen in Apk 11 7 14 8 16 19 schließen, die je schon in Kenntnis der Texte über das Tier und über Babylon formuliert sind. Indem Johannes den Zusammenhang dieser Quellentexte aufgeschnitten hat, hat er genau die Probleme geschaffen, vor denen die Exegese heute steht. Wie kam es zu der Trennung? Läßt sich der Vorgang erklären?

Offenbar hatte der Seher Johannes eine dezidierte Auffassung von der widergöttlichen Macht, dem Negativpol des eschatologischen Dualismus. Sie

---

[42] Offenbarung, 414.
[43] Offenbarung, 379: „Apk 13 ist so gut wie ganz vom Apok. letzter Hand geschrieben."
[44] Offenbarung, 417.
[45] Offenbarung, 417.
[46] Vgl. H.-M. Schenke – K. M. Fischer, Einleitung in die Schriften des Neuen Testaments, Berlin 1979, II, 291 – 294.

zergliederte sich ihm in die teuflische Dreierbande von Drache – Teufel,
1. Tier – 'Antichrist', 2. Tier – Pseudoprophet, s. vor allem 16 13 19 19f.
20 2.10[47]. Zur Einführung des teuflischen Drachens bediente sich der Seher des
fremdartigen Quellenstücks, das in Apk 12 nachweisbar ist.[48] Den widergöttlichen Weltherrscher (Apk 13 7c.d 16 10 17 13f. 19 19) versteht er als Manda-
tar des Teufels 13 2d.e.4b. Um ihn als solchen einführen zu können, muß er die
Tiervision 13 1ff., die, wie die Deutung in c. 17 zeigt, keinerlei Verbindung zur
Drachengestalt aufweist, unmittelbar an c. 12 anschließen, und zwar so, daß
nicht der Seher, sondern der Drache an den Strand des Meeres tritt (12 18). In
der Folge davon, d. h. mit Stichwortanschluß ad vocem θάλασσα, kann dann
der Visionär „aus dem Meer ein Tier aufsteigen" sehen (13 1a)[49]. Die Verzahnung der Quellenstücke c. 12 f. mit dem vorausgehenden Stoff leistet offenbar
die redaktionelle Einführung des Tieres aus dem Abgrund in Apk 11 7[50].

Das Blasphemische des Tieres erscheint dem Seher ganz und gar geprägt
vom Kaiserkult: 13 8.12.14–17 14 9.11 15 2 16 2 19 20 20 4. Dieser galt ihm wohl
als die endzeitliche Versuchung, „die über den ganzen Erdkreis kommen
wird".[51] Darum bot ihm die Tiervision Gelegenheit, das 2. Tier, den Agenten
der großen Versuchung, den Pseudopropheten 13 14 19 20, als Agenten des 1.
Tieres einzuführen. Er tat dies so, daß er die Vision des Tieres vom Land
13 11–15 in die Vision des Tieres aus dem Meer hineinstellte. V. 15 nimmt mit
καὶ ἐδόθη αὐτῷ die καὶ ἐδόθη αὐτῷ-Reihe in V. 5ff. wieder auf und führt mit
ἀποκτανθῶσιν auf das Stichwort zurück, bei dem in V. 10 der Quellentext
verlassen worden war (ἀποκτανθῆναι). Im übrigen wirkt die Konstruktion in
V. 15 von καὶ ποιήσῃ an wohl deshalb so gezwungen, weil der Anschluß an
das folgende καὶ ποιεῖ V. 16 gelingen mußte. Alles in allem, durch die Anbindung der Tiervision an c. 12 und deren Erweiterung um die zweite Tiervision
in Verbindung mit der Thematik des Kaiserkults war der sachliche Zusammenhang mit der Babylon-Vision zerschnitten; den Spannungsbogen bis zu seiner
Wiederaufnahme bilden die redaktionellen Einschaltungen des Babylon-
Themas in 14 8 und 16 19. Beherrschend war jetzt zunächst die Problematik
des Kaiserkults. Treffend formuliert H. KRAFT in der Einleitung zu c. 14: „Der
Verfasser kehrt zu einem Stoff zurück, den er zuletzt im 7. Kapitel behandelt
hatte. Den Stoff des 13. Kapitels führt er im 17. weiter. Der Grund für
die Unterbrechung ist – abgesehen von dem Stilmittel, verschiedene Stoffe
ineinander zu verweben – die Absicht, den Trägern des *Charagma* die gegenüberzustellen, die die *Sphragis* an ihrer Stirn tragen."[52]

---

[47] Vgl. O. BÖCHER, Johannesapokalypse, 76–83: 'Die teuflische Trinität', wieder abge-
druckt in: DERS., Kirche in Zeit und Endzeit, Neukirchen – Vluyn 1983, 90–96.

[48] Vgl. dazu meinen Beitrag: Altes und Neues zur „Sonnenfrau am Himmel (Apk 12)",
ZNW 73.1982, 97–109.

[49] Daß die Verbindung der 'Drachenvision mit der Tier-Apokalypse' redaktionell ist, hat
J. WEISS, Die Offenbarung des Johannes, FRLANT 3, Göttingen 1904, 85 zutreffend
beobachtet.

[50] S. dazu oben bei Anm. 6.

[51] Apk 3 10, vgl. dazu W. BOUSSET, Offenbarung, 228.

[52] Offenbarung, 186.

Wie gelang nun dem Seher die Wiederaufnahme des Fadens von c. 13 in c. 17? Doch offenbar so, daß er die Frau statt mit dem Quellentext „an vielen Wassern" (17 1) auf dem Tier von c. 13 sitzen läßt (17 3). So entstand das doppelte 'Sitzen' der weiblichen Gestalt. Die Frau ist nun nicht mehr nur Prototyp des heidnischen Götzendienstes, sondern gemäß ihrer Verbindung mit dem Tier zutiefst hineinverstrickt in den blutigen Terror des Kaiserkults: „berauscht vom Blut der Heiligen, das heißt vom Blut der Zeugen Jesu" 17 6. Die Verbundenheit von Frau und Tier ermöglichte sodann, die Weissagung über das Gericht an der Hure *via* μυστήριον von 17 5 mit der Deutung der Tiervision zusammenzuschließen zu: „Ich werde dir das Geheimnis der Frau sagen und des Tieres, das sie trägt, . . ." 17 7. In Einlösung dieses Versprechens stand der Seher vor der Notwendigkeit, tatsächlich auch einige Deutungselemente von eigener Hand einzustreuen. Er tat dies einmal durch R a h m u n g der Weissagung über das Gericht an der Hure V. 15.18, zum anderen durch D o p p e l u n g der Deutung der sieben Köpfe des Tieres V. 9. Dabei mag die wohlbekannte Topographie Roms als der Stadt auf den sieben Hügeln[53] dazu beigetragen haben, das Sitzen auf dem Tier als Sitzen auf den sieben Köpfen des Tieres zu interpretieren. – Daß das so entstandene 'Bild' nicht völlig aus der Luft gegriffen war, belegt, worauf in seiner Weise schon E. STAUFFER aufmerksam gemacht hat[54], eine Münzprägung, die sehr wahrscheinlich einem Marmorrelief nachempfunden war: *"On a sestertius of Vespasian the Amazon Roma sits to the right on Rome's Seven Hills, . . . the Wolf and Twins appear on the ground line before the Seven Hills."*[55] – Jedenfalls dürfte das Motiv dazu gedient haben, für den Leser die Identifizierung Babylon – Rom eindeutig zu machen[56]. Im übrigen hat es der Seher Johannes nicht versäumt, das Tier in seiner abgründigen (17 8b) Feindschaft zum Lamm zu charakterisieren und in 17 13f. dem Quellenstück über die Hörner-Tier-Allianz nach seiner Gewohnheit[57] eine christliche Deutung v o r z u s c h a l t e n. So erklärt sich die doppelte Orientierung der Weissagung: einmal vom Kampf des Tieres und der Hörner mit dem Lamm, sodann von ihrer Rache an der Hure. Damit haben wir die Fäden soweit entwirrt, daß wir den Versuch wagen können, den wahrscheinlichen T e x t v e r l a u f der Quelle zu rekonstruieren. Der Versuch erfährt seine Rechtfertigung daraus, daß er die besprochenen Schwierigkeiten mit den jetzt vorliegenden Texten literar- und redaktionskritisch erklärt.

---

[53] CH. BRÜTSCH, Offenbarung, II, 239 mit Anm. 7; ausführlich S. GAROFALO, "Sette monti, su cui siede la donna" (Apoc. 17,9), in: Kirche und Bibel. Festgabe f. Bischof E. Schick, Paderborn usw. 1979, 97 – 104, dort 99 – 103.

[54] Christus, 168, 206; s. auch S. GAROFALO, in: Kirche und Bibel, 101 f.

[55] C. VERMEULE, The goddess Roma in the art of the Roman Empire, Cambridge, Mass. 1959, 41; vgl. dazu Tafeln I und II mit dem Kommentar von D. MANNSPERGER.

[56] E. LOHSE, Offenbarung, 94.

[57] Vgl. dazu die Belege in meinem Beitrag: Die Buchrolle und das Lamm (Apk 5 und 10), ZNW 76, 1985, 225 – 242, dort 226 mit Anm. 6.

III. Rekonstruktion und Interpretation

In Analogie zu 17 1 21 9 wird man davon ausgehen dürfen, daß der Quellentext einen Offenbarungsengel[58] einführte, der dann den apokalyptischen Visionär an den Strand des Meeres entrückte.

12 18a „⟨Und er entrückte mich im Geist⟩
    b   an den Strand des Meeres,
13 1a   und ich sah ein Tier ⟨ ⟩[59] aufsteigen,
    b   das zehn Hörner hatte und sieben Köpfe
    c   und auf seinen Hörnern zehn Kronen
    d   und auf seinen Köpfen Namen der Lästerung,
   3a   und einen seiner Köpfe wie zu Tode getroffen,
    b   doch seine Todeswunde wurde geheilt."

Traditionsgeschichtlicher Ausgangspunkt unserer Stelle ist Dan 7 3. „Dabei wird das Tier als Zusammenfassung der vier Tiere aus Dan 7 und besonders als Erscheinung des vierten Tieres mit seinem kleinen Horn gesehen."[60] Zu berücksichtigen haben wir ferner die motivische Fortentwicklung dieser Tradition in 4 Esra 11 f., wonach jenes Tier aus dem Meer auf das römische Imperium bezogen werden muß, s. 11 1 12 11ff.[61]. Die Kulmination des Frevels erblickt 4 Esra 12 23–25 in den „drei Köpfen des Adlers", die sich im Kontext als die Flavier demaskieren[62]. Kongruent deutet auch das auf die Vespasian-Zeit führende Traditionsstück[63] Barn 4 3–5 den „König", „der drei von den Königen auf einmal niedermachen wird": „Über denselben spricht ähnlich Daniel: Und ich sah das vierte Tier, ..."[64] Und schließlich ist gerade auch im Blick auf Apk 13 3a.b, wo, wie die Deutung in 17 8.11 beweist, erstmals ein Reflex der Nero-Sage vorliegt[65], Sib 5 28–34 wichtig, wo Nero, der verschwunden sein, aber wiederkommen wird, als „schreckliche Schlange" bezeichnet

---

[58] Vgl. dazu vom Verfasser: „Jerusalem, du hochgebaute Stadt", ZNW 75, 1984, 86–106, dort 87.

[59] Das durch seine ungewöhnliche Wortstellung auffallende „aus dem Meer", s. H. KRAFT, Offenbarung, 174, erklärt sich aus dem redaktionellen Situationswechsel von 12 18 zu 13 1.

[60] U. B. MÜLLER, Offenbarung, 248.

[61] J. ERNST, Gegenspieler, 132 f.; G. STEMBERGER, Die römische Herrschaft im Urteil der Juden, EdF 195, Darmstadt 1983, 27–30.

[62] Bo REICKE, Die jüdische Apokalyptik und die johanneische Tiervision, RSR 60.1972, 173–192, dort 180.

[63] K. WENGST. Tradition und Theologie des Barnabasbriefes, AKG 42, Berlin/New York 1971, 105 f.

[64] Zitiert nach K. WENGST, Didache (Apostellehre), Barnabasbrief, Zweiter Klemensbrief, Schrift an Diognet, SUC II, Darmstadt 1984, 145.

[65] Vgl. U. B. MÜLLER, Offenbarung, 250 in Verbindung mit 297–300; vgl. auch J. ERNST, Gegenspieler, 146–148, 157. Nach G. STEMBERGER, Herrschaft, 31 spricht Apk 13 3 vergleichbar mit 4 Esra 12 18 „von einer Krise des Reiches".

wird. Die sieben Köpfe weisen das Tier als Chaos-Ungeheuer aus[66], die zehn Hörner erinnern an das vierte Tier aus Dan 7 7. Die Schwierigkeit des Bildes, daß das Tier sowohl allgemein durch die sieben Köpfe als auch besonders durch den einen Kopf von 13 3a repräsentiert wird[67], dürfte der Seher Johannes schon vorgefunden haben. Immerhin kann man dem merkwürdigen Befund den Wechsel vom 'Horn' zum 'Tier' in Dan 7 11 wie auch die zuvor mitgeteilte Zitateinführung in Barn 4 5 oder mit Bo Reicke 4 Esra 12 24f. zur Seite stellen, wo „über die als drei Häupter des römischen Adlers dargestellten Flavier" gesagt wird: „Sie heissen Häupter des Adlers, weil sie dessen Frevel zusammenfassen und sein Letztes vollbringen werden."[68] Und die Rede des Löwen 4 Esra 11 37ff. richtet sich nicht an den „Kopf auf der rechten Seite" 11 35, sondern an den Adler als ganzen.

Die Umstellung von Apk 13 3 im Anschluß an seine redaktionelle Ergänzung in 13 2d.e nahm Johannes wohl deshalb vor, weil er die spätere Einführung der Anbetung des Tierbildes 13 12.14 vorbereiten wollte. Der Grund für die redaktionelle Einschaltung bezüglich des Drachens wurde schon besprochen.

13 2a „Und das Tier, das ich sah, war gleich einem Panther
   b und seine Füße wie die eines Bären
   c und sein Maul wie das Maul eines Löwen.
      ⟨ ⟩
  3c Und die ganze Erde verfolgte mit Staunen das Tier,
      ⟨ ⟩
  4c und sie huldigten dem Tier mit den Worten:
   d Wer ist dem Tier gleich,
   e und wer kann mit ihm streiten?"

Offensichtlich beziehen sich die Verszeilen 2a auf Dan 7 6, 2b auf Dan 7 5, 3c auf Dan 7 4. Das Staunen der ganzen Erde V. 3c hat eine Formulierungsparallele in 4 Esra 12 3 („Und die Erde staunte gewaltig."), die Konstruktion dürfte am ehesten von Ri 6 34 her zu erhellen sein[69]. Die hymnische Sprachform von V. 4d vergleicht R. Deichgräber zu Recht mit Ex 15 11 Ps 89 7 113 5 1 QH 7,28[70].

13 5a „Und gewährt wurde ihm ein Maul,
   b das große Worte redete und Lästerungen.
  6a Und es öffnete sein Maul zu Lästerungen gegen Gott,
   b indem es lästerte seinen Namen und seine Wohnung ⟨ ⟩.

---

[66] Vgl. meinen Beitrag ZNW 73, 101 mit Anm. 32; ergänzend sei hingewiesen auf G. E. Wright, Biblische Archäologie, Göttingen 1958, 97.
[67] Vgl. Bo Reicke, RSR 60, 174.
[68] RSR 60, 175.
[69] Vgl. P. Prigent, L'Apocalypse, 203.
[70] Gotteshymnus und Christushymnus in der frühen Christenheit, StUNT 5, Göttingen 1967, 55.

7a Und gewährt wurde ihm, Krieg zu führen
b mit den Heiligen und sie zu besiegen.
⟨ ⟩
5c Und Erlaubnis wurde ihm gegeben,
d ihn zu führen 42 Monate lang:
10a Soll einer in Gefangenschaft,
b dann geht er in Gefangenschaft;
c soll einer durchs Schwert getötet werden,
d dann wird er durchs Schwert getötet werden."

Die Verszeilen 5a.b nehmen Dan 7 8.20 auf, 6a sodann Dan 7 25a 11 36c, vgl. auch syrBar 67 7. Zu V. 6b ist zu vergleichen Dan 8 11f., ferner Dan 9 27 11 31 12 11 1 Makk 1 54 ApkEl 34 10⁷¹ Sib 5 34. Mit vorliegender Stelle verwandt ist die Tradition, aus der 2 Thess 2 4 geschöpft ist⁷². Die oben ausgelassene Verszeile 6c τοὺς ἐν τῷ οὐρανῷ σκηνοῦντας stellt ein redaktionelles Interpretament⁷³ des Sehers dar, und zwar nach Art von τὸ χάραγμα τὸ ὄνομα 13 17b, ὄνομα ... μυστήριον 17 5. 13 7a.b ist unstreitig nach Dan 7 21 gebildet. Mit J. WELLHAUSEN⁷⁴, R. H. CHARLES⁷⁵ u. a. wird 13 7c–9 als geschlossener Einschub des Johannes zu werten sein, so daß V. 10 ursprünglich das Elend der Juden im Verlauf des Jüdischen Kriegs beschrieb: „Wer von den Besiegten nicht durch das Schwert fällt, wird in Sklaverei fortgeschleppt."⁷⁶ Wahrscheinlich hat καὶ ἐδόθη αὐτῷ ἐξουσία κτλ. V. 7c.d die Verszeilen καὶ ἐδόθη αὐτῷ ἐξουσία ποιῆσαι κτλ. 5c.d von ihrem ursprünglichen Anschluß an V. 7a.b ποιῆσαι πόλεμον verdrängt. Deutlich hat ἐξουσία V. 5c die Bedeutung ʽErlaubnis' wie z. B. Tob 2 13 7 10 (jeweils Sinaiticus). Das Zeitmaß V. 5d entspricht natürlich Dan 7 25 12 7.

Leicht gibt sich V. 8 als vorgeschaltete Dublette zu 17 8 zu erkennen durch das gewaltsam hineinkomponierte τοῦ ἀρνίου τοῦ ἐσφαγμένου, womit der Seher das ʽLebensbuch', in dem sich das erwählte Volk Israel aufgezeichnet findet⁷⁷, für das Lamm reklamiert, das durch seinen Opfertod eine weltweite Heilsgemeinde erworben hat⁷⁸.

„⟨ ⟩⁷⁹
13 16a Und es veranlaßt alle,
b die Kleinen und die Großen,

---

⁷¹ Vgl. W. SCHRAGE, Die Elia-Apokalypse, JSHRZ V,3, Gütersloh 1980, 255.
⁷² H. W. GÜNTHER, Enderwartungshorizont, 120, Anm. 163.
⁷³ Vgl. J. WELLHAUSEN, Analyse der Offenbarung Johannis, Abhandlungen der königl. Gesellschaft d. Wissensch. zu Göttingen Phil.-hist. Klasse NF IX,4, Berlin 1907, 22; J. WEISS, Offenbarung, 140.
⁷⁴ Analyse, 22.
⁷⁵ Revelation, I, 341, 353.
⁷⁶ J. WELLHAUSEN, Analyse, 22.
⁷⁷ Vgl. meine Arbeit: Glaube als Gabe nach Johannes, BWANT 112, Stuttgart usw. 1980, 98, Anm. 184.
⁷⁸ Apk 5 9, s. dazu meinen Beitrag ZNW 76, 229 (ob. Anm. 57).
⁷⁹ Zur zweiten Tiervision s. o. S. 3901 f.

Das Motiv der auf ihren sieben Hügeln zwischen den Darstellungen der römischen Wölfin und des gelagerten Flußgottes Tiber thronenden Roma mit dem aufs linke Knie gestützten Parazonium, dem Zeichen der obersten Befehlsgewalt, ist innerhalb der römischen Münzprägung isoliert, und auch bei Vespasian erscheint es nur im Jahr seines dritten Konsulats, 71 n.Chr. Seine Erfindung gehört aus kompositorischen Gründen, wie VERMEULE a.O. (oben 3907 Anm. 55) gesehen hat, in die monumentale Reliefkunst, und auch die eigenartige Mischung von realer Topographie und allegorischer Figurensprache bei der Komposition dieser ‚mythischen Stadtlandschaft' ist auf den Münzen nicht eigentlich zuhause. Dort thront die Roma in zahlreichen Darstellungen seit dem 3. Jh. v.Chr. auf Waffen, meist einem Haufen von Ovalschilden; nur eine republikanische Prägung aus dem Jahr 115/114 v.Chr. (CRAWFORD 287), die unter Vespasian im Jahre 77/78 n.Chr. auf einem Aureus für Titus kopiert wurde (BMC 223f., T. 6, 18), gibt eine gewisse Vorstufe: Auf der Rückseite des anonymen Denars sitzt Roma mit der Lanze auf Schilden und einem Helm, zu ihren Füßen erscheint die Wölfin mit den Zwillingen, von beiden Seiten fliegen die Vögel des Augurium Maximum der Stadtgründung auf sie zu: Es gibt Hinweise darauf, daß ein ähnliches Relief das Giebelfeld der Curia auf dem Forum Romanum geschmückt hat. Der wohl doch in einer römischen Offizin und nicht im spanischen Tarraco geprägte Sesterz Vespasians (BMC 774, hier Abb. 1, nach MAZZINI, MIR T. 73, 404) gehört zum Prägeprogramm seines Triumphs über Judaea, der damit verbundenen Wiederherstellung des Friedens und des Wiederaufbaus der durch den Bürgerkrieg verwüsteten Stadt Rom selbst: Nicht nur politisch

hat Vespasian die Würde und den Herrschaftsanspruch Roms wiederhergestellt, sondern auch durch seine Baumaßnahmen wurde er zu einem Neugründer der Siedlung zwischen dem Tiber und den sieben Hügeln. Diese Sesterze müssen neben den gleichzeitigen und viel häufigeren Judaea-Capta-Prägungen umgelaufen sein (BMC 761ff., hier Abb. 2, nach MAZZINI, MIR T. 71, 239). Sie stellen gewissermaßen das Bild des triumphierenden Weibes Rom dem des unterlegenen, vor seiner Palme hockenden Weibes Judäa gegenüber. Die Gruppe der zusammengedrängten, längsrundlichen Hügel schließt optisch an den Schildhaufen der früheren Darstellungen an; für einen Nichtrömer mochten die rundlichen Gebilde die Assoziation von Köpfen hervorrufen, vor allem, wenn er davon gehört hatte, Roma throne auf einem „Kopfberg" (*Capitolium*). Das vor den „Köpfen" erscheinende Bild der römischen Bestie, der Wölfin mit den Zwillingen, konnte dann wie eine Verdeutlichung wirken, die „Verbundenheit von Frau und Tier" war gleichsam doppelt ausgedrückt. Die äußeren und inneren Beziehungen dieser an sich so seltenen Roma-Sesterze Vespasians zu IVDAEA CAPTA verstärken die Möglichkeit, daß Exemplare davon mit Legionären nach dem Osten gelangt sind und dort den christlichen Seher, den BERGMEIER überzeugend von dem älteren jüdischen Apokalyptiker unterscheidet, zu seiner visionären Deutung angeregt haben.

DIETRICH MANNSPERGER (Tübingen)

c die Reichen und die Armen,
d die Freien und die Sklaven,
e daß sie sich eine Markierung machten
f an ihre rechte Hand oder ihre Stirn
17a und niemand kaufen noch verkaufen konnte,
b er hatte denn die Markierung ⟨ ⟩ des Tieres
c beziehungsweise die Zahl seines Namens.
⟨ ⟩
18d Und seine Zahl war 666."

Daß das Tier die Unterworfenen zwingt, sein Markierungszeichen anzunehmen, hat seine nächste Parallele in 3 Makk 2 29 τούς τε ἀπογραφομένους χαράσσεσθαι καὶ διὰ πυρὸς εἰς τὸ σῶμα παρασήμῳ Διονύσου κισσοφύλλῳ[80]. Das Markierungszeichen an der Rechten oder an der Stirn wird man als „Gegenstück zu den 'Tefillim'" zu verstehen haben[81], vgl. Josephus, ant. 4,213 ἐγγεγραμμένα ἐπὶ τῆς κεφαλῆς καὶ τοῦ βραχίονος. Mit der Einfügung von τὸ ὄνομα V. 17b beginnen die redaktionellen Deutungshilfen, die Johannes dem Zahlengeheimnis V. 18d vorgeschaltet hat. V. 18a „macht darauf aufmerksam, daß in diesem Textabschnitt ein verborgener Sinn enträtselt werden muß".[82] Wie 13 9.10e fällt V. 18 aus der Vision in die Deutung. Mit ψηφισάτω gibt der Seher den Hinweis auf das Verfahren, das anzuwenden ist, also die Gematrie[83], und verrät V. 18c, daß es sich um die Zahl eines Menschen handelt. So entsteht von V. 17b.c her die genaue Handlungsanweisung, vom gegebenen Zahlwert 666 durch Äquation den Namen des Tieres zu ermitteln. Freilich hat Johannes im Wissen um des Rätsels Lösung übersehen, daß seine Verstehenshilfen für Nicht-Eingeweihte schwerlich ausreichend sein konnten. „Schon zur Zeit des aus Kleinasien stammenden Bischofs Irenäus von Lyon muß der Schlüssel für die Lösung des Zahlenrätsels verlorengegangen sein."[84]

Entsprechend 17 1.6c.7a wird der Vision eine Reaktion des Visionärs gefolgt sein, die dem Offenbarungsengel Gelegenheit bot, zur Deutung des Geschauten überzuleiten. Durch die Kontraktion der beiden Deutungstexte in c. 17 ging dann dieses Textstück verloren.

„[ ]
17 7c/d Ich werde dir das Geheimnis ⟨ ⟩ des Tieres sagen,
e ⟨ ⟩ das die sieben Köpfe und zehn Hörner hat.
8a Das Tier, das du gesehen hast, war und ist nicht
b ⟨und wird wiederkommen vom Aufgang der Sonne.⟩
⟨ ⟩
d Und wundern werden sich die Erdbewohner,
e deren Name nicht eingeschrieben ist

80 J. Weiss, Offenbarung, 16 f.
81 G. Kretschmar, Die Offenbarung des Johannes, CThM 9, Stuttgart 1985, 43.
82 H. Kraft, Offenbarung, 183.
83 H. Kraft, Offenbarung, 183.
84 A. Vögtle, Das Buch mit den sieben Siegeln, Freiburg/Basel/Wien 1981, 111.

f   im Lebensbuch seit Erschaffung der Welt,
g   wenn sie das Tier sehen,
h   daß es war und nicht ist und wieder dasein wird.
9b/d Und die sieben Köpfe sind sieben Könige.
10a Fünf sind gefallen,
b   der eine ist, der andere ist noch nicht gekommen.
c   Und wenn er gekommen ist, darf er nur kurze Zeit bleiben.
11a Und das Tier, das war und nicht ist,
b   ist selbst auch der achte
c   und gehört zu den sieben.

⟨ ⟩

12a Und die zehn Hörner, die du gesehen hast, sind zehn Könige,
b   die die Herrschaft noch nicht empfangen haben,
c   sondern Gewalt wie Könige für eine Stunde empfangen
d   in Verbindung mit dem Tier."

Deutlich setzen die Verszeilen 8a.h.11a–c die Sage vom wiederkehrenden Nero voraus[85]. Nicht weniger deutlich hat Johannes diese Gestalt durch V. 8b.c aufs kräftigste dämonisiert. Wahrscheinlich wurde dabei eine Verszeile des Quellentexts verdrängt. Zu ihrer Rekonstruktion sei verwiesen auf Sib 5 363 ἥξει δ' ἐκ περάτων γαίης μητροκτόνος ἀνήρ sowie Apk 16 12, wo offensichtlich aus dem c. 17 zugrundeliegenden Quellentext geschöpft ist. Die Verszeilen 8d–h werden wir der Quelle nicht absprechen dürfen: Nur so erklärt sich die vorgeschaltete Dublette in 13 8, und zwar als christlich redigierte Fassung, ohne daß wir eine Glosse voraussetzen müssen[86]. Theologischer Grundgedanke der hier vorliegenden Rede vom Lebensbuch ist die Erwählung des Volkes Israel (Dan 12 1 4 Q DibHam 6,12.14 Jub 2 20 ApkAbr 22 5f. JosAs 8 11) „vor Grundlegung der Welt" (vgl. ApkAbr 22 3 JosAs 8 11).

Nach der Erwartung des Sib 3 192.318.608f. schreibenden Apokalyptikers schließt sich an das siebente Königtum die messianische Zeit an[87]. Offenbar teilt auch der in Apk 17 zu Wort kommende Visionär eine solche Erwartung im Blick auf die römische Herrschaft. Zutreffend argumentiert daher W. Bousset: „Da er nun unter dem sechsten lebte" (vgl. V. 10a.b), „so mußte er noch einen siebenten weissagen" (vgl. V. 10b.c), „und dieser konnte noch nicht der zurückkehrende Nero sein. Denn dieser war ja schon unter den sechsen" (vgl. V. 11). „Also mußte er noch einen Herrscher weissagen; da er aber von der Nähe des Endes überzeugt war, so konnte dieser nur kurze Zeit noch

---

[85] Vgl. dazu W. Bousset, Offenbarung, 410–418; U. B. Müller, Offenbarung, 297–300.
[86] W. Bousset, Offenbarung, 364; U. B. Müller, Offenbarung, 252.
[87] F. Blass, Die Sibyllinen, in: APAT II, hg. v. E. Kautzsch, Tübingen 1900, 182. Zur Diskussion der Siebenzahl vgl. M. Hadas-Lebel, L'évolution de l'image de Rome auprès des Juifs en deux siècles de relations judéo-romaines −164 à +70, ANRW II 20,2, hg. v. W. Haase, Berlin–New York 1987, 715–856, dort 762–765, speziell 765; vgl. auch J. J. Collins, The Development of the Sibylline Tradition, ANRW II 20,1, hg. v. W. Haase, Berlin–New York 1987, 421–459, dort 430–432.

regieren" (vgl. V. 10c)[88]. Daß vorgegebene Zahlenreihen in der Anwendung auf historische Fakten zu Schwierigkeiten führen, ist ein Problem der apokalyptischen Traditionsliteratur, vgl. 4 Esra 11 f. (12 Flügel, 3 Köpfe)[89], Barn 4 4f. (10 Hörner)[90]. So auch gleich die Deutung Apk 17 12 der aus Dan 7 24 stammenden zehn Hörner auf die Partherfürsten, „deren Ansturm man mit dem zurückkehrenden Nero erwartete".[91] Ihr Auftreten sieht der Apokalyptiker in Gottes Plan begrenzt (17 17) auf die „eine Stunde", in der das Gericht über Babylon vollzogen wird (17 12c 18 10.17.19)[92].

17 3a   „Und er entrückte mich im Geist in die Wüste.

b   Und ich sah eine Frau ⟨ ⟩

1e   ⟨sitzen⟩ an vielen Wassern.

4a   Und die Frau war bekleidet mit Purpur und Scharlach

b   und herausgeputzt mit Gold, Edelstein und Perlen;

c   sie hatte einen goldenen Becher in ihrer Hand,

d   voll mit Greueln und dem Unrat ihrer Hurerei,

5a   und auf ihrer Stirn den Namen geschrieben: ⟨ ⟩

b   « das große Babylon, die Mutter der Huren

c   und der Greuel der Erde »,

18 24a   ⟨und in ihr wurde das Blut von Propheten und Heiligen gefunden

b   und aller, die hingeschlachtet wurden auf Erden.⟩"

Der Kontrast zwischen dem visionären Ort der Offenbarung, der Wüste 17 3a, und der Vision einer Frau an vielen Wassern in all ihrer Pracht wird die Verwunderung des Apokalyptikers auslösen 17 6c. Das gehört zur Topik solcher Visionen. Die Vision der Gottesstadt erfolgt auf dem mythischen Gottesberg der Heiligen Stadt 21 10, und Pseudo-Esra schaut das Neue Jerusalem auf dem Feld, „wo noch kein Fundament eines Gebäudes gelegt ist. Denn es kann kein menschliches Bauwerk an dem Ort bestehen, wo die Stadt des Höchsten sich zeigen soll".[93] So erfolgt die Vision von der Frau, die nach Jer 51 13 „an vielen Wassern sitzt", in der Wüste, weil Babylon selbst verwüstet werden soll 17 16c 18 2 (vgl. Jer 50 38f. 51 29.62)[93a]. Die mit Schmuck überladene[94] Frau repräsentiert wie Sib 3 356f. ὦ χλιδανὴ ζάχρυσε Λατινίδος ἔκγονε Ῥώμη, παρθένε und Sib 5 434 αἰαῖ σοι, Βαβυλὼν

---

[88]   Offenbarung, 407; vgl. auch A. Vögtle, Buch, 132.

[89]   G. Stemberger, Herrschaft, 27 ff.

[90]   K. Wengst, Tradition, 106.

[91]   W. Bousset, Offenbarung, 408.

[92]   Apk 18 liegt Quellentext zugrunde, der, wie die sibyllinischen Orakel zeigen, mit dem Komplex der Nero-Sage aufs engste zusammengehört, vgl. W. Bousset, Offenbarung, 412 f., 425; G. Stemberger, Herrschaft, 53, 57 f.

[93]   4 Esra 10 53f., zitiert nach J. Schreiner, Das 4. Buch Esra, JSHRZ V,4, Gütersloh 1981, 382.

[93a]   W. Rudolph, Jeremia, HAT 12, Tübingen ³1968, 316 zitiert Strabo XVI 1,5 ἐρημία μεγάλη ἐστὶν ἡ μεγάλη πόλις.

[94]   χρυσοῦν steht in Angleichung an das nächstfolgende χρυσίῳ in der Bedeutung von „mit Schmuck behängen", vgl. R. H. Charles, Revelation, II, 64.

χρυσόθρονε, χρυσοπέδιλε „die goldene *Roma*", die *domiti magnas possidet orbis opes*[95]. „In freiem Anklang an Jer 51,7 (LXX 28,7) hält sie einen goldenen Becher in der Hand, angefüllt mit den Praktiken ihrer Unzucht, d. h. ihres Götzendienstes."[96] Ihr Name steht ihr ins Gesicht geschrieben[97], wie auch nach Jer 3 3 die Stirn die Hure verrät[98]: „das große Babylon"[99], endgeschichtliche Entlarvung des Wesens und Geschicks der Welthauptstadt[100], „die Erzhure und Gipfel der Greuel der Erde", wie man die jüdische Ausdrucksweise[101] zu übersetzen haben wird. Damit vergleichbar ist 4 Q 184 1,8[102] וֹהִיאה ראשית כֹּול דרכֵֹי עול.

17 6 verrät mit seinem Themawechsel, wie schon gezeigt wurde, die Hand des Sehers Johannes: Ihm geht es um die Schuld Roms an den blutigen Verfolgungen ʿder Zeugen Jesuʾ. Vermutlich hat Johannes hier eine ähnlich gelagerte Aussage des Quellentextes durch Neuinterpretation verdrängt; eine solche Aussage findet sich jetzt situationslos in 18 24, an die direkte Anrede an Babylon 18 22.23 angehängt. ʿPropheten' sind wie 22 9 Bezeichnung der zum apokalyptischen Offenbarungsempfänger gehörenden Gemeindeglieder[103], ʿHeilige' sind, „die zum eschatologischen Gottesvolk gehören"[104], das πάντων τῶν ἐσφαγμένων ἐπὶ τῆς γῆς entstammt, wie W. Bousset unter Hinweis auf Jer 51 49 mit Recht betont hat, dem AT[105].

---

[95] Ovid, Ars am. 3,113 f., vgl. dazu H. Hommel, Domina Roma, Die Antike 18, 1942, 127–158, dort 129. Der Eindruck, Rom werde in der Gestalt der Göttin Roma angeschaut, gilt gleicherweise für Orac Sib wie für Apk 17, vgl. R. Mellor, ΘΕΑ ΡΩΜΗ. The Worship of the Goddess Roma in the Greek World, Hypomnemata 42, Göttingen 1975, 127 f. (s. auch Ders., The Goddess Roma, ANRW II 17,2, hg. v. W. Haase, Berlin–New York 1981, 971).

[96] U. B. Müller, Offenbarung, 288 f.

[97] Die „Sitte römischer Dirnen", „einen Namen an der Stirn zu tragen", ist, wie H. Kraft, Offenbarung 215, zu Recht vermutet, eine bloße Behauptung, die sich „seit Wetstein durch die Auslegungsgeschichte" zieht. Tatsächlich stand der Name der Freudenmädchen nicht auf ihrem Stirnband, sondern auf einem Täfelchen an der Stirnseite ihrer *cella* im Bordell, wie die Stellen Juvenal VI, 123, Martial XI, 45,1, Petronius 7,3, Seneca Rhetor, Controversiae I, 2,1.5 (*superpositus est cellae tuae titulus*). 7 eindeutig belegen, s. dazu K. Schneider, PW XV,1 (1931) 1018–1027, s. v. Meretrix, dort 1024.

[98] Vgl. KBL³, 589 f. s. v. מצח.

[99] Βαβυλὼν ἡ μεγάλη Dan 4 30, ἡ μεγάλη B. Josephus, ant. 8,153.

[100] ʿBabylon' ist alttestamentlicher Typus der gottfeindlichen Welthauptstadt, s. K. G. Kuhn, ThWNT I (1933) 513 s. v. Βαβυλών; seine Anwendung auf Rom nach der Zerstörung Jerusalems, s. C. H. Hunzinger, Babylon als Deckname für Rom und die Datierung des 1. Petrusbriefes, in: Wort Gottes und Land Gottes, FS H. W. Herzberg, Göttingen 1965, 67–77, umgreift auch die Erwartung, daß sich an Rom das Gottesgericht über Babel vollziehen wird, vgl. Sib 5 159 syrBar 67 7f. Belege für die Gleichung Babylon = Rom s. K. G. Kuhn, 514 mit Anm. 19.

[101] K. G. Kuhn, ThWNT I, 512, Anm. 3; vgl. auch meine Arbeit: Glaube als Gabe (ob. Anm. 77), 262, Anm. 454.

[102] J. M. Allegro, Qumrân Cave 4, DJD V, Oxford 1968, 82.

[103] S. dazu meinen Beitrag in ZNW 75, 87 (ob. Anm. 58).

[104] H. W. Kuhn, Enderwartung und gegenwärtiges Heil, StUNT 4, Göttingen 1966, 92 mit einer Fülle von Belegen.

[105] Offenbarung, 426 mit 424.

17 6c   „Und ich geriet in großes Staunen, als ich sie sah.
 7a   Und der Engel sagte zu mir:
  b   Warum bist du erstaunt?
 1d   Auf! Ich werde dir das Gericht über die große Hure zeigen,
 2a   mit der die Könige der Erde gehurt haben
  b   und betrunken wurden die Erdbewohner
  c   von dem Wein ihrer Hurerei.
15a   Und er sagt zu mir:
      ⟨   ⟩
16a   ⟨   ⟩ Die zehn Hörner, die du gesehen hast, und das Tier,
  b   diese werden die Hure hassen
  c   und sie verwüstet und nackt machen
  d   und ihr Fleisch fressen
  e   und sie verbrennen mit Feuer.
17a   Denn Gott hat ihnen in ihre Herzen gegeben,
  b   seinen Plan zu verwirklichen
      ⟨   ⟩
  d   und ihre Herrschaft dem Tier zu geben,
  e   bis die Worte Gottes erfüllt sein werden.“

Das „große Staunen“ 17 6c des Visionärs wird gelöst durch die Weissagung vom „Gericht über die große Hure“ 17 1d. „Hure“ heißt jetzt 17 1d.16b die Frau, nachdem sie in 17 5b als „Erzhure“ entlarvt worden ist. 17 2a lehnt sich wohl an Jes 23 17b an, 17 2b.c erinnert an Jer 51 7b. Überhaupt ist die Sprache der Gerichtsweissagung alttestamentlich gesättigt[106], was im Sinne des Textes bedeutet, daß sich „die Worte Gottes“ erfüllen werden. Zu vergleichen ist insbesondere Ez 23 25 – 29, wozu R. H. CHARLES treffend bemerkt: *"All these statements are made by Ezekiel with regard to Jerusalem, which at one moment is spoken of as a woman stripped of her garments and left naked, and at another as a city burnt with fire. The writer here uses the same figures of Rome."*[107]

Die Drohweissagung gegen die Hure besagt im Klartext: „Der zurück-kehrende Nero soll ... im Bunde mit den Partherkönigen Rom zerstören.“[108] Ähnlich wie in der sibyllinischen Literatur fügt sich sodann an die Weissagung über den wiederkehrenden Nero in Kapitel 18 ein Kranz von Gerichts- und Klagereden[109] über Babylon-Rom an[110]. Der Abschnitt 18 1 – 19 scheint bis auf

---

[106] Vgl. H. KRAFT, Offenbarung, 224 f.
[107] Revelation, II, 73 f.
[108] W. BOUSSET, Offenbarung, 410; A. Y. COLLINS, Combat Myth in the Book of Revelation, Harvard dissertations in religion 9, Missoula 1976, 170 – 190; U. B. MÜLLER, Offenbarung, 297 – 300.
[109] A. Y. COLLINS, Revelation 18: Taunt-Song or Dirge? In: L'Apocalypse johannique et l'Apocalyptique dans le Nouveau Testament, hg. v. J. LAMBRECHT, BEThL 53, Louvain 1980, 185 – 204, dort 192 – 197.
[110] W. BOUSSET, Offenbarung, 425 f.

V. 14, der stilistisch zu V. 21–23 gehört[111], ein intaktes Quellenstück zu sein, auf das der Seher Johannes zweimal, nämlich 14 8 und 16 19, vorbereitend hingewiesen hat. Es setzt durchweg das in 17 16e in Aussicht genommene Feuergericht über Babylon-Rom voraus: 18 8c.9c.18a. Nach dem redaktionellen Jubelruf 18 20 folgt noch ein thematisch verwandtes Quellenstück, 18 21–23, zu dem ursprünglich wohl auch der dislozierte V. 14 gehörte, ein Textstück, das der Seher mit V. 24, der aus dem Zusammenhang von 17 5 genommen sein dürfte, verklammert hat. Auf motivische Nähe zu Sib 5 158ff.163.175 sowohl als auch 5 165 (φαρμακεία) hat W. Bousset schon zu Recht aufmerksam gemacht[112].

Zusammenfassung

Entgegen allgemeiner Tendenz in der neueren Apokalypse-Forschung, die literarkritische Fragestellung als unbrauchbar auszuschließen, hat sich in vorliegender Untersuchung zu Apk 12 18–13 18 und 17 f. gezeigt, daß eine kritische Scheidung von Quelle und Redaktion nicht nur möglich, sondern auch nötig ist, um die Probleme, die der vorliegende Textkomplex aufgibt, sinnvoll zu lösen und zugleich angemessen einfach zu erklären. Mögen Einzelheiten umstritten bleiben, die Grundlinien von Quellentext und johanneischer Redaktion sind klar. Der jüdische Apokalyptiker aus der Zeit Vespasians erwartete nach dem Ende des Jüdischen Kriegs die Bestrafung Roms durch ein endgeschichtliches Gottesgericht, dessen Werkzeuge der aus dem Osten wiederkehrende Nero und seine parthischen Verbündeten sein sollten. An der römischen Welthauptstadt sollte sich das Schicksal Babylons wiederholen. Aus der jüdischen Vorlage komponierte der Seher Johannes zur Zeit Domitians den jetzt vorliegenden Text in Apk 12 18–13 18 und 17 f. und setzte ihm seine christlichen Lichter auf. Unter seiner Hand gerät der Cäsar zum höllischen Widersacher des Lammes und der christlichen Zeugenschar auf Erden. Die christliche Textinnovation ist die Auseinandersetzung mit dem Kaiserkult. An der Anbetung des kaiserlichen Bildes scheiden sich die Geister (13 8), Verweigerung erfordert die Bereitschaft zum Martyrium (13 15). Aus den Schrecken des Endes des Jüdischen Kriegs werden die Schrecken der Christenverfolgung, die ertragen werden sollen beharrlich und treu (13 10), weil der Sieg des Lammes gewiß ist und die Treuen auf der Seite des Siegers stehen (17 14). Das Strafgericht an Babylon-Rom trifft nun nicht mehr den Typos der heidnisch-götzendienerischen Weltmacht, die Jerusalem zerstört hat, sondern die Hauptstadt des Imperiums, das die Christen verfolgt (17 6). Der Untergang Roms wird in Aussicht genommen als Strafgericht für den blutigen Terror des Kaiserkults (18 20 19 2).

---

[111] H. Kraft, Offenbarung, 235.
[112] Offenbarung, 424. Benützt man den Kommentar in seiner neubearbeiteten Auflage von 1906, kann man natürlich W. Bousset nicht als Kronzeugen gegen Quellenscheidung in Apk 18 anführen, gegen A. Y. Collins, Revelation 18, 188.

Nachweis der Erstveröffentlichung

2. Röm 7,7–25a (8,2): Der Mensch – das Gesetz – Gott – Paulus –
die Exegese im Widerspruch?
KuD 31 (1985) 162–172; Vandenhoeck & Ruprecht, Göttingen

3. ΤΕΤΕΛΕΣΤΑΙ Joh 19,30
ZNW 79 (1988) 282–290; Walter de Gruyter, Berlin/New York

4. „Und deinen Feind hassen"
ThBeitr 27 (1998) 41–47; R. Brockhaus Verlag, Haan

5. Loyalität als Gegenstand Paulinischer Paraklese.
Eine religionsgeschichtliche Untersuchung zu Röm 13,1 ff
und Jos. B.J. 2,140
Theokratia I 1967–1969 (1970) 51–63; E.J.Brill, Leiden

6. Die Loyalitätsparänese Röm 13,1–7 im Rahmen von Römer 12 und 13
ThBeitr 27 (1996) 341–357; R. Brockhaus Verlag, Haan

7. Weihnachten mit und ohne Glanz. Notizen zu Johannesprolog
und Philipperhymnus
ZNW 85 (1994) 47–68; Walter de Gruyter, Berlin/New York

8. Gottesherrschaft, Taufe und Geist. Zur Tauftradition in Joh 3
ZNW 86 (1995) 53–73; Walter de Gruyter, Berlin/New York

9. Quellen vorchristlicher Gnosis?
G. JEREMIAS, H.-W. KUHN und H. STEGEMANN (Hg.),Tradition und Glaube.
Das frühe Christentum in seiner Umwelt, Festgabe für Karl Georg Kuhn, 1971,
200–220; Vandenhoeck & Ruprecht, Göttingen

10. Zur Frühdatierung samaritanischer Theologumena
JSJ 5 (1974) 121–153, daraus 146–153: 2.3 „Die große Macht"; E.J.Brill, Leiden

11. Die Gestalt des Simon Magus in Act 8 und in der simonianischen Gnosis –
Aporien einer Gesamtdeutung
ZNW 77 (1986) 267–275; Walter de Gruyter, Berlin/New York

12. Altes und Neues zur „Sonnenfrau am Himmel (Apk 12)". Religions-
    geschichtliche und quellenkritische Beobachtungen zu Apk 12,1–17

    ZNW 73 (1982) 97–109; Walter de Gruyter, Berlin/New York

13. „Jerusalem, du hochgebaute Stadt"

    ZNW 75 (1984) 86–106; Walter de Gruyter, Berlin/New York

14. Die Buchrolle und das Lamm (Apk 5 und 10)

    ZNW 76 (1985) 225–242; Walter de Gruyter, Berlin/New York

15. Die Erzhure und das Tier: Apk 12,18 – 13,18 und 17 f.
    Eine quellen- und redaktionskritische Analyse

    W. HAASE (Hg.), Aufstieg und Niedergang der römischen Welt (ANRW). Ge-
    schichte und Kultur Roms im Spiegel der neueren Forschung, Teil II: Prinzipat,
    Bd. 25.5, 1988, 3899–3916; Walter de Gruyter, Berlin/New York

Stellenregister

1. Biblische Bücher

1.1. Altes Testament

Genesis

1,27	71
2f.	69. 103
2,7	70
2,16f.	70. 83
2,17	70
3,1.3.6	70
3,13	69f.
6,12	55
14,22	296
15,5	63
15,6	58f. 63
16,8	201
17,1	44
17,5	62
49,9f.	26
49,9	289
49,11	25

Exodus

11,4	220
12,23	220
12,29	220f.
15,11	311
18,20	37. 41. 58
20,4	179
20,13	126
23,4f.	128
28,17–20	278
28,17ff.	273
34,6–10	60
36,17–20(LXX)	278
39,10–13	278
39,10ff.	273

Leviticus

18,3	39
18,5	77. 79
19	81. 126
19,17f.	128
19,18	80. 122. 126. 158
20,24–26	38

Numeri

24,17	236f.

Deuteronomium

3,11	272
5,17	126
6,25	44
8,17f.	84
9,4ff.	84
12,28	40
20,19f.	128
26,18ff.	44
30,11–14	79. 84
31,10–12	52
32,40(LXX)	296

Josua

4,18	275

Judicum

6,34	311
19,17	201

2. Samuelbuch

7,11	140
17,13.23	295
21,10	295
23,23	140
24,2	295

Jesaja

6	298
7,4	25
7,14	25. 258
11,1.10	289
23,17	319
24,23	298
40,11(Aquila)	291
45,23.24(LXX)	179
47	264
48,2	271
52,1f.	264
52,1	271. 276
52,13–53,12	48

1.2 Neues Testament

2. Jüdische Schriften
aus persischer und hellenistisch-römischer Zeit

2.1 Apokryphen und Pseudepigraphen

2.2 Qumran (einschließlich CD), Wüste Juda

2.4 Josephus

3. Rabbinisches Schrifttum

4. Samaritanische Quellen

5. Frühchristliches Schrifttum außerhalb des NT

6. Altchristliche Literatur

7. Gnostische Quellen

8. Literatur der klassischen Antike

Register moderner Autoren

Namen und Sachen

Griechische Wörter

ἀγάπη 80–82. 153. 155. 158
αἷμα 7. 27. 170. 200. 262. 287
αἴρειν 6. 296
ἁμαρτία 6. 43. 51. 55f. 63. 67–69. 71–73.
  75. 83. 104f. 107f. 110f.
ἀμνός 6. 26. 289f. 292
ἀνομία 6. 8. 66. 75. 85. 110
ἀρετή 12f. 150. 180
ἀρνίον 20. 27. 262. 267. 284. 287–293.
  300. 312
ἁρπαγμός 12f. 177. 180–182
γεννάω 168. 170. 191. 193f. 197–201. 244
γραφή 3f. 43. 114–116
διαταγή 139–141. 149
δικαιοσύνη 1. 36. 44. 48–50. 53. 55. 57.
  59. 61. 63. 65. 75–78. 110. 142. 150. 194
δικαιόω 1. 41–43. 48. 53. 55. 59. 193. 200
δικαίωμα 2. 39. 51. 53f. 63. 71. 86. 107f.
  112
δόξα 57. 61. 119. 171. 174f. 177. 179. 183.
  233. 270
δύναμις 17. 78. 212. 215. 232–236. 241
ἔθνος 36. 39. 42. 53. 76. 84. 86f. 134. 153.
  271
ἐξουσία 10. 120. 132. 139f. 143. 148. 154.
  170. 312

ἔργον 1. 37. 39. 41–43. 50. 53. 55. 58–61.
  63. 68. 76f. 85f. 153
λόγος 27. 77. 115. 154. 165. 168f. 171.
  173. 200. 219–221
μέγας 17. 212. 232–236. 241. 293. 307.
  317f.
νόμος 1f. 12. 33. 36f. 41–44. 48. 50f. 53–
  61. 64–72. 74–88. 104–109. 111f. 142.
  148. 158. 171
περιτομή 37. 54. 70f. 86
πίστις 1. 41f. 51f. 58f. 76f. 79. 88. 153f.
πληρόω 3. 80. 86. 108. 112. 115f. 158.
  222
πνεῦμα 16. 54. 70f. 74f. 77. 83. 105. 107f.
  111. 142. 154. 191. 193. 199f. 264
σάρξ 15. 35. 42f. 56. 67. 71. 73. 75. 83.
  105. 108. 110. 142. 153. 171. 173. 200
τάσσω 132. 137. 139–141. 149
τελειόω 2–4. 114–116
τελέω 2–5. 53. 86. 114–117. 147
τέλος 2. 81. 153. 157
τέλος νόμου 1. 31. 35. 78f. 84. 86
τιμή 10. 57. 81. 156f.
ὑπακοή 63. 141f.
ὑποταγή 141f.
ὑποτάσσω 10. 139. 141–143. 148

Wissenschaftliche Untersuchungen zum Neuen Testament

Alphabetische Übersicht der ersten und zweiten Reihe

Anderson, Paul N.: The Christology of the Fourth Gospel. 1996. *Band II/78.*

Appold, Mark L.: The Oneness Motif in the Fourth Gospel. 1976. *Band II/1.*

Arnold, Clinton E.: The Colossian Syncretism. 1995. *Band II/77.*

Avemarie, Friedrich und *Hermann Lichtenberger* (Hrsg.): Bund und Tora. 1996. *Band 92.*

Bachmann, Michael: Sünder oder Übertreter. 1992. *Band 59.*

Baker, William R.: Personal Speech-Ethics in the Epistle of James. 1995. *Band II/68.*

Balla, Peter: Challenges to New Testament Theology. 1997. *Band II/95.*

Bammel, Ernst: Judaica. Band I 1986. *Band 37* – Band II 1997. *Band 91.*

Bash, Anthony: Ambassadors for Christ. 1997. *Band II/92.*

Bauernfeind, Otto: Kommentar und Studien zur Apostelgeschichte. 1980. *Band 22.*

Bayer, Hans Friedrich: Jesus' Predictions of Vindication and Resurrection. 1986. *Band II/20.*

Bell, Richard H.: Provoked to Jealousy. 1994. *Band II/63.*

– No One Seeks for God. 1998. *Band 106.*

Bergman, Jan: siehe *Kieffer, René*

Bergmeier, Roland: Das Gesetz im Römerbrief und andere Studien zum Neuen Testament. 2000. *Band 121.*

Betz, Otto: Jesus, der Messias Israels. 1987. *Band 42.*

– Jesus, der Herr der Kirche. 1990. *Band 52.*

Beyschlag, Karlmann: Simon Magus und die christliche Gnosis. 1974. *Band 16.*

Bittner, Wolfgang J.: Jesu Zeichen im Johannesevangelium. 1987. *Band II/26.*

Bjerkelund, Carl J.: Tauta Egeneto. 1987. *Band 40.*

Blackburn, Barry Lee: Theios Aner and the Markan Miracle Traditions. 1991. *Band II/40.*

Bock, Darrell L.: Blasphemy and Exaltation in Judaism and the Final Examination of Jesus. 1998. *Band II/106.*

Bockmuehl, Markus N.A.: Revelation and Mystery in Ancient Judaism and Pauline Christianity. 1990. *Band II/36.*

Böhlig, Alexander: Gnosis und Synkretismus. Teil 1 1989. *Band 47* – Teil 2 1989. *Band 48.*

Böhm, Martina: Samarien und die Samaritai bei Lukas. 1999. *Band II/111.*

Böttrich, Christfried: Weltweisheit – Menschheitsethik – Urkult. 1992. *Band II/50.*

Bolyki, János: Jesu Tischgemeinschaften. 1997. *Band II/96.*

Büchli, Jörg: Der Poimandres – ein paganisiertes Evangelium. 1987. *Band II/27.*

Bühner, Jan A.: Der Gesandte und sein Weg im 4. Evangelium. 1977. *Band II/2.*

Burchard, Christoph: Untersuchungen zu Joseph und Aseneth. 1965. *Band 8.*

– Studien zur Theologie, Sprache und Umwelt des Neuen Testaments. Hrsg. von D. Sänger. 1998. *Band 107.*

Cancik, Hubert (Hrsg.): Markus-Philologie. 1984. *Band 33.*

Capes, David B.: Old Testament Yaweh Texts in Paul's Christology. 1992. *Band II/47.*

Caragounis, Chrys C.: The Son of Man. 1986. *Band 38.*

– siehe *Fridrichsen, Anton.*

Carleton Paget, James: The Epistle of Barnabas. 1994. *Band II/64.*

Ciampa, Roy E.: The Presence and Function of Scripture in Galatians 1 and 2. 1998. *Band II/102.*

Crump, David: Jesus the Intercessor. 1992. *Band II/49.*

Deines, Roland: Jüdische Steingefäße und pharisäische Frömmigkeit. 1993. *Band II/52.*

– Die Pharisäer. 1997. *Band 101.*

Dietzfelbinger, Christian: Der Abschied des Kommenden. 1997. *Band 95.*

Dobbeler, Axel von: Glaube als Teilhabe. 1987. *Band II/22.*

Du Toit, David S.: Theios Anthropos. 1997. *Band II/91*

Dunn, James D.G. (Hrsg.): Jews and Christians. 1992. *Band 66.*

– Paul and the Mosaic Law. 1996. *Band 89.*

Ebertz, Michael N.: Das Charisma des Gekreuzigten. 1987. *Band 45.*

Eckstein, Hans-Joachim: Der Begriff Syneidesis bei Paulus. 1983. *Band II/10.*

– Verheißung und Gesetz. 1996. *Band 86.*

Ego, Beate: Im Himmel wie auf Erden. 1989. *Band II/34*

Ego, Beate und *Lange Armin* sowie *Pilhofer, Peter (Hrsg.):* Gemeinde ohne Tempel - Community without Temple. 1999. *Band 118.*

Eisen, Ute E.: siehe *Paulsen, Henning.*

Ellis, E. Earle: Prophecy and Hermeneutic in Early Christianity. 1978. *Band 18.*

– The Old Testament in Early Christianity. 1991. *Band 54.*

Ennulat, Andreas: Die 'Minor Agreements'. 1994. *Band II/62.*

Ensor, Peter W.: Jesus and His 'Works'. 1996. *Band II/85.*

Eskola, Timo: Theodicy and Predestination in Pauline Soteriology. 1998. *Band II/100.*

Feldmeier, Reinhard: Die Krisis des Gottessohnes.
1987. *Band II/21.*
– Die Christen als Fremde. 1992. *Band 64.*
Feldmeier, Reinhard und *Ulrich Heckel* (Hrsg.):
Die Heiden. 1994. *Band 70.*
Fletcher-Louis, Crispin H. T.: Luke-Acts: Angels,
Christology and Soteriology. 1997. *Band II/94.*
Förster, Niclas: Marcus Magus. 1999. *Band 114.*
Forbes, Christopher Brian: Prophecy and Inspired
Speech in Early Christianity and its Hellenistic
Environment. 1995. *Band II/75.*
Fornberg, Tord: siehe *Fridrichsen, Anton.*
Fossum, Jarl E.: The Name of God and the Angel
of the Lord. 1985. *Band 36.*
Frenschkowski, Marco: Offenbarung und
Epiphanie. Band 1 1995. *Band II/79* – Band 2
1997. *Band II/80.*
Frey, Jörg: Eugen Drewermann und die biblische
Exegese. 1995. *Band II/71.*
– Die johanneische Eschatologie. Band I. 1997.
Band 96. – Band II. 1998. *Band 110.*
Fridrichsen, Anton: Exegetical Writings. Hrsg.
von C.C. Caragounis und T. Fornberg. 1994.
Band 76.
Garlington, Don B.: 'The Obedience of Faith'.
1991. *Band II/38.*
– Faith, Obedience, and Perseverance. 1994.
Band 79.
Garnet, Paul: Salvation and Atonement in the
Qumran Scrolls. 1977. *Band II/3.*
Gese, Michael: Das Vermächtnis des Apostels.
1997. *Band II/99.*
Gräßer, Erich: Der Alte Bund im Neuen. 1985.
Band 35.
Green, Joel B.: The Death of Jesus. 1988.
Band II/33.
Gundry Volf, Judith M.: Paul and Perseverance.
1990. *Band II/37.*
Hafemann, Scott J.: Suffering and the Spirit. 1986.
Band II/19.
– Paul, Moses, and the History of Israel. 1995.
Band 81.
Hannah, Darrel D.: Michael and Christ. 1999.
Band II/109.
Hartman, Lars: Text-Centered New Testament
Studies. Hrsg. von D. Hellholm. 1997.
Band 102.
Heckel, Theo K.: Der Innere Mensch. 1993.
Band II/53.
– Vom Evangelium des Markus zum
viergestaltigen Evangelium. 1999. *Band 120.*
Heckel, Ulrich: Kraft in Schwachheit. 1993.
Band II/56.
– siehe *Feldmeier, Reinhard.*
– siehe *Hengel, Martin.*
Heiligenthal, Roman: Werke als Zeichen. 1983.
Band II/9.
Hellholm, D.: siehe *Hartman, Lars.*
Hemer, Colin J.: The Book of Acts in the Setting
of Hellenistic History. 1989. *Band 49.*
Hengel, Martin: Judentum und Hellenismus. 1969,
1988. *Band 10.*

– Die johanneische Frage. 1993. *Band 67.*
– Judaica et Hellenistica. Band 1. 1996.
Band 90. – Band 2. 1999. *Band 109.*
Hengel, Martin und *Ulrich Heckel* (Hrsg.): Paulus
und das antike Judentum. 1991. *Band 58.*
Hengel, Martin und *Hermut Löhr* (Hrsg.):
Schriftauslegung im antiken Judentum und
im Urchristentum. 1994. *Band 73.*
Hengel, Martin und *Anna Maria Schwemer:*
Paulus zwischen Damaskus und Antiochien.
1998. *Band 108.*
Hengel, Martin und *Anna Maria Schwemer*
(Hrsg.): Königsherrschaft Gottes und
himmlischer Kult. 1991. *Band 55.*
– Die Septuaginta. 1994. *Band 72.*
Herrenbrück, Fritz: Jesus und die Zöllner. 1990.
Band II/41.
Herzer, Jens: Paulus oder Petrus? 1998. *Band 103.*
Hoegen-Rohls, Christina: Der nachösterliche
Johannes. 1996. *Band II/84.*
Hofius, Otfried: Katapausis. 1970. *Band 11.*
– Der Vorhang vor dem Thron Gottes. 1972.
Band 14.
– Der Christushymnus Philipper 2,6-11. 1976,
1991. *Band 17.*
– Paulusstudien. 1989, 1994. *Band 51.*
Hofius, Otfried und *Hans-Christian Kammler:*
Johannesstudien. 1996. *Band 88.*
Holtz, Traugott: Geschichte und Theologie des
Urchristentums. 1991. *Band 57.*
Hommel, Hildebrecht: Sebasmata. Band 1 1983.
Band 31 – Band 2 1984. *Band 32.*
Hvalvik, Reidar: The Struggle for Scripture and
Covenant. 1996. *Band II/82.*
Kähler, Christoph: Jesu Gleichnisse als Poesie
und Therapie. 1995. *Band 78.*
Kammler, Hans-Christian: siehe *Hofius, Otfried.*
Kamlah, Ehrhard: Die Form der katalogischen
Paränese im Neuen Testament. 1964. *Band 7.*
Kelhoffer, James A.: Miracle and Mission. 1999.
Band II/112.
Kieffer, René und *Jan Bergman (Hrsg.):* La Main
de Dieu / Die Hand Gottes. 1997. *Band 94.*
Kim, Seyoon: The Origin of Paul's Gospel. 1981,
1984. *Band II/4.*
– "The 'Son of Man'" as the Son of God. 1983.
Band 30.
Kleinknecht, Karl Th.: Der leidende
Gerechtfertigte. 1984, 1988. *Band II/13.*
Klinghardt, Matthias: Gesetz und Volk Gottes.
1988. *Band II/32.*
Köhler, Wolf-Dietrich: Rezeption des
Matthäusevangeliums in der Zeit vor Irenäus.
1987. *Band II/24.*
Korn, Manfred: Die Geschichte Jesu in
veränderter Zeit. 1993. *Band II/51.*
Koskenniemi, Erkki: Apollonios von Tyana in
der neutestamentlichen Exegese. 1994.
Band II/61.
Kraus, Wolfgang: Das Volk Gottes. 1996.
Band 85.
– siehe *Walter, Nikolaus.*

Kuhn, Karl G.: Achtzehngebet und Vaterunser und der Reim. 1950. *Band 1.*

Laansma, Jon: I Will Give You Rest. 1997. *Band II/98.*

Lange, Armin: siehe *Ego, Beate.*

Lampe, Peter: Die stadtrömischen Christen in den ersten beiden Jahrhunderten. 1987, 1989. *Band II/18.*

Landmesser, Christof: Wahrheit als Grundbegriff neutestamentlicher Wissenschaft. 1999. *Band 113.*

Lau, Andrew: Manifest in Flesh. 1996. *Band II/86.*

Lichtenberger, Hermann: siehe *Avemarie, Friedrich.*

Lieu, Samuel N.C.: Manichaeism in the Later Roman Empire and Medieval China. 1992. *Band 63.*

Loader, William R.G.: Jesus' Attitude Towards the Law. 1997. *Band II/97.*

Löhr, Gebhard: Verherrlichung Gottes durch Philosophie. 1997. *Band 97.*

Löhr, Hermut: siehe *Hengel, Martin.*

Löhr, Winrich Alfried: Basilides und seine Schule. 1995. *Band 83.*

Luomanen, Petri: Entering the Kingdom of Heaven. 1998. *Band II/101.*

Maier, Gerhard: Mensch und freier Wille. 1971. *Band 12.*

– Die Johannesoffenbarung und die Kirche. 1981. *Band 25.*

Markschies, Christoph: Valentinus Gnosticus? 1992. *Band 65.*

Marshall, Peter: Enmity in Corinth: Social Conventions in Paul's Relations with the Corinthians. 1987. *Band II/23.*

McDonough, Sean M.: YHWH at Patmos: Rev. 1:4 in its Hellenistic and Early Jewish Setting. 1999. *Band II/107.*

Meade, David G.: Pseudonymity and Canon. 1986. *Band 39.*

Meadors, Edward P.: Jesus the Messianic Herald of Salvation. 1995. *Band II/72.*

Meißner, Stefan: Die Heimholung des Ketzers. 1996. *Band II/87.*

Mell, Ulrich: Die "anderen" Winzer. 1994. *Band 77.*

Mengel, Berthold: Studien zum Philipperbrief. 1982. *Band II/8.*

Merkel, Helmut: Die Widersprüche zwischen den Evangelien. 1971. *Band 13.*

Merklein, Helmut: Studien zu Jesus und Paulus. Band 1 1987. *Band 43.* – Band 2 1998. *Band 105.*

Metzler, Karin: Der griechische Begriff des Verzeihens. 1991. *Band II/44.*

Metzner, Rainer: Die Rezeption des Matthäusevangeliums im 1. Petrusbrief. 1995. *Band II/74.*

– Das Verständnis der Sünde im Johannesevangelium. 2000. *Band 122.*

Mittmann-Richert, Ulrike: Magnifikat und Benediktus. 1996. *Band II/90.*

Mußner, Franz: Jesus von Nazareth im Umfeld Israels und der Urkirche. Hrsg. von M. Theobald. 1998. *Band 111.*

Niebuhr, Karl-Wilhelm: Gesetz und Paränese. 1987. *Band II/28.*

– Heidenapostel aus Israel. 1992. *Band 62.*

Nissen, Andreas: Gott und der Nächste im antiken Judentum. 1974. *Band 15.*

Noormann, Rolf: Irenäus als Paulusinterpret. 1994. *Band II/66.*

Obermann, Andreas: Die christologische Erfüllung der Schrift im Johannesevangelium. 1996. *Band II/83.*

Okure, Teresa: The Johannine Approach to Mission. 1988. *Band II/31.*

Paulsen, Henning: Studien zur Literatur und Geschichte des frühen Christentums. Hrsg. von Ute E. Eisen. 1997. *Band 99.*

Park, Eung Chun: The Mission Discourse in Matthew's Interpretation. 1995. *Band II/81.*

Philonenko, Marc (Hrsg.): Le Trône de Dieu. 1993. *Band 69.*

Pilhofer, Peter: Presbyteron Kreitton. 1990. *Band II/39.*

– Philippi. Band 1 1995. *Band 87.*

– siehe *Ego, Beate.*

Pöhlmann, Wolfgang: Der Verlorene Sohn und das Haus. 1993. *Band 68.*

Pokorny, Petr und *Josef B. Soucek:* Bibelauslegung als Theologie. 1997. *Band 100.*

Porter, Stanley E.: The Paul of Acts. 1999. *Band 115.*

Prieur, Alexander: Die Verkündigung der Gottesherrschaft. 1996. *Band II/89.*

Probst, Hermann: Paulus und der Brief. 1991. *Band II/45.*

Räisänen, Heikki: Paul and the Law. 1983, 1987. *Band 29.*

Rehkopf, Friedrich: Die lukanische Sonderquelle. 1959. *Band 5.*

Rein, Matthias: Die Heilung des Blindgeborenen (Joh 9). 1995. *Band II/73.*

Reinmuth, Eckart: Pseudo-Philo und Lukas. 1994. *Band 74.*

Reiser, Marius: Syntax und Stil des Markusevangeliums. 1984. *Band II/11.*

Richards, E. Randolph: The Secretary in the Letters of Paul. 1991. *Band II/42.*

Riesner, Rainer: Jesus als Lehrer. 1981, 1988. *Band II/7.*

– Die Frühzeit des Apostels Paulus. 1994. *Band 71.*

Rissi, Mathias: Die Theologie des Hebräerbriefs. 1987. *Band 41.*

Röhser, Günter: Metaphorik und Personifikation der Sünde. 1987. *Band II/25.*

Rose, Christian: Die Wolke der Zeugen. 1994. *Band II/60.*

Rüger, Hans Peter: Die Weisheitsschrift aus der Kairoer Geniza. 1991. *Band 53.*

Sänger, Dieter: Antikes Judentum und die Mysterien. 1980. *Band II/5.*

– Die Verkündigung des Gekreuzigten und
Israel. 1994. *Band 75.*
– siehe *Burchard, Chr.*
Salzmann, Jorg Christian: Lehren und Ermahnen.
1994. *Band II/59.*
Sandnes, Karl Olav: Paul – One of the Prophets?
1991. *Band II/43.*
Sato, Migaku: Q und Prophetie. 1988.
Band II/29.
Schaper, Joachim: Eschatology in the Greek
Psalter. 1995. *Band II/76.*
Schimanowski, Gottfried: Weisheit und Messias.
1985. *Band II/17.*
Schlichting, Günter: Ein jüdisches Leben Jesu.
1982. *Band 24.*
Schnabel, Eckhard J.: Law and Wisdom from Ben
Sira to Paul. 1985. *Band II/16.*
Schutter, William L.: Hermeneutic and
Composition in I Peter. 1989. *Band II/30.*
Schwartz, Daniel R.: Studies in the Jewish
Background of Christianity. 1992. *Band 60.*
Schwemer, Anna Maria: siehe *Hengel, Martin*
Scott, James M.: Adoption as Sons of God. 1992.
Band II/48.
– Paul and the Nations. 1995. *Band 84.*
Siegert, Folker: Drei hellenistisch-jüdische
Predigten. Teil I 1980. *Band 20* – Teil II 1992.
Band 61.
– Nag-Hammadi-Register. 1982. *Band 26.*
– Argumentation bei Paulus. 1985. *Band 34.*
– Philon von Alexandrien. 1988. *Band 46.*
Simon, Marcel: Le christianisme antique et son
contexte religieux I/II. 1981. *Band 23.*
Snodgrass, Klyne: The Parable of the Wicked
Tenants. 1983. *Band 27.*
Söding, Thomas: Das Wort vom Kreuz. 1997.
Band 93.
– siehe *Thüsing, Wilhelm.*
Sommer, Urs: Die Passionsgeschichte des
Markusevangeliums. 1993. *Band II/58.*
Soucek, Josef B.: siehe *Pokorny, Petr.*
Spangenberg, Volker: Herrlichkeit des Neuen
Bundes. 1993. *Band II/55.*
Spanje, T.E. van: Inconsistency in Paul?. 1999.
Band II/110.
Speyer, Wolfgang: Frühes Christentum im antiken
Strahlungsfeld. Band I: 1989. *Band 50.* –
Band II: 1999. *Band 116.*
Stadelmann, Helge: Ben Sira als Schriftgelehrter.
1980. *Band II/6.*
Stenschke, Christoph W.: Luke's Portrait of
Gentiles Prior to Their Coming to Faith.
Band II/108.

Stettler, Hanna: Die Christologie der
Pastoralbriefe. 1998. *Band II/105.*
Strobel, August: Die Stunde der Wahrheit. 1980.
Band 21.
Stroumsa, Guy G.: Barbarian Philosophy. 1999.
Band 112.
Stuckenbruck, Loren T.: Angel Veneration and
Christology. 1995. *Band II/70.*
Stuhlmacher, Peter (Hrsg.): Das Evangelium und
die Evangelien. 1983. *Band 28.*
Sung, Chong-Hyon: Vergebung der Sünden. 1993.
Band II/57.
Tajra, Harry W.: The Trial of St. Paul. 1989.
Band II/35.
– The Martyrdom of St.Paul. 1994. *Band II/67.*
Theißen, Gerd: Studien zur Soziologie des
Urchristentums. 1979, 1989. *Band 19.*
Theobald, Michael: siehe *Mußner, Franz.*
Thornton, Claus-Jürgen: Der Zeuge des Zeugen.
1991. *Band 56.*
Thüsing, Wilhelm: Studien zur neutestamentlichen
Theologie. Hrsg. von Thomas Söding. 1995.
Band 82.
Treloar, Geoffrey R.: Lightfoot the Historian.
1998. *Band II/103.*
Tsuji, Manabu: Glaube zwischen Vollkommenheit
und Verweltlichung. 1997. *Band II/93*
Twelftree, Graham H.: Jesus the Exorcist. 1993.
Band II/54.
Visotzky, Burton L.: Fathers of the World. 1995.
Band 80.
Wagener, Ulrike: Die Ordnung des "Hauses
Gottes". 1994. *Band II/65.*
Walter, Nikolaus: Praeparatio Evangelica. Hrsg.
von Wolfgang Kraus und Florian Wilk. 1997.
Band 98.
Wander, Bernd: Gottesfürchtige und
Sympathisanten. 1998. *Band 104.*
Watts, Rikki: Isaiah's New Exodus and Mark.
1997. *Band II/88.*
Wedderburn, A.J.M.: Baptism and Resurrection.
1987. *Band 44.*
Wegner, Uwe: Der Hauptmann von Kafarnaum.
1985. *Band II/14.*
Welck, Christian: Erzählte 'Zeichen'. 1994.
Band II/69.
Wilk, Florian: siehe *Walter, Nikolaus.*
Wilson, Walter T.: Love without Pretense. 1991.
Band II/46.
Zimmermann, Alfred E.: Die urchristlichen
Lehrer. 1984, 1988. *Band II/12.*
Zimmermann, Johannes: Messianische Texte aus
Qumran. 1998. *Band II/104.*

*Einen Gesamtkatalog erhalten Sie gern vom
Mohr Siebeck Verlag, Postfach 2040, D–72010 Tübingen.
Neueste Informationen im Internet unter http://www.mohr.de.*